BIRGIT KIRCHMAYR
FRIEDRICH BUCHMAYR
MICHAEL JOHN

# Geraubte Kunst in Oberdonau

OBERÖSTERREICH IN DER ZEIT DES NATIONALSOZIALISMUS
6

Herausgegeben vom
Oberösterreichischen Landesarchiv

Umschlag- und Einbandgestaltung:
Modern Times Media Verlag, Wien
Satz: Johann Weisböck, text.bild.media GmbH, Linz
Druck: TRAUNER DRUCK GmbH & Co KG

ISBN: 3-900313-83-0
978-3-900313-83-8

BIRGIT KIRCHMAYR
FRIEDRICH BUCHMAYR
MICHAEL JOHN

# GERAUBTE KUNST IN OBERDONAU

Linz 2007

# INHALT

**MICHAEL JOHN**
Einleitung ................................................. 13
Zu Projektaufbau, Projektgeschichte und Forschungsdesiderata ......... 15
Sonderfall Oberdonau ..................................... 26

**BIRGIT KIRCHMAYR**
Raubkunst im „Heimatgau des Führers".
Aspekte, Zusammenhänge und Folgen von
nationalsozialistischer Kulturpolitik und
Kunstenteignung im Reichsgau Oberdonau .......................... 35

1. Der „Sonderauftrag Linz" und
das „Linzer Führermuseum" ........................................... 36
Die Genese eines Museums ................................................ 38
Die „Linzer Sonderbeauftragten" .......................................... 41
Die Akquirierung der Kunstwerke ......................................... 47
Zur Beteiligung des Gaus Oberdonau am „Sonderauftrag Linz" ......... 57
Nachbetrachtung: Zur Fiktion eines Museums ............................ 64

2. Das Oberösterreichische Landesmuseum 1938–1945
(„Museum des Reichsgaues Oberdonau") ........................... 67
Das Landesmuseum und das „Führermuseum" ........................ 68
Der Museumsalltag und Museumsbetrieb in der NS-Zeit ................ 73
Die Kunst- und kulturgeschichtliche Abteilung ......................... 80
Das Landesmuseum und die Raubkunst ................................ 85
Biographischer Exkurs: Heinrich Justus Schmidt ....................... 90

3. Das Landeskonservatorat/Gaukonservatorat Linz 1938–1945 .... 98
Amtsperiode Erwin Hainisch ............................................. 100
Amtsperiode Franz Juraschek ........................................... 103

4. „Arisierung" und Restitution von Kunst in
   Oberdonau/Oberösterreich........................................ 108
   Kunstbesitz in den Vermögensanmeldungen oberösterreichischer Juden
   und Jüdinnen....................................................... 111
   Fallstudien: Besitz, Entzug und Rückgabe von Kunst von Juden
   und Jüdinnen in Oberdonau.......................................... 118
   Die Sammlung Walter Schwarz................................... 119
   Die Sammlung der Familie Weiss................................ 124
   Die Sammlung des Rechtsanwalts Otto Gerstl.................... 126
   Sigmund Sommer und die Zeichnungen von Carl Anton Reichel .... 128
   Antiquitätenhandel Töpfer..................................... 130
   Kunstsammler aus dem Salzkammergut............................ 131
   Schloss Würting............................................... 132
   Die Statue des heiligen Ulrich aus der Sammlung Mahler........ 134

5. (Raub-)Kunstdepots in Oberdonau................................. 140
   Die Kunsteinlagerungen im Stift Kremsmünster....................... 141
   Die Bergwerksstollen von Altaussee................................. 151

6. Der „Art Collecting Point München" und
   Oberösterreichs Forderungen nach dem Erbe des
   „Linzer Führermuseums"............................................ 158

**BIRGIT KIRCHMAYR**
**Oberösterreichisches Landesmuseum: Zuweisungen und**
**Restitutionen enteigneter Kunst. Eine Untersuchung** ............. 191

1. Zuweisungen und Restitutionen von Kunstobjekten aus
   enteigneten Wiener Sammlungen..................................... 193
   Sammlung Oscar Bondy.............................................. 196
   Sammlung David Goldmann........................................... 199
   Sammlung Rudolf Gutmann........................................... 202
   Sammlungen Alphonse und Louis Rothschild.......................... 206
   Sammlungen Alfred Feitler, Robert Pollak, Eugen Erhart
   und Oscar Bondy (Gemälde von Johann Baptist Reiter)............... 210
   Aktueller Stand: Noch im Oberösterreichischen Landesmuseum
   befindliche Objekte aus enteigneten Wiener Sammlungen............. 219

Inhalt

2. Zuweisungen und Restitutionen von Kunstobjekten aus
enteigneten Sammlungen in Oberdonau .......................... 221
Sammlung Schwarz ..................................................... 224
Sammlung Bittner ...................................................... 229
Objekte unbekannter Herkunft ........................................ 230
Synagoge Linz .......................................................... 231
Sammlung Mostny ...................................................... 232
Antiquitätenhandel Töpfer ............................................. 233
Sammlung Gerstl ....................................................... 236
Sammlung Sommer ..................................................... 240
Schloss Würting (Stefanie Gutmann) ................................... 241
Aktueller Stand: Noch im Oberösterreichischen Landesmuseum
befindliche Objekte aus enteigneten Sammlungen aus Oberdonau ...... 242

3. Der Bestand von „Collecting Point"-Gemälden .................... 244
Ausgangsbasis – Forschungsweg – Quellen ........................... 244
Der Weg der Bilder in das Oberösterreichische Landesmuseum ....... 247
Die Provenienzen der Bilder .......................................... 254
Darstellung der Untersuchungsergebnisse zu den einzelnen Bildern ... 258
Tabelle: Der Bestand von „Collecting Point"-Gemälden:
Ergebnisse der Provenienzuntersuchung .............................. 274
Rückseitendokumentation .............................................. 282
Restitution 2003: Die Rückgabe des Bildes „Knabe im Hühnerhof" ... 290
Aktueller Stand: Noch im Oberösterreichischen Landesmuseum
befindliche „Collecting Point"-Gemälde ............................... 297


**FRIEDRICH BUCHMAYR**
**Kunstraub hinter Klostermauern.**
**Aspekte der Enteignung und der Restitution von Kunstwerken und
Kulturgütern in den oberösterreichischen Stiften und Klöstern** ..... 319

1. Die Kunstsammlungen der oberösterreichischen Stifte und
Klöster in der NS-Zeit am Beispiel von St. Florian ................ 322
Vorzeichen ............................................................. 322
Die Beschlagnahme des Stifts St. Florian ............................. 328
Pläne und Initiativen des Reichsgaus Oberdonau ...................... 334
Erste Zugriffe auf die Kunstsammlung ................................ 337

Kräuterbücher für die SS ................................................. 338
Handschriften für Hermann Göring? ..................................... 341
St. Florian als Zentraldepot für das beschlagnahmte Kulturgut
der Stifte ................................................................. 343
Weitere Zugriffe auf Bücher aus Stiftsbibliotheken ..................... 345
Residenz des Reichsrundfunkintendanten Heinrich Glasmeier .......... 348
Die nationalsozialistische Instrumentalisierung des Stifts St. Florian ... 352
Die Kompetenzaufteilung für die enteigneten Stiftssammlungen ........ 358
Konflikte und Kontroversen in St. Florian ............................... 359
Die Zentralisierung der naturwissenschaftlichen Bestände der Stifte .... 362
Die Münzsammlungen und das Münzkabinett des „Führers" ........... 363
Das Tauziehen um die Grafiksammlung von St. Florian ................. 366
Die Bergung der wertvollen Kunstgegenstände ......................... 369
Die Rückführung des geborgenen Kulturguts ........................... 372
Die Liquidierung des Historischen Forschungsinstituts und
des Barockmuseums ..................................................... 379
Schadensbilanz ........................................................... 381
Die ramponierte naturwissenschaftliche Sammlung .................... 386
Die Restitution der Münzsammlung von St. Florian .................... 387
Die verlorenen Kunst- und Sammlungsgegenstände
des Stifts St. Florian ..................................................... 390
Die verlorenen Bücher der Stiftsbibliothek ............................. 400
Ersatz für die Schäden und Verluste von Kunstgütern? ................ 401
Kunstwerke aus oberösterreichischen Stiften im
Oberösterreichischen Landesmuseum ................................... 405

## 2. Das Barockmuseum des Reichsgaus Oberdonau in St. Florian und die Barockisierungspläne Heinrich Glasmeiers ................... 416
„Deutschlands größtes Barockmuseum" ................................. 418
Eröffnung und Stillstand .................................................. 422
Heinrich Glasmeier übernimmt die Barockpflege in St. Florian ........ 423
Das Ende des Barockmuseums ........................................... 426

## 3. Die Pariser Kunstankäufe von Justus Schmidt ... 432
Justus Schmidt und sein Agent „Prinz" Alfred Juritzky ... 434
Die Präsentation der Pariser Ankäufe im Stift St. Florian ... 438
Manipulationen bei der Bestandsaufnahme ... 441
Die Pariser Objekte und der NS-Kunstkanon ... 443
„Prinz" Juritzky und die „Lorcher Madonna" ... 446
Das weitere Schicksal der „Lorcher Madonna" ... 454
Geschenke, Entlehnungen und Verlagerungen bis 1945 ... 456
Die Restitution der Pariser Ankäufe nach 1945 ... 462
Kunstgegenstände aus Paris und Den Haag im
Oberösterreichischen Landesmuseum ... 466

## MICHAEL JOHN
**Zusammenfassung und Resümee** ... 503
Vermögensentzug und Rückgabe ... 503
„Opferthese" und Kunstrestitutionen ... 518
Kunst und „moralische Verantwortung" ... 522

**Literatur und Quellen** ... 535

**Abkürzungen** ... 563

**Bildnachweis** ... 564

# Danksagung

Das dem Band „Geraubte Kunst in Oberdonau" zugrunde liegende Forschungsvorhaben „Oberösterreichisches Landesmuseum 1938–55, ‚Sonderauftrag Linz' und ‚Collecting Point', Aspekte des Vermögensentzugs von Kunstwerken (-gegenständen) und der Restitution in Oberösterreich" wurde seitens des Landes Oberösterreich in Auftrag gegeben. Ohne den damaligen Landeskulturdirektor Manfred Mohr wäre das Projekt wohl in dieser Form nicht zustande gekommen; dies trifft auch auf die Verantwortlichen aus der Politik zu, die damit die Bearbeitung einer brisanten Thematik ermöglichten und in weiterer Folge auch einer Ausweitung der Studien zustimmten. Im Zuge der konkreten Forschungsarbeit war das Team infolge der komplizierten Quellenlage wiederholt auf die Hinweise und Tipps, Hilfe und Unterstützung von Privatpersonen, Kollegen und Kolleginnen, Kunstexperten und -expertinnen, zuständigen Ämtern, Körperschaften und Behörden im In- und Ausland angewiesen. Auch die Interviews, die geführt werden konnten, waren von erheblicher Bedeutung für die Weiterführung der Recherchen. Allen in dieser Hinsicht Beteiligten ist an dieser Stelle für ihre tatkräftige Mithilfe zu danken. Besonders gilt dies auch für jene Institutionen bzw. deren Mitarbeiter und Mitarbeiterinnen, mit denen wir am meisten zu tun hatten, die Provenienzforschungskommission und das Bundesdenkmalamt in Wien, das Archiv der Stadt Linz, das Landeskonservatorat für Oberösterreich, die Oberösterreichische Landeskulturdirektion, das Oberösterreichische Landesarchiv und das Oberösterreichische Landesmuseum.

Michael John, Projektleiter
Friedrich Buchmayr
Birgit Kirchmayr

## MICHAEL JOHN
## Einleitung

In Österreich sind während der Zeit des Nationalsozialismus tausende Kulturgüter beschlagnahmt oder in einer anderen Weise in den Besitz von NS-Stellen gebracht worden. In den letzten Kriegsjahren wurden viele Kunstgegenstände der Luftschutzbergung übergeben, bei und nach Kriegsende haben die alliierten Streitkräfte den Großteil dieser Kulturgüter sichergestellt. Im Zuge dieser gigantischen Vermögensübertragung und Verschiebung von Kunstwerken und Kulturgütern spielten Linz und Oberösterreich bzw. Oberdonau, wie die Bezeichnung des Reichsgaus in der Folge lautete, eine besondere Rolle.

Am Anfang dieser Entwicklung stand ein Schreiben aus Adolf Hitlers Reichskanzlei vom 18. Juni 1938 an den Reichsführer-SS und Chef der Deutschen Polizei im Reichsministerium. Es kann als entscheidendes Dokument des in einer Randbemerkung so bezeichneten „Führervorbehalts" angesehen werden:

„Geheim! Bei der Beschlagnahme staatsfeindlichen, im besonderen auch jüdischen Vermögens in Österreich sind u.a. auch Bilder und sonstige Kunstwerke von hohem Wert beschlagnahmt worden. Der Führer wünscht, dass diese zum großen Teil aus jüdischen Händen stammenden Kunstwerke weder zur Ausstattung von Diensträumen der Behörden oder Dienstwohnungen leitender Beamten verwendet, noch von leitenden Persönlichkeiten des Staates und der Partei erworben werden. Der Führer beabsichtigt, nach Einziehung der beschlagnahmten Vermögensgegenstände die Entscheidung über ihre Verwendung selbst zu treffen. Er erwägt dabei, Kunstwerke in erster Linie den kleineren Städten in Österreich für ihre Sammlungen zur Verfügung zu stellen."[1]

Das Dokument hält das alleinige Vorrecht Hitlers fest, aus den sichergestellten oder beschlagnahmten Kunstsammlungen die Entscheidung sowohl hinsichtlich der Auswahl als auch der Zuteilung einzelner Bestände

---

[1] Oberösterreichisches Landesarchiv (OÖLA), Politische Akten, Sch. 17, BH Linz an alle Gendamerieposten vom 6. Juli 1938, Beilage, Abschrift Rk. 1076 E vom 18. Juni 1938.

an verschiedene öffentliche Museen und Sammlungen zu treffen.[2] Hitlers Passion, bildende Kunst zu sammeln – der Diktator hatte sich um 1910 selbst als Kunstmaler versucht – wandelte sich nach 1938 von „einer persönlichen Vorliebe zu einer politischen Aktion des nationalsozialistischen Staates".[3] Hitler hatte vor, in dem nunmehr an das Deutsche Reich angeschlossenen Österreich ein Museum nach seinen eigenen Vorstellungen und Plänen zu errichten.

Als Standort des vorerst nur vage geplanten Museums, des „Führermuseums", kristallisierte sich nach einiger Zeit Linz heraus. Aufgrund des biografischen Hintergrunds von Adolf Hitler war die oberösterreichische Landeshauptstadt nach dem „Anschluss" an das Deutsche Reich bekanntermaßen zu einer privilegierten Stadt in Rahmen des NS-Systems geworden. Nach dem Willen Hitlers sollte Linz zu einer kulturellen Metropole mitteleuropäischer Dimension werden. Ein wesentlicher Schritt dazu war die Formulierung des „Sonderauftrags Linz". Die im Juni 1939 erfolgte Bestellung eines „Sonderbeauftragten" und die Zusammenstellung eines „Sonderstabes" dienten zur Lukrierung von Kunstwerken im Kontext des „Führermuseums". Dieses Museum war nicht identisch mit dem Landesmuseum/Museum des Reichsgaus in Linz, sondern es sollte neu errichtet werden und firmierte auch unter der Bezeichnung „Neues Kunstmuseum Linz". Es war vorgesehen, in Linz österreichische und deutsche Kunst zu zeigen, aber auch Werke französischer, italienischer und niederländischer Maler.[4] Im „Führermuseum" sollten vor allem die alten Meister und Kunstwerke bis 1800 in den Mittelpunkt gestellt werden.[5]

Die Einrichtung der Organisation „Sonderauftrag Linz" und des damit verbundenen Netzwerks erfolgte aber nicht in Linz bzw. Oberösterreich/Oberdonau, sondern in Berlin (Reichshauptstadt, Führerkanzlei), Dresden (Sitz des „Sonderbeauftragten"), München (Parteizentrale der NSDAP, „Hauptstadt der Deutschen Kunst") und Wien, wo auch die damit verbundenen Entscheidungen getroffen wurden. In der österreichischen Hauptstadt begann man bereits im März 1938 mit der „Sicherstellung" von Gemälden. Wien war 1938 vorerst eine Sammel- und Drehscheibe beschlagnahmter oder

---

[2] Kunstraub, Kunstbergung und Restitution in Österreich 1938 bis heute. Hg. von Theodor Brückler (Wien-Köln-Weimar 1999) 156.

[3] Hanns Christian Löhr, Das braune Haus der Kunst: Hitler und der „Sonderauftrag Linz". Visionen, Verbrechen, Verluste (Berlin 2005) 199.

[4] Vgl. Günther Haase, Die Kunstsammlung Adolf Hitler. Eine Dokumentation (Berlin 2002) 23.

[5] Birgit Schwarz, Hitlers Museum: die Fotoalben „Gemäldegalerie Linz". Dokumente zum „Führermuseum" (Wien-Köln-Weimar 2004) 29.

sichergestellter Gemälde. In Wien lebten mehr als 90 % der österreichischen Juden und damit auch das Gros jüdischer Kunsteigentümer und Sammler.[6] In Wien wurde schließlich auch die Vermögensverkehrsstelle eingerichtet, über die sämtliche Vermögensaufnahmen und „Arisierungen" liefen.[7] Dies betraf auch die Registrierung von Kunstwerken, die sich in Wohnungen befanden. Der Gesamtkontext der Museumsidee Hitlers ist wohl bekannt und mittlerweile ausführlich erforscht und auch populärwissenschaftlich und journalistisch aufbereitet worden.[8] Auch filmisch ist das Thema mehrfach behandelt worden. Der Terminus „Sonderauftrag Linz" geriet zum Synonym für den „größten Kunstraub Europas".[9] Viele Details und Zusammenhänge der Kunstraub- und Dislozierungsvorgänge in ihrem Bezug zu Linz und Oberösterreich sind jedoch bislang nicht bearbeitet worden.

## Zu Projektaufbau, Projektgeschichte und Forschungsdesiderata

In mehreren Staaten Europas ist die Kunstraubforschung in vollem Gange. Es werden Ereignisketten ebenso wie Provenienzen untersucht. So ist es auch in Österreich. Das vorliegende Manuskript ist ein Auftragswerk. Im Mittelpunkt stehen dabei das Land Oberösterreich bzw. der Reichsgau Oberdonau samt nachgeordneten Dienststellen, insbesondere aber das Landesmuseum/Gaumuseum im Zusammenhang mit der Thematik „Geraubte

---

[6] Vgl. Löhr, Haus der Kunst 19-31 (Kapitel Neues Blut in alten Sammlungen, der Auftakt in Wien); Zu den Kunstsammlungen Wiener Juden und Jüdinnen vgl. Sophie Lillie, Was einmal war. Handbuch der enteigneten Kunstsammlungen Wiens (Wien 2003).

[7] Vgl. Gertraud Fuchs, Die Vermögensverkehrsstelle als Arisierungsbehörde jüdischer Betriebe (Dipl. Arb. Univ. Wien 1989).

[8] Vgl. dazu unter anderem David Roxan – Ken Wanstall, The Jackdaw of Linz: the story of Hitler's art thefts (London 1964); in deutscher Übersetzung David Roxan – Ken Wanstall, Der Kunstraub: ein Kapitel aus den Tagen des Dritten Reiches (München 1966); Charles de Jaeger, Das Führer-Museum. Sonderauftrag Linz (Esslingen-München 1988); Ernst Kubin, Sonderauftrag Linz. Die Kunstsammlung Adolf Hitler. Aufbau, Vernichtungsplan, Rettung. Ein Thriller der Kunstgeschichte (Wien 1989); Georg Wacha, NS-Kunst in Linz und Oberdonau. Das „Führermuseum". masch. Manus. (Linz 2002); Birgit Kirchmayr, Sonderauftrag Linz. Zur Fiktion eines Museums. In: Nationalsozialismus in Linz I. Hg. von Fritz Mayrhofer und Walter Schuster (Linz 2001) 557-596; Günther Haase, Die Kunstsammlung Adolf Hitler: eine Dokumentation (Berlin 2002); Birgit Kirchmayr, Adolf Hitlers „Sonderauftrag Linz" und seine Bedeutung für den NS-Kunstraub in Österreich, in: NS-Kunstraub in Österreich und die Folgen. Hg. von Gabriele Anderl und Alexandra Caruso (Innsbruck 2005) 26-41; Löhr, Haus der Kunst.

[9] So lautete der Untertitel von Erwin Leisers Film „Hitlers Sonderauftrag Linz" (1987); vgl. ferner die Filmdokumentation „Sonderauftrag Linz", Regie Andreas Gruber (1999) oder „Die Wahrheit über das geplante Führermuseum in Linz", Regie Joachim Gaertner (2004).

Kunst" und deren Rückgabe. Ziel war die Beforschung des gesamten Vorgangs ebenso wie die Aufklärung von problematischen Sachverhalten, wie etwa des Besitzes von Kunstobjekten zweifelhafter Herkunft.[10] Der Terminus „Geraubte Kunst" ist an dieser Stelle im weitesten Sinn zu verstehen und beinhaltet nicht nur Kunstwerke, die konkret „arisiert", zu Gunsten des Gaus Oberdonau enteignet oder von anderen Dienstellen des Dritten Reichs eingezogen wurden, sondern generell Kunstwerke, die unter den Rahmenbedingungen des NS-Regimes aus dem Besitz einer „rassisch" oder politisch verfolgten Person in andere Hände und letztlich in den Besitz oder die Verfügungsgewalt des Landes Oberösterreich gelangten. „Sonderauftrag Linz", „Führermuseum" und Kunstraub haben nicht nur mit Berlin, Dresden, München und Wien, sondern zweifelsohne auch mit der „Zielregion", dem Gau Oberdonau zu tun. Die von Hitler selbst und seinem Sonderstab in diesem Zusammenhang initiierten Aktivitäten bildeten damit gewissermaßen die Scharnier vom Gau Oberdonau mit den politisch motivierten, nationalsozialistischen Kulturplanungen und den damit einhergehenden Enteignungen privaten Kunstbesitzes. Zum einen wurde in Oberösterreich/Oberdonau, ebenso wie in ganz Österreich, in der gesamten „Ostmark", Kunst- und Kulturgut aus dem Besitz jüdischer Eigentümer enteignet oder beschlagnahmt. Diverse konfiszierte Bestände wurden in der Folge dem Oberösterreichischen Landesmuseum zugeteilt oder kamen auf andere Art und Weise in dieses Museum. Das Oberösterreichische Landesmuseum/Museum des Reichsgaus und dessen Eigentümer, der Reichsgau Oberdonau (Land Oberösterreich), befanden sich aber auch über die Kunstdepots im engen Zusammenhang mit den kulturpolitischen Bemühungen um das „Führermuseum". Am Ende dieser Bemühungen stand im Mai 1945 ein Bergwerksstollen im Salzkammergut, der die Kunstwerke des „Sonderauftrags" barg, darunter auch solche, die jüdischen Besitzern enteignet oder aus Sammlungen im Ausland in unterschiedlicher Weise akquiriert worden waren.[11]

Bei diesem Vorgang haben Institutionen wie das Denkmalamt und das Landesmuseum ebenso eine Rolle gespielt wie die Gauverwaltung selbst und die regionalen politischen Verantwortlichen. In der unmittelbaren Nachkriegszeit, nach dem Zweiten Weltkrieg, ging es dann vor allem darum, das enteignete Kunstgut zu identifizieren und zu restituieren. Der von der

---

[10] Vgl. Projektexpose „Oberösterreichisches Landesmuseum 1938-55. ‚Sonderauftrag Linz' und ‚Collecting Point', Aspekte des Vermögensentzugs von Kunstwerken (-gegenständen) und der Restitution in Oberösterreich", August 2000 (masch. Manus.) 7-10.

[11] Vgl. Kirchmayr, Sonderauftrag Linz 584f.

amerikanischen Monuments, Fine Arts and Archives Section geschaffene „Art Collecting Point" in München war eine erste zentrale Anlaufstelle für diese Bemühungen. In eingestandener Kontinuität und unter Berufung auf Bestimmungen des „Sonderauftrags Linz" sowie auf die oberösterreichische Beteiligung an der Rettung von Kunstschätzen in Altaussee bemühte sich das Land Oberösterreich nach 1945 darum, Kunstwerke aus den Beständen des geplanten „Linzer Führermuseums" zu erhalten. Zusätzlich versuchten diverse Dienststellen immer wieder, Bestände, die sie einmal in ihrer Verfügung hatten, zu behalten.[12] Dies hat in der Folge auch ganz konkret die Restitutionspolitik in Oberösterreich beeinflusst. Zumindest bis 1952 spielte aber auch die Haltung der US-Militärbehörden eine Rolle bei der Entscheidung, was mit den aus den NS-Depots geborgenen Kunstbeständen geschah.[13]

Wenig bekannt ist die große Dimension, die im Kontext von „geraubter Kunst" den Sammlungen der Klöster und Stifte bzw. diesen Anlagen als Baulichkeiten selbst zukommt. Von den beschlagnahmten und durch die Nationalsozialisten verwalteten Klöstern und Stiften aus existierten eine Fülle von Querverbindungen zum „Sonderauftrag Linz", zur Gauverwaltung und zum Gaumuseum, dem Oberösterreichischen Landesmuseum. Das beschlagnahmte und enteignete Stift Kremsmünster diente als Reichskunstdepot für einen großen Bestand von im Kontext des „Sonderauftrags Linz" erworbenen Kunstwerken. Vor allem war es jedoch das zu Gunsten des Reichsgaus Oberdonau enteignete Stift St. Florian (Bruckner-Stift St. Florian), das in der Folge eine besondere Rolle in den Enteignungs- und Kunstverschiebungsrochaden der Nationalsozialisten spielen sollte.[14]

Analog zu den hiermit benannten Schwerpunkten stehen bei der vorliegenden Studie vier Themenbereiche im Vordergrund: 1) der „Sonderauftrag Linz" und das geplante „Führermuseum", 2) die Rolle des Landesmuseums/Museums des Reichsgaus, 3) die konkrete Untersuchung des Vermögensentzugs und der Vermögensmigration betreffend Kunstgegenstände und deren Rückgabe, und 4) die Thematik der Enteignung und Restitution

---

[12] Vgl. dazu die Darstellung der Rückstellungsfälle Walter Schwarz und Richard Weihs in dem vorliegenden Band (Birgit Kirchmayr, „Arisierung" und Restitution von Kunst in Oberösterreich/Oberdonau).

[13] Vgl. Löhr, Haus der Kunst 75; besonders umstritten war die Entscheidung hinsichtlich der Überstellung von Kunstwerken aus den so genannten „Münchner Restbeständen". Unidentifizierte Kunstgüter aus dem „Sonderauftrag Linz" wurden 1952 (Auflösung des Collecting Point) von den US-Behörden Österreich zugewiesen, unter Berufung auf die Tatsache, dass der Fundort Altaussee in Österreich gelegen war. Kirchmayr, Sonderauftrag Linz 589.

[14] Vgl. dazu u. a. Hanns Kreczi, Das Bruckner-Stift St. Florian und das Linzer Reichs-Bruckner-Orchester (1942–1945) (Graz 1986).

von Kunstwerken und Kulturgütern in den oberösterreichischen Stiften und Klöstern.

Eine genaue Untersuchung des „Sonderauftrags Linz" und des „Führermuseums" unternahm die Zeithistorikerin Birgit Kirchmayr, insbesondere betreffend die Rolle, die der Reichsgau Oberdonau dabei einnahm. Die Autorin übernahm die Beforschung der Rolle des Oberösterreichischen Landesmuseums/Museums des Reichsgaus während der Jahre 1938–1945 hinsichtlich der Teilnahme am Vermögensentzug bzw. an der Distribution beschlagnahmter und enteigneter Kunstwerke. Auch die Rolle des Landeskonservats/Gaukonservats („Denkmalamt") und die Funktion der Kunstdepots in Oberdonau wurden in diesem Zusammenhang untersucht. Daran schließt eine konkrete Untersuchung des Vermögensentzugs und der Vermögensverschiebung im weitesten Sinne. Dies beinhaltet sowohl die „Arisierung" von Kunstgegenständen im Eigentum von Personen, die unter die „Nürnberger Rassegesetze" fielen („Juden und Jüdinnen") bzw. von Eigentümern, die nach dem Vermögensanmeldegesetz der Nationalsozialisten ebenfalls zur Vermögensanmeldung verpflichtet waren (Ehegatten, -gattinnen, „versippte Personen").

Neben der wissenschaftlichen Untersuchung des Vermögensentzugs bzw. der Rückstellungsthematik erarbeitete Birgit Kirchmayr eine daran anschließende Provenienzuntersuchung von Kunstobjekten, die während der NS-Jahre in die Bestände des Oberösterreichischen Landesmuseums aufgenommen wurden. Eine spezifische Aufgabe stellte ferner dar, dem so genannten Posse-Legat nachzugehen. Elise Posse, die Witwe des 1942 verstorbenen „Sonderbeauftragten" Hans Posse hatte noch in der NS-Zeit aus dessen Privatsammlung eine Schenkung nach Linz vorgenommen. Es galt zu überprüfen, ob diese ins Oberösterreichische Landesmuseum gelangte. In weiterer Folge untersuchte Kirchmayr auch den Weg von Kunstgegenständen aus dem Bestand des „Sonderauftrags Linz", die erst nach 1945 seitens des Oberösterreichischen Landesmuseums in Verwahrung genommen wurden. Im Mittelpunkt stehen dabei die so genannten „Collecting Point"-Bestände des Landesmuseums, benannt nach dem Collecting Point, der Kunstsammel- und Kunstrückführungsdienststelle der US-Besatzungsbehörden in München.[15] Hierbei handelt es sich um einen geschlossenen und den wohl wertvollsten Bestand nicht restituierten Kunstgutes im Bereich des Landesmuseums. Problematisch erwies sich die Vorgangsweise

---

[15] Vgl. Craig Hugh Smyth, Repatriation of Art from the Collecting Point in Munich after World War II (The Hague 1988).

des Collecting Point insofern, als die Rückgabe der geraubten Kunst nicht von den Alliierten bzw. den Experten der US-Dienststellen durchgeführt wurde, sondern den jeweiligen Ländern, also auch der Republik Österreich, überlassen wurde.[16]

In Hinblick auf den Wert der hier behandelten Kunstwerke gilt es festzuhalten, dass der aktuelle Preis auf dem Kunstmarkt von den zuständigen Experten geschätzt und eruiert werden kann. Der historische Preis differiert allerdings vom aktuellen Preis. In der vorliegenden Arbeit werden immer wieder Reichsmarkbeträge (RM) betreffend des Werts von Kunstobjekten angeführt. Inwieweit RM, insbesondere in der Kunstbranche, korrekt berechnet werden können, ist Gegenstand einer Diskussion. Als Richtwert sei darauf hingewiesen, dass, folgt man Statistik Austria, der österreichische Verbraucherpreisindex per 1. Jänner 2006 eine RM (aus dem Jahre 1938) mit 4,35 €, d.s. ehemals 59,9 ÖS berechnet.[17] Dabei kann dieser Wert nur als eher hypothetischer Anhaltspunkt angesehen werden; die Wertentwicklung wich in der Realität häufig enorm vom Verbraucherpreisindex ab.[18]

Die Thematik der Enteignung und Restitution von Kunstwerken und Kulturgütern in den oberösterreichischen Stiften und Klöstern wurde von Friedrich Buchmayr untersucht, der im Stift St. Florian als Bibliothekar tätig ist. Anhand von St. Florian galt es exemplarisch zu prüfen, welches Schicksal die enteigneten Kunstsammlungen der Stifte und Klöster erlitten, die generell unter der Aufsicht des Landes- bzw. Gaumuseums standen. Dem Museum wurden in diesem Zusammenhang wichtige Funktionen übertragen, so zum Beispiel mit 5. Jänner 1942 nach der Einziehung des Starhemberg'schen Vermögens, unter anderem des Schlosses Eferding,

---

[16] Löhr, Haus der Kunst 75-81.

[17] Vgl. Verbraucherpreisindex Statistik Austria (online); vgl. ferner Michael John, Ein Vergleich – „Arisierung" und Rückstellung in Oberösterreich, Salzburg und Burgenland. In: Danela Ellmauer – Michael John – Regina Thumser, „Arisierungen", beschlagnahmte Vermögen, Rückstellungen und Entschädigungen in Oberösterreich (Wien/München 2004) (= Veröffentlichungen der Österreichischen Historikerkommission. Vermögensentzug während der NS-Zeit sowie Rückstellungen und Entschädigungen seit 1945 in Österreich, Band 17/1 ) 13-198, 196f.

[18] Als – wenngleich besonders auffälliges – Beispiel sei hier das lange Jahre in der Neuen Galerie der Stadt Linz befindliche Bild von Egon Schiele, „Städtchen am Fluss" angeführt. Das Bild wurde 1938 in der Vermögensausstellung einer jüdischen Familie aufgelistet, aus der Wohnung wurde es auf Betreiben der „Vugesta" (Verwaltungsstelle für jüdisches Umzugsgut der Gestapo) in das Versteigerungshaus Dorotheum gebracht. 1942 hat man es um den Preis von 1.800 RM in einer Auktion des Dorotheum versteigert. Der Richtwert für 1 RM betrug 2006 4,35 €. Tatsächlich wurde das Bild im Jahre 2003 um 18,3 Millionen € verkauft. Bei Gemälden von Egon Schiele und Gustav Klimt sind die Wertsteigerungen bis heute extrem hoch. Vgl. Michael John, „Bona fide"-Erwerb und Kunstrestitution – Fallbeispiele zur Aneignung und Restitution von Kunstgütern nach 1945. In: Arisierte Wirtschaft. Raub und Rückgabe – Österreich von 1938 bis heute. Hg. von Verena Pawlowsky und Harald Wendelin, Band III (Wien 2006) 63.

und des Besitzes der Stifte St. Florian, Wilhering, Schlägl, Hohenfurt und Kremsmünster die Betreuung deren Kunstgutes, das sich aber weiterhin in den ursprünglichen Liegenschaften befand. Insbesondere waren aber auch die Neuakquisition und die Verlagerungen von Kunstgegenständen nachzuverfolgen und die Verluste zu dokumentieren, die während der NS-Zeit, aber auch noch in der Besatzungszeit, erfolgten. Untersucht wurden unter anderem die so genannten Paris-Ankäufe der Jahre 1940/41 durch Justus Schmidt, dem Leiter der kunsthistorischen Sammlung des Landesmuseums, die nach der Beschlagnahme des Stifts St. Florian dort eingelagert und zum Teil museal präsentiert wurden. Später kamen Teile der Ankäufe in Amtsräume des Reichsstatthalters, wurden nach dem Gutdünken des Gauleiters August Eigruber an NS-Honoratioren verschenkt oder entlehnt. Auch das Gaumuseum erhielt Kunstgegenstände aus den Pariser Ankäufen.

Das Stift St. Florian war ab Juni 1941 ferner die Heimstätte des „Barockmuseums des Reichsgaues Oberdonau", das aus Kunstwerken der beschlagnahmten Klosterkunstsammlungen des Landes und aus Beständen des Landes- bzw. Gaumuseums zusammengestellt wurde. In diesem Zusammenhang wurde die Geschichte dieses Museums dargestellt und die Praxis der Rekrutierung der Kunstwerke für das „Barockmuseum" rekonstruiert, aber auch die Frage der Rückstellungen untersucht. Friedrich Buchmayr erstellte weiters eine Art Resümee in der Form, als jene Kunstgegenstände aus den oberösterreichischen Stiften und Klöstern aufgelistet wurden, die sich heute noch im Oberösterreichischen Landesmuseum befinden. In diesem Fall ist der Terminus „Oberdonau" genau zu verwenden, denn zu diesen Sammlungen zählte neben jenen von St. Florian, Wilhering, Schlägl und Kremsmünster auch jene des Zisterzienserstiftes Hohenfurt, heute Vyšší Brod, aus den südböhmischen Gebieten. Dieser Raum wurde nach dem Münchner Abkommen von 1938 an das Deutsche Reich angeschlossen und gehörte in der Folge zum „Reichsgau Oberdonau".[19]

Den Abschluss der Arbeit bildet ein Beitrag von Michael John, der zugleich eine Zusammenfassung, ein Bestandsresümee und eine Diskussion der Frage nach der „moralischen Verantwortung und Kunst" im Kontext der NS-Herrschaft und deren Hinterlassenschaft beinhaltet.

Grundlage der vorliegenden Buchpublikation ist ein Forschungsprojekt, das im Jahre 2000 vom Land Oberösterreich (Landeskulturdirektion) ver-

---

[19] Orte in Böhmen und Mähren tragen seit 1945 tschechische Namen; 1938 bis Mai 1945 war Südböhmen Teil des Deutschen Reichs, in der NS-Zeit wurde dort ausschließlich die deutsche Bezeichnung verwendet, im Rahmen dieser Arbeit werden also die Jahre 1938 bis 1945 betreffend die deutschen Ortsnamen verwendet und die tschechischen Namen ebenfalls aufgelistet.

geben wurde. Die Arbeit an diesem Projekt wurde im Jahre 2001 begonnen. Das Projekt „Oberösterreichisches Landesmuseum 1938-55. ‚Sonderauftrag Linz' und ‚Collecting Point', Aspekte des Vermögensentzugs von Kunstwerken (-gegenständen) und der Restitution in Oberösterreich" wurde zwischen der Oberösterreichischen Landeskulturdirektion und dem Institut für Sozial- und Wirtschaftsgeschichte der Universität Linz unter der Projektleitung von Michael John abgeschlossen. Im Jahre 1998 war in Österreich in Anbetracht der bestehenden Defizite ein neues Kunstrückgabegesetz beschlossen worden, das sich allerdings nur auf Museen im Bundesbesitz bezog. Das Gesetz hatte jedoch normative Wirkung ebenso wie die in den Vereinigten Staaten in Sachen Rückgabe und Entschädigung anhängigen Sammel- und Einzelklagen. Landesmuseen ebenso wie städtische Galerien erhielten von den Landeshauptleuten und Bürgermeistern den Auftrag, ihre Bestände zu überprüfen.[20] Dies betraf auch das Oberösterreichische Landesmuseum, das im Jahre 1999 einen Bericht und 2000 einen erweiterten Bericht vorlegte. Die Aufgabenstellung wurde in diesen Berichten als „interne Revision" begriffen und solcherart bezeichnet.[21] Infolge nicht auszuräumender, weitreichender Unklarheiten, die damit im Zusammenhang standen, dass die Thematik komplex war und deutlich über den kunsthistorischen und lokal/regionalen Kontext hinausging, hat die Landeskulturdirektion in der Folge den besagten Forschungsauftrag vergeben.

Der Forschungsauftrag beinhaltete im Wesentlichen die Hauptaufgabe der Erstellung einer Studie zu den bereits genannten Themenstellungen „Sonderauftrag" und „Führermuseum", Geschichte und Rolle des Landesmuseums bzw. Museums des Reichsgaus Oberdonau 1938 bis 1945, Vermögensentzug und Rückgabe, Bestand des „Collecting Point", US-Behörden und oberösterreichische Dienststellen sowie zu den Sammlungen der Stifte und Klöster. Daneben wurde aber auch konkrete Provenienzforschung geleistet, die zur Überprüfung, Einleitung und Durchführung von Rückstellungscausen führte. Den Auftraggeber interessierte hierbei, welche Kunstgegenstände eventuell zweifelhafter Herkunft sich heute noch im Landesbesitz befinden. Aus dem Aufgabenmix resultierte auch der spezifische Charakter der vorliegenden Publikation. Die Thematik wurde eingehend untersucht, einschlägige Thesen wurden aufgenommen bzw. selbst formuliert und

---

[20] Vgl dazu Birgit Kirchmayr, „Treuhändig übernommen". Provenienzforschung im Oberösterreichischen Landesmuseum. In: neues museum. die österreichische museumszeitschrift 05/3, Oktober 2005, 33.

[21] Rückgabe von Kunstgegenständen, die während der NS-Ära in das OÖ. Landesmuseum gelangten. Endbericht des OÖ. Landesmuseums vom 30. 4. 1999, ergänzt und erweitert im Jänner 2000. Hg. vom Oberösterreichischen Landesmuseum (masch. Manus.) o. S.

theoretische Einlassungen vorgenommen. Der Schwerpunkt der Arbeit lag dabei im dokumentarischen Bereich. Daraus folgt die Notwendigkeit, eine ausführliche Darstellung von Beständen, aber auch Vorgängen und den zentralen handelnden Personen zu geben. Fakten und Faktizität standen im Vordergrund, die Arbeit erforderte insgesamt eine hohe Präzision.[22] Die „Arisierung von Mobilien", der Entzug mobiler Vermögenswerte, zu denen Kunstgegenstände zu zählen sind, stellt an sich ein spezifisches und besonders schwer fassbares Kapitel des Gesamtkomplexes der Thematik des Vermögensentzugs dar.[23]

Die angesprochene Dokumentation ist allerdings nicht nur als deskriptiv angelegte Arbeit vorzustellen, sie erforderte die Darstellung relativ komplexer Ereignisketten. Die an sich bereits mehrschichtige nationalsozialistische Kunstakquisitionspolitik führte im Zusammenhang mit den Verschleierungs- und Verschiebungsmanövern nach dem Zweiten Weltkrieg zu einer schwer durchschaubaren Sachlage. Dazu kamen oft noch fehlende Daten. Aus dem Puzzle an Informationen die historische Realität – etwa betreffend die Herkunft oder den Verbleib eines Bildes oder eines Kunstobjekts – zu rekonstruieren, erforderte von den Recherchenten manchmal geradezu kriminalistischen Spürsinn. Der „Sonderauftrag Linz" hatte überdies auch eine legale Dimension. Viele Kunstwerke wurden beispielsweise bei Kunsthändlern gekauft, was den Verdacht der zweifelhaften Herkunft jedoch nicht grundsätzlich ausräumt, da es darauf ankommt, in wessen Besitz sich ein Kunstwerk vor 1938 respektive 1933 befunden hatte. Die Nachforschungen sind durch die lange Zeitspanne, die seit den Ereignissen vergangen sind, erschwert worden. Viele Spuren konnten nicht mehr zu Ende verfolgt werden, weil die Informationen dazu in Verlust geraten sind. Nicht nur Informationen gerieten in Verlust, dies trifft auch auf die Kunstwerke selbst zu. Wiederholt kann etwa nicht von Raubkunst gesprochen werden, man kann lediglich die Unauffindbarkeit oder den unerklärlichen Weg eines Kunstgegenstands konstatieren. Für diese Fälle gibt es den weiter gefassten Begriff der „lost art", des in Verlust geratenen Kunstwerks.[24]

---

[22] Aufgrund der vorgegebenen Aufgabenstellung ähnelt die Arbeit einem Historikerkommissionsbericht. Vgl. dazu Veröffentlichungen der Österreichischen Historikerkommission (Wien/München 2003-2004).

[23] Vgl. Gabriele Anderl – Edith Blaschitz – Sabine Leitfellner – Miriam Triendl – Niko Wahl, „Arisierung" von Mobilien (Wien/München 2004) (= Veröffentlichungen der Österreichischen Historikerkommission 15) 11.

[24] Vgl dazu die deutsche Großdatenbank http://www.lost.art.de. In Österreich ist ein ähnliches Projekt entwickelt worden, vgl. Die Kunst-Datenbank des Nationalfonds der Republik Österreich für Opfer des Nationalsozialismus (http://www.kunstrestitution.at).

Die Aufgabenstellung selbst hat sich im Zuge der Forschungsarbeit verändert. Gerade im Bereich der Provenienzuntersuchung kamen mehrmals neue Detailaufgaben hinzu. Im Kontext der Forschungsinhalte sind allerdings auch Themen zu benennen, die an dieser Stelle nur als Desiderat formuliert werden können. Um ein Beispiel zu geben, sei der Erwerb der Kunstsammlung Kastner im Jahr 1974 durch das Oberösterreichische Landesmuseum genannt. Das Museum hat die Sammlung aus eigenem Antrieb in den Bericht des Jahres 1999 „Rückgabe von Kunstgegenständen" aufgenommen.[25] Dies ist im Zusammenhang mit Kastners Biografie zu sehen. Walther Kastner (1902–1994) hatte in den NS-Jahren hohe und wichtige Funktionen. Er war unter anderem Direktor der Kontrollbank und damit in der Funktion des wichtigsten „Ariseurs" der österreichischen Großbetriebe. Um zu vermeiden, dass die wichtigsten und wirtschaftlich potentesten „jüdischen" Unternehmen in der „Ostmark" von Nicht-Fachleuten übernommen werden, war die Kontrollbank dazu angehalten worden, in rund 100 Fällen selbst die „Arisierung" durchzuführen und in der Folge möglichst nach wirtschaftlichen Gesichtspunkten und mit Sorgfalt eine Distribution vorzunehmen.[26] Kastner war zuerst Prokurist, später leitender Direktor der Kontrollbank, nationalsozialistisches Parteimitglied, später Vorstand, dann Generaldirektor der Semperit AG bis Kriegsende. Nach dem Ende der NS-Jahre musste er als Hilfsarbeiter so genannte „Sühnearbeit" leisten. Gegen ihn wurde nach 1945 ein Volksgerichtsverfahren eingeleitet. Schon vor der Einstellung des Verfahrens machte der unbestritten fachlich äußerst fähige Experte jedoch erneut Karriere.[27] Im Jahre 1974 hat eben dieser Walther Kastner dem Land Oberösterreich eine riesige, über 4.000 Exponate umfassende Sammlung geschenkt. Kastner war zwischen 1938 und 1941 in eine Vielzahl von Arisierungsfällen verstrickt, und er erstand – ausgestattet mit einem eminenten Insiderwissen – immer wieder Kunstgegenstände aus dem Dorotheum, deren Herkunft bis vor kurzem nicht weiter verfolgt werden

---

[25] Endbericht des OÖ. Landesmuseums 14f.

[26] Vgl. Fritz Weber, Die Arisierung in Österreich: Grundzüge, Akteure und Institutionen. In: Ulrike Felber – Peter Melichar – Markus Priller – Berthold Unfried – Fritz Weber, Ökonomie der Arisierung. Teil 1: Grundzüge, Akteure und Institutionen (Wien-München 2004) (= Veröffentlichungen der Österreichischen Historikerkommission Bd. 10/1) 105ff.

[27] Brigitte Bailer-Galanda, „Schauen Sie, das Ungeordnete ist natürlich schlimmer wie das Geordnete". Skizze zu Walther Kastner, Jurist und Staatsbediensteter für Diktatur und Demokratie. In: Erfahrung der Moderne. Festschrift für Roman Sandgruber zum 60. Geburtstag. Hg. von Michael Pammer u.a. (Stuttgart 2007) 289–300.

konnte.[28] Unlängst wurde eine Datenbank eingerichtet und werden nunmehr relevante Dokumente und Unterlagen an das Österreichische Staatsarchiv übergeben.[29] Kastner war die längste Zeit seines Berufslebens Beamter gewesen und konnte dennoch eine enorm wertvolle und umfangreiche Sammlung zusammentragen.[30] Er schreibt in seinen Memoiren offen über seine Erfahrungen als „Ariseur" und hält fest: „Als ich in den Ruhestand getreten war, begann ich alles zu ordnen, begann meine Briefschaften durchzugehen und zu vernichten. Ich wollte meinen Neffen und Nichten die Mühen einen Nachlass aufzulösen, tunlichst vereinfachen. So beschlossen meine Frau und ich schon bei Lebzeiten, die Schenkung an das Land Oberösterreich vorzunehmen."[31] Walther Kastners Schenkung war zweifellos die Großtat eines Sammlers. Eine erste Sichtung des Bestandes hat bislang keine konkreten Verdachtsmomente zum Vorschein gebracht.[32] Dennoch sollte jener Teil der Schenkung Kastner im Oberösterreichischen Landesmuseum einer genaueren Überprüfung unterzogen werden, der Kunstwerke, insbesondere Gemälde, aus dem 19. und 20. Jahrhundert beinhaltet. Dies erfordert aufwendige Provenienzforschungen, die im Rahmen dieses Forschungsauftrags nicht durchgeführt werden konnten.

Ebenfalls nicht durchgeführt wurde eine genaue Ermittlung der Provenienzen der Sammlung des ehemaligen Direktors des Landesmuseums Heinrich Justus Schmidt (1903–1970), dessen Rolle im Kontext des Landesmuseums und der Stiftsammlungen detailliert untersucht wurde.[33] Auch der Kunsthistoriker Schmidt erwies sich als Mann, der verschiedenen Regimes zu Diensten war – auch dem NS-Regime – und sich immer in einer bestimmten Positionshöhe halten konnte. Diese ist allerdings auf einer anderen Ebene angesiedelt als bei dem Top-Juristen Kastner. Überdies wird

---

[28] Vgl. Gabriele Anderl – Alexandra Caruso, Einleitung. In: NS-Kunstraub in Österreich und die Folgen. Hg. von Gabriele Anderl und Alexandra Caruso (Innsbruck/Wien/Bozen 2005) 15.

[29] Vgl. dazu die Studie Stefan August Lütgenau – Alexander Schröck – Sonja Niederacher, Zwischen Staat und Wirtschaft. Das Dorotheum im Nationalsozialismus (Wien/München 2006).

[30] Die Sammlung Kastner, 4 Bände, Kataloge des Oberösterreichischen Landesmuseums. Hg. v. Oberösterreichisches Landesmuseum (Linz 1992-1999); Benno Ulm, Kunstsammlung Univ. Prof. Dr. Walther Kastner: Schlossmuseum Linz (Linz 1975).

[31] Walther Kastner, Mein Leben kein Traum (Wien 1982) 199.

[32] Die Quellenlage ist allerdings nicht zufrieden stellend. Es existieren Karteiblätter und -unterlagen, die nach 1951 angefertigt wurden, mangelhaft ausgefertigt wurden und teilweise nicht zutreffende Angaben enthalten; eine interne Möglichkeit der Korrektur ist nicht gegeben. Oberösterreichisches Landesmuseum (OÖLM), Provenienzunterlagen Sammlung Walther Kastner.

[33] Vgl. dazu die biografische Skizze über Justus Schmidt in dem vorliegenden Band von Birgit Kirchmayr.

Schmidt als Mann beschrieben, der das Rampenlicht mied und im Hintergrund die Fäden zog.[34] Die Untersuchung erstreckte sich jedoch nicht auf die von Justus Schmidt hinterlassene Privatsammlung, diese befindet sich heute nicht in Landes-, sondern in städtischem Besitz.

Schließlich sei im Zusammenhang mit noch offenen Desideraten der Forschung das Schloss Eferding erwähnt. Das Schloss wurde 1942 im Zusammenhang mit der Beschlagnahme und Enteignung des Starhemberg'schen Besitzes als „staats- und parteifeindliches Vermögen" klassifiziert. Es wurde seitdem als Kunstdepot des Landesmuseums/Museums des Reichsgaus verwendet. Birgit Kirchmayr zeichnet die Stationen einzelner Sammlungen bzw. Bilder nach, die aus Schloss Eferding verschwanden. Gerade 1945/46 war ein Jahr chaotischer Umbrüche. In ganz Oberösterreich kamen Plünderungen vor, wobei Dinge von Wert in Verlust gerieten. Laut Gendarmeriebericht wurden in dem von der US-Armee requirierten Schloss Eferding „Objekte auf höhere Weisung" abgegeben bzw. verschwanden diese. Möglicherweise waren US-amerikanische Dienststellen involviert.[35] Diesen Punkt genauer erhellen könnte lediglich die zusätzliche Recherche in US-amerikanischen Archivbeständen. Ein Erfolg der Nachforschungen ist ungewiss, in einer Reihe von Fällen sind höchstwahrscheinlich die Spuren jener Kunstgegenstände für immer verwischt.[36]

---

[34] Georg Wacha, Der Kunsthistoriker Dr. Justus Schmidt (* Wien 15. Jänner 1903 + Linz 15. August 1970), masch. Manus. (Linz o. J.) 5.

[35] Tatsächlich existiert diese Dimension von „lost art", für die US-amerikanische Beteiligte die Verantwortung tragen. Forschungen in diesem Feld sind schwierig, die offizielle Unterstützung seitens der Vereinigten Staaten von Amerika ohnedies vorausgesetzt. Bei den damals agierenden Personen handelt es sich um Geheimdienst, Militär- oder diplomatisches Personal. Um ein spektakuläres Beispiel zu geben: 1998 wurde unter Präsident Clinton die „Presidential Advisory Commission on Holocaust Assets in the United States" eingesetzt, die unter anderem die Aufbringung des legendären „Gold Train" in der Nähe von Werfen, Land Salzburg, Mitte Mai 1945, durch die US-Armee zum Inhalt hatte. In der Folge gingen Goldbestände sowie viele Kunst- und Wertgegenstände, die sich auf dem Zug befanden und in Auschwitz ermordeten ungarischen Juden gehörten, verloren bzw. eigneten sich US-Militärangehörige diese an, teilweise wurden sie in einem Militärwarenhaus der US-Armee verkauft. 1999 ist ein offizieller Bericht vorgelegt worden: Presidential Advisory Commission on Holocaust Assets in the United States, Progress Report on: The Mystery of the Hungarian „Gold Train" (Washington D.C. 1999). Am 30. September 2005 wurde von der US-Regierung und ungarischen Holocaust-Opfern und ihren Erbengemeinschaften das so genannte „Hungarian Gold Train Settlement" abgeschlossen, das einen von der US-Regierung finanzierten Fonds für diese Personengruppe in der Höhe von 25,5 Millionen US-Dollar beinhaltet. Mit der Auszahlung wurde begonnen.

[36] Vgl. Löhr, Haus der Kunst 82-93 (Kapitel „Die US-Army als Kunsträuber?").

## Sonderfall Oberdonau

Diskussionen um einen „Sonderfall" sind oft unergiebig. Sind nicht viele historische Entwicklungen von spezifischen Charakteristika begleitet? Die Geschichte Oberösterreichs 1938 bis 1945, in der Folge dann als Gau Oberdonau, ist jedoch tatsächlich von einzigartigen und markanten Merkmalen geprägt. Nur diese Region wurde als „Heimatgau des Führers" angesehen, Linz war die einzige „Patenstadt des Führers", der Gau Oberdonau sollte die Zielregion der im Zuge des „Sonderauftrags" akquirierten Kunstwerke sein, hier sollte sich das „Führermuseum" befinden. Die politisch Verantwortlichen in Gau und Stadt waren sich der Besonderheit der Situation bewusst und begriffen die Privilegierung als einmalige Chance, die es zu nutzen galt, mit all jenen Implikationen, die dies in einer nationalsozialistisch beherrschten Gesellschaft bedeutete. Diese These wird in den folgenden, umfangreichen Studien bestätigt. Die Dynamik ging in erster Linie nicht von der Stadt Linz oder von anderen Stellen, sondern eindeutig vom Gau Oberdonau aus. Diese Ebene war wesentlich einflussreicher, insbesondere auch durch die Person August Eigrubers, der persönlichen Zugang zu Hitler hatte. Die hier angesprochene Situation – „Nutzen der Chance" – sollte sich auch nach 1945 auswirken.

Von den Nationalsozialisten wurde 1938 mit nachhaltigen Intentionen in die Struktur Oberösterreichs eingegriffen: sozial, wirtschaftlich, ökologisch und kulturell. Die deutlichste und besonders nachhaltige Veränderung geschah im wirtschaftlichen Bereich. Es waren vor allem großindustrielle Neugründungen, die forciert wurden. Hitler wollte dadurch die geplanten kulturpolitischen Neugestaltungen langfristig finanziert wissen.[37] Länder wie Oberösterreich (beispielsweise aber auch Salzburg, im „Altreich" etwa Franken) begriffen die Möglichkeiten, die in dieser Entwicklung hin zur „Entprovinzialisierung" nicht-metropolitaner Regionen steckten: als Möglichkeit zum Aufstieg in der Hierarchie der Länder. Für die Eliten der jeweiligen NS-Polykratie bedeutete es mehr Macht und Einfluss – ein hinreichendes Motiv.[38]

Adolf Hitler war bekanntlich in Oberösterreich geboren worden, hatte jahrelang in Linz gelebt und war hier zur Schule gegangen. Aufgrund von Hitlers Geburtsort Braunau galt Oberösterreich reichsweit bald als „Hei-

---

[37] Vgl. Fritz Mayrhofer, Die „Patenstadt des Führers". Träume und Realität. In: Nationalsozialismus in Linz I 327-386, 347-361.

[38] Vgl. John, Vergleich 14f.

matgau" des deutschen Reichskanzlers und „Führers" und Linz wurde als „Heimatstadt des Führers" bezeichnet. Neben Berlin, Hamburg, München und Nürnberg wurde Linz zu einer der fünf „Führerstädte". Singulär war die Funktion einer reichsweit privilegierten „Patenstadt des Führers". Im nationalsozialistischen Gesamtkonzept ging diese Aufwertung zu Lasten Wiens, das zu einer Provinzhauptstadt des Deutschen Reiches herabgedrückt werden sollte. Es ist auffällig, dass Wien weder in der Liste der Neugestaltungsstädte noch im Kontext besonderer Auszeichnungen vorkommt. Eine der Stoßrichtungen partieller Modernisierungsprozesse in Wirtschaft und Gesellschaft des Deutschen Reiches, insbesondere aber in der „Ostmark", war eine kalkulierte Regionalpolitik, die Förderung der österreichischen Bundesländer und die gezielte Hintansetzung der von Hitler nicht geschätzten „Metropole Wien". Die Vorbehalte Adolf Hitlers gegen die ehemalige „Reichshaupt- und Residenzstadt Wien" der multiethnischen Habsburgermonarchie, gegen das, wie er es in „Mein Kampf" beschreibt, „verjudete Völkerbabel" seiner Jugendzeit, sind hinlänglich bekannt.[39] Schließlich schätzte Hitler aber auch in seiner Funktion als aktiver Politiker Linz immer wieder höher ein als Wien.[40]

Die „Entprovinzialisierung der Provinz" betraf den wirtschaftlichen Ausbau ebenso wie die kulturpolitischen Überlegungen der nationalsozialistischen Politik.[41] Hitler hat diese Stoßrichtung regelmäßig vorgegeben und auch auf konkreten Anwendungsgebieten formuliert, etwa im Bereich der Kunstpolitik, wobei ihm bereits 1938 vorschwebte, Bestände aus in Wien befindlichen Kunstsammlungen auf Museen in den ehemaligen österreichischen Bundesländern zu verteilen.[42] In diesem Sinne räsonierte Hitler 1942 im Führerhauptquartier gegenüber Gauleiter Forster aus Danzig: „Dabei seien seine lieben Wiener, die er ja genau kenne, so krampfig, dass sie ihm bei der Besichtigung einiger beschlagnahmter Rembrandtbilder in ihrer gemütvollen Art klarzumachen versucht hätten, dass alle echten Bilder eigentlich in Wien verbleiben müssten, man diejenigen aber, deren Meister unbekannt

---

[39] Vgl. Adolf Hitler, Mein Kampf (München 1941) 59, 135.

[40] Realiter war jedoch die zentralörtliche und wirtschaftliche Bedeutung Wiens mit der von Linz auch während der NS-Jahre nicht zu vergleichen. Die wirtschaftliche, politische und militärische Bedeutung der Millionenstadt war wesentlich größer.

[41] Vgl. Ernst Hanisch, Gau der guten Nerven. Die nationalsozialistische Herrschaft in Salzburg 1938–1945 (Salzburg/München 1977) 127f; vgl. ferner zur regionalisierten Machtstruktur in Österreich nach dem Anschluss Ernst Hanisch, Der lange Schatten des Staates. Österreichische Gesellschaftsgeschichte im 20. Jahrhundert (Wien 1994) 363–366.

[42] Schwarz, Hitlers Museum 37.

sind, gerne Galerien in Linz oder Innsbruck zukommen lassen wolle. Sie hätten dann große Kulleraugen gemacht, wie er entschieden habe, dass auch große Sachen, soweit sie nicht Lücken in geschlossenen Galerien in Wien vervollständigten, den Landesmuseen der übrigen Alpen- und Donaugaue zugeführt würden."[43]

Auswirkungen hatte die spezifische regionale Ausformung nationalsozialistischer Politik auch bereits im Jahre 1938 auf die antijüdischen Maßnahmen. Die „Judenfrage" hatte in den österreichischen Ländern, außerhalb Wiens, einen stärker symbolischen Gehalt. Dort versuchten die Gauleiter und andere einflussreiche Parteiführer die „Arisierungs"-Gewinne nur für ihren Einflussbereich, für ihre Gefolgschaft zu reservieren. Die Folge war, dass in den Bundesländern, verglichen mit Wien, die wirtschaftliche Ausschaltung der jüdischen Bevölkerung effizienter organisiert war und rascher durchgeführt wurde. Die Bemühungen in der österreichischen „Provinz" zur Abschiebung der Juden vor allem nach Wien bzw. zur Vertreibung über die Grenzen muten wie ein Wettlauf an.[44] Die „Heimatstadt" und der „Heimatgau" sollten „zu Ehren des Führers" besonders rasch „judenfrei" gemacht werden. Die forcierte Vertreibung der Juden war ein erklärtes Ziel von Gauleiter Eigruber. Zu den antijüdischen Maßnahmen zählte auch die rasche Aneignung des jüdischen Vermögens. Unternehmen, Häuser, Grundstücke und sonstige Vermögenswerte wurden „arisiert", wegen „staats- und parteifeindlichen Verhaltens" entschädigungslos enteignet, den jüdischen Besitzern abgepresst oder mit anderen Methoden enteignet.[45] Begehrte Objekte waren in diesem Zusammenhang auch Kunstgegenstände aus dem Besitz jüdischer Eigentümer. Die jüdische Gemeinde in Linz umfasste etwas weniger als 700 Personen, im gesamten Land lebten rund 1.000 Juden. Darüber hinaus hatten Juden, vornehmlich aus Wien, Haus- und Grundbesitz im Salzkammergut angekauft und sich dort auch zeitweilig aufgehalten. Die in Oberösterreich ansässigen Juden waren in sozialer Hinsicht in vielen Fällen dem Bürgertum zuzurechnen, eine Reihe jüdischer Bürger war in hohem Maß kunst- und kulturinteressiert. Aus dem relativ frühen Zeit-

---

[43] Henry Picker, Hitlers Tischgespräche im Führerhauptquartier 1941-1942 (Stuttgart 1965) 244 zit. nach Schwarz, Hitlers Museum 39.

[44] Vgl. John, Vergleich 85-87.

[45] Michael John, „Bereits heute schon ganz judenfrei...." Die jüdische Bevölkerung von Linz und der Nationalsozialismus. In: Nationalsozialismus in Linz II. Hg. von Fritz Mayrhofer und Walter Schuster (Linz 2001) 1311-1406; Michael John, Modell Oberdonau? Zur wirtschaftlichen Ausschaltung der jüdischen Bevölkerung unter Berücksichtigung regionaler Gesichtspunkte. In: ÖZG (Österreichische Zeitschrift für Geschichte) Heft 2/1992, 52-69.

punkt der antijüdischen Maßnahmen im Jahre 1938, als die Situation noch nicht so angeschärft war wie etwa 1940 oder 1941, resultierte zu diesem Zeitpunkt ein gewisser Spielraum, der zu Absprachen führte, die letztlich natürlich eine Nötigung darstellten, die aber dazu führten, dass gegen die Überlassung von Vermögen verfolgte Juden aus dem Konzentrationslager geholt wurden und ihnen die Ausreise ermöglicht wurde. In diesen – frühen – Kontext lässt sich Birgit Kirchmayrs Entdeckung einreihen, dass jüdische Sammler einzelne Kunstobjekte im Landesmuseum „deponieren" konnten, diese vorerst nicht als „arisiert" oder enteignet bezeichnet wurden.

1938 war aus einer Landeshauptstadt im Kleinstaat Österreich, in einem Bundesland mit Randlage, in der Folge die Hauptstadt des vergrößerten Gaus Oberdonau inmitten des großflächigen Deutschen Reichs geworden.[46] Es war geplant, Linz als überregionales Zentrum mit 250.000 bis 400.000 Einwohnern auszubauen, zu einer Donaumetropole mit entsprechenden kulturellen, wissenschaftlichen, sozialen, politischen und touristischen Einrichtungen. Dies machte den Raum Linz für diverse Neuansiedlungen attraktiv.[47] Die Wehrmacht zeigte sich daher an dem Standort stark interessiert. Die vor Fliegerangriffen schützende Binnenlage wurde für den Auf- und Ausbau von Rüstungsbetrieben hervorgehoben, deren bekanntester die „Hermann Göring Werke" in Linz werden sollten. Die Entscheidung für die Forcierung des Raumes Linz wurde auf den Schreibtischen der Wirtschafts-, Militär- und Raumplaner des Dritten Reiches vorbereitet; getroffen und verkündet wurde sie von Adolf Hitler.[48] Es ist bekannt, dass sich Hitler eine Reihe von Monumentalverbauungen wünschte und sich an einigen Planungen auch selbst beteiligte. Es war Hitlers Wunsch, Linz zu einer „Kulturhauptstadt" Europas auszubauen, neben der riesigen Gemäldesammlung des Führermuseums mit Opernhaus, Operettentheater und Spitzenorchester.[49] Nach einer griffigen Formulierung bei Hermann Giesler sollte Linz nach dem Willen des „Führers" zum „Paris Mitteleuropas" werden.[50] Auch von Budapest als Vorbild für Linz (aufgrund der Lage auf beiden Seiten der Donau) war die Rede.

---

[46] Zur Sonderrolle von Stadt und Gau vgl. auch die etwas ältere Darstellung Evan Burr Bukey, „Patenstadt des Führers". Eine Politik- und Sozialgeschichte von Linz 1908-1945 (Frankfurt/New York 1993).

[47] Fritz Mayrhofer, „Patenstadt des Führers" 347-353

[48] Vgl. Josef Moser, Oberösterreichs Wirtschaft von 1938 bis zur Gegenwart. In: Oberösterreichische Wirtschaftschronik (Linz 1994) 23-47.

[49] Vgl. Bukey, Patenstadt 283-291.

[50] Vgl. Hermann Giesler, Ein anderer Hitler: Bericht seines Architekten (Leoni am Starnberger See 1978) 99-103.

Tatsächlich war es von hohem Symbolwert in Hinblick auf jedwede „Machbarkeit", als man sich, von Hitler selbst angeordnet, sofort nach dem „Anschluss" propagandistisch anschickte, die nicht sehr bedeutende „Provinzhauptstadt" Linz zu einem der Brennpunkte des Deutschen Reichs zu machen. Mit propagandistischem Kalkül wurden berühmte Architekten wie Albert Speer, Hermann Giesler (schließlich zum wichtigsten Planer aufgerückt) und Paul Baumgarten angewiesen, für Linz zu planen. Schließlich wurde der nicht minder prominente Architekt Roderich Fick zum „Reichsbaurat für die Stadt Linz an der Donau" eingesetzt.[51]

Die Thematik der Neugestaltung betraf indes nicht nur die Hauptstadt selbst. In ganz Oberösterreich bzw. Oberdonau herrschte Aufbruchstimmung. In Steyr plante man vor allem, Wirtschaftsimpulse über Investitionen in der Rüstungsindustrie zu setzen. Gauleiter Eigruber stammte aus Steyr und protegierte die Stadt nachhaltig. Ebenso wie in Linz setzte man auch in Steyr sehr rasch Eingemeindungen durch, um die Stadt zu vergrößern. Auch in Wels wurden 1938 zwei Ortschaften eingemeindet, Wels wurde zur „Stadt der Bewegung" und zur „Patenstadt von Hermann Göring" erhoben.[52] Daneben betrieben eine Reihe von Städten Neugestaltung auf eigene Initiative. In Oberdonau, dem „Heimatgau" Hitlers, waren dies neben Wels und Steyr selbst wesentlich kleiner dimensionierte Orte wie Braunau (Hitlers Geburtsort) oder Rohrbach im Mühlviertel, das für seine Größe in gigantischem Ausmaß plante.[53] Auch im Bereich der Repression wurde geplant, investiert und letztlich expandiert: Bereits am 1. April 1938 begann die SS wegen des Erwerbs von Gründen in Mauthausen zur Errichtung eines Konzentrationslagers zu verhandeln. In der Folge sollte ein riesiger Lagerkomplex entstehen, der Oberdonau zu einem „Land der Konzentrationslager" werden ließ.[54] Parallel zur Idee der Schaffung eines neuen nationalsozialistischen Kunst- und Kulturzentrums in Linz wurde in der Folge für die

---

[51] Die Stadt Linz hatte im Kampf um die Planungszuständigkeit einige Kompetenzen in der Zeit von 1940-1943 hinzugewonnen, Ende 1943 verlor die Stadt in dieser Hinsicht aber jegliches Selbstbestimmungsrecht.

[52] Vgl. Walter Schuster, Die österreichische Stadtgeschichtsforschung zum Nationalsozialismus. Leistungen – Defizite – Perspektiven. In: Pro Civitate Austriae, Jg. 2000, N.F. 5, 35-62, 36f.

[53] Vgl. Josef Moser, „Die Vereinigten Staaten von Oberdonau". Zum Wandel der Wirtschafts- und Beschäftigtenstruktur einer Region während der nationalsozialistischen Herrschaft am Beispiel Oberösterreichs (Diss. Univ. Linz 1991) 106f.

[54] Vgl. u. a. Harry Slapnicka, Oberösterreich, als es „Oberdonau" hieß (Linz 1978) 225-251 (Kapitel „Land der Konzentrationslager"); Gerhard Botz, Terror, Tod und Arbeit im Konzentrationslager Mauthausen. In: Oberösterreichische Gedenkstätten für KZ-Opfer. Eine Dokumentation. Hg. von Land Oberösterreich (Linz 2001) 15-29.

„feindlichen Elemente" die Entstehung einer Mordmaschinerie in den nahe gelegenen Orten Hartheim und Mauthausen betrieben.
Zurück ins Jahr 1938: Am 31. Mai wurde die Anordnung des in Wien amtierenden Reichskommissars Josef Bürckel über die Gaueinteilung in Österreich erlassen. Das steirische Ausseer Land kam zu Oberösterreich, das nunmehr 12.450 km² und 912.000 Einwohner umfasste. Erstmals schien der Name „Oberdonau" offiziell auf; per 1. Mai 1939 erfolgte die definitive Umbenennung. Per 16. Oktober 1938 wurde formell die Verwaltung der sudetendeutschen Bezirke Krummau und Kaplitz (Český Krumlov, Kaplice) durch „Oberdonau" übernommen, in der Folge hat man das Gebiet angegliedert.[55] Der Gau umfasste damit 14.197 km² und 1.042.000 Einwohner (Volkszählung Mai 1939). Insgesamt wurde die Fläche des Gaus um rund 15 % vergrößert. Am 25. März 1939 wurden die „Volksdeutschen" der südböhmischen Bezirke Budweis (České Budějovice), Wittingau (Třeboň), Tabor, Mühlhausen (Milevsko) und Moldauthain (Týn nad Vltavou) des „Protektorates" zum Kreis Budweis der NSDAP zusammengefasst und dem Hoheitsgebiet des Gaus Oberdonau angeschlossen; 18 Ortsgruppen wurden gebildet. Damit kam der expansionistische – auf Vergrößerung und Bedeutungsgewinn ausgerichtete – Charakter der regionalen Parteieliten deutlich zum Ausdruck. Weitere Gebiete sollten in den Herrschaftsbereich der Linzer Gaudienststellen geraten.[56] Dies war bereits mit dem Kloster Hohenfurt geschehen, das zum Teil in die vorliegende Untersuchung einbezogen wurde. Im Jänner 1939 hatte bereits ein vom Gau Oberdonau ernannter Regierungskommissar die Verwaltung des Klosters übernommen. Das Stift wurde wegen „staats- und parteifeindlichem Verhalten" belangt, u.a. wurde mit dem angeblichen Übernachten jüdischer Flüchtlinge im Jahre 1938 argumentiert.[57] Im Zuge der Klosteraufhebungen im Gau Oberdonau wurde auch das Kloster Hohenfurt am 17. April 1941 durch die Gestapoleitstelle Linz beschlagnahmt und enteignet.[58]

---

[55] Harry Slapnicka, Oberösterreich 1917-1977. Karten und Zahlen (Linz 1977) 33-37.

[56] Michael John, Südböhmen, Oberösterreich und das Dritte Reich. Der Raum Krummau-Kaplitz/Český Krumlov-Kaplice als Beispiel von internem Kolonialismus. In: Kontakte und Konflikte. Böhmen, Mähren und Österreich: Aspekte eines Jahrtausends gemeinsamer Geschichte. Hg. von Thomas Winkelbauer (Horn- Waidhofen 1993) 447-469.

[57] Bischöfliches Ordinariatsarchiv Linz (BOAL), Schreiben des Reichsstatthalters Oberdonau an das Generalvikariat Hohenfurt vom 28. September 1940.

[58] Thaddaeus Kohout, Tecelin Jaksch (1885 - 1954). Abt von Hohenfurt in bewegten Zeiten (Dipl. Arb. Univ. Wien 2002); Hans Rödhammer, Das Generalvikariat Hohenfurth 1940-1946. In: Oberösterreichische Heimatblätter, 28. Jahrgang (1974), Heft 1/2, 57-74.

Schließlich versuchte eine eigene „Pressure-Group", bestehend aus süddeutschen und österreichischen NS-Spitzen, in Berlin eine Aufteilung des Protektorats Böhmen und Mähren durchzusetzen. In einem Bericht des Auswärtigen Amts vom 19. August 1940 über Pläne zur Aufteilung von Böhmen und Mähren hieß es: „Das Protektorat wird in fünf Teile zerschlagen, und zwar: 1. Mährisch-Ostrau mit dem schlesischen Teil kommt zum Bezirk Kattowitz, 2. Böhmen wird mit dem Sudetengau vereinigt und wird mit der Hauptstadt Prag ein Reichsgau, 3. ein Teil wird der Bayrischen Ostmark zugeteilt, 4. der Bezirk Budweis wird mit dem Gau Oberdonau und 5. Mähren mit dem Gau Niederdonau vereinigt."[59] Damit sollte der böhmisch-mährische Wirtschaftsraum zerschlagen werden, das Reichsprotektorat abgeschafft, Prag zur Provinzstadt degradiert, Niederdonau und im konkreten Fall Oberdonau mit dem wirtschaftlich ausgebauten Standort Budweis aufgewertet werden. Dieser Vorstoß aus den Gauhauptstädten Krems und Linz wurde vorerst nicht realisiert, man behielt sich andere Regelungen für später vor.[60]

„Führermuseum" und Gemäldesammlung in Linz war also bei weitem nicht das einzige ambitionierte Projekt – wahrscheinlich aber ein besonders emotionsgeladenes. Seitens Hitlers waren bei seinem Einsatz für Linz und Oberösterreich/Oberdonau jedenfalls offenkundig starke persönliche Emotionen im Spiel. Hier hatte er einen Teil seiner Jugendzeit verlebt, war mit dem deutschnationalen Milieu in Kontakt geraten und hatte die Musik Richard Wagners kennen gelernt.[61] Angesichts der begrenzten Zeitspanne, die Hitler in Linz verbrachte – er lebte maximal sieben Jahre im Raum Linz – und angesichts der vollständigen Abnabelung von seiner Verwandtschaft nach dem Tod der Mutter wirken sein öffentliches Eintreten und sein enormes Engagement für die Stadt dennoch in gewisser Weise disproportioniert – Linz und Oberösterreich waren wohl für ihn, wie Jonathan Petropoulos hinsichtlich des nationalsozialistischen Kunstraubs und des

---

[59] Die faschistische Okkupationspolitik in Österreich und der Tschechoslowakei (1938–1945). Dokumentenedition (Köln 1988) 149f.

[60] Petr Nemec, Gauleiter Dr. Hugo Jury und sein Wirken im Protektorat Böhmen und Mähren. In: Kontakte und Konflikte. Böhmen, Mähren und Österreich 469f.

[61] Vgl. Ian Kershaw, Hitler 1889-1936 (Stuttgart 1998) 10-104; Brigitte Hamann, Hitlers Wien. Lehrjahre eines Diktators (München 1996) 11-86; Harry Slapnicka, Hitler und Oberösterreich. Mythos, Propaganda und Wirklichkeit um den „Heimatgau" des Führers (Grünbach 1998); Ernst Hanisch, Ein Wagnerianer namens Adolf Hitler. In: Richard Wagner 1883-1983. Die Rezeption im 19. und 20. Jahrhundert. Gesammelte Beiträge des Salzburger Symposions. Hg. von Ulrich Müller (Stuttgart 1984) 65-75; Regina Thumser, Das Linzer Landestheater – Hitlers „Brücke in eine schönere Welt"?. In: kunst-kommunikation-macht. Sechster Österreichischer Zeitgeschichtetag 2003. Hg. von Ingrid Bauer u.a. (Innsbruck 2004) 49.

damit verbundenen „Sammelwahns" dargestellt hat, eine Art „heile" Gegenwelt, eine Traumwelt, geschaffen für das Experimentieren mit Phantasien.[62] Von Hitlers Planungen für Linz wurde in der Realität nur wenig verwirklicht, etwa die Nibelungenbrücke oder die Brückenkopfgebäude. Infolge des Zweiten Weltkriegs und der militärischen Niederlage sollte die nationalsozialistische Stadtplanung im Stadtzentrum ein Torso bleiben.[63]
Während ab 1943 infolge der Kriegslage realistischerweise in den anderen „Führerstädten" jede Planungstätigkeit eingestellt wurde, war dies hinsichtlich der Stadt Linz nicht der Fall. Bis in die letzten Kriegstage des Jahres 1945 wurde geplant. Helmut Weihsmann analysiert dazu: „Im fertig gestellten Modell der ... Donauuferbebauung, das ihm Giesler Mitte Februar 1945 in der Reichskanzlei übergab und das er im Führerbunker immer wieder stolz allen Besuchern vorführte, fand Hitler in den letzten Wochen vor seinem Tod die Erfüllung seines Linz-Traumes."[64] Hitler starrte stundenlang auf ein beleuchtetes Linz-Modell, ließ sich auch die Fotoalben zur geplanten Linzer Gemäldesammlung bringen und blätterte darin.[65] Petropoulos formulierte dazu prägnant: „Am Ende bleibt das gespenstische Bild Hitlers, wie er in den letzten Kriegstagen im Modellraum seines Bunkers saß, versunken in den Traum der Galerien, Konzertsäle und Denkmäler seines Linzer Projekts. Aus einer Äußerung ... geht hervor, wie weit er sich bereits von der Wirklichkeit entfernt hatte: ‚Mein lieber Kaltenbrunner, wenn wir nicht überzeugt wären, dass wir nach dem Endsieg dieses Linz gemeinsam bauen werden, würde ich mich heute noch erschießen.' ... Die Tatsache, dass die Modelle des Linzer Projekts ... ihm zu diesem Zeitpunkt noch Hoffnung geben konnten, belegt Hitlers Fähigkeit, sich von Träumen und Symbolen einfangen zu lassen."[66]
Dabei war Hitler offenbar nicht der einzige Akteur, auf den diese Verstrickung in Träume, Phantasien und Symbole zutraf. Auch in Hinblick auf die Planungen und die Behandlung der Kunstsammlungen in St. Florian wird eine gewisse Realitätsferne deutlich. Nur wenig bekannt sind die Pläne, die man mit dem ehemaligen Stift hatte: Ab 1944 plante man eventuell Hitlers Alterssitz in das ehemalige Stift zu verlegen, zumindest

---

[62] Jonathan Petropoulos, Kunstraub und Sammelwahn. Kunst und Politik im Dritten Reich (Berlin 1999) 372f.
[63] Vgl. Mayrhofer, „Patenstadt des Führers" 376-384.
[64] Helmut Weihsmann, Bauen unterm Hakenkreuz. Architektur des Untergangs (Wien 1998) 944.
[65] Vgl. dazu Schwarz, Hitlers Museum: die Fotoalben 23-76.
[66] Petropoulos, Kunstraub und Sammelwahn 373.

teilweise, man plante auch eine nachhaltige Umgestaltung und Umwidmung. Rund 270 Umbaupläne wurden von einem auf diese Aufgabe spezialisierten Architekten bereits angefertigt.[67] Das Brucknerorchester probte auch in den letzten Kriegsmonaten, bei Fackelschein wurden Musiker am Sarkophag Anton Bruckners angelobt, Gauleiter Eigruber fuhr nach dem Besuch im Konzentrationslager Mauthausen mit Reichsminister Speer zur Besichtigung der Kunstsammlungen und zum Konzertbesuch nach St. Florian. Friedrich Buchmayr gelingt es eindrucksvoll, die Szenerie der Jahre 1942 bis 1944 in dem beschlagnahmten Stift zu beschreiben. Neben dem fanatischen und kunstsinnigen Reichsrundfunkintendanten Heinrich Glasmeier waren eine Reihe einheimischer Experten nicht nur in die Planungen des „Führermuseums", sondern auch in die Umgestaltungspläne betreffend St. Florian involviert. Sie sollten nach 1945 wieder in der Kunst- und Kulturszene aktiv werden. Vernichtungsphantasien entwickelte hingegen der nationalsozialistische Gauleiter August Eigruber. Er plante, das Stift in die Luft zu jagen, ebenso wie er eine Sprengung der Depotstollen in Altaussee vorbereiten ließ und damit die Zerstörung tausender unersetzlicher Kunstwerke in Kauf genommen hätte.[68]

Birgit Kirchmayr hat im Kontext des Führermuseums formuliert, dass das Linzer Museum bis 1939 „ein auf Hitlers Ideen basierendes, emotional veranlasstes und inhaltlich unausgegorenes Gedankenkonstrukt" war.[69] Ungeachtet der enormen Aktivitäten in diesem Zusammenhang stellt sich die Frage, ob dies nicht bis zum Ende der hochfliegenden Pläne, bis 1945, der Fall war. Im Lande Oberösterreich hat diese Vorstellung jedenfalls ein Erbe verursacht, das nach wie vor spürbar ist. Aus dieser Situation entstand der vorliegende Band.

---

[67] Johann Großruck, Vermögensentzug und Restitution betreffend die oberösterreichischen Stifte mit den inkorporierten Pfarren (Wien/München 2004) 40.

[68] Theodor Brückler, Gefährdung und Rettung der Kunstschätze: Versuch einer kritischen Rekonstruktion. In: Eva Frodl-Kraft, Gefährdetes Erbe. Österreichs Denkmalschutz und Denkmalpflege 1918–1945 im Prisma der Zeitgeschichte (Wien/Köln/Weimar 1997) (= Studien zu Denkmalschutz und Denkmalpflege 16) 363-383.

[69] Kirchmayr, Sonderauftrag Linz 564f.

**BIRGIT KIRCHMAYR**

# Raubkunst im „Heimatgau des Führers".
# Aspekte, Zusammenhänge und Folgen
# von nationalsozialistischer Kulturpolitik und
# Kunstenteignung im Reichsgau Oberdonau

Als vielfach mystifizierter „Heimatgau des Führers" nahm der Gau Oberdonau eine spezielle Stellung innerhalb der nationalsozialistischen Kulturpolitik ein. Insbesondere die Landeshauptstadt Linz als Bestimmungsort für das von Adolf Hitler geplante „Linzer Kunstmuseum" und der damit verbundene „Sonderauftrag Linz" sind untrennbar verbunden mit vielfachen Aspekten der nationalsozialistischen Kulturpolitik und der damit zusammenhängenden Enteignung von Kunst. Wenngleich das geplante „Linzer Kunstmuseum" (auch vielfach bezeichnet als „Führermuseum") niemals errichtet wurde, gelangten über die Schiene des „Sonderauftrags Linz" enteignete Kunstbestände in bestehende österreichische Museen, darunter auch in das Oberösterreichische Landesmuseum. Der Gau Oberdonau war darüber hinaus auch als „Depotort" für Bestände des „Sonderauftrags Linz" mit diesem eng verknüpft: Zahlreiche Kunstwerke, darunter nicht wenige, die für das „Linzer Führermuseum" bestimmt waren und aus enteigneten Beständen stammten, lagerten zunächst im Stift Kremsmünster, später in den Bergwerksstollen von Altaussee. Neben den an anderen Orten enteigneten und lediglich nach Oberdonau verbrachten Kunstobjekten wurde aber auch vor Ort, im Gau Oberdonau selbst, Kunstbesitz enteignet. Es ist somit auch der Geschichte von jüdischen Sammlern und Sammlerinnen aus Oberösterreich/Oberdonau und ihrem enteigneten Kunstbesitz nachzuspüren. In diesem Zusammenhang ist es auch notwendig, die Frage nach der Beteiligung der lokalen Institutionen wie Denkmalamt und Landesmuseum zu beleuchten.

Die Nachwirkungen des nationalsozialistischen Kunstraubs dauern bis heute an. Mit der vorliegenden Studie soll ein Beitrag zu deren konstruktiver Aufarbeitung geleistet werden.[1]

---

[1] Die vorliegende Studie stellt das Ergebnis des Forschungsprojekts „Oberösterreichisches Landesmuseum 1938-1955. ‚Sonderauftrag Linz' und ‚Collecting Point', Aspekte des Vermögensentzugs von Kunstwerken (-gegenständen) und der Restitution in Oberösterreich" dar. Als Mitarbeiterin dieses Projekts dissertierte ich mit der 2003 vorgelegten Arbeit: Birgit Kirchmayr, Der Reichsgau Oberdonau und die Raubkunst. Aspekte des nationalsozialistischen Kunstraubs unter besonderer Berücksichtigung seiner Schnittstellen zu Oberösterreich (Diss. Univ. Salzburg 2003). Ich möchte mich an dieser Stelle bei all jenen bedanken, die das Projekt und meine Forschungsarbeit unterstützt haben!

## 1. Der „Sonderauftrag Linz" und das „Linzer Führermuseum"

*„...was war eigentlich unerlaubt an dem Projekt, die eigene Jugendstadt zu einer kulturellen Metropole zu machen?"* [2]

Ideen und deren Genese entziehen sich oftmals der Möglichkeit exakter Datierung und Rekonstruktion. So lässt sich auch schwer festlegen, wann Adolf Hitlers Idee, in Linz ein neues Kunstmuseum zu errichten, genau entstanden war. Hitlers Plan für ein solches Museum, der sich spätestens 1939 mit dem dafür etablierten „Sonderauftrag Linz" immer mehr in eine Realität umzusetzen begann, sollte jedenfalls weitreichende Folgen haben. Grundidee war es, in Linz ein neues Kunstmuseum zu errichten. Eingebettet in das geplante Kulturzentrum mit Oper und Konzerthaus in der Nähe des Hauptbahnhofs sollte dieses Museum eine zentrale Säule der kulturellen Ausrichtung der „Heimatstadt des Führers" darstellen.[3] Eine groß angelegte Maschinerie arbeitete am Aufbau des neuen Museums, das vorwiegend eine Gemäldegalerie ersten Ranges, aber auch eine eigene Münz- und Waffensammlung beinhalten sollte. Sowohl in den zeitgenössischen Quellen als auch in der Literatur zur Geschichte dieses Museums kursieren verschiedene Bezeichnungen für das nie fertiggestellte Projekt: „Linzer Führermuseum", „Linzer Kunstmuseum", „Neue Galerie in Linz", „Linzer Führersammlung". Das Nebeneinander von Bezeichnungen, die allesamt lediglich Umschreibungen darstellen, verweist deutlich auf den unfertigen Charakter des niemals errichteten Museums. Auch der Begriff „Sonderauftrag Linz" findet sich teils synonym als Bezeichnung für das Museum, wenngleich dieser eigentlich den hinter dem Museumsaufbau stehenden Auftrag und die dafür etablierte Maschinerie bezeichnen sollte und nicht das „Produkt" selbst. Der „Sonderauftrag Linz" umfasste auch mehr als nur das Projekt „Führermuseum": Im Umfeld des Aufbaus des neuen Museums hatte der „Sonderauftrag" weitreichende Kompetenzen, wie beispielsweise die Verteilung des beschlagnahmten Kunstguts an österreichische („ostmärkische") Museen.

---

[2] Albert Speer, Spandauer Tagebücher (Frankfurt/Berlin/Wien 1975) 257.

[3] Zu den Plänen eines Kulturzentrums vgl. Fritz Mayrhofer, Die „Patenstadt des Führers". Träume und Realität. In: Nationalsozialismus in Linz I. Hg. von Fritz Mayrhofer und Walter Schuster (Linz 2001) 327-386, 350f.

Zentrale Aufgabe und unmittelbarer Fokus des Projekts „Sonderauftrag Linz" war aber zweifellos die Etablierung eines Museumsbestandes für ein neues Kunstmuseum in Linz. Wenngleich Hitlers private Kunstsammlung als Grundstock zur Verfügung stand, handelte es sich beim Projekt „Führermuseum" doch um den gänzlichen Neuaufbau eines Museums, dessen Bestände neu rekrutiert werden mussten. Hitler etablierte dafür den „Sonderauftrag Linz" und setzte mit dem Dresdener Kunsthistoriker Hans Posse an der Spitze einen Stab ein, der mit dieser Aufgabe betraut wurde. Hitlers Vorhaben konnte von zweierlei Faktoren profitieren: erstens den beinahe unbegrenzt zur Verfügung stehenden finanziellen Mitteln und zweitens der großen Zahl an enteigneten Kunstwerken, über deren Verfügung sich Hitler schon 1938 das Entscheidungsrecht gesichert hatte. Der „Sonderauftrag Linz" wurde damit im Kontext der NS-Kunstpolitik und des NS-Kunstraubs zum prägenden Faktor: Er bestimmte in vielen Teilen die Dynamik der Kunstenteignungen während der NS-Zeit, den Kunstmarkt im Deutschen Reich und in den eroberten Gebieten und nicht zuletzt auch die Kulturpolitik des Gaus Oberdonau mit. Die geplante Etablierung eines neuen Linzer Kunstmuseums hatte weitreichende Auswirkungen auf die Realität des bereits bestehenden Linzer Museums, des Oberösterreichischen Landesmuseums. Die Einlagerung von Beständen des geplanten neuen Museums an Depotorten im Gau Oberdonau führte zu einer wesentlichen Involvierung des Gaus in die Belange des „Sonderauftrags". Die Zuordnung von enteignetem Kunstgut in das Oberösterreichische Landesmuseum über die Verteilungsschiene des „Sonderauftrags Linz" stellt die Berührungsfläche zwischen Landesmuseum und nationalsozialistischem Kunstraub dar. Die Zielbestimmung des neuen Linzer Museums initiierte auch nach 1945 die Bestrebungen Oberösterreichs und der Stadt Linz, aus den Beständen dieses Museums gemäß seiner „Bestimmung" beteilt zu werden. Das nie errichtete „Linzer Führermuseum" ist somit zentraler Angelpunkt in der Auseinandersetzung mit den Zusammenhängen von Raubkunst und Oberösterreich.

## Die Genese eines Museums

*„Ich habe meine Gemälde in den von mir im Laufe der Jahre angekauften Sammlungen niemals für private Zwecke, sondern stets nur für den Ausbau einer Galerie in meiner Heimatstadt Linz an der Donau gesammelt. Daß dieses Vermächtnis vollzogen wird, wäre mein größter Wunsch."* [4]

Bereits vor der Etablierung des „Sonderauftrags Linz" sammelte Adolf Hitler Kunst. Er hatte eine private Sammlung angelegt, in der die bayrischen und österreichischen Maler des 19. Jahrhunderts dominierten. Wann Adolf Hitler sich tatsächlich entschlossen hatte, seine „Privatsammlung" zum Grundstock eines öffentlichen Museums zu machen, seine Sammlung ausbauen zu lassen und in Linz anzusiedeln, muss weitgehend im spekulativen Bereich bleiben. Der sich selbst so bezeichnende „Jugendfreund" Adolf Hitlers, August Kubizek, erinnerte sich an Gespräche mit dem siebzehnjährigen Hitler, in denen dieser ihm voller Überzeugung und Ernsthaftigkeit seine Pläne für Linz erläuterte, die auch bereits auf ein Museum Bezug nahmen:

„Hin und wieder, wenn er über eines seiner Lieblingsthemen sprach, über die Donaubrücke, den Ausbau des Museums oder gar den unterirdischen Bahnhof, den er für Linz vorgesehen hatte, unterbrach ich ihn und fragte, wie er sich denn die praktische Verwirklichung dieser Projekte vorstelle, wir seien doch nichts als arme Teufel! Da sah er mich dann so fremd und feindselig an, als hätte er meine Frage gar nicht verstanden." [5]

Die hier zitierte Erinnerung würde sehr frühe Ideen zu einem „Ausbau des Museums" in Linz belegen. Sollte eine solche Bemerkung Hitlers tatsächlich gefallen sein, könnte sie sich allerdings auch auf einen erwünschten Ausbau des bestehenden Oberösterreichischen Landesmuseums bezogen haben und nicht unbedingt auf eine Museumsneugründung. In Hitlers Skizzenbuch aus dem Jahr 1925 befand sich jedenfalls neben Skizzen verschiedener Repräsentationsbauten auch schon ein Entwurf für ein neu zu errichtendes

---

[4] Adolf Hitlers drei Testamente. Hg. von Gert Sudholt (Leoni 1977) 57.

[5] August Kubizek, Adolf Hitler. Mein Jugendfreund (Graz/Stuttgart 1953) 32. Kubizeks Erinnerungen stellen eine seltene Quelle für den in ihr beschriebenen Lebensabschnitt Adolf Hitlers dar und werden daher auch häufig zitiert. Ein quellenkritischer Zugang ist dabei unbedingt von Nöten, zu Recht wird immer wieder auf Unstimmigkeiten, wie sie autobiographische Quellen generell, diese Quelle aber im Besonderen aufweist, hingewiesen. Vgl. Mayrhofer, Patenstadt 338; Brigitte Hamann, Hitlers Wien. Lehrjahre eines Diktators (München 1996) 77ff.

"Deutsches Nationalmuseum".[6] Neben dem architektonischen Grundriss eines solchen Museums sind darin bereits klare und präzise Zuteilungen der einzelnen Räume aufgezeichnet: Adolf Menzel, Anselm Feuerbach, Hans Makart, Moritz Schwind und andere Lieblingsmaler Hitlers dominierten seine damalige Museumsvorstellung. Ideen zum Aufbau eines großen deutschen Museums sind somit vor den Beginn Hitlers eigener Sammeltätigkeit, die gegen Ende der 1920er Jahre eingesetzt hatte, zu datieren. Im Verlauf der 1930er Jahre, zunehmend mit den notwendigen finanziellen Ressourcen ausgestattet, baute Hitler unter Beratung seines Fotografen Heinrich Hoffmann und des Berliner Kunsthändlers Karl Haberstock eine Kunstsammlung auf, die sich an den oben angeführten Lieblingsmalern orientierte, vorerst aber noch im privaten Rahmen blieb.

Im April 1938 besuchte Adolf Hitler das Oberösterreichische Landesmuseum, vermutlich einer der Bausteine in der Genese seiner Linzer Museumspläne. Zu diesem Zeitpunkt waren in Wien bereits tausende Kunstwerke beschlagnahmt und in Folge in der Wiener Hofburg eingelagert worden, auf die Hitler sich mit dem sogenannten „Führervorbehalt" das erste Zugriffsrecht sowie generell die Verteilungsgewalt sicherte. Wenngleich nicht unmittelbar belegbar, erscheint es schlüssig und naheliegend, dass dieses plötzlich zur Verfügung stehende Potenzial Hitlers bereits bestehende Museumspläne forciert hatte. Heinrich Hoffmann, Hitlers Fotograf und Berater im Aufbau seiner privaten Kunstsammlung, sagte über die erste Phase des Aufbaus des „Führermuseums" später Folgendes aus:

„Hoffmann says that it was in 1938 that Hitler conceived the idea of a new German state art center at Linz. ... He says Hitler hated Vienna and wanted to make sure that the region in which he had spent his youth should be famous for its culture as well as for its industries. The new center was to have monumental buildings devoted to all the arts and the most important of these was to be the Fuehrer Museum. The collection was to contain all forms of European art and Hitler planned to build it up under his own direction with the assistence of the best German art historians and museum personnel. ... Among the first sources of pictures for the Museum were the confiscated collections of German and Austrian Jews. Hoffmann says that the first of these to be considered was the Alphonse Rothschild collection, which he visited in the company of Hitler and Gauleiter Bürkel in Vienna. He says that Hitler recognized the quality of the objects and instructed Bürkel to choose the best and send them to him for the Linz Museum.

---

[6] Joachim Fest, Hitler. Eine Biographie (Berlin 1998) 758.

However, Bürkel … did not send the best of the collection, but kept it for himself. As a result of the scandal which followed, Hitler decided that he would place the responsibility for such selections on one man, the Director of the Linz Museum. After this time, Hoffmann says, Hitler gave up all idea of a private collection. Everything that he bought was intended primarily for Linz, and if later the quality was not considered up to the required standard, he had a plan to distribute the leftovers to the provincial museums of greater Germany."[7]

In Hoffmanns Schilderung der Genese des „Führermuseums" fällt auch das immer wieder zitierte Argument, Hitlers Linzer Kulturpläne wären Reaktion auf seine Ressentiments gegen die Kulturmetropole Wien. Hitlers eigene Aussagen verwiesen regelmäßig auf die „Gefahr" der kulturellen Hegemonie Wiens und seine Absicht, kulturelle Gegenzentren aufzubauen. „Ich bin durchaus nicht gegen Wien eingestellt, das ist völlig falsch. ... Es ist eine Gefahr, wenn in dem ostmärkischen Kulturraum einmal Wien allein bestimmend bleiben sollte. Daher trete ich jetzt schon gegen eine solche Entwicklung auf, und ich schaffe andere Kulturzentren, um dieser Gefahr rechtzeitig zu begegnen. Wien hat sonst eine zu große kulturelle Anziehungskraft."[8]

Das Projekt des Linzer Museums half schließlich auch bei der Kultivierung eines Mythos – des Mythos der „Heimatstadt". Das nostalgische (oder auch: propagandistische) Motiv, Linz als emotionalen Ort der Kindheit zu kultivieren, ist neben der beabsichtigten Schaffung kultureller Gegenpole zu Wien einer der wesentlichen Bausteine des Linzer Museumsprojekts. Hitler betonte stets seine besondere Verbundenheit zu der Stadt, in der er eigentlich nur wenige Jahre tatsächlich gewohnt hatte. Er gefiel sich in Bezug auf Linz in der Rolle des Gönners und Mäzens. Als „Führer" des „Dritten Reichs" hatte er die Mittel, seine jugendlichen Phantastereien zu verwirklichen und seine „Heimatstadt" damit zu beeindrucken. So teilte er in einer der zahlreichen Besprechungen zu den städtebaulichen Veränderungen der Stadt August Eigruber, dem Gauleiter Oberdonaus, mit:

„Die großen kulturellen Einrichtungen, wie Gemäldegalerie, Oper usw. will der Führer dem Reichsgau übergeben. Es soll daher auch der Reichsgau Vermögen besitzen und eine eigene Finanzkraft haben. Der Führer denke

---

[7] Theodor Rousseau, Detailed Interrogation Report No.1: Subject Heinrich Hoffmann (DIR 1) 3.

[8] Adolf Hitler. Monologe im Führer-Hauptquartier 1941-1944. Die Aufzeichnungen Heinrich Heims. Hg. von Werner Jochmann (Hamburg 1980) 403f (Eintrag vom 25.6.1943).

auch daran, die großen Gebäude zwischen Bahnhof und Opernplatz aus eigenen Mitteln zu bauen, um sie nachher der Stadt zu schenken." [9]
Vor oben skizziertem Hintergrund verwundert Hitlers Entscheidung, das Projekt des neuen Kunstmuseums in Linz anzusiedeln, nicht. Die Mystifizierung der „Heimatstadt Linz" und der geplante Ausbau seiner Kunstsammlung zu einem hochrangigen Museumsprojekt – beides gleichermaßen emotionell besetzte Ideen – verschmolzen 1938/39 zu einem Vorhaben, dem „Sonderauftrag Linz".

## Die „Linzer Sonderbeauftragten"

*„... daß mich der Führer am Dienstag oder Mittwoch auf dem Berghof zu sprechen und meinen Rat in der Linzer Museumsangelegenheit wünsche."* [10]

Schon im Juni 1938 hatte Adolf Hitler den Kunsthistoriker und Museumsdirektor Hans Posse in Dresden kennen gelernt.[11] Heinrich Hoffmann verwies darauf, dass der Berliner Kunsthändler Karl Haberstock dieses Treffen initiiert hatte, bei dem Hitler von Posse sehr beeindruckt gewesen sein soll.[12] Ein Jahr später, im Juni 1939, wurde Hans Posse von Adolf Hitler schließlich zum „Sonderbeauftragten für Linz" ernannt und als solcher mit dem Aufbau eines neuen Museums für Linz betraut.[13] Posse sollte das Unternehmen „Sonderauftrag Linz" im Folgenden immens prägen. Mit seiner Ernennung erhielt Hitlers Museumsprojekt den professionellen Schliff, der bis dahin fehlte. War das Linzer Museum bis 1939 ein auf Hitlers Ideen basierendes, emotional veranlasstes und inhaltlich unausgegorenes Gedankenkonstrukt, das seine beiden Stützpfeiler einerseits in der Intention Hitlers, seine Jugendstadt zu erhöhen und andererseits in seiner Schwärmerei für die deutschen Maler des 19. Jahrhunderts hatte, gestaltete sich 1939 daraus ein organisiertes, professionelles Unternehmen.

---

[9] Oberösterreichisches Landesarchiv (OÖLA), Politische Akten, Sch. 49: Protokoll Gauleiter Eigruber, Abendessen beim Führer am 7.5.1943.

[10] Germanisches Nationalmuseum Nürnberg (GNMN), Nachlass Posse: Tagebuch 1936-1942, Eintrag vom 18.6.1939.

[11] Vgl. GNMN, Nachlass Posse: Tagebuch 1936-1942, Eintrag vom 18.6.1938.

[12] Rousseau, DIR 1 (Heinrich Hoffmann) 4.

[13] GNMN, Nachlass Posse: Tagebuch 1936-1942, Eintrag vom 21.6.1939.

Hans Posse war seit 1910 Direktor der Dresdener Gemäldegalerie. Er galt als kompetenter Kunsthistoriker, der das qualitative Niveau der Dresdener Galerie durch Ausbau- und Umgestaltungsaktivitäten in seiner Wirkungszeit positiv beeinflusst hatte. Posse hatte in Marburg und Wien studiert und war vor 1910 in der Gemäldegalerie Berlin sowie auch am Kunsthistorischen Institut in Florenz tätig gewesen. 1922 war er damit beauftragt, den deutschen Pavillon bei der Biennale in Venedig auszustatten. Posse tat dies mit Werken zeitgenössischer Maler, eine besonders enge und auch privat freundschaftliche Verbindung verband ihn mit Oskar Kokoschka. Sein Engagement für die zeitgenössischen Maler wurde ihm zu diesen Zeitpunkt in Italien übelgenommen, in Deutschland erntete er damals noch Lob dafür.[14] Nach 1933 galt der Großteil der von Posse auf der Biennale gezeigten Künstler in Deutschland als „entartet", und Posse geriet zunehmend zur Zielscheibe von Angriffen seitens der örtlichen NSDAP. Walter Gasch, Leiter der Gaufachgruppe der Bildenden Künste der NSDAP, warf ihm vor, moderne – in NS-Diktion „entartete" – Kunst zu fördern und jüdische Maler zu protegieren. Auch das Gerücht, Posse sei selbst Jude, wurde in Umlauf gebracht. Posse wehrte sich gegen solche Aussagen, die seine Position unterhöhlen sollten und die bis 1938 nicht abrissen.[15] Im März 1938 wurde Posse schließlich vorzeitig pensioniert.[16] In Folge trat Posse einen längeren „Urlaub" an, wie seine diesbezüglichen Tagebucheinträge lauten. Nach drei Monaten wurde sein Urlaub kurzfristig unterbrochen: Am 18. Juni 1938 besuchte Adolf Hitler die Dresdener Gemäldegalerie und fragte nach Posse. Der „beurlaubte" Direktor wurde telefonisch herbeige-

---

[14] Anja Heuss, Kunst- und Kulturgutraub. Eine vergleichende Studie zur Besatzungspolitik der Nationalsozialisten in Frankreich und der Sowjetunion (Heidelberg 2000) 47f.

[15] Vgl. Denkschrift des Generaldirektors der Dresdener Gemäldegalerie, Dr. Hans Posse (1934). Zit. in: Hildegard Brenner, Die Kunstpolitik des Nationalsozialismus (Reinbek bei Hamburg 1963) 173ff. Nach 1945 sollte gerade diese Debatte für Posse – beziehungsweise sein posthumes Ansehen – von Vorteil sein: Posse wurde als Nichtparteimitglied und (verhinderter) Förderer der modernen Kunst zumindest teilweise entlastet, beides Argumente, die hinterfragt werden sollten: Wenngleich es korrekt ist, dass Posse moderne Kunst gefördert hatte, so ist es umgekehrt inkorrekt, Posse aufgrunddessen zum „Nicht-Nazi" zu stilisieren. In der Betrachtung der Kunst- und Kulturpolitik des Dritten Reichs zeigt sich die Diffamierung der Moderne als Prozess, der nicht von Anfang an und bei weitem nicht von allen Nationalsozialisten mitgetragen wurde. Was Posses Nicht-Mitgliedschaft in der NSDAP betrifft, so hatte Posse selbst in der von ihm verfassten Verteidigungsschrift gegen Walther Gasch 1934 darauf hingewiesen, an einer von ihm beantragten Aufnahme in die NSDAP gehindert worden zu sein. Vgl. ebd. Posses Frau Elise gehörte seit 1930 der NSDAP als Mitglied an. Vgl. Heuss, Kunst- und Kulturgutraub 49. Persönliche Briefe Elise Posses bezeugen ihre tiefe Anhängerschaft auch noch in den Jahren 1944/45. Vgl. dazu Birgit Kirchmayr, Der Briefwechsel August Zöhrer - Elise Posse im Archiv der Stadt Linz: Eine „Fußnote" zur Geschichte des „Linzer Führermuseums". In: Stadtarchiv und Stadtgeschichte. Forschungen und Innovationen. Festschrift für Fritz Mayrhofer. Hg. von Walter Schuster u.a. (Linz 2004) 515-522.

[16] GNMN, Nachlass Posse: Tagebuch 1936-1942, Einträge vom 7.3.1938, 12.3.1938.

rufen. Hitler erkundigte sich nach dem Grund seiner Amtsniederlegung und ließ sich von Posse die Galerie zeigen.[17] Am 22. Juli wurde Posse ins Ministerium gebeten, wo ihm mitgeteilt wurde, dass er wieder in sein Amt eingesetzt werde und keine Angriffe mehr gegen ihn gerichtet würden.[18] Ein Jahr war Posse bereits wieder in seiner alten Funktion tätig, als er im Juni 1939 telefonisch von Albert Speer informiert wurde, dass ihn „der Führer ... auf dem Berghof zu sprechen" wünsche.[19] Bei diesem zweiten Zusammentreffen beauftragte ihn Hitler mit dem „Sonderauftrag Linz". In Posses Tagebuch heißt es dazu:
„Mit Prof. Speer beim Führer, der mich mit einem Sonderauftrag (neues Museum in Linz) betraut. ‚Ich werde Ihnen alle nötigen Ausweise und Vollmachten geben, im übrigen haben Sie nur mit mir zu tun, ich werde entscheiden.' Während einer Dreiviertelstunde entwickelt Hitler seinen Plan für das neue Linzer Museum. Das Museum seiner Heimatstadt, das er als Gegengewicht zu den großen industriellen Plänen von Linz neben anderen kulturellen Einrichtungen schaffen will. Im Gegensatz zu der Vergangenheit, die Wien egoistisch überfüttert, die Provinz aber hat verkommen lassen. Das Linzer Museum soll nur das beste enthalten aus allen Zeiten (beschlagnahmter Besitz, alter Bestand, Neuerwerbungen), von der Praehistorie beginnend die alte Kunst im 2. Geschoss eine Sammlung des 19. Jahrhunderts und der Neuzeit, die auch die Wiener Sammlung übertreffen soll. Mehrmals betont: seine Heimatstadt und vor allem die kulturpolitische Bedeutung, die er diesem Plan zumisst."[20]
Bei der Bestellung Posses zum „Sonderbeauftragten" erläuterte Hitler sehr ausführlich die Idee des Linzer Museums. Posses Tagebuchaufzeichnung darüber ist eines der wenigen authentischen Zeugnisse, die Hitlers Ideenkonstrukt zum Linzer Museum wiedergibt. Sie beinhaltet alle Schlüsselpunkte: die Bedeutung von Linz als „Heimatstadt", die bewusste Schaffung eines Gegenpols zum „egoistisch überfütterten" Wien und die Aufforderung, für Linz „nur das beste" zu sammeln. Der Eintrag gibt auch Auskunft darüber, wie Posse an dieses „beste aus allen Zeiten" kommen solle: Neben altem Bestand, womit Hitlers bereits bestehende Privatsammlung gemeint war, und der Möglichkeit von Neuerwerbungen standen Posse auch beschlagnahmte Kunstwerke zur Verfügung. Es gibt also keinen Zweifel

---

[17] Ebd., Eintrag vom 18.6.1938.
[18] Ebd., Eintrag vom 22.7.1938.
[19] Ebd., Eintrag vom 18.6.1939.
[20] Ebd., Eintrag vom 21.6.1939.

daran, dass Hans Posse bereits zum Zeitpunkt seiner Bestellung gewusst hatte, dass er als „Sonderbeauftragter für Linz" mit Beschlagnahmungen und Konfiszierungen privaten, vorwiegend jüdischen Besitzes zu tun haben würde.

Posses Einsatz für sein neues Betätigungsfeld war enorm. Aus seinen Tagebuchaufzeichnungen geht hervor, dass er vom Zeitpunkt seiner Einsetzung als „Sonderbeauftragter" bis zu seinem Tod im Dezember 1942 nicht einen Tag Urlaub gemacht hatte; alle Tage – auch Sonn- und Feiertage – sind mit Einträgen, die die Arbeit am „Sonderauftrag" betreffen, versehen. Posse entwickelte eine intensive Reisetätigkeit in Bezug auf Sichtung, Auswahl und Erwerb zukünftiger Museumsobjekte.[21] Trotz Hitlers persönlichem Interesse und seiner verschiedenen Einflussnahmen übernahm Posse klar die künstlerische Oberhoheit in der Planung und Gestaltung des Linzer Museums. Wie sehr sich Hitler dabei den Vorstellungen des anerkannten Kunsthistorikers Posse zu beugen schien, veranschaulicht eine Erinnerung Albert Speers:

„Kurz nach der Ernennung Posses führte ihm Hitler seine bisherigen Ankäufe einschließlich der Grütznersammlung ... vor. Hitler lobte seine Lieblingsgemälde mit den geläufigen Prädikaten, aber Posse ließ sich weder durch Hitlers Position noch durch dessen bezwingende Liebenswürdigkeit beeindrucken. Sachlich und unbeeinflußbar lehnte er viele dieser kostspieligen Erwerbungen ab: ‚Kaum brauchbar' oder ‚Entspricht nicht dem Rang der Galerie, wie ich sie mir vorstelle'. Wie meist, wenn sich Hitler einem Fachmann gegenüberfand, nahm er die Kritik ohne Einwand hin. Immerhin verwarf Posse die meisten Bilder der von Hitler geliebten Münchner Schule."[22]

Posse schien Hitlers Ansehen und Wertschätzung in vollstem Maße zu besitzen: Außerordentlich oft wurde er von Hitler zu persönlichen Besprechungen eingeladen,[23] in Bezug auf seine Tätigkeiten als „Sonderbeauftragter" genoss er nahezu alle Freiheiten. Als Posse 1942 an Zungenkrebs erkrankte, schickte Hitler Spezialisten. Nach seinem Tod im Dezember 1942 erhielt er ein Staatsbegräbnis. Die Witwe Elise Posse wurde jährlich mit

---

[21] Vgl. GNMN, Nachlass Posse, Tagebuch 1936-1942 sowie Reisetagebücher I-V.

[22] Albert Speer, Erinnerungen (Frankfurt/Berlin/Wien 1979) 194.

[23] Zwischen Juli 1939 und Oktober 1941 insgesamt 14 Treffen zwischen Posse und Hitler. Vgl. GNMN, Nachlass Posse, Tagebuch 1936-1942 sowie Reisetagebücher I-V.

einer Summe aus dem Konto „Mittel zur Verfügung des Führers zu allgemeinen Zwecken" bedacht.[24]

Rund um die Person Posse war der „Sonderstab Linz" aufgebaut. Der engere Mitarbeiterkreis war klein und überschaubar, das Unternehmen in der Öffentlichkeit kaum bekannt. Posse war Hitlers persönlicher „Sonderbeauftragter" und unterstand nur ihm. Aus der Gruppe der Parteispitze waren unmittelbar am „Sonderauftrag Linz" noch Martin Bormann und Hans Lammers beteiligt. Über Bormanns Parteikanzlei lief die Korrespondenz des „Sonderauftrags Linz". Er agierte als Ansprechpartner respektive Sprachrohr Adolf Hitlers in Belangen des „Sonderauftrags". Reichsminister und Chef der Reichskanzlei Hans Lammers administrierte die Finanzangelegenheiten.

1942/43 kam es bedingt durch Posses Tod zu Veränderungen in der Zusammensetzung des „Sonderstabs Linz". Schon während Posses schwerer Krankheit hatte der „persönliche Referent des Sonderbeauftragten", Gottfried Reimer, immer mehr dessen Aufgaben übernommen. Nach Posses Tod im Dezember 1942 wurde Reimer interimistisch mit den Aufgaben des „Sonderbeauftragten" betraut. Im März 1943 wurde Posses Nachfolger nominiert: Der Kunsthistoriker Hermann Voss wurde von Adolf Hitler sowohl zum Direktor der Dresdener Gemäldegalerie als auch zum „Sonderbeauftragten für Linz" ernannt. Hermann Voss war seit 1922 im Kaiser Friedrich Museum in Berlin tätig gewesen, seinen dortigen Direktorenposten hatte er 1933 verloren. Er galt nicht als Parteisympathisant und hatte während der darauffolgenden Jahre Schwierigkeiten, einen adäquaten Posten zu finden. 1935 wurde er Direktor des Wiesbadener Museums, eine Position, die hinter seiner Qualifikation zurückblieb. Voss selbst gab später als Grund für seine Bestellung zum „Sonderbeauftragten" an, dass dies Posses letzter Wunsch gewesen sei, an den Hitler sich gehalten habe.[25] Voss präsentierte sich nach 1945 gegenüber den Amerikanern als Nazigegner, der den „Sonderauftrag" übernommen hatte, um Kunstwerke zu retten.[26] Zu Voss' Verteidigungslinie gehörte auch seine Aussage, dass während seiner Amtsperiode keine konfiszierten Kunstwerke für den „Sonderauftrag Linz" akquiriert wurden, eine Aussage, die nachweislich nicht korrekt ist.[27] Voss stand dem Unternehmen

---

[24] Archiv der Stadt Linz (AStL), Materialsammlung Kubin, Ordner „Washington Korrespondenz": Überweisungen aus den „Mitteln zur Verfügung des Führers zu allgemeinen Zwecken".

[25] S. Lane Faison, Detailed Interrogation Report No.12: Subject Hermann Voss (DIR 12) 6.

[26] Faison, DIR 12 (Hermann Voss) 3.

[27] Neben Raubgut, das über Ankäufe bei Auktionshäusern oder Kunsthändlern auch in der Amtsperiode von Voss in die Bestände des „Sonderauftrags Linz" gelangte, gibt es zumindest noch eine belegbare unrecht-

„Sonderauftrag Linz" bis Kriegsende vor. Seinen eigenen Angaben zufolge erwarb er etwa 3.000 Gemälde zum Preis von ca. 150 Millionen Reichsmark.[28]

Hermann Voss, der ebenso lang „Sonderbeauftragter für Linz" war wie Hans Posse, nimmt in der retrospektiven Betrachtung eine unbedeutendere Rolle ein als dieser. Mehrere Erklärungsansätze dafür erscheinen denkbar: Posse war der Mann, mit dem das „Linzer Kunstmuseum" seinen Beginn genommen hatte und der Form und Inhalt der geplanten Sammlung wesentlich geprägt hatte; in Posses Zeit fielen die spektakulären „Raubkunst"-Übernahmen; alle Agenden lagen bei Posse selbst, jegliche Fragen hatten mit ihm persönlich abgeklärt werden müssen. Kurz: Posse war mit seinem enormen Arbeitseinsatz der „Sonderauftrag Linz". Im Gegensatz dazu schien Voss niemals so präsent gewesen zu sein. Voss betreute lediglich den Aufbau der Gemäldesammlung, die anderen Sammlungsteile wie Bibliothek oder Münzsammlung wurden aus seiner Zuständigkeit ausgegliedert; Voss setzte seinen Stellvertreter Gottfried Reimer wesentlich intensiver ein, als dies Posse getan hatte; vor allem aber fiel Voss' Amtsperiode in die Jahre 1943–45, als sich auch der „Sonderauftrag Linz" im Kriegs- und Untergangsszenario des Dritten Reichs zunehmend im Chaos aufzulösen begann und auch seine rückhaltlose finanzielle Unterstützung immer mehr ins Wanken geriet. All dies dürfte wohl dazu beigetragen haben, dass der Begriff „Sonderauftrag Linz" bis heute mit dem Namen Hans Posse verbunden ist und weniger mit Hermann Voss.

Neben den „Sonderbeauftragten für Linz" gehörten noch die Beauftragten der Sammlungsteile Münzsammlung, Waffensammlung sowie „Führerbibliothek" zum inneren Kern des „Sonderstabs Linz". Friedrich Wolffhardt war mit dem Aufbau der „Führerbibliothek" betraut,[29] der Waffenkurator des Kunsthistorischen Museums Wien, Leopold Ruprecht, war zuständig für die Waffensammlung, und Fritz Dworschak, Direktor des Kunsthistorischen Museums Wien, betreute die Münzsammlung. Neben diesem „Kern-

---

mäßige Transaktion: Der Ankauf von Gemälden aus der Sammlung Alphonse Schloß. Die Sammlung des jüdischen Kunstliebhabers Alphonse Schloß war in Vichy-Frankreich sichergestellt und über Umwege ins besetzte Frankreich verbracht worden. 262 Gemälde davon wurden für den „Sonderauftrag Linz" bestimmt, die Kaufsumme wurde von der französischen Regierung einbehalten. Vgl. dazu u.a. Heuss, Kunst- und Kulturgutraub 58-60.

[28] S. Lane Faison, Consolidated Interrogation Report No. 4: Linz museum (CIR 4) 18. Die von Voss genannten Zahlen erscheinen im Vergleich mit anderen vorliegenden Dokumenten zur Finanzierung des „Sonderauftrags Linz" übertrieben.

[29] Vgl. Gerhart Marckhgott, Das Projekt „Führerbibliothek" in Linz. In: Entnazifizierung und Wiederaufbau in Linz. Hg. von Fritz Mayrhofer und Walter Schuster (Linz 1996) 411-434.

team" gab es eine Reihe von Personen, die in unterschiedlicher Intensität mit dem „Sonderauftrag Linz" verbunden waren: So genannte „niedrigere Funktionäre" – Assistenten, SekretärInnen, FotografInnen, Restauratoren – sowie Museums- und Denkmalamtsbedienstete, die mit dem „Sonderstab" kooperierten. Eine große Zahl von KunsthändlerInnen und Agenten stand mit dem „Sonderauftrag Linz" in mehr oder minder engem Kontakt und erzielte über diese Verbindung sehr lukrative Geschäfte.[30]

Die am „Sonderauftrag Linz" beteiligten Personen sollten nach Ansicht der amerikanischen Untersuchungseinheit „Art Looting Investigation Unit" als Beteiligte an einer „kriminellen Aktion" zur Verantwortung gezogen werden. Als Ergebnis ihrer Untersuchungen zum „Sonderauftrag Linz" im Sommer 1945 in Altaussee wurden folgende Empfehlungen ausgegeben:

„It is recommended: that the Sonderauftrag Linz (Linz special mission) be declared a criminal organization; that the members of the Sonderauftrag Linz stand trial by virtue of their membership, consideration being given to their relative importance and individual actions; that the German art dealers and agents who bought for Linz be investigated on a purely individual basis, since their only official connection with the Sonderauftrag Linz was through the occasional and tenuous link of a Linz travel certificate."[31]

Den Empfehlungen wurde keine Folge geleistet, niemand wurde wegen einer Beteiligung am „Sonderauftrag Linz" unter Anklage gestellt.

## Die Akquirierung der Kunstwerke

*„Durch den Erwerb wertvollster Werke deutscher und ausländischer Künstler aus Privatbesitz verstand es der Führer, den Grundstock zu einer seiner größten kulturellen Taten zu legen: zur Errichtung der großen Kunstgalerie in Linz."*[32]

Zwei Grundfragen beherrschen die wissenschaftliche und die öffentliche Auseinandersetzung mit der Geschichte des geplanten „Linzer Führermuseums": Die Frage, wie dieses Museum in Bezug auf seine Bestände ausgesehen hätte, und die Frage, woher diese Bestände stammten.

---

[30] Vgl. die umfangreichen Korrespondenzen und Abrechnungen des „Sonderauftrags Linz" mit KunsthändlerInnen im Bundesarchiv Koblenz (BAK), Bestand B 323. Vgl. auch Faison, CIR 4 (Linz Museum) 43ff.

[31] Faison, CIR 4 (Linz Museum), 86. Unterstreichungen im Original.

[32] Kunst dem Volk, Sonderheft zum 20.4.1943, 5.

In Bezug auf die Herkunft der Kunstwerke für das geplante Linzer Museum divergierten in der zeitgenössischen Darstellung die Angaben: Intern wurde die Übernahme der beschlagnahmten Wiener Sammlungen als „Grundstock" des „Führermuseums" bezeichnet.[33] Nach außen wurde dies anders dargestellt: Die Öffentlichkeit wurde grundsätzlich kaum über den „Sonderauftrag Linz" informiert. Wenn dies doch geschah, war die Rede von spektakulären Erwerbungen und Geschenken für das geplante „Führermuseum", nicht aber von der Übernahme beschlagnahmter Kunstwerke.[34]

Der erste Versuch, die Herkunft der „Linz-Bilder" in Kategorien einzuteilen, wurde von der amerikanischen Untersuchungseinheit „Art Looting Investigation Unit" vorgenommen. In seinem Abschlussbericht zum „Linz Museum" unterschied S. Lane Faison zwischen „Gifts, Confiscation and Exchange, Forced Sale, Purchases".[35] Geschenke, Beschlagnahmen, Tausch, Erzwungener Verkauf, Kauf: Die genannten Kategorien verfügen in der Definition über eine große Bandbreite mit verschwommenen Grenzen. In vielen Fällen ist es unmöglich, betroffene Bilder einer dieser Kategorien mit letztgültiger Sicherheit zuzuteilen. Die Bilder gingen oft verschlungene Wege: Am Anfang der Kette konnte ein erzwungener Verkauf stehen, der vielleicht weiterführte zu einer Versteigerung in einem Auktionshaus, von dort zu einem Kunsthändler und von diesem wieder zu einem der Einkäufer, die mit dem Projekt „Führermuseum Linz" kooperierten und ein auf diese Weise mittlerweile mehrfach „legal" wiederveräußertes Bild dem Stab des „Führermuseums" verkauften.

Der zweite Sonderbeauftragte für Linz, Hermann Voss, hatte sich damit gerühmt, dass unter seiner Leitung keine beschlagnahmten Kunstwerke in das Linzer Inventar gekommen wären. Bei aller notwendigen Relativierung dieser Aussage trifft es doch zu, dass die Übernahme von beschlagnahmten Kunstwerken vor allem in der Anfangszeit des „Sonderauftrags" dominierte.

Das erste ergiebige Feld für die Akquirierung wertvoller Kunstwerke für den Linzer Museumsbestand waren die in unmittelbarer Folge nach dem „Anschluss" in Österreich enteigneten Kunstsammlungen jüdischer Familien.[36] Adolf Hitler erkannte schon bald das Potenzial der nach ihrer Be-

---

[33] Vgl. GNMN, Nachlass Posse, Tagebücher 1936-1942, Eintrag vom 20.6.1939; BAK, B 323, Sch. 229: Bericht über die Landesmuseen der Ostmark von Hans Posse (1939).

[34] Vgl. Kunst dem Volk, Sonderheft zum 20.4.1943, 2ff.

[35] Faison, CIR 4 (Linz Museum).

[36] Auf Struktur und System der Enteignungen von Kunstsammlungen in Wien kann im Rahmen dieser Studie nicht ausführlicher eingegangen werden. Es sei dabei auf die in letzter Zeit wachsende Literatur

schlagnahme in der Wiener Hofburg eingelagerten Kunstwerke. Er sicherte sich mit dem so genannten „Führervorbehalt" noch im Juni 1938 die Verteilungsgewalt über diese Bestände und damit auch sein vorrangiges Zugriffsrecht.[37] Noch vor der Etablierung des „Sonderauftrags Linz" und vor der Bestellung Hans Posses zum „Sonderbeauftragten für Linz" ließ Hitler 1938 durch seinen damaligen Kunstberater Karl Haberstock erste Verteilungspläne für die in Wien beschlagnahmten Kunstwerke anfertigen.[38] Der Zugriff auf diese Bestände wurde von Hitler auch gegenüber Hans Posse bei dessen Bestellung zum „Sonderbeauftragten" als eine der Akquirierungsquellen für den neu zu begründenden Museumsbestand genannt. Die Erstellung eines Verteilungsplans für die in Wien beschlagnahmten Kunstwerke und die Auswahl der für das „Führermuseum" in Frage kommenden Stücke zählten daher zu Hans Posses ersten und prioritären Aktivitäten als „Sonderbeauftragter für Linz".

Posse nahm seine Arbeit in Wien im Juli 1939 auf, unmittelbar nach seiner Bestellung durch Adolf Hitler. Sein Tagebucheintrag für den 10./11. und 12. Juli 1939 lautete: „Wien. Bilder usw. für Linz aus den beschlagnahmten Bildern in der Hofburg."[39] Noch im Herbst 1939 fertigte Posse die ersten Listen mit Verteilungsvorschlägen für die in Wien beschlagnahmte Kunst an. Der Verteilungsplan wurde zwar von Hans Posse erstellt, er musste allerdings Adolf Hitler zur Genehmigung vorgelegt werden. Am 20. Oktober 1939 notierte Hans Posse in seinem Tagebuch, die „Berichte über Verteilung der beschlagnahmten Gemälde in Wien und über die Landesmuseen der Ostmark an Reichsleiter Bormann abgesendet" zu haben.[40] In dem Brief an Bormann erläuterte Hans Posse seine Motivation für den Verteilungsvorschlag, nämlich „den Bestand von etwa 270 Bildern aus dem beschlagnahmten jüdischen Besitz, besonders im Hinblick auf das neuzubegründende Kunstmuseum von Linz, nicht zu sehr zu zersplittern".[41]

---

verwiesen. Vgl. u.a. Sophie Lillie, Was einmal war. Handbuch der enteigneten Kunstsammlungen Wiens (Wien 2003); Kunstraub, Kunstbergung und Restitution in Österreich 1938 bis heute. Hg. von Theodor Brückler (Wien/Köln/Weimar 1999); NS-Kunstraub in Österreich und die Folgen. Hg. von Gabriele Anderl und Alexandra Caruso (Innsbruck 2005). Speziell zum Verhältnis zwischen dem „Sonderauftrag Linz" und den Kunsteignungen in Wien vgl. Birgit Kirchmayr, Adolf Hitlers „Sonderauftrag Linz" und seine Bedeutung für den NS-Kunstraub in Österreich. In: Anderl-Caruso, Kunstraub 26-41.

[37] Archiv des Bundesdenkmalamts Wien (BDA Wien), Restitutionsmaterialien, Karton 8/1, Mappe 1: Erlass des Reichsministers und Chefs der Reichskanzlei, 18.6.1938 („Führervorbehalt").

[38] BAK, B 323, Sch. 116: „Verfügung über die in der Ostmark beschlagnahmten Kunstwerke (Vorschlag Haberstock: vor Juni 1939)".

[39] GNMN, Nachlass Posse: Tagebuch 1936-1942, Eintrag vom 10.-12.7.1939.

[40] GNMN, Nachlass Posse: Tagebuch 1936-1942, Eintrag vom 20.10.1939.

[41] Faison, CIR 4 (Linz Museum), Attachment 72.

Demgemäß teilte Posse dem geplanten „Linzer Führermuseum" 122 Werke zu, dem Kunsthistorischen Museum Wien 44, der Österreichischen Galerie in Wien 13, dem Landesmuseum Ferdinandeum in Innsbruck 25 und der Landesbildergalerie in Graz fünf.[42] Diese Liste umfasste noch nicht alle Museen, die letztlich mit Kunstwerken aus den beschlagnahmten Sammlungen bedacht wurden, die Arbeit war noch nicht abgeschlossen: Im Jänner 1940 hieß es im Tagebuch: „22. Jänner 1940. Früh über Breslau nach Wien. (beschlagnahmte Kunstwerke). 23.–28. in Wien."[43] Wenige Tage später, am 1. Februar, notierte Posse einen „Vortrag beim Führer über Linz", bei dem er ihm wohl auch über seine Wiener Eindrücke berichtete.[44] Im März findet sich noch einmal ein Eintrag zu Wien, der mit „Durchsicht der beschlagnahmten und sichergestellten Kunstschätze" bezeichnet ist.[45] Am 31. Juli 1940 hieß es dann schließlich: „Wien. ... Übergabe der genehmigten Listen."[46]

Als Ergebnis seiner Wiener Sichtungstätigkeit hatte Posse den von Hitler genehmigten Verteilungsplan der Wiener beschlagnahmten Sammlungen angefertigt. Diese Liste unterteilte sich in zwei Kategorien: Liste A beinhaltete die Kunstwerke, die für „Linz" ausgewählt wurden, Liste B war der Verteilungsvorschlag der Kunstwerke für österreichische Museen.[47]

Basierend auf Posses Auswahl stammte ein Großteil der Bilder des ersten Inventars des „Linzer Führermuseums" aus den Wiener Sammlungen. 1940 wurde dieses Inventar unter der Bezeichnung „Für Linz in Aussicht genommene Gemälde" vorgelegt. Von insgesamt 324 angeführten Bildern stammten 174 aus enteigneten Kunstsammlungen Wiener jüdischer Familien. Dem Inventar war ein Anhang hinzugefügt: Die darin befindlichen Kategorien „Gemäldevorrat" und „Ferner als Reserve für dekorative Zwecke" waren zur Gänze aus den Wiener Beschlagnahmungen zusammengestellt.[48] In der von Posse angefertigten Verteilungsliste der enteigneten Sammlungen in Wien fanden sich für das „Linzer Führermuseum" Gemälde und Gegenstände aus folgenden Sammlungen: Sammlung Alphonse Rothschild, Sammlung Louis Rothschild, Sammlung Bondy, Sammlung Haas,

---

[42] Faison, CIR 4 (Linz Museum), Attachment 72.
[43] GNMN, Nachlass Posse: Tagebuch 1936-1942, Einträge vom 22. sowie 23.-28.1.1940.
[44] Ebd., Eintrag vom 1.2.1940.
[45] Ebd., Eintrag vom 3.3.1940.
[46] Ebd., Eintrag vom 31.7.1940.
[47] BDA Wien, Restitutionsmaterialien, Karton 13, Mappe 2.
[48] BAK, B 323, Sch. 193: Verzeichnis der für Linz in Aussicht genommenen Gemälde, 31.7.1940.

Sammlung Gutmann, Sammlung Thorsch, Sammlung Goldmann, Sammlung Kornfeld, Sammlung Pollak.[49]
Der Zugriff auf die enteigneten Privatsammlungen in Wien ist der greifbarste Tatbestand in Bezug auf die unrechtmäßige Herkunft von „Linz-Bildern". In den Fällen dieser Sammlungen lässt sich die Provenienz eindeutig nachweisen. Es wurde nicht versucht, ihre Herkunft zu vertuschen, in sämtlichen Listen und Inventaren sind die Provenienzen klar ersichtlich: Bilder aus der Sammlung Alphonse Rothschild sind mit einer AR-Nummer versehen, Louis Rothschild-Bilder haben eine LR-Nummer, Bo steht für Bondy, Gu für Gutmann und so weiter. Für das „Linzer Führermuseum" waren die Beschlagnahmungen in Wien die erste „ergiebige" Bezugsquelle. Posse verbrachte viel Zeit in Wien, und die Skrupellosigkeit, mit der er seine dortige Aufgabe erfüllte, verblüfft. Der Kunsthistoriker und Museumsdirektor schwelgte offenbar in den bisher unvorstellbaren Möglichkeiten und Dimensionen, der Blick auf den mörderischen Hintergrund wurde ausgeblendet.

Neben Wien war es vor allem das besetzte Frankreich, aus dem der „Sonderstab Linz" beschlagnahmte Kunstwerke bezog. Der interne Konkurrenzkampf der Nazi-Plünderer war in Frankreich besonders groß. Die Enteignungen wurden allen voran vom „Einsatzstab Rosenberg" vorgenommen, der in einem Zwischenbericht die Konfiszierung von 79 berühmten jüdischen Sammlungen meldete.[50] Auch in Frankreich wurden Kunstwerke aus dem Besitz der Rothschilds beschlagnahmt, das berühmteste Kunstwerk davon, Jan Vermeers „Der Astronom", wurde dem „Linzer Führermuseum" zugeteilt. Um die Beute des Raubzugs in Frankreich stritten insbesondere Hermann Göring und Adolf Hitler. Laut „Consolidated Interrogation Report No. 4" wurden „nur" 53 Kunstwerke aus den französischen Beschlagnahmungen Linz zugeteilt, in neueren Studien wurde diese Zahl beträchtlich nach oben revidiert.[51] Auch in den anderen besetzten Gebieten kam es zu Kunstbeschlagnahmungen, nur wenig davon wurde aber für den „Sonderauftrag" rekrutiert. Wenn auch diese Zuteilungen quantitativ betrachtet nicht allzu hoch waren, handelte es sich dabei doch in manchen Fällen

---

[49] BDA Wien, Restitutionsmaterialien, Karton 13/2, Mappe 2: Verteilungsliste der beschlagnahmten Wiener Sammlungen. Zu den Hintergründen der Entstehung und Entziehung der hier angeführten Sammlungen vgl. Lillie, Was einmal war.

[50] Klaus Backes, Adolf Hitlers Einfluss auf die Kulturpolitik des Dritten Reiches. Dargestellt am Beispiel der Bildenden Künste (Diss. Univ. Heidelberg 1984) 432.

[51] Faison, CIR 4 (Linz Museum) 59. Anja Heuss nennt – leider ohne konkrete Quellenangaben – mindestens 365 Objekte, die aus beschlagnahmten französischen Sammlungen in das Inventar des „Kunstmuseums Linz" übergingen. Heuss, Kunst- und Kulturgutraub 55.

um „Prunkstücke" des künftigen „Führermuseums": Aus der tschechischen Lobkowitz-Sammlung beispielsweise stammte Hans Makarts „Heuernte", aus einer von den italienischen Behörden beschlagnahmten florentinischen Sammlung stammte Makarts „Pest in Florenz", die Mussolini Hitler 1940 als Geschenk überreichte.

Neben den aus beschlagnahmten Beständen übernommenen Kunstwerken wurden für das „Linzer Führermuseum" auch zahlreiche Kunstwerke „legal" erworben. Diese Erwerbungen zeigen sich auf den ersten Blick als unproblematische Kategorie des Linz-Bestandes: Liegt eine Rechnung vor, wurde das Bild nicht unrechtmäßig entzogen, sondern gekauft. Erst bei näherer Betrachtung der Umstände zeigt sich die besondere Schwierigkeit in der Zuteilung zu dieser Kategorie, bzw. die Schwierigkeit der Grenzziehung zwischen „sauberen" und „unsauberen" Erwerbungen.

Koordiniert wurden die Erwerbungen, die für Linz getätigt wurden, vom „Sonderbeauftragten für Linz". Neben von diesem persönlich durchgeführten Einkäufen vor Ort, wobei vor allem Hans Posse eine enorme Reisetätigkeit an den Tag legte, konnte der „Sonderbeauftragte" auf eine Reihe von KunsteinkäuferInnen und KunsthändlerInnen zurückgreifen, die intensiv mit dem „Sonderauftrag Linz" kooperierten und aus diesem eine wesentliche Geschäftsgrundlage bezogen. Die in diesem Zusammenhang auftretenden KunsthändlerInnen rekrutierten Gemälde und Kunstgegenstände nicht selten über Ankäufe bei Auktionen, häufig im Dorotheum Wien, und verkauften diese wiederum weiter an den „Sonderauftrag Linz". Die Problematik solcher Erwerbungen liegt auf der Hand. Aus einem möglicherweise ursprünglich enteigneten wird ein legal über einen Kunsthändler erworbenes Kunstwerk. Der „Sonderauftrag Linz" bezahlte somit auch für geraubte Kunst. In vielen Fällen wurde die unrechtmäßige Herkunft solcher Erwerbungen in den ersten Bemühungen zur Identifizierung und Restitution von Kunstwerken nach 1945 nicht erkannt.[52]

Tatsache ist, dass für den „Sonderauftrag Linz" beinahe unbegrenzte Geldmittel zur Verfügung standen. Ein eigenes Konto mit der Bezeichnung

---

[52] Allerdings gab es seitens des Münchner „Collecting Points" in den Jahren zwischen 1945 und 1952 intensive Bemühungen, Provenienzen von Kunstwerken über Kontaktaufnahme und Befragungen mit den involvierten KunsthändlerInnen zu ermitteln. Vgl. BAK, B 323. In der Forschung zur Thematik des NS-Kunstraubs und der Kunstrestitution wird die Rolle des Kunsthandels erst in jüngster Zeit stärker thematisiert. Vgl. z. B. Hanns Christian Löhr, Das Braune Haus der Kunst. Hitler und der „Sonderauftrag Linz" (Berlin 2005) 127ff, 205f. Hier heißt es: „Die Probleme, die heute noch mit den Kunstwerken verbunden sind ... haben hier ihren Ursprung: Der Kunsthandel vermischte zum Teil vorsätzlich, zum Teil unbewusst, die rechtlich einwandfreien Verkäufe mit der Hehlerware, die aus Beschlagnahmungen, Zwangsverkäufen oder Arisierungen stammte. Händler setzten Kunst oftmals ohne Rücksicht auf deren Herkunft um."

„Sonderfonds L" war für das „Linzer Führermuseum" bestimmt. Dieses Konto wurde hauptsächlich aus Mitteln des „Kulturfonds" gespeist, der wiederum seine Geldquelle im Verkauf einer Sondermarke mit Hitlers Porträt fand.[53] Die Geldmittel schienen anfangs unerschöpflich zu sein: Posses Tätigkeit unterlag keinen finanziellen Beschränkungen, er wählte ausschließlich nach qualitativen Überlegungen. Er verfügte über Sonderkonten in Den Haag, Rom und Paris, die immer wieder aufgefüllt wurden.

„... habe ich bei Herrn Reichsminister Dr. Lammers beantragt, das Sonderkonto bei der Deutschen Botschaft in Rom mit etwa anderthalb Millionen Reichsmark auffüllen lassen zu wollen. Dieselbe Bitte habe ich hinsichtlich des Kontos beim Herrn Reichskommissar in Haag gestellt, da sich neuerdings wieder sehr große und unerwartete Erwerbungsmöglichkeiten aus holländischem Privatbesitz ergeben."[54]

Die Ausgaben für den „Sonderauftrag" lagen im Juli 1940 bei 550.390 Reichsmark,[55] eine „bescheiden" anmutende Summe im Hinblick auf die weitere finanzielle Dimension des Projekts. Im März 1941 erreichten die Ausgaben eine Summe von 8.522.348 Reichsmark.[56] Der immense Anstieg der Ausgaben im Vergleich zum Stand des Vorjahres dürfte damit zusammenhängen, dass im ersten Jahr des „Sonderauftrags" die „geldsparenden" Übernahmen beschlagnahmter Kunst dominierten.

Während Posse keinerlei Beschränkungen auferlegt waren und der Geldfluss unendlich zu sein schien, spitzte sich die Situation mit fortschreitendem Kriegsgeschehen und auch in Hinblick auf die immense Kostenexplosion des „Sonderauftrags" zu. Voss schien monatlich soviel auszugeben wie Posse in einem Jahr: Im Sommer 1944 wies der für die Finanzen zuständige Reichsminister Lammers Bormann mehrmals darauf hin, dass Voss seit März 1944 monatliche Ausgaben von durchschnittlich sechs Millionen Reichsmark aufweise.[57] In einer dementsprechenden Höhe bewegte sich die Abrechnung des „Sonderfonds L" vom August 1944: Knapp 99 Millionen Reichsmark waren für den „Sonderauftrag Linz" bis zu diesem Zeitpunkt

---

[53] AStL, Materialsammlung Kubin, Ordner „Washington Korrespondenz": Stand des Kulturfonds, 31. 3. 1945. Vgl. auch Ernst Kubin, Sonderauftrag Linz. Die Kunstsammlung Adolf Hitler. Aufbau, Vernichtungsplan, Rettung. Ein Thriller der Kunstgeschichte (Wien 1989) 65ff.

[54] BAK, B 323, Sch. 103: Hans Posse an Martin Bormann (Brief vom 18.6.1941).

[55] AStL, Materialsammlung Kubin, Ordner „Washington Korrespondenz": Stand des Kulturfonds, 31. 3. 1945.

[56] Kubin, Sonderauftrag 65.

[57] AStL, Materialsammlung Kubin, Ordner „Washington Korrespondenz": Korrespondenz Lammers-Bormann.

ausgegeben worden.[58] Reichsminister Lammers versuchte immer dringlicher auf die Situation hinzuweisen und den „Sonderauftrag" finanziell zu limitieren. Er begab sich damit auf eine politische Gratwanderung: Einerseits zuständig für die finanziellen Belange und damit genötigt, auf die gespannte Lage hinzuweisen, stellte er sich damit andererseits in Opposition zu Hitler, der dem „Sonderauftrag Linz" in einer völligen Realitätsverweigerung jegliche, auch finanzielle, Bevorzugung zusicherte. Der „Sonderfonds L" wurde immer wieder von Hitlers Konto „Mittel zu allgemeinen Zwecken" aufgefettet.[59] Der „Führer [war] nicht geneigt, die Ankaufsmittel zu begrenzen", klagte Lammers.[60] Die Ausgaben für das Kunstmuseum überschritten die 100-Millionen-Grenze: Im Oktober 1944 berichtete Lammers an Bormann von bisherigen Ausgaben für das „Neue Kunstmuseum" in der Höhe von 106.300.000 Reichsmark.[61] Fortan war nicht mehr von einer „Begrenzung" der Ausgaben die Rede, Voss sollte vielmehr angewiesen werden, „mangels verfügbarer Mittel von weiteren Käufen für das Neue Kunstmuseum in Linz (Donau) vorerst abzusehen".[62] Noch im Jänner 1945 schrieb Hermann Voss allerdings an die Kunsthändlerin Maria Almas Dietrich und forderte sie auf, auch weiterhin Anbote vorzulegen.[63] Möglicherweise gab es noch spätere Ankäufe, die nicht mehr inventarisiert wurden, es ist allerdings davon auszugehen, dass mit Ende 1944 der Geldfluss tatsächlich versiegt war. Die monatlichen Ausgaben von mehreren Millionen Reichsmark für Gemälde im Jahr 1944 sind angesichts der kriegs- und wirtschaftspolitischen Situation im „Deutschen Reich" wohl das beste Indiz für Hitlers irrationale Beziehung zum „Linzer Führermuseum".

Als von ihrer Bedeutung her vernachlässigbare Größen in der Akquirierung des Bestandes des „Linzer Führermuseums" müssen noch die Herkunftsquellen Geschenke und Tausch angeführt werden. Die Herkunftsquelle „Geschenke", die von den Nationalsozialisten selbst neben den „Erwerbungen"

---

[58] AStL, Materialsammlung Kubin, Ordner „Washington Korrespondenz": Abrechnung Sonderfonds L, August 1944.

[59] AStL, Materialsammlung Kubin, Ordner „Washington Korrespondenz": Überweisungen aus den Mitteln „Zur Verfügung des Führers zu allgemeinen Zwecken". Für den Zweck „Auffüllung des Kontos Sonderfonds L" wurden 1943 ca. 10 Millionen Reichsmark zur Verfügung gestellt, 1944 waren es bereits knapp 20 Millionen Reichsmark.

[60] AStL, Materialsammlung Kubin, Ordner „Washington Korrespondenz": Lammers an Bormann (Brief vom 23.10.1944).

[61] Ebd.

[62] AStL, Materialsammlung Kubin, Ordner „Washington Korrespondenz": Aktenvermerk vom Oktober 1944.

[63] BAK, B 323, Sch. 132: Hermann Voss an Kunsthandlung Maria Almas Dietrich (Brief vom 26.1.1945).

erwähnt wurde – wohl auch um dem Volk die Beliebtheit des „Führers" zu demonstrieren – spielte im Rahmen des „Sonderauftrags Linz" quantitativ gesehen keine allzu große Rolle.[64] Kunstwerke als Geschenke auszutauschen war unter den führenden Nationalsozialisten zwar äußerst en vogue, und Hitler erhielt auch eine große Anzahl von Gemälden als Geschenk, wenige davon sollten dem „Linzer Führermuseum" zugeführt werden.[65]

Neben der Frage nach Herkunft und Art der Akquirierungen stellt sich die nach Umfang und Inhalt des „Linzer Bestands". Mangels eines vorhandenen eindeutigen Inventars gibt es lediglich Schätzungen zur Zahl der „Linz-Bilder", die auf Basis verschiedener Quellen erstellt werden können. Als Quellen dienen vor allem Einlagerungslisten der verschiedenen Depotorte der „Linzer" Bilder sowie andere Dokumente, beispielsweise die erhaltenen „Fotoalben" der Linzer Sammlung. Die Interpretation der vorliegenden Quellen divergiert stark: Als eine der ersten quantitativen Angaben ist jene zu betrachten, die von der „Art Looting Investigation Unit" 1945 ausgehend von den Einlagerungen in Altaussee genannt wurde: Sie zählte 6.755 für das „Führermuseum" bestimmte, in Altaussee geborgene Gemälde.[66] Neben den Einlagerungslisten von Altaussee wird als weitere Quelle häufig der so genannte „Dresdener Katalog" angeführt, der sich im Bundesarchiv Koblenz befindet und dort als „Inventar des Sonderauftrags Linz" bezeichnet wird. Er basiert auf der Einlagerungsliste von Gemälden im Münchner Führerbau. In ihm sind annähernd 4.000 Gemälde verzeichnet.[67] All diesen Quellen respektive Listen ist gleich, dass sie den gesamten „Pool" an Gemälden des „Sonderauftrag Linz" umfassen. Es sollte somit Vorsicht dabei geübt werden, diese Zahlen gleichzusetzen mit dem geplanten Bestandsumfang des „Linzer Führermuseums". Der „Sonderstab Linz" akquirierte in großem Umfang Kunstwerke, nicht in allen Fällen wurde dabei aber bereits präzise entschieden, ob diese Kunstwerke auch tatsächlich in das Linzer Museum zugeteilt oder für andere Zwecke verwendet werden sollten. Der Historiker Hanns Christian Löhr bezeichnet daher, auch wenn er mit seinen Berechnungen auf eine konkrete Zahl von 4.712 Objekten kommt, diese als

---

[64] Vgl. Faison, CIR 4 (Linz Museum) 26.

[65] Als bedeutendstes Werk in der Kategorie Geschenke muss das bereits erwähnte Triptychon Hans Makarts „Die Pest in Florenz" gesehen werden, das Hitler 1940 von Mussolini erhalten hat. Vgl. Birgit Kirchmayr, Sonderauftrag Linz. Zur Fiktion eines Museums. In: Mayrhofer-Schuster, Nationalsozialismus in Linz I 557-596, 581f.

[66] Faison, CIR 4 (Linz museum).

[67] BAK, B 323, Sch. 45-88. Vgl. auch Birgit Schwarz, Der Bilderhort mit dem „F". Kein kunsthistorisches, aber ein moralisches Monster: Neue Erkenntnisse zum „Linzer Katalog" und zu Hitlers Museum. In: FAZ, 25.5.2001.

„Vorauswahl für die neue Galerie" und nicht als definitiven Bestand.[68] Eine besonders anschauliche Quelle zum Bestand des „Führermuseums" stellen die in Leder gebundenen Fotoalben dar, die für Adolf Hitler angefertigt worden waren und Fotos von Neuerwerbungen für das „Führermuseum" enthalten.[69] Die Kunsthistorikerin Birgit Schwarz verfolgt die These, dass die Gemäldegalerie des „Führermuseums" im Wesentlichen auf diesen in den Alben dargestellten Gemälden basiere und ihr Bestand damit quantitativ wesentlich geringer gewesen wäre als bislang in der Literatur kolportiert.[70] Der Bestand von Gemälden würde sich von den Alben ausgehend in einer Größenordnung von etwa 1.500 bewegen, die immer wieder genannten 5.000 bis 7.000 Gemälde resultierten laut Schwarz aus der ihrer Meinung nach nicht korrekten Interpretation, sämtliche über den „Sonderauftrag Linz" erworbenen Kunstwerke wären auch tatsächlich dem „Linzer Führermuseum" zugeordnet worden.[71]

Zusammenfassend kann festgestellt werden, dass eine präzise Zuordnung der über den „Sonderauftrag" erworbenen Kunstwerke und eine präzise Bestandszuordnung des „Führermuseums" aus all den oben genannten Begründungen seriös nicht gegeben werden kann. Eine solche Zuordnung kann insbesondere postfaktum nicht geschehen, da sie schon zeitgenössisch nicht klar vollzogen wurde. Der „Sonderauftrag Linz" lieferte einen „Pool" an Gemälden, über deren weitere Bestimmung in vielen Fällen erst entschieden worden wäre. War in der Amtsperiode von Hans Posse eine solche Zuordnung noch viel klarer, ergab sich unter Voss und den sich verändernden Rahmenbedingungen im fortschreitenden Kriegsgeschehen eine zunehmend unklare und chaotische Situation. Es liegen somit zwar Dokumente vor, die eine Annäherung an den Bestand des „Linzer Führer-

---

[68] Löhr, Braunes Haus der Kunst 107.

[69] Oberfinanzdirektion Berlin (vorher München), Fotalben „Gemäldegalerie Linz". Vorhanden sind die Bände 1-8, 20-28, 30-31. Auf den Buchrücken befindet sich die Bezeichnung „Gemäldegalerie Linz", im Inneren des ersten Bandes ist verzeichnet: „Katalog der (geplanten) Gemäldegalerie Linz 1940-1945". Dieser Eintrag dürfte nach 1945 hinzugefügt worden sein. Ein Registerband der Bände 1-20 befindet sich in BAK, B 323. Die Fotoalben wurden für Adolf Hitler zur Ansicht angefertigt. Zur Erstellung der Fotoalben vgl. BAK, B 323, Sch. 103.

[70] Birgit Schwarz, Hitlers Museum. Die Fotoalben. Gemäldegalerie Linz (Wien/Köln/Weimar 2004).

[71] Vgl. Schwarz, Hitlers Museum. Der Autorin ist zuzustimmen, indem die kolportierten Zahlen des Bestands des „Führermuseums" oftmals zu hoch gegriffen sind und wenig präzise auf die Zuteilungsproblematik zwischen Bestand „Führermuseum" und anderen Verwendungszwecken des „Sonderauftrags Linz" eingegangen wird. Es ist allerdings massiv zu bezweifeln, dass sich eine präzise Bestandszuordnung zum „Führermuseum" über die angefertigten Fotoalben durchführen lässt. Auch diese Quelle ermöglicht nur eine Annäherung, in dem sie vermutlich den fixen Kern des Museumsbestands zeigt, aber meines Erachtens nicht den Rückschluss zulässt, dass nicht in den Alben vorhandene Gemälde auch definitiv nicht in das „Führermuseum" gekommen wären.

museums" ermöglichen, eine letztgültige Präzisierung ist schwer möglich. Eine solche präzise Bestandszuordnung und damit Quantifizierbarkeit würde dem „fiktionalen" und unfertigen Charakter des „Führermuseums" auch kaum entsprechen. Eine Entscheidung über das tatsächliche „Design" des Führermuseums ist bis 1945 nicht getroffen worden.

## Zur Beteiligung des Gaus Oberdonau am „Sonderauftrag Linz"

*„Einem Wunsche des Herrn Reichsstatthalters und Gauleiters in Oberdonau, Herrn Eigruber gemäß, seinen Gau bei dem Aufbau des einmalig großen, nach dem Willen des Führers in ständigem Wachsen begriffenen Museumswerkes für Linz mit eingeschaltet und schon jetzt beteiligt zu sehen ..."*[72]

Ausgehend von dem Faktum, dass das „Linzer Führermuseum" niemals realisiert wurde, stellt sich die Frage nach den konkreten Berührungspunkten zwischen dem „Sonderauftrag Linz" und der Stadt Linz bzw. dem Gau Oberdonau. Der Aufbau des „Linzer Führermuseums" wurde eindeutig nicht vor Ort, sondern weit weg von Linz, in Dresden, koordiniert. Nachdem es auch niemals zu einer Errichtung des geplanten Museums in Linz kam, könnte man die Rolle von Linz somit auf die eines Namensgebers reduzieren. Bei näherer Betrachtung der lokalen Quellen zeigt sich allerdings das klar vorhandene Interesse des Gaus Oberdonau und seiner kulturpolitischen Einrichtungen, am Aufbau des Kunstmuseums sowie generell an den Agenden des „Sonderauftrags" beteiligt zu sein. Die seitens Adolf Hitlers offensichtlich nicht intendierte Einbeziehung Oberdonaus in die Aufbaupläne für das „Linzer Führermuseum" und die dem Gau nicht selbstverständlich zugestandene Sonderrolle in der Mitwirkung an diesem Vorhaben scheinen von Seiten des Gaus weder erwartet noch widerstandslos hingenommen worden zu sein. Gauleiter Eigruber, der immer bestrebt war, seinem Gau den ihm seiner Meinung nach zustehenden Sonderstatus als „Heimatgau des Führers" zu sichern, bemühte sich auch in Bezug auf das „Linzer Führermuseum" darum, nicht übergangen zu werden. Die persönliche Bedeutsamkeit dieses Projekts für Hitler kennend war Eigruber

---

[72] OÖLM Archiv, Mappe Direktion 1942/43: D 27/43, Gottfried Reimer, Referent „Sonderauftrag Linz" an Theodor Kerschner, Direktor OÖLM (Brief vom 17.2.1943).

das Machtpotenzial, das eine Mitwirkung am Aufbau des „Führermuseums" mit sich brachte, voll bewusst.

Die diesbezüglichen Erwartungen waren allerdings einseitig motiviert und blieben großteils unerfüllt. Einzelne personelle Kooperationen zwischen dem Gau und dem Unternehmen „Sonderauftrag Linz" lassen sich dennoch nachweisen, am intensivsten finden sich diese Berührungspunkte in der Frage der Bergung des „Linzer Bestands". Wie an anderer Stelle noch deutlich gemacht wird, war es vor allem auf das Engagement des Gaukonservators von Oberdonau, Franz Juraschek, zurückzuführen, dass große Bestände der „Führersammlung" ab 1941 in Oberdonau, vor allem in den Stiften Kremsmünster und Hohenfurth sowie später in den Bergwerksstollen von Altaussee, eingelagert wurden.[73] Die Verwaltung und Betreuung dieser Bestände führte zu intensiver Kooperation zwischen oberösterreichischen Kunstfachleuten und dem Stab des „Sonderauftrags Linz". Justus Schmidt beispielsweise, Vorstand der Kunst- und kulturgeschichtlichen Abteilung des Landesmuseums und stellvertretender Kulturbeauftragter des Gauleiters, wurde mit der Verwaltung der im Rahmen des „Sonderauftrags Linz" in Kremsmünster und Hohenfurth eingelagerten Kunstgüter betraut. Aus dem diesbezüglichen Schreiben des Referenten des „Sonderauftrags Linz", Gottfried Reimer, lässt sich klar die Motivation für diese Entscheidung belegen:

„Einem Wunsche des Herrn Reichsstatthalters und Gauleiters in Oberdonau, Herrn EIGRUBER, gemäß, seinen Gau bei dem Aufbau des einmalig großen, nach dem Willen des Führers in ständigem Wachsen begriffenen Museumswerkes für Linz mit eingeschaltet und schon jetzt beteiligt zu sehen, habe ich ... Herrn Dr. Justus Schmidt ... mit meiner unmittelbaren Vertretung in der Leitung der Kunstdepotverwaltung in beiden Stiften [Anm.: Kremsmünster und Hohenfurth] beauftragt, für deren Sachbetreuung, fachmännische Pflege und ordnungsgemäße Verwaltung er mir direkt, persönlich verantwortlich ist."[74]

---

[73] Vgl. dazu ausführlicher in Kapitel „(Raub-)Kunstdepots in Oberdonau" im vorliegenden Beitrag.

[74] OÖLM Archiv, Mappe Direktion 1942/43: D 27/43, Gottfried Reimer an Theodor Kerschner (Brief vom 17.2.1943). Unterstreichungen und Großbuchstaben im Original.

Wenngleich sich Schmidts Funktion auf eine rein organisatorische Ebene beschränkte und von einer Mitwirkung im Museumsaufbau in einem gestalterischen Sinn dabei nicht die Rede sein konnte, wurde mit dieser Bestellung doch zumindest ein Museumsfachmann aus Oberdonau offiziell „Beauftragter" im Kontext des „Sonderauftrags Linz". Schmidt stand bereits davor in loser Verbindung zum „Sonderauftrag Linz", indem er sich gelegentlich mit Hinweisen auf Kunstobjekte, die für das „Linzer Führermuseum" interessant sein könnten, an Hans Posse gewandt hatte. Es handelte sich dabei teilweise um Anbote, die irrtümlich an das Oberösterreichische Landesmuseum in Verwechslung mit dem geplanten „Linzer Führermuseum" gelangt waren und die Justus Schmidt lediglich weiterleitete, aber auch um Objekte, die er eigenständig für das „Linzer Führermuseum" vorschlug. Posse dankte Schmidt für seine Informationen, eine engere Zusammenarbeit in dieser Hinsicht entstand dadurch aber nicht.[75] Nach Posses Tod schrieb Justus Schmidt einen ausführlichen Nachruf in der Zeitschrift „Oberdonau. Querschnitt durch Kultur und Schaffen im Heimatgau des Führers".[76] Es war dies interessanterweise der einzige Beitrag, der im gesamten Erscheinungszeitraum der Zeitschrift „Oberdonau" – dem offiziellen Kulturorgan des Gaus Oberdonau – der Thematik des geplanten „Führermuseums" gewidmet war.[77] Auch August Zöhrer, Kulturamtsleiter der Stadt Linz, verfasste nach Posses Tod seitens der Stadt Linz einen Nachruf auf den „Linzer Sonderbeauftragten". In der Linzer Schriftenreihe „Erbe und Sendung" würdigte Zöhrer ausführlich Person und Schaffen Hans Posses.[78] Auch dieser Beitrag zählt damit zu den wenigen veröffentlichten Darstellungen in lokalen Medien zum „Linzer Führermuseum". Zöhrer erwähnte in seinem Nachruf auch die Linzer Abordnung bei Posses Begräbnis, die Teilnahme des Linzer Oberbürgermeisters Sturma und die Ernennung Posses zum Linzer Ehrenbürger. Diese Ehrenbürgerschaft war unter ungewöhnlichen Umständen beschlossen worden: In einem Brief des Oberbürgermeisters der Gauhauptstadt Linz hieß es diesbezüglich: „Der Führer

---

[75] Vgl. OÖLM Archiv, Mappe Kunsthistorische Abteilung (KH) 1940: Kh 262/40.

[76] Justus Schmidt, Hans Posse und die Führersammlungen für Linz. In: Oberdonau. Querschnitt durch Kultur und Schaffen im Heimatgau des Führers, Folge 1, 3. Jg., März 1943, 8f.

[77] „Oberdonau" als zentrales Kulturorgan des Gaus Oberdonau erschien unter der offiziellen Herausgeberschaft des Gauleiters zwischen Jänner 1941 und März 1943. Vgl. dazu auch Peter Assmann, Aus dem Heimatgau des Führers. „Oberdonau" und die Kunst und Kultur in Oberösterreich. In: Kunst und Diktatur. Architektur, Bildhauerei und Malerei in Österreich, Deutschland, Italien und der Sowjetunion 1922-1956. Hg. von Jan Tabor (Wien 1994) 486-493.

[78] August Zöhrer, Dr. Hans Posse. Der Schöpfer des Linzer Kunstmuseums, in: Gestalter und Gestalten. Schriftenreihe Linz, Erbe und Sendung (Linz 1943) 7-16.

hat entschieden, dass Dr. Hans Posse Ehrenbürger der Stadt Linz ist. Er wird also nicht erst hiezu ernannt."[79] Posse scheint demnach nicht in den offiziellen Ehrenbürgerlisten der Stadt Linz auf, seine Ernennung gilt heute als nicht rechtskräftig.

Wie zahlreiche lokale Quellen zeigen, war man seitens der politischen und kulturellen Eliten des Gaus und der Stadt Linz grundsätzlich über das Projekt des „Führermuseums" informiert, und es wurde auch immer wieder der Versuch unternommen, sich mehr an den „Sonderauftrag" anzuschließen und in Beziehung zu den einflußreichen „Sonderbeauftragten" zu treten. Der tatsächliche Informationsstand und Austausch war allerdings relativ gering. Ein Beispiel: 1940 bekam der Linzer Kulturamtsleiter August Zöhrer ein Angebot einer Berliner Kunsthändlerin, die offenbar davon gehört hatte, dass in Linz ein neues Museum errichtet werden sollte. Zöhrers Antwort spiegelt die zu diesem Zeitpunkt nicht existente Verbindung zwischen dem Linzer Kulturverantwortlichen und dem „Sonderauftrag Linz" sehr deutlich wider:

„.... teile ich Ihnen mit, daß die neue Kunstgalerie, die in unserer Stadt zustande kommen soll, ganz allein vom Führer selbst aufgebaut wird. Die Einkäufe führt in seinem Auftrag ein von ihm Beauftragter durch; ich glaube, es ist der Direktor der Gemäldegalerie von Dresden. Wir haben nicht im mindesten Einfluß auf die Gestaltung der Galerie, können daher von Ihrem Angebote keinen Gebrauch machen."[80]

Es scheint mit dem Aufbau des „Linzer Führermuseums" ähnlich gewesen zu sein wie mit dem architektonischen „Neuaufbau" der Stadt Linz generell: Entschieden wurde nicht vor Ort, lokale Zuständigkeiten wurden zugunsten Hitlers Architekten und Fachleuten beschnitten.[81]

Neben der Frage der Mitgestaltung im Aufbau des „Führermuseums" muss auch jene des Transfers von enteigneter Kunst nach und von Oberdonau untersucht werden. Linz war als Zielort des geplanten neuen Kunstmuseums jener Ort, der am intensivsten von der enteigneten Kunst profitieren sollte. Die Kunstwerke, die für das „Führermuseum" bestimmt waren, gelangten nur niemals nach Linz, insofern löst sich diese Verbindung realiter wieder auf. Von den Zuteilungen beschlagnahmter Kunst im Kontext des „Sonderauftrags Linz" sollte in Oberdonau neben dem erst zu schaf-

---

[79] AStL, Sch. B 36a: Oberbürgermeister Sturma an Bürgermeister Estermann und andere, Linz 8.12.1942. Unterstreichung im Original.

[80] AStL, Kulturarchiv, Sch. 252: 1465/40, August Zöhrer an Kunsthandlung Gerlach Berlin (Brief vom 26.6.1940).

[81] Vgl. Mayrhofer, Patenstadt 366ff.

fendem „Linzer Führermuseum" aber auch das Oberösterreichische Landesmuseum („Museum des Reichsgaues Oberdonau") profitieren – oder wie es in einem Brief des Kunsthistorischen Museums Wien hieß: „Die Beteiligung der Landesmuseen in den ostmärkischen Gauen, voran des Linzer Landesmuseums, ist eine Selbstverständlichkeit."[82] Anders als die für das „Führermuseum" ausgewählten Kunstwerke kamen die für das Oberösterreichische Landesmuseum zugeteilten Kunstwerke auch tatsächlich nach Linz. Genau wie die meisten anderen Museen der Ostmark hatte das Oberösterreichische Landesmuseum eine „Wunschliste" von Kunstwerken vorgelegt, mit denen es aus den Beständen des „Zentraldepots für beschlagnahmte Kunst" beteilt werden sollte.[83] Interessant ist in diesem Zusammenhang weniger das Faktum, dass das „Museum des Reichsgaues Oberdonau" Raubkunstzuteilungen bekam – dadurch unterscheidet es sich nicht von anderen ostmärkischen Museen –, sondern vielmehr, dass im Falle der Zuteilungen für das Landesmuseum in Linz eine Sonderstellung zu konstatieren ist: Die für das Oberösterreichische Landesmuseum bestimmte Liste war länger als die Zuteilungslisten an andere Gaumuseen, Linz sollte auch abseits des „Führermuseums" von den Zuteilungen aus den beschlagnahmten Wiener Sammlungen Profit ziehen.[84] Hunderte von Kunstgegenständen aus dem „Zentraldepot für beschlagnahmte Kunst", Kunstwerke aus den Sammlungen Rothschild, Gutmann, Bondy und Goldmann, wurden 1940 in das Oberösterreichische Landesmuseum überstellt.[85] Interessant ist die Auswahl der an das Landesmuseum übertragenen Kunstwerke: Unter all den hunderten zugeteilten Kunstwerken befand sich im Gegensatz zur „Wunschliste" kein Gemälde. Lediglich Kunstgegenstände wurden dem Museum überlassen, eine Auswahl, die wohl im Zusammenhang mit der künftigen Linzer Museumsordnung zu sehen ist, in der das „Linzer Kunstmuseum" dem Landesmuseum eine neue Ausrichtung zuweisen sollte.[86]

---

[82] Archiv des Kunsthistorischen Museums Wien (KHM Archiv), KL 1939, Mappe Aufteilung der beschlagnahmten Kunstgegenstände aus jüdischem Besitz: 142/KL/39, Fritz Dworschak an Reichsstatthalter Wien (Brief vom 12.4.1939).

[83] OÖLM Archiv, Mappe KH 1939: Kh 102/139, Beschlagnahmtes Kunstgut: Liste der ausgewählten Gegenstände.

[84] OÖLM Archiv, Mappe KH 1939: Kh 107/1939, Fritz Dworschak an Justus Schmidt (Brief vom 8.3.1939); KHM Archiv, I 23:142/KL/39, KHM an Reichsstatthalter Wien (Brief vom 12.4.1939); KHM Archiv, I 24: 162/KL/39.

[85] Eine detaillierte Darstellung der Zuteilung von Raubkunst aus den beschlagnahmten Wiener Sammlungen in das Oberösterreichische Landesmuseum ist Teil der Provenienzuntersuchung der vorliegenden Studie. Vgl. dazu den Beitrag der Verfasserin „Oberösterreichisches Landesmuseum: Zuweisungen und Restitutionen enteigneter Kunst. Eine Untersuchung".

[86] Vgl. dazu ausführlicher die Darstellung in Kapitel „Das Landesmuseum und das ‚Führermuseum'" im

In Bezug auf den Transfer von Raubkunst muss auch die umgekehrte Frage gestellt werden: Wurde Oberdonau nicht nur in der Zuteilung von Raubkunst bevorteilt, sondern war es auch begehrtes Zielgebiet zur Rekrutierung der Bestände des „Führermuseums"? Wurde in Oberdonau geraubte Kunst unmittelbar dem „Sonderauftrag Linz" zugeteilt?
Es gibt ein Schreiben, das belegt, dass der Gaukonservator Oberdonaus verpflichtet war, aus den in Oberdonau enteigneten Kunstbeständen interessante und wertvolle Werke herauszufiltern und nach Wien zu übersenden.[87] Es gibt allerdings keinen Beleg für eine tatsächlich erfolgte Überstellung beschlagnahmter Gegenstände von Linz in das Wiener „Zentraldepot für beschlagnahmte Kunst". Auch eine spätere Übernahme von Raubkunst aus Oberdonau in die Bestände des „Sonderauftrags Linz" kann zumindest in einer systematischen Weise bzw. größeren Quantität ausgeschlossen werden. Dafür dürfte schlicht als Ursache gelten, dass es in Linz bzw. Oberdonau keine mit den großen und berühmten Wiener Sammlungen vergleichbaren Kunstsammlungen gab.[88]
Wenngleich nicht unmittelbar an enteigneter Kunst aus jüdischem Besitz, an Kunstwerken anderer oberösterreichischer Herkunft schien Hans Posse für den Aufbau des „Führermuseums" durchaus interessiert gewesen zu sein: In einem Memorandum von 1939 skizzierte Posse erste Aufbaupläne des „Führermuseums" unter Miteinbeziehung ausgewählter Stücke aus dem Oberösterreichischen Landesmuseum. Ebenso erwähnte er die Bedeu-

---

vorliegenden Beitrag sowie Birgit Kirchmayr, „Das Linzer Museum soll nur das beste enthalten ...". Das Oberösterreichische Landesmuseum im Schatten der Fiktion des „Linzer Führermuseums". In: Kunst-Kommunikation-Macht. Sechster Österreichischer Zeitgeschichtetag 2003. Hg. von Ingrid Bauer u.a. (Innsbruck 2004) 42–47.

[87] Archiv des Bundesdenkmalamts Linz (BDA Linz), Sachakten, Betreff „Kunstwerke in Oberdonau, beschlagnahmte": 629/38, Landeskonservator Hainisch an Zentralstelle für Denkmalschutz Wien (Brief vom 20.10.1938). Vgl. dazu ausführlicher die Darstellung in Kapitel „Das Landeskonservatorat/Gaukonservatorat Linz 1938-1945" im vorliegenden Beitrag.

[88] Einzelne Kunstgegenstände aus dem Besitz von oberösterreichischen Juden/Jüdinnen sind im Bestand des „Sonderauftrags Linz" allerdings durchaus nachweisbar. Als ein Beispiel mag der „Pfenningberger Schmerzensmann" aus dem Besitz des Ehepaares Erlach angeführt werden. Der Linzer Arzt Franz Erlach, der mit einer – nach NS-Rassegesetzen – Jüdin verheiratet war, verfügte über eine bedeutende Gotiksammlung. Bei seiner geplanten Auswanderung nach Amerika 1939 erhielt er für den „Pfenningberger Schmerzensmann" keine Ausfuhrbewilligung. Die Figur wurde gegen ein anderes Kunstobjekt eingetauscht, der „Schmerzensmann" wurde für das „Führermuseum" bestimmt. Nach dem Krieg versuchte Erlach, die Figur restituiert zu bekommen, da er den damals vollzogenen Tausch als zu seinen Ungunsten betrachtete. Der Restitutionsantrag Erlachs wurde abgewiesen, die Plastik wurde als „Vermögensverfall Adolf Hitlers" als der Republik Österreich gehörig erklärt. Vgl. BDA Wien, Restitutionsmaterialien, Karton 34/1, Mappe Erlach, Franz. Zur „Arisierung" oberösterreichischen Kunstbesitzes vgl. auch das betreffende Kapitel im vorliegenden Beitrag.

tung der oberösterreichischen Klostersammlungen, deren herausragendste Kunstwerke in einem neuen „Führermuseum" eventuell Platz finden könnten.[89] Vor allem in der Anfangszeit des „Sonderauftrags Linz" wurde auf die Bestände der in Oberdonau befindlichen Klöster klar reflektiert. In Posses Memorandum von 1939 hieß es diesbezüglich: „Doch müssten alle Bemühungen darauf gerichtet sein, diese Museumssektion durch Erwerbungen aus freiwerdendem Besitz der Stifte und Klöster der Ostmark auszubauen ..."[90]
Hitlers Interesse an den oberösterreichischen Klöstern und ihren Sammlungen war groß und dementsprechend massiv nahm er persönlich Einfluss auf etwaige Entscheidungen über die entzogenen Sammlungen.
„Ein Verkauf von Kunstwerken aus stiftlichem Besitz [Anm.: Stift Schlägl] erscheint derzeit nicht durchführbar, vor allem weil sich der Führer eine Auswahl für das neu zu schaffende Museum Linz vorbehalten hat."[91]
Während obige Quelle in die Richtung deutet, dass es zu Entnahmen aus den Klostersammlungen zugunsten des „Linzer Führermuseums" kam oder kommen sollte, existieren gleichzeitig Anweisungen Hitlers, die Sammlungen nicht zu zerteilen:
„Die Abgabe von Kunstgegenständen aus dem Stift St. Florian erscheint derzeit mit Rücksicht darauf untunlich, daß der Führer an der geschlossenen Erhaltung des stiftlichen Kunstbesitzes größtes Interesse hat. Dieses geht schon daraus hervor, daß kein Kunstgegenstand aus Florian von Direktor Posse für das neue Führermuseum in Linz in Aussicht genommen werden konnte."[92]
Die Betreuung der enteigneten Stiftssammlungen oblag ab 1941 dem Oberösterreichischen Landesmuseum. Oftmalige Bergungsumlagerungen, sich ständig ändernde Pläne, was letztlich und endgültig mit den Sammlungen geschehen sollte, wechselnde Begehrlichkeiten und die Einflussnahmen seitens des Gauleiters, des „Sonderbeauftragten für Linz" und Adolf Hitlers machten den Auftrag zu einer diffizilen Angelegenheit. Eine letztgültige Entscheidung über das Schicksal der Klostersammlungen, auch in Bezug

---

[89] BAK, B 323, Sch. 229: Bericht über die Landesmuseen der Ostmark von Hans Posse, undatiert (1939) 3f
[90] Ebd.
[91] OÖLM Archiv, Mappe KH 1941: Kh 338/41, Justus Schmidt an Reichsstatthalter Oberdonau (Brief vom 11.10.1941).
[92] Ebd.

auf das „Führermuseum", dürfte bis Kriegsende nicht getroffen worden sein.[93]

Als Conclusio zur Frage nach der Rolle des Gaus Oberdonau im Unternehmen „Sonderauftrag Linz" lässt sich summieren: Berührungspunkte zwischen dem Gau und dem „Sonderauftrag Linz" existierten, sind aber in ihrer Erscheinungsform teilweise als unvermeidbar, teils sogar als zufällig einzustufen. Es bestanden keine wesentlichen personellen Einbindungen, organisatorische Verflechtungen fanden sich lediglich im Bereich der Lagerung der Bestände des „Linzer Führermuseums". Hier hob sich Oberdonau als Standort zentraler Kunstdepots von anderen Gauen ab und verfügte über verstärkte Machtkompetenzen. Eine Bevorzugung in der Verteilung geraubter Kunst durch die Auswahl Hans Posses kann für Linz – auch abseits der Zuteilung für das geplante „Führermuseum" – ebenso nachgewiesen werden wie es dem Gau und der Stadt Linz auch immer wieder gelang, im Fahrwasser des „Sonderauftrags Linz" eigene Vorteile zu erwirken. Faktum aber bleibt, dass auf gestalterischer Ebene das Unternehmen „Sonderauftrag Linz" ohne Linzer Beteiligung geführt wurde. Der Gau beziehungsweise die Stadt Linz verfügten kaum über Möglichkeiten, den Aufbau des „Führermuseums" faktisch und bedeutsam mitzuprägen. Es wurde ein „Linzer Museum" aufgebaut, dessen Verantwortliche sich nicht in Linz befanden und dessen Bestände niemals nach Linz kamen.

## Nachbetrachtung: Zur Fiktion eines Museums

Noch heute gelangt gelegentlich ein Schreiben an eines der Linzer Museen, das im Zusammenhang mit dem „Linzer Führermuseum" steht. In der Meinung oder Hoffnung, ein Linzer Museum könnte mit dessen Geschichte in Verbindung stehen, werden Suchanfragen nach Bildern, die zum Bestand des „Linzer Führermuseums" gehört hatten, nach Linz geschickt. Noch häufiger langten Suchanfragen dieser Art in den unmittelbaren Nachkriegsjahren in Linz ein. Wohin sollten sich Besitzer von enteigneten Kunstwerken und ihre Anwälte, die in Erfahrung gebracht hatten, ihre Bilder wären in das „Linzer Kunstmuseum" gelangt, nach 1945 wenden? Bis heute verwirrt die Tatsache, dass das so real wirkende „Linzer Führermuseum", das im Kontext des nationalsozialistischen Kunstraubs, der nationalsozialistischen

---

[93] Vgl. dazu die Darstellungen von Friedrich Buchmayr in der vorliegenden Studie.

Kulturpolitik und der nationalsozialistischen städtebaulichen Pläne für die Stadt Linz eine so zentrale Rolle einnimmt, als solches nie existiert hat.
Das geplante neue Linzer Kunstmuseum wurde niemals errichtet. Die Maschinerie, die für seinen Aufbau in Gang gesetzt wurde, war dennoch enorm. Der „Sonderstab Linz" mit dem „Sonderbeauftragten" an der Spitze arbeitete am Aufbau des Museumsbestands. Kunstwerke aus beschlagnahmten Beständen wurden ebenso requiriert wie mit unbegrenzten Geldmitteln auch Kunstwerke am deutschen Kunstmarkt und in den besetzten Gebieten eingekauft wurden. Architekten arbeiteten an den Plänen für den Museumsneubau im geplanten neuen Linzer Kulturzentrum in der Nähe des Linzer Bahnhofs. Zu Ende der NS-Ära gab es eine Vielzahl von Depotorten, an denen „Linzer" Gemälde eingelagert waren, der Großteil befand sich in den Bergwerksstollen von Altaussee. Es gab architektonische Pläne für das Gebäude, in das diese Kunstwerke einst hätten eingebracht werden sollen. Aber es gab kein neues Museum in Linz, die „Linzer" Gemälde hatten Linz niemals erreicht, mit dem Bau eines Museumsgebäudes war nicht einmal begonnen worden. Die Aktivitäten rund um das fiktive „Linzer Museum" waren in der Planungsphase stecken geblieben. Das neu geplante Museum hatte auch noch keine endgültige Bezeichnung erhalten, „Führermuseum", „Linzer Kunstmuseum", „Neue Galerie in Linz", „Linzer Führersammlung" stehen als Hilfsbezeichnungen für das unfertige Museumsprojekt.
Das „Linzer Führermuseum" war somit nie ein Museum und schon gar nicht befand es sich in Linz. Die Bezeichnung darf somit als Hilfskonstrukt verstanden werden. Ein Bestand von Gemälden, der an verschiedenen Orten gelagert war, wurde durch eine gemeinsame Zielbestimmung benannt und als zusammengehörig definiert. Der Fiktion wurde damit etwas Reales verliehen, was aus retrospektiver Betrachtung durchaus gelungen zu sein scheint. Die Diskrepanz zwischen dem fiktiven und dem realen Aspekt des „Linzer Führermuseums" muss sogar als sein zentraler Kernpunkt betrachtet werden und darf auch als wesentliche Begründung dafür angeführt werden, warum das „Linzer Führermuseum" bis heute sowohl Faszination als auch Irritation auslöst: Es gab kein Museum, aber tausende dafür erworbene Bilder; es gab kein Museum, aber in der Person des „Sonderbeauftragten" so etwas wie einen Museumsdirektor; es gab kein Museum, aber in Gestalt mehrerer Fotoalben einen Katalog; es gab kein Museum, aber es wurden über 100 Millionen Reichsmark dafür ausgegeben.

Der gigantische Aufbauplan vermochte die zeitgenössische und spätere Rezeption oftmals zu blenden und den Blick auf die Realität dieses „Museums" zu verstellen. Gigantomanie, Skrupellosigkeit und Realitätsverweigerung kennzeichneten den „Sonderauftrag Linz", dessen vordergründiges Ziel die Darstellung kunsthistorischer Meisterwerke und dessen eigentliches Ziel die unumschränkte Machtdarstellung seines Initiators war.

## 2. Das Oberösterreichische Landesmuseum 1938–1945 („Museum des Reichsgaues Oberdonau")

*„1938 – Fürwahr, nicht nur ein Jahr von weltpolitischer Bedeutung, sondern auch von nachhaltigem Einfluß auf unser Museum!"* [94]

Die Geschichte des Oberösterreichischen Landesmuseums reicht zurück bis in die erste Hälfte des 19. Jahrhunderts. 1833 gründete Anton von Spaun den „Verein des vaterländischen Museums für Österreich ob der Enns mit Inbegriff des Herzogthums Salzburg". Benannt nach seinem ersten Protektor war das Museum „Francisco Carolinum" als „Sammel- und Forschungsstätte für die Landesgeschichte"[95] konzipiert und basierte in seinen Anfängen auf dem freiwilligen Engagement seiner Gönner und Mitarbeiter. Ein wesentlicher Schritt für die weitere Etablierung des Landesmuseums erfolgte 1895 mit der Eröffnung des Museumsneubaus von Bruno Schmitz.[96] Ein weiterer wesentlicher Einschnitt erfolgte 1920 mit der Übernahme des Museums durch das Land Oberösterreich. Das Museum trug von nun an den Namen „Oberösterreichisches Landesmuseum".[97] Von Beginn an waren die Sammel- und Forschungstätigkeiten des Landesmuseums in Linz breit gestreut und umfassten den kunst- und kulturgeschichtlichen Bereich ebenso wie jenen der Naturwissenschaften. Eine sich daraus ergebende Problematik war die der räumlichen Kapazitäten. Auch die Errichtung des neuen Museumsgebäudes hatte den wachsenden Sammlungen langfristig nicht genug Platz gewährleisten können. Zum Zeitpunkt des „Anschlusses" Österreichs an das Deutsche Reich im Jahr 1938 war eines der drängendsten Probleme des Landesmuseums daher die Raumnot.

Mit dem „Anschluss" Österreichs verbanden sich für das Oberösterreichische Landesmuseum Hoffnungen auf eine Aufwertung und Verbesserung der Situation des Museums, die sich vor allem im bekannten Interesse Adolf Hitlers hinsichtlich einer Sonderstellung des „Heimatgaus" begründeten. Tatsächlich sollten sich die dem „Anschluss" folgenden Jahre für das Landesmuseum in einem Spannungsfeld bewegen – zwischen der Erwartungs-

---

[94] Direktionsbericht OÖLM 1937 und 1938. In: Jahrbuch des Oberösterreichischen Musealvereins (JbOÖM) 88 (1939) 18.

[95] Benno Ulm, Das älteste Kulturinstitut des Landes. In: 150 Jahre Oberösterreichisches Landesmuseum. Hg. vom Oberösterreichischen Landesmuseum (Linz 1983) 17.

[96] Vgl. Bernhard Prokisch, Das Museum Francisco-Carolinum. Baugeschichte. In: 150 Jahre Oberösterreichisches Landesmuseum 43-54.

[97] Ulm, Kulturinstitut 34.

haltung, als Kulturinstitut des „Heimatgaus" einen Aufschwung zu erleben, und der Realität, die diese Hoffnungen unerfüllt bleiben ließ.

Das erste einschneidende Ereignis nach dem „Anschluss" war für das Oberösterreichische Landesmuseum der Besuch von Adolf Hitler am 8. April 1938. Hitler hielt sich im Vorfeld der geplanten Volksabstimmung über den „Anschluss" Österreichs in Linz auf und besuchte in diesem Zusammenhang auch das Landesmuseum. In Begleitung des Museumsdirektors Theodor Kerschner verbrachte er eine Stunde in den „Sammlungen, die ihm seit seiner Jugendzeit vertraut waren".[98] Eine Eintragung Adolf Hitlers findet sich im Gästebuch des Museums. Museumsdirektor Theodor Kerschner notierte in den Akten:

„Der Führer war am 8. April 1938 also 2 Tage vor der großen Volksabstimmung des Bekenntnisses zum großdeutschen Reiche von 15h–16h im Museum. Nach dem eigenen Ausspruche des Führers war er vorher das letzte Mal im Jahre 1923 im Museum."[99]

Adolf Hitler schilderte bei seinem kurzen Aufenthalt seine Ausbaupläne für Linz. Der Alltag und das Schicksal des Oberösterreichischen Landesmuseums waren in Zukunft auch von Adolf Hitlers kulturpolitischen Plänen für Linz abhängig, vor allem von seinen Plänen zur Errichtung eines neuen Linzer Museums. Das Projekt „Sonderauftrag Linz" sollte auch für das Oberösterreichische Landesmuseum weitreichende Folgen haben.

## Das Landesmuseum und das „Führermuseum"

*„... wird es auch nicht abträglich sein, wenn für den Aufbau des neuen Kunstmuseums manches herausgezogen wird, ... da die Menge der verbleibenden Stücke der Malerei und Plastik noch immer bestens den Zwecken eines Landesmuseums dienen wird."* [100]

Theodor Kerschners Bericht vom Besuch Adolf Hitlers im Landesmuseum im April 1938 gibt keinen präzisen Aufschluss darüber, wie Hitlers Linzer Museumspläne zu diesem Zeitpunkt konkret aussahen. Linz sollte „von dem höchstem Förderer" reich bedacht werden, berichtete Kerschner.[101]

---

[98] Direktionsbericht OÖLM 1937 und 1938. In: JbOÖM 88 (1939) 18.
[99] OÖLM Archiv, Mappe Direktion 1938 (15-200): D 45/38, handschriftliche Notiz Theodor Kerschner.
[100] BAK, B 323, Sch. 229: Bericht über die Landesmuseen der Ostmark von Hans Posse, undatiert (1939) 2f.
[101] Direktionsbericht OÖLM 1937 und 1938. In: JbOÖM 88 (1939) 18.

Ob zu diesem Zeitpunkt bereits die Gründung eines neuen Museums in Linz anvisiert und auch mit dem Direktor des Landesmuseums besprochen wurde, lässt sich nicht einwandfrei klären.[102] Es ist nicht auszuschließen, dass Hitler zu diesem Zeitpunkt noch an einen Ausbau des bestehenden Landesmuseums dachte oder das Landesmuseum zumindest solche Hoffnungen hegte. Erst ein Jahr nach diesem Besuch, im Juni 1939, etablierte Adolf Hitler den „Sonderauftrag Linz" und übertrug die Leitung für den Aufbau eines neuen Kunstmuseums in Linz dem Dresdener Hans Posse.

Die Tatsache des geplanten „Linzer Führermuseums" konnte an der Realität des Landesmuseums nicht vorübergehen. Auch wenn der Wissensstand um dieses Projekt in all den Jahren offenbar sehr unpräzise war, wurde das geplante „Linzer Führermuseum" zu einem prägenden Faktor des Linzer Museumsalltags. Einerseits konnten Versuche unternommen werden, im Fahrwasser dieses Projekts auch für das eigene Haus Vorteile zu erwirken, andererseits musste sich der Aufbau eines Museums, für das es keine Einschränkungen zu geben schien – in scharfem Kontrast zum Landesmuseum, das unter räumlicher, finanzieller und personeller Not litt – als quälende Konkurrenz darstellen.

Die nur marginal vorhandene Möglichkeit zur Mitwirkung am Aufbau des „Führermuseums" kann ebenfalls als Konfliktpunkt gesehen werden. Hitler setzte von Beginn des Projekts an keine Entscheidungen, die eventuell führende Mitarbeiter des Linzer Landesmuseums, der Kulturabteilung des Gaus oder der Stadt Linz mit in den „Sonderauftrag" einbezogen hätten.[103] Die Ehefrau des Direktors des Landesmuseums Theodor Kerschner formulierte diesbezüglich 1946 im Zusammenhang mit der Entnazifizierung ihres Mannes:

„In die Neubaupläne des Kunstmuseums wurde mein Mann nicht eingeschaltet. Im Jahre 1938 erblickte er darin eine Zurücksetzung, doch bald war er sowohl aus dienstlichen als auch aus persönlichen Gründen froh, daß er damit nichts zu tun hatte."[104]

---

[102] Hildegard Brenner verwies in ihrem Standardwerk zur nationalsozialistischen Kulturpolitik darauf, dass Hitler mit Kerschner anlässlich dieses Besuchs „erstmalig Pläne des europäischen Supermuseums" besprochen hätte. Vgl. Brenner, Kunstpolitik 156. Laut telefonischer Auskunft von Hildegard Brenner im September 2003 an die Verfasserin bezog sie diese Information aus einem von ihr geführten und protokollierten Telefongespräch mit Heinrich Hoffmann. Das Protokoll soll demnächst dem Archiv des Instituts für Zeitgeschichte München übergeben werden.

[103] Vgl. dazu ausführlicher das Kapitel „Zur Beteiligung des Gaus Oberdonau am ‚Sonderauftrag Linz'" im vorliegenden Beitrag.

[104] AStL, NS-Registrierungsakten, Mappe Kerschner Theodor: Henriette Kerschner an Landeshauptmann Gleißner (Brief vom 11.2.1946). Die Darstellung Henriette Kerschners muss im Kontext ihrer mit diesem

Die von Kerschner empfundene „Zurücksetzung" mag möglicherweise auch damit zusammenhängen, dass dieser als Naturwissenschafter in Belangen des „Führermuseums" dem Abteilungsvorstand der Kunstgeschichtlichen Abteilung, Justus Schmidt, den Vortritt überlassen musste. So war es auch Justus Schmidt, der später als „Depotverantwortlicher" für in Oberdonau eingelagerte Bestände des „Führermuseums" zumindest eine gewisse Einbindung in das Projekt „Sonderauftrag Linz" erreichen konnte.

Einen sehr aufschlussreichen Einblick in die Pläne rund um das bestehende und das neu zu schaffende Museum in Linz gibt ein Bericht Hans Posses aus dem Jahr 1939.[105] Als eine seiner ersten Tätigkeiten als „Sonderbeauftragter für Linz" war Posse von Adolf Hitler damit beauftragt worden, einen Situationsbericht über die ostmärkischen Museen zu verfassen. Dieses Dokument spiegelt den Stand von 1939 in Bezug auf die Zukunft des Oberösterreichischen Landesmuseums im Verhältnis zum neuzugründenden „Führermuseum" wider.

Einleitend gab Posse darin eine Zustandsanalyse der von ihm besichtigten ostmärkischen Landesmuseen (Linz, Innsbruck, Salzburg, Graz, Klagenfurt), eine Analyse, die voll und ganz Adolf Hitlers Anklage der kulturellen Hegemonie Wiens entsprach.

„Zu den im Sinne des Führers für eine Förderung in Betracht kommenden Museen der Ostmark gehören in erster Linie außer der Hauptstadt des Gaues Oberdonau Linz die Landesmuseen von Innsbruck, Salzburg, Graz und Klagenfurt. Gründungen der Länder und vor allem privater und nicht staatlicher Initiative im vergangenen Jahrhundert, befinden sie sich heute zu einem großen Teil in einem bedauernswerten Zustand ... Wenn irgendwo, so ist hier die Bezeichnung ‚Provinzmuseeen' am Platze, trotzdem es sich wie in Oberdonau, der Steiermark, Kärnten und Tirol um älteste und bedeutendste deutsche Kulturstätten handelt. Die Vernachlässigung kultureller Bedürfnisse der Gaue durch den Staat und seine Teilnahmslosigkeit zugunsten der Zentrale Wien tritt hier besonders deutlich zutage."[106]

Einleitend wurde von Posse somit der Förderbedarf der bislang gegenüber Wien vernachlässigten Landesmuseen postuliert. In dem darauf folgenden ersten und längsten Abschnitt des Berichts widmete er sich dem „Oberösterreichischen Landesmuseum Linz (Donau)". Zu Beginn der Darstellung stellte er wiederum eine Beschreibung des „Ist-Zustandes".

---

Schreiben intendierten Absicht, die Rolle ihres Mannes in der NS-Zeit zu marginalisieren, betrachtet werden.

[105] BAK, B 323, Sch. 229: Bericht über die Landesmuseen der Ostmark von Hans Posse, undatiert (1939).
[106] Ebd. 1.

„Das 1895 eröffnete Museumsgebäude ist in den mehr als vier Jahrzehnten seines Bestehens vom Keller bis zum Obergeschoß vollgestopft von den verschiedenartigsten Sammlungen: von der nicht unbedeutenden naturwissenschaftlichen und zoologischen Sammlung, den Sammlungen der Vor- und Frühgeschichte, der Waffensammlung, dem Kunstgewerbe aller Gattungen bis zu der Sammlung der malerischen und plastischen Kunstwerke. Infolge des Raummangels befindet sich noch viel Wertvolles an verschiedenen Stellen der Stadt in Depots verstreut, und es besteht längst keine Möglichkeit mehr, den bedeutungsvolleren Teil des Museumsbesitzes einigermaßen würdig vorführen zu können."[107]

Als Lösungsmöglichkeit für die unzulängliche Raumsituation schlug Hans Posse einerseits die Auslagerung der naturwissenschaftlichen Sammlung in einen „neuzuerrichtenden Nutzbau" vor, andererseits die Herausnahme einzelner Objekte für den Aufbau des „neuen Kunstmuseums". Man könnte es beinahe als kühnen Kunstgriff bezeichnen, wie es Hans Posse gelang, die „Förderung" eines bisher vernachlässigten Hauses in einem Zug mit dem Vorschlag anzuführen, die wertvollsten Objekte aus diesem Haus abzuziehen.

„Anläßlich der geplanten großartigen Förderung der Gauhauptstadt Linz in wirtschaftlicher und kultureller Beziehung dürfte es erwünscht sein, das bereits historisch gewordene Museum von Oberösterreich als reines ‚Landesmuseum' weiterbestehen zu lassen ... Für eine wirkungsvollere Darbietung der meist kunstgewerblichen, kulturgeschichtlichen und heimatkundlichen Gegenstände des dann sich freier ausbreitenden Landesmuseums wird es auch nicht abträglich sein, wenn für den Aufbau des neuen Kunstmuseums manches herausgezogen wird, das nach seiner Qualität und künstlerischen Bedeutung für den besonderen Zweck geeignet erscheint, da die Menge der verbleibenden Stücke der Malerei und Plastik noch immer bestens den Zwecken eines Landesmuseums dienen wird."[108]

Im Folgenden skizzierte Posse den zukünftigen Aufbau des „neuen Kunstmuseums" unter Heranziehung erstens der „Münchner Bestände – also Hitlers bestehender Privatsammlung –, zweitens der in Wien beschlagnahmten Bestände aus jüdischem Besitz sowie drittens der „Linzer Bestände".

„Für das geplante Kunstmuseum, dessen künstlerische Höhe schon jetzt durch die dafür bestimmten Münchner Bilderwerbungen und die dafür

---

[107] Ebd. 2.
[108] Ebd. 2f.

in Aussicht genommenen Kunstwerke aus dem in Wien beschlagnahmten jüdischen Besitz bestimmt wird, kommen aus den Beständen des jetzigen Landesmuseums und seinen Depots nach Qualität, Art und Erhaltung nur verhältnismäßig wenige Stücke in Betracht: in erster Linie die besten gotischen und altdeutschen Gemälde und Plastiken, Malereien und Plastiken der Barock- und Rokokkozeit, sowie eine Anzahl von bedeutenderen Werken der Kleinkunst des 15.–18. Jahrhunderts, von Möbeln, alten Waffen usw."[109]

Während der „Bericht über die Landesmuseen der Ostmark" vor allem zu dem Zweck angefertigt wurde, die „Bedürftigkeit" der Landesmuseen in Hinblick auf Zuteilungen aus den beschlagnahmten Sammlungen zu untersuchen und erste dahingehende Vorschläge zu erarbeiten, befasst sich der Abschnitt zum Oberösterreichischen Landesmuseum vorrangig mit den Aufbauplänen des neuen „Linzer Kunstmuseums". Zum Aufbau der einzelnen Abteilungen des neuen Linzer Museums sah Posse Zuteilungen aus beschlagnahmten Beständen ebenso vor wie Umlagerungen von Beständen des Landesmuseums. Linz wurde von Posse als ein Museumsstandort betrachtet, für den er eine Neuaufteilung und Neustrukturierung plante. Ein regional bedeutsames Landesmuseum sollte mit einem überregional bedeutendem Kunstmuseum koexistieren.

In Folge sollte das Landesmuseum durchaus von Zuteilungen durch den „Sonderauftrag Linz" stark profitieren, und auch die angekündigten Umlagerungen von Beständen des Oberösterreichischen Landesmuseums in die Bestände des „Führermuseums" waren wohl für die „Zeit nach dem Kriege" bestimmt und für das Museum von keiner realen Relevanz. Das Wissen um solche Pläne trug aber sicherlich mit bei zu einer ambivalenten Haltung des Landesmuseums zum Projekt „Führermuseum". Parallel zur Hoffnung auf Profilierungsmöglichkeiten muss auch die Befürchtung bestanden haben, hinkünftig nur die „zweite Rolle" zu spielen.

---

[109] Ebd. 3.

## Der Museumsalltag und Museumsbetrieb in der NS-Zeit

*„... das Landesmuseum in Linz ist geschlossen, da wir zwei Drittel des wertvollen Kunstbesitzes irgendwo geborgen haben."*[110]

Tatsächlich sollten für das Landesmuseum mit der NS-Herrschaft zahlreiche Veränderungen eintreffen, die einerseits im Zusammenhang mit den (kultur-)politisch motivierten Neuzuschreibungen an das Landesmuseum und andererseits mit dem 1939 einsetzenden Kriegsgeschehen standen. Hoffnungen auf eine hinkünftige Besserstellung des Landesmuseums im „Heimatgau" konnten der Realität kaum standhalten. Eine spezifische ideelle oder finanzielle Unterstützung Hitlers für das Museum seiner „Heimatstadt" ist nicht nachzuweisen.

Dennoch lässt sich zumindest für die erste Zeit nach dem „Anschluss" konstatieren, dass Hoffnungen auf eine Aufwertung des „Heimatgaus" vor allem in Konkurrenz zum bislang übermächtigen Konkurrenten Wien in jedem Fall bestanden haben. Im September 1938 teilte der Museumsdirektor seinen Abteilungsvorständen beispielsweise mit, der Gauleiter habe den Wunsch geäußert, das Museum möge ein Verzeichnis anlegen „aller jener Kunstgegenstände, Funde und Sammlungen aus Oberösterreich, die in fremdem Besitz oder außerhalb des Landes untergebracht sind."[111] Der Gauleiter wolle nach eigenen Angaben sich darum bemühen, diese Gegenstände in das Landesmuseum zu verbringen, wobei darauf hingewiesen wurde, „daß besonders Wien in Zukunft anderere Aufgaben zu erfüllen hat als bisher". Es wurde daraufhin eine Liste von Sammlungen zusammengestellt, die von oberösterreichischen Ansichten in der Albertina bis hin zu Beständen der Nationalbibliothek reichten.[112]

Die Konzentration (besser Reduktion) auf Kunst mit oberösterreichischem Bezug war Teil der zukünftigen Ordnung beziehungsweise Schwerpunktlegung der Linzer Museumsstandorte, wie sie auch den bereits zitierten Überlegungen Hans Posses entsprachen. Wenngleich der lokale Aspekt der Funktion als Landesmuseum entsprechend schon vor 1938 bestimmend war,

---

[110] OÖLM Archiv, Mappe Direktion 1942/43: D 163/43, Theodor Kerschner an Marie Luise Pöpcke, Berlin (Brief vom 27.5.1943).

[111] OÖLM Archiv, Mappe Direktion 1938 (201-Schluß): D 202/1938, Theodor Kerschner an Abteilungsvorstände Schadler, Oberleitner, Schmidt und Stroh, Linz 17.9.1938.

[112] OÖLM Archiv, Mappe Direktion 1938 (201-Schluß): D 202/1938, Liste: „Sammlungen aus Oberdonau, deren Erwerbung für das Gaumuseum wünschenswert erscheint."

wandelte sich dieser in der Zeit von 1938–1945 für das Oberösterreichische Landesmuseum in eine „Blut und Boden"-Auslegung. In einer diesbezüglichen Besprechung am 19. September 1938 informierte Direktor Theodor Kerschner seine Mitarbeiter:
„Unser Museum vollständig auf ‚Blut und Boden' einzustellen (nach dem Wunsch und Äußerung des Führers). Gedanklich jetzt schon alles vorbereiten und rasch in Angriff nehmen. ... Das Ganze ist vollständig regional zu gestalten. Für den Gau Oberdonau. Wien wird als Zentralstelle verschwinden. ... Wie die Museen in die Stadtplanung eingereiht werden, ist noch unbekannt. Wird sich aber bald entscheiden und ist daher jetzt schon alles vorzubereiten."[113]
Anfang 1940 wurden nach diesen Kriterien die Sammlungsbestände der Kunstgeschichtlichen Abteilung umpositioniert:
„Die Säle der Gemäldegalerie wurden zur Gänze neu gehängt, wobei nur Gemälde von Künstlern aus Oberdonau oder mit Motiven der Heimat berücksichtigt wurden, so daß die Galerie nunmehr eine rein oberösterreichische Bildersammlung darstellt."[114]
Zur neuen Schwerpunktlegung passte auch die Etablierung einer neuen Abteilung des Landesmuseums, nämlich jener der Volks- bzw. Heimatkunde. Prinzipiell basierte das Landesmuseum mit Stand Juli 1938 auf drei Hauptabteilungen: der Naturwissenschaftlichen Abteilung unter der Leitung von Museumsdirektor Theodor Kerschner, der Kunst- und kulturgeschichtlichen Abteilung unter der Leitung von Justus Schmidt und der Bibliothek unter Leitung von Johann Oberleitner. Josef Schadler als Direktor-Stellvertreter betreute die anorganischen und paläontologischen Sammlungen, Franz Stroh die prähistorischen Sammlungen und die Numismatik.[115] 1938 wurde die Volkskunde als neue Abteilung etabliert. Sie wurde aus bereits bestehenden Beständen der anderen Abteilungen zusammengestellt, neu war die Schaffung einer eigenen Planstelle für ihre Leitung und ihre geschlossene Form als eigene Sektion. Mit der Abteilungsleitung betraut wurde der Volkskundler Franz Lipp.[116] Wie dem Haushaltsbudget des Gaus Oberdonau von 1939 zu entnehmen ist, war sie nach der Kunstgeschichtlichen Abteilung auch die höchstdotierte Abteilung des Landesmuseums zu diesem

---

[113] OÖLM Archiv, Mappe Direktion 1938 (201-Schluß): D 202/38, Besprechungsprotokoll 19.9.1938.
[114] Bericht Kunst- und Kulturgeschichte OÖLM 1939. In: JbOÖM 89 (1940) 296f.
[115] Vgl. OÖLM Archiv, Mappe Direktion 1938 (15-200): D 93/1938, Mitteilung Direktion 6.7.1938.
[116] Vgl. Ulm, Kulturinstitut 37.

Zeitpunkt.[117] Neben der Etablierung der Volkskundeabteilung waren erste wesentliche Veränderungen nach dem „Anschluss" die Errichtung eines naturkundlichen und geologischen Dienstes. Im Sinne einer „Anwendungsorientiertheit" sollten diese Einrichtungen von praktischem Nutzen für den Gau hinsichtlich von Bau- und Industrievorhaben sein.[118]

In Bezug auf die BesucherInnenzahlen brachte das Jahr 1938 keine wesentlichen Veränderungen, zumindest keinen Aufschwung. Lediglich 7.935 Personen besuchten das Museum (im Vergleich zu 10.738 BesucherInnen im Vorjahr 1937), was im Direktionsbericht für 1938 folgendermaßen kommentiert wurde:

„In der Zeit des Umbruches und der Lösung der sudetendeutschen Frage waren unsere Volksgenossen so beschäftigt, daß in diesen Wochen der Besuch begreiflicherweise sehr gering war."[119]

Ebenfalls im Zusammenhang mit der „sudetendeutschen Frage" stand der Betriebsausflug des Landesmuseums im Jahr 1938. Am 19. Dezember veranstaltete die Belegschaft des Museums einen Ausflug in die „heimgekehrten Gebiete Südböhmens".[120]

„Bald nach der Eingliederung des Sudetenlandes tauchte im Kreis der Gefolgschaftsführung des Landesmuseums der Plan auf, die erste Weihnacht im Dritten Reich besonders weihevoll und gemeinschaftsbildend zu gestalten. Es wurde beschlossen, das große Gemeinschaftserleben der Gründung des Großdeutschen Reiches jedem Gefolgschaftsmitglied durch einen Betriebsausflug nach den im Herbst heimgekehrten Gebieten Südböhmens lebendig nacherleben zu lassen."[121]

Bei klirrender Kälte fuhr die gesamte Museumsbelegschaft mit einem Wagen der Linzer Elektrizitätsgesellschaft durch das Mühlviertel nach Böhmen. Als „erster Ort im neugewonnenen Gebiet" wurde Hohenfurth besucht, dessen Klosterbestände nach der Beschlagnahme durch den Gau Oberdonau

---

[117] OÖLM Archiv, Mappe Direktion 1939 (4-7): Reichsgau Oberdonau. Haushalt 1939. Verordnung des Landeshauptmannes für den Reichsgau Oberdonau vom 12. September 1939, VBl. Nr. 45/1939. Die „Heimatkundliche Abteilung" konnte demgemäß 1939 über RM 19.000 an Sachaufwand verfügen. Im Vergleich: Die Kunstgeschichtliche Abteilung verfügte über RM 39.800 (wovon RM 27.000 als eigene, zusätzliche Position für den Ankauf geschlossener Sammlungen aus Oberdonau ausgewiesen wurden), der Zoologische Dienst und die zoologischen Sammlungen verfügten über RM 10.500, der Botanische Dienst und die botanischen Sammlungen über RM 3.600, der Geologische Dienst über RM 6.700, die Ur- und frühgeschichtliche Abteilung über RM 3.400.

[118] Vgl. Ulm, Kulturinstitut 37.

[119] JbOÖM 88 (1939) 19.

[120] OÖLM Archiv, Mappe Direktion 1938 (201-Schluß): D 307/38, Bericht über den Betriebsausflug des Landesmuseums nach Krummau.

[121] Ebd.

im Jahr 1941 der Verwaltung des Landesmuseums anvertraut werden sollten, anschließend das Örtchen Rosenberg und schließlich Krummau, wo „der zerschossene Stadttorturm die Volksgenossen von der kritischen Lage der sudetendeutschen Gebiete im vergangenen Herbst" überzeugte sowie Schloss und Stadt besichtigt wurden. Nach einem „fröhlichen Beisammensein mit den Krummauern" wurde die Heimreise angetreten.[122] Der Wunsch nach baldiger Wiederholung eines „ähnlichen Gemeinschaftsausflugs" dürfte sich allerdings nicht mehr erfüllt haben.

Bald nach dem Betriebsausflug des Landesmuseums stellte sich die Frage nach dessen Bezeichnung. Museumsdirektor Kerschner machte in einem Brief vom 16. Februar 1939 auf die Problematik aufmerksam.

„Unser Institut heißt noch immer ‚oberösterreichisches Landesmuseum', obwohl rechtlich nicht nur die Bezeichnung ‚Oberösterreich', sondern auch ‚Land' für den Gau Oberdonau abgeschafft wurde. Um den tatsächlichen Verhältnissen Rechnung zu tragen, ersucht die Direktion um Festsetzung einer entsprechenden Bezeichnung unseres Institutes und schlägt vor: ‚Gaumuseum Oberdonau in Linz'."[123]

Kerschners Vorstoß erhielt zunächst eine Abfuhr. Seitens der „Landeshauptmannschaft" respektive „Gauleitung" sah man noch keine Notwendigkeit zur Abänderung des Namens. Am 6. März wurde folgendes mitgeteilt:

„Im Einvernehmen mit dem Gauleiter wird eröffnet, daß die bisherige Bezeichnung ‚Oberösterreichisches Landesmuseum' ohne weiters bleiben kann, da der Name Oberdonau ohnedies noch nicht absolut festzustehen scheint."[124]

Kerschner mag seiner Zeit etwas voraus gewesen sein, die von ihm zur Frage gestellte Namensänderung kam aber schließlich doch: Aus dem „Oberösterreichischen Landesmuseum" wurde nach der offziellen Etablierung des „Reichsgaues Oberdonau" das „Museum des Reichsgaues Oberdonau".[125]

1939 reagierte das Landesmuseum auch auf ein Rundschreiben des Präsidenten der Reichskammer der bildenden Künste, Adolf Ziegler. Im betreffenden Rundbrief Zieglers an „alle Kunst- und Künstlervereine sowie

---

[122] Ebd.

[123] OÖLM Archiv, Mappe Direktion 1939 (9-160): D 39/1939, Theodor Kerschner an Landeshauptmannschaft Oberdonau (Brief vom 16.2.1939).

[124] OÖLM Archiv, Mappe Direktion 1939 (9-160): D 39/1939, Landesrat Lenk an Regierungsdirektor Eigl, zur Kenntnis an Direktor Kerschner (Brief vom 6.3.1939).

[125] Erst mit der 10. Verordnung zum Ostmarkgesetz vom 27. März 1940 kam es zur offiziellen Einrichtung der Reichsgaue und damit auch zur Bezeichnung „Reichsgau Oberdonau". Bis dahin herrschte bezüglich der Bezeichnungen Land/Gau – Oberösterreich/Oberdonau ein diffuses Nebeneinander. Vgl. Harry Slapnicka, Oberösterreich als es „Oberdonau" hieß. 1938-1945 (Linz 1978) 30.

Vereine für Kunsthandwerk" vom 21. November 1938 hieß es: „Jeder Kunstverein, Künstlerverein, Verein für Kunsthandwerk und jeder private Aussteller hat vor den Räumen, in denen er seine Ausstellung veranstaltet, ein deutlich sichtbares Schild aufzustellen, das darauf hinweist, daß Juden der Zutritt zu dieser Veranstaltung verboten ist. Wird festgestellt, daß trotzdem ein Jude den Zugang erlangt hat, sind seine Personalien festzustellen und die Meldung hierüber unverzüglich und unmittelbar an mich zu richten."[126]

Kerschner ließ per Mitteilung vom 14. Jänner 1939 alle MuseumsmitarbeiterInnen davon in Kenntnis setzen, dass eine Tafel mit der Aufschrift „Juden haben keinen Zutritt" angebracht werden muss. Die ursprüngliche Überlegung, die aus dieser Notiz hervorgeht, die Inschrift auch auf italienisch, englisch und französisch anzubringen, wurde aber offenbar fallengelassen.[127] Spätestens mit Jänner 1939 war Juden und Jüdinnen damit der Eintritt in das Linzer Landesmuseum verweigert, ein Zeitpunkt, zu dem Linz nach Propagandaangaben bereits „judenfrei" war.[128]

Der Kriegsbeginn 1939 brachte schließlich weit gehende Änderungen für das Landesmuseum. Aufgrund vorgeschriebener Luftschutzmaßnahmen musste das Haus gänzlich gesperrt werden. Es handelte sich dabei zunächst nur um eine vorläufige Maßnahme, im Jänner 1940 wurde wieder geöffnet. Obwohl das Museum massive Schwierigkeiten hatte, während der Kriegsjahre den Betrieb aufrecht zu erhalten, gelang dies über weite Strecken zumindest teilweise. Es wurde versucht, einen Normalbetrieb zu gewährleisten, solange dies nur irgendwie möglich war. In einem Brief Theodor Kerschners an das Wirtschaftsamt der Gauhauptstadt Linz mit der Bitte um Kohle- und Holzzuteilung hieß es:

„Ich bitte um dringliche Behandlung dieses Ansuchens, damit ich nicht gezwungen wäre, das Museum zu schließen. Der Besuch der Sammlungen stellt für viele Volksgenossen in Kriegszeiten eine Entspannung dar."[129]

---

[126] OÖLM Archiv, Mappe Direktion 1939 (9-160): D 23/39, Rundschreiben Nr. 80 an alle Kunst- und Künstlervereine sowie Vereine für Kunsthandwerk vom Präsident der Reichskammer der bildenden Künste, gezeichnet Adolf Ziegler, Berlin 21.11.1938.

[127] OÖLM Archiv, Mappe Direktion 1939 (9-160): ohne Zl., handschriftliche Notiz Kerschner 14.1.1939. Der Vermerk „deutsch/italienisch/englisch/französisch" wurde auf dem Schreiben durchgestrichen.

[128] Zu Propaganda und Realität der Vertreibung von Juden und Jüdinnen aus Linz vgl. Michael John, „Bereits heute schon ganz judenfrei ..." Die jüdische Bevölkerung von Linz und der Nationalsozialismus. In: Mayrhofer-Schuster, Nationalsozialismus in Linz 1311-1406.

[129] OÖLM Archiv, Mappe Direktion 1942/43: Theodor Kerschner an Wirtschaftsamt der Gauhauptstadt Linz (Brief vom 4.3.1942).

Trotz der Bemühungen, den Museumsbetrieb weiterzuführen, kam es zu immer umfassender werdenden (Teil-)Schließungen des Hauses. Die Evakuierung der Sammlungsbestände stand zunehmend im Mittelpunkt der Tätigkeit der MitarbeiterInnen, und somit gab es auch sukzessive im Museumsgebäude immer weniger Besichtigenswertes. Im April 1942 wurde mit den Bergungsmaßnahmen begonnen, im September musste das Museum wegen der teilweise gänzliche Bestände betreffenden Bergungen wiederum geschlossen werden. Bis auf eine Sonderausstellung blieb das Haus das gesamte Jahr 1943 geschlossen. Auf eine Anfrage bezüglich einer gewünschten Museumsbesichtigung antwortete Direktor Kerschner:

„... das Landesmuseum in Linz ist geschlossen, da wir zwei Drittel des wertvollen Kunstbesitzes irgendwo geborgen haben."[130]

Dementsprechend verlagerten sich die Tätigkeitsbereiche des Museumspersonals. An vorderster Stelle standen die Abwicklung der Bergung, Luftschutzmaßnahmen, die Suche nach neuen Räumlichkeiten. Daneben hatte das Landesmuseum 1941/42 eine weitere Aufgabe hinzubekommen: Nachdem schon im November 1941 nach der Enteignung der oberösterreichischen Stifte deren naturwissenschaftliche Sammlungen unter die Aufsicht des Museumsdirektors und Naturwissenschafters Theodor Kerschner gestellt worden waren, erhielt das Landesmuseum mit Jänner 1942 den Auftrag zur Betreuung des gesamten Kunstgutes der eingezogenen Klöster (sowie des eingezogenen Starhembergschen Vermögens).[131] Die Entscheidung der Gauleitung, das Landesmuseum als Verwaltungs- und Aufsichtsorgan für die Stiftssammlungen einzusetzen, steht möglicherweise im Zusammenhang mit dem gespannten Verhältnis Gauleiters Eigrubers zu Gaukonservator Franz Juraschek, der in einer nach 1945 verfassten Darstellung darauf hinwies, dass ihm entgegen Denkmalpflegegesetz die Verwaltung des Klosterinventars 1941 entzogen worden war.[132] Juraschek begründete seine gespannten Beziehungen zum Gau damit, dass er sich immer für die geschlossene Erhaltung der Klosterbestände eingesetzt habe.

In Zusammenhang mit den eingezogenen Kunstsammlungen der Klöster stand auch der Plan des Gaus Oberdonau, in Eferding eine „Graphische Zentralsammlung" anzulegen. Mit der Leitung dieser Sammlung wurde der

---

[130] OÖLM Archiv, Mappe Direktion 1942/43: D 163/43, Theodor Kerschner an Marie Luise Pöpcke, Berlin (Brief vom 27.5.1943).

[131] Direktionsbericht OÖLM 1941. In: JbOÖM 90 (1942) 322f; Direktionsbericht OÖLM 1942. In: JbOÖM 91 (1944) 371f.

[132] Franz Juraschek, Die Klosterdenkmale Oberösterreichs. Ihr Schicksal in und nach dem Kriege. In: JbOÖM 92 (1947) 84-99, 90.

Mitarbeiter des Landesmuseums Gustav Gugenbauer betraut.[133] Gauleiter Eigruber sah in dieser „Graphischen Zentralsammlung" einen Teil des künftigen „Führermuseums". Es entsprach dies dem ständigen Bestreben des Gaus, an der Konzeption des „Führermuseums" beteiligt zu sein. Die Realität sah anders aus, der Stab des „Sonderauftrags Linz" schien Eigrubers eifriges Bemühen nicht allzu ernst zu nehmen:

„... betr. Unterbringung der graphischen Sammlungen im Schloß Eferding teile ich Ihnen mit, daß ich mich freue, daß der Gau eine solche Zentralisierung aller ihm angefallenen Kuperstich- und Handzeichnungssammlungen durchzuführen sich entschlossen hat. Auch diese graphischen Bestände werden <u>später</u> mit in das große graphische Kabinett im Rahmen des Kunstmuseums einzuordnen sein. Gegenwärtig ist es jedoch notwendig, eine Trennung der vom ‚Sonderauftrag' für Linz erworbenen Bestände von jenen in Eferding vereinigten auch verwaltungsmäßig aufrecht zu erhalten. Die Betreuung dieser Bestände dürfte deshalb für die nächste Zeit eine ausschließlich den Gau betreffende Angelegenheit sein."[134]

Dennoch ließ es sich Theodor Kerschner im Zusammenhang mit der Errichtung der „Graphischen Zentralsammlung" nicht entgehen, auf den dahinterstehenden „Führerauftrag" hinzuweisen. In Aufträgen und Briefen an Handwerker wurde darauf hingewiesen, dass eigentlich Adolf Hitler selbst hinter den jeweiligen Aufträgen stünde und eine unverzügliche Ausführung des Auftrags daher angebracht wäre:

„Im Auftrage des Reichsstatthalters von Oberdonau hat das Landesmuseum in Linz im Schlosse Eferding eine graphische Zentralsammlung ... einzurichten. ... Da das Schloss Eferding in den uns zugewiesenen Räumen kein elektrisches Licht besitzt ... ersuche ich dringendst in vier Räumen vier elektrische Lampen und in zwei Räumen je eine Steckdose einzurichten. Da die graphische Zentralsammlung in das Kunstmuseum des Führers in Linz kommen soll und unser Führer größten Wert auf die Ausführung der Vorarbeiten legt und sich persönlich laufend berichten läßt, bitte ich um Ausführung in einem absehbaren Zeitpunkt."[135]

---

[133] Vgl. Direktionsbericht OÖLM 1943. In: JbOÖM 91 (1944) 374.

[134] OÖLM Archiv, Mappe Direktion 1942/43: D 27/43, Justus Schmidt (in seiner Funktion als Kulturbeauftragter des Gauleiters Oberdonau) an Direktion OÖLM (Brief vom 25.2.1943). Die hier wiedergegebene Stelle stammt aus einem in diesem Brief zitierten Brief Gottfried Reimers, Referent für „Sonderauftrag Linz" vom 19.2.1943. Unterstreichung im Original.

[135] OÖLM Archiv, Mappe Direktion 1942/43: Zl. D 27/43, Theodor Kerschner an Elektrogeschäft Poferl, Eferding (Brief vom 17.3.1943).

Im Direktionsbericht von 1943 hieß es, dass die Aufgabe zur Errichtung der „Graphischen Zentralsammlung" „im Berichtsjahre zu einem wesentlichen Teil durchgeführt" worden wäre.[136]
Im Jahr 1944 leerte sich durch die forcierten Bergungen das Museumsgebäude zunehmend. Es war dies wohl nicht die erwünschte Lösung für die eingangs geschilderte Raumnot des Museums. Die Hoffnungen auf eine räumliche Ausweitung wurden auch in den NS-Jahren nicht erfüllt. Pläne für einen Neubau – wie ihn auch Hans Posse 1939 für die naturwissenschaftlichen Sammlungen vorgeschlagen hatte – waren zwar intensiv diskutiert und zumindest teilweise geplant, allerdings nie realisiert worden. Am konkretesten dabei war der Plan eines Erweiterungsbaus des Museums an der Südseite auf Grundbesitz der Elisabethinen. Dieses Bauprojekt wurde allerdings im Jahr 1941 seitens des Gaus Oberdonau nicht bewilligt.[137] Statt in einen neuen Nutzbau wurden auch die naturwissenschaftlichen Sammlungen erst durch die Bergungen „ausgelagert". Sie wurden gemeinsam mit den technologischen und völkerkundlichen Sammlungen in das Stift Kremsmünster, die volkskundlichen Sammlungen nach Schloss Mühldorf und die kunst- und kulturgeschichtlichen Sammlungen nach Schloss Eferding verbracht. Im letzten Kriegswinter befanden sich kaum mehr Bestände im Museum, der Großteil der männlichen Mitarbeiter war eingezogen, der Museumsbetrieb war bereits seit 1942 defacto stillgelegt. Am 20. Dezember 1944 wurde das Museum geschlossen.[138]

## Die Kunst- und kulturgeschichtliche Abteilung

*„... das Landesmuseum wird künftig also einige Jahre nach dem Kriege wohl eine kleine Bildergalerie besitzen, der Hauptbestand jedoch wird sich in dem vom Führer neuzugründenden Kunstmuseum befinden."* [139]

Die Kunst- und kulturgeschichtliche Abteilung des Landesmuseums umfasste 1938 ein breites Sammlungsfeld von Gemälde- und Graphiksammlung bis hin zu Detailsammlungen wie der eben erst neu etablierten Spielzeugsammlung. 1937 hatte der Wiener Kunsthistoriker Justus Schmidt die

---

[136] Direktionsbericht OÖLM 1943. In: JbOÖM 91 (1944) 374.
[137] Vgl. Ulm, Kulturinstitut 38.
[138] Direktionsbericht OÖLM 1944-46. In: JbOÖM 92 (1947) 13.
[139] OÖLM Archiv, Mappe Direktion 1942/43: D 54/1943, OÖLM an Sabine Kulstrunk (Brief vom 23.2.1943).

Abteilung übernommen, die in den darauffolgenden Jahren museumsintern am stärksten von den Plänen und Vorgängen rund um das geplante neue Linzer Kunstmuseum betroffen sein sollte. Die sich verdichtenden Gestaltungspläne des „Führermuseums" mit seiner bedeutenden Gemäldegalerie sollten insbesondere die Kunstgeschichtliche Abteilung des Landesmuseums betreffen, indem das hinkünftig „reine Landesmuseum" im Bereich der Gemäldegalerie nur mehr in sehr kleinem Rahmen weiterbestehen sollte. Justus Schmidt als Sammlungsleiter der Kunsthistorischen Bestände sollte einerseits vom „Sonderauftrag Linz" profitieren, indem das Landesmuseum einen guten Teil der über den „Sonderauftrag" verteilten Raubkunstbestände übernehmen konnte, andererseits verwies ihn das Führermuseumsprojekt in Linz eindeutig auf Platz zwei. Dementsprechend kämpfte Schmidt auch nach 1938 weiter mit Ressourcenproblemen, die das Projekt „Führermuseum" nicht einmal ansatzweise kannte.

In Bezug auf Neuerwerbungen standen dem von Land bzw. Gau getragenen Museum nur beschränkte Mittel zum Erwerb neuer Stücke zu. Wenngleich eine der bestdotieren Landeskulturstellen mutet die Budgetierung des Landesmuseums verglichen mit dem nach oben offenen Budget des „Sonderauftrags Linz" bescheiden an. Als Beispiel sei hier das Budget der Kunstgeschichtlichen Abteilung von 1939 angeführt: „Budget RM 28.000, Sonderzuwendung (Staatssekretär Dr. Mühlmann RM 17.000, Dr. Seyss-Inquart zum Ankauf von Werken lebender Künstler aus Oberdonau RM 5.000")[140] Inklusive der Sonderzuwendungen, die beinahe soviel ausmachten wie das zur Verfügung stehende Grundbudget, verfügte die Kunstabteilung des Landesmuseums 1939 somit über 50.000 RM.[141]

Im Februar 1939 wandte sich Direktor Kerschner an den Abteilungsvorstand Justus Schmidt. Kerschner habe festgestellt, dass die Kunstgeschichtliche Abteilung Schulden über RM 12.300 aufweise. Er habe daraufhin Gaufinanzkämmerer Danzer informiert, der jedweden weiteren Ankauf für die Kunstgeschichtliche Abteilung untersagte. Kerschner forderte von Schmidt eine schriftliche Rechtfertigung.[142] Schmidt wandte sich darauf-

---

[140] OÖLM Archiv, Mappe KH 1940: Kh 48/40.

[141] Hingewiesen werden muss auf folgende aus den Quellen resultierende Diskrepanz: Entgegen den oben genannten Zahlen, die einer eigenen Aufstellung der Kunstgeschichtlichen Abteilung des Landesmuseums entsprechen, ist im Haushaltsplan des Gaus Oberdonau die Summe von 39.800 RM als Budgetierung für die Sammlungen der Kunst- und kulturgeschichtlichen Abteilung angeführt. Vgl. OÖLM Archiv, Mappe Direktion 1939 (4-7): Reichsgau Oberdonau. Haushalt 1939. Verordnung des Landeshauptmannes für den Reichsgau Oberdonau vom 12.9.1939, VBl. Nr. 45/1939.

[142] OÖLM Archiv, Mappe Direktion 1939: D 56/8/39, Theodor Kerschner an Justus Schmidt (Brief vom 10.2.1939).

hin an Gaukämmerer Danzer und rechtfertigte seine getätigten Ankäufe mit einer Anweisung des Gaukulturreferenten Anton Fellner, die dieser im Auftrag des Gauleiters gegeben habe.[143] Schmidt versuchte in diesem Fall seine Beziehungen zum Gau auszuspielen, blitzte bei Finanzlandesrat Danzer aber offensichtlich ab, indem dieser mitteilen ließ, dass eine „mündlich erfolgte Äußerung eines für die kulturellen Seite des Museums verantwortlichen Herrn, daß gewisse Ankäufe wünschenswert seien, nicht schon die Berechtigung zur Ausgabe bzw. Bindung von Landesmitteln sein kann".[144] Der Konflikt zeigt sehr stark die Interessenskollissionen und Stränge persönlicher Beziehungen in den Kulturbelangen des Gaus Oberdonau.[145] Schmidt verfügte über eine enge Bindung zu Anton Fellner, dem Kulturbeauftragten des Gauleiters, dessen Stellvertreter er ab 1942 auch werden sollte. Zwischen Kerschner und Schmidt hingegen muss eine gespannte Situation konstatiert werden.

Im Fall des Budgetstreits von 1939 dürfte dieser durch die erfolgten Sonderzuwendungen seitens Mühlmanns und Seyss-Inquarts behoben worden sein. Neben der Grundbudgetierung durch den Gau und den „Sonderzuwendungen" diverser NS-Größen stützte sich das Haus auch immer wieder auf private „Sponsoren", damals noch „Gönner" genannt. So führte Justus Schmidt alljährlich Kampagnen durch, die man in heutiger Diktion als „fund-raising" bezeichnen würde. In zahlreichen Briefen an Betriebe und reiche Privatiers in Oberdonau bat Schmidt um finanzielle Unterstützung für das Museum und umriss in diesen Briefen auch die „Hauptanforderungen" des Museums in den „neuen" Zeiten:

„Durch das persönliche Interesse des Führers werden an das Landesmuseum ganz außerordentliche Anforderungen gestellt. Diese werden im gegenwärtigen Zeitpunkt noch dadurch erhöht, daß wichtige Kunstwerke, die aus Oberdonau in das Altreich abzuwandern drohen, sowie solche aus jüdischem Besitz dem Gau erhalten werden sollen."[146]

---

[143] OÖLM Archiv, Mappe Direktion 1939: D 56/8/39, Justus Schmidt an Landesrat Danzer (Brief vom 9.3.1939).

[144] OÖLM Archiv, Mappe Direktion 1939: D 56/8/39 (Zl. III 555/1-1939), Danzer an OÖLM (Brief vom 16.3.1939).

[145] Vgl. dazu auch Regina Thumser, „Der Krieg hat die Künste nicht zum Schweigen gebracht" – Kulturpolitik im Gau Oberdonau. In: Reichsgau Oberdonau. Aspekte 1. Hg. vom Oberösterreichischen Landesarchiv (Linz 2004) 127-174.

[146] OÖLM Archiv, Mappe KH 1939: Kh 75/1939, Justus Schmidt an die Elektro Bau AG (Brief vom 14.2.1939).

Interessant erscheint in diesem Aufruf, dass die „Erhaltung" von Kunstwerken aus jüdischem Besitz, die die österreichischen Museen teils gratis, teils gegen Bezahlung von Schätzwerten weit unter dem eigentlichen Wert in ihre Inventare nahmen, als außerordentliche Anforderung an das Museum bezeichnet wurde.

Das von Schmidt angeführte „persönliche Interesse des Führers" am Oberösterreichischen Landesmuseum mag zwar in Form von Beteuerungen bestanden haben, reale Auswirkungen im Sinne einer Besserstellung oder finanziellen Unterstützung des Oberösterreichischen Landesmuseums hatte es allerdings keine. Angebote teurer, international bedeutender Gemälde wurden regelmäßig abgelehnt und an den Stab des „Führermuseums" verwiesen. Diesbezüglich gab es zwischen Hans Posse und Justus Schmidt einen losen Briefverkehr, der auf keine sehr enge, aber doch kollegiale Beziehung zwischen den beiden Museumsmännern schließen lässt. In einem dieser Briefe erklärte Posse seine Bereitschaft, sich für das Landesmuseum in Hinblick auf gewünschte Erwerbungen einzusetzen:

„Ich freue mich sehr, daß Sie so schöne Skulpturen für Linz aus eigenen Mitteln erworben haben. Sollte es einmal bei ähnlichen Fällen an eigenen Mitteln fehlen, so bin ich jederzeit gerne bereit, mich für eine Linzer Erwerbung einzusetzen."[147]

Die Ankäufe der Kunstgeschichtlichen Abteilung des Landesmuseums fokussierten zunehmend auf „Oberdonau-Kunst", das heißt Kunstwerke von oberösterreichischen Künstlern oder Kunstwerke mit oberösterreichischen Sujets. Einem Anbieter aus Prag erläuterte Justus Schmidt im Dezember 1940 detailliert, woran das Landesmuseum interessiert sei: Bilder oberösterreichischer Künstler, vor allem Alois Greil und Johann Baptist Reiter; oberösterreichische Ansichten, wobei besonders betont wurde, dass das Interesse auch den böhmischen und nunmehr zu Oberdonau gehörenden Städten Krummau, Hohenfurt und Kaplitz gelte; altes Spielzeug, Puppen und Puppenhäuser für die diesbezügliche Spezialsammlung des Museums.[148] Zu den regelmäßigen Ankäufen, die der Gau für das Landesmuseum tätigte, gehörten die Ankäufe aus den Ausstellungen des „Künstlerbundes Oberdonau". Die Sujets der zeitgenössischen Werke der einzig zugelassenen Künstlervereinigung Oberdonaus entsprachen der vorgegebenen „Blut und

---

[147] OÖLM Archiv, Mappe KH 1940: Kh 198/1949, Hans Posse an Justus Schmidt (Brief vom 29.4.1940). Die Aussage verdeutlicht Posses Einflussmöglichkeiten beziehungsweise sein diesbezügliches eigenes Selbstverständnis.

[148] OÖLM Archiv, Mappe KH 1940: Kh445/40, Justus Schmidt an Prager Kunsthändler (Brief vom 11.12.1940).

Boden"-Ausrichtung des Landesmuseums. Als Beispiel seien die Ankäufe des Jahres 1940 angeführt: „Fritz Fröhlich: Mütter; Franz Glaubacker: Mädchen aus dem Mühlviertel; Karl Sellner: SA im Einsatz am Linzer Bahnhof; Leo Adler: Führergedenkstätten".[149] Ausgewählt und gekauft wurden die Werke vom Gau, beziehungsweise dessen Finanzreferenten, dem Gaukämmerer Danzer, der sie dann dem Landesmuseum übergab.

Die lokalen Interessen der Landesmuseen wurden auch von den Verteilern der „Raubkunst" berücksichtigt: In zahlreichen Briefen informierte die Zentralstelle für Denkmalschutz in Wien das Oberösterreichische Landesmuseum, wenn in sichergestellten, beschlagnahmten oder nicht zur Ausfuhr freigegebenen Sammlungen für das Linzer Landesmuseum relevante Kunstwerke aufgefunden wurden.[150]

Trotz Raumnot und Bergungsproblematik veranstaltete die Kunstgeschichtliche Abteilung des Landesmuseums auch in den Kriegsjahren Ausstellungen. Diese widmeten sich vorwiegend oberösterreichischen KünstlerInnen und waren bis auf vereinzelte Mitwirkungen an parteiideologischen Veranstaltungen nicht in diese Richtung vereinnahmt, wenngleich mit der vorgegebenen Kulturideologie grundsätzlich konform. Im Jahr 1939 zeigte das Haus eine Gedächtnisausstellung Adalbert Stifter, im Jahr 1940 gab es eine große Gedächtnisausstellung Johann Baptist Reiter sowie die Ausstellung „Die schöne Linzerin". 1941 wurde die Gedächtnisausstellung Alois Greil gezeigt sowie Gemälde und Aquarelle von „Deutsch-Krummau" und eine Ausstellung zur „Buchillustration in Oberdonau". Ab September 1942 musste das Museum wieder geschlossen werden, im Jahr 1943 wurde das Haus nur für eine Sonderausstellung mit Gemälden und Zeichnungen „Zwischen Don und Dnjepr" kurzfristig geöffnet. Im Jahr 1944 wurde eine Schau mit „Gmundner Keramik" sowie eine Ausstellung dreier oberösterreichischer Künstlerinnen, Margarete Pausinger, Margret Bilger und Vilma Eckl, gezeigt.[151]

---

[149] OÖLM Archiv, Mappe KH 1940: Kh 65/40, Gaukämmerer Danzer an OÖLM (Brief vom 20.6.1940).
[150] Vgl. dazu ausführlicher im folgenden Kapitel.
[151] Direktionsbericht OÖLM 1944-1946. In: JbOÖM 92 (1947) 13.

## Das Landesmuseum und die Raubkunst

*"Vor allem danke ich Ihnen herzlich für Ihr freundliches Entgegenkommen und die liebenswürdige Unterstützung bei der Auswahl der beschlagnahmten Gegenstände."*[152]

Unmittelbar nach dem „Anschluss" wurden in Wien zahlreiche Kunstsammlungen aus dem Besitz von Juden und Jüdinnen „sichergestellt" oder beschlagnahmt. Auf Initiative von Fritz Dworschak, der sich im März 1938 zum kommissarischen Leiter des Kunsthistorischen Museums in Wien ernannt hatte, sollten diese Sammlungen zentral an einem Ort gelagert werden.[153] Das daraufhin in der Wiener Hofburg eingerichtete Zentraldepot für beschlagnahmte Kunst unterstand zunächst dem Kunsthistorischen Museum, ab 1940 oblag die Betreuung dem Institut für Denkmalpflege (Bezeichnung bis 1940: Zentralstelle für Denkmalschutz). Schon im Juni 1938 sicherte sich Adolf Hitler, das Potenzial der Sammlungen und die daraus resultierenden Begehrlichkeiten erkennend, mit dem sogenannten „Führervorbehalt" die Entscheidungsoberhoheit über die in der Ostmark beschlagnahmte Kunst.[154] Nach der Ernennung Hans Posses zum „Sonderbeauftragten für Linz" im Juni 1939 verfügte dieser im Auftrag Hitlers über die alleinige Entscheidungsgewalt in Bezug auf die Verteilung der beschlagnahmten Bestände. Vorrangig wurden Kunstwerke für das „Führermuseum" ausgewählt, der Rest stand aber dessen „Satelliten",[155] den ostmärkischen Museen, zur Verfügung. Schon vor Posses Ernennung hatten die ostmärkischen Museen „Wunschlisten" zusammengestellt, in denen sie ihre Ansprüche auf die im „Zentraldepot" eingelagerten Bestände anmeldeten.

Eine solche Wunschliste lag auch seitens des Oberösterreichischen Landesmuseums vor: Am 6. März 1939, rund ein Jahr nach dem „Anschluss", übersandte Justus Schmidt als Leiter der Kunsthistorischen Abteilung des Landesmuseums seine Wunschliste nach Wien, die er nach Besichtigungen der beschlagnahmten Kunstwerke im „Zentraldepot" angefertigt hatte. Die

---

[152] OÖLM Archiv, Mappe KH 1939: Kh 102/39, Justus Schmidt an Leopold Ruprecht, KHM (Brief vom 6.3.1939).

[153] Vgl. Herbert Haupt, Jahre der Gefährdung. Das Kunsthistorische Museum 1938-1945 (Wien 1995) 10f, 16ff.

[154] BDA Wien, Restitutionsmaterialien, Karton 8/1, Mappe 1: Erlass des Reichsministers und Chefs der Reichskanzlei, 18.6.1938 („Führervorbehalt").

[155] Robert Holzbauer, NS-Kunstraub in Österreich. Von 1938 bis heute. In: Österreich in Geschichte und Literatur 46 (2002), Heft 3, 151-163, 158.

Liste umfasste 344 Inventarnummern, davon 242 Positionen aus der Sammlung Alphonse Rothschild, 52 aus der Sammlung Louis Rothschild, 25 aus der Sammlung Rudolf Gutmann, 15 aus der Sammlung David Goldmann und neun aus der Sammlung Otto Pick.[156] Zusätzlich bat Schmidt in einem Begleitbrief um die Gegenstände, die er auf den „Linzer Tisch" gegeben hätte, ohne sie in die Liste aufzunehmen.[157] Ob dies eine metaphorische Formulierung sein sollte, oder ob es im „Zentraldepot" tatsächlich aufgestellte „Gabentische" für die einzelnen Bestimmungsorte gab, lässt sich nicht mehr rekonstruieren. Schmidt fügte weiters hinzu, dass er eine nochmalige Durchsicht für notwendig halte, „sobald eine Entscheidung der vorläufig noch nicht beschlagnahmten Gegenstände erfolgt ist".[158]

Justus Schmidt stand mit Fritz Dworschak vom Kunsthistorischen Museum in gutem Einvernehmen und war sich der Wichtigkeit dieser guten Beziehungen auch bewusst. Mit der Verwaltung des „Zentraldepots" verfügte das Kunsthistorische Museum über eine wichtige Machtposition, die es für eigene Zwecke gut zu nutzen schien. Zwei Tage nach Absendung von Schmidts Auswahlliste, am 8. März 1939, wandte sich Fritz Dworschak an Justus Schmidt und bat ihn, sich für eine Entlehnung der Schutzmantelmuttergottes aus Frauenstein und einiger Figuren des Kefermarkter Altars für eine Ausstellung des Kunsthistorischen Museums einzusetzen:

„Im Hinblick auf die vorgesehene starke Beteiligung Ihres Museums an den Zuweisungen aus den beschlagnahmten Kunstgütern bitte ich im geeigneten Wege den Herrn Gauleiter von diesem Umstand verständigen zu wollen, damit er sich für die Entlehnung der genannten Skulpturen an die Ausstellung in der Neuen Burg einsetzen wolle."[159]

Bereits am 10. März schrieb Schmidt daraufhin an die Landeshauptmannschaft Oberdonau einen Brief, in dem er die Entlehnung der gewünschten Gegenstände „bestens befürwortet ... im Sinne eines guten Einvernehmens mit dem Kunsthistorischen Museum, mit dem zur Zeit wichtige

---

[156] OÖLM Archiv, Mappe KH 1939: Kh 102/139, Justus Schmidt an Leopold Ruprecht (Brief vom 6.3.1939, Beilage „Beschlagnahmtes Kunstgut, Liste der ausgewählten Gegenstände"). Die Kunstgegenstände sind mit Kurzbeschreibungen und Inventarnummern der enteigneten Sammlungen angeführt: Nummern mit vorangestelltem AR stehen für Alphonse Rothschild, LR für Louis Rothschild, DG für David Goldmann, Gu für Gutmann, OP für Otto Pick.

[157] OÖLM Archiv, Mappe KH 1939: Kh 102/139, Schmidt an Ruprecht (Brief vom 6.3.1939).

[158] Ebd.

[159] OÖLM Archiv, Mappe KH 1939: Kh 107/1939, Fritz Dworschak, KHM an Justus Schmidt (Brief vom 8.3.1939).

Verhandlungen zwecks Übernahme beschlagnahmten Kunstgutes geführt werden".[160]

Die Korrespondenz zwischen Schmidt und Dworschak setzte sich im Juni fort. Schmidt benützte einen in anderer Angelegenheit verfassten Brief an das Kunsthistorische Museum, um anzufragen, „ob sich anläßlich des letzten Führerbesuches in Wien hinsichtlich der für Linz bestimmten Kunstgegenstände aus dem beschlagnahmten Beständen und auch aus den Musealdepots etwas ergeben hat".[161]

Dworschak beantwortete Schmidts Schreiben und fügte als Nachsatz hinzu: „Den zweiten Teil Ihres Briefes beantworte ich lieber mündlich; soviel aber glaube ich heute schon sagen zu können, daß diese Angelegenheit für Sie sehr günstig steht."[162]

Ungefähr zeitgleich zu dieser Korrespondenz war Hans Posse zum „Sonderbeauftragten für Linz" geworden, womit ihm auch die Verteilungskompetenz für das in Wien eingelagerte beschlagnahmte Kunstgut übertragen wurde. Es sollte noch mehrere Monate dauern, bis Posses Verteilungsvorschläge erarbeitet und von Adolf Hitler genehmigt waren.

Am 10. Mai 1940 teilte Schmidt dem Reichsstatthalter für Oberdonau mit, dass er „unter den aus jüdischem Besitz sichergestellten Kunstgegenständen in Wien eine Anzahl für Oberdonau höchst wichtiger Kunstwerke für das Landesmuseum angefordert habe".[163] Er erklärte weiters, dass diese Kunstgegenstände demnächst für das Landesmuseum freigegeben würden und zum amtlichen Schätzpreis angekauft werden müssten, wofür er die Summe von „etwa 20.000 RM" schätzte.[164]

In mehreren Dokumenten finden sich Hinweise auf eine geplante „besondere" Beteilung des Oberösterreichischen Landesmuseums aus dem Wiener „Zentraldepot beschlagnahmter Kunst". Dem Oberösterreichischen Landes-

---

[160] OÖLM Archiv, Mappe KH 1939: Kh 516/1939, Justus Schmidt an Landeshauptmannschaft Oberdonau (Brief vom 10.3.1939).

[161] OÖLM Archiv, Mappe KH 1939: Kh 122/1939, Justus Schmidt an Fritz Dworschak (Brief vom 29.6.1939).

[162] OÖLM Archiv, Mappe KH 1939: Kh 122/1939, Fritz Dworschak an Justus Schmidt (Brief vom 5.7.1939).

[163] OÖLM Archiv, Mappe KH 1940: Kh 222/1940, Justus Schmidt an Reichsstatthalter Oberdonau (Brief vom 10.5.1940).

[164] Ebd. Es konnte bislang kein anderer Beleg dafür aufgefunden werden, dass für die im Kontext des „Sonderauftrags Linz" verteilte beschlagnahmte Kunst aus dem Zentraldepot von den einzelnen bedachten Museen tatsächlich Geld bezahlt wurde, auch kein Beleg für eine Überweisung dieser 20.000 Reichsmark.

museum wurde in dieser Frage eine Sonderrolle attestiert.[165] Dies zeigt sich auch in der Art und Weise, in der die Verteilungslisten von Hans Posse angelegt wurden. Es handelt sich dabei um zwei Bände, von denen der erste mit „Linz" betitelt ist und sowohl die Zuteilungen für Hitlers geplantes „Linzer Kunstmuseum" als auch die Zuteilungen für das Oberösterreichische Landesmuseum enthält (Liste „A"), während alle anderen ostmärkischen Museen in einem zweiten Band (Liste „B") gemeinsam angeführt wurden.[166]

Die ausgewählten Kunstwerke wurden 1940 nach Linz überstellt und machten das Gros des Raubkunstzugangs im Bestand des Oberösterreichischen Landesmuseums in der Zeit von 1938–1945 aus. Der größte Teil davon stammte mit mehr als 200 Positionen aus den Sammlungen von Alphonse und Louis Rothschild sowie aus der Sammlung Bondy mit ebenfalls ca. 170 Positionen.[167] Die zugeteilten Positionen finden sich alle auf der schon 1939 von Justus Schmidt erstellten „Wunschliste", wenngleich die Zuteilungen nicht völlig synonym mit dieser Liste erfolgten. Einerseits wurden zusätzliche Positionen überstellt, andererseits wurden nicht alle Wünsche von Schmidt berücksichtigt, wobei vor allem eine Grundlinie auffällig ist: Zugeteilt wurden ausschließlich die geforderten Kunstgegenstände, Schmidts Forderungen nach Gemälden wurden nicht erfüllt. Unter den hunderten enteigneten Kunstwerken, die in das Landesmuseum überstellt wurden, befanden sich keine Gemälde. Es ist dies sicherlich auf die bereits dargestellte von Posse intendierte Neuzuordnung und -aufteilung zwischen Landesmuseum und „Führermuseum" zurückzuführen. Die zugewiesenen Kunstgegenstände waren nach 1945 Gegenstand von Restitutionen.[168]

Neben der direkten Zuteilung aus dem „Zentraldepot" im Kontext der Verteilungspläne Posses existierten auch andere Wege, über die Wiener Raubkunst (darunter auch Gemälde!) in das Oberösterreichische Landesmuseum gelangen konnte. Häufig erhielt das Landesmuseum von der Wiener Zentralstelle für Denkmalschutz Mitteilungen über sichergestellte Kunstwerke, die für das Museum von Interesse sein könnten, mit dem Hinweis, sich mit den „Besitzern" diesbezüglich in Verbindung zu setzen. In mehreren

---

[165] KHM Archiv, I 23: Zl.142/KL/39, KHM an Reichsstatthalter Wien (Brief vom 12.4.1939); KHM Archiv, I 24: Zl. 162/KL/39.
[166] BDA Wien, Restitutionsmaterialien, Karton 13.
[167] Vgl. OÖLM Bibliothek, Spenden- und Ankaufsprotokolle P16, P17.
[168] Vgl. dazu die Darstellung der Ergebnisse der Provenienzforschung im Beitrag „Oberösterreichisches Landesmuseum: Zuweisungen und Restitutionen enteigneter Kunst. Eine Untersuchung" in der vorliegenden Studie.

Fällen nahm das Museum Kaufverhandlungen mit jüdischen BesitzerInnen oder VertreterInnen emigrierter Juden und Jüdinnen auf, denn sichergestellte Kunstwerke galten zunächst zumindest formal noch nicht als enteignet. Besonders intensiv kam das Museum mit solchen Fällen durch die Johann Baptist Reiter-Ausstellung im Jahr 1940 in Berührung. Der 1813 in Linz-Urfahr geborene Genre- und Porträtmaler Johann Baptist Reiter stand im Mittelpunkt des Sammelinteresses des Landesmuseums, 1940 sollte ihm eine Ausstellung gewidmet werden. Vorerst nur als Leihgaben aus dem „Zentraldepot für beschlagnahmte Kunst" übernahm das Haus fünf Gemälde, die auch langfristig in den Bestand aufgenommen werden sollten. Tatsächlich verblieben die Bilder mit einer Ausnahme bis zur Restitution nach 1945 im Bestand des Hauses.[169]

Neben der Übernahme der beschlagnahmten Kunstwerke aus Wien stellt sich auch die Frage nach Kontakten zur lokal stattfindenden Enteignung von Kunst. Das heißt konkret: War das Oberösterreichische Landesmuseum aktiv daran beteiligt, vor Ort befindliche Kunstgegenstände aus jüdischem Besitz für sich zu lukrieren oder zumindest unter die eigene Verwaltung zu stellen, wie dies in Wien geschah, wo vor allem das Kunsthistorische Museum zu einem zentralen Organ in Hinblick auf die Beschlagnahme der Kunstsammlungen von Juden und Jüdinnen geworden war? Die Frage erscheint zentral, lässt sich aber aufgrund der bestehenden lückenhaften Aktensituation nur unzulänglich beantworten.

Mit aller Vorsicht kann konstatiert werden, dass sich in Oberösterreich keine unmittelbar mit Wien vergleichbare Situation vorfand, in der das Museum als Motor des Kunstentzugs zu betrachten wäre, zumindest gibt es dafür keine aktenmäßigen Hinweise. Sehr wohl aber konnte das Landesmuseum vom Vermögensentzug an Juden und Jüdinnen profitieren.

Über mehrere Schienen gelangten Kunstwerke, die aus oberösterreichischem jüdischem Besitz stammten, in das Inventar des Oberösterreichischen Landesmuseums: Übernahmen von Kunstwerken, die im Gau Oberdonau von der Gestapo beschlagnahmt worden waren, nachweisbar für zumindest drei Sammlungen: Sammlung Walter Schwarz (Linz), Sammlung Bittner (Altmünster), Sammlung Mostny (Linz bzw. Steinbach am Attersee); Übernahmen von Kunstgegenständen, die aus Zwangsverkauf/Liquidation stammten, nachweisbar im Fall des Antiquitätenhandels Töpfer (Linz); Übernahmen von Kunstgegenständen, die Linzer Juden im Zuge

---

[169] Ebd.

ihrer Emigration/Vertreibung 1938 dem Museum übergaben, belegt im Fall des Linzer Anwalts Otto Gerstl sowie im Fall Sigmund Sommer.[170] Das Oberösterreichische Landesmuseum profitierte nach 1938 zweifellos von dem vor Ort stattfindenden Vermögensentzug an Juden und Jüdinnen. Es kann auch davon ausgegangen werden, dass sich die verantwortlichen Personen aktiv darum bemüht hatten, aus dem zur Verfügung stehendem „Potenzial" beteilt zu werden. Nach derzeitigem Forschungsstand findet sich allerdings kein Hinweis auf eine aktive Mitwirkung oder initiative Rolle des Landesmuseums in Bezug auf den Entzug von jüdischem Kunstvermögen.

## Biographischer Exkurs: Heinrich Justus Schmidt

*„Immer Neues gilt's zu wirken, Stufe nur ist, was getan, schaffend diese Welt umzirken, führt uns stetig himmelan. Füge so sich Tag zum Tage, und von jedem tropfe Schweiß, einzeln fühlst du jede Plage, doch als Ganzes fühl den Preis."*[171]

In der Person des Kunsthistorikers Heinrich Justus Schmidt bündeln sich mehrere Aspekte, die Untersuchungsgegenstand des hier vorgelegten Forschungsprojekts sind. Justus Schmidt war als Leiter der Kunstgeschichtlichen Abteilung des Oberösterreichischen Landesmuseums eine zentrale Figur, die die Institution Landesmuseum in den Jahren 1938–1945 wesentlich prägte. In dieser Funktion kam er auch intensiv in Berührung mit der Übernahme von enteigneten Kunstgegenständen. In seiner Funktion als stellvertretender Kulturbeauftragter des Gaus Oberdonau bestimmte er dessen Kulturpolitik entscheidend mit. Als „Kunstdepotverwalter" für die in Hohenfurth und Kremsmünster eingelagerten Bestände des „Linzer Führermuseums" war er jener Mann im Gau, der den intensivsten Kontakt

---

[170] Vgl. OÖLM Bibliothek, Spenden- und Ankaufsprotokolle P16 und P17; Einlaufprotokoll der Graphischen Sammlung 1934-1941. Eine ausführliche Rekonstruktion dieser Eingänge sowie der erfolgten Rückgaben findet sich im Beitrag „Oberösterreichisches Landesmuseum: Zuweisungen und Restitutionen enteigneter Kunst. Eine Untersuchung" in der vorliegenden Studie.

[171] Justus Schmidt war nicht nur Kunsthistoriker, er verfasste und veröffentlichte auch eigene Gedichte. Das hier zitierte Gedicht ist publiziert in: Unser Oberdonau. Ewiger Kraftquell der Heimat. Ein deutscher Gau in Kunst und Dichtung. Hg. von Anton Fellner (Berlin 1944) 148. Im selben Band findet sich ein weiterer Gedichtbeitrag Schmidts mit dem Titel „Phantasie". Im Nachlass Schmidts ist eine unveröffentlichte Aphorismensammlung erhalten, bestehend aus 500 humoristischen Zweizeilern. AStL, Nachlass Justus Schmidt, Sch. 2.

zum Stab des „Sonderauftrags Linz" hatte. Seiner Biographie soll an dieser Stelle daher ausführlicher nachgegangen werden.
Heinrich Justus Schmidt[172] wurde 1903 in Wien geboren, wo er nach einem Studium der Kunstgeschichte und Archäologie 1926 promovierte. In den Jahren nach seiner Promotion war er als wissenschaftliche Hilfskraft im Kunsthistorischen Museum sowie nebenamtlich an der Staatlichen Graphischen Sammlung Albertina und ab 1928 im Wiener Denkmalamt tätig. 1936 erfolgte sein Umzug nach Linz, wo er 1937 die Leitung der Kunst- und kulturgeschichtlichen Abteilung des Oberösterreichischen Landesmuseums übernahm.[173]
In der Außenrepräsentation des Hauses war der in Fachkreisen hoch geschätzte Kunsthistoriker eine zentrale Figur. Als Leiter der Kunstgeschichtlichen Abteilung war Schmidt in den Jahren ab 1937 sowohl mit Sammlungsaufbau, Sammlungsumgestaltungen, den Bergungen von Sammlungsbeständen sowie der Organisation von Ausstellungen beschäftigt. Seine Funktion als Verantwortlicher für die kunsthistorische Sammlung des Hauses bedingte auch eine intensive Involvierung im Bereich der Übernahme und Betreuung von „Raubkunst". Schmidt verfügte durch seine Herkunft und frühere Tätigkeit in Wien über beste Beziehungen zu Wiener Museums- und Denkmalamtsbediensteten sowie Galeristen und Auktionshäusern, ein in diesem Zusammenhang nicht unwesentliches Faktum.
Justus Schmidt stand offenbar ebenfalls in guter Beziehung zu Anton Fellner, der als Kulturbeauftragter des Gauleiters die Kulturpolitik des Gaus Oberdonau mitbestimmte. 1941 übernahm Schmidt als Vertreter Fellners nach dessen Fronteinzug das Amt des Kulturbeauftragten und damit die Kultur-Agenden des Gaus.[174] Diese Position stärkte zweifellos Schmidts Stellung auch im Hinblick auf die bereits beschriebene Konkurrenzsituation zu Museumsdirektor Kerschner. Schmidt verfügte als „Kulturbeauftragter" über ein eigenes Büro, zunächst im Linzer Landhaus, schließlich im ehemaligen Stadthaus des Stiftes St. Florian in der Linzer Landstraße 22.[175] Einen weiteren bedeutenden Machtgewinn erfuhr Schmidt 1943 mit seiner Beauftragung zum „Depotverantwortlichen" der in Kremsmünster und

---

[172] Heinrich Justus Schmidt trat meistens nur mit seinem zweiten Vornamen auf – Justus Schmidt. Auch im Folgenden wird er daher als Justus Schmidt bezeichnet.

[173] OÖLM Archiv, Mappe Direktion 1938 (15-200): D 15/38, Lebenslauf Dr. Heinrich Justus Schmidt.

[174] OÖLM Archiv, Mappe Direktion 1942/43: D 9/42, Anton Fellner an Theodor Kerschner (Brief vom 7.1.1942).

[175] BAK, B 323, Sch. 124: Nr. 767, Gottfried Reimer an Justus Schmidt (Brief vom 13.9.1943).

Hohenfurth eingelagerten Führermuseums-Bestände.[176] Offenbar als Reaktion auf Gauleiter Eigrubers Interventionen, den Gau mehr am Aufbau des Führermuseums zu beteiligen, wurde Schmidt mit dieser Position ausgestattet, die für ihn persönlich einen nicht zu unterschätzenden Machtfaktor darstellte. Das Unternehmen „Führermuseum" hatte reichsweit eine besondere Bedeutung, die Gelegenheit sich als Mitarbeiter dieses Projekts präsentieren zu können, eröffnete breite Möglichkeiten. In einem ihm ausgestellten Ausweis, der ihn als „Sonderauftrag Linz"-Mitarbeiter bestätigte, wurden demnach auch „alle in Betracht kommenden Dienststellen" gebeten, Herrn Schmidt „bei der Durchführung dieses Auftrags in jeder Beziehung freundlich zu unterstützen".[177] Eine besonders gewichtige Auswirkung von Schmidts Stellung als „Sonderauftrag"-Mitarbeiter war die Möglichkeit, über diese Position eine „Uk-Stellung" zu erwirken. Bald schon sollte ein Großteil der Korrespondenz zwischen Schmidt und dem Sonderbeauftragten in Dresden sich damit beschäftigen, Schmidt vor drohenden Einberufungen zu bewahren, was tatsächlich auch bis Kriegsende gelang.[178] 1944 wurde die Position des Kulturbeauftragten von Gauleiter Eigruber eingestellt, auch hier war es für Schmidt nur über seine Zugehörigkeit zum „Sonderauftrag" möglich, weiterhin Ressourcen wie Amtszimmer und Sekretariat zu behalten.[179] Schmidts Kontakt zum „Sonderauftrag Linz" lief hauptsächlich über Gottfried Reimer, der als Posses Stellvertreter, interimistisch als dessen Nachfolger und schließlich auch als Voss' Stellvertreter fungierte. Nach der Bestellung von Hermann Voss im Frühjahr 1943 übermittelte Schmidt brieflich seine Glückwünsche und erklärte sich als „Vertreter des Referenten für den Sonderauftrag Linz" zu dessen Verfügung.[180]

Neben der Anbindung zum „Sonderauftrag Linz" ließen sich auch noch weitere Kontaktpunkte Schmidts zu Schaltstellen der NS-Macht ausmachen: Zumindest dreimal reiste Justus Schmidt nach Paris, um Kunsteinkäufe zu tätigen, wobei er Reisen dieser Größenordnung nicht in seiner Funktion und dem dazugehörenden Budget als Vorstand der Kunstgeschichtlichen

---

[176] OÖLM Archiv, Mappe Direktion 1943/43: D 27/43, Gottfried Reimer an Theodor Kerschner (Brief vom 17.2.1943).

[177] OÖLM Archiv, Mappe Direktion 1942/43: D 27/43, Ausweis für Justus Schmidt, ausgestellt von Gottfried Reimer am 8.2.1943.

[178] Vgl. u.a. BAK, B 323, Sch. 124: Nr. 813, Schmidt an Reimer (Brief vom 19.5.1943), Nr. 768, Reimer an Schmidt (Brief vom 13.9.1943), Nr. 682, Reimer an Hummel (Brief vom 8.11.1944), Nr. 681, Hummel an Reimer (Brief vom 13.11.1944), Nr. 678, Schmidt an Reimer (Brief vom 11.12.1944), Nr. 680, Reimer an Schmidt (Telegramm vom 11.12.1944).

[179] BAK, B 323, Sch. 124: Nr. 696, Schmidt an Reimer (Brief vom 4.8.1944).

[180] BAK, B 323, Sch. 124: Nr. 830, Justus Schmidt an Hermann Voss (Brief vom 9.3.1943).

Abteilung des Landesmuseums durchführen konnte. Seine Reisen scheinen auf den ersten Blick vielmehr im Dienste des Gaus erfolgt zu sein,[181] bei genauerer Betrachtung ergibt sich das Faktum, dass Schmidt diese Reisen aber auch oder sogar vorwiegend im Dienste des Reichsführer-SS unternommen hatte. Schmidt reiste mit einem Dienstwagen der Gestapo durch Paris und kaufte mit einem Budget von 200.000 RM einerseits für den Gau, andererseits für den Reichsführer-SS.[182] Auf die Tätigkeit im Dienst des Reichsführer-SS wies Justus Schmidt auch 1943 in einem Brief an den Referenten des „Sonderauftrags Linz" noch einmal explizit hin, indem er erklärte, dass er „vor einigen Jahren vom Reichsführer SS Himmler damit beauftragt wurde, Kunstgegenstände in Paris für ihn anzukaufen".[183]

Angesichts von Schmidts Funktionen und Aktivitäten drängt sich die Frage nach seiner politischen Positionierung im NS-Staat auf. „Im Sinne des Art. II des Verfassungsgesetzes vom 8. Mai 1945, St.G. Bl. Nr. 13 über das Verbot der NSDAP (Verbotsgesetz)" musste sich Schmidt nach Kriegsende als Nationalsozialist registrieren lassen, reichte aber gleichzeitig einen Einspruch gegen seine Registrierung ein.[184] Die seiner NS-Registrierungsakte beigelegten Dokumente erlauben einen Einblick in Schmidts politische Positionierung. Es findet sich darunter unter anderem eine politische Beurteilung Schmidts von 1939. Auf Anfrage der NSDAP Wien wurde diese Beurteilung seitens der Gauamtsleitung der NSDAP, Gau Oberdonau eingeholt. Als ehemaligem Mitglied der Vaterländischen Front wurden ihm darin „Beziehungen zur höheren Geistlichkeit" vorgeworfen. Ebenso erwähnt

---

[181] Erst jüngst vorgefundene Dokumente zeichnen das Bild, dass es Anton Fellner, der Kulturbeauftragte des Gauleiters, gewesen war, der vom Gau Oberdonau offiziell damit beauftragt wurde, in Paris Kunsteinkäufe zu tätigen. Nach Schmidts eigener Aussage war er nur als „Kunstsachverständiger" dabei. Rund um die Pariser Kunsteinkäufe des Gaus rankten sich schon zeitgenössisch Gerüchte, Anton Fellner habe in diesem Zusammenhang Geld unterschlagen. Vgl. OÖLA, Volksgerichtsakten, Sch. 237: Vr 2070/47-971/49, Fellner Anton. Vgl. auch Birgit Kirchmayr, Anton Fellner. In: OÖLA, NS-Biographien, erscheint demnächst.

[182] Vgl. OÖLM Archiv, Mappe KH 1941: Kh 261/41, Justus Schmidt an Obersturmbannführer Schäfer, Gestapo Köln (Brief vom 9.7.1941). In dem Schreiben heißt es: „Sehr geehrter Herr Sturmbannführer! Soeben von Paris zurückgekehrt, benütze ich die Gelegenheit, um Ihnen für die freundliche Unterstützung bei der Durchführung des Auftrages des Reichsführers verbindlichst zu danken. Ihr ausgezeichneter Fahrer ... war mir außerordentlich nützlich, wir haben uns beide bei unserer teilweise schwierigen Aufgabe kameradschaftlich verbunden gefühlt."

[183] BAK, B 323, Sch. 124: Nr. 734, Schmidt an Reimer (Brief vom 19.11.1943). Schmidts diesbezügliche Erklärung stand in dem Kontext, dass er Reimer mitteilte, vom Persönlichen Stab des Reichsführers SS einen Kunstgegenstand zur Deponierung in Kremsmünster erhalten zu haben. Die Übergabe erfolgte durch den Leiter der Gestapo-Leitstelle Bromberg in Linz direkt an Justus Schmidt. Zu den „Pariser Ankäufen" von Justus Schmidt für Gau und Landesmuseum vgl. auch die ausführliche Darstellung von Friedrich Buchmayr in der vorliegenden Studie.

[184] AStL, NS-Registrierungsakten, Mappe Heinrich Justus Schmidt.

wurde, Schmidt habe öfters in jüdischen Geschäften eingekauft, was ihm als Kunsthistoriker, der „häufig auf Trödler angewiesen war", aber zugestanden wurde. Seinen Charakter betreffend finden sich in der politischen Beschreibung folgende Worte: „Dr. Schmidt ist ein südlich-weichlicher Charakter, ein Muttersöhnchen. Sein Verhalten gegenüber Untergebenen und Mitarbeitern ist freundlich."[185]

Im „Gesamturteil" des Wiener Kreisleiters wurde der Schluss gezogen: „War ein eifriger Systemanhänger und als asozial eingestellter Mensch bekannt."[186] Schmidts eigene Aussagen zu seiner Positionierung im NS-Staat lesen sich wie folgt: „Ich war immer Nazigegner, wurde 1938 beruflich zurückgesetzt, habe rassisch und politisch Verfolgten geholfen."[187] Diese Stellungnahme stammt aus Schmidts Einspruch gegen seine Registrierung als Nationalsozialist.[188] Als Punkte zu seiner Entlastung führte Schmidt an: Er hätte nach eigenen Angaben niemals um die Aufnahme in der NSDAP angesucht, wäre daher weder Parteianwärter noch Parteimitglied gewesen. Der Gauleiter-Stellvertreter hätte von sich aus ein Verfahren zu seiner Aufnahme in die Partei betrieben, das aber „zu nichts führte, weil eben jedes Zutun von meiner Seite fehlte".[189] Im Jahr 1938 wäre er als Vorstand der Kunstsammlungen des Landesmuseums vorübergehend abgesetzt worden, „weil man wusste, dass ich nicht nationalsozialistisch gesinnt bin".[190] Obwohl nicht Parteimitglied gab Schmidt an, von 1943 an dem Blockleiter Beiträge „von wenigen Schillingen" gegeben zu haben, „um nicht überflüssig Anstoss zu erregen".[191] Weiters habe er bei offiziellen Anlässen ein Parteiabzeichen getragen, das er mangels eines eigenen bei einem Linzer Antiquitätenhändler jeweils ausgeliehen habe. Schmidt wies darauf hin, dass er im Jahr 1945 der provisorischen Landesregierung Oberösterreichs angehört habe, „was unmöglich gewesen wäre, wenn ich der NSDAP an-

---

[185] ÖStA, AdR, Gauakten: Dr. Heinrich Schmidt, Politische Beschreibung des Dr. Heinrich Justus Schmidt durch den Gauamtsleiter der NSDAP, Gau Oberdonau, Linz 22.2.1939.

[186] ÖStA, AdR, Gauakten: Dr. Heinrich Schmidt, NSDAP Gau Wien, Kreisleitung, Fragebogen zur politischen Beurteilung über Dr. Heinrich Schmidt, 10.7.1939.

[187] AStL, NS-Registrierungsakten, Mappe Heinrich Justus Schmidt: Justus Schmidt an Registrierungskommission Linz (Brief vom 10.3.1946).

[188] AStL, NS-Registrierungsakten, Mappe Heinrich Justus Schmidt: Meldeblatt zur Registrierung der Nationalsozialisten.

[189] AStL, NS-Registrierungsakten, Mappe Heinrich Justus Schmidt: Einspruch Justus Schmidts gegen Registrierung, Linz 21.10.1947.

[190] Ebd.

[191] Ebd.

gehört hätte".[192] Allgemein verwies Schmidt noch auf seine grundsätzlich „unpolitische" Position als Kunsthistoriker:
„Als Künstler und Kunsthistoriker habe ich nie für Politik etwas übrig gehabt und war und bin kosmopolitisch eingestellt. Ich war in der nationalsozialistischen Zeit ... nicht gut angeschrieben und konnte mich nur schwer in meiner Stellung halten."[193]
Diesbezüglich legte er auch eine „Bestätigung" von August Loehr vom Wiener Kunsthistorischen Museum bei, der Schmidts Tätigkeiten und Verdienste als Kunsthistoriker würdigte und ihm bescheinigte, „künstlerisch und wissenschaftlich sehr interessiert" gewesen zu sein, „dagegen für Politik keinerlei Verständnis" besessen zu haben. Loehr schrieb weiters:
„Es ist mir nicht bekannt, ob er in Linz unter irgendwelchem Druck in irgend ein formales Verhältnis zur NSDAP kam, aber das kann ich aus der Zeit der nationalsozialistischen Herrschaft sagen, daß er entschieden gegnerisch eingestellt war und daß er andauernd aus politischen oder rassischen Gründen Verfolgten weitestgehende Förderung angedeihen ließ."[194]
Schmidt legte seinem Gesuch mehrere Dokumente bei, die seine Angaben untermauern sollten: die eidesstattliche Erklärung der Witwe des Antiquitätenhändlers, von dem Schmidt das Parteiabzeichen borgte; ein Schreiben des Gauleiterstellvertreters Opdenhoff, aus dem hervorgeht, dass Schmidt nicht Parteimitglied war; je eine Erklärung eines Zellen- bzw. Ortsgruppenleiters über seine Nichtmitgliedschaft in der NSDAP; eine Bescheinigung, dass Schmidt erst im Oktober 1944 seine arische Abstammung nachgewiesen habe; eine Erklärung zu seinen Gunsten von Bürgermeister und Nationalrat Ernst Koref.[195]
Unter Vorlage dieser Dokumente und Argumente beantragte Schmidt mittels seines Rechtsvertreters Ludwig Langoth am 21. Oktober 1947 die Streichung seiner Eintragung in den Registriertenlisten. Seinem Einspruch wurde am 23. April 1948 mit der Begründung stattgegeben, er wäre weder Parteianwärter noch Parteimitglied gewesen, noch lägen andere die Registrierungspflicht begründende Umstände vor.[196]

---

[192] Ebd.
[193] Ebd.
[194] AStL, NS-Registrierungsakten, Mappe Heinrich Justus Schmidt: Bestätigung August Löhrs, Wien 23. 2. 1945 (sic!).
[195] AStL, NS-Registrierungsakten, Mappe Heinrich Justus Schmidt.
[196] AStL, NS-Registrierungsakten, Mappe Heinrich Justus Schmidt: Bescheid des Amtes der oberösterreichischen Landesregierung an Justus Schmidt, Linz 23.4.1948.

Seine Stellung als Kulturbeauftragter des Gauleiters sowie auch seine Aktivitäten in Paris im Auftrag des Reichsführers SS waren bekannt, diesem Urteil aber offenbar nicht hinderlich.
Es ist aus heutiger Sicht schwierig, Schmidts Angaben stichhaltig nachzuprüfen. Seine Nicht-Mitgliedschaft in der NSDAP ließ sich belegen, seine Geschichte vom geliehenen Parteiabzeichen erscheint eher abenteuerlich. Schmidts Beteuerungen über Karriereeinbußen während der NS-Zeit scheinen in Anbetracht seiner tatsächlich ausgeübten Funktionen nicht stichhaltig. Auch die Erwähnung, er wäre nach der Machtergreifung der Nationalsozialisten vorübergehend vom Dienst suspendiert worden, ließ sich bislang mit keiner anderen Quelle belegen. Seine Angabe, erst 1944 seine arische Abstammung nachgewiesen zu haben, ist nachweislich nicht korrekt. Zumindest im Bereich seiner Anstellung als Beamter im Landesmuseum musste Schmidt bereits 1939 seine Abstammung nachweisen, was er auch tat.[197]
Schmidt, der anders als Direktor Theodor Kerschner und andere Museumsbedienstete nach Kriegsende nicht aus politischen Gründen seinen Dienst im Landesmuseum quittieren musste, gehörte in unmittelbarer Kontinuität zu seiner Stellung als „Kulturbeauftragter des Gauleiters" 1945 der provisorischen Landesregierung als Leiter des „Referats für schöne Künste und Bauten" an. Franz Juraschek, der ehemalige Gaukonservator, der ebenfalls seine Stelle als Leiter des Linzer Denkmalamts wieder übernehmen sollte, vermerkte dazu in einem Brief vom August 1945:
„Die Abteilung Kunst und Kultur wurde Dr. Schmidt übertragen, der damit auch Mitglied der Landesregierung ist, aber seelisch durch die ganzen Aufregungen so hergenommen wurde, daß er nun schon seit vielen Wochen im Spital liegt und sein Amt nicht ausüben kann."[198]
Schmidt, der zwischenzeitlich auch den Direktorenposten im Landesmuseum zugesprochen bekommen hatte, verließ 1949 „über eigenes Ansuchen" das Oberösterreichische Landesmuseum. Er war zu diesem Zeitpunkt 46 Jahre alt und wurde unter gleichzeitiger Ernennung zum Vizedirektor „aus gesundheitlichen Rücksichten in den Ruhestand versetzt".[199]
Schmidt wurde „Privatier", freier Publizist und per Stadtratsbeschluss vom 17. November 1952 Kunstkonsulent der Stadt Linz. Er war wesentlich beteiligt an der Schaffung einer Kunstschule für die Stadt Linz (später Kunst-

---

[197] OÖLM Archiv, Mappe Direktion 1939 (Personalien): D 72/8/1939, Landeshauptmannschaft Oberdonau an OÖLM, Bestätigung über Nachweis der deutschblütigen Abstammung Justus Schmidts, Linz 14.4.1939.
[198] BDA Linz, M 17, Schriftverkehr Juraschek, Juraschek an Erwin Hainisch (Brief vom 10.8.1945).
[199] Direktionsbericht OÖLM 1949. In: JbOÖM 95 (1950) 13.

hochschule) und agierte als Vermittler bei der Übernahme der „Sammlung Wolfgang Gurlitt" durch die Stadt Linz, die die „Neue Galerie Linz" (heute „Lentos-Kunstmuseum Linz") begründete.[200]
Justus Schmidt starb 1970, und er hinterließ ein Erbe: Schmidt war nicht nur Kunsthistoriker, Künstler, Museumsdirektor, Konsulent, Publizist und Lyriker gewesen, sondern auch Kunstsammler. Er hinterließ einer befreundeten Linzer Familie seine umfassende Kunstsammlung, die diese 1971 der Stadt Linz übergab. Bei der Inventarisierung der Sammlung im Linzer Stadtmuseum Nordico einigte man sich auf die Bezeichnung „Sammlung S".[201] Schmidts Person und Biographie bleibt trotz vorhandener schriftlicher Quellen und ZeitzeugInnen schwer zu (be)greifen und beschreiben. Wie bei vielen ähnlich gearteten Biographien dieser Zeit aus dem Kunstbereich zeigten sich auch bei Schmidt die Pole einer einerseits skrupellos wirkenden Bereitschaft, sich mit den NS-Machtzentren zu arrangieren und damit zumindest als Nutznießer am nationalsozialistischen Kunstraub teilzuhaben, während andererseits das Bild des feinen und kunstsinnigen Grüblers und Einzelgängers und vor allem das des sehr kompetenten, belesenen, gebildeten Fachmanns entsteht. Ist es ausreichend, als Begründung für eine solche Ambivalenz die Liebe zum Fach, die Liebe zur Kunst und die Sammelleidenschaft anzuführen, wie dies auch oft in der Diskussion um Hans Posse eingebracht wird? Justus Schmidt selbst zitierte einmal den Dichter Balzac mit dem Satz, Sammler seien die glücklichsten Menschen, und folgerte weiter:
„Sammeln kann tatsächlich eine Leidenschaft sein, die den Menschen in allen seinen Fähigkeiten beansprucht, ihn ständig in Spannung versetzt und jung erhält. Das Sammeln von Kunstwerken ist ähnlich der Jagdleidenschaft, bekanntlich einer der ältesten Triebe des Menschen."[202]

---

[200] Vgl. Georg Wacha, Der Kunsthistoriker Justus Schmidt, unveröff. Manuskript, Linz o.J. Eine überarbeitete Version dieses Manuskripts liegt mittlerweile auch in publizierter Form vor: Georg Wacha, Der Kunsthistoriker Dr. Justus Schmidt. In: JbOÖM 149 (2004) 639-654.

[201] Vgl. Wacha, Schmidt, 652f sowie Auskunft Dr. Georg Wacha.

[202] Justus Schmidt, Kunstsammeln in Oberdonau, in: Oberdonau, Folge 2, Jg. 2, 1942, 24.

## 3. Das Landeskonservatorat/Gaukonservatorat Linz 1938–1945

„*... der Glöcklerlauf der Denkmalpflege*"[203]

Die Wiener „Zentralstelle für Denkmalschutz" nahm im Bereich der Raubkunstverteilung und auch in der Kooperation mit dem „Sonderauftrag Linz" während der gesamten NS-Zeit eine bedeutende Rolle ein. Angesichts dieses Faktums stellt sich auch die Frage nach der Rolle der Landesstellen des Denkmalamts in der NS-Zeit. Die Frage nach deren Bedeutung und Einflussmöglichkeiten hängt stark von den immer wechselnden Strukturen im Bereich der staatlichen Denkmalpflege ab. Insbesondere nach der nationalsozialistischen Machtergreifung – aber auch schon davor – gab es in diesem Zusammenhang zahlreiche Diskussionen und Neustrukturierungen, die sich um den Konflikt Zentralismus versus Föderalismus bündelten und die die jeweiligen Bedeutungs- und Kompetenzbereiche der einzelnen Stellen dementsprechend beeinflussten.[204] Eine wesentliche Änderung für die Landeskonservatoren wurde 1934 respektive 1936 getroffen, als das bis dahin eigenständig existierende Bundesdenkmalamt 1934 aufgelassen und in eine „Zentralstelle für Denkmalschutz" im Bundesministerium für Unterricht umgewandelt wurde. Infolgedessen wurden 1936 die nicht der Zentralstelle vorbehaltenen Agenden den Landeskonservatoren übertragen, die ihrerseits unmittelbar dem Landeshauptmann unterstellt waren. Die Kompetenzproblematik war damit aber nicht geklärt, nachdem es im diesbezüglichen Statut aus dem Jahr 1936 hieß, die Landeskonservatoren hätten ihre Tätigkeit „in unmittelbarer Unterordnung unter den Landeshauptmann ... nach Weisungen der Zentralstelle" auszuführen.[205] Nach dem „Anschluss" wurden noch intensivere Diskussionen um die „Vergauung" der Denkmalpflege geführt, die die österreichischen Denkmalpfleger geschlossen als „Gefahr" betrachteten und ablehnten. Die „völlig ungeklärte Lage"[206] hielt lange an und auch die 1940 getroffene Entscheidung erscheint nicht als klare Lö-

---

[203] BDA Linz, Sachakten, Karton S. H.I.J.: Manuskript Denkmalpflege in Oberdonau im Jahre 1939, ohne Angabe des Verfassers, vermutlich verfasst von Franz Juraschek.

[204] Vgl. Theodor Brückler, Die „Verländerung" der österreichischen Denkmalpflege in der NS-Zeit und die Gründung des Instituts für Denkmalpflege 1940. In: Österreichische Zeitschrift für Kunst und Denkmalpflege 44 (1990) 184-194.

[205] Zit. nach Brückler, Verländerung 186.

[206] Aus einem Schreiben Walter Frodls (Gaukonservator Klagenfurt), 31.3.1940. Zit. nach Brückler, Verländerung 192.

sung: Die „Zentralstelle für Denkmalschutz" wurde aufgelöst und in ein „Institut für Denkmalpflege" umgewandelt, die Landeskonservatorenstellen wurden den jeweiligen Gauselbstverwaltungen unterstellt, die finanziellen Mittel dafür kamen teils vom Reichsministerium für Wissenschaft, Erziehung und Volksbildung, teils vom Gau selbst. Die Landeskonservatoren blieben personell unverändert, allerdings sollten die bislang hauptamtlichen Dienstposten in nebenamtliche umgewandelt werden.[207]

Die Landeskonservatoren bewegten sich somit die gesamte NS-Zeit über in einem komplexen Feld von Zuständigkeiten zwischen Reichsbehörden in Berlin, der Zentralstelle für Denkmalschutz in Wien (respektive Institut für Denkmalpflege) sowie der Gauselbstverwaltung. Neben den Schwierigkeiten, die diese Situation für die Landeskonservatoren mit sich brachte, wurde zweifellos auch versucht, den Kompetenzkrieg in so manchem Fall für eigene Zwecke zu nützen: Der oberösterreichische Gaukonservator Franz Juraschek scheint beispielsweise einen guten Draht nach Berlin, konkret zu Generalkonservator Robert Hiecke, Ministerialdirigent im Reichsministerium für Wissenschaft, Erziehung und Bildung, gehabt zu haben, wohingegen er mit Gauleiter Eigruber nach eigener Angabe seit 1940 „schwere Zerwürfnisse" hatte.[208] 1942 wurde Jurascheks Dienstverhältnis offenbar als Konsequenz dieser Zerwürfnisse gekündigt,[209] die Kündigung bis Kriegsende aber immer wieder aufgeschoben, wobei dies auf eine Intervention aus Berlin zurückzuführen sein dürfte.[210] Auch als Gauleiter Eigruber 1944 entschied, im Sinne des „totalen Kriegseinsatzes" die Dienststelle des Gaukonservators einzustellen, reagierte Juraschek sofort mit einem Telegramm nach Berlin, das Wirkung zeigte.[211] Juraschek blieb bis Kriegsende im Amt.

---

[207] Brückler, Verländerung 193.

[208] AStL, NS-Registrierungsakten, Mappe Juraschek: Juraschek an Magistrat der Stadt Linz (Brief vom 20.2.1947). Vgl. dazu auch noch an späterer Stelle.

[209] AStL, NS-Registrierungsakten, Mappe Juraschek: Beilage Dokument Reichsstatthalter in Oberdonau an Juraschek, Kündigung des Dienstverhältnisses, Linz 29.9.1942.

[210] AStL, NS-Registrierungsakten, Mappe Juraschek: Beilage Dokument Reichsstatthalter in Oberdonau an Reichsministerium für Wissenschaft, Erziehung und Volksbildung, Robert Hiecke, Linz 31.12.1942.

[211] BDA Linz, Sachakten, Karton S. G., Betreff „Gaukonservator-Kriegswichtigkeit": Juraschek an Hiecke (Telegramm vom 30.8.1944).

## Amtsperiode Erwin Hainisch

Zum Zeitpunkt der nationalsozialistischen Machtübernahme in Österreich hieß der oberste Denkmalpfleger in Oberösterreich noch nicht Franz Juraschek, sondern Erwin Hainisch. Der in Wien promovierte Kunsthistoriker, Sohn von Michael Hainisch, dem ersten Präsidenten der Republik Österreich, und Enkelsohn von Marianne Hainisch, Proponentin der bürgerlichen Frauenbewegung des 19. Jahrhunderts, übernahm 1927 die Leitung des Landeskonservatorats Oberösterreich. Im April 1939 wurde er als „Mischling zweiten Grades" zwangspensioniert, gleichzeitig aber über Intervention Herbert Seiberls von der Zentralstelle für Denkmalschutz nach Wien versetzt.[212]

Erwin Hainisch übte sein Amt als oberösterreichischer Landeskonservator somit noch ein Jahr nach dem „Anschluss" aus. Die mit dem März 1938 verbundenen „Neustrukturierungen" des Verwaltungsapparats, die auch die Landeskonservatoren betrafen, fielen in seine Amtszeit. Als „Reichsbeamte" waren auch die Denkmalpfleger unmittelbar nach dem „Anschluss" angehalten, „den Verwaltungsapparat in jeder erdenklichen Weise für die Abstimmungsarbeiten zur Verfügung zu stellen und mit Anspannung aller Kräfte den Beauftragten des Führers für die Volksabstimmung, Gauleiter Bürckel, zu unterstützen".[213]

Für die Linzer Denkmalpfleger war diese Tätigkeit mit einer besonderen Aufgabe verbunden: Sämtliche Kindheits- und Jugendstätten Adolf Hitlers sollten in dessen „Heimatgau" unter Denkmalschutz gestellt werden. Es betraf dies Hitlers Geburtshaus in Braunau sowie verschiedene Wohnhäuser und Schulen in den Orten Leonding, Lambach, Fischlham, Linz und Steyr. Begründet wurden die Unterschutzstellungen mit der Notwendigkeit der Erhaltung der jeweiligen Gebäude „als Gedenkstätte an den Führer und Reichskanzler Adolf Hitler".[214] Der Historiker Theodor Brückler bezeichnete diese Aktion, die weder von Adolf Hitler noch von den oberösterreichischen Denkmalpflegern initiiert worden war, als „,Fleißaufgabe' oberösterreichischer Landespolitiker auf dem Rücken der Denkmalpflege".[215]

---

[212] Zur Biographie Erwin Hainischs vgl. Personenlexikon zur österreichischen Denkmalpflege (1850-1990). Hg. von Theodor Brückler und Ulrike Nimeth (Wien 2001) 96; Eva Frodl-Kraft, Gefährdetes Erbe. Österreichs Denkmalschutz und Denkmalpflege 1918-1945 im Prisma der Zeitgeschichte (Wien/Köln/Weimar 1997) 436.

[213] BDA Wien, Archiv, Karton Gesetzgebung 2: Zl. 1150/1938. Zit. in: Brückler, Verländerung 186.

[214] Vgl. Brückler, Verländerung 186f.

[215] Ebd. 187.

Sie ist somit nahtlos in andere Bemühungen des Landes Oberösterreich respektive des Gaus Oberdonau einzureihen, den Status Oberdonaus als „Heimatgau des Führers" vor allem in kulturpolitischer Hinsicht zu stärken und daraus Nutzen zu ziehen. Im Bereich der Denkmalpflege kam es nach der nationalsozialistischen Machtübernahme zunächst tatsächlich zu einer finanziellen und damit auch personellen Besserstellung sowohl der Zentralstelle für Denkmalschutz als auch der Landeskonservatoren, die allerdings nicht lange anhalten sollte.[216]

In die Amtszeit Erwin Hainischs fielen auch noch Tätigkeiten, die mit der Enteignung von Kunstbesitz aus jüdischem Eigentum in Verbindung standen: Hainisch hatte Sichtungen von Kunstgut, das durch die Gestapo beschlagnahmt worden war, durchzuführen. Es ging hiebei vor allem darum, die Spreu vom Weizen zu trennen, konkret: Die in den Gauen beschlagnahmten Kunstgegenstände sollten nach wertvollen Stücken durchgesehen werden, die in das Depot für beschlagnahmte Kunst in der Wiener Hofburg überstellt werden mussten.

Am 20. Oktober 1938 berichtete Hainisch in dieser Causa nach Wien: „Auf Grund des mir im Wege der hiesigen Landeshauptmannschaft zur Kenntnis gebrachten Erlasses des Inspekteurs der Sicherheit in Wien vom 23. September d. J. B.NR. S. II A1-247/1/38, nach welchem alle in Österreich beschlagnahmten und eingezogenen Kunstwerke im Interesse einer sachverständigen Behandlung und Wartung in Wien in der neuen Hofburg zu sammeln sind, habe ich nach erfolgter Fühlungnahme mit der hiesigen Geheimen Staatspolizei die von dieser in der hiesigen Zweigstelle des ‚Dorotheums' zum Zwecke ihrer Versteigerung hinterlegten beschlagnahmten Wohnungseinrichtungsstücke einer Durchsicht unterzogen. Hiebei habe ich sämtliche Gegenstände, denen irgend eine künstlerische Bedeutung zukommt, für die Einsendung nach Wien ausgeschieden."[217]

Am 21. Oktober 1938 informierte die Zentralstelle für Denkmalschutz den Landeskonservator in Linz, dass nur „hochrangige Werke zur Verbringung zu bestimmen" seien und die im Linzer Dorotheum befindlichen Kunstwerke daraufhin noch einmal durchgesehen werden sollten. Am 27. Oktober 1938 antwortete Hainisch in derselben Angelegenheit:

„... beehre ich mich zu berichten, daß ich mit Rücksicht auf das Fehlen von hochrangigen Werken unter den zu Gunsten des Reiches beschlagnahmten und in der hiesigen Zweigstelle des Dorotheums zum Zwecke der

---

[216] Ebd. 187.

[217] BDA Linz, Sachakten, Betreff „Kunstwerke in Oberdonau, beschlagnahmte": 629/38, Landeskonservator Hainisch an Zentralstelle für Denkmalschutz Wien (Brief vom 20.10.1938).

Versteigerung hinterlegten Kunstwerken von der nochmaligen Durchsicht abgesehen habe."[218]
Interessant in diesem Zusammenhang erscheint ein Schreiben Hainischs vom Dezember 1938, in dem er die Problematik in Linz beschlagnahmter Kunstwerke anspricht, die „neben hohen künstlerischen Vorzügen" auch an „entartete Kunst" erinnern:
„Unter den von der geheimen Staatspolizei beschlagnahmten Wohnungseinrichtungen, die kürzlich in der hiesigen Zweigstelle des ‚Dorotheum' zur Versteigerung eingeliefert worden sind, befindet sich eine Anzahl Gemälde neuer österreichischer Maler, deren künstlerischer Rang etwa den in der Galerie des 20. Jahrhunderts ausgestellten Kunstwerken entspricht. Es sind dies: A. Faistauer: Salzburger Alpenvorland-Landschaft, A. Faistauer: Ansicht von Salzburg, A. Faistauer: Mädchenbildnis 1920, A. Faistauer: Bildnis einer Dame mit breitkrempigem Hut, A. Faistauer: Weiblicher Akt, A. Faistauer: Stilleben, M. May: Damenbildnis, Merkel: Mythologische Szene in Landschaft, A. Nikodem: Frau in Tracht mit Bramhaube, H. Schließmann: Girardi als Sicherheitswachmann ... . Ich beehre mich anzufragen, ob diese Kunstwerke an das Zentraldepot in der neuen Burg in Wien eingesandt werden sollen. Eine solche Bergung scheint mir in diesem Fall anzustreben zu sein, obwohl es sich nicht um Werke von unanzweifelbarem Wert handelt, weil sie neben hohen künstlerischen Vorzügen auch Züge zeigen, die an entartete Kunst erinnern und die Gefahr besteht, daß im Hinblick auf diese sie nicht eine entsprechend sachgemäße Behandlung finden, wenn sie zu einer öffentlichen Versteigerung jetzt gelangten."[219]
Ganz offensichtlich war es Hainischs Bestreben, Kunstwerke, die nicht dem nationalsozialistischen Kunstdogma entsprachen, zu sichern – ein nicht einfaches Unternehmen, das sich auch in der vorsichtig angelegten Argumentation dieses Briefes widerspiegelt. Die Antwort der Wiener Zentralstelle für Denkmalschutz auf Hainischs Anfrage war kurz und klar: „Für die im obzitierten Bericht angeführten modernen Kunstwerke kommt selbstverständlich eine Bergung im Zentraldepot in der Neuen Wiener Burg nicht in Frage."[220]

---

[218] Ebd.
[219] BDA Linz, Sachakten, Betreff „Kunstwerke in Oberdonau, beschlagnahmte": 775/38. Erwin Hainisch an Zentralstelle für Denkmalschutz Wien (Brief vom 5.12.1938). Die von Hainisch angeführten Gemälde stammen v.a. aus der Kunstsammlung Walter Schwarz, Linz.
[220] BDA Linz, Sachakten, Betreff „Kunstwerke in Oberdonau, beschlagnahmte": 4355/Dsch ex 1938, Herbert Seiberl, Zentralstelle für Denkmalschutz an Erwin Hainisch (Brief vom 12.12.1938). Unterstreichung im Original.

Erwin Hainisch sollte zu diesem Zeitpunkt sein Amt nur mehr wenige Monate ausüben können, im April 1939 wurde seine „Zwangspensionierung" und anschließende Versetzung nach Wien vollzogen. Sein Amt übernahm Franz Juraschek. Der 1895 in Wien geborene promovierte Kunsthistoriker war bereits seit Studienzeiten für das Denkmalamt tätig gewesen und schon vor dem Amtswechsel mit Erwin Hainisch zumindest gut bekannt.[221] Juraschek blieb die gesamte NS-Zeit Gaukonservator und stand der oberösterreichischen Denkmalbehörde auch nach 1945 vor.[222]

## Amtsperiode Franz Juraschek

In einem Tätigkeitsbericht von 1939 schwärmte der Gaukonservator von Oberdonau in blumiger Diktion von der neuen Zeit:
„Nach den Rauhnächten kündet der Glöcklerlauf den Sieg der guten Geister und des Lichtes und knüpft neu die Bande der Gemeinschaft. Das Jahr 1939 möchte ich als den Glöcklerlauf der Denkmalpflege bezeichnen. Aus allen Fachschaften liefen die Glöckler zusammen, um alle aufzurütteln, dem einen Ziel entgegen, in der Landschaft, dem Bauen und Bilden der Väter die Heimat zu erhalten und zu gestalten zum neuen und doch bodengebundenen Lebensraum unseres Gemeinsinnens. Auf jeden Fall war in meiner engeren Facharbeit kein Jahr so voll glückhaften Aufbauens als dieses."[223]
Laut Tätigkeitsbericht 1939 hatte für das Gaukonservatorat Oberdonau nach „Fragen der inneren Organisation der Denkmalpflege" bereits im Frühherbst 1938 „eine Reihe großzügiger Aktionen" eingesetzt. Es wurden dabei folgende Punkte genannt: die Erstellung einer Reichsliste des national wertvollen Kunstgutes, die Sichtung des jüdischen Kunstbesitzes, die Verzeichnung der in den Klöstern aufbewahrten Kunstgegenstände, Schutz der heimischen Bauweise, Kunstschutz im Kriege, wissenschaftliche Arbeit und Publikationen.[224]
Damit sind die Kernpunkte der Tätigkeit des Gaukonservatorats während der gesamten NS-Zeit umrissen, wobei festzustellen ist, dass der „Kunst-

---

[221] Vgl. Interview mit Gertrude Erba, Interviewerin Birgit Kirchmayr, Linz am 3.2.2003. Gertrude Erba war ab 1942 Mitarbeiterin des Landeskonservatorats Oberösterreich.

[222] Zur Biographie Franz Jurascheks (auch: Franz von Juraschek) vgl. Brückler-Nimeth, Personenlexikon 124f. Vgl. auch Birgit Kirchmayr, Franz Juraschek. In: OÖLA, NS-Biographien, erscheint demnächst.

[223] BDA Linz, Sachakten, Karton S. H.I.J.: Manuskript Denkmalpflege in Oberdonau im Jahre 1939, ohne Angabe des Verfassers, vermutlich verfasst von Franz Juraschek.

[224] Ebd.

schutz im Kriege", konkret Bergungsmaßnahmen, den Hauptanteil des Arbeitsfeldes ausmachen sollte. Der Bereich der Bergungen gewann für Juraschek eine Bedeutung, die die anderer Gaukonservatoren zweifelsfrei übertraf, da sich im Gau Oberdonau – nicht zuletzt auf Initiative von Juraschek selbst – auch Depots für Bestände des geplanten „Linzer Führermuseums" befanden. Ebenfalls sehr umfangreich waren Tätigkeiten, die im Zusammenhang mit den beschlagnahmten Klöstern standen. Laut Jurascheks eigener Aussage geriet er in dieser Frage immer wieder mit der Gauleitung in Konflikt, da er sich für den geschlossenen Erhalt der Klostersammlungen und die Erhaltung der Substanz der Klosterdenkmäler einsetzte.[225]

Für die vorliegende Untersuchung steht der im Tätigkeitsbericht erwähnte Arbeitsschwerpunkt „Sichtung des jüdischen Kunstbesitzes" im Mittelpunkt, der vom Gaukonservator auch näher definiert wurde: „Wertvolle Werke innerhalb desselben [Anm.: jüdischen Kunstbesitzes] wurden genau verzeichnet und die Gefahr ihrer Verschleppung abgewehrt. In unserem Gau betraf dies außer Einzelgegenständen vor allem drei dem Umfange nach recht beträchtliche Sammlungen volkskundlichen Gutes im Salzkammergut."[226] In einem durchgestrichenen ersten Entwurf desselben Dokuments hieß es zu diesem Punkt in anderer Version: „Gleichzeitig ging die Sichtung des jüdischen Kunstbesitzes an und die genaue Verzeichnung und Sicherung jener Gegenstände innerhalb desselben, deren Ausfuhr nicht gestattet werden kann."[227]

In dieser Version wurde also die später vagere, aber pathetischere Formulierung „die Gefahr ihrer Verschleppung abgewehrt" noch konkreter bezeichnet, nämlich als Nichtgestatten von Ausfuhren. Von daher ergibt sich der klare Hinweis, dass Ausfuhransuchen jüdischer KunstbesitzerInnen auch in Oberösterreich gestellt und zumindest teilweise nicht gestattet wurden.[228]

Die von Juraschek erwähnte „Verzeichnung" von Kunstwerken jüdischer

---

[225] Vgl. Franz Juraschek, Die Klosterdenkmale Oberösterreichs. Ihr Schicksal in und nach dem Kriege. In: JbOÖM 92 (1947) 84-99.

[226] BDA Linz, Sachakten, Karton S. H.I.J.: Manuskript Denkmalpflege in Oberdonau im Jahre 1939, ohne Angabe des Verfassers, vermutlich verfasst von Franz Juraschek.

[227] Ebd.

[228] Die Ausfuhrakten der Jahrgänge 1938 und 1939 sind im Archiv des BDA Linz nicht erhalten bzw. konnten nicht aufgefunden werden. Die vorhandenen Protokollbücher jener Jahre weisen auf getätigte Ausfuhransuchen hin, Namen der AntragstellerInnen sind darin allerdings zumeist nicht angeführt. In welchem Umfang und in welchen spezifischen Fällen das Instrumentarium Ausfuhrsperre in Oberdonau näherhin angewandt wurde, bleibt somit offen. Allgemein zur Anwendung des in Österreich seit 1918 gültigem Ausfuhrverbotsgesetzes in Hinblick auf Sicherstellungen und Enteignungen vgl. Frodl-Kraft, Gefährdetes Erbe 158f. Eine Auswertung der Ausfuhrsperren 1938-1945 wird von der Provenienzkommission des Bundesdenkmalamts Wien vorgenommen. Vgl. Auskunft BDA Wien, Juni 2003.

BesitzerInnen liegt leider nicht mehr vor. Bei den drei „beträchtlichen Sammlungen volkskundlichen Gutes im Salzkammergut",[229] auf die er im Speziellen verwies, muss es sich um die Sammlungen Stiassni, Mautner und Königsgarten gehandelt haben.[230] Am 12. Dezember 1939 wandte sich Gaukonservator Juraschek in der Angelegenheit der drei Sammlungen an den Leiter der Volkskundlichen Abteilung des Oberösterreichischen Landesmuseums, Franz Lipp, der sich zu diesem Zeitpunkt an der Front befand und von Juraschek mit diesem Schreiben auf dem Laufenden gehalten wurde:

„... ein kurzer Bericht über das bisher geschehene. In erster Linie handelte es sich um die jüdischen Sammlungen in Altaussee, die wir in der blauen Traube in Bad Aussee zur Aufstellung brachten. Das Ergebnis ist ein überraschend befriedigendes. Die Qualität der Gegenstände war ja in vielen Fällen über durchschnittlich gut, sodaß wir eine recht strenge Auswahl noch immer so reich gestalten konnten, daß die verfügbaren Räume die Sammlungen nur knapp fassen."[231]

Jurascheks Schreiben thematisierte die „zukünftige Entwicklung der Volkskunstsammlungen in Oberdonau" und führte auch Hitlers diesbezügliche Vorgaben an.

„Obwohl wir durch den befristeten Auftrag des Führers, den sichergestellten Kunstbesitz noch in diesem Jahre zu inventarisieren und aufzustellen, gezwungen waren, sehr weitgehend Richtlinien für die zukünftige Entwicklung der Volkskunstsammlungen in Oberdonau aufzustellen, so hoffe ich doch, daß ich im Allgemeinen dieselben Vorschläge gemacht habe, zu denen auch Sie mir geraten hätten."[232]

Wenngleich die Aktenlage leider nur einen fragmentarischen Blick auf die Rolle des Gaukonservatorats im Zusammenhang mit der beschlagnahmten und sichergestellten Kunst in Oberdonau ermöglicht, sind dennoch einige weitere konkrete Vorgänge bekannt. In zumindest einem Fall ist eine von Franz Juraschek beantragte Sicherstellung von Kunstgut aus jüdischem Besitz belegt.[233] Die Sicherstellung betraf ebenfalls eine Sammlung im Salz-

---

[229] BDA Linz, Sachakten, Karton S. H.I.J.: Manuskript Denkmalpflege in Oberdonau im Jahre 1939, ohne Angabe des Verfassers, vermutlich verfasst von Franz Juraschek.

[230] Vgl. BDA Wien, Restitutionsmaterialien, Karton 10, Mappe 2; Karton 41, Mappe Mautner; Karton 38/1, Mappe Königsgarten.

[231] OÖLM Archiv, Mappe Direktion 1939 (160-Schluß): Juraschek an Franz Lipp (Brief vom 12.12.1939).

[232] Ebd.

[233] Sicherstellungen wurden auf Antrag der Denkmalschutzbehörden in Wien vom Magistrat und in den Gauen von der Reichsstatthalterei ausgesprochen. Der in diesem Fall vorliegende Sicherstellungs-

kammergut, die Kunstsammlung des Librettisten Julius Brammer in Bad Ischl.[234] In zumindest zwei anderen belegten Fällen von im Salzkammergut „arisierten" Villen trat Gaukonservator Juraschek in „Vermittlungsangelegenheiten" auf: Der eine Fall betrifft die Villa und Kunstsammlung von Aranka Munk in Bad Aussee. Juraschek wies Justus Schmidt, den Leiter der Kunstgeschichtlichen Abteilung des Oberösterreichischen Landesmuseums, darauf hin, dass die betreffende Villa „arisiert" wurde und dadurch wertvoller Kunstbesitz an das Reich übergegangen sei. Er empfahl dem Museum, falls es daran interessiert wäre, sich „umgehend" an die Oberfinanzdirektion zu wenden:

„Die Villa Munk Bad Aussee ist in Reichsbesitz übergegangen. Wie Sie wissen besaß Frau Munk u.a. das wertvolle Damenporträt von Gustav Klimt, darstellend ihre Tochter Lederer. Außerdem fand ich zwei Porträts vom Bruder des Gustav, Ernst Klimt (nicht bedeutend) und zwei interessante Zeichnungen von Ferdinand Knopff vor. Falls das Gaumuseum an der Erwerbung solcher Stücke Interesse hätte, empfehle ich Ihnen sich umgehend an Herrn Regierungsrat Dr. Eurich beim Oberfinanzpräsidenten zu wenden bevor noch andere Interessenten sich einstellen."[235]

Aus Jurascheks Schreiben geht klar hervor, dass er die Villa Munk im Zuge ihrer Beschlagnahme zumindest besichtigt hatte, möglich ist, dass er die Schätzung und Sichtung der Kunstgegenstände vorzunehmen hatte.[236] Parallel zu diesem Fall gibt es zumindest einen weiteren, in dem Franz Juraschek Justus Schmidt auf die mögliche Übernahme von Kunstgegenständen aus einer „arisierten" Villa im Salzkammergut hinwies. Es handelte

---

bescheid, von Juraschek beantragt und im Namen des Reichsstatthalters verfügt, ist der einzige solche Bescheid, der im Zuge der vorliegenden Arbeit geortet werden konnte. Es ist davon auszugehen, dass sich Sicherstellungsbescheide im Aktenbestand der Abteilung IId (Kultur- und Gemeinschaftspflege) der Reichsstatthalterei Oberdonau befinden müssten. Dieser Bestand ist in den Reichsstatthalter-Akten im OÖLA allerdings nicht erhalten. Auch im Archiv des BDA Linz ließen sich keine Sicherstellungsbescheide finden.

[234] Vgl. Daniela Ellmauer – Regina Thumser, „Arisierungen", beschlagnahmte Vermögen, Rückstellungen und Entschädigungen in Oberösterreich. In: Daniela Ellmauer – Michael John – Regina Thumser: „Arisierungen", beschlagnahmte Vermögen, Rückstellungen und Entschädigungen in Oberösterreich. (Veröffentlichungen der Österreichischen Historikerkommission. Vermögensentzug während der NS-Zeit sowie Rückstellungen und Entschädigungen seit 1945 in Österreich XVII/1, Wien/München 2004) 201-500, 195ff.

[235] Vgl. OÖLM, Mappe KH 1942, Juraschek an OÖLM (Brief vom 8.7.1942).

[236] Vgl. OÖLM Archiv, Mappe KH 1942: Juraschek an OÖLM (Brief vom 8.7.1942). Zum Fall der „Arisierung" des Kunstbesitzes von Aranka Munk vgl. die Stellungnahme von Michael John in „Zusammenfassung und Resumee" in der vorliegenden Studie.

sich um das Haus und Inventar der Familie Mostny in Steinbach am Attersee.[237]

Die lückenhafte Quellensituation ermöglicht kein umfassendes Bild der Rolle des Gaukonservators von Oberdonau in Bezug auf seine Verwicklung in den Entzug von Kunstwerken von Juden und Jüdinnen. Die wenig erhaltenen Dokumente belegen dennoch klar, dass das Instrument der Ausfuhrsperren in Bezug auf Kunstbesitz von EmigrantInnen auch in Oberdonau seine Anwendung fand, dass Sicherstellungen ausgesprochen wurden und dass der Gaukonservator eine wesentliche Rolle in der „Sichtung" von beschlagnahmten Kunstgegenständen spielte. Der Gaukonservator war auch informiert über die Zuteilung von beschlagnahmtem Kunstgut aus Wien in den Gau Oberdonau.[238]

Franz Juraschek wurde im Juni 1945 von der amerikanischen Besatzungsmacht für die Dauer eines Monats inhaftiert.[239] Nach NS-Registrierungsgesetz vom 8. Mai 1945 ließ er sich im März 1946 als Nationalsozialist registrieren, ersuchte aber gleichzeitig um Nachsicht von der Registrierung. Er gab dabei an, zwar seit Juni 1938 Parteianwärter gewesen zu sein und als solcher auch NSDAP-Mitgliedsbeiträge bezahlt zu haben, aber niemals Parteimitglied gewesen zu sein. Juraschek führte seine Verdienste um den Erhalt der oberösterreichischen Klöster und seine daraus resultierenden Schwierigkeiten mit Gauleiter Eigruber an. Seinem Antrag um Nachsicht von der Registrierung wurde mit Bescheid vom 6. Oktober 1947 aber nicht stattgegeben.[240] Juraschek war unmittelbar nach seiner Freilassung im Juli 1945 wieder in das Amt des Landeskonservators berufen worden, das er trotz Registrierungsverfahren weiterhin behielt. 1952 wurde er zum Landeskonservator für das Burgenland bestellt, er starb 1959.[241]

---

[237] OÖLM Archiv, Mappe KH 1940: Kh 47/40, Schmidt an Juraschek (Brief vom 23.1.1940).
[238] Vgl. BDA Linz, Mappe Landesmuseum I/1094/39: Liste „Kunstwerke aus beschlagnahmten Besitz."
[239] BDA Linz, M 17, Schriftverkehr Juraschek: Juraschek an Hainisch (Brief vom 10.8.1945).
[240] AStL, NS-Registrierungsakten, Mappe Juraschek.
[241] Vgl. Brückler - Nimeth, Personenlexikon 124f.

## 4. „Arisierung" und Restitution von Kunst in Oberdonau/Oberösterreich

*„Gleichzeitig ging die Sichtung des jüdischen Kunstbesitzes an ..."*[242]

Oberdonau war nicht nur über den „Sonderauftrag Linz" in die Belange des nationalsozialistischen Kunstraubs verstrickt: Raubkunst wurde dem Gau nicht nur zugeteilt, Raubkunst gab es auch vor Ort. Kunstgegenstände aus dem Besitz von oberösterreichischen Juden und Jüdinnen (und anderer Opfergruppen) fielen wie andere immobile und mobile Besitztümer dem nationalsozialistischen Vermögensentzug zum Opfer. Anders als in Wien, wo sich für den Entzug von Kunstsammlungen ein sehr eigenständiges System unter massiver Mitwirkung der Denkmalbehörde und des Kunsthistorischen Museums entwickelt hatte, zeigt sich der Entzug von Kunstgegenständen in Oberdonau weniger systematisiert, vielmehr als „Nebenprodukt" der allgemeinen „Arisierungs"-Maschinerie.

Im engeren Sinn als „Terminus technicus des NS-Regimes"[243] bedeutete „Arisierung" die Übernahme und Weiterführung eines Betriebes oder einer Liegenschaft eines jüdischen Besitzers durch einen nichtjüdischen Besitzer. In einem weiteren Sinne ist unter „Arisierung" generell der in der NS-Zeit vollzogene Entzug von Eigentum, das im Besitz von Juden und Jüdinnen war, zu verstehen.[244] „Arisierung" bezieht sich somit auf den Entzug von Liegenschaften, Geschäften, Unternehmen, Wohnungen, Automobilen, Wertgegenständen, Alltagsgegenständen, aber auch auf den Entzug von „Nichtgegenständlichem" wie Arbeitsplätzen, Berufszulassungen und geistigem Eigentum. Ein auch für den Bereich des Kunstraubs wesentlicher Faktor dabei ist, „Arisierung" als gleichzeitigen „Ent- und Aneignungsprozess" zu

---

[242] BDA Linz, Sachakten, Karton S. H.I.J.: Manuskript Denkmalpflege in Oberdonau im Jahre 1939, ohne Angabe des Verfassers, vermutlich verfasst von Franz Juraschek.

[243] Gerhard Botz, Arisierungen in Österreich 1938-1940. Die politische Ökonomie des Holocaust. Zur wirtschaftlichen Logik von Verfolgung und „Wiedergutmachung". Hg. von Dieter Stiefel (Wien/München 2001) 29-56, 30.

[244] Zum Begriff der „Arisierung" vgl. u.a. Botz, Arisierungen; Frank Bajohr, „Arisierung" als gesellschaftlicher Prozess. Verhalten, Strategien und Handlungsspielräume jüdischer Eigentümer und „arischer" Erwerber,. In: „Arisierung" im Nationalsozialismus. Volksgemeinschaft, Raub und Gedächtnis. Hg. vom Fritz Bauer Institut (Frankfurt/New York 2000) 15-30; Schlussbericht der Historikerkommission der Republik Österreich. Vermögensentzug während der NS-Zeit sowie Rückstellungen und Entschädigungen seit 1945 in Österreich. Zusammenfassungen und Einschätzungen. Hg. von Clemens Jabloner u.a. (Veröffentlichungen der Österreichischen Historikerkommission. Vermögensentzug während der NS-Zeit sowie Rückstellungen und Entschädigungen seit 1945 in Österreich I, Wien/München 2003).

verstehen.²⁴⁵ Insbesonders die jüngste Forschung berücksichtigt die nicht ausschließlich ökonomische Komponente der „Arisierung" und hinterfragt ideelle Motivationen und Auswirkungen des Raubens.²⁴⁶ Für den Bereich des Kunstraubs, vor allem für die vielen als „wertlos" betrachteten geraubten Kunstgegenstände, bietet dieser Ansatz wertvolle Erklärungsperspektiven.²⁴⁷

Der Zugriff auf jüdische Vermögenswerte setzte in Oberösterreich unmittelbar mit der nationalsozialistischen Machtergreifung ein. Im Bericht der Historikerkommission heißt es: „Unmittelbar nach dem 12. März 1938 kam es in Oberdonau bereits zu ersten Übergriffen auf jüdische Vermögen – durch die Einsetzung von kommissarischen Leitern – und illegale Beschlagnahme von Bargeld, Autos und Wertsachen im Zuge von Hausdurchsuchungen. Die Raubaktionen waren durch Listen über die jüdische Bevölkerung bzw. jüdische Gewerbetreibende lange vorbereitet."²⁴⁸ Als Teil des Wohnungsinventars waren auch Kunstgegenstände von solchen Beschlagnahmen betroffen. Beschlagnahmte Wohnungseinrichtungen wurden in der Linzer Zweigstelle des Dorotheums von der Gestapo eingelagert und dort der Sichtung des Gaukonservators unterzogen.²⁴⁹ NS-Akten der

---

²⁴⁵ Bauer-Institut, „Arisierung", Einleitung 7.

²⁴⁶ Vgl. in diesem Zusammenhang besonders das Forschungsprojekt von Nikolaus Wahl und Mirjam Triendl über die „Arisierung des Alltags" im Rahmen der Österreichischen Historikerkommission. In: Gabriele Anderl – Edith Blaschitz – Sabine Loitfellner – Miriam Triendl – Niko Wahl, Arisierung von Mobilien (Veröffentlichungen der Österreichischen Historikerkommission. Vermögensentzug während der NS-Zeit sowie Rückstellungen und Entschädigungen seit 1945 in Österreich XV, Wien/München 2004) 251-428. Thematisiert wird dabei die „Arisierung" von Eigentum, das sonst selten Gegenstand von Rückstellungsthematik oder wissenschaftlicher Reflexion ist, der Verlust von Büchern, Photographien, Gebrauchsgegenständen, Haustieren, Wohnungsinventar und Kultgegenständen, von Kindheit und Mobilität. Neben der Betonung der emotionalen Beziehung zu Dingen weisen Wahl und Triendl in ihrer Darstellung der „Arisierung" des Alltags auch darauf hin, dass Gegenstände, die aus retrospektiver Betrachtung wertlos erscheinen, für die Menschen, die diese Gegenstände entwendeten und für jene, denen sie geraubt wurden, faktisch sehr wohl eine Bedeutung und einen hohen Nutzen haben konnten. Interessant ist in diesem Zusammenhang auch der psychosoziale Zugang Harald Welzers, der im Hinblick auf „Arisierung" postuliert: „Nicht nur materielle Güter gehen verloren, sondern die mit ihnen verbundenen Lebenssituationen und damit zentrale Bestandteile dessen, was Erving Goffmann ‚Identitätsausrüstung' genannt hat, eben das Ensemble der Dinge mit besonderer Bedeutung für das Subjekt." Harald Welzer, Vorhanden/ Nicht-Vorhanden. Über die Latenz der Dinge. In: Fritz Bauer Institut, „Arisierung" 287-308, 289.

²⁴⁷ Vgl. dazu auch Birgit Kirchmayr, „Es ging mehr um den persönlichen Wert." NS-Kunstraub im Kontext kultureller Auslöschungspolitik. In: e-Forum Zeitgeschichte 3/4 (2001), URL, http://www.eforum-zeitgeschichte.at/3_01a6.html.

²⁴⁸ Vgl. Ellmauer-Thumser, „Arisierungen", 201-500.

²⁴⁹ BDA Linz, Sachakten, Betreff „Kunstwerke in Oberdonau, beschlagnahmte": 629/38, Landeskonservator Hainisch an Zentralstelle für Denkmalschutz Wien (Brief vom 20.10.1938). Vgl. dazu ausführlicher in Kapitel „Landeskonservatorat/Gaukonservatorat Linz 1938-1945" im vorliegenden Beitrag.

Linzer Zweigstelle des Dorotheums sind nicht mehr erhalten[250] und somit besteht aus heutiger Sicht keinerlei Möglichkeit, den auf diese Art und Weise entzogenen und versteigerten Kunstgegenständen nachzuspüren, bzw. sie quantitativ zu erfassen. Erfassbar sind nur jene Kunstwerke, die nicht versteigert, sondern in das Oberösterreichische Landesmuseum überstellt worden waren.[251]

Belege für Aktivitäten der „Vugesta", der „Verwaltungsstelle für jüdisches Umzugsgut", die im Zusammenhang mit der Entziehung von bei Spediteuren eingelagertem jüdischen Besitz, darunter auch Kunstgüter, in Wien eine zentrale Rolle gespielt hatte, gibt es für Oberdonau aus derzeitiger Forschungsperspektive keine.[252] Hinweise darauf, dass in Umzugsgut verpackte Kunstgegenstände, bzw. das gesamte Umzugsgut, nicht am Zielort ankamen, sondern Gegenstand von Vermögensentzug wurden, existieren aber auch für Oberdonau.[253] Der Bericht der Historikerkommission verweist in diesem Zusammenhang darauf, dass parallel zu Wien und divergierend zum „Altreich" Umzugsgut in Oberdonau von der Gestapo selbständig „verwertet" wurde und nicht durch den eigentlich zuständigen Oberfinanzpräsidenten zur Liquidation gelangte. Ebenfalls parallel zu Wien fand die Veräußerung des auf diese Weise entzogenen Umzugsgutes mittels öffentlicher Versteigerungen im Dorotheum statt. Der Erlös wurde allerdings – nach Abzug der Spediteurskosten – den Bestimmungen entsprechend an das Finanzamt Berlin Moabit-West überwiesen.[254] Die Verwicklung der Spediteure in diesen Aspekt des Vermögensentzugs kann somit auch für Oberdonau konstatiert werden, wenngleich ausführlichere Studien dazu noch fehlen.

In einer nicht nennbaren Anzahl von Fällen bedurfte es weder der anfänglich „illegal" vollzogenen noch der später scheinlegalisierten Formen des Vermögensentzugs, damit Kunstwerke jüdischer Besitzer oder Besitzerinnen

---

[250] Telefonische Auskunft Dorotheum Linz.

[251] Vgl. dazu den Beitrag „Oberösterreichisches Landesmuseum: Zuweisungen und Restitutionen enteigneter Kunst. Eine Untersuchung" in der vorliegenden Studie.

[252] Vgl. zur „Vugesta": Robert Holzbauer, „Einziehung volks- und staatsfeindlichen Vermögens im Lande Österreich". Die „VUGESTA"- die „Verwertungsstelle für jüdisches Umzugsgut der Gestapo". In: Spurensuche 11 (2000), Heft 1-2, 38-50; Sabine Loitfellner, Die Rolle der „Verwaltungsstelle für jüdisches Umzugsgut der Geheimen Staatspolizei" (Vugesta) im NS-Kunstraub. In: Anderl - Caruso, NS-Kunstraub 110-120. Eine Auswertung der Geschäftsbücher der „Vugesta" (Archiv der Republik, Abwicklungsstelle der Vermögensverkehrsstelle, 9 Bde) ergab keine Hinweise auf Geschäftsvorgänge der „Vugesta" in Oberösterreich. Auskunft Robert Holzbauer, Juni 2003.

[253] Im Fall der Kunstsammlungen Weiss und Mahler/Wozasek konnten Kunstwerke aus nie am Ziel angelangtem Umzugsgut nach 1945 nicht mehr aufgefunden werden. Vgl. die ausführlichen Darstellungen zur Geschichte der beiden Sammlungen weiter unten in diesem Kapitel.

[254] Ellmauer-Thumser, „Arisierungen" 220.

in „arisches" Eigentum übergingen. Im Zuge einer geplanten Emigration oder als Versuch, einem bevorstehenden Vermögensentzug zuvorzukommen, trennten sich Besitzer und Besitzerinnen auch selbsttätig, wenn auch nicht „freiwillig", von Kunstwerken, indem sie diese vielfach unter Wert verkauften oder gar verschenkten. Der Linzer Rechtsanwalt und Kunstsammler Otto Gerstl beispielsweise gab in seiner Vermögensanmeldung den Wert seiner graphischen Sammlung mit 2.000 Reichsmark an und fügte hinzu: „Einen Teil der Bilder und Blätter an das OÖ.Landesmuseum geschenkt."[255]

## Kunstbesitz in den Vermögensanmeldungen oberösterreichischer Juden und Jüdinnen

*„Als Wandschmuck habe ich neben wertlosen Bildern drei bessere Stücke, die zwar keinen besonderen Kunstwert haben, die ich aber trotzdem bewertet und mit RM 240 angemeldet habe."*[256]

Ein wesentlicher Grundstein zur Enteignung jüdischen Vermögens wurde mit der im April 1938 eingeführten Verpflichtung zur Vermögensanmeldung gelegt. Per Kundmachung des Reichsstatthalters von Österreich vom 27. April 1938 wurden Juden gezwungen, ihre Vermögenswerte aufzulisten.[257] Die bürokratische Abwicklung der Vermögensanmeldungen lief über die Vermögensverkehrsstelle Wien. Deren Tätigkeit sowie Verzeichnisse der vorliegenden Anmeldungen finden sich ausführlich dokumentiert in einem dreibändigen Werk des Österreichischen Staatsarchivs mit dem Titel „Recht als Unrecht".[258] Im Zuge der Forschungsarbeit der Österreichischen Historikerkommission konnte im Archiv der Israelitischen Kultusgemeinde in Linz der bislang fehlende Bestand von Vermögensanmeldungen oberösterreichischer Juden aufgefunden und für den Bericht der Historiker-

---

[255] Israelitische Kultusgemeinde (IKG) Linz, Vermögensanmeldung (VA) Otto Gerstl. Vgl. die Darstellung zur Kunstsammlung des Rechtsanwalts Otto Gerstl weiter unten in diesem Kapitel.

[256] IKG Linz, VA Eva Rosa Brüll.

[257] RGBl. I, 415, Kundmachung des Reichsstatthalters von Österreich vom 27.4.1938, Anordnung auf Grund der Verordnung über die Anmeldung des Vermögens von Juden am 26.4.1938.

[258] Recht als Unrecht. Quellen zur wirtschaftlichen Entrechtung der Wiener Juden durch die Vermögensverkehrsstelle. 3 Bände. Hg. von Hubert Steiner und Christian Kucsera (Wien 1993).

kommission ausgewertet werden.²⁵⁹ Der in der Linzer Kultusgemeinde aufgefundene Bestand ist umfangreich, allerdings nicht vollständig.²⁶⁰ Für die vorliegende Arbeit wurde der gesamte vorhandene Bestand in Hinblick auf angegebenen Kunstbesitz gesichtet. Die Problematik des sich dadurch ergebenden Quellenbefunds ist vielschichtig. Erstens existiert das Problem der Unvollständigkeit des Bestands. Viele Anmeldungen fehlen, auch von Personen respektive Familien, für die aus anderer Quelle die Existenz von Kunstbesitz belegt ist. Ein Gesamtüberblick ist somit nicht möglich. Hinzu kommen quellenkritische Einschränkungen, die aus dem spezifischen Kontext, in dem die Vermögensanmeldungen einerseits eingefordert und andererseits ausgefüllt wurden, resultieren. Die Verpflichtung zur Vermögensanmeldung war Teil und Grundbaustein des nationalsozialistischen Systems von rassistisch-antisemitisch orientiertem Vermögensentzug. Eine möglichst genaue und lückenlose Auflistung jeglichen Besitzes sollte durch Androhung drakonischer Strafen (zu Beginn des Formulars abgedruckt) gewährleistet werden. Gerade im Bereich des mobilen Vermögens ist anhand der Anmeldeformulare dennoch keine umfassende Auswertung möglich, da oftmals nur der Geldwert vorhandener Kunstgegenstände angegeben ist, bzw. nur summarische oder unspezifische Beschreibungen der Objekte vorhanden sind.

Kunstbesitz war in den Vermögensanmeldungen als Teilbereich der Rubrik IV „Sonstiges Vermögen" anzugeben, konkret unter Punkt IV.g „Gegenstände aus edlem Metall, Schmuck- und Luxusgegenstände, Kunstgegenstände und Sammlungen". Eine Problematik in der Auswertung der Angaben, die unter IV.g zu finden sind, ist ein dieser Rubrik zugrundeliegendes Definitionsproblem, nämlich die Unterscheidung von „Hausrat", der nicht anmeldepflichtig war, und „Kunst- bzw. Luxusgegenstand", der der Anmeldung unterlag. Der Linzer Rechtsanwalt Max Rabl ging in seiner Vermögensanmeldung auf diese Problematik ein und formulierte wie folgt: „Falls vorhandene Teppiche im Werte von 467 RM und Bilder im Werte von 133 RM nicht als Hausrat zu betrachten, sondern als Luxus-Gegenstände anmeldepflichtig sein sollten, gilt der Betrag von RM 926, andernfalls also ohne diese Teppiche und Bilder der Betrag von 326 RM."²⁶¹

---

[259] IKG Linz, Bestand Vermögensanmeldungen. Vgl. Ellmauer-Thumser, „Arisierungen".

[260] Zum Weg dieses Bestands in das Archiv der Linzer Kultusgemeinde vgl. Ellmauer-Thumser, „Arisierungen" 220f. Der Bestand wurde mittlerweile dem OÖLA übergeben.

[261] IKG Linz, VA Max Rabl.

Dekorative Bilder an der Wand konnten als „Kunstgegenstand" gesehen und angemeldet werden. Vielfach wurde in den Anmeldungen aber darauf hingewiesen, dass Kunstgegenstände, die nicht wirklich künstlerischen Wert besitzen, als Gebrauchsgegenstand wahrgenommen und nur „vorsichtshalber" erwähnt wurden. In vielen Fällen wurde solche „Gebrauchskunst" vermutlich gar nicht erwähnt.

Häufig liegt den Angaben zu Punkt IV.g „Sonstiges Vermögen" eine Anlage bei, die von einem gerichtlich beeideten Schätzmeister erstellt wurde. Im Fall der Linzer Vermögensanmeldungen handelte es sich dabei um Schätzlisten des „gerichtlich beeideten Schätzmeisters" Alois Wieser, der in den Wohnungen der Betroffenen Schmuck, Wertgegenstände und Kunstgegenstände taxierte. Die Besichtigungen fanden alle im Zeitraum Juni/Juli 1938 in Linz statt. Die vorliegenden Listen sind in manchen Bereichen extrem genau und detailliert: Bei vorhandenen Silberbestecken wurden die Besteckteile oft einzeln angeführt. In fast allen Anmeldungen, die unter Punkt IV.g Vermögenswerte angeben, finden sich als Besitz Silberbestecke, Silbergegenstände, Schmuck, Teppiche, in manchen Fällen Briefmarken und Münzen. Kunstgegenstände und speziell Gemälde finden sich auffallend selten und wenn, dann nur summarisch angeführt. In keinem einzigen Fall liegt der Vermögensanmeldung eine detaillierte Information zu einem Kunstgegenstand oder einem Bild bei. Was sich also hinter der Bezeichnung „1 Ölbild" versteckt, ist auf diese Weise nicht klärbar. Weswegen Kunstbesitz, speziell der Besitz von Bildern derart marginal in den oberösterreichischen Vermögensanmeldungen auftritt, ist nicht eindeutig zu beantworten. Bedeutender Kunstbesitz befand sich wohl tatsächlich nur in wenigen vorhanden gewesenen Sammlungen, dass aber der durchschnittliche Haushalt, der über Perserteppiche, Silberbestecke und Schmuck verfügte, nicht doch auch in größerer Zahl zumindest Kunst dekorativer Art besaß, verwundert. Eine der denkbaren Erklärungen liegt vielleicht darin, dass der zugezogene Schätzmeister seine Priorität auf Schmuck, Silber und Teppiche gelegt hatte, sich für Bilder nur am Rande interessierte und sie nur aufnahm, wenn er einen gewissen Wert vermutete. Wie fragwürdig solche Taxierungen sein konnten, zeigt der Fall der Vermögensanmeldung des Schauspielers und Regisseurs Alfred Walters und seiner Frau Elsa aus Bad Ischl. Der Besitz von Teppichen, Keramiken und Bildern wurde in diesem Fall vom ortsansässigen Tapezierer geschätzt.[262]

---

[262] IKG Linz, VA Alfred und Elsa Walters.

Es kann auch nicht davon ausgegangen werden, dass jeglicher Kunstbesitz tatsächlich in den Vermögensanmeldungen angegeben ist. In der Vermögensanmeldung von Aranka Munk aus Bad Aussee beispielsweise, die Besitzerin mindestens eines Bildes von Gustav Klimt und anderer Kunstwerke war,[263] findet sich unter dem betreffenden Punkt IV. keinerlei Angabe. Aus der Korrespondenz der Vermögensverkehrsstelle ist ersichtlich, dass Aranka Munk wegen eines ebenfalls nicht angemeldeten Sparbuchs belangt werden sollte. Die Korrespondenz mit Aranka Munk zeigt, wie unfassbar und unbegreiflich das neue System des „Rechts als Unrecht" insbesonders auf ältere Menschen hereingebrochen ist:
„Ihr Schreiben vom 9. August habe ich erhalten – doch muß ich gestehen, daß ich es absolut nicht verstehe und niemanden hier kenne, der es mir erklärt oder mir dabei behilflich wäre. ... Nach Erhalt Ihres Briefes wollte ich sofort nach Wien fahren – leider sind meine Füsse geschwollen. In kurzer Zeit fahre ich hin u. gehe sofort zu Ihnen u. Sie werden mir erklären was ich thun soll – Ihre ergebenste Aranka Munk."[264]
Protest gegen die Vorgangsweise der Vermögensverkehrsstelle findet sich in den oberösterreichischen Anmeldungen unter 505 Anmeldungen nur in einem Fall: Eine nichtjüdische Ehefrau, die durch ihre Verheiratung mit einem Juden verpflichtet war, ebenfalls eine Vermögensanmeldung abzugeben, verwehrte sich gegen die Aufforderung, ihren angegebenen Kunstbesitz (Schmuck, Silbergegenstände und Bilder) einer Schätzung „durch einen arischen Schätzmeister" zu unterziehen:
„In Erledigung Ihrer Zuschrift vom 7. Oktober 1938 teile ich mit, daß mir ein geeigneter Schätzmeister nicht zur Verfügung steht, daß aber andererseits angesichts des geringen Wertes der Gegenstände und des Umstandes, daß ich keine Luxusgegenstände besitze und die besseren Gegenstände des persönlichen Gebrauches nur aus besonderer Vorsicht angemeldet habe, es sinnlose Behelligung wäre, einen Sachverständigen beizuziehen. ... Als echte deutsche Frau, deren schwäbische Bauernahnen in alter Zeit im Banat einwanderten, lasse ich meine Angaben nicht in Zweifel ziehen, finde es auch bedeutungslos, wie der Verkaufswert der genannten Gegenstände meines Haushaltes geschätzt wird, da ich hoffe, nie in die Lage zu kommen,

---

[263] Vgl. OÖLM Archiv, Mappe KH 1942: Juraschek an OÖLM (Brief vom 8.7.1942).

[264] IKG Linz, VA Aranka Munk: Beilage Aranka Munk an Vermögensverkehrsstelle (Brief vom 16.8.1938). Aranka Munk wurde im Oktober 1941 nach Lodz deportiert, wo sie am 26.11.1941 starb. DÖW, Namentliche Erfassung der österreichischen Holocaustopfer, URL, http://www.doew.at.

sie verkaufen zu müssen. Ich erwarte bestimmt, nicht weiteren Quälereien ausgesetzt zu werden."[265]
Für jene Fälle, in denen Kunstbesitz angegeben wurde und keine Liste eines Schätzmeisters beigelegt war, konnte neben dem eben erwähnten Fall Brüll noch eine weitere Aufforderung zur näheren Präzisierung des Kunstbesitzes gefunden werden. Olga Schneweiss hatte in ihrer Vermögensanmeldung unter Punkt IV.g angegeben, „Mitbesitzerin" folgender Gegenstände zu sein: „Silb. Essbesteck, silb. Tafelgeräte, silb. Leuchter, antike Gläser, einige antike Möbelstücke, 18 Stück Perserteppiche, 1 Bronze, verschiedene Kupfertöpfe, 5 Silbervasen und verschiedenes Porzellan, 1 Bild und 5 Holzplastiken im Gesamtbetrag von ungefähr S. 10.500."[266]
Die Vermögensverkehrsstelle reagierte darauf mit folgender Aufforderung: „Ebenso schreiben Sie, daß Sie Mitbesitzerin an verschiedenen Kunstgegenständen sind, die einen Wert von S 10.500 darstellen. Auch hier ist die Höhe Ihres Anteiles, sowie Wert und Name der Maler der angegebenen Bilder anzugeben. Sollten die 5 Holzplastiken Werke bekannter Meister sein, so gilt ebenfalls das Obengesagte. ... Die gestellten Fragen sind umgehend zu beantworten."[267]
Insgesamt wurde in den Vermögensanmeldungen der IKG Linz, die für 505 Personen, respektive 323 Haushalte vorliegen, in 35 Fällen ein Besitz von Kunstgegenständen in Form von Gemälden, Graphiken oder Plastiken angegeben:[268]

---

[265] IKG Linz, VA Eva Rosa Brüll: Beilage Eva Rosa Brüll an Vermögensverkehrsstelle (Brief vom 12.10.1938). Unterstreichungen im Original.

[266] IKG Linz, VA Olga Schneweiss.

[267] IKG Linz, VA Olga Schneweiss: Beilage Vermögensverkehrsstelle an Olga Schneeweiss (Brief vom 10.10.1938).

[268] Die folgende Tabelle ist erstellt nach den Angaben der jeweils zu den angeführten Namen vorliegenden Vermögensanmeldungen des Bestandes IKG Linz, VA. In Anführungszeichen gesetzte Bezeichnungen sind wörtliche Zitate aus dem Anmeldungsformular oder den dazugehörigen Beilagen, andernfalls sind die Bezeichnungen eine Zusammenfassung der vorliegenden Informationen. Im Fall eines gemeinsamen Haushaltes, meistens Ehepaare, sind beide Partner in der Tabelle angeführt, der jeweils erstgenannte Name ist der jener Person, in deren Anmeldeformular die angeführten Kunstgegenstände als Besitz angeführt sind. Die Tabelle beschränkt sich auf den Besitz von Gemälden, Graphiken und Plastiken. In einer weiteren Definition von Kunst- und Kulturgut könnten auch andere Angaben wie Silbergegenstände, Nippes, Leuchter etc. berücksichtigt werden, die wesentlich häufiger Erwähnung finden.

| | |
|---|---|
| Adler Ella/Max (Linz) | „Bilder: 2 gemalte 45 RM" |
| Baitz Elisabeth (Bad Aussee) | Kunstgegenstände: 300 RM |
| Basch Anna/Egon (Linz) | „Verschiedene Ölbilder 120 RM" |
| Boschan Gustav (Linz) | „Bilder: 12 Stiche 60 S und 1 Ölgemälde Stilleben 300 S" |
| Brüll Eva Rosa/Alfred (Steyr) | 3 Bilder 240 RM |
| Brunner Grete/Alfred (Linz) | „Fünf verschiedene Ölbilder 120 S" |
| Bruder Lola (= Julie) (Linz) | „13 Stück Ölbilder 150 S" |
| Burian Eugen/Franziska (Linz) | Bilder: 600 RM (Wert gemeinsam mit Schmuck und Aufsätzen) |
| Dirsztay Andor (Bad Ischl) | Diverse Kunstgegenstände; 3 Ölbilder: 340 RM |
| Eisler Rosalie/Robert | „Bilder, alle ererbt von meinem Vater Franz von Pausinger, 500 RM" |
| Erlach Franz/Helene (Linz) | Versicherungssumme über 10.333 RM[270] |
| Gans-Schiller Rudolf/Helene (Linz) | „1 Ölbild, 50 RM" |
| Gerstl Otto (Linz) | „Graphische Sammlung und Bilder im Wert von 2000 RM" |
| Gutmann Stefanie (Schloss Würthing bei Lambach) | Schmuck, Luxus- und Kunstgegenstände: RM 24.376 |
| Lasch Karl (Neufelden) | „Einige Bilder" (Wert gemeinsam mit 1 Golduhr: 250 RM) |
| Lenk Paul/Margarete (Neufelden) | „Diverse Bilder 153,33 RM" |
| Mahler Fritz/Maria (Traunkirchen) | „Bilder 500 RM" |
| Menzel Rudolf/Rudolfine (Linz) | „Ölgemälde 10 Stück 100 RM" |
| Mostny Hans (Linz) | „2 kleine Ölbilder" |

---

[269] Keine Angabe zum Gegenstand des Versicherungswertes. Es kann lediglich vermutet werden, dass es sich dabei um Kunstgegenstände der Gotiksammlung Franz Erlachs handelte, der unter anderem Besitzer des „Pfennigberger Schmerzensmann" gewesen war. Vgl. BDA Wien, Restitutionsmaterialien, Karton 34/1, Personenmappe Erlach Franz/Helene.

| | |
|---|---|
| Mostny Ludwig/Ella (Linz) | „3 Ölbilder S 100" |
| Pfanzelter Annemarie (Linz) | „Verschiedene Bilder, Radierungen RM 400" |
| Pisk Hilda | „1 kleines Ölgemälde RM 30" |
| Pollak Ella/Oskar | „8 verschiedene Ölbilder 160 S" |
| Rabl Max | „Bilder im Wert von 133 RM" |
| Rosenthal Adolfine (Traunkirchen) | „Einige Familienbilder" |
| Schimmerling Gisela (Steyr) | „2 alte Bilder miniatur 8 RM, 1 Ölbild (Zigeuner) 40 RM" |
| Schmelz Maria/Sigmund | „2 religiöse Ölbilder ca. 70 RM, 3 Landschaftsbilder ca. 100 RM, 1 Crucifix 70 RM, 1 Holzrelief ca. 100 RM, verschiedene kl. Gegenstände zus. ca. 60 RM" |
| Schneeweiss Rudolf/Olga (Steyr) | Bilder, Plastiken (Wert gemeinsam mit Schmuck und Teppichen: 4000 RM) |
| Seligmann Karl/Hedwig (Linz) | „2 Bilder je 50 RM" |
| Sommer Sigmund/Auguste (Linz) | „Einige Bilder, 1 Bronze" (Wert gemeinsam mit Zinngeschirr 1000 RM) |
| Treichlinger Emmy/Leopold | „7 Bilder S. 150" |
| Walters Alfred/Elsa (Bad Ischl) | „Bilder" (Wert gemeinsam mit Teppichen 647 RM) |
| Wollanka Karl/Laura (Bad Ischl) | „2 kleine Ölbilder zu je 33,33 RM" |
| Zimmermann Dorothea/Emil (Linz) | „3 Ölbilder S. 60" |

Die Angaben zum Kunstbesitz in den oberösterreichischen Vermögensanmeldungen verweisen vorwiegend auf Bilder und Kunstgegenstände, die nicht „wertvoll" genug waren, über Bezeichnungen und Künstlerangaben zu verfügen. Für solche Bilder und Gegenstände ist es oft unmöglich, ihre Wege zu verfolgen und belegen und sie im Falle des Vermögensentzugs wiederzufinden und zurückzuerhalten. Was mit den oben angeführten zahlreichen „3 Ölbildern, Wert 33 Reichsmark" geschehen ist, lässt sich nicht rekonstruieren. Vielleicht konnten sie verkauft werden, vielleicht blieben sie in Wohnungen zurück und wurden mit dem gesamten Inventar „mitarisiert", vielleicht gingen sie mit in die Emigration, vielleicht wurden sie über das Dorotheum versteigert. Die Angaben zum Kunstbesitz in den vorhandenen Vermögensanmeldungen oberösterreichischer Juden und Jüdinnen verdeutlichen eines sehr klar: Neben spektakulären „Raubkunstfällen", dem Entzug berühmter und kunsthistorisch wertvoller Stücke, gab es auch den Verlust unzähliger „wertloser" Kunstwerke, die mit Erinnerungen und Emotionen besetzt für ihre Besitzer und Besitzerinnen ebenso von großem Wert sein konnten.

## Fallstudien: Besitz, Entzug und Rückgabe von Kunst von Juden und Jüdinnen in Oberdonau

*„Nun, Sie wissen, wie einem Sammler zumute ist ..."*[270]

Eine der in den letzten Jahren erschienenen Publikationen zur Kunstenteignung während des Nationalsozialismus gibt einen Überblick über die enteigneten Kunstsammlungen von Juden und Jüdinnen in Wien zum Stand 1938. Das Buch trägt den Titel „Was einmal war".[271] Die Frage nach dem, „was einmal war", stellt sich auch in Bezug auf den Kunstbesitz oberösterreichischer Juden und Jüdinnen. Während es das Problem der Wiener Studie war, eine überbordende Fülle von Quellen, resultierend aus der großen Anzahl von Sammlungen (und Enteignungen), zu sichten und ordnen, besteht für ein oberösterreichisches Pendant das Problem darin, über sehr wenig Quellen zu verfügen, die einen systematischen Blick auf die Sammeltätigkeit oberösterreichischer jüdischer Familien vor 1938 ermöglichen.

Daraus könnte einerseits der Schluss gezogen werden, dass es solche Sammlungen zwar gab und lediglich aus verschiedenen Gründen kaum mehr Quellen darüber zur Verfügung stehen, andererseits könnte auch der Schluss gezogen werden, es hätte in Oberösterreich kaum jüdische Kunstsammler und Kunstsammlerinnen gegeben.[272] Zweifellos war Linz nicht

---

[270] OÖLM Archiv, Mappe Direktion 1956-58: D 60/56, Sigmund Sommer an OÖLM (Brief vom 9.2.1956).

[271] Lillie, Was einmal war.

[272] Aus dem Zusammenhang mit dem Vermögensentzug von Kunst resultiert nicht nur an dieser Stelle die Frage nach „jüdischen" KunstsammlerInnen. Die Problematik einer solchen Semantik ist offenkundig,

Wien, vergleichbar waren weder das kulturelle Angebot noch die Größe und Bedeutung der jüdischen Gemeinde und des ansässigen jüdischen Bürgertums. Ganz sicher gab es in Linz keine Sammlungen, die mit jener von Alphonse Rothschild oder Oskar Bondy vergleichbar gewesen wären, aber es gab Sammlungen kleineren Stils und privaten Kunstbesitz. Einigen dieser Sammlungen und der Geschichte ihres Entzugs und ihrer Rückstellung soll im Folgenden exemplarisch nachgespürt werden.

## Die Sammlung Walter Schwarz

Die Geschichte der Familie Schwarz ist in Linz mit einem Namen verbunden: „Kraus und Schober". Älteren Linzern und Linzerinnen ist das ehemalige Kaufhaus „Kraus und Schober" bis heute ein Begriff. Das größte und modernste Warenhaus der Stadt befand sich zentral am Linzer Hauptplatz und verfügte über eine lange und komplexe Geschichte. Als Kaufhaus existierte es seit dem 19. Jahrhundert, 1930 wurde „Kraus und Schober" in einer wirtschaftlich prekären Situation von der Unternehmersfamilie Schwarz als Mehrheitsbeteiligte übernommen und modernisiert.[273] In seiner modernen, amerikanischen Ausprägung war „Kraus und Schober" „das größte Feindbild der Linzer Nationalsozialisten".[274] Ebenso wie das Stammhaus der Unternehmersfamilie Schwarz in Salzburg, das „Kaufhaus Schwarz" am Kranzlmarkt, war auch das Linzer Geschäft schon vor 1938 Angriffsfläche antisemitischer Aggression.[275]

Nachdem im September 1918 in einer so genannten „Hungerrevolte" das „Kaufhaus Schwarz" in Salzburg gänzlich ausgeplündert worden war, schien es zu diesem Zeitpunkt unmöglich, neue Ware zu erhalten und das Kaufhaus wieder zu eröffnen. Walter Schwarz entschied sich daraufhin, im

---

indem sie NS-Kategorien fortschreibt und eigene Identitätsdefinitionen der handelnden Personen nicht berücksichtigt. Dies ist selbstverständlich nicht Intention dieser Arbeit, vielmehr soll im Kontext der Enteignung von Kunst auch ein Annäherungsbild dessen vermittelt werden, in welcher Form Kunstbesitz in jüdischen Familien Oberösterreichs vor 1938 vorhanden war. Zur Problematik des Begriffs des „jüdischen Kunstsammlers" vgl. u.a. Tobias Natter, Die Welt von Klimt, Schiele und Kokoschka. Sammler und Mäzene (Köln 2003) 297ff.

[273] Zur Geschichte des Warenhauses Kraus & Schober vgl. Michael John, Über ein Linzer Warenhaus. Kraus & Schober, eine erfolgreiche Unternehmerfamilie und eine Spurensuche in Israel. In: linz aktiv 130 (1994) 47-54.

[274] Thomas Dostal, Das „braune Netzwerk" in Linz 1933-1938. In: Mayrhofer-Schuster, Nationalsozialismus in Linz 21-136, 130.

[275] John, Kraus und Schober 48ff.

Kaufhaus Schwarz eine Galerie einzurichten.[276] Als Betreiber der „Neuen Galerie" zählte Walter Schwarz „zu den wenigen Salzburger Mäzenen, die den jungen und modernen Malern eine europäische Kulturstätte boten".[277] In der „Neuen Galerie" fand sich eine Dauerausstellung der Künstlergruppe „Wassermann", einer 1919 gegründeten Avantgarde-Vereinigung, die in ihrem ersten Ausstellungskatalog davon träumte, Salzburg nicht mehr als „Stadt der Bier- und Kunstphilister" sehen zu müssen.[278]

Auch in seiner Linzer Wohnung in der Domgasse 5 hatte Walter Schwarz eine umfangreiche Kunstsammlung untergebracht. Er besaß viele Werke zeitgenössischer oberösterreichischer und Salzburger Maler sowie mehrere Zeichnungen und Aquarelle von Gustav Klimt und Egon Schiele. Die Kunstsammlung Schwarz fiel den Nationalsozialisten noch am Tag des „Anschlusses" zum Opfer. In Linz wurde das Kaufhaus „Kraus und Schober" wohl aufgrund seiner Bekanntheit und aufgrund des diesbezüglich hohen symbolischen Werts noch unmittelbar am Wochenende des „Anschlusses", am 12./13. März, „arisiert". Gleichzeitig stürmten SA- und SS-Truppen die Wohnung der Familie Schwarz in der Domgasse, plünderten das Inventar und verhafteten Walter Schwarz' Brüder Paul und Max, die beide nach Dachau verbracht wurden.[279] Walter Schwarz wurde in Wien verhaftet, nach seinem schriftlichen Verzicht auf die Firma freigelassen und bei seinem darauffolgenden Versuch, von München aus in die Schweiz zu entkommen, wiederum verhaftet und in ein Gestapogefängnis nach München überstellt. Unter ungeklärten Umständen kam Walter Schwarz dort zu Tode. Die offizielle Todesursache lautete Selbstmord.[280]

Mit Bescheid der Gestapo Linz vom 13. November 1938 wurden mit dem Todestag von Walter Schwarz seine Linzer Vermögenswerte, darunter die umfangreiche Kunstsammlung, endgültig von der Gestapo eingezogen.[281]

---

[276] Vgl. Geduldet, geschmäht und vertrieben. Salzburger Juden erzählen. Hg. von Daniela Ellmauer – Helga Embacher – Albert Lichtblau (Salzburg/Wien 1998) 275.

[277] Gert Kerschbaumer, Die Erste Republik und der Ständestaat. In: Ein ewiges Dennoch. 125 Jahre Juden in Salzburg. Hg. von Marko Feingold (Wien/Köln/Weimar 1993) 131-170, 154.

[278] Katalog der ersten Wassermann-Ausstellung in Salzburg 1919. Zit. nach Kerschbaumer, Erste Republik 154.

[279] Michael John, Bevölkerung in der Stadt. „Einheimische" und „Fremde" in Linz. 19. und 20. Jahrhundert (Linz 2000) 260.

[280] Vgl. Ellmauer-Embacher-Lichtblau, Salzburger Juden 278f; Albert Lichtblau, „Arisierungen", beschlagnahmte Vermögen, Rückstellungen und Entschädigungen: Salzburg (Veröffentlichungen der Österreichischen Historikerkommission. Vermögensentzug während der NS-Zeit sowie Rückstellungen und Entschädigungen seit 1945 in Österreich XVII/2, Wien/München 2004) 59.

[281] John, Bevölkerung 260.

Die Kunstsammlung war zu diesem Zeitpunkt in der Linzer Zweigstelle des Dorotheums eingelagert. Von dort aus wurden Kunstwerke der Sammlung Schwarz dem Oberösterreichischen Landesmuseum zugewiesen.[282] Im „Spendenprotokoll" des Oberösterreichischen Landesmuseums von 1939 finden sich 24 Werke mit dem Vermerk: „von der Gestapo zugewiesen; aus der Sammlung Schwarz". Nicht angeführt sind in dieser Auflistung die Schiele- und Klimtgraphiken, die allerdings nachweislich auch in die Bestände des Museums einverleibt wurden.[283] Die enteigneten Werke der Linzer Sammlung Schwarz stammten von Klimt, Schiele, Faistauer, Andersen, Jekel, Blaas, May, Huber, Preußlern-Roth und Theer.

Von der Gestapo beschlagnahmt wurde auch die in Salzburg befindliche Sammlung von Walter Schwarz.[284] Der Landesleiter der Reichskammer der bildenden Künste im Gau Salzburg erstellte dazu eine Schätzliste mit zwei Kategorien. Er teilte die Sammlung ein in „gut verkäufliche Bilder" (38 Positionen) und „Bilder und Radierungen von jüdischen Künstlern, die öffentlich nicht ausgestellt und verkauft werden dürfen" (40 Positionen). Die Zuordnungen zu den Kategorien erscheinen allerdings nicht immer klar: Unter den „gut verkäuflichen Bildern" findet sich unter Position 11 das Aquarell „Talmudjuden" von A. Schall, dem in Klammer beigefügt wurde „Jude". Unter Position 12 ist das Gemälde „Alte Häuser" von Wilhelm Prachensky angeführt, hinzugefügt wurde „zml. entart. Kunst". Position 13, ein Stilleben von Schäfer, wurde „an der Grenze entart. K." angesiedelt. Für die 38 als „gut verkäuflich" kategorisierten Bilder wurde ein „sicher zu erlösender Betrag" von RM 10.475 angesetzt, für die 40 „Bilder und Radierungen von Juden stammend oder Juden darstellend, die öffentlich nicht ausgestellt und verkauft werden dürfen" aber immerhin auch ein Schätzwert von RM 7.619 festgestellt.[285]

---

[282] Justus Schmidt gab 1947 an, die Bilder hätten im Dorotheum versteigert werden sollen und wären auf seine Intervention hin von der Versteigerung ausgenommen und an das Oberösterreichische Landesmuseum überstellt worden. Vgl. OÖLM Archiv, Mappe KH 1947: Kh 29/47, OÖLM an Amerikanische Militärregierung, Property Control and Restitution Section Linz (Brief vom 7.2.1947).

[283] Vgl. Rückgabe von Kunstgegenständen, die während der NS-Ära in das Oberösterreichische Landesmuseum gelangten. Endbericht vom 30.4.1999, ergänzt und erweitert im Jänner 2000. Hg. vom Oberösterreichischen Landesmuseum (Linz 2000) 10; OÖLM Bibliothek, Spendenprotokollbuch P 16: Spende 1932-1939, Einträge 1939, Laufende Nummern 15-36, 42 und 61. Vgl. auch die betreffende Darstellung im Beitrag „Oberösterreichisches Landesmuseum: Zuweisungen und Restitutionen enteigneter Kunst. Eine Untersuchung" in der vorliegenden Studie.

[284] BDA Wien, Restitutionsmaterialien, Karton 46, Mappe Schwarz, Walter: 5887/1947, Liste der Bilder aus dem Besitze des Kaufmannes W. Schwarz, Salzburg Kranzlmarkt.

[285] Ebd.

Als die Linzer Sammlung Schwarz in das Oberösterreichische Landesmuseum überwiesen wurde, war der Besitzer der Sammlung, Walter Schwarz, bereits tot – in Gestapohaft ermordet oder zum Selbstmord getrieben. Seine Brüder Paul und Max Schwarz konnten nach dreimonatiger Haft in Dachau, aus der sie nach dem Verzicht auf ihr gesamtes Vermögen freigelassen wurden, nach Palästina entkommen, wo sich auch Walter Schwarz' Frau Dora und sein Sohn Hugo befanden.

Die kunstinteressierte Atmosphäre im Haus Schwarz und die Sammelleidenschaft des Vaters hatten sich auf seinen Sohn übertragen: Hugo Schwarz hatte nach eigener Aussage immer „die anmaßende Idee gehabt, Maler zu werden", besuchte nach der Matura die Kunstschule in Paris, wurde nach seiner Auswanderung nach Palästina aber zunächst Reitlehrer. Nach dem Krieg wandte er sich doch noch der Kunst zu: Als selbständiger Künstler und Kunsthändler lebte er in London und Israel.[286] Er bemühte sich nach 1945 um die Rückgabe der geraubten Sammlung seines Vaters.

1947 wurde dem Oberösterreichischen Landesmuseum von der „Property Control and Restitution Section" der amerikanischen Militärregierung eine Liste von 22 Ölbildern übermittelt, deren Herkunft aus der Sammlung Schwarz Justus Schmidt vom Oberösterreichischen Landesmuseum bestätigte. Bezüglich der Rückstellungsagenden stand Justus Schmidt mit Hugo Schwarz in freundschaftlicher Korrespondenz. Hugo Schwarz bedankte sich bei Schmidt für dessen Aussage und Hilfe und kündigte ein Zeichen seines Dankes an:

„Ich möchte nochmals schriftlich sagen, daß es mir eine Ehre sein wird dem Museum von Linz das Bild (Frauenporträt) des Malers May als Dank für Ihre Güte zu überlassen und hoffe, daß es zur Verschönerung der Sammlung beitragen wird."[287]

Als Geste des Dankes für die Unterstützung seiner Rückstellungsangelegenheit spendete Hugo Schwarz somit eines jener Werke, die 1938 von der Gestapo aus der Wohnung seines Vaters Walter Schwarz geplündert und in Folge dem Oberösterreichischen Landesmuseum übergeben worden waren. Hugo Schwarz stimmte auch dem Ansinnen Justus Schmidts zu, eine „kleine, kurzfristige Ausstellung" der Kunstwerke vor ihrer Rückstellung zu veranstalten, was Schmidt als „erfreuliche Sache für Linz" und Hugo Schwarz als „Ehre" bezeichnete.[288] Eine weitere kleine Geste zeigt,

---

[286] Vgl. John, Bevölkerung 261; Ellmauer-Embacher-Lichtblau, Salzburger Juden 269ff.

[287] OÖLM Archiv, Mappe KH 1947/1948: Kh 32/47, Hugo Schwarz an Justus Schmidt (Brief vom 7.2.1947).

[288] OÖLM Archiv, Mappe KH 1947/1948: Kh 32/47, Justus Schmidt an Hugo Schwarz (Brief vom

wie Hugo Schwarz ganz offensichtlich um einen guten Kontakt zum Landesmuseum bemüht war und in der Abwicklung der Rückstellung mehr mit Freundlichkeit als Zorn agierte. Die Geschäftsführerin des rückgestellten Kaufhauses „Kraus und Schober", Irma Trenks, teilte dem Direktor des Landesmuseums am 26. Februar 1947 mit:
„Im Auftrage des Herrn Hugo Schwarz erlaube ich mir Ihnen 2 Päckchen Zigaretten zu übersenden, mit der Bitte, sie den Arbeitern, welche für ihn die Bilder verpacken, zu übergeben."[289]
Verpackt worden waren allerdings nicht alle Werke, die aus der Sammlung Schwarz stammten. Auf der von Justus Schmidt 1947 verfassten „Liste der Gemälde aus dem Besitze Hugo Schwarz" finden sich genau jene 22 Werke, die in den Eingangsbüchern des Museums 1939 inventarisiert wurden.[290] Die 22 Werke wurden an Hugo Schwarz restituiert und damit war die Rückstellungsangelegenheit vorerst abgeschlossen. 10 Jahre später allerdings, im Jänner 1957, beantwortete das Oberösterreichische Landesmuseum ein Schreiben des Magistrats der Stadt Linz, in dem es von diesem aufgefordert wurde, ein „Verzeichnis des noch nicht zur Rückstellung beanspruchten entzogenen Vermögens" aufzustellen.
„... teilt die Direktion mit, daß sich in der Handzeichnungen-Sammlung des O.Ö. Landesmuseums eine Anzahl von Blättern befinden (Ha1616-1646), die 1938 von der Gestapo dem Landesmuseum treuhändig übergeben wurden und aus dem Besitz eines gewissen Walter Schwarz, damals wohnhaft Linz, Domgasse 5 stammen. Unter den Blättern befinden sich zwei Handzeichnungen von Anton Faistauer, zwei von Franz Stuck, 10 von Egon Schiele und 5 Gustav Klimt. Ein Rückstellungsantrag wurde in dieser Angelegenheit bisher nicht eingebracht."[291]
Zum Zeitpunkt der Rückstellung Schwarz 1947 hatten sich also mindestens noch 29 Zeichnungen und Aquarelle, die meisten davon von Gustav Klimt und Egon Schiele, im Oberösterreichischen Landesmuseum befunden, über deren Existenz Hugo Schwarz nicht informiert worden war. Auch die Mitteilung an den Magistrat von 1957 über die noch im Haus befind-

---

11.2.1947); Kh 47/47, Hugo Schwarz an Justus Schmidt (Brief vom 12.2.1947). Es ist unklar, ob eine solche Ausstellung tatsächlich veranstaltet wurde.

[289] OÖLM Archiv, Mappe KH 1947/1948: Kh 17/47, Irma Trenks an Justus Schmidt (Brief vom 26.2.1947).

[290] OÖLM Archiv, Mappe KH 1947/1948: Kh 47/47, Liste der Gemälde aus dem Besitze von Hugo Schwarz.

[291] OÖLM Archiv, Mappe Direktion 1956-1958: D 19/1957, OÖLM an Magistrat der Landeshauptstadt Linz (Brief vom 28.1.1957).

lichen Werke der Sammlung Schwarz zog keine Konsequenz nach sich. Die Schiele- und Klimtwerke blieben weiter in der Graphischen Abteilung des Oberösterreichischen Landesmuseums.[292]
Erst in den 1980er Jahren gelangte Hugo Schwarz an die Information, dass sich noch Werke aus der Sammlung seines Vaters im Oberösterreichischen Landesmuseum befänden. Der „bisher nicht eingebrachte" Rückstellungsantrag wurde gestellt, und am 4. April 1986, 40 Jahre nach der Rückstellung des „ersten Teils" der Sammlung Schwarz, kam es zur Rückgabe von 29 Zeichnungen und Aquarellen von Egon Schiele, Gustav Klimt, Franz Stuck und anderen. Als Erben nach Walter Schwarz wurden die Kunstwerke an seine Söhne Hugo und Rafael Schwarz rückerstattet.[293]

## Die Sammlung der Familie Weiss

Wie der Kaufmann Walter Schwarz hatte sich auch der Industrielle Leo Weiss im Kunstsammeln zumindest teilweise der Moderne verschrieben. Leo Weiss und seine Frau Karoline lebten mit ihren drei Söhnen in Linz. Nach dem „Anschluss" 1938 gehörte die Familie Weiss zu den ersten Opfern der nationalsozialistischen Machtübernahme: Das Haus in der Starhembergstraße wurde von der Gestapo gestürmt und Leo Weiss verhaftet. Im November 1938 war es Leo Weiss gelungen, aus der Haft zu entkommen und schließlich mit seiner Frau nach New York zu emigrieren.[294] Umzugsgut der Familie Weiss, darunter wesentliche Teile ihrer Kunstsammlung, war als Speditionsgut in Triest mit Bestimmungsort New York eingelagert worden. Eine im Zuge der Rückstellungsprozesse erstellte Auflistung dieses Umzugsguts gibt Einblick in den Weiss'schen Kunstbesitz. Neben Perser-

---

[292] Im Restitutionsbericht des OÖLM aus dem Jahr 2000 wird als möglicher Erklärungsansatz für die nicht gemeinsam mit den Gemälden erfolgte Rückgabe der Graphiken vermutet, es könnte sich um eine unter Druck erfolgte „Schenkung" gehandelt haben. Vgl. OÖLM, Rückgabe von Kunstgegenständen, 10. Dieser Theorie muss insofern widersprochen werden, da die Schilderungen von Zeitzeuginnen sowie Hugo Schwarz' eigene Aussagen klar darauf verweisen, dass Hugo Schwarz der Aufenthaltsort der Graphiken bis zu ihrer Rückstellung in den 1980er Jahren nicht bekannt war. Vgl. John, Kraus und Schober 53.

[293] Vgl. OÖLM, Rückgabe von Kunstgegenständen, Beilage Dokument 5.9. Vgl. auch die betreffende Darstellung im Beitrag „Oberösterreichisches Landesmuseum: Zuweisungen und Restitutionen enteigneter Kunst. Eine Untersuchung" in der vorliegenden Studie.

[294] Vgl. Michael John, Der Fall Richard Weihs. In: linz aktiv 162 (Linz 2002) 56-63; Michael John, Ein Vergleich – „Arisierung" und Rückstellung in Oberösterreich, Salzburg und Burgenland. In: Ellmauer – John – Thumser, „Arisierungen" 13-198, 174ff. Zur Schreibweise des Namens der Familie „Weiss" existieren mehrere Varianten (Weihs, Weiss, Weiß).

teppichen, antiken Musikinstrumenten, antikem Glas, Möbeln und diversen Kunstgegenständen waren 16 Ölgemälde und Aquarelle aufgelistet: „1. Großes Gemälde: Stefanskirche von Tomec, 2. Tomec: Herbstlandschaft, 3. Reich: Genrebild (Bürgermeister schlafend am Tisch), 4. Osnagy: Still-Leben, 5. Larsen: Circusscene (Gouache), 6. Krestin: Still-Leben, 7. Herschel: Dame sitzend im blauen Kleid, 8. Hoffman: Slovakischer Markt, 9. und 10. Frank: 2 Wiener Aquarelle sowie 6 weitere, nicht erinnerliche Ölbilder und Aquarelle."[295]
Die Bilder waren zusammen mit dem restlichen Umzugsgut 1944 in Triest beschlagnahmt worden. Als „Masse Adria" landete solches Umzugsgut zum Teil im Dorotheum Klagenfurt.[296] Bezüglich seines Rückstellungsanspruchs wurde Leo Weiss im Jahr 1952 mitgeteilt, dass die angegebenen Bilder in Klagenfurt nicht festgestellt werden konnten und bezüglich der besseren Identifizierung der in der Rückstellliste angeführten kunstgewerblichen Gegenstände „wenn möglich kleine Skizzen aus der Erinnerung" übermittelt werden sollten.[297]
Leo Weiss hatte auch mehrere Gemälde von Joseph Floch besessen. Eines der Bilder entdeckte sein Sohn Richard nach 1945 in einem Amtsraum der Oberösterreichischen Landesregierung.[298] Das betreffende Gemälde „Schneeschaufler bei der Arbeit" findet sich auf einer Leihgabenliste des Oberösterreichischen Landesmuseums an Landesdienststellen, als Entlehndatum ist der 29.10.1946 (!) angeführt.[299] Wann und unter welchen Umständen das Bild in die Bestände des Oberösterreichischen Landesmuseums gelangt war, ist nicht bekannt.[300] Das Bild wurde restituiert, ein weiterer Floch aus der Sammlung Weiss, „Mährischer Dorfmarkt", gilt bis heute als verschollen.[301]

---

[295] BDA Wien, Restitutionsmaterialien, Karton 49, Mappe Weiss Leo: Zl. 1657/52.

[296] Vgl. BDA Wien, Restitutionsmaterialien, Karton 14 (Depot Klagenfurt: Beschlagnahmungen „Masse Adria"); BDA Wien, Restitutionsmaterialien, Karton 49, Mappe Weiss, Leo.

[297] BDA Wien, Restitutionsmaterialien, Karton 49, Mappe Weiss Leo: BDA an Anwalt Ernst Loew (Brief vom 16.6.1952).

[298] Vgl. John, Fall Weihs 62.

[299] OÖLM Archiv, Mappe Direktion 1951: D/1, Entlehnungen an das Amt der OÖ. Landesregierung 1936-1950.

[300] In einem Schreiben des Oberösterreichischen Landesmuseums in der Rückstellungsangelegenheit Weiss heißt es diesbezüglich: „Über die Herkunft des Bildes ist aus dem Katalog nichts ersichtlich. Hier ist nur vermerkt ‚nach mündlichen Angaben aus Privatbesitz dorthin verschleppt'." OÖLM Archiv, Mappe Direktion 1954/55: D 246/54, OÖLM an oberösterreichische Landesregierung (Brief vom 21.7.1954).

[301] Im oben zitierten Schreiben des OÖLM an die oberösterreichische Landesregierung heißt es bezüglich des zweiten Gemäldes von Floch aus der Sammlung Weiss: „Das Ölbild Mährischer Dorfmarkt ist nach Angabe des Mitarbeiters der Kunstgeschichtlichen Abteilung Otfried Kastners nicht im Besitze des Lan-

Joseph Floch hatte auch Familienmitglieder der Familie Weiss porträtiert: Das Gemälde „Frau Weiss und ihre Töchter Liese und Lene" befindet sich aufgrund einer Schenkung im Wiener Belvedere. Die dargestellten Frauen waren Tante und Kusinen des Linzers Richard Weiss. Zwei der porträtierten Frauen, Anna und Helene Weiss, wurden in der NS-Zeit ermordet.[302]

## Die Sammlung des Rechtsanwalts Otto Gerstl

Der junge Rechtsanwalt Otto Gerstl verfügte über eine Kunstsammlung, in der vor allem Graphiken und Aquarelle heimischer Künstler vertreten waren. Wie bereits weiter oben angeführt, übergab Gerstl seine Sammlung im Zuge seiner Emigration dem Landesmuseum, da er offenbar keine Ausfuhrgenehmigung dafür erhalten hatte.[303] In seiner Vermögensanmeldung hatte Gerstl angeführt, Teile seiner Kunstsammlung dem Oberösterreichischen Landesmuseum „geschenkt" zu haben.[304] Weiters gab Otto Gerstl darin an, dass er beabsichtige, mit seiner Mutter nach Südafrika zu emigrieren; der Weg seiner Emigration führte ihn schließlich nach Amerika. Fünf Radierungen von Moritz von Schwind, ein Aquarell von Gottfried Seelos, mehrere Linzer Ansichten des 19. Jahrhunderts, eine Radierung von Demeter Koko und ein Aquarell von Klemens Brosch gehörten zu Gerstls „Depot" im Landesmuseum.[305]

1947 forderte die amerikanische Gesandtschaft im Namen des „amerikanischen Staatsbürgers Otto Gerstl" vom Oberösterreichischen Landesmuseum die Rückgabe der 1938 im Museum deponierten Zeichnungen und Aquarelle. Die Graphiken wurden Otto Gerstl 1948 rückgestellt, von Gerstl als Legat 1959 dem Museum aber wieder übergeben.[306] 1974 gelangte die

---

desmuseums. Kastner hält die Galeriebestände in und außer Haus in Evedenz (sic). Nach seiner Angabe ist ihm dieses Bild nie untergekommen." OÖLM Archiv, Mappe Direktion 1954/55: D 246/54, OÖLM an oberösterreichische Landesregierung (Brief vom 21.7.1954).

[302] Vgl. John, Fall Weihs 62.

[303] OÖLM Archiv, Mappe KH 1947: Kh 18/42, OÖLM an die Amerikanische Gesandtschaft in Wien (Brief vom 31.1.1947).

[304] IKG Linz, VA Otto Gerstl. Die Erwähnung der „Schenkung" an das Landesmuseum in der Vermögensanmeldung muss im Kontext der vermögensmindernden Wirkung einer solchen betrachtet werden.

[305] OÖLM Archiv, Mappe KH 1947: Kh 18/42, Amerikanische Gesandtschaft in Wien an OÖLM (Brief vom 17.1.1947).

[306] Vgl. auch die betreffende Darstellung im Beitrag „Oberösterreichisches Landesmuseum: Zuweisungen und Restitutionen enteigneter Kunst. Eine Untersuchung" in der vorliegenden Studie.

"Sammlung Gerstl" auf Basis einer letztwilligen Verfügung Gerstls an das Oberösterreichische Landesmuseum.[307]
Zur Sammlung Otto Gerstls gehörte auch ein von Klemens Brosch angefertigtes Exlibris Otto Gerstl, datiert 1915. Otto Gerstl unterhielt eine intensive Beziehung zu dem Linzer Künstler, der Mitbegründer der Künstlervereinigung MAERZ war.[308] Gerstl war Broschs Freund, Gönner und Mäzen. Klemens Brosch, der sich durch seine Morphium- und Kokainabhängigkeit immer in Geldnöten befand, borgte bei seinem Gönner Otto Gerstl mehrfach größere Geldsummen. Zum Abstottern einer dieser Geldschulden entstand das oben erwähnte Exlibris. In einem Brief von 1915, in dem Klemens Brosch mit Otto Gerstl im Gegensatz zu späteren Briefen noch in der „Sie-Form" kommunizierte, bedankte er sich für den Exlibris-Auftrag:
„Gegen alle Erwartung ist es mir in der momentanen Situation unmöglich, mit der Rückzahlung der Kronen 570 auch nur annähernd zu beginnen und ich bitte Sie, mir zu warten und sich diesbezüglich rückzuäußern. ... Ich habe oft schon hin und her gedacht, wodurch es mir möglich wäre, Ihnen Ihren Freundschaftsdienst und ihre freundschaftliche Haltung zu entgelten, und Sie können sich denken, welches Vergnügen mir Ihre unlängst eingelangten Zeilen bereiteten. Mit Freuden hab ich mich sofort an die Arbeit gemacht, um Ihnen Ihren Wunsch zu erfüllen."[309]
Das daraufhin entstandene Exlibris für Otto Gerstl, darstellend einen tief verwurzelten, knorrigen Baum, bildete den Beginn einer Reihe von Exlibrisaufträgen für Klemens Brosch.[310] Die Beziehung von Gerstl und Brosch intensivierte sich im Lauf der Jahre zunehmend. Aus einem Kunden und Gönner wurde offenbar ein Freund. Die Briefe sind kein höflicher Austausch von Nichtigkeiten, Klemens Broschs Verzweiflung und Lebensmüdigkeit in der Phase tiefster Morphiumsucht zeigen sich ungeschönt in seinen Briefen an den „lieben Gerstl": „Ich gehe unter die Leichen ... Schneidet mir den

---

[307] OÖLM Bibliothek, Autographische Sammlung: Gerstl, Otto: „Verzeichnis meiner graphischen Sammlung und meiner Bilder und Bücher, welche ich dem Oberösterreichischen Landesmuseum in Linz letztwillig vermacht habe, mit einem Anhang und Beilagen. Linz MCMLXIV".

[308] Elisabeth Nowak-Thaller, Klemens Brosch 1894-1926 (Klagenfurt 1991). OÖLM Bibliothek, Autographische Sammlung: Briefwechsel Klemens Brosch-Otto Gerstl.

[309] OÖLM Bibliothek, Autographische Sammlung: Klemens Brosch an Otto Gerstl (Brief vom 24.11.1915). Zit. in: Nowak-Thaller, Brosch 107.

[310] Nowak-Thaller, Brosch 107; Ausgeliefert. Beispiele österreichischer Graphik der Zwischenkriegszeit nahe der Phantastik. Klemens Brosch. Carl Anton Reichel. Franz Sedlacek. Aloys Wach. Hg. vom Oberösterreichischen Landesmuseum (Weitra 1996) 21.

Bauch auf, wickelt die Gedärme auf Trommeln ... und ich kann dann leichter die hereinbrechende Finsternis umgarnen."[311]
Der zitierte Brief stammte von 1918, 1926 beging Klemens Brosch tatsächlich Selbstmord. In seinem Abschiedsbrief an Gerstl zeigt sich nochmals die finanzielle Komponente ihrer Beziehung und Gerstls Rolle als Gönner und Mäzen des Linzer Künstlers:
„Mein Schritt hinterläßt meinen Eltern eine große Zahl ungetilgter Rechnungen. Ich bitte dich, hilf Ihnen und tätige einen Kauf."[312]
Zumindest im Fall Klemens Brosch lässt sich somit eine Mäzenatenrolle des Linzer Kunstsammlers Otto Gerstl nachweisen, die erhaltene Korrespondenz Gerstls weist auch Kontakte zu anderen oberösterreichischen Künstlern und Künstlerinnen auf.[313] In der Zeit seiner Emigration hatte Gerstl als Werbegraphiker gearbeitet, in seiner dem Oberösterreichischen Landesmuseum vermachten Sammlung finden sich auch eigene Werke.

## Sigmund Sommer und die Zeichnungen von Carl Anton Reichel

Auch der Linzer Sigmund Sommer hatte, wenn auch in kleinerem Stil als Otto Gerstl, zeitgenössische Graphik gesammelt. Sommer war nach einer Inhaftierung in Dachau nach Australien und dann weiter nach Neuseeland emigriert, von wo er sich Mitte der 1950er Jahre an das Oberösterreichische Landesmuseum wandte. Er bat das Museum, ihm Kunstgegenstände zu retournieren, die er 1938 dort abgegeben hatte. Es handelte sich um eine Mappe mit Zeichnungen von Carl Anton Reichel, eine davon (Silberstiftzeichnung „Nackte Frau") war von Carl Anton Reichel für Sigmund Sommer mit einer persönlichen Widmung signiert.[314] Sigmund Sommer verwies in seinen Briefen auf eine persönliche Bekanntschaft zum Künstler. Er hatte Reichel im Zuge einer Ausstellung in Linz 1920 kennengelernt und ihn mehrmals in seinem Haus in Micheldorf besucht.[315]

---

[311] OÖLM Bibliothek, Autographische Sammlung: Klemens Brosch an Otto Gerstl (Brief vom 2.2.1918). Zit. in: Nowak-Thaller, Brosch 220.

[312] OÖLM Bibliothek, Autographische Sammlung: Klemens Brosch an Otto Gerstl (Brief vom 17.12.1926). Als Faksimile in: Nowak-Thaller, Brosch 207.

[313] OÖLM Bibliothek, Autographische Sammlung: Briefe an Dr. Otto Gerstl.

[314] OÖLM Archiv, Mappe Direktion 1956-1958: D 276/55, Sigmund Sommer an das OÖLM (Brief vom 23.2.1955).

[315] Zum Künstler Carl Anton Reichel vgl. Regina Dickinger, Carl Anton Reichel (1874-1944). Biographie und Werkverzeichnis (Dipl. arbeit Univ. Salzburg 1985).

In seinen Briefen an das Oberösterreichische Landesmuseum beklagte Sommer den Verlust seiner Sammlung. „Nun, Sie wissen wie einem Sammler zumute ist", schrieb er dem Direktor des Landesmuseums, den er um Hilfe bei der Auffindung seiner verlorenen Zeichnungen bat.[316] Er gab in dem Schreiben auch einen Überblick über seine Sammlung, die „bewundert, aber international ganz wertlos" gewesen sei.

„Ich hatte eine kleine ausgewählte Bildersammlung. Meistens allererste Wiener Künstler, zwei Ritzlberger, der einst mein Nachbar war. Diese wurden alle durch meine Schwester gerettet, die sie über die ganze Erde führte bis sie hier [Anm.: Neuseeland] landete."[317]

Im ersten Brief Sigmund Sommers an das Landesmuseum im Jahr 1955 wurde die „höfliche Anfrage" gestellt, ob sich eine von ihm 1938 abgegebene Mappe mit Zeichnungen Reichels noch im Museum befände, gekoppelt mit der Bitte, im Falle des Auffindens der Mappe diese per Luftpost und gegen Verrechnung der anfallenden Spesen nach Neuseeland zu schicken.[318] Am 13. Dezember 1955 antwortete die Direktion, dass sich die Zeichnungen im Museum nicht hatten finden lassen und auch Nachfragen beim damaligen Leiter der Kunstgeschichtlichen Abteilung, Justus Schmidt, kein Ergebnis erbracht hätten.[319] Am 9. Februar 1956 schrieb Sigmund Sommer daraufhin nochmals an das Museum und schilderte ausführlich die Umstände und die Geschichte, die hinter seiner Suche nach der Mappe mit den Reichel-Zeichnungen standen.

„Im März oder April 1938 hörte ich, dass das Museum Kunstsachen übernimmt. Mein Neffe nahm die Bronce in Packpapier gehüllt, ich die Mappen mit den Zeichnungen und gingen dorthin. Der Portier d.M. wies uns in den ersten Stock. Rechts vor einer Glastür stand ein kleiner Tisch, darauf lag ein Buch. Aus der Türe kam ein junger Mann, blätterte durch meine Mappe flüchtig, zog das Packpapier etwas von der Bronce und schrieb etwas in das Buch in 2 Zeilen. Was weiß ich nicht. Wir bekamen keine Empfangsbestätigung."[320]

Ähnlich wie Gerstl hatte Sommer also Kunstgegenstände aus seinem Besitz selbst im Landesmuseum „deponiert". Das unmittelbare Motiv, warum Sommer seine Zeichnungen und die Bronze abgegeben hatte, geht aus dem

---

[316] OÖLM Archiv, Mappe Direktion 1956-1958: D 60/56, Sigmund Sommer an OÖLM (Brief vom 9.2.1956).
[317] Ebd.
[318] OÖLM Archiv, Mappe Direktion 1954/55: Sigmund Sommer an OÖLM (Brief vom 9.8.1955).
[319] OÖLM Archiv, Mappe Direktion 1954/55: OÖLM an Sigmund Sommer (Brief vom 13.12.1955).
[320] OÖLM Archiv, Mappe Direktion 1954/55: Sigmund Sommer an OÖLM (Brief vom 9.2.1956).

Brief nicht hervor. Ob er für die betreffenden Werke keine Ausfuhrgenehmigung erhalten hatte oder versucht hatte, sie dem Museum zu verkaufen – die Gründe für die Einbringung in das Museum sind nicht näher erläutert. In einem Antwortbrief vom März 1956 bekam Herr Sommer mitgeteilt, dass die Suche nach den Zeichnungen „ohne Erfolg betrieben" wurde.[321] Der Aufenthaltsort der Zeichnungen Carl Anton Reichels aus der Sammlung Sommer konnte bis dato nicht eruiert werden.[322]

## Antiquitätenhandel Töpfer

Professionellen Kunsthandel betrieb in Linz die Familie Töpfer. In ihrem Geschäft in der Altstadt 3 gingen vor allem Antiquitäten über den Ladentisch. Ein besonders guter Geschäftspartner war seit jeher das Oberösterreichische Landesmuseum. Geist des Hauses war Johanna Töpfer, die über gute Kontakte zu potenziellen Kunstsammlern, wie zum Beispiel der Adeligenfamilie Starhemberg verfügte.[323] Auch die Fenster der 1938 zerstörten Linzer Synagoge sollen über Johanna Töpfer gekauft worden sein.[324] Zum Zeitpunkt des „Anschlusses" führte Johanna Töpfers Sohn Ernst das Antiquariat. Das Geschäft wurde zwangsliquidiert, große Teile des vorhandenen Inventars wanderten in das Oberösterreichische Landesmuseum,[325] das Geschäft wurde vom Antiquariat Steiner „arisiert".[326] Ernst Töpfer

---

[321] OÖLM Archiv, Mappe Direktion 1945/55: OÖLM an Sigmund Sommer (Brief vom 9.3.1956).

[322] Eine nochmalige Überprüfung des OÖLM auf Basis der vorliegenden Recherchen im Jahre 2002 blieb ebenso ergebnislos. Wer die Mappe 1938 in Empfang genommen hatte, bleibt ebenso unklar wie ihr weiteres Schicksal. Der erwähnte Eintrag in ein Buch konnte ebenfalls nicht gefunden werden. Vgl. auch die betreffende Darstellung im Beitrag „Oberösterreichisches Landesmuseum: Zuweisungen und Restitutionen enteigneter Kunst. Eine Untersuchung" in der vorliegenden Studie.

[323] Zu Johanna Töpfer vgl. die biographische Skizze in: Linzer Stadtführerin. Frauengeschichtliche Stadtrundgänge (Linz 2004) 29f.

[324] Mündliche Auskunft Verena Wagner, März 2003 (Information durch Edith Töpfer).

[325] In einer 1951 erstellten Liste in der Rückstellungsangelegenheit Töpfer wurden als „1938 und 1939 von Antiquitätenhändler Töpfer in Linz durch die Bibliothek des OÖ Landesmuseums angekauften Gegenstände" angegeben: 75 oberösterreichische Ortsansichten, 22 Handzeichnungen, 17 Kupferstiche, Andachtsbilder und Gebrauchsgraphiken. Im Einlaufprotokoll der Graphischen Abteilung des OÖLM sind diese Eingänge 1938 teils als „Ankauf Töpfer, Linz", teils als „aus einem en block Ankauf Töpfer, Linz" und teils als „aus dem aufgelösten Antiquariat Töpfer, Linz" protokolliert worden. OÖLM, Einlaufprotokoll Graphische Sammlungen, Ortsansichten 1934-1941. Vgl. auch die betreffende Darstellung im Beitrag „Oberösterreichisches Landesmuseum: Zuweisungen und Restitutionen enteigneter Kunst. Eine Untersuchung" in der vorliegenden Studie.

[326] OÖLA, Arisierungs- und Rückstellungsakten Töpfer, Ernst.

und die beiden Töchter konnten nach Palästina entkommen.[327] Neben dem Geschäftsbesitz verfügte die Familie auch über eine private Sammlung, der laut Angaben der Tochter Ernst Töpfers auch ein Rembrandt angehört haben soll.[328]

## Kunstsammler aus dem Salzkammergut

Neben Linz waren vor allem noch im Salzkammergut jüdische Familien angesiedelt, die als Kunstsammler bezeichnet werden können.[329] In diesem Teil Oberdonaus kam es auch zur Überschneidung mit den Wiener Sammlern: In den Sommersitzen Wiener Juden im Salzkammergut befanden sich häufig auch Teile der Kunstsammlungen jener Familien: die Sammlung des Librettisten Brammer beispielsweise, der große Teile seiner bedeutenden Kunstsammlung in seine Villa in Bad Ischl verlagert hatte, wo sie dem oberösterreichischen Ariseur Hänel zum Opfer fiel;[330] die Sammlung von Aranka Munk als weiteres Beispiel, die in ihrer Villa in Bad Aussee ein Bild von Gustav Klimt sowie weitere Gemälde besaß.[331] Auch die bedeutenden volkskundlichen Sammlungen der Familien Mautner, Königsgarten und Stiassni aus Bad Aussee können in den Bereich von Kunst- und Kulturgutbesitz subsumiert werden.[332] Ebenfalls im Salzkammergut, in Altmünster am Traunsee, lebte die Familie Bittner, aus deren Sammlung Gegenstände vornehmlich volkskundlicher Art 1938 über Zuweisung der Gestapo in das Oberösterreichische Landesmuseum kamen.[333] Über eine Kunstsammlung

---

[327] Zur Biographie von Edith Töpfer (Tochter von Ernst Töpfer) vgl. URL, http://schulen.eduhi.at/bg-wrg-koerner/projekte/ausstellung/INDEX.HTM. Im Rahmen eines Schulprojekts an der Linzer Körnerschule zum Thema „Jüdische Spuren in der Körnerschule vor 1938" wurden die Lebensgeschichten einzelner ehemaliger jüdischer „Körnerschülerinnen" recherchiert. In diesem Zusammenhang wurde von der Projektleiterin Verena Wagner auch die in Israel lebende Edith Töpfer interviewt.

[328] Mündliche Auskunft Verena Wagner, März 2003 (Information durch Edith Töpfer).

[329] In Hinblick auf das Salzkammergut ist zu beachten, dass während der NS-Zeit auch der heute steirische Teil des Salzkammerguts zum Reichsgau „Oberdonau" zählte.

[330] Ellmauer-Thumser, „Arisierungen" 195ff.

[331] OÖLM Archiv, Mappe KH 1942: Kh 242/42.

[332] Vgl. BDA Wien, Restitutionsmaterialien, Karton 10, Mappe 2; Karton 41, Mappe Mautner; Karton 38/1, Mappe Königsgarten. Zur Geschichte der Familie und Sammlung Mautner vgl. auch Lutz Maurer, Conrad Mautner – Großes Talent. In: Juden in Österreich. Gestern. Heute (St.Pölten 2000) 86-92.

[333] OÖLM Bibliothek, Spendenprotokoll P16; OÖLM, Rückgabe von Kunstgegenständen, 7. Vgl. auch die betreffende Darstellung im Beitrag „Oberösterreichisches Landesmuseum: Zuweisungen und Restitutionen enteigneter Kunst. Eine Untersuchung" in der vorliegenden Studie.

verfügte auch die Linzer Familie Mostny, die einen Wohnsitz in Steinbach am Attersee hatte.[334]

## Schloss Würting

Schloss Würting befindet sich in der Nähe von Wels. 1938 stand es in Besitz von Stefanie Gutmann, die es 1921 von ihrem Ehemann, dem Wiener Bankier Heinrich Gutmann, als Geschenk erhalten hatte. Im Schloss befanden sich zahlreiche Kunstgegenstände, unter anderem Bilder des ersten Ehemannes von Stefanie Gutmann, des Porträtmalers John Quincy Adams. Im März 1938 setzte sich der Landwirt Franz Liedauer selbst als „kommissarischer Leiter" des Schlosses ein. Die jüdische Besitzerin Stefanie Gutmann sah sich gezwungen, das Schloss per Schenkung an ihren arischen Schwiegersohn Emanuel Graf Walderdorff zu übergeben (entgegen ihrem Testament, wonach ihre Töchter, bzw. Enkelinnen Erbinnen des Schlosses gewesen wären). Noch bevor die Schenkung grundbürgerlich verankert war, verkaufte Emanuel Walderdorff das Schloss um 80.000 Reichsmark an den Gau Oberdonau.[335] Laut Bericht der Österreichischen Historikerkommission entsprach dieser Betrag einem Achtel des wahren Wertes, weiters wurde ein zum Schloss gehöriges Gut beschlagnahmt sowie das lebenslängliche Fruchtgenussrecht von Baron Gutmann, der sich im Schweizer Exil befand, gelöscht. Stefanie Gutmann floh nach Belgien, wo sie die NS-Zeit in einem Dachbodenversteck überlebte. Unklar ist, was mit den im Schloss befindlichen Kunstgegenständen geschah. Gemäß einer Begutachtung durch Schätzmeister Franz Kieslinger wurde der Besitz von „Schmuck, Luxus- und Kunstgegenständen" des Schlosses für die „Vermögensanmeldung" von Stefanie Gutmann von 1938 mit 24.376 Reichsmark beziffert.[336] Es ist allerdings unklar, ob es den BesitzerInnen noch gelungen ist, das Gros der Kunstwerke zu retten, respektive welches Schicksal die Kunstgegenstände sonst nahmen.[337] Ein Teil der Kunstgegenstände, insbesonders immobile bzw. Ausstattungsgegenstände, blieb in jedem Fall im Schloss zurück. Durch den „Kauf" des Schlosses gingen diese an den Gau über.

---

[334] OÖLM Archiv, Mappe KH 1940: Kh 178/40, Zl. Kh 47/40. Vgl. auch die betreffende Darstellung im Beitrag „Oberösterreichisches Landesmuseum: Zuweisungen und Restitutionen enteigneter Kunst. Eine Untersuchung" in der vorliegenden Studie.

[335] Die hier wiedergegebenen Angaben zur Geschichte der „Arisierung" des Schlosses Würting basieren auf Ellmauer-Thumser, „Arisierungen", 400ff

[336] IKG Linz, VA Stefanie Gutmann.

[337] Vgl. Ellmauer-Thumser, „Arisierungen" 404.

In den Akten des Oberösterreichischen Landesmuseums finden sich Korrespondenzen, die von Juni 1942 bis April 1944 reichen und den Abtransport des „Würtinger Altars" aus der Schlosskapelle von Würting zum Inhalt haben. Aus dieser Korrespondenz geht hervor, dass das Oberösterreichische Landesmuseum, konkret Gustav Gugenbauer, offenbar im Auftrag des Reichsstatthalters von Oberdonau, den Abtransport des Altars abwickelte. Der Altar wurde am 3. Juni 1942 von Würting nach Linz überstellt und dort vorläufig im Neuen Dom untergebracht.[338] In einem Brief vom 4. August 1942 an den Reichsstatthalter wurde mitgeteilt, dass der Altar auf 30.000 Reichsmark geschätzt wurde. Der Unterzeichner riet aufgrund des hohen Schätzwerts und der von ihm dem Altar zugesprochenen Qualität von einem Verkauf ab und erklärte als wünschenswert, dass der Altar im Neuen Dom verbleiben solle.[339] Am 28. November 1943 teilte der Gaukämmmer Oberdonaus, Franz Danzer, dem Landesmuseum allerdings mit, dass er den Altar um 5.000 Reichsmark an den Pfarrvikar von Vorderweißenbach verkauft hätte und bat Dr. Gugenbauer um die Bereitmachung des Altars zum Abtransport.[340] Der Altar wurde somit verkauft und befindet sich bis dato in der Kirche von Vorderweißenbach.

Am 3. Juni 1942, offenbar unmittelbar nach Überstellung des Altars, verfasste Dr. Gugenbauer einen Aktenvermerk bzw. Bericht zur Überstellung des Altars und vermerkte darin:

„Bei Gelegenheit dieses Transportes übernahm ich aus dem Besitz des Schlosses für das Museum des Reichsgaues Oberdonau:
1. Vier 1/3 lebgr. Gartenfiguren, aus Märchen, sehr gute Rokoko-Arbeiten; Stein.
2. Zwei ungleich große Bischöfe, stehend, Holz. Um 1650/70 c. ½ lebgr.
3. Ein Christus v.d. Geißelsäule. Gute alte Fassung. Um 1700. Holz.
4. Nicht zum Altar gehörig: Statuette 1/5 lebgr. St. Sebastian. Mitte 17. Jdt. Aus der Schlosskapelle. Noch im Neuen Dom.
1.–3. im Erdgeschoß des Museums.
4. könnte eventuell an eine Kirche abgegeben werden."[341]

---

[338] OÖLM Archiv, Mappe KH 1942: Kh 220/42, Gugenbauer, OÖLM an Reichsstatthalter in Oberdonau (Brief vom 30.6.1942).

[339] OÖLM Archiv, Mappe KH 1942: Kh 220/1942, OÖLM an Reichsstatthalter in Oberdonau (Brief vom 4.8.1942). Das Schreiben ist nicht unterzeichnet, es dürfte aber mit größter Wahrscheinlichkeit von Gustav Gugenbauer verfasst sein.

[340] OÖLM Archiv, Mappe Direktion 1944-46: D 289/43 (Zl. GK/V 912/570-10499/43), Reichsstatthalter in Oberdonau, Gaukämmerer Danzer an OÖLM (Brief vom 28.11.1943).

[341] OÖLM Archiv, Mappe KH 1942: ohne Zl., Niederschrift „Betrifft: Schloss Würting bei Offenhausen. Altar der Schlosskapelle. Übernahme von Kunstgut durch das Museum des Reichsgaues Oberdonau",

Die Mitnahme der Gegenstände begründete Gugenbauer wie folgt: „Die Gartenfiguren standen in der Kapelle und wären bei längerem Verbleiben im Schloß zerstört worden; ein Bischof und der Christus standen in einer Rumpelkammer; der größere Bischof stand an einem Haus nächst dem Schloß, in einer Nische; mit dem Schloß ging das Häuschen in Gaubesitz über; an der Wetterseite in der flachen Nische wäre die schöne, schon recht mitgenommene Figur bald zugrunde gegangen; ihre Übernahme ins Museum ist eine Notwendigkeit."[342]

Gugenbauers weitere Beschreibung der daraufhin noch im Schloss zurückgebliebenen Kunstgegenstände bzw. Möbel vermittelt den Eindruck, dass sich zu diesem Zeitpunkt keine wertvollen Gegenstände mehr im Schloss befanden.

1948 brachte Stefanie Gutmann einen Rückstellungsantrag für Schloss Würting beim Landesgericht Linz ein. In einem laut Historikerkommission „auffallend aggressiv geführten" Rückstellungsverfahren wurde die Schenkung bzw. der Verkauf unter Zwang angezweifelt, der niedrige Kaufpreis wurde darauf zurückgeführt, dass das Schloss ohne Einrichtungsgegenstände übernommen wurde, die „vom Vorbesitzer weggebracht" worden wären. Basierend auf einem Vergleich wurde gegen Zahlung von ATS 60.000 durch Stefanie Gutmann und der gegenseitigen Aufhebung aller Ansprüche die Wiedereintragung Stefanie Gutmanns als Besitzerin von Schloss Würting 1952 bewilligt.[343]

## Die Statue des heiligen Ulrich aus der Sammlung Mahler

Abschließend zur Darstellung von „Arisierung" von Kunst in Oberösterreich soll stellvertretend für viele andere Schicksale die Geschichte eines Kunstgegenstands und seiner BesitzerInnen detailliert nacherzählt werden. Es zeigt sich dabei, auf welch komplexen und verworrenen Schienen es zum Verlust von Kunstwerken kommen konnte, und dass manche dieser Kunstwerke für diejenigen, die sie einst besaßen, bis heute verloren bleiben.

---

verfasst von Gustav Gugenbauer, Linz am 3.6.1942. Vgl. auch die betreffende Darstellung im Beitrag „Oberösterreichisches Landesmuseum: Zuweisungen und Restitutionen enteigneter Kunst. Eine Untersuchung" in der vorliegenden Studie.

[342] Ebd.
[343] Ellmauer-Thumser, „Arisierungen" 406.

Nach dem Ersten Weltkrieg erwarb die jüdische Familie Mahler ein kleines Schloss in der Nähe von Traun in Oberösterreich, Schloss Weissenberg.[344] Der aus Mähren stammende Gottlieb Mahler hatte sich gemeinsam mit seinen beiden Brüdern Adolf und Sigmund zu Ende des 19. Jahrhunderts in Kemmelbach, einem kleinen Ort in der Nähe von Ybbs, angesiedelt und es dort vom Gründer eines Rohwarenbetriebs, in dem Lumpen und Fetzen zur Papiererzeugung gesammelt wurden, zum Besitzer mehrerer Papierfabriken gebracht. Mit dem sozialen Aufstieg kam auch die Möglichkeit, in Kunst zu investieren und Kunst zu sammeln. Gottlieb Mahlers Sammlung war dem Biedermeier verschrieben: Möbel, aber auch Bilder von Schindler, Pettenkofen, Romako. Eine Linzer Kunsthändlerin war es, die die Sammlung von Gottlieb Mahler entscheidend geprägt und forciert hatte. Aller Wahrscheinlichkeit nach handelte es sich dabei um Johanna Töpfer, Inhaberin des bereits erwähnten Linzer Antiquitätenhandels Töpfer in Altstadt 3.

Es dürfte auch Johanna Töpfer gewesen sein, die Gottlieb Mahler auf eine spätgotische Statue eines Hl. Ulrich aus dem Wiener Kunsthandel hingewiesen hatte. Gottlieb Mahler kaufte die Statue und stellte sie in der Schlosskapelle von Weissenberg auf. Die Statue darf fortan als Hauptstück seiner Sammlung bezeichnet werden. 1936 starb Gottlieb Mahler. Seine Witwe Lori Mahler wohnte weiter in Kemmelbach, dem Hauptwohnsitz der Familie; nach Weissenberg kam man nur zu den Feiertagen und zur Sommerfrische. 1938, nach der Machtergreifung der Nationalsozialisten, zog Lori Mahler zu ihrer Tochter Ria Wozasek, die mit ihrer Familie in Amstetten lebte. Am 18. Juni 1938 traf ein Brief in Amstetten ein. Er stammte von Justus Schmidt, dem Leiter der Kunsthistorischen Abteilung des Oberösterreichischen Landesmuseums.

„Laut Mitteilung des Landeskonservators für den Gau Oberdonau befindet sich in Ihrem Schloß Weissenberg eine spätgotische Statue eines hl. Bischofs (hl. Petrus?), Höhe etwa 110 cm. Da eine Übernahme dieser Statue in die Kunst-Abteilung des Museums in Betracht kommt, wird um Mitteilung ersucht, ob Sie diese abgeben würden und zu welchem Preis."[345]

Lori Mahler antwortete dem Oberösterreichischen Landesmuseum, dass sie bereit wäre, die Statue abzugeben.[346] Die Statue wurde zur Ansicht und

---

[344] Die Darstellung der Geschichte der Familie Mahler beruht auf einem Interviewgespräch mit DI George Wozasek, dem Enkel Gottlieb Mahlers. Interview mit George Wozasek, Interviewerin Birgit Kirchmayr, Linz am 10.4.2003.

[345] OÖLM Archiv, Mappe KH 1938 (101-320): Kh 277/38, Justus Schmidt, OÖLM an Lori Mahler, Amstetten (Brief vom 18.6.1938).

[346] OÖLM Archiv, Mappe KH 1938 (101-320): Kh 277/38, Lori Mahler an OÖLM (Brief vom 21.6.1938).

zur Schätzung in das Museum überstellt.[347] Ein Verkauf kam aber nicht zustande.

Ein Jahr später, am 1. Juni 1939, übermittelte Herbert Seiberl von der Zentralstelle für Denkmalschutz, Wien, dem Oberösterreichischen Landesmuseum ein Angebot:

„In Anlage beehre ich mich 2 Abb. der Statue des hl. Bischofs zu übermitteln, welche im Eigentum der Jüdin Lori Mahler steht. Die Statue ist oö. Provenienz und erscheint nach ho. Ermessen als ein für die Linzer Sammlungen interessantes Bildwerk. Ich bitte um Mitteilung, ob an einer Erwerbung ein Interesse besteht."[348]

Der Vorstand der Kunsthistorischen Abteilung des Landesmuseums antwortete auf diesen Brief, dass er die fragliche Staue bereits besichtigt hätte, sie nicht aus Oberösterreich stammen dürfte und ihm daher eine Erwerbung „bei den eingeschränkten finanziellen Mitteln nicht wichtig" erscheine.[349]

Was war seit der ersten Kontaktaufnahme des Landesmuseums im Juni 1938 mit der Statue des Hl. Ulrich geschehen?

Nach dem nicht zustande gekommenen Verkauf des Hl. Ulrich an das Oberösterreichische Landesmuseum hatte Lori Mahler die Figur nach Amstetten, ihrem nunmehrigen Wohnsitz, überstellen lassen. Erwin Hainisch, Landeskonservator in Linz, mit einem jüdischen Großelternteil selbst Verfolgter des NS-Regimes und 1939 als Landeskonservator zwangspensioniert,[350] hatte sich in dieser Angelegenheit im Oktober 1938 an die Zentralstelle für Denkmalschutz gewandt. Er schilderte, dass er im Zuge der Aufnahmen für die Reichsliste national wertvoller Kunstwerke auf die Statue des Hl. Ulrich in Schloss Weissenberg gestoßen war. Weiter hieß es in seinem Schreiben:

„Da das genannte Schloß als jüdischer Besitz zur Veräußerung gelangte und damit zu rechnen war, daß auch die Einrichtung verkauft werde, strebte ich zunächst an, daß die Statue von dem ob.österreichischen Landesmuseum erworben werde. ... Im Hinblick auf das Unterbleiben der Erwerbung des Bildwerkes durch das hiesige Landesmuseum entschloß sich die Eigen-

---

[347] OÖLM Archiv, Mappe KH 1938 (101-320): Kh 277/38, Lori Mahler an OÖLM (Brief vom 26.6.1938).

[348] OÖLM Archiv, Mappe KH 1939: Kh 196/39, Zentralstelle für Denkmalschutz an OÖLM (Brief vom 1.6.1939). Das Dokument findet sich auch im Archiv des BDA Wien, Topographische Akten OÖ, Weissenberg-Schloss: 3216/Dsch ex 1939.

[349] OÖLM Archiv, Mappe KH 1939: Kh 196/1939-1, Justus Schmidt an Zentralstelle für Denkmalschutz (Brief vom 9.6.1939).

[350] Vgl. zur Biographie Erwin Hainischs das Kapitel „Landeskonservatorat/Gaukonservatorat Linz 1938-1945" im vorliegenden Beitrag.

tümerin der Statue, Frau Lori Mahler, Kommerzialratswitwe, diese an ihren derzeitigen Wohnort, Amstetten (bei Herrn Hermann Wozasek) zu überführen. Da sich die Statue nun nicht mehr im Gaue Oberdonau befindet, wurde sie nicht in die von mir abgefaßten Vorschläge für die Aufnahme in die Reichsliste der national wertvollen Kunstwerke aufgenommen. Sie scheint mir jedoch für die erwähnte Reichsliste festzuhalten sein. Auch müßte im Auge behalten werden, daß das Bildwerk, im Falle es zu seiner Veräußerung käme, nach Möglichkeit in eine öffentliche Sammlung gelange."[351]
Ungefähr zur selben Zeit, im November 1938, ließ Lori Mahler Möbel, Teppiche, Bilder und „eine Holzfigur" aus ihrem Besitz von der Wiener Speditionsfirma Neusser abholen. Die Gegenstände wurden in einem Depot der Speditionsfirma in der Maria Theresienstraße in Wien eingelagert.[352]
Am 7. April 1939 wandte sich Herbert Seiberl von der Zentralstelle für Denkmalschutz, Wien an das Bürgermeisteramt Amstetten:
„Ich ersuche um Bekanntgabe der genauen Anschrift der Mahler Lori, die aus dem Schlosse Weissenberg, Verwaltungsbezirk Linz, nach Amstetten übersiedelt ist. Die Genannte wohnt angeblich bei Hermann Wozasek. Da es sich darum handelt, die Verschleppung eines wertvollen Kunstwerkes aus dem Besitz der Mahler zu verhindern, ersuche ich, die Angelegenheit als dringlich zu behandeln."[353]
Per 5. Mai 1939 übermittelte die Spedition Neusser offenbar auf Anfrage der Zentralstelle für Denkmalschutz genaue Informationen, welche Gegenstände aus dem Besitz der Lori Mahler von dieser eingelagert wurden. Die Zentralstelle für Denkmalschutz wurde daraufhin aktiv und beantragte die Sicherstellung der Statue des Hl. Ulrich.[354] Der Sicherstellungsbescheid wurde von der Verwaltung der Stadt Wien, Abteilung Kulturelle Angelegenheiten, am 7. Juni 1939 ausgesprochen.
„Auf Grund des §4a des Gesetzes betreffend das Verbot der Ausfuhr und Veräußerung von Gegenständen künstlerischer, geschichtlicher und kultureller

---

[351] BDA Wien, Topographische Akten OÖ, Weissenberg-Schloss: 3586/Dsch 1938, Erwin Hainisch an Zentralstelle für Denkmalschutz (Brief vom 14.10.1938).

[352] BDA Wien, Topographische Akten OÖ, Weissenberg-Schloss: 2343/Dsch 1939, Lagerschein Lora Mahler, Spedition Neusser Wien.

[353] BDA Wien, Topographische Akten OÖ, Weissenberg-Schloss: Zl. 3586/Dsch 1938, Zentralstelle für Denkmalschutz an Bürgermeisteramt Amstetten (Brief vom 7.4.1939).

[354] BDA Wien, Topographische Akten OÖ, Weissenberg-Schloss: ohne Zl., Entwurf des Antrags zur Sicherstellung, Zentralstelle für Denkmalschutz an Kulturamt der Gaustadt Wien. In dem aufgesetzten Schreiben heißt es u.a.: „Um jede Gefahr einer Verbringung ins Ausland auszuschließen ist die Sicherstellung zu beantragen. Frau Mahler hat sich bereit erklärt, die Plastik an eine öffentliche Sammlung zu verkaufen."

Bedeutung ... wird die Sicherstellung der im Eigentum der Lori Mahler ... stehenden Holzplastik, darstellend den hl Ulrich (österreichisch um 1450) verfügt. Die Sicherstellung erfolgt durch Verwahrung des Kunstgegenstandes im Depot der Zentralstelle für Denkmalschutz im Ministerium für innere und kulturelle Angelegenheiten. ... Begründung: Auf Grund der Auskunft der Zentralstelle für Denkmalschutz im Ministerium für innere und kulturelle Angelegenheiten ist festgestellt, daß sich im Eigentum der Lori Mahler der oben angeführte Kunstgegenstand befindet, der einen bedeutenden geschichtlichen und künstlerischen Wert darstellt. Aus dem Umstand, daß die Eigentümerin die Plastik einen (sic!) Spediteur zum Abtransport ins Ausland übergeben hat, läßt sich die Gefahr einer Verbringung des Kunstgegenstandes ins Ausland ableiten. Aus diesem Grunde erfolgt über Antrag der Zentralstelle für Denkmalschutz die Sicherstellung des Kunstgegenstandes durch seine Verwahrung im Depot der Zentralstelle."[355]
Parallel dazu bot die Zentralstelle für Denkmalschutz – auf die Eigentümerin Lori Mahler verweisend – die Statue einerseits dem Kunsthistorischen Museum als auch – wie bereits dargestellt – dem Oberösterreichischen Landesmuseum zum Verkauf an.[356] Beide Häuser lehnten ab.
Am 7. Juni 1939 beantragte die Zentralstelle eine Abänderung des Sicherstellungsbescheides: Die Verwahrung der Statue sollte Lori Mahler übertragen werden. In einer Aktennotiz der Zentralstelle hieß es dazu, nach der Ablehnung des Kunsthistorischen Museums würde das Werk „der Eigentümerin ausgefolgt, damit sie es verkaufen kann".[357] Der Sicherstellungsbescheid wurde dahingehend abgeändert, wobei die Eigentümerin verpflichtet wurde, „bei jeder geplanten Veränderung des Aufbewahrungsortes oder der Eigentumsverhältnisse der sichergestellten Kunstgegenstände die Zustimmung der Zentralstelle für Denkmalschutz einzuholen."[358]
Ein Monat später, am 22. August 1939, wurde der eben erst abgeänderte Sicherstellungsbescheid aufgehoben. Lori Mahler hatte per Brief vom 19.

---

[355] BDA Wien, Topographische Akten OÖ, Weissenberg-Schloss: 3468/Dsch 39, Sicherstellungsbescheid, Verwaltung der Stadt Wien, Abteilung Kulturelle Angelegenheiten (Zl. Mag.Abt.50/2531/39), Wien 7.6.1939.

[356] BDA Wien, Topographische Akten OÖ, Weissenberg-Schloss: 3586/Dsch 1938, Zentralstelle für Denkmalschutz an KHM (Brief vom 7.4.1939) sowie Zentralstelle für Denkmalschutz an OÖLM (Brief vom 1.6.1939).

[357] BDA Wien, Topographische Akten OÖ, Weissenberg-Schloss: Entwurf zum Antrag der Abänderung des Sicherstellungsbescheides, Zentralstelle für Denkmalschutz an Verwaltung der Stadt Wien (Brief vom 17.7.1939).

[358] BDA Wien, Topographische Akten OÖ, Weissenberg-Schloss: 50/2531/39, Sicherstellungsbescheid d. Verwaltung der Stadt Wien, Abteilung Kulturelle Angelegenheiten, Wien 25.7.1939.

Juli 1939 der Zentralstelle für Denkmalschutz folgende Mitteilung zukommen lassen:
„Ich gestatte mir zu melden, dass ich die Holzfigur (Hl. Ulrich) an Herrn Architekt ..., Wien I, verkaufen werde."[359]
Dieser Verkauf bewirkte die Aufhebung der Sicherstellung des Hl. Ulrich. Begründung:
„Da durch den Ankauf der Plastik seitens des Architekten ..., Wien I, die Gewähr gegeben ist, daß dieselbe im deutschen Kunstbesitz bleibt, wurde über Antrag der Zentralstelle für Denkmalschutz der Sicherheitsbescheid aufgehoben."[360]
Die Statue war in den Besitz eines Wiener Architekten übergegangen. Eine Privatperson wurde zum Profiteur der im nationalsozialistischen Sinn ausgelegten Ausfuhr- und Sicherstellungsbestimmungen für Kunstwerke, welche in vielen Fällen am Beginn einer Kette von Vorgängen standen, die im unfreiwilligen Verkauf von Kunstwerken endeten. Kaufunterlagen und Kaufpreis liegen in diesem Fall nicht vor.
Lori Mahler emigrierte mit ihrer Tochter Ria und deren Mann Hermann Wozasek 1939 nach New York. George Wozasek, der Sohn der beiden und Enkel Lori Mahlers, war 1938 mit einem von der Familie Rothschild organisierten Kindertransport nach Paris verbracht worden. 1940, kurz vor der nationalsozialistischen Übernahme von Paris, konnten seine Eltern ihn nach New York holen. Die restlichen Kunstgegenstände der Familien Mahler und Wozasek, für die eine Ausfuhrbewilligung erteilt wurde, kamen mit der Spedition bis Triest und wurden daraufhin nie mehr gesehen.[361] Hermann Wozasek kehrte 1951 nach Österreich zurück, zu seinen ersten Aktivitäten nach seiner Remigration zählte die Suche nach dem Hl. Ulrich.[362] Mit Hilfe eines Anwalts und des Bundesdenkmalamts konnte die Spur zu dem damaligen Käufer der Statue aufgenommen werden. Die Statue befand sich nach dessen Angaben nicht mehr in seinem Besitz. Ihr Aufenthaltsort konnte bis heute nicht ermittelt werden.

---

[359] BDA Wien, Topographische Akten OÖ, Weissenberg-Schloss: Lori Mahler an Zentralstelle für Denkmalschutz (Brief vom 19.7.1939). Vollständiger Name und Adresse des Käufers im Dokument angeführt.

[360] BDA Wien, Topographische Akten OÖ, Weissenberg-Schloss: 50/2531/39, Bescheid der Aufhebung der Sicherstellung d. Verwaltung der Stadt Wien, Wien 22.8.1939.

[361] George Wozasek erhielt von der Speditionsfirma nach 1945 die Auskunft, das Umzugsgut wäre in einem Depot in Triest bombardiert worden. Interview Wozasek. Es muss in diesem Zusammenhang darauf hingewiesen werden, dass Umzugsgut auch in Triest seit 1943 von den NS-Behörden beschlagnahmt, rücküberstellt und „verwertet" wurde. Vgl. Anderl u.a., „Arisierung" von Mobilien 195ff; Holzbauer, „VUGESTA" 42; BDA Wien, Restitutionsmaterialien Karton 14 (Depot Klagenfurt „Masse Adria").

[362] Interview Wozasek.

## 5. (Raub-)Kunstdepots in Oberdonau

*„... daß durch die beiden Bergungsorte in Oberdonau ... nunmehr der Gau Oberdonau auch auf diesem Gebiete mit an der Spitze der Bergungslandschaften des Reiches stehe".*[363]

In Bezug auf Kunst war in den Jahren 1939 bis 1945 wohl der am intensivsten damit verbundene Begriff jener der „Bergung": Der Versuch, Kunstschätze und Kunstwerke vor Kriegseinwirkungen zu schützen und in Sicherheit zu bringen, begann unmittelbar mit Kriegsbeginn 1939 und setzte sich bis in die letzten Kriegstage fort.[364] Betroffen waren davon in Oberösterreich zunächst die heimischen Sammlungen, vor allem jene des Linzer Landesmuseums, der Städtischen Sammlungen Linz und der Klöster sowie auch einzelner privater Kunstbesitz.

Das Oberösterreichische Landesmuseum begann unmittelbar mit Kriegsbeginn mit ersten Luftschutzmaßnahmen und Umlagerungen, zunehmend kam es zu Auslagerungen der Bestände, wobei vor allem das enteignete Starhemberg-Schloss in Eferding als Depot für die kunstgeschichtlichen Sammlungen fungierte.[365] Die Stadt Linz verbrachte ihre erst im Aufbau befindliche Kunstsammlung in zahlreiche Depots verstreut über ganz Oberösterreich.[366] Mit dem Klosterkunstbesitz, der seit 1942 unter Verwaltung des Landesmuseums stand, wurde auf verschiedene Weise verfahren.[367] Mit den Bergungsmaßnahmen beschäftigt waren einerseits die betroffenen Institutionen selbst, andererseits aber vor allem das Landes- bzw. Gaukonservatorat.

Neben der Bergung des „eigenen" Kunstguts kam in Oberösterreich/Oberdonau eine wesentliche Bergungskomponente hinzu: Im Gau sollten sich ab 1941 zentrale Bergungsstätten der „Führersammlung" befinden. Mit Einlagerungen von Sammlungsteilen des „Führermuseums" im Stift Kremsmünster ab 1941, in den Bergwerksstollen von Altaussee ab 1943 sowie in dem zu

---

[363] BDA, Restitutionsmaterialien, Karton 22, Mappe 5: Juraschek an Eigruber (Brief vom 4.1.1944).

[364] Vgl. als zentrale Überblicksdarstellung dazu: Frodl-Kraft, Gefährdetes Erbe.

[365] Vgl. dazu ausführlicher in Kapitel „Das Oberösterreichische Landesmuseum 1938-1945" im vorliegenden Beitrag.

[366] Als Verlagerungsorte der Städtischen Sammlungen Linz scheinen unter anderem auf: Aistersheim, Aussee, Engerwitzdorf bei Gallneukirchen, Bad Ischl, Burg Clam, Mausbach, Spittal am Pyhrn, Schloss Weinberg in Kefermarkt. Vgl. AStL, Kulturarchiv, Sch. 252, Mappe Rückführung, Verlagerung von Sammlungsbeständen 1942-1946.

[367] Vgl. dazu am Beispiel St. Florian die Darstellung von Friedrich Buchmayr in der vorliegenden Studie.

Oberdonau gehörigen Stift Hohenfurth wurde Oberdonau zu einem zentralen Bergungsgebiet von Kunstwerken aus „Reichsbesitz", in einer nicht geringen Zahl damit auch von enteigneten Kunstwerken. In den Bergungsorten kam es nicht selten zu einem Aufeinandertreffen von heimischem Kunstbesitz und enteigneten Beständen: In Eferding beispielsweise befand sich inmitten des Landesmuseumsbestands auch jener enteignete Kunstbesitz, den das Museum 1940 aus Wien zugeteilt bekommen hatte. Kremsmünster fungierte ausschließlich als Depot für die „Führersammlung", in Altaussee wiederum kam es zum Aufeinandertreffen von staatlichem österreichischen Kunstgut und Kunstwerken aus NS-Reichsbesitz.

Nachdem die Thematik der „normalen" Kunstbergungen in Oberösterreich den Rahmen und die Vorgabe dieser Arbeit sprengen würde, soll im Folgenden auf jene beiden Kunstdepots Oberdonaus eingegangen werden, die in intensivem Zusammenhang mit der „Führersammlung" und damit auch mit enteigneter Kunst standen: Kremsmünster und Altaussee. Die Kunsteinlagerungen von Altaussee sind aufgrund der beinahe unfassbaren Dimension des dorthin verbrachten europäischen Kulturguts und auch aufgrund des dramatischen Rettungsfinales in den letzten Kriegstagen von 1945 von relativ großer Bekanntheit, die ebenfalls zentrale Rolle der Einlagerungen in Kremsmünster ist dagegen bis dato weitgehend unbekannt.

## Die Kunsteinlagerungen im Stift Kremsmünster

*„Gleichzeitig rollten aus West und Ost Woche um Woche die ersten Kunsttransporte in nicht abreißender Folge in Kremsmünster ein. Es war dies der Beginn der größten Kunstgüteranhäufung, der gewaltigsten Massenbewegung an Gemälden und Kunstwerken aller Art, die die Weltgeschichte bisher gekannt hat."*[368]

Das 777 gegründete oberösterreichische Stift Kremsmünster verfügt über eine eigene erlesene Kunstsammlung, die im Lauf der Jahrhunderte ihren Eingang in das Kloster fand.[369] In den Jahren zwischen 1941 und 1944 sollten allerdings Kunstwerke in den Räumlichkeiten des Klosters Einzug finden, die nicht zum Stiftsbesitz gehörten: Das 1941 beschlagnahmte und

---

[368] Juraschek, Klosterdenkmale 93.

[369] Vgl. Hans Bertele-Grenadenberg, Die Kunstdenkmäler des Benediktinerstiftes Kremsmünster II: Die stiftlichen Sammlungen und die Bibliothek (Österreichische Kunsttopographie 43, Wien 1977).

enteignete Kloster wurde zu einem zentralen „Kunstdepot" für die „Führersammlung".
Am 12. März 1938 notierte der Kremsmünsterer Mönch P. Richard Rankl in seinem Tagebuch:
„Heute sind um ca. ½ 2 h nachm. die deutschen Truppen in Kremsmünster eingezogen und haben Tanks usw. auf dem unteren Marktplatz aufgestellt – alles in vollster Ruhe selbstverständlich ohne jedweden Widerstand. – Für das Stift werden wohl die nächsten Jahre allerhand Schwierigkeiten kommen ..."[370]
Tatsächlich wurde das Stift Kremsmünster durch eine Verfügung der Gestapo vom 3. April 1941 beschlagnahmt, gleichzeitig wurde der Abt aus dem Gau verwiesen. Per Verfügung vom 22. November 1941 wurde das beschlagnahmte Vermögen des Stiftes zu Gunsten des Gaus Oberdonau eingezogen.[371] Die Sammlungen des Klosters wurden nach ihrer Enteignung unter die Verwaltung des Oberösterreichischen Landesmuseums („Museum des Reichsgaues Oberdonau") gestellt.[372]
Unmittelbar nach der Beschlagnahme des Klosters waren auch bereits die Weichen dafür gestellt worden, womit Kremsmünster in den nächsten Jahren vorwiegend konfrontiert sein würde: Kremsmünster sollte zum zentralen Kunstdepot des Deutschen Reichs, zum Kunstdepot der „Führersammlungen" werden. Gauleiter August Eigruber hatte einen diesbezüglichen Vorschlag im April 1941 nach München übermittelt:
„Als erstes Gebäude, welches für die Aufnahme der Kunstgegenstände am geeignetsten ist, schlage ich das Stift Kremsmünster vor. Es liegt im entlegenen Kremstal an einer vollkommen unwichtigen Bahnlinie, ist von Linz 28 und von Steyr 20 km Luftlänge entfernt."[373]

---

[370] Stiftsarchiv Kremsmünster (StAKr), Tagebuch Richard Rankl XV, Eintrag vom 12.3.1938, 106f.
P. Richard Rankl (1890-1948) war bis 1938 als Gymnasialprofessor des Stiftsgymnasiums tätig. Als Finanzreferent war er auch Mitglied des Kremsmünsterer Gemeindetags während der Ständestaatperiode 1935-1938. 1938 verlor er beide Positionen, er verblieb während der NS-Zeit allerdings im Kloster in der Funktion des Wirtschaftsdirektors. Nach der Beschlagnahme des Stiftes 1941 wurde er vom exilierten Abt zum „Administrator der Benediktiner von Kremsmünster" bestellt. Rankl verstarb 1948. Vgl. Altmann Kellner, Profeßbuch des Stiftes Kremsmünster (Klagenfurt o.J.) 528f.
Rankls erhaltene Tagebücher stellen eine umfassende Quelle zur NS-Geschichte des Klosters sowie auch zur hier diskutierten Problematik der Kunstbergungen in Kremsmünster dar. Die Verfasserin dankt an dieser Stelle dem Stiftsarchivar P. Benedikt Pitschmann für die Möglichkeit zur Einsichtnahme in diese bedeutende Quelle.

[371] Vgl. Rudolf Hundstorfer, Das Stift unterm Hakenkreuz (Kremsmünster/Linz 1961) 40f.

[372] Vgl. Direktionsbericht OÖLM 1942/43. In: JbOÖM 91 (Linz 1944) 371.

[373] BAK, B 323, Sch. 164: Eigruber an Führerbau München (Brief vom 22.4.1941).

Die Idee, Bestände des geplanten „Führermuseums" im oberösterreichischen Stift Kremsmünster zu lagern, stammte allerdings nicht von Eigruber persönlich. Der Gaukonservator von Oberdonau, Franz Juraschek, hatte im Februar 1941 dem Gauleiter vorgeschlagen, Adolf Hitler bzw. Hans Posse anzubieten, die Führersammlung in Oberdonau zu lagern. Indem Juraschek Eigruber darlegte, welch wertvolle Stücke sich bereits in der Führer-Sammlung befänden und dass Posse beabsichtige, diese zentral an einem Ort zu lagern, kam Juraschek in seinem diesbezüglichen Schreiben zum Punkt: „Darf ich die Bitte aussprechen, daß Sie, Gauleiter, dem Führer den Wunsch des Gaues zum Ausdruck bringen, daß dem Gau Oberdonau, dem die gewaltige Spende seinerzeit zukommen soll, auch die Aufbewahrung für die Zwischenzeit anvertraut werde."[374]

Eine weitere Überlegung, geschickt zurückhaltend formuliert, beschloss den Brief:
„Ich weiß nicht recht ob ich noch darauf hinweisen soll, daß es vielleicht gut wäre, die wertvollen Gegenstände der Führerspende schon in der Zwischenzeit in Form einer Ausstellung zugänglich zu machen. Denn man sollte so wertvolle Kunstgegenstände nicht auf eine längere Reihe von Jahren der Allgemeinheit entziehen. Vielleicht widerspricht aber ein derartiger Wunsch dem Willen des Führers."[375]

Gauleiter Eigruber dürfte Gefallen an dem Vorschlag gefunden haben, die Bestände des „Führermuseums" in seinen Gau zu verbringen. Er konnte damit einerseits bedeutende Kunstwerke zumindest zwischenzeitlich für den Gau gewinnen und andererseits Besuche Hitlers zur Besichtigung derselben erwirken. Zweifellos sah Eigruber sich Seite an Seite mit Adolf Hitler die prächtigen Kunstwerke in Kremsmünster besichtigen. Er übermittelte den Vorschlag umgehend im April 1941 nach München.[376] Neben der geographischen Lage Kremsmünsters schilderte Eigruber in diesem Schreiben auch die Unterbringungsmöglichkeiten im beschlagnahmten Kloster: Es stünden ein 16 mal 26 Meter großer Raum, der Kaisersaal („auch als Vorführungsraum geeignet"), weiters zwei Säle und 14 große Räume zur Verfügung, weitere 20 große Räume kämen dazu, wenn derzeit untergebrachte Umsiedler aus Bessarabien „nach dem Osten verlegt" wären.[377]

---

[374] BDA Linz, Sachakten, Karton S. L-N: 227/41, Juraschek an Eigruber (Brief vom 8.2.1941). Ein Brief mit gleichlautendem Text und früherer Datierung (14.11.1940) liegt ebenfalls im Akt, handschriftlich dazugefügt „nicht abgesandt!".

[375] BDA Linz, Sachakten, Karton S. L-N: 227/41, Juraschek an Eigruber (Brief vom 8.2.1941).

[376] BAK, B 323, Sch. 164: Eigruber an Führerbau (Brief vom 22.4.1941).

[377] Ebd.

Eigruber war erfolgreich: Offenbar unmittelbar nach Vorlage seines Vorschlags kam es zum „Führerentscheid", die „für das Führermuseum bereits angekauften Kunstwerke an einer Stelle im Gau Oberdonau zu vereinigen".[378] Juraschek wandte sich daraufhin unmittelbar an Hans Posse und bat diesen noch einmal direkt, seine Einwilligung für Kremsmünster zu geben. „Wir sind über diesen Führerentscheid natürlich sehr glücklich und hoffen, daß auch Sie damit einverstanden sein werden, daß die geplante Aufstellung des Führermuseums, das heißt die vorläufige Deponierung dieser Bestände in einem Gebäude des Gaues durchgeführt wird. Hiezu würde sich nur am besten das Stiftsgebäude von Kremsmünster eignen."[379]
Juraschek bat Posse so rasch wie möglich zu einer Besichtigung, und tatsächlich besichtigte Posse bereits am 9. Mai gemeinsam mit Justus Schmidt und Franz Juraschek das Stift Kremsmünster. Posse war von den Räumlichkeiten angetan, am 12. Mai 1941 konnte Gaukonservator Juraschek Eigruber vom positiven Verlauf der Besichtigung Kremsmünsters durch den „Sonderbeauftragten für Linz" berichten. Juraschek betonte dabei besonders, dass Posse Gefallen gefunden habe an der Möglichkeit, Ausstellungsräume zur Verfügung zu haben, die „anlässlich eines Führerbesuchs" benützt werden könnten, eine Möglichkeit, die in den anderen Depots so nicht bestehe. Fazit: „Darum wird Posse in einem Bericht an den Führer ... die Heranziehung von Kremsmünster als Depot für das Führermuseum warm befürworten."[380]
Jurascheks Plan war also aufgegangen, die Bestände des „Führermuseums" sollten nach Kremsmünster gebracht werden. Während der Gaukonservator in seinen Briefen an den Gauleiter sehr geschickt appelliert hatte, wie wichtig diese Einlagerung für die Stellung und den Einfluss des Gaus wäre, brachte er eine andere Überlegung in diesen Briefen nicht zum Ausdruck. Denn stimmen die Aussagen Jurascheks, war seine persönliche Motivation, Kremsmünster als Depot für Bestände des „Führermuseums" vorzuschlagen, einer anderen Überlegung zuzuschreiben, als er dies Eigruber gegenüber dargestellt hatte: In einem Brief an Generalkonservator Robert Hiecke in Berlin vom 13. Mai 1941 teilte Denkmalpfleger Juraschek diesem mit, dass er nach der Beschlagnahme der oberösterreichischen Klöster in großer Sorge um die Erhaltung einzelner Stifte gewesen sei. Insbesondere für Kremsmünster hätten nach Ansicht des Gaukämmerers von Oberdonau

---

[378] BDA Linz, Sachakten, Betreff „Kunstwerke, beschlagnahmte": 892/3-41, Juraschek an Posse (Brief vom 24.4.1941).

[379] Ebd.

[380] BDA Linz, Sachakten, Karton S. L-N:1049/41, Juraschek an Eigruber (Brief vom 12.5.1941).

keine finanziellen Mittel aufgewendet werden sollen. Um die Erhaltung des Gebäudes zu sichern, habe Juraschek den Vorschlag gemacht, Kremsmünster als Depot für das „Führermuseum" zu verwenden.
„Es bestand die Absicht und sie ist noch nicht völlig fallen gelassen, das Stiftsgebäude von Kremsmünster an den erstbesten Interessenten zu verschenken. ... Um Zeit zu gewinnen habe ich im Einvernehmen mit dem Kulturbeauftragten Oberregierungsrat Dr. Fellner den Vorschlag gemacht, Kremsmünster als Depot für das zukünftige Führermuseum in Linz zu verwenden. Der Führer hat bereits grundsätzlich zugestimmt und sein Beauftragter Direktor Dr. Posse – Dresden hat die in Betracht kommenden Räume am Freitag, den 9. Mai bereits mit mir besichtigt und für gut, ja sogar für ausgezeichnet gefunden. ... Bis zur Vollendung des Neubaues des Führermuseums in Linz wäre also die Erhaltung des Gebäudes in kulturellem Rahmen gesichert. ... Wir rechnen mindestens mit einem Zeiträume von 6 Jahren, während dessen die genannten Kunstwerke in Kremsmünster zu verbleiben hätten. Es ist dies ein Zeitraum, der es gestattet, die zukünftige endgültige Verwendung dem Kulturwert des Gebäudes entsprechend sorgfältig vorzubereiten."[381]
Jurascheks Überlegung entspricht dabei durchaus dem immer wieder angewendeten Prinzip, im Fahrwasser des „Sonderauftrags Linz" Privilegien zu erwirken. Wenn der „Sonderstab Linz" involviert war, schienen die Finanzen gesichert gewesen zu sein. Dies galt in diesem Fall auch für die Erhaltung des beschlagnahmten Klosters Kremsmünster. Juraschek war es offenbar recht geschickt gelungen, Eigrubers Bestreben nach Einfluss in Berlin auszunützen und für seine Sache zu verwenden: Nicht nur war die Erhaltung von Kremsmünster gesichert, durch die Einlagerung von Beständen des „Führermuseums" in Oberdonau gewannen sowohl der Gauleiter als auch der Gaukonservator an Macht und Einfluss.
Noch im Sommer 1941 gingen die ersten Kunsttransporte nach Kremsmünster. Pater Richard Rankl notierte im November 1941:
„Im Lauf des Sommers kamen dann die Transporte mit Bildern, Möbeln u.a. Kunstwerken – von Wien her bzw. München her. Im Kaisersaal soll ein sehr großes Gemälde von Makart sein, das der Duce – Mussolini dem Führer geschenkt hat. Das Refektorium ist komplett mit Möbeln und Kunstwerken ausgefüllt, gegen das Windenzimmer zu ist die Tür abgemauert. Als Speisezimmer dient uns das ‚Rekreationszimmer' in das wir durch eine neu

---

[381] BDA Linz, M17: Juraschek an Robert Hiecke (Brief vom 13.5.1941). Vgl. auch Juraschek, Klosterdenkmale 93f.

gebrochene Tür vom Dienerspeisezimmer hineinkommen. Auch der Zugang zur Sakristei vom Konvent aus ist abgemauert – jetzt sind die meisten Zimmer mit Kunstschätzen belegt."[382]

Richard Rankl beschrieb die weitreichenden Auswirkungen, die die Kunsteinlagerungen für die im Kloster verbliebenen Personen im Zusammenhang mit den räumlichen Umstrukturierungen hatten. Er notierte auch immer wieder, wenn größere Transporte von Kunstwerken im Kloster eintrafen. Eingeweiht in die tatsächlichen Vorgänge rund um die Kunsteinlagerungen war er allerdings kaum, offenbar hatte er auch keinen Zugang zu den Depoträumen. Vor Ort zuständig war vielmehr Dr. P. Petrus Mayrhofer. Der Absolvent der Akademie der Bildenden Künste konnte als einer der wenigen Kremsmünsterer Patres auch während der NS-Zeit im Kloster bleiben und war dabei vorwiegend mit den Angelegenheiten der Kunsteinlagerungen betraut. Er verfügte über gute Beziehungen zu den Referenten für den „Sonderauftrag Linz" und versuchte sich auch als „Kunsthändler", indem er nachweislich zumindest in einem Fall ein Bild für das „Führermuseum" anbot.[383] Zumindest interimistisch wurde er Ende 1942 auch offiziell zum „Leiter der Kunstverwaltung des Führermuseums" bestellt.[384]

P. Richard Rankl kommentierte dies folgendermaßen: „Man sieht, daß man auf die Geistlichen als Mitarbeiter ansteht – sonst hätte man ihnen natürlich nie solche Vertrauensposten übertragen!"[385] Schon wenige Wochen später berichtete Rankl allerdings, dass P. Petrus mitgeteilt wurde, „daß seine jetzige Stellung als Verwalter der Kunst auch nur vorübergehend sei, bis jemand Passenderer gefunden wird".[386] Im Februar 1943 schließlich wurde Justus Schmidt die Leitung der Depotverwaltung in Kremsmünster über-

---

[382] StAKr, Tagebuch Richard Rankl XVII, Eintrag November 1941, 34. Vgl. auch Benedikt Pitschmann, Die Einlagerung von Kunstschätzen im Stift Kremsmünster (1941-1944). In: Jahresbericht des öffentlichen Stiftsgymnasiums Kremsmünster 138 (1995) 59-61.

[383] Für das Gemälde „Prateralle" von Adolf Kaufmann, das Mayrhofer aus „eigenem Besitz" dem Referenten des „Sonderauftrags Linz", Gottfried Reimer, anbot, zeigte dieser Interesse und bot dafür den beachtlichen Preis von RM 15.000. BAK, B 323, Sch. 123: Gottfried Reimer an Petrus Mayrhofer (Brief vom 29.1.1944).

[384] StAKr, Tagebuch Richard Rankl XVIII, Eintrag 4.12.1942, 117. Die Position ist offenbar in dem Sinne zu verstehen, dass Mayrhofer als „Depotverantwortlicher" für Kremsmünster eingesetzt wurde. Außer Rankls Aufzeichnung, in der er wiedergibt, Mayrhofer wäre von Dr. Gottfried Reimer in diese Funktion eingesetzt worden, konnte bislang kein anderes Dokument gefunden werden, das diese Einsetzung bestätigt.

[385] Ebd.

[386] StAKr, Tagebuch Richard Rankl XVIII, Eintrag 18.12.1942, 131.

tragen.[387] Petrus Mayrhofer blieb weiterhin in der Betreuung der eingelagerten Kunstgegenstände tätig und unterstand darin direkt Justus Schmidt. Noch im Sommer 1943 intervenierte allerdings die NSDAP-Kreisleitung Kirchdorf bei der Gauleitung gegen Mayrhofers Position und bezeichnete diesen als einen der „gefährlichsten Vertreter der Kirche".[388] Der Angriff prallte allerdings auf allen Ebenen ab: Der Referent für den „Sonderauftrag Linz", Gottfried Reimer, bezeichnete Mayrhofer als vertrauenswürdige und kompetente Persönlichkeit, die auch das Vertrauen Posses besessen hätte, und hielt die Kampagne für eine Denunziation, die möglicherweise vom Stiftsverwalter ausging.[389] Justus Schmidt wiederum konnte Reimer nach einer Besprechung mit Gaukämmerer Danzer mitteilen, dass auch im Gau die Meinung bestehe, dass für politische Beurteilungen lediglich die Gestapo zuständig und „Mayrhofer bei der Gestapo gut angeschrieben sei".[390] Mayrhofer blieb damit weiterhin für die Kunstdepotverwaltung tätig.[391]

Wie Rankl richtig beobachtet und auch aufgezeichnet hatte, kamen seit dem Sommer 1941 zahlreiche Kunsttransporte nach Kremsmünster. Die Auswahl der nach Kremsmünster gebrachten Kunstgegenstände entsprach aber zunehmend weniger Gaukonservator Jurascheks Vorstellungen. Schon im Oktober 1941 berichtete er Gauleiter Eigruber über seine Besorgnis, dass Hans Posse seine Anweisungen verändert habe. Es sollten nun nicht mehr, wie ursprünglich geplant, die wertvollen Kunstwerke aus den Wiener beschlagnahmten Sammlungen nach Kremsmünster gebracht werden, sondern diese – sofern schon in Kremsmünster eingetroffen – nach München weitertransportiert und im Gegenzug dazu „zweit- und drittrangige Werke" aus München nach Kremsmünster verbracht werden. Dies war nun gar nicht in

---

[387] OÖLM Archiv, Mappe Direktion 1942/43: D 27/43, Gottfried Reimer an Theodor Kerschner (Brief vom 17.2.1943). Angesichts des intensiven Engagements des Gaukonservators Juraschek für das „Reichskunstdepot Kremsmünster" ist es verwunderlich, dass nicht er, sondern Justus Schmidt diese Funktion erhalten hatte. Es ist die Entscheidung möglicherweise auf eine Einflussnahme Gauleiter Eigrubers zurückzuführen, der mit Juraschek in keinem guten Verhältnis stand.

[388] BAK, B 323, Sch. 124: Nr. 759, NSDAP-Kreisleitung Kirchdorf an den Gauleiter (Brief vom 30.8.1943). Das Schreiben erscheint in seiner gesamten Diktion höchst lächerlich und ist klar auf eine offenbar erfolgte Denunziation zurückzuführen. Unter anderem wird als „Delikt" angeführt, Mayrhofer habe in seinem eigenen künstlerischen Schaffen den Bauernkriegsführer Fadinger „nur als Räuberhauptmann" dargestellt. Das Schreiben fordert, Geistliche grundsätzlich von verantwortungsvollen Positionen abzuziehen.

[389] BAK, B 323, Sch. 124: Nr. 751, Reimer an Schmidt (Brief vom 5.10.1943).

[390] BAK, B 323, Sch. 124: Nr. 748, Schmidt an Reimer (Brief vom 12.10.1943).

[391] Tatsächlich erscheint Mayrhofers Rolle während der NS-Zeit zwiespältig. Er wurde nach Kriegsende beschuldigt, Vertrauensmann der Gestapo in Kremsmünster gewesen zu sein. Vgl. StAKr, Tagebuch Richard Rankl XXI, Eintrag 28.5.1945. Bis 1948 war er schließlich im Lager Moosburg, Bayern, inhaftiert, wo er auch als Lagerseelsorger tätig war. 1949 wurde er laisiert. Vgl. Kellner, Profeßbuch 546.

Jurascheks Sinne, und er versuchte Posses Anweisungen zu unterhöhlen, indem er nur einen Teil der Wiener Gemälde nach München abholen ließ. Sein Bericht an Gauleiter Eigruber über die Situation in Kremsmünster vom 23. Oktober 1941 gibt ein anschauliches Bild des „Reichskunstdepots Kremsmünster" zu diesem Zeitpunkt:
„Gauleiter! Über Auftrag des stellvertretenden Gauleiters berichte ich über die in Kremsmünster eingelangten Bestände für das Führermuseum. Im Sinne der von Ihnen erwirkten Führerweisung hat Dir. Posse Dresden Ende Mai 1940 (sic) angeordnet, daß das für den Führer in Wien bereitgestellte Kunstgut sowie die holländischen Ankäufe nach Kremsmünster geschafft würden. Tatsächlich langten im Juni 9 Transporte aus Wien ein, vor allem mit wertvollem Mobiliar, Kunstgewerbe und etwa 250 Gemälden, alles aus ehemalig ostmärkischem Besitz, ferner aus Amsterdam die Sammlung Lanz, ebenfalls Mobiliar und 100 Gemälde, in Kremsmünster ein. Im Juli änderte Posse plötzlich seine Anweisungen. Ob ein Führervortrag hiefür vorlag, weiß ich nicht. Er ließ die für Kremsmünster bereits angekündigten weiteren Sendungen aus Wien nicht mehr abrollen. Dafür kamen 5 Transporte aus München mit zum großen Teil zweit- und drittrangigen Werken an, die meist für das Führermuseum in Linz nicht in Betracht kommen, da sie dafür nicht gut genug sind. Dann teilte er mit, daß die sehr wertvolle Slg. Lanz nicht auszupacken sei, da sie vielleicht von Kremsmünster wieder abgeholt werden würde. Am 1. 8. telegrafierte er an mich, daß die aus Wien eingelangten Gemälde, also die oben genannten 250 Bilder, als Rückfracht nach München mitgenommen werden sollen. Ich ließ jedoch nur die Wiener Gemälde eines einzigen Depotraumes fortnehmen. Darunter sind wertvolle altdeutsche Bilder, Italiener, Holländer, Franzosen und Österreicher des 19. Jahrhunderts wie Holbein, Cranach, Andrea del Sarto, Salvator Rosa, Teniers, Cujp, Watteau, Troyon, F. Alt, Pettenkofen (im Ganzen 68 Stück). Außer Mobiliar und Kunstgewerbe ist daher gegenwärtig in Kremsmünster an Bildern: aus Wien 180, aus Amsterdam 100, aus München 800. Wertvoll sind die Bestände aus Wien und Amsterdam, ferner etwa 50 ausgezeichnete Werke, die aus München stammen. An Künstlern sind unter anderem vertreten Waldmüller, Rudolf Alt, Makart, Pollaiuolo, Signorelli, Giorgione, Tintoretto, Rubens. Auf Grund dieser Tatsachen, Mitteilung des Beauftragten aus München, Informationen, die ich aus Wien einholte, und endlich einem Ferngespräch mit Posse selbst am 20.10. ergibt sich folgendes Bild: Posse ist der Ansicht, daß der Führer die Kunstbestände in Kremsmünster jetzt nicht ansehen wird; dies komme erst nach dem Kriege in Betracht. Deshalb sollen alle Gemälde von Wert von Kremsmünster wie-

der abgeholt und nach München gebracht werden. Seit Ende Juli sind die weiteren Transporte aus Wien mit Werken aus der Ostmark, zum Teil auch aus Oberdonau, ebenso wie die weiteren Transporte aus Holland nur mehr nach München geleitet worden. Um hiefür in München Platz zu schaffen, ist das Mindergute, das noch in München lag, nach Kremsmünster gebracht worden. Kremsmünster wird so zu einem Depot für zweitrangige Gemälde und verliert völlig die ihm ursprünglich zugedachte Bedeutung."[392]

Die vorhandenen Aufzeichnungen geben aber darüber Auskunft, dass auch weiterhin Transporte aus Wien in Kremsmünster einlangten. Im April 1942 berichtete Rankl vom Eintreffen dreier großer Möbelwagen, die Wandverkleidungen des Rothschild-Palais aus Wien anlieferten.[393] Im September 1942 wurden 45 Gemälde und Kunstgegenstände aus den Beständen konfiszierter Sammlungen vom Institut für Denkmalpflege aus nach Kremsmünster verbracht.[394] Auf der Transportliste sind Werke aus den Sammlungen Rothschild, Bondy, Pollak und anderer verzeichnet, darunter mehrere Bilder von Waldmüller, Amerling und Rudolf von Alt, verschiedene Plastiken, Kunstgegenstände und Möbel. Im Jänner 1943 wurden aus dem so genannten Depot „Jagd" bei Wien im Zuge seiner Auflösung Gegenstände aus der Rothschild-Sammlung nach Kremsmünster überstellt. Tatsächlich kam es aber auch zu einer großen Zahl von Auslagerungen aus München nach Stift Kremsmünster: Zwischen dem 1. August 1941 und dem 28. November 1943 wurden in zwölf Transporten insgesamt 1.732 Gemälde aus dem Depot des Führerbaus in München nach Kremsmünster verbracht.[395]

Am 8. Oktober 1942 hatte Rankl als vorläufigen Stand der Einlagerungen notiert: „An Kunstwerken sind derzeit etwa 5000 Bilder im Stifte untergebracht und außerdem etwa 400 Kisten!"[396]

Als „Reichskunstdepot" wurden für den Klosterkomplex von Kremsmünster Tarnungs- und Sicherheitsmaßnahmen von oberster Stelle geregelt. Ein Bericht, der im Juni 1943 an den „Obersalzberg" zu Handen Martin Bormanns telegrafiert wurde, gibt über die besondere Art und Weise der Tarnung des Klosterkomplexes Aufschluss.

---

[392] BDA Linz, Sachakten, Karton S. L-N: 231/41, Juraschek an Eigruber (Brief vom 23.10.1941).

[393] StAKr, Tagebuch Richard Rankl XVII, Eintrag 21.4.1942, 164.

[394] BDA, Restitutionsmaterialien, Karton 13/2, Mappe 1: „Verzeichnis der anfangs September 1942 von Wien (Institut für Denkmalpflege) nach Kremsmünster (Stift) überführten Kunstgegenstände".

[395] BAK, NS 6-413: Transportlisten München Führerbau nach Kremsmünster.

[396] StAKr, Tagebuch Richard Rankl XVII, Eintrag 8.10.1942. Im Vergleich mit den anderen vorliegenden Quellen erscheint diese Zahl sehr hoch.

„die tarnung von kremsmuenster wird ... in der weise durchgefuehrt, dass von dem gesamten großen komplex einzelne besondere teile mit netzen getarnt werden, sodass der gesamtkomplex von oben wie vier getrennte vierkantbauernhoefe aussieht, die in oberdonau sehr haeufig sind. ... gauleiter eigruber werde ich bitten, ... eine flugzeugaufnahme von kremsmuenster anfertigen und ihnen einsenden zu lassen."[397]
Das Fernschreiben wurde Adolf Hitler persönlich vorgelegt, der offenbar intensiv an dieser Angelegenheit Anteil nahm. Handschriftlich ist dem Dokument hinzugefügt: „Auf die Luftaufnahme legt der Führer besonderen Wert."[398]
P. Richard Rankl schien mit den Tarnmaßnahmen im Stift keine große Freude gehabt zu haben: „Wie mir gestern Baumeister ... mitteilte, soll das Stift mit grüner Tarnfarbe angestrichen werden wegen Luftschutz. Da werden wir dann schön ausschauen!"[399]
Trotz aller Tarnungsmaßnahmen bot das Stift Kremsmünster im zunehmenden Bombenkrieg zu wenig Sicherheit. Noch 1943 wurde daher mit der Räumung des Depots begonnen. In einem Brief des Referenten des „Sonderauftrags Linz", Gottfried Reimer, wurde diese Entscheidung auf einen „Befehl des Führers" zurückgeführt.[400] Da in diesem Brief die Reichsbahndirektion aufgefordert wurde, möglichst rasch Waggons zur Verfügung zu stellen, ist allerdings denkbar, dass der Hinweis auf den „Führerbefehl" der Sache lediglich den nötigen Nachdruck verleihen sollte. Die Situation wurde tatsächlich zunehmend bedrohlicher: Am 3. April 1944 telegraphierte Gottfried Reimer nach Kremsmünster, ob „unsere Bestände bei gestrigem Luftangriff irgendwie beschädigt wurden und ob Gebäudeschaden im Stift entstanden" wäre.[401] Bereits am 24. Februar hatte Reimer Fritz Dworschak vom Kunsthistorischen Museum in Wien von einem Bombenangriff in Kremsmünster berichtet und festgestellt:
„Jedenfalls wird die Situation für unsere Kunsttransporte immer bedrohlicher und muss von uns mit äussertem Einsatz aller Kräfte die Fertigstellung des neuen Bergungsortes und die Umlagerung der bisher in Kremsmünster

---

[397] BAK, NS 6-73: Fernschreiben Hummel, Führerbau an Bormann (Telegramm vom 19.6.1943).
[398] Ebd.
[399] StAKr, Tagebuch Richard Rankl XVIII, Eintrag 17.11.1942, 99.
[400] BAK, B 323, Sch. 123: Gottfried Reimer an Reichsbahndirektion Linz (Brief vom 4.9.1944). Darin heißt es: „Auf Befehl des FÜHRERS werden seine Kunstsammlungen und die für das im Aufbau begriffene Neue Kunstmuseum Linz bestimmten Bestände, die bisher im ehemaligen Stift Kremsmünster eingelagert waren, aus Luftschutzgründen umgelagert."
[401] BAK, B 323, Sch. 123: Gottfried Reimer an Petrus Mayrhofer (Telegramm vom 3.4.1944).

noch zurückgebliebenen Bestände betrieben werden, ehe ein größeres Unglück passiert!"[402]
Die in Kremsmünster eingelagerten Bestände wurden zum Teil nach Hohenfurth verbracht, vorwiegend jedoch nach Altaussee transferiert, wo die Bergwerksstollen zum letzten Depot des Bestandes des „Linzer Führermuseums" werden sollten.
Wenngleich Kremsmünster nicht das wurde, was Gaukonservator Juraschek beabsichtigt hatte, nämlich das einzige und zentrale Depot für das „Führermuseum", von Adolf Hitler regelmäßig besichtigt und im besten Fall bereits als Museum für die Öffentlichkeit zugänglich, bot die Einlagerung wesentlicher Bestände des „Führermuseums" doch eine große Zahl an Vorteilen und Einflussmöglichkeiten für den Gau. Sowohl der Gauleiter als auch mehrere Kunstfachmänner im Gau, wie Franz Juraschek, Justus Schmidt oder auch Petrus Mayrhofer, befanden sich dadurch in einem Naheverhältnis zum Stab des „Sonderauftrags Linz", dessen Machtkompetenzen sie immer wieder für ihre Zwecke nutzen konnten. Dementsprechend kann neben dem späteren Bergungsdepot Altaussee das „Reichskunstdepot Kremsmünster" als das bedeutendste Bindeglied zwischen dem „Sonderauftrag Linz" und dem Gau Oberdonau betrachtet werden.[403]

## Die Bergwerksstollen von Altaussee

*„Amerikanische Museumsbeamte und Experten erklären denn auch 1945, daß es der beste Bergungsort sei, den sie auf ihrer Europareise getroffen haben."*[404]

Kremsmünster konnte aufgrund des beginnenden Bombenkrieges keine ausreichende Sicherheit für die Kunstgüter mehr gewährleisten. Denkmalpfleger und Gaukonservator Franz Juraschek, auf dessen Initiative das Kloster Kremsmünster 1942 als Depot für die „Führersammlung" ausgewählt worden war, schrieb dazu rückblickend: „Die Winterschlacht in Russland 1941 verändert die Situation von Grund auf. Neuerdings taucht das dro-

---

[402] BAK, B 323, Sch. 123: Gottfried Reimer an Fritz Dworschak (Brief vom 24.2.1944).

[403] Erwähnt werden sollte noch, dass das Stift Kremsmünster auch in den ersten Nachkriegsjahren als Kunstdepot fungierte, in dem enteignete Kunstwerke vor ihrer Restitution zwischengelagert worden waren. Vgl. BDA Wien, Restitutionsmaterialien, Karton 13/3.

[404] Juraschek, Klosterdenkmale 95.

hende Gespenst der Luftgefahr auf. Schon bedauerte der Denkmalpfleger, so viel an Kunstschätzen in St. Florian und Kremsmünster vereint zu haben. Das Beste wird man jedenfalls in ein Depot unter die Erde bringen müssen."[405]
Gaukonservator Juraschek begann in Betracht kommende Stollen zu überprüfen. Er schickte seine Ergebnisse und Vorschläge nach Wien, im Sommer 1943 kam es zu einer Besichtigung und Prüfung des vorgeschlagenen Depots in den Altausseer Salzbergstollen, die mit der Befürwortung des Depots endeten. Jurascheks eigenen Aussagen zufolge sah er sich damit als Initiator der Bergungen in Altaussee. In einem Brief an Gauleiter Eigruber vom 4. Jänner 1944 führte Juraschek den Vorschlag zur Einlagerung der Kunstgüter in Altaussee klar auf seine Initiative zurück. Er schrieb Eigruber, dass er sich freue, „daß durch die beiden Bergungsorte in Oberdonau, die ich vorgeschlagen habe, ... nunmehr der Gau Oberdonau auch auf diesem Gebiete mit an der Spitze der Bergungslandschaften des Reiches stehe".[406]
In einem Gutachten über die Bedingungen im Bergwerk, das Juraschek im Dezember 1943 verfasst hatte, formulierte er ebenfalls klar: „Anlass für meinen Vorschlag, das Salzbergwerk in Altaussee zur Bergung wertvollster Kunstwerke heranzuziehen ... ."[407] Die Autorin Katharina Hammer führt divergierend zu Jurascheks Aussagen die Auskunft einer ehemaligen Mitarbeiterin des Bundesdenkmalamts an, die meinte, es wäre Herbert Seiberl vom Institut für Denkmalpflege in Wien gewesen, der Altaussee als Depotmöglichkeit vorgeschlagen habe.[408]
Die Bergungen begannen im Sommer/Herbst 1943 und sollten zunächst nur österreichisches Kunstgut beinhalten. Juraschek notierte, die ersten Einlagerungen wären im Oktober erfolgt und die Bergung oberösterreichischer Kunstwerke wäre im November schon abgeschlossen gewesen.[409] Im Dezember 1943 verfasste Franz Juraschek eine Aufstellung des wertvollsten Kunstguts des Gaus Oberdonau, das er bislang nach Aussee verbringen hatte lassen. Neben zahlreichen Werken aus St. Florian, wie dem Altdorfer Altar und der spätromanischen Statue des Heiligen Florian, führte Juraschek

---

[405] Juraschek, Klosterdenkmale 94.
[406] BDA, Restitutionsmaterialien, Karton 22, Mappe 5: Juraschek an Eigruber (Brief vom 4.1.1944).
[407] BDA, Restitutionsmaterialien, Karton 22, Mappe 1: 2106/43 Dr.J/P, Gutachten Linz 20.12.1943.
[408] Katharina Hammer, Glanz im Dunkel. Die Bergung von Kunstschätzen im Salzkammergut am Ende des Zweiten Weltkrieges (Wien 1986) 42.
[409] Juraschek, Klosterdenkmale 95.

auch die aus dem Kloster Hohenfurth stammenden Altartafeln auf, die für den „Sonderauftrag Linz" bestimmt gewesen waren.[410]
Am 9. Oktober 1943 hatte Herbert Seiberl beim Referenten des „Sonderauftrags Linz", Gottfried Reimer, schriftlich die Genehmigung eingeholt, die Hohenfurther Altartafeln in Altaussee zu bergen, und dabei auch gleich angefragt, ob er „allenfalls noch anderes besonderes wertvolles Gut zur Verwahrung in diese Depot bestimmen wolle".[411] Reimer zeigte sich interessiert. Nach Einholung diverser Gutachten wurde Altaussee in Folge auch zum Hauptbergungsort der Bestände des „Führermuseums". Eva Frodl-Kraft, die als Mitarbeiterin des Instituts für Denkmalpflege auch in den Bergwerksstollen von Altaussee tätig gewesen war, berichtete über die danach folgenden Ereignisse:
„Binnen kurzem breitet sich neben der räumlich auf einen Teil des Springerwerks begrenzten Bergung des Instituts für Denkmalpflege bzw. der beiden Gaukonservatoren, sie überwuchernd wie ein riesiger Pilz, das zentrale Bergungsdepot des ‚Sonderauftrags Linz' unter dem Kommando von Reimer aus. Von da an trug die Salzberg-Bergung noch weit bis über das Kriegsende hinaus das Stigma des unrechtmäßig zusammengerafften, verschleppten und gehorteten Guts."[412]
Aus der Perspektive des Gaukonservators von Oberdonau muss die Überschneidung der Einlagerungen „seiner" Bestände, des Kunstguts aus Oberdonau, mit den Beständen des „Führermuseums" gleichsam als Machtzuwachs wie auch als Machteinschränkung gesehen werden: Die Verknüpfung bot die Möglichkeit, eng mit dem „Sonderstab Linz" zu kooperieren, und damit einen Zuwachs an Macht und Ressourcen. Zu Kriegsende waren die für die Bergungen notwendigen materiellen und finanziellen Ressourcen wenn überhaupt, dann nur mehr über Berufung auf den „Sonderauftrag Linz" zu erhalten. Andererseits sorgte die gemeinsame Einlagerung für viel „Einmischung" aus Berlin, München, Dresden und Wien und beschnitt somit auch Juraschecks Kompetenzen. Nach 1945 wies Juraschek vor allem auf seine damalige Besorgnis hin, die zusätzlichen Einlagerungen könnten eine Gefahr für die geborgenen heimischen Kunstwerke darstellen: „Die maßlose Ausweitung des ursprünglichen Planes, die märchenhaften Gerüchte über Wert und Inhalt dieser Schatzkammer beschwören Gefahren

---

[410] Vgl. zu den Hohenfurther Altartafeln Frodl-Kraft, Gefährdetes Erbe 221f, 308, 348.
[411] BDA, Restitutionsmaterialien, Karton 10, Mappe 6: Seiberl an Reimer (Brief vom 9.10.1943).
[412] Frodl-Kraft, Gefährdetes Erbe 349.

ganz anderer Art herauf. Die Nachbarschaft des Sammelgutes aus aller Herren Länder kann für das Schicksal der bodenständigen Kunstwerke verderblich werden."[413] In diese Aussage spielte wohl schon das Wissen um die späteren Vorgänge in den Bergwerksstollen mit, als die Kunstschätze zu Kriegsende beinahe der Vernichtung anheimgefallen wären.

Die Maschinerie war nicht mehr aufzuhalten: Ab Jänner 1944 wurden nach und nach die Bestände des „Reichskunstdepots Kremsmünster" nach Altaussee überstellt, ebenso erfolgten Transporte aus München-Führerbau und anderen Depots. Oberdonau war mit Altaussee als zentrales Depot des „Sonderauftrags Linz" tatsächlich „an der Spitze der Bergungslandschaft des Reichs" angelangt. Gauleiter August Eigruber, der so viel Energie darauf verwendet hatte, seinen Gau durch die Kunsteinlagerungen zu stärken, soll allerdings bereits 1944 verkündet haben: „Wenn wir diesen Krieg verlieren, dann werfe ich selbst Handgranaten in die belegten Räume, denn den Bolschewisten lasse ich die Kunstschätze nicht in die Hände fallen."[414] Gegen Ende des Krieges drohte somit den Beständen des „Führermuseums" sowie den anderen eingelagerten Kunstgegenständen genau an dem Ort, der Sicherheit hätte gewährleisten sollen, Zerstörung und Vernichtung. Ob dies auch von Adolf Hitler beabsichtigt war, lässt sich nicht mit letzter Gewissheit beantworten. Dagegen spricht ein Dokument von Anfang Mai 1945, in dem dem in Aussee tätigen Restaurator Karl Sieber mitgeteilt wurde: „Der Führer entschied in der vergangenen Woche auf erneute Anfrage, die in dem Bergungsort Oberdonau untergebrachten Kunstwerke dürften nicht in Feindeshand fallen, aber auch keineswegs endgültig vernichtet werden."[415]

Eigruber machte seine Drohung dennoch wahr. Zwar warf er nicht wie angekündigt selbst Handgranaten in die Stollen, aber am 10. April 1945 ließ er vier Kisten mit der Aufschrift „Vorsicht Marmor, nicht stürzen" in die Stollen bringen. In diesen Kisten befanden sich Bomben. Amerikanische Bomben, wie sich S. Lane Faison, Mitglied der amerikanischen „Art Looting Investigation Unit", erinnerte:

„And he [Anm.: Eigruber] had a sense of irony, because there were a number of unexploded american bombs in the neighbourhood that he collected

---

[413] Juraschek, Klosterdenkmale 95.

[414] Zit. in: Theodor Brückler, Gefährdung und Rettung der Kunstschätze: Versuch einer kritischen Rekonstruktion. In: Frodl-Kraft, Gefährdetes Erbe 363-383, 363.

[415] BAK, B 323, Sch. 11: Hellmuth v. Hummel, Parteikanzlei Bormann an Karl Sieber (Brief vom 1.5.1945).

and so he was going to blow up the mountain with american bombs – very nice thing!"[416]
Was sich nun von diesem 10. April 1945 bis zum 8. Mai 1945, dem Tag, an dem die amerikanischen Truppen den Salzberg übernahmen, rund um die geplante Vernichtung und die erfolgte Rettung der Kunstschätze im Detail abspielte, ist aufgrund divergierender Quellen nur schwer rekonstruierbar und soll hier nur in Form einer Zusammenfassung wiedergegeben werden. Die Darstellung orientiert sich an Theodor Brücklers „Versuch einer kritischen Rekonstruktion":[417]
Am 10. und 13. April 1945 wurden auf Weisung des Gauleiters Eigruber jeweils vier Kisten mit Sprengstoff, getarnt als Behältnisse für Marmorstatuen, in die Bergwerksstollen verbracht. Am 13. April wurde der Generaldirektor der Salinen, Emmerich Pöchmüller, über den Inhalt dieser Kisten durch den angereisten Ministerialrat Hummel in Kenntnis gesetzt. Pöchmüller versuchte daraufhin bei Eigruber vorzusprechen, um diesen von seinen Vernichtungsphantasien abzubringen. Er traf mit Eigruber am 17. April zusammen und erreichte von ihm das Einverständnis, die Stollengänge zu lähmen. Der dahinter stehende Plan war, durch Unzugänglichkeit eine mögliche Zündung der Bomben im Berg zu verhindern, Eigruber wurde diese Aktion als Erhöhung der Sprengwirkung verkauft. In den nächsten Tagen wurden die wichtigsten Beteiligten der Bergaktion und der Saline darüber informiert. Auch Herbert Seiberl vom Institut für Denkmalpflege war eingeweiht, er veranlasste über die Sabotagepläne hinaus die Verlagerung wichtiger Kunstwerke in weniger gefährdete Lagerstätten. Am 28. April wurde Pöchmüller ein Funkspruch Hitlers überbracht, nach dem die Kunstwerke nicht vernichtet werden sollten. In Berufung darauf erteilte Pöchmüller Weisung auf Entfernung der Bomben. Am 30. April wurde ihm allerdings mitgeteilt, dass Eigruber diesen Funkspruch nicht anerkenne, eine Entfernung der Bomben untersagt bleibe und ein Sprengkommando bereits unterwegs sei. Am 3. Mai wurde die gesamte Arbeiterschaft von

---

[416] Interview mit S. Lane Faison am 14.6.1998 in Williamstown, Massachussetts, InterviewerInnen: Birgit Kirchmayr und Andreas Gruber. Ausführlicher zur Person und Tätigkeit von S. Lane Faison im folgenden Kapitel.

[417] Brückler, Gefährdung 363-383. Der Ansatz Brücklers, unter besonderer Berücksichtigung der Quellenkritik divergierende Quellen nebeneinander zu stellen und eine Chronologie der Ereignisse unter Verweis auf die jeweilige Zeugenschaft zu geben, erscheint mir als der sinnvollste Weg, mit der verwirrenden Quellenlage rund um die Vorgänge im Ausseer Salzberg im April/Mai 1945 umzugehen. Im Anspruch auf das Verdienst um die Rettung der gefährdeten Kunstschätze zeigen sich vielfach divergierende Darstellungen. Primärzeugnisse und Berichte liegen in hoher Zahl und unterschiedlicher Qualität vor, eine Auswahl davon findet sich im Quellenverzeichnis in Brückler, Gefährdung 379-383. Auf Belegzitate wird für den obigen Abschnitt verzichtet, diese können der Darstellung Brücklers entnommen werden.

Bergrat Högler über die Vernichtungspläne informiert und zum Widerstand aufgerufen. Der Wässerer Alois Raudaschl, der über Kontakte zu Ernst Kaltenbrunner[418] verfügte, erklärte sich bereit, bei diesem zu intervenieren. Zum Verlauf des Gesprächs gibt es verschiedene Varianten, wesentlich ist, dass Kaltenbrunner Raudaschl bzw. Bergrat Högler beauftragt haben dürfte, die Entfernung der Bomben zu veranlassen. Der Abtransport der Bomben erfolgte am selben Tag. Noch einmal versuchte Eigruber einzugreifen, die Bomben wurden aber nicht zurückgebracht. Um sicher zu gehen, bemühte man sich dennoch auch noch um die Lähmung der Stollen, die schließlich am 5. Mai erfolgte. Am 8. Mai wurde der Salzberg den Amerikanern übergeben.

Rund um die Rettung der Kunstschätze von Altaussee gibt es somit eine Reihe handelnder Personen, auffällig ist, dass eine nahezu fehlt, nämlich der Gaukonservator von Oberdonau, Franz Juraschek. Sein Dienstreisetagebuch belegt, dass er im April 1945 zumindest noch einmal in Altaussee war und auch mit den dortigen Vorgängen zu tun hatte: „Dezentralisierungsvorbereitung in beiden Bergwerken: Seiberl, Hinrichsen, [unleserl.], Eder, Michl, Luithlen" lautet einer der Einträge für den Zeitraum vom 7.–12. April.[419] Aus den zahlreichen Berichten über die Vernichtungs- und Rettungsstrategien in Aussee im April und Mai 1945 geht allerdings hervor, dass Juraschek dabei keine allzu relevante Rolle gespielt haben dürfte. Es ist fraglich, was er wusste, und es bleibt unklar, weshalb er nicht stärker involviert war. Nach Jurascheks eigenen Angaben war er im April 1945 vor allem mit der Rettung und Rückführung der wertvollsten Kunstwerke der oberösterreichischen Klöster beschäftigt: des Tassilokelches aus dem Stift Kremsmünster und der Altdorfer Tafeln aus dem Stift St. Florian. Juraschek hatte den aus dem 8. Jahrhundert stammenden Tassilokelch in den Bergwerksstollen von Lauffen unterbringen lassen, allerdings an einem anderen als dem offiziell vereinbarten Ort. Schon Anfang April wurde beschlossen, das wertvolle Kunstwerk aus seinem Bergungsort zu entfernen. In einer geheimen Aktion wurde der Tassilokelch in einem Rucksack verstaut von Juraschek zu Fuß aus Lauffen weggebracht und Vertrauten des Stifts Kremsmünster am 18. April in Pettenbach in der Nähe Kremsmünsters

---

[418] Ernst Kaltenbrunner, Chef des Reichssicherheitshauptamtes, befand sich zu Kriegsende in Altaussee.

[419] BDA Linz, Sachakten, Karton S. Dienststellen-Dworak: handschriftliche Aufzeichnungen Juraschek Dienstfahrten.

übergeben.[420] Bei den Altdorfer Tafeln war es nicht mehr gelungen, sie „inoffiziell" zurückzuführen. Sie wurden von amerikanischen Truppen in Bad Ischl sichergestellt und anschließend – wie das gesamte in Altaussee von den Amerikanern übernommene Kunstgut – nach München überstellt. Die nächste Station im Weg der „geborgenen" Kunstwerke war schließlich der „Collecting Point München".

---

[420] Juraschek, Klosterdenkmale 96.

## 6. Der „Art Collecting Point München" und Oberösterreichs Forderungen nach dem Erbe des „Linzer Führermuseums"

*„Austria was treated as a conquered country in a way as if it too had a right to all of its objects back."*[421]

Am 8. Mai 1945 hatten die amerikanischen Einheiten Altaussee erreicht. Unter ihnen befanden sich Kunstsachverständige der „Monuments, Fine Arts and Archives Section" (MFA&A). Die MFA&A war während des Krieges als Sektion innerhalb der amerikanischen und britischen Armee gegründet worden mit der Aufgabe und Zielsetzung, Kunstgut im Kriegsgeschehen zu schützen.[422] Während die Mitglieder der Spezialeinheit „Art Looting Investigation Unit" (ALIU) daran arbeiteten, in Altaussee Mitarbeiter des „Sonderauftrags Linz" zu verhören und NS-Dokumente zu sichten, waren andere MFA&A Mitglieder damit betraut, die Verbringung der in den Bergwerksstollen vorgefundenen Kunstwerke an einen zentralen Ort zu organisieren.[423]

Bereits im Juni 1945 fuhren die ersten amerikanischen Trucks, beladen mit Kunstgegenständen, von Altaussee nach München, wo ein „Art Collecting Point" eingerichtet wurde, der der zentralen Lagerung der geborgenen Kunstgegenstände dienen sollte. Als Unterbringungsort hatte man sich für die am wenigsten zerstörten großen Gebäude in der zerbombten Stadt entschieden. Groteskerweise waren dies der „Führerbau" und der „Verwaltungsbau der NSDAP", die Gebäude, in denen die betreffenden Kunstwerke großteils auch schon vor ihrer Verlagerung nach Altaussee gelagert waren. Nun kehrten sie wieder dorthin zurück.

Als erster Direktor des „Collecting Points" fungierte Craig Hugh Smyth, Kunsthistoriker und MFA&A Offizier. Er erinnert sich an die Etablierung des „Collecting Points":

„The allied objective … was to set up an organisation within the army

---

[421] Interview mit Craig Hugh Smyth, 17.6.1998 in New York, InterviewerInnen: Birgit Kirchmayr und Andreas Gruber. Teile des Interviews finden sich im Dokumentarfilm "Sonderauftrag Linz", Ö 1999 (Regie Andreas Gruber, Recherche Birgit Kirchmayr).

[422] Vgl. Craig Hugh Smyth, Repatriation of Art from the Collecting Point in Munich after World War II (Maarssen 1988) 10ff.

[423] Umfangreiches Archivmaterial zur Arbeit der MFA&A findet sich u.a. im BAK, Bestand B 323; im OÖLA, Bestand NARA-Akten (Mikrofilmkopien aus den National Archives Washington); im Archiv des BDA Wien, Bestand Restitutionsmaterilien.

forces to protect works of art. ... It was realised that a great many works of art were in the repositories in the country – not only works of art stolen from the countries overrun by the Nazis but also works of art belonging to Germany that have value for all mankind – and so the purpose was to have a Collecting Point in Munich where works of art which were in the repositories in the country could be brought. ... So the Collecting Point was for protection first of all and then repatriation – The first aim was to protect works of art and keep them from being stolen or hurt, second aim was to return, repatriate works of art that had been stolen from other countries during war time."[424]

Craig Smyth kam in den ersten Junitagen 1945 nach München. Schon zwei Wochen später trafen die ersten Lastwägen aus Altaussee ein. Ein passender Unterbringungsort musste gefunden werden, und nachdem dafür der „Führerbau" und der „Verwaltungsbau der NSDAP" ausgewählt worden waren, mussten die Gebäude renoviert, Sicherheitsmaßnahmen geschaffen, Personal gefunden und Strategien überlegt werden, wie mit dem eintreffenden Kunstgut organisatorisch verfahren werden sollte. Der „Collecting Point" benötigte dafür eine große Zahl an Personal. Nach einem Test zur Überprüfung der politischen Vergangenheit wurden auch Deutsche eingestellt – Kunstsachverständige, Sekretärinnen, Küchenpersonal, Putzpersonal, Arbeiter. Insgesamt waren 107 Zivilpersonen dauernd und 114 kurzfristig im „Collecting Point" beschäftigt.[425]

Als übergeordnetes Prinzip stand von Beginn an fest, die Kunstwerke an jene Länder zu repatriieren, aus denen sie stammten. Die Objekte schließlich an ihre unmittelbaren BesitzerInnen zu restituieren war dann Sache der Herkunftsländer. Um dies organisatorisch gewährleisten zu können, wurde in München ein bürokratisch aufwendiges System etabliert, dessen Zentrum das „registrar's office" wurde. Sämtliche Eingänge an Kunstwerken im „Collecting Point" wurden inventarisiert, und unter Heranziehung aller zur Verfügung stehenden Dokumente und Zeugenaussagen wurde an der Identifikation der Kunstwerke gearbeitet.

Aus den betroffenen Ländern wurden jeweils VertreterInnen in den „Collecting Point" eingeladen, die dort die Kunstwerke und Dokumente sichten und Ansprüche ihrer Länder deponieren konnten. Sofern klar nachweisbar war, dass Kunstwerke aus den betroffenen Ländern kamen, wurden sie dorthin zurückgestellt. Auch Österreich konnte Kunstgegenstände, die

---

[424] Interview Smyth.
[425] Smyth, Repatriation of Art 54.

aus Österreich verbracht worden waren, zurückfordern: „So Austria was treated as a conquered country in a way as if it too had a right to all of its objects back."[426]
Die Arbeit an der Identifikation und Rückführung der in München geborgenen Kunstobjekte erwies sich als schwierig und langwierig. Der „Collecting Point" bestand bis in das Jahr 1951. Eine besondere Schwierigkeit ergab sich im Umgang mit den bis dahin nicht identifizierten Restbeständen. Zum Zeitpunkt, als die amerikanischen Behörden ihre Arbeit im „Collecting Point" beendeten und an die deutsche „Treuhandverwaltung für Kulturgut" übergaben, befand sich im „Collecting Point" noch ein unidentifizierter Bestand von ungefähr 900 Kunstwerken. Entsprechend einer Zusage, die die amerikanischen Einheiten 1945 in Altaussee beim Abtransport der Kunstwerke gegeben hatten, nämlich nicht nur die einwandfrei in österreichischem Besitz stehenden, sondern auch die unidentifizierbaren Bestände des Ausseer Depots nach Österreich zurückzubringen, wurde 1951 entschieden, diesen unidentizierten Restbestand des „Collecting Points" nach Österreich zu überstellen.[427] Der Bestand wurde nach Salzburg in ein Depot in Schloss Klessheim bei Salzburg verbracht, stand zunächst aber noch unter amerikanischer Kontrolle. Erst 1955, nach Abschluss des Staatsvertrages und unter Auflage mehrerer Bedingungen, wurde der Bestand faktisch an Österreich übergeben.[428]
Der damalige Direktor des „Collecting Points", der Kunsthistoriker S. Lane Faison, war persönlich gegen die Übergabe des Bestands an Österreich, hatte diese aber zu exekutieren. Er erinnert sich noch heute sehr anschaulich an die damaligen Vorgänge:
„Somebody argues, these things were actually found in the saltmine in Austria, therefore they are Austrian property and everything should go back to Austria. From the saltmine – no matter where it came from before that, well, nobody took that very seriously as an argument. ... The exact opposite of everything we said we were standing for! But there it was and now I was under orders to that. Well, the amount was not very large, I think, it's probably several hundred pictures, something like that. And I did the best I could to make the list shorter, I could cut a few things. ... But in the last days during the end of September the newspapers heard about it and I was accused of doing all kind of horrible things by a newspaper. ... A reporter

---

[426] Interview Smyth.

[427] Vgl. BDA Wien, Restitutionsmaterialien, Karton 23/1, Mappe 21: BDA an BmfU (Brief vom 20.11.1959).

[428] Vgl. BDA Wien, Restitutionsmaterialien, Karton 23/1.

named Christliebe for the Süddeutsche Zeitung accused me of ‚committing a Linzer Torte'.[429] You get the implication? I was returning Linz – actually if the shipment had gone to Linz, it had been so more pointed, but it did only go to Salzburg. ... I created a Linzer Torte. That's that story."[430]
Rund um die Übergabe der „Münchner Restbestände" war ein regelrechter diplomatischer Krieg zwischen Österreich und Deutschland entbrannt. Schon in den Jahren davor sahen sich die Länder in gegenseitiger Konkurrenz in ihrem Bestreben, mit möglichst vielen Kunstwerken aus dem „Collecting Point" beteilt zu werden. Auch das Land Oberösterreich traf eine Vielzahl von Bemühungen, seine Ansprüche in München respektive Wien durchzusetzen. Als Bestimmungsort des „Linzer Führermuseums" sah sich Oberösterreich in einer diesbezüglich exponierten Rolle.
Zu einem Zeitpunkt, als der Abtransport der Kunstwerke aus Altaussee nach München schon großteils abgewickelt war, fand in Linz am 15. Oktober 1945 eine Verhandlung „über die Frage des sogenannten ‚Linzer Kunstmuseums'" statt.[431] Anwesend waren Heinrich Gleißner als führendes Mitglied des Vollzugsausschusses der oberösterreichischen Landesregierung, Justus Schmidt als Leiter der Abteilung Kunst und Kultur der Landesregierung, Franz Juraschek als Referent für Denkmalschutz, Viktor Griessmaier als Mitarbeiter des Referates für Denkmalschutz, Eduard Straßmayr als Leiter der Studienbibliothek, Karl Eder als beauftragter Verbindungsmann des Bischofs bei der Landesregierung, Herbert Grau als Leiter des städtischen Kulturamtes und Hanns Kreczi als Leiter der städtischen Bibliothek und des städtischen Archivs.
Verhandlungsgegenstand war das weitere Vorgehen in Bezug auf den Bestand des „Linzer Kunstmuseums" und die Rolle, die Oberösterreich und Linz dabei zu spielen hätten. Die Sitzung diente der Ausarbeitung eines Vorschlags, der den Verantwortlichen in Wien, die die Verhandlungen mit den amerikanischen Behörden in Bezug auf die Frage des „Linzer Kunstmuseums" zu führen hatten, vorgelegt werden sollte.[432] Betont wurde, dass

---

[429] Vgl. „Schwerverdauliche Linzer Torte", in: Süddeutsche Zeitung, 13.8.1951.

[430] Interview mit S. Lane Faison am 14.6.1998 in Williamstown, Massachussetts, InterviewerInnen: Birgit Kirchmayr und Andreas Gruber. Teile des Interviews finden sich im Dokumentarfilm „Sonderauftrag Linz", Ö 1999 (Regie Andreas Gruber, Recherche Birgit Kirchmayr). S. Lane Faison stand auch im Rahmen des vorliegenden Forschungsprojekts nochmals als Interviewpartner zur Verfügung: Vgl. Interview mit S. Lane Faison am 21.5.2002 in Williamstown, Massachusetts, Interviewer Michael John.

[431] BDA Wien, Restitutionsmaterialien, Karton 13, Mappe 9: Niederschrift: Verhandlungen über die Frage des sogenannten „Linzer Kunstmuseums" am 15.10.1945, 11 h in Linz, Promenade 37.

[432] BDA Linz, M 17, Schriftverkehr Juraschek: Juraschek an Landeshauptmann Gleißner (Brief vom 22.10.1945).

das Land Oberösterreich und die Stadt Linz in keinster Weise beabsichtigten, aus dem Kunstraub der Nationalsozialisten Nutzen zu ziehen und dass gestohlenes oder erpresstes Kunstgut in jedem Fall an die BesitzerInnen zurückgegeben werden müsse. Allerdings wurde Wert darauf gelegt, dass bei allen Fragen, die den Bestand „Linzer Kunstmuseum" betrafen, das Land Oberösterreich beteiligt sein solle:

„Die besondere Beteiligung des Landes Oberösterreich bei allen Fragen des sogenannten Linzer Kunstmuseums gründet sich nicht allein auf die Tatsache der Auffindung der Hauptbestände in Oberösterreich, sondern vor allem darauf, daß diese Hauptbestände nur durch die Umsicht und Energie einzelner oberösterreichischer Männer und nur im schwersten Widerstreit mit den Sonderbeauftragten Adolf Hitlers nach Oberösterreich kamen bezw. in Österreich verblieben. ... Erst durch diese Sicherung in Oberösterreich wurde es möglich, die Gesamtbestände des sogenannten ‚Führermuseums' vor Kriegsschäden, Verschleppung sowie vor der geplanten und bereits eingeleiteten Vernichtung durch die Nazis zu bewahren."[433]

Die im vorbereiteten Diskussionspapier formulierten konkreten Ansprüche des Landes Oberösterreichs wurden in der Sitzung erweitert. Fünf Punkte wurden unter der Rubrik „Ansprüche Oberösterreichs auf Grund der Bodenzugehörigkeit der betreffenden Kunstwerke" schließlich formuliert: Werke, die aus Oberösterreich für das „Linzer Kunstmuseum" erworben worden waren, Werke von oberösterreichischen Künstlern, auch wenn sie außerhalb Oberösterreichs erworben worden waren, Werke mit Darstellungen von oberösterreichischen Landschaften (wobei hinzugefügt wurde, dass nicht bekannt ist, ob solche in der Sammlung enthalten sind); weiters ein Legat Hans Posses an das Linzer Museum sowie Teile der Kunstbibliothek.[434]

Am 22. Oktober 1945 berichtete Landeskonservator Juraschek Landeshauptmann Gleißner von dem mäßigen Erfolg, den er bei dem Versuch erzielt hatte, das in Oberösterreich erarbeitete Papier in Wien durchzubringen: „Die Wiener Herren wollten vom Standpunkt, daß 1. nur der Staat Österreich Ansprüche anzumelden und 2. nur der Staat über die Zuteilungen zu verfügen hat, nicht abgehen."[435]

---

[433] BDA Wien, Restitutionsmaterialien, Karton 13, Mappe 15: Vorschlag über grundsätzliche Bestimmungen zur Frage „Linzer Kunstmuseum".

[434] BDA Wien, Restitutionsmaterialien, Karton 13, Mappe 9: Niederschrift. Verhandlungen über die Frage des sogenannten „Linzer Kunstmuseums" am 15.10.1945, 11 h in Linz, Promenade 37.

[435] BDA Linz, M 17, Schriftverkehr Juraschek: Juraschek an Landeshauptmann Gleißner (Brief vom 22.10.1945).

Es fand sich schließlich doch noch ein Kompromiss: Die Ansprüche sollten den Amerikanern lediglich im Namen des Staates mitgeteilt werden, über die Zuteilungen sollten aber der Staat Österreich und das Land Oberösterreich gemeinsam verfügen. Der bereits ausgearbeitete Brief über die Vorschläge zur „Frage des Linzer Kunstmuseums" an die amerikanische Besatzungsbehörde wurde dahingehend in Wien noch einmal abgeändert: „Dear Sir, Auf Anregung des Staatsdenkmalamtes und <u>nach gepflogener Fühlungnahme mit der Oberösterreichischen Landesregierung</u> beehre ich mich, in der Frage der Behandlung des sogenannten Linzer Kunstmuseums einige grundsätzliche Bestimmungen vorzuschlagen."[436]

Nicht nur der zentralistische Staatsgedanke in Wien wurde den Oberösterreichern zur Bedrohung in ihrem Wunsch, zumindest Teile des geplanten „Linzer Führermuseums" doch noch in Oberösterreich zu sehen. Zu einem veritablen Gegner und Konkurrenten im Kampf um die Nachfolge und Aufteilung der Kunstgegenstände entwickelte sich auch Bayern.

Am 24. Mai 1946 übermittelte Landeskonservator Juraschek „streng vertraulich" Landeshauptmann Gleißner den letzten Stand in der Frage der Rückbringung von Kunstgegenständen aus dem „Collecting Point" München: „Sehr geehrter Herr Landeshauptmann! Die Rückbringung des österreichischen Kunstgutes von München nach Österreich ist nunmehr in ihre entscheidende Phase gekommen. ... Das Land Oberösterreich wird mit dem nächsten Transport alle Kunstgegenstände zurückerhalten haben, die aus den Bergungsorten nach München gelangt waren,[437] ... Wesentlicher ist für das Land Oberösterreich, dass es mancherlei Hoffnungen, die sich mit den hier angesammelten Kunstschätzen verbanden, nicht erfüllt sieht, wenn der bayerische Standpunkt voll zur Geltung gelangt. ... Ich bitte um Weisungen, wie ich mich bei den weiteren Verhandlungen im Interesse des Landes Oberösterreich verhalten soll."[438]

Juraschek hatte dem Schreiben einen „Bericht über die Stellungnahme Bayerns zu den Fragen des sogenannten Linzer Kunstmuseums" beigefügt, in dem er seine Erfahrungen wiedergibt, die er anlässlich eines Aufenthalts im Münchner „Collecting Point" im Mai 1946 gemacht hatte. Primär

---

[436] BDA Linz, M 17, Schriftverkehr Juraschek: Entwurf eines Briefes an Ernst Dewald (MFA&A), ohne Absender (20.10.1945). Unterstreichung im Original.

[437] Gemeint sind hier aus Oberösterreich stammende Kunstwerke, die aus Sicherheitsgründen geborgen und später von den amerikanischen Einheiten nach München verbracht worden waren. Es handelt sich nicht um Bestände des „Führermuseums".

[438] OÖLM Archiv, Mappe Direktion 1947/48: D 69/46, Juraschek an Landeshauptmann Gleißner (Brief vom 24.5.1946).

diente der Aufenthalt der Feststellung des noch in München lagernden österreichischen Kunstbesitzes und einigen speziellen Nachforschungen. Seine offizielle Mission nützte Juraschek zu inoffiziellen Gesprächen, um die Position der bayerischen Konkurrenten kennen zu lernen. „Ich betone, daß ich selbstverständlich streng vermieden habe, in den Gesprächen irgendeinen offiziellen Anstrich aufkommen zu lassen. ... Doch versuchte ich in rein privater Unterhaltung unter Fachkollegen, den bayer. (deutschen) Standpunkt möglichst genau kennen zu lernen. Die erste Wahrnehmung war die, daß die Bayern uns Österreichern – wohl der bestandenen politischen Spannung zufolge – auch auf dem Kunstgebiet mit grösstem Mißtrauen begegnen, ja sie schienen zu fürchten, in uns geradezu Kunsthyänen zu treffen, die sich an der alliierten Kunstbeute mitbereichern wollen."[439]

Die Gespräche, die Juraschek mit seinen deutschen Kollegen führte und in denen er, wie er betonte, lediglich seine private Meinung wiedergab, drehten sich vor allem darum, wer den Anspruch auf das für das „Führermuseum" erworbene Kunstgut hätte. Bayern hatte vorgeschlagen, alles Kunstgut, das aus Österreich stammte für das „Führermuseum" erworben worden war, nur insoweit nach Österreich zurückzustellen, als es sich um kunsthistorisch für Österreich besonders bedeutsame Werke handle.

Das Gezerre um das „legitime" Erbe des „Führermuseums" endete noch lange nicht. Eine besondere Zuspitzung erfuhr die Spannung zwischen Deutschland und Österreich im bereits weiter oben dargestellten Streit um die so genannten „Münchner Restbestände". Nachdem dieser Bestand, in etwa 900 Gemälde, trotz der deutschen Proteste 1951 nach Österreich überstellt worden war, versuchte schließlich auch die Stadt Linz unter Berufung auf einen „moralischen Anspruch" die Gemälde für sich zu reklamieren: „Der Magistrat der Landeshauptstadt Linz hat auf die aus dem Central Art Collecting Point in München nach Salzburg verbrachten Bilder einen Anspruch mit der Begründung angemeldet, daß diese Kunstschätze seinerzeit für die Stadt Linz gekauft wurden und daher die Stadt mit Recht einen moralischen Anspruch hierauf anmelden zu können glaubt."[440]

Dem „moralischen Anspruch" wurde nicht stattgegeben. In einer 1959 erschienenen Publikation des Linzer Kulturamtsleiters Hanns Kreczi verwies

---

[439] OÖLM Archiv, Mappe Direktion 1947/48: D 69/46, Juraschek an Landeshauptmann Gleißner (Brief vom 2.5.1946), Beilage: Bericht über die Stellungnahme Bayerns zu den Fragen des sogenannten Linzer Kunstmuseums, 21.5.1946.

[440] BDA, Restitutionsmaterialien, Karton 11/1, Mappe 7: 3377/53, BMfU an BDA (Brief vom 26.5.1953).

der Autor darauf, dass sich das Land Oberösterreich und die Stadt Linz 1945 „vergeblich um die in Aussee verlagerten und von den Amerikanern beschlagnahmten Kunstgüter Adolf Hitlers" bemüht hätten. Auch der Versuch, die „Münchner Restbestände" zu erhalten, sei erfolglos geblieben wie „letztlich auch der Anspruch auf Restbestände von herrenlosen Kunstwerken".[441] In den 1960er Jahren wurden die „Münchner Restbestände" in der Kartause Mauerbach bei Wien eingelagert. Der so genannte „Mauerbach-Schatz" gelangte zu trauriger Berühmtheit als Symbol für den nachlässigen Umgang der Zweiten Republik mit der NS-Raubkunst. 1996 wurden die Bilder und Kunstgegenstände zugunsten der Opfer des Holocaust in Wien versteigert.[442] Mehrere Kunstwerke konnten im Zuge der Auktion noch von früheren BesitzerInnen identifiziert und restituiert werden.

Verwoben mit den hier dargestellten Vorgängen rund um die Bestände des „Collecting Point" in München zeigt sich auch die Geschichte der 18 „Collecting Point"-Bilder des Oberösterreichischen Landesmuseums, die im Mittelpunkt der Provenienzforschung im Rahmen des vorliegenden Forschungsprojekts standen. Auf ihre Geschichte wird im folgenden Beitrag dieser Studie noch ausführlich eingegangen werden.

Ebenfalls noch erwähnt werden sollte die Thematik des so genannten „Legat Posse", das sich in den oberösterreichischen Forderungen im Jahr 1945 fand. In den Anspruchsformulierungen ist nicht ausgeführt, was damit näherhin gemeint ist, die Geschichte dieses „Legats" ließ sich dennoch weitgehend rekonstruieren: Im Jahr 1944 hatte sich die Witwe des Linzer Sonderbeauftragten Hans Posse, Elise Posse, an die Stadt Linz gewandt und angekündigt, zum Gedenken an ihren verstorbenen Mann der Stadt Linz 154 Handzeichnungen ihres Mannes zu vermachen. Im selben Zug sollte dem „Linzer Führermuseum" eine Sammlung von teils sehr wertvollen Graphiken aus der Privatsammlung Hans Posses übergeben werden.[443] Beide Spenden Elise Posses, die 154 eigenhändigen Posse-Zeichnungen für die Stadt Linz und 234 Blatt aus der Graphiksammlung Posses für das „Führermuseum", trafen im März 1944 in der Stadt Linz ein.[444] Kulturamtsleiter August Zöhrer bedankte sich im Namen der Stadt herzlichst

---

[441] Hanns Kreczi, Städtische Kulturarbeit in Linz. Ein geschichtlicher Überblick anläßlich des 40jährigen Bestandes des Kulturamtes der Stadt Linz (Linz 1959) 107f.

[442] Vgl. Mauerbach. Katalog zur Versteigerung der von den Nationalsozialisten konfiszierten Kunstwerke zugunsten der Opfer des Holocaust (Wien 1996).

[443] AStL, Kulturarchiv, Sch. 252: Elise Posse an den Oberbürgermeister von Linz (Brief vom 6.2.1944).

[444] AStL, Kulturarchiv, Sch. 252: August Zöhrer an Elise Posse (Brief vom 27.3.1944).

bei Elise Posse, mit der er fortan in brieflichem Kontakt blieb.[445] Interessant scheint, dass auch die „Spende" an das „Führermuseum" nach Linz gesandt wurde und nicht direkt den „Sonderbeauftragten" für Linz übergeben wurde. Die betreffenden 234 graphischen Blätter wurden nach ihrer Ankunft in Linz von Gaukonservator Franz Juraschek noch im März 1944 in das Depot Kremsmünster überstellt.[446] Die Spende an die Stadt Linz, Posses eigenhändige Zeichnungen, verblieben offenbar in Linz.

Auf dieses „Legat" schließlich bezog sich das Land Oberösterreich in seinen Forderungen 1945: Ob sich die Forderung lediglich auf das Geschenk an die Stadt Linz bezog, also nur Posses eigene Zeichnungen betraf, die im übrigen von seinem Frontaufenthalt in Frankreich im Ersten Weltkrieg stammten, oder ob damit auch die 234 teils sehr wertvollen Zeichnungen aus Posses Privatsammlung gemeint waren, die dem „Führermuseum" gespendet worden waren, geht aus der Formulierung nicht hervor. Interessantes Detail ist auch, dass Elise Posse nach 1945 in einem Brief an den früheren Kulturamtsleiter Zöhrer ihre Befürchtungen schilderte, der Kurier der damaligen Überstellung könnte einen Teil der wertvollen Zeichnungen abgezweigt haben. In der Rekonstruktion mit Zöhrer schien sich dieser Verdacht zu bestätigen.[447]

Im Zuge der vorliegenden Forschungsarbeit wurde schließlich versucht, den Aufenthaltsort des Posse-Legats, konkret der eigenhändigen Posse-Zeichnungen, zu recherchieren. Geschenksempfänger war die Stadt Linz, damit konkret die „Städtischen Sammlungen". Der Nachfolgeinstitution „Stadtmuseum Nordico" ist von einer Existenz einer solchen Sammlung allerdings nichts bekannt, genausowenig ließen sich Posses Zeichnungen im Oberösterreichischen Landesmuseum ausmachen.

---

[445] Vgl. Birgit Kirchmayr, Der Briefwechsel August Zöhrer-Elise Posse im Archiv der Stadt Linz. In: Schuster u.a., Stadtarchiv und Stadtgeschichte 515-522.

[446] AStL, Kulturarchiv, Sch. 251: August Zöhrer an Petrus Mayrhofer (Brief vom 29.3.1944).

[447] Vgl. Kirchmayr, Briefwechsel 520f.

Bildteil I

**Abb. 1**
Adolf Hitler (vorne links mit Martin Bormann) und Hans Posse (ganz links außen) in der Gemäldegalerie Dresden 1938

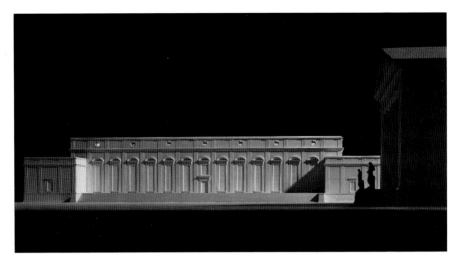

**Abb. 2**
Modell für das „Linzer Führermuseums" nach einem Entwurf von Roderich Fick

**Abb. 3**
Ansicht des „Linzer Führermuseums" nach einem Entwurf von Hermann Giesler

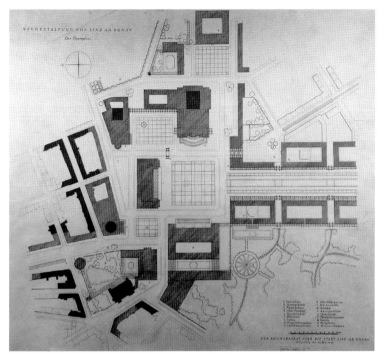

**Abb. 4**
Plan für den „Opernplatz", an dem das neue Kunstmuseum errichtet werden sollte

18 45 auf dem Berghof. Mit Prof. Speer beim Führer, der mich mit einem Sonderauftrag (neues Museum in Linz) betraut. „Ich werde Ihnen alle nötigen Ausweise u. Vollmachten geben, im Übrigen haben Sie nur mit mir zu tun ich werde entscheiden.

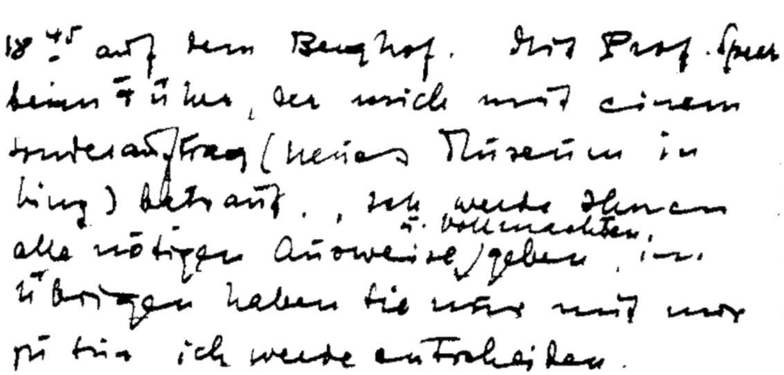

**Abb. 5**
Hans Posse notierte in seinem Tagebuch von seiner Beauftragung durch Hitler

**Abb. 6**
Adolf Hitler besuchte das Oberösterreichische Landesmuseum im April 1938

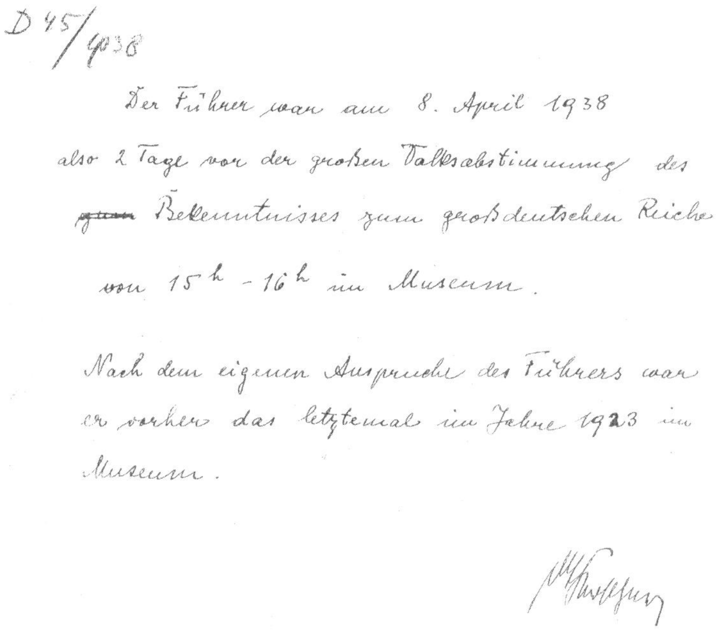

Bildteil I                                                                                           171

> D 45/1938
>
> Der Führer war am 8. April 1938
> also 2 Tage vor der großen Volksabstimmung des
> ~~gran~~ Bekenntnisses zum großdeutschen Reiche
> von 15ʰ – 16ʰ im Museum.
>
> Nach dem eigenen Ausspruche des Führers war
> er vorher das letztemal im Jahre 1923 im
> Museum.
>
> [Unterschrift]

**Abb. 7**
Aktennotiz über den Besuch Adolf Hitlers im Oberösterreichischen
Landesmuseum 1938

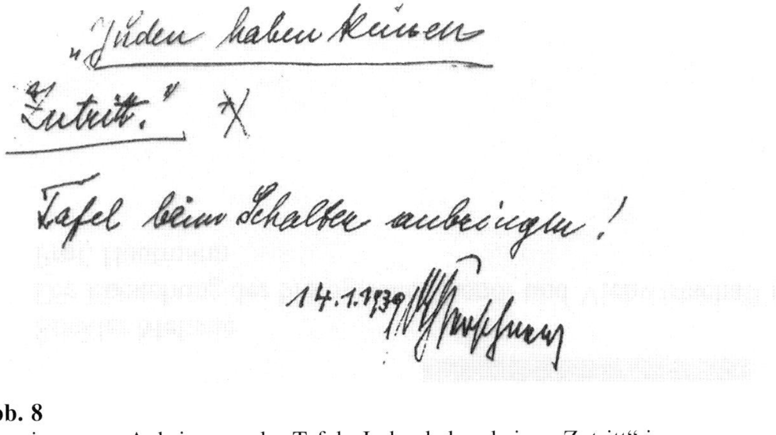

> „Juden haben keinen
> Zutritt." X
> Tafel beim Schalter anbringen!
> 14.1.1939 [Unterschrift]

**Abb. 8**
Anweisung zur Anbringung der Tafel „Juden haben keinen Zutritt" im
Oberösterreichischen Landesmuseum 1939

**Abb. 9**
Fritz Fröhlich, Mütter. Ankauf des Gaus Oberdonau für das Oberösterreichische Landesmuseum 1940

**Abb. 10**
Max Hirschenauer, Porträt Justus Schmidt. Vorstand der Kunstgeschichtlichen Abteilung des Oberösterreichischen Landesmuseums 1937-1949

**Abb. 11**
Leo Adler, „Führergedenkstätte". Adolf Hitlers Elternhaus in Leonding sollte während der NS-Zeit unter Denkmalschutz gestellt werden.

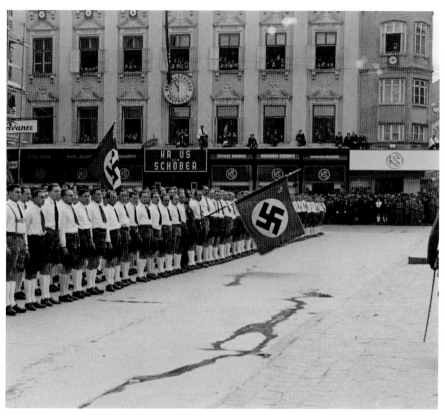

**Abb. 12**
Nationalsozialistischer Aufmarsch vor dem Kaufhaus Kraus & Schober, Linz im April 1938. Es gehörte einer Eigentümergruppe um den Unternehmer und Kunstsammler Walter Schwarz. Das größte Kaufhaus galt als „jüdisch", Aufmärsche davor waren von einer kalkulierten Symbolkraft.

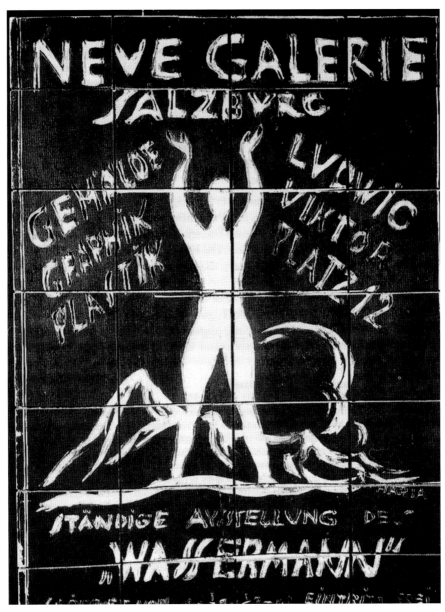

**Abb. 13**
Ausstellungsplakat der Künstlervereinigung „Wassermann" in der Galerie von Walter Schwarz in Salzburg. Plakat von Felix Harta

**Abb. 14**
Walter Schwarz, geboren 1884, hier als junger Unternehmer um 1910. Der Miteigentümer mehrerer Warenhäuser war Besitzer einer Kunstsammlung, die sich in Linz, Domgasse 5 befand. Walter Schwarz starb am 1. September 1938 im Gestapogefängnis in München.

**Abb. 15**
Walter Schwarz und seine Gattin Dora beim Eislaufen, ca. 1930

**Abb. 16**
Oskar Kokoschka und sein Assistent Hugo Schwarz, Sohn von Walter und Dora Schwarz, Anfang der 1950er Jahre

**Abb. 17**
Der Unternehmer Richard Weihs (Weiss), um 1935

**Abb. 18**
Karoline Weihs (Weiss), in Goldhaubentracht, nach 1900

**Abb. 19**
Brief von Richard Weihs (Weiss) an seine Mutter vom 17. April 1949, verfasst auf dem Schiff Queen Elizabeth auf der Rückreise aus dem Exil

**Abb. 20**
Parte der Familie anlässlich des Todes von Richard Weihs (Weiss), der verbittert starb

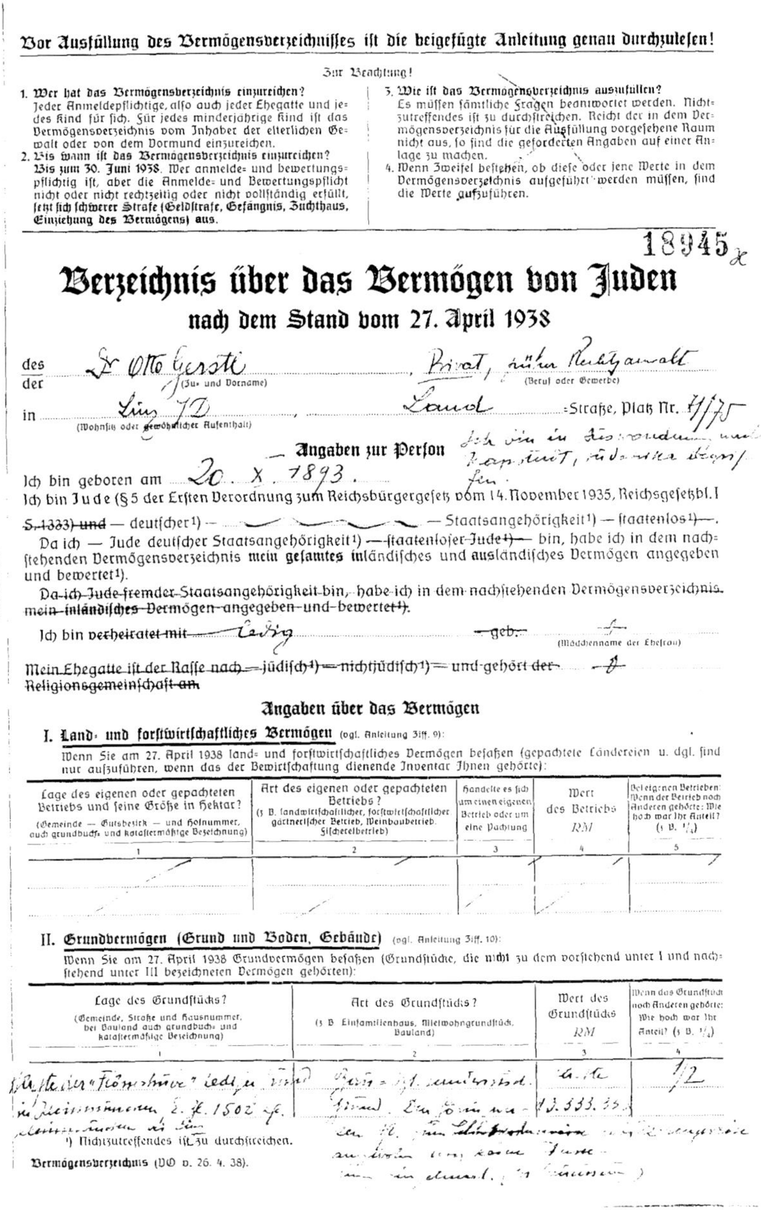

Vor Ausfüllung des Vermögensverzeichnisses ist die beigefügte Anleitung genau durchzulesen!

Zur Beachtung!

1. Wer hat das Vermögensverzeichnis einzureichen?
Jeder Anmeldepflichtige, also auch jeder Ehegatte und jedes Kind für sich. Für jedes minderjährige Kind ist das Vermögensverzeichnis vom Inhaber der elterlichen Gewalt oder von dem Vormund einzureichen.

2. Bis wann ist das Vermögensverzeichnis einzureichen?
Bis zum 30. Juni 1938. Wer anmelde- und bewertungspflichtig ist, aber die Anmelde- und Bewertungspflicht nicht oder nicht rechtzeitig oder nicht vollständig erfüllt, setzt sich schwerer Strafe (Geldstrafe, Gefängnis, Zuchthaus, Einziehung des Vermögens) aus.

3. Wie ist das Vermögensverzeichnis auszufüllen?
Es müssen sämtliche Fragen beantwortet werden. Nichtzutreffendes ist zu durchstreichen. Reicht der in dem Vermögensverzeichnis für die Ausfüllung vorgesehene Raum nicht aus, so sind die geforderten Angaben auf einer Anlage zu machen.

4. Wenn Zweifel bestehen, ob diese oder jene Werte in dem Vermögensverzeichnis aufgeführt werden müssen, sind die Werte aufzuführen.

18945 x

Verzeichnis über das Vermögen von Juden

nach dem Stand vom 27. April 1938

des ~~der~~ Dr Otto Gerstl (Zu- und Vorname), Privat, früher Rechtsanwalt (Beruf oder Gewerbe)

in Linz/D. (Wohnsitz oder gewöhnlicher Aufenthalt) Land-Straße, Platz Nr. 71/75

Angaben zur Person — Ich bin in Ausnahmen und kaputt, inländischer Begriff fein.

Ich bin geboren am 20. X. 1893.

Ich bin Jude (§ 5 der Ersten Verordnung zum Reichsbürgergesetz vom 14. November 1935, Reichsgesetzbl. I ~~S. 1333~~) ~~und~~ — deutscher[1]) — Staatsangehörigkeit[1]) — ~~staatenlos[1])~~.

Da ich — Jude deutscher Staatsangehörigkeit[1]) — ~~staatenloser Jude[1])~~ — bin, habe ich in dem nachstehenden Vermögensverzeichnis mein gesamtes inländisches und ausländisches Vermögen angegeben und bewertet[1]).

~~Da ich Jude fremder Staatsangehörigkeit bin, habe ich in dem nachstehenden Vermögensverzeichnis mein inländisches Vermögen angegeben und bewertet[1]).~~

Ich bin ~~verheiratet mit~~ ledig — ~~geb.~~ — (Mädchenname der Ehefrau)

~~Mein Ehegatte ist der Rasse nach — jüdisch[1]) — nichtjüdisch[1]) — und gehört der Religionsgemeinschaft an~~ —

Angaben über das Vermögen

I. Land- und forstwirtschaftliches Vermögen (vgl. Anleitung Ziff. 9):

Wenn Sie am 27. April 1938 land- und forstwirtschaftliches Vermögen besaßen (gepachtete Ländereien u. dgl. sind nur aufzuführen, wenn das der Bewirtschaftung dienende Inventar Ihnen gehörte):

| Lage des eigenen oder gepachteten Betriebs und seine Größe in Hektar? (Gemeinde — Gutsbezirk — und Hofnummer, auch grundbuch- und katastermäßige Bezeichnung) | Art des eigenen oder gepachteten Betriebs? (z. B. landwirtschaftlicher, forstwirtschaftlicher, gärtnerischer Betrieb, Weinbaubetrieb, Fischereibetrieb) | Handelte es sich um einen eigenen Betrieb oder um eine Pachtung | Wert des Betriebs RM | Bei eigenen Betrieben: Wenn der Betrieb noch Anderen gehörte: Wie hoch war Ihr Anteil? (z. B. 1/4) |
|---|---|---|---|---|
| 1 | 2 | 3 | 4 | 5 |
| — | — | — | — | — |

II. Grundvermögen (Grund und Boden, Gebäude) (vgl. Anleitung Ziff. 10):

Wenn Sie am 27. April 1938 Grundvermögen besaßen (Grundstücke, die nicht zu dem vorstehend unter I und nachstehend unter III bezeichneten Vermögen gehörten):

| Lage des Grundstücks? (Gemeinde, Straße und Hausnummer, bei Bauland auch grundbuch- und katastermäßige Bezeichnung) | Art des Grundstücks? (z. B. Einfamilienhaus, Mietwohngrundstück, Bauland) | Wert des Grundstücks RM | Wenn das Grundstück noch Anderen gehörte: Wie hoch war Ihr Anteil? (z. B. 1/4) |
|---|---|---|---|
| 1 | 2 | 3 | 4 |
| [illegible] „Flörsheimer" [illegible] Kirchenstrasse E. Z. 1502 [illegible] | [illegible] | [illegible] 13.333.33 | 1/2 |

[1]) Nichtzutreffendes ist zu durchstreichen.

Vermögensverzeichnis (VO v. 26. 4. 38).

**Abb. 21**
Titelblatt der „Vermögensanmeldung" des Linzers Otto Gerstl

**Abb. 22**
Porträt des Kunstsammlers Otto Gerstl von Josef Fischnaller

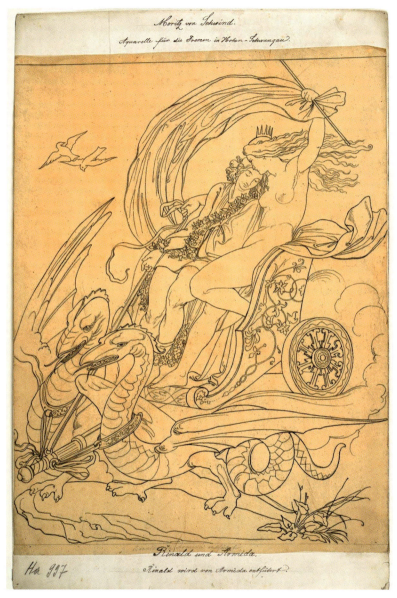

**Abb. 23**
Moritz von Schwind, Rinald und Armida. Aus dem Besitz Otto Gerstls,
1938 dem Oberösterreichischen Landesmuseum übergeben, 1948 restituiert, 1959 von
Otto Gerstl wieder dem Landesmuseum übergeben

350:AEO:sb

KH 18/47

**Headquarters United States Forces in Austria**
OFFICE OF THE POLITICAL ADVISER
A. P. O. No. 777, U. S. ARMY

Amerikanische Gesandtschaft,
Wien IX., Boltzmanngasse 16,
17. Jaenner 1947.

Oberoesterreichisches Landesmuseum,
Linz/Donau.

Der amerikanische Staatsbuerger Otto Gerstl, 3356 W. Adams Street, Chicago 24, Illinois, teilt anher mit, dass er im Juni 1938 die folgenden Bilder an das Oberoesterreichische Landesmuseum ablieferte:

Moritz v. Schwind: "Abschied aus dem Leben der Ritter" Radierung,
 "     "   "Rinaldo und Armida" Federzeichnung,
 "     "   "Irrwisch", Radierung,
 "     "   "Wilkina Saga", Radierung
 "     "   "Siegfried der Griechen Tochter" Radierung,
Gottfried Seelos "Ansicht von Puergg", Aquarell,
Unbekannt (1939) "Ansicht von St. Wolfgang", Radierung,
Unbekannt (ungefaehr 1830) "St. Christophorus", Silberstich,
Ranke (des.) - Ziegler (del) (um 1780) "Ansicht der Stadt Linz", Farbradierung,
Waldherr (des.) - Prudhon (engr.) "Die schoene Linzerin" Farbstich,
Karl Ludw. Libay (1846) "Ansicht von Mondsee", Radierung,
Demeter Koko (1920) "Inneres der Minoritenkirche Linz", Radierung,
Josef Hafner (cca 1840) "Ansicht von St. Magdalena bei Linz mit Eisenbahn", Steindruck,
Josef Hafner (cca 1845) "Fassade des Hotels zur Goldenen Gans, Linz", Steindruck,
Josef Danhauser (cca 1845) "Portrait des Fraeulein Barbarin Radierung und Aquarell,
Clemens Brosch (1925) "Ansicht des Traunstein", Aquarell,
Gabriel Decker (1843) "Portrait Franz Stelzhammer", Steindruck.

Es wird um gefaellige Mitteilung gebeten, ob die

angefuehrten

**Abb. 24**
Liste der Rückgabeforderung von Graphiken aus der Sammlung Gerstl, 1947

**Abb. 25**
Statue des Hl. Ulrich aus der Sammlung Mahler. Seit einem
1939 erfolgten Zwangsverkauf verschollen

**Abb. 26**
Lore Mahler (Mitte), die Besitzerin des „Hl. Ulrich", mit ihrer Tochter Ria Wozasek (links) und einer Verwandten der Familie vor ihrem Haus in Amstetten

**Abb. 27**
Das vom Gau Oberdonau beschlagnahmte Stift Kremsmünster diente seit dem Jahr 1941 als „Reichskunstdepot"

**Abb. 28**
In den letzten Kriegstagen 1945 wurden im Stift Kremsmünster die dorthin verbrachten Akten der Linzer Gestapo verbrannt

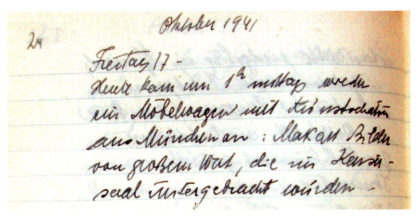

**Abb. 29**
Aufzeichnungen zu den Kunsteinlagerungen im Stift Kremsmünster im Tagebuch des Benediktinerpaters Richard Rankl von 1941

**Abb. 30**
Der ehemalige „Führerbau" in München diente nach Kriegsende als „Art Collecting Point"

**Abb. 31**
Eingelagerte Kunstwerke im „Art Collecting Point" München

BIRGIT KIRCHMAYR
# Oberösterreichisches Landesmuseum: Zuweisungen und Restitutionen enteigneter Kunst. Eine Untersuchung.

Wie in der Einleitung dieser Studie ausführlich dargestellt, war der dem Forschungsprojekt „Oberösterreichisches Landesmuseum 1938–1955, ‚Sonderauftrag Linz' und ‚Collecting Point', Aspekte des Vermögensentzugs von Kunstwerken (-gegenständen) und der Restitution in Oberösterreich" zugrunde liegende Auftrag die wissenschaftliche Erforschung der Zusammenhänge von nationalsozialistischem Kunstraub im Land Oberösterreich respektive im Gau Oberdonau. Provenienzforschung war nur als Teilbereich des Projekts definiert, bezog sich ausschließlich auf das Oberösterreichische Landesmuseum und sollte in erster Linie den bereits vorliegenden museumsintern erstellten Provenienzbericht des Oberösterreichischen Landesmuseums in einigen Punkten erweitern.[1] Insbesondere 18 in diesem Bericht als „Collecting Point-Bestand" bezeichnete Gemälde sollten in Hinblick auf ihre Herkunft untersucht werden.

Es entwickelten sich allerdings im Zuge des Forschungsprojekts – über diese 18 Bilder hinaus – immer wieder Recherchen, die dem Bereich der Provenienzforschung zugeordnet werden können. In den Archivbeständen des Landesmuseums befindlichen Hinweisen auf Eingänge von enteigneten Kunstwerken wurde in Form von Bestands- und Herkunftsüberprüfungen nachgegangen. Eingangsprotokolle des Landesmuseums wurden ebenfalls strukturell überprüft, daraus klar ersichtliche Fälle unrechtmäßiger Eingänge weiter verfolgt. Eine systematische Aufnahme aller Eingänge der Jahre 1938 bis 1945 (etwa auch in Hinblick auf Erwerbungen durch den Kunsthandel oder Versteigerungen) war aber nicht Auftrag des Forschungsprojekts und konnte in dessen Rahmen auch nicht erfolgen. Die durchgeführten Untersuchungen beschränkten sich auf den Bestand der Kunsthistorischen/Graphischen Abteilung, etwaige Untersuchungen der Naturwissenschaftlichen oder Volkskundlichen Abteilung waren nicht Gegenstand des Forschungsprojekts. Ergaben sich allerdings aus dem Studium der Akten oder aus Gesamtzusammenhängen Hinweise auf entzogene Gegenstände in anderen Abteilungen, wurden auch diesbezüglich Überprüfungen vorgenommen. Einen

---

[1] Rückgabe von Kunstgegenständen, die während der NS-Ära in das Oberösterreichische Landesmuseum gelangten. Endbericht vom 30.4.1999, ergänzt und erweitert im Jänner 2000. Hg. vom Oberösterreichischen Landesmuseum. Masch. Bericht (Linz 2000).

Sonderfall stellt die bereits in der Einleitung von Michael John erwähnte „Sammlung Kastner" dar, für die eine eingehende Provenienzuntersuchung als unbedingtes Desiderat postuliert werden muss.[2]

Nachdem schon im vorangegangen Beitrag dieser Studie auf die allgemeinen Hintergründe und Zusammenhänge von enteigneter Kunst im Oberösterreichischen Landesmuseum eingegangen wurde, werden im folgenden Abschnitt nun die Ergebnisse der durchgeführten Provenienzforschung und Rekonstruktion von Zuweisungen und Restitutionen im Konkreten präsentiert. Die Darstellung orientiert sich dabei an folgender Struktur: In einem ersten Kapitel werden die Zuweisungen und Restitutionen enteigneter Kunst aus Wien untersucht, in einem zweiten Kapitel stehen jene Kunstwerke im Mittelpunkt, die in Oberdonau enteignet in die Bestände des Landesmuseums eingegangen waren, und das dritte Kapitel widmet sich schließlich dem Sonderfall der im Landesmuseum befindlichen „Collecting Point"-Bilder.

---

[2] Vgl. die Einleitung von Michael John in dieser Studie.

## 1. Zuweisungen und Restitutionen von Kunstobjekten aus enteigneten Wiener Sammlungen

Wie in dieser Studie bereits dargestellt, gelangten im Jahr 1940 zahlreiche Kunstgegenstände in das Oberösterreichische Landesmuseum, die aus enteigneten Wiener Sammlungen stammten.³ Im März 1939 hatte der Leiter der Kunsthistorischen Abteilung des Oberösterreichischen Landesmuseums, Justus Schmidt, eine Liste nach Wien gesandt, in der er mehrere hundert Kunstgegenstände anführte, die er nach einer Besichtigung des „Zentraldepots für beschlagnahmte Kunst" in der Wiener Hofburg für das Oberösterreichische Landesmuseum ausgewählt hatte. Die Liste umfasste 344 Inventarnummern, davon 242 Positionen aus der Sammlung Alphonse Rothschild, 52 aus der Sammlung Louis Rothschild, 25 aus der Sammlung Rudolf Gutmann, 15 aus der Sammlung David Goldmann und neun aus der Sammlung Otto Pick.⁴ Zusätzlich bat Schmidt in einem Begleitbrief um die Gegenstände, die er auf den „Linzer Tisch" gegeben hätte, ohne sie in die Liste aufzunehmen. Schmidt fügte weiters hinzu, dass er eine nochmalige Durchsicht für notwendig halte, „sobald eine Entscheidung der vorläufig noch nicht beschlagnahmten Gegenstände erfolgt ist".⁵

Wenige Monate nachdem Schmidt seine Wunschliste deponiert hatte, übernahm Hans Posse im Juni 1939 als „Sonderbeauftragter für Linz" die Aufgabe der Verteilung der beschlagnahmten Sammlungen. 1940 erhielt das Oberösterreichische Landesmuseum schließlich knapp 400 Kunstgegenstände aus den beschlagnahmten Sammlungen überstellt.⁶

Vergleicht man die 1940 zugewiesenen Objekte mit der „Wunschliste" von Justus Schmidt aus dem Jahr 1939, ist festzustellen, dass nicht alles, was Schmidt auf seine Liste gesetzt hatte, dem Landesmuseum auch tatsächlich zugewiesen wurde, dass aber umgekehrt beinahe alle zugewiesenen

---

[3] Vgl. das Kapitel „Das Landesmuseum und die Raubkunst" im vorangegangenen Beitrag der vorliegenden Studie. Während dort die Thematik allgemein erfasst wird, geht es an dieser Stelle um die konkrete Rekonstruktion der Zuweisungen und Restitutionen.

[4] OÖLM Archiv, Mappe KH 1939: Kh 102/139, Justus Schmidt an Leopold Ruprecht, KHM (Brief vom 6.3.1939), Beilage „Beschlagnahmtes Kunstgut, Liste der ausgewählten Gegenstände". Die Kunstgegenstände sind mit Kurzbeschreibungen und Inventarnummern der enteigneten Sammlungen angeführt: Nummern mit vorangestelltem AR stehen für Alphonse Rothschild, LR für Louis Rothschild, DG für David Goldmann, Gu für Gutmann, OP für Otto Pick.

[5] OÖLM Archiv, Mappe KH 1939: Kh 102/39, Schmidt an Ruprecht (Brief vom 6.3.1939).

[6] Akten über die unmittelbare Zuweisung liegen nicht vor, das genaue Datum der Überstellung ist nicht bekannt. Die Gegenstände wurden im Jahr 1940 inventarisiert und in das „Spendenprotokoll" des Landesmuseums eingetragen. Vgl. OÖLM Bibliothek, Spendenprotokoll P 18.

Kunstgegenstände sich bereits auf Schmidts Liste fanden. Für die in der „Wunschliste" angeführten Sammlungen (Alphonse und Louis Rothschild, Rudolf Gutmann, David Goldmann und Otto Pick) sind nur für die Sammlung Otto Pick keine Zuweisungen rekonstruierbar.[7] Die aus den anderen Sammlungen geforderten Gegenstände hingegen wurden zum großen Teil tatsächlich übergeben. Auffällig ist dabei ein Detail: Während die geforderten Kunstgegenstände nahezu alle nach Linz überstellt wurden, finden sich die geforderten Gemälde nicht unter den Zuteilungen. Die Gemäldegalerie des Landesmuseums sollte offenbar zugunsten des „Führermuseums" nicht weiter ausgebaut, vielmehr sollte der lokale, volkskundliche Aspekt des Landesmuseums verstärkt werden.[8]

Im Zusammenhang mit der „Wunsch-Liste" von Justus Schmidt und den tatsächlichen Zuweisungen in das Linzer Landesmuseum ist quellenkritisch noch zu ergänzen: Im Archiv des Bundesdenkmalamts Wien liegt unter dem Titel „Erwerbungswünsche. Landesmuseum Linz" eine von der oben angeführten „Wunschliste" von Justus Schmidt abweichende, kürzere Liste vor.[9] Im Zuge der Forschungsarbeit konnte kein Hinweis auf Zuweisungen von Gegenständen dieser Liste gefunden werden, genauso wenig wie auf diesbezügliche Restitutionen. Die Liste wurde auch den SammlungsleiterInnen des Landesmuseums vorgelegt, es ergab sich daraus kein Hinweis, dass sich betreffende Kunstwerke im Landesmuseum befinden könnten.[10]

---

[7] Obwohl ausgehend von den Eingangsprotokollen für die Sammlung Pick kein Hinweis vorlag, dass tatsächlich Gegenstände in das Landesmuseum gelangt sind, wurde im Rahmen des vorliegenden Forschungsprojekts eine diesbezügliche Überprüfung vorgenommen. Ein Dossier mit der Liste der für Linz geforderten Gegenstände der Sammlung Pick wurde dem Oberösterreichischen Landesmuseum vorgelegt, woraufhin klar ausgeschlossen wurde, dass sich diese Gegenstände im Museumsbestand befinden. Vgl. Birgit Kirchmayr, Dossier. Überprüfung Gegenstände Sammlung Otto Pick, 3.6.2004. Vgl. mündliche Auskunft Dir. Dr. Peter Assmann, Dr. Bernhard Prokisch und Dr. Lothar Schultes, 3.6.2004.

[8] Vgl. dazu auch das Kapitel „Das Landesmuseum und das ‚Führermuseum'" im vorangegangenen Beitrag der vorliegenden Studie sowie Birgit Kirchmayr, „Das Linzer Museum soll aus das beste enthalten ... ." Das Oberösterreichische Landesmuseum im Schatten der Fiktion des Linzer Führermuseum. In: Kunst-Kommunikation-Macht. Sechster Österreichischer Zeitgeschichtetag 2003. Hg. von Ingrid Bauer u.a. (Innsbruck 2004) 42-47.

[9] BDA, Restitutionsmaterialien, Karton 13, Mappe 6.

[10] Vgl. Auskunft Dr. Lothar Schultes (OÖLM), 28.4.2004.

Rekonstruiert werden können die Zugänge der enteigneten Sammlungen aus Wien aus den betreffenden Spenden- und Ankaufsprotokollen des Landesmuseums.[11] Es finden sich darin folgende inventarisierte Zugänge:

- 173 Kunstgegenstände sind als „beschlagnahmter jüdischer Besitz (Sammlung O. Bondy), Wien, von der Zentralstelle für Denkmalschutz übernommen" protokolliert.[12]
- 204 Kunstgegenstände wurden mit „beschlagnahmter jüdischer Besitz (A. Rothschild, Wien)" überschrieben. In dieser Auflistung finden sich neben den Gegenständen aus der Sammlung Alphonse Rothschild aber auch die Gegenstände der Sammlung Louis Rothschild, sowie Objekte der Sammlung David Goldmann und Objekte der Sammlung Rudolf Gutmann.[13]
- 6 Kunstgegenstände aus der Sammlung Alphonse Rothschild.[14]

Wie sich aus den Rückgabeunterlagen erschließen lässt, gelangten später auch noch andere Kunstwerke aus den betroffenen Sammlungen in das Oberösterreichische Landesmuseum, die offenbar nicht mehr inventarisiert wurden. Im Zuge der Auflösung des Wiener „Zentraldepots für beschlagnahmte Kunst" beispielsweise wurden im Jahr 1944 nochmals Kunstgegenstände aus den Sammlungen Rothschild, Bondy und Albert Pollak überstellt, die unmittelbar in das Bergungsdepot Eferding gelangten und nicht mehr inventarisiert wurden.[15]

Daneben wurden dem Linzer Landesmuseum 1940 auch Gemälde von Johann Baptist Reiter aus dem „Zentraldepot für beschlagnahmte Kunst" als Leihgaben für eine Ausstellung übergeben. Das Landesmuseum bemühte sich um deren Erwerb. Betroffen waren dabei „sichergestellte" Gemälde

---

[11] OÖLM Bibliothek, Spendenprotokoll P 18. Die darin inventarisierten Zuweisungen wurden auch bereits im Bericht des Oberösterreichischen Landesmuseums zur Rückgabe von Kunstgegenständen aus dem Jahr 2000 dokumentiert. Vgl. Rückgabe von Kunstgegenständen, die während der NS-Ära in das Oberösterreichische Landesmuseum gelangten. Endbericht vom 30.4.1999, ergänzt und erweitert im Jänner 2000. Hg. vom Oberösterreichischen Landesmuseum (masch. Bericht, Linz 2000) 6f.

[12] OÖLM Bibliothek, Spendenprotokoll P 18: 1940 lfd. Nr. 161-334. Vgl. auch OÖLM, Rückgabe 8.

[13] Vgl. OÖLM, Bibliothek, Spendenprotokoll P 18: 1940 lfd. Nr. 335-539 sowie OÖLM, Rückgabe 8. Im Rückgabebericht des OÖLM wurden nur die Sammlungen Rothschild und Bondy als im „Spendenprotokoll" befindlich angeführt. Die Objekte von Gutmann und Goldmann wurden übersehen, offenbar weil sie sich als Einzelpositionen innerhalb der Rothschild-Auflistung finden. Ihre Zuweisung in das Museum war aber aufgrund der Restitutionsunterlagen bekannt und wurde im Rückgabebericht des OÖLM auch erwähnt. Vgl. OÖLM, Rückgabe 10.

[14] Vgl. OÖLM Bibliothek, Ankaufsprotokoll P 19 sowie OÖLM, Rückgabe 7.

[15] OÖLM Archiv, Mappe Direktion 1944-46: D 102/44, Institut für Denkmalpflege Wien an OÖLM (Brief vom 15.5.1944).

aus dem Eigentum von Alfred Feitler, Oscar Bondy, Eugen Erhart und Robert Pollak.[16]
Die aus dem „Zentraldepot" zugewiesenen Kunstwerke waren in den Jahren 1946 bis 1949 Gegenstand der Restitution. Im Rückgabebericht des Oberösterreichischen Landesmuseums aus dem Jahr 2000 wurde diese Bestände betreffend lediglich auf Gegenstände der Sammlung Rothschild verwiesen, die sich als 1948 gespendete „Widmungen" zum Zeitpunkt der Untersuchung im Jahr 2000 noch im Haus befunden hatten.[17]
Die folgende Darstellung von Zuweisungen und Restitutionen von beschlagnahmtem Kunstgut aus Wien in das Oberösterreichische Landesmuseum anhand der einzelnen betroffenen Sammlungen stellt somit keine „Provenienzforschung" in dem Sinne dar, dass sie von vorhandenen verdächtigen Objekten ausgeht, sondern soll vielmehr die Umstände der erfolgten Zuweisungen und Restitutionen dokumentieren und einer nochmaligen kritischen Untersuchung unterziehen.

## Sammlung Oscar Bondy

Der 1870 geborene Zuckerfabrikant Oscar Bondy war Besitzer einer der umfangreichsten und erlesensten Kunstsammlungen Wiens. Zum Zeitpunkt des „Anschlusses" befand sich Oscar Bondy in der Tschechoslowakei, von dort floh er in die Schweiz. Die Wohnung in Wien wurde versiegelt, über die Kunstwerke die Ausfuhrsperre verhängt, im Juli 1938 wurde die Sammlung „sichergestellt" und in das Zentraldepot für beschlagnahmte Kunst überstellt.[18] Die „Sicherstellung" erfolgte in mehreren Etappen und betraf in etwa 2.000 Kunstgegenstände, Gemälde und Mobiliar. Die Verteilung erfolgte nach üblicher Vorgehensweise: Neben dem „Führermuseum" wurden die ostmärkischen Museen nach Vorlage ihrer Forderungskataloge und Wunschlisten beteilt.
Interessanterweise findet sich auf der „Wunschliste" des Landesmuseums vom 6. März 1939 kein einziger Gegenstand aus der Sammlung Bondy. In der 1940 erfolgten Zuteilung an das Landesmuseum machten die Gegenstände aus der Sammlung Bondy neben den Zuteilungen aus den Rothschild-Sammlungen allerdings den größten Teil aus: 173 Kunstgegenstände aus

---

[16] Vgl. OÖLM Archiv, Mappe KH 1939: Kh 96/1940.
[17] OÖLM, Rückgabe 10f. Zu den verbliebenen „Widmungen" vgl. ausführlich an späterer Stelle.
[18] Vgl. Sophie Lillie, Was einmal war. Handbuch der enteigneten Sammlungen Wiens (Wien 2003) 217f.

der Sammlung Bondy sind im Spendenprotokoll des Oberösterreichischen Landesmuseums von 1940 eingetragen.[19]
Weiters liegt eine undatierte Liste, bezeichnet mit „Landesmuseum Linz – Erwerbungswünsche Restsammlung Bondi (sic!)" vor.[20] Die vorliegende Korrespondenz verweist klar darauf, dass es nach der Zuteilung von 1940 eine zweite Zuteilung von Gegenständen aus der Sammlung Bondy im Jahr 1941 gab.[21] Im Jahr 1944 wurde das Landesmuseum verständigt, dass im Zusammenhang mit der Auflösung des „Zentraldepots" „die von (sic!) Führer zugeteilten Gegenstände aus den Sammlungen Alfons und Louis Rothschild, Restsammlung Bondy und Albert Pollak" zugesandt würden, wobei es sich um ein größeres Möbelstück und ein bis zwei Kisten mit kleineren kunstgewerblichen Gegenständen handeln sollte.[22] Das Landesmuseum bat um Zusendung der betreffenden Gegenstände in das Bergungsdepot Eferding.[23] Das heißt: Gegenstände aus der Sammlung Bondy wurden in mehreren Etappen und Transporten dem Oberösterreichischen Landesmuseum zugeteilt, wovon nur die erste Zusendung von 1940 inventarisiert wurde. Aufgrund der nur fragmentarisch vorhandenen Listen und Korrespondenzen und der nicht durchgehend erfolgten Protokollierung der Eingänge lässt sich eine genaue Zahl der Zuteilungen von Gegenständen aus der Sammlung Bondy nur mit Unsicherheit ermitteln. Ausgehend von den Listen, die im Zuge der Restitution angefertigt wurden, kann aber festgestellt werden, dass dem Oberösterreichischen Landesmuseum insgesamt mindestens 260 Kunstobjekte aus der Sammlung Bondy überstellt wurden.
Nachdem nur ein Teil der Zugänge aus der Bondy-Sammlung inventarisiert worden war und die späteren Zuteilungen, vor allem jene von 1944, gar nicht mehr ins Landesmuseum, sondern direkt in das Bergungsdepot Eferding überstellt wurden, stand zunächst die Ermittlung des Aufenthaltsorts der Kunstwerke im Zentrum des Rückstellungsprozesses. In einem Brief vom 2. Juli 1947 versicherte Justus Schmidt als Verantwortlicher im Oberösterreichischen Landesmuseum dem zuständigen Rechtsanwalt Köhler,

---

[19] OÖLM Bibliothek, Spendenprotokoll P 18.

[20] OÖLM Archiv, Mappe KH 1941: 91/K ex 1941, Institut für Denkmalpflege an OÖLM (Brief vom 10.8.1941), Beilage Liste: „Landesmuseum Linz. Erwerbungswünsche. Restsammlung Bondi". Auf der Liste befinden sich 25 Positionen, es ist allerdings fraglich, ob die Liste vollständig erhalten ist.

[21] OÖLM Archiv, Mappe KH 1941: 91/K ex 1941, Institut für Denkmalpflege Wien an OÖLM (Brief vom 10.8.1941).

[22] OÖLM Archiv, Mappe Direktion 1944-46: D 102/44, Institut für Denkmalpflege Wien an OÖLM (Brief vom 15.5.1944).

[23] OÖLM Archiv, Mappe Direktion 1944-46: D 102/44 (Kh 120/5e/44), OÖLM an Institut für Denkmalpflege (Brief vom 23.5.1944).

hinsichtlich der Eruierung der Gegenstände „alles denkbare Mögliche" tun zu wollen. Er schrieb: „Ich habe Herrn Bondy persönlich gut gekannt und will alles für die seinerzeitige berühmte Sammlung tun."[24]
Im August 1947 sind der Korrespondenz von Köhler und Schmidt drei Listen beigelegt: eine Liste der im Landesmuseum vorhandenen Gegenstände der Bondy-Sammlung, eine Liste der noch als fehlend angeführten Objekte und eine weitere Liste ebenfalls noch nicht aufgefundener Objekte. Die „Liste der sich derzeit (August 1947) im Oberösterreichischen Landesmuseum Linz befindlichen Kunstobjekte" umfasste dabei in etwa 200 Positionen.[25] Die beiden Listen der noch nicht aufgefundenen Kunstobjekte umfassten 61 Positionen.

Die bis zu diesem Zeitpunkt aufgefundenen und vorhandenen Gegenstände der Sammlung Bondy wurden gemäß Rückstellungsbescheid vom 27. Mai 1947 am 24. Februar 1948 an den bevollmächtigten Vertreter der Erbin nach Oscar Bondy bzw. an die von diesem beauftragte Spedition Kühner&Sohn gegen Bescheinigung ausgefolgt.[26]

Unmittelbar nach der Ausfolgung wandte sich Rechtsanwalt Köhler an das Landesmuseum, dass er nunmehr erfahren habe, dass die noch nicht aufgefundenen Gegenstände im Depot Eferding in Verstoß geraten wären, „was ich vorläufig nicht glauben kann".[27] Schmidt versicherte ihm, dass es keinen anderen Bergungsort außer Eferding gegeben habe und bestätigte auf nochmalige Anfrage, dass die Angaben bezüglich der Vorgänge in Schloss Eferding unmittelbar nach Kriegsende glaubhaft wären, wonach Kisten von den amerikanischen Besatzungsmächten abtransportiert worden wären.[28] Wie mehrere vorhandene Nachtragslisten zeigen, kam es nach dem Februar 1948 noch zu weiteren Rückgaben von Gegenständen aus der Sammlung Bondy, deren Übernahme vom bevollmächtigten Spediteur bestätigt wurde. Eine dieser Übernahmen ist datiert mit 10. August 1948.[29]

---

[24] OÖLM Archiv, Mappe KH 1947/48: Kh 229/47, OÖLM an Rechtsanwalt Köhler (Brief vom 2.7.1947).

[25] OÖLM Archiv, Mappe KH 1947/48: Kh 54/48, Köhler an OÖLM (Brief vom 25.8.1947). Die Unsicherheit in der Angabe der genauen Positionsanzahl resultiert daraus, dass eine Seite der insgesamt fünfseitigen Liste fehlt. Da sich durchschnittlich 40 Positionen pro Seite befinden, wurde dies auch für die fehlende Seite angenommen.

[26] OÖLM Archiv, Mappe Direktion 1956-1958: D 200/56, OÖLM an Magistrat Linz (Brief vom 29.11.1956); OÖLM, Rückgabe 9.

[27] OÖLM Archiv, Mappe KH 1947/48: Kh 54/48, Köhler an OÖLM (Brief vom 20.3.1948).

[28] OÖLM Archiv, Mappe KH 1947/48: Kh 54/48, Schmidt an Köhler (Brief vom 29.5.1948).

[29] OÖLM Archiv, Mappe KH 1947/48: Kh 54/48, „Nachtragsliste von Kunstgegenständen aus der Sammlung Bondy", Linz 10.8.1948.

Eine mit 12. August 1948 datierte Liste mit dem Titel „Liste (Bondy) der Objekte die in Eferding heute noch nicht aufgefunden wurden" umfasste noch 23 Positionen.[30] Auf Anfrage des Bundesdenkmalamts wurde 1949 seitens des Landesmuseums mitgeteilt, dass die im Landesmuseum befindlich gewesenen Kunstgegenstände der Sammlung Bondy „im Verlaufe des Jahres 1948 in mehreren Partien ... ausgefolgt" worden seien, wobei „ein Teil der Kunstgegenstände der Bondy-Sammlung ... damals als vermisst festgestellt" werden hätte müssen.[31]

Im Rückgabebericht des Oberösterreichischen Landesmuseums aus dem Jahr 2000 sind keine im Haus verbliebenen Gegenstände der Sammlung Bondy angeführt.[32] Im Zuge des vorliegenden Forschungsprojekts wurde die Liste der fehlenden Bondy-Gegenstände den zuständigen SammlungsleiterInnen nochmals vorgelegt. Das Ergebnis war negativ.[33]

## Sammlung David Goldmann

Der Wiener Wollwarenindustrielle David Goldmann und seine Frau, die Schauspielerin Lilly Dellarmi, besaßen eine Kunstsammlung, die „aus kostbaren Bildern, antiken italienischen Fayencen, einer Miniatursammlung, Alt-Wiener Porzellan, mehreren antiken Gobelins und antikem Mobiliar" bestand und in ihrer Wiener Wohnung untergebracht war.[34] Nach dem „Anschluss" flüchtete das Ehepaar Goldmann mit seiner Tochter zunächst nach Bratislava, 1940 gelang ihnen die Ausreise in die USA.[35] Sämtliche Vermögenswerte, darunter die Kunstsammlung, wurden 1938 in Wien zurückgelassen, die Wohnung von der Gestapo beschlagnahmt, die Kunstgegenstände in das „Zentraldepot" verbracht. 1940 wurde das Vermögen auf Basis des Gesetzes über den Verfall von Vermögen aufgrund „volks- und staatsfeindlicher Bestrebungen" zugunsten des Deutschen Reichs eingezogen.[36] Die Kunstgegenstände, die dem „Führervorbehalt" unterlagen, waren

---

[30] OÖLM Archiv, Mappe KH 1947/48: „Liste (Bondy) der Objekte, die in Eferding heute noch nicht aufgefunden wurden", Linz 12.8.1948.

[31] OÖLM Archiv, Mappe KH 1949-1951: Kh 102/49, OÖLM an BDA (Brief vom 8.7.1949).

[32] OÖLM, Rückgabe.

[33] Auskunft Dr. Lothar Schultes (OÖLM), Dr. Andrea Euler (OÖLM).

[34] Lillie, Was einmal war 408ff.

[35] Zur Geschichte der Familie Goldmann vgl. Lillie, Was einmal war 408ff.

[36] Lillie, Was einmal war 414.

in üblicher Vorgangsweise zwischen dem geplanten „Linzer Führermuseum" und anderen österreichischen Museen aufgeteilt worden. Beteilt mit Gegenständen aus der Sammlung David Goldmann wurden das Innsbrucker Ferdinandeum, das Grazer Joanneum, die Wiener Städtischen Sammlungen und das Landesmuseum Linz. Das Inventar der beschlagnahmten Sammlung Goldmann umfasste 109 Positionen, hinzu kamen Gegenstände, die frei durch das Wiener Dorotheum versteigert wurden.[37]
In den Eingangsprotokollen des Oberösterreichischen Landesmuseums finden sich in der Auflistung der Gegenstände aus den beschlagnahmten Wiener Sammlungen aus dem Jahr 1940 sechs Gegenstände, die mit „D.G." gekennzeichnet sind und damit der Sammlung David Goldmann zugeschrieben werden können.[38] Auf der „Wunschliste" von Justus Schmidt von 1939 befanden sich 15 Gegenstände der Sammlung David Goldmann, die tatsächlich zugewiesenen sechs Gegenstände finden sich unter diesen Positionen.[39]
Laut Unterlagen des Bundesdenkmalamts Wien von 1946 waren dem Oberösterreichischen Landesmuseum zugewiesen worden:[40]

DG Nr. 75: Holzfigur einer stehenden weiblichen Heiligen (Elisabeth die Armen beteilend), bunt gefasst mit Krone und Buch, Höhe 60 cm
DG Nr. 76: Statue einer klagenden Maria, vor einer Kreuzigung, 16. Jahrhundert
DG Nr. 77: Statue einer heiligen Nonne, um 1600, Höhe 104 cm
DG Nr. 78: Kachel, bunt bemalt, Madonna mit kleinem Christus und Hl. Johannes, am Sockel Kreuzabnahme in Relief
DG Nr. 79: Kleines Türchen von einem Tabernakelschrank, Relief geschnitzt mit Eisenbeschlägen, 16. Jahrhundert, 34:28 cm
DG Nr. 80: Konsole mit Cherubsfigur, bunt gefasst, 25 cm

---

[37] Eine Abschrift des gesamten Inventars sowie ein Auszug aus dem Versteigerungskatalog findet sich bei Lillie, Was einmal war 410ff.

[38] OÖLM Bibliothek, Spendenprotokoll P 18.

[39] OÖLM Archiv, Mappe KH 1939: Kh 102/139, Liste: Beschlagnahmtes Kunstgut, Liste der ausgewählten Gegenstände. Anm: Eine stichprobenartige Überprüfung ergab, dass die von Schmidt weiters angeführten Positionen 1948 an David Goldmann restituiert worden waren, zum Zeitpunkt der Rückgabe befanden sie sich unter Verwahrung des Bundesdenkmalamts im Depot Kremsmünster. Sie gehörten möglicherweise zum Bestand des „Linzer Führermuseums" bzw. „Sonderauftrags Linz". Es kann jedenfalls ausgeschlossen werden, dass die Gegenstände dem OÖLM zugewiesen und nicht restituiert worden wären.

[40] OÖLM Bibliothek, Spendenprotokoll P 18; OÖLM Archiv, Mappe KH 1945/46: 169/46, BDA an OÖLM.

DG Nr. 81: Holzfigur, alpenländisch, 16. Jahrhundert, hl. Papst, bunt gefasst, Höhe 83 cm

In einem Nachtragsschreiben wurde vom Bundesdenkmalamt noch angefragt, ob auch die Gegenstände „DG Nr. 9: Mailändisch, Anfang 16. Jh., Bildnis eines Herrn vor grünem Vorhang, Öl, Lwd." und „DG Nr. 107: Hausaltar mit zwei Altarflügeln" dem Landesmuseum zugewiesen worden waren.[41] Das Oberösterreichische Landesmuseum bestätigte 1946, dass die vom Bundesdenkmalamt aufgelisteten Kunstgegenstände mit Ausnahme der „Nr. DG 78: Kachel" sowie der im Nachtrag angeführten Objekte „DG Nr. 9 und Nr. 107" dem Landesmuseum übergeben worden wären.[42]
Bestätigt wurde damit der erfolgte Eingang von sechs Gegenständen aus der Sammlung David Goldmann (DG 75, 76, 77, 79, 80, 81). Es sind dies genau jene Objekte, die sich auch im Spendenprotokoll des Landesmuseums finden.[43]
In einem Brief an den Rechtsanwalt von David Goldmann wurde mitgeteilt, dass sich davon vier Gegenstände (DG 76, DG 77, DG 79, DG 81) im Museum befänden, zwei der ebenfalls zugewiesenen Gegenstände aber nicht aufgefunden werden konnten (DG 75 und DG 80). Es wurde darauf verwiesen, dass diese möglicherweise im Bergungsdepot Eferding verloren gegangen wären.[44] An diesem Stand änderte sich bis zum Zeitpunkt der Restitution nichts mehr. Restituiert wurden aus der Sammlung David Goldmann im Jahr 1948 schließlich die vier vorhandenen Kunstgegenstände:[45]

DG Nr. 76: Statue einer klagenden Maria, vor einer Kreuzigung, 16. Jahrhundert
DG Nr. 77: Statue einer heiligen Nonne, um 1600, Höhe 104 cm
DG Nr. 79: Kleines Türchen von einem Tabernakelschrank, Relief geschnitzt mit Eisenbeschlägen, 16. Jahrhundert, 34:28 cm
DG Nr. 81: Holzfigur, alpenländisch, 16. Jahrhundert, hl. Papst, bunt gefasst, Höhe 83 cm

---

[41] OÖLM Archiv, Mappe KH 1947/48: Kh 101/47, BDA an OÖLM (Brief vom 29.4.1947).

[42] OÖLM Archiv, Mappe KH 1945/46: Kh 169/46, OÖLM an BDA (Brief vom 25.11.1946); OÖLM Archiv, Mappe KH 1947/48: Kh 101/47, OÖLM an BDA (Brief vom 6.5.1947).

[43] OÖLM Bibliothek, Spendenprotokoll P 18.

[44] OÖLM Archiv, Mappe KH 1947/48: Kh 101/47, OÖLM an Rechtsanwalt Loew (Brief vom 28.11.1947).

[45] OÖLM Archiv, Mappe KH 1947/48: Kh 94/48, Bescheid Finanzlandesdirektion für Wien, Niederösterreich und Burgenland, Ga XIV-21514/12/48, Wien 11.2.1948, Bescheid Rückstellung David Goldmann; OÖLM Archiv, Mappe KH 1947/48: Kh 94/48, Übernahmebestätigung Spedition Gebrüder Weiss, 31.5.1948.

Folgende zwei Kunstgegenstände, die nicht aufgefunden werden konnten, wurden demnach auch nicht restituiert:

DG Nr. 75: Holzfigur einer stehenden weiblichen Heiligen (Elisabeth die Armen beteilend), bunt gefasst mit Krone und Buch, Höhe 60 cm
DG Nr. 80: Konsole mit Cherubsfigur, bunt gefasst, 25 cm

In einer Aufstellung von David Goldmann, der sich zeitlebens darum bemüht hatte, die fehlenden Teile seiner Sammlung zu finden und zurückzuerhalten, befand sich unter anderem die Position „Zwei gotische Holzskulpturen", womit jene beiden Gegenstände gemeint sein könnten.[46]
Für den vorliegenden Bericht wurde im Oberösterreichischen Landesmuseum noch einmal erhoben, ob sich die beiden Statuen noch in den Beständen befinden könnten. Nach Auskunft des Landesmuseums befinden sich beide fraglichen Gegenstände nicht in den Beständen des Hauses.[47]

## Sammlung Rudolf Gutmann

Rudolf Gutmann war einer von vier Söhnen des Kohleindustriellen Wilhelm Gutmann. Er war selbst im Firmenimperium der Gebrüder Gutmann tätig, zum Lebensinhalt wurde ihm allerdings seine Liebe zur Kunst. Er schuf „eine bedeutende Kunstsammlung, die seine Wiener Wohnung und sein 1920 erworbenes Schloss Perlhof in Gießhübel zu Privatmuseen werden" ließ.[48] Die Sammlung von Rudolf Gutmann und seiner Frau Marianne, geborene Ferstel, gehörte damit zu den umfangreichsten Wiener Privatsammlungen, die 1938 in das Zentraldepot für beschlagnahmte Kunst in der Wiener Hofburg verbracht wurden. Rudolf und Marianne Gutmann flohen in der Nacht des 13. März 1938 in die Tschechoslowakei und gelangten über die Schweiz nach Kanada.[49] Der Vermögenskomplex der Gebrüder Gutmann wurde unter die treuhändische Verwaltung der eigens eingerichteten „Gesellschaft zur Verwaltung und Verwertung von Vermögenschaften

---

[46] Aufstellung vom 17.4.1956. Zit. in: Lillie, Was einmal war 415.
[47] Auskunft Dr. Lothar Schultes (OÖLM), 28.4.2004.
[48] Marie-Theres Arnbom, Friedmann, Gutmann, Lieben, Mandl, Strakosch. Fünf Familienporträts aus Wien vor 1938 (Wien/Köln/Weimar 2002) 100.
[49] Arnbom, Familienporträts 102.

m.b.H." gestellt, die ebenfalls in Gutmann-Besitz befindlichen Witkowitzer Eisenwerke wurden den Hermann-Göring-Werken eingegliedert.[50] Unter den Kunstgegenständen der Sammlung Rudolf Gutmann befanden sich eine Reihe für das „Führermuseum" interessante Stücke: Insbesondere die graphische Sammlung, darunter eine Sammlung von 44 Rembrandt-Stichen, wurde über Umwege 1941 an Hans Posse verkauft.[51] Das Inventar der beschlagnahmten und ins Zentraldepot verbrachten Kunstwerke der Sammlung Gutmann umfasste 852 Positionen.[52]
Justus Schmidt setzte 1939 auf seine Auswahlliste aus dem „Zentraldepot" 25 Kunstgegenstände aus der Sammlung Gutmann.[53] Aus den Eingangsprotokollen und Restitutionsunterlagen von 1947 erschließt sich, dass davon zehn Objekte dem Oberösterreichischen Landesmuseum zugeteilt und übergeben worden waren.

Gemäß einem Schreiben des Bundesdenkmalamts Wien aus dem Jahr 1947 und übereinstimmend mit den Einträgen im „Spendenprotokoll" waren dem Oberösterreichischen Landesmuseum 1940 folgende zehn Kunstgegenstände der Sammlung Gutmann übergeben worden:[54]

Gu 300: Vitrine, Boule-Arbeit, 18. Jahrhundert
Gu 315: Herrengrunderschale mit Handstein (Bergwerk)
Gu 378: Reliquiengehäuse in Türmchenform aus vergoldetem Silber, Ende 1500
Gu 385: Armreliquiar aus vergoldetem Kupfer, zweite Hälfte 16. Jahrhundert
Gu 416: Kunstuhr in Gestalt eines vergoldeten Kamels aus Kupfer mit Reiter, emailliertes Zifferblatt
Gu 419: Großes Brustreliquiar des Hl. Stephan Märtyrer, aus Silber mit Auflagen aus vergoldetem Silber
Gu 496: Trinkgefäß aus Leder mit silbergetriebenen Beschlägen von einer Schusterzunft, Leder gefasst und geschnitten, 17. Jahrhundert

---

[50] Lillie, Was einmal war 440.
[51] Lillie, Was einmal war 442.
[52] Eine Abschrift des gesamten Inventars findet sich in: Lillie, Was einmal war 444ff.
[53] OÖLM Archiv, Mappe KH 1939: Kh 102/139, Liste: Beschlagnahmtes Kunstgut, Liste der ausgewählten Gegenstände.
[54] OÖLM Archiv, Mappe KH 1947/48: Kh 101/47, BDA Wien an OÖLM (Brief vom 9.8.1947); OÖLM Bibliothek, Spendenprotokoll P 18.

Gu 548: Großer Anhänger, reiche Architektur und Grotesken aus Gold und Email (Goldemail) im Mittelrund plastisches Figürchen einer Laute spielenden Frau vor Hirsch, Augsburg, zweite Hälfte 16. Jahrhundert

Gu 549: Großer Anhänger aus Goldemail mit Tafelsteinen, rundplastisches Figürchen, Amor mit Pfeil und Bogen, Augsburg, zweite Hälfte 16. Jahrhundert

Gu 550: Zwei Teile einer Halskette in Goldemail, quadratische Glieder in Kastenfassung zwischen Kettchen

Das Oberösterreichische Landesmuseum bestätigte 1947, die vom Bundesdenkmalamt angeführten Gegenstände in Verwahrung zu haben.[55] Nach Verständigung über den Restitutionsbescheid vom 1. August 1946 wurde das Landesmuseum vom Bundesdenkmalamt aufgefordert, die Gegenstände für die Rückgabe bereitzustellen.[56] Eine Bestätigung vom 11. Dezember 1947 bescheinigt die Übernahme von neun der betroffenen zehn Gegenstände durch den Treuhänder Christian Nebehay am 1. Dezember und die Abholung der Gegenstände durch die Spedition Winkler am 9. Dezember 1947.[57]
Nicht auf dieser Übernahmeliste befindet sich „Gu-Nr. 300: Vitrine, Boule-Arbeit, 18. Jahrhundert". Dieser Umstand wurde im Zuge der hier vorliegenden Forschungsarbeit festgestellt und weiter überprüft. Nach Auskunft des zuständigen Sammlungsleiters befindet sich die betreffende Vitrine nicht mehr in den Beständen des Landesmuseums.[58] Die weiteren Recherchen ergaben, dass der Abtransport der Vitrine offenbar nicht gemeinsam mit den anderen Gegenständen 1947 erfolgt war, die Vitrine aber dennoch restituiert worden sein dürfte. Interessant erschien in diesem Zusammenhang ein Brief des als Gutmann-Treuhänder eingesetzten Kunsthändlers Christian Nebehay. In Zusammenhang mit dem bevorstehenden Abtransport der Kunstgegenstände der Sammlung Gutmann aus dem Oberösterreichischen Landesmuseum bat Nebehay Justus Schmidt, die Verpackung zu überwachen und fügte hinzu: „Über die Herrichtung der Boule-Vitrine erbitte ich Rechnung nach Fertigstellung."[59] Für die Vitrine war in Bezug auf ihren Abtransport bzw. ihre Rückstellung offenbar eine andere Verein-

---

[55] OÖLM Archiv, Mappe KH 1947/48: Kh 101/47, OÖLM an BDA Wien (Brief vom 14.8.1947).
[56] OÖLM Archiv, Mappe KH 1947/48: Kh 311/47, BDA Wien an OÖLM (Brief vom 31.10.1947).
[57] OÖLM Archiv, Mappe KH 1947/48: Kh 47/48, Bestätigung über die Übernahme, 11.12.1947.
[58] Auskunft Dr. Lothar Schultes (OÖLM).
[59] OÖLM Archiv, Mappe KH 1947/48: Kh 311/47, Nebehay an OÖLM (Brief vom 2.12.1947).

barung getroffen worden als für die übrigen Gegenstände. Sie scheint noch in Linz restauriert und erst dann von Nebehay übernommen worden zu sein, wohingegen die anderen Gegenstände in Überseetransportkisten verpackt am 9. Dezember 1947 von der Spedition Winkler in Linz abgeholt und zur Spedition Weiss nach Bregenz zum dortigen Weitertransport nach Übersee überstellt wurden. In der Karteikarte des Oberösterreichischen Landesmuseums ist vermerkt, dass die Vitrine 1948 restituiert wurde.[60]

Es kann somit davon ausgegangen werden, dass alle zehn Gegenstände der Sammlung Gutmann (Gu 315, 378, 385, 416, 419, 496, 548, 549, 550 und Gu 300) restituiert, offenbar aber in zwei Schritten dem Gutmann-Treuhänder Christan Nebehay übergeben wurden.

Neben der Zuweisung aus dem „Zentraldepot" waren dem Oberösterreichischen Landesmuseum 1941 noch weitere fünf Kunstgegenstände aus dem Besitz Gutmann von der „Gesellschaft zur Verwaltung und Verwertung von Vermögenschaften m.b.H.", jener Gesellschaft, die quasi als „Ariseur" der Gutmanngesellschaften eingesetzt war, angeboten worden. Es handelte sich dabei um Werke des oberösterreichischen Stahlschneiders Michael Blümelhuber. Angeboten wurden: 1. „Menschheitszukunft", 2. Ring „Kentaurengold", 3. Brieföffner „Eisenblüte", 4. Anhänger und 5. Briefbeschwerer „Arche Noah".[61] Nachdem sich das Landesmuseum prinzipiell interessiert gezeigt hatte, gab die Gesellschaft zur Verwaltung und Verwertung ihre Preisvorstellungen bekannt. Das Landesmuseum lehnte daraufhin einen Erwerb der betreffenden Gegenstände am 27. Februar 1941 ab.[62]

---

[60] Vgl. OÖLM, Kunstgeschichtliche Abteilung, Karteiblatt „Mö 153, Spende 520/40, Vitrine Tischchen mit Glasaufsatz in Boulletechnik (sic), vier gedrechselte Füße, 18. Jh., H. 162 cm. Herkunft Slg. Gutmann Wien 1940/300. 1948 zurückgegeben (K 343-48)." Zu diesem Fall standen das Oberösterreichische Landesmuseum sowie die Verfasserin mit einer Vertreterin der Erbengemeinschaft nach Rudolf Gutmann in Verbindung. Der Verbleib des betreffenden Gegenstands wird in Kooperation mit der Provenienzforschungskommission des Bundesdenkmalamts Wien weiter recherchiert.

[61] OÖLM Archiv, Mappe KH 1941: Kh 110/41, Gesellschaft zur Verwaltung und Verwertung von Vermögenschaften m.b.H., Wien 5.2.1941.

[62] OÖLM Archiv, Mappe KH 1943/44: Kh 110/1944, OÖLM an die Gesellschaft zur Verwaltung und Verwertung von Vermögenschaften m.b.H. (Brief vom 27.2.1941). Die Werke „Kentaurengold" und „Eisenblüte" wurden 1942 vom Kunstgewerbemuseum Wien (heute MAK) angekauft und 1948 an die Familie Gutmann restituiert. Auskunft Dr. Julia König (MAK Wien), 16.4.2004.

## Sammlungen Alphonse und Louis Rothschild

Die Sammlungen der Brüder Alphonse und Louis Rothschild, deren Grundstock die Sammlung ihres Onkels Nathaniel von Rothschild (1836–1905) war, stellen den bekanntesten Fall von in Österreich beschlagnahmtem Kunstgut dar. Sowohl in der zeitgenössischen Rezeption als auch in der gegenwärtigen Aufarbeitung nehmen die Rothschild-Sammlungen eine Sonderstellung ein. Dies beruht zum einen auf der mit keiner anderen entzogenen Sammlung vergleichbaren Quantität und Qualität der Sammlungen, zum anderen aber auch auf dem „legendären Namen ihrer Besitzer".[63] Die Beschlagnahme der Rothschild-Sammlungen wurde in Wien unter intensiver Beteiligung des Kunsthistorischen Museums prioritär betrieben,[64] forcierte Adolf Hitlers Pläne zur Errichtung eines neuen Museums in Linz und weckte die Begehrlichkeiten der österreichischen Museen.[65] Es waren auch die Rothschild-Sammlungen, bzw. deren nicht vollständige Restitution, die nach 1998 im Zuge des neuen Kunstrückgabegesetzes vorrangig und unter großer medialer und öffentlicher Beobachtung neu aufgerollt wurden. Dabei ging es vor allem um die nach 1945 zurückbehaltenen Gegenstände und Gemälde, die als Gegenleistung für erteilte Ausfuhrgenehmigungen von österreichischen Museen als „Widmungen" einbehalten wurden. Die in den österreichischen Bundesmuseen befindlichen „Widmungen" wurden 1999 restituiert und in London versteigert.[66]

Das Inventar der beschlagnahmten Rothschild-Sammlungen war 1939 als gebundener Katalog veröffentlicht worden, die Zahl der darin angeführten beschlagnahmten Gemälde und Kunstgegenstände aus der Sammlung Alphonse Rothschild beträgt 3.444. Die Sammlung von Louis Rothschild ist mit 919 Kunstgegenständen angegeben.[67] Während Alphonse Rothschild und seine Familie sich zum Zeitpunkt des „Anschlusses" in London aufhielten und damit zumindest persönlich in Sicherheit waren, wurde Louis Rothschild in Wien verhaftet. Seine Entlassung aus Gestapo-Haft, etwa

---

[63] Lillie, Was einmal war 1004.

[64] Vgl. v.a. Herbert Haupt, Jahre der Gefährdung. Das Kunsthistorische Museum 1938-1945 (Wien 1995) 16ff.

[65] Vgl. Birgit Kirchmayr, Adolf Hitlers „Sonderauftrag Linz" und seine Bedeutung für den NS-Kunstraub in Österreich. In: NS-Kunstraub in Österreich und seine Folgen. Hg. von Gabriele Anderl und Alexandra Caruso (Innsbruck 2005) 26-41.

[66] Vgl. Lillie, Was einmal war 1006; Vgl. auch die intensive mediale Berichterstattung, u.a. in: Der Standard, Serie „Das veruntreute Erbe", 21.2-2.3.1998.

[67] Abschriften der Inventare beider Sammlungen finden sich in Lillie, Was einmal war 1006ff.

ein Jahr nach der Verhaftung, konnte sein Bruder Alphonse aus dem Exil nur unter Zurücklassung des gesamten Rothschild-Besitzes in Österreich erreichen. Alphonse Rothschild starb 1942 im amerikanischen Exil, Louis Rothschild gelang nach seiner Freilassung die Flucht über die Schweiz und Argentinien in die USA. Er starb 1955.

Wie zahlreiche andere ostmärkische Museen erhielt auch das Oberösterreichische Landesmuseum Kunstgegenstände aus den beschlagnahmten Rothschild-Sammlungen. Auf der „Wunschliste" von Justus Schmidt aus dem Jahr 1939 befanden sich 242 Positionsnummern aus der Sammlung Alphonse Rothschild und 52 Positionen aus der Sammlung Louis Rothschild, insgesamt also 294 Positionen.

Die erste Zuteilung, die das Museum im Jahr 1940 erhielt, umfasste laut Inventarisierung in den Eingangsbüchern insgesamt aus beiden Sammlungen knapp 200 Positionen.[68] Im Jahr 1941 wurden nochmals sechs Positionen aus der Sammlung Alphonse Rotschild inventarisiert.[69] Nicht inventarisiert wurden – wie im Fall der Sammlung Bondy – die Zugänge, die im Jahr 1944 im Zuge der Auflösung des „Zentraldepots" dem Landesmuseum übergeben und dabei unmittelbar in das Bergungsdepot Eferding überstellt worden waren.

Auf einer Liste, die dem Landesmuseum im Zuge des Rückstellungsverfahrens Alphonse Rothschild 1947 übermittelt wurde, waren 182 Positionen angeführt, die sich im Landesmuseum befinden hätten müssen und deren konkreter Aufenthaltsort ermittelt werden sollte. Das Landesmuseum antwortete im August 1947, dass sich bei Durchsicht des Bergungsdepots Eferding ergeben hätte, dass – wie auch im Fall der Sammlungen Bondy und Goldmann – mehrere Gegenstände nicht mehr auffindbar wären. Es wurde eine Liste übermittelt, auf der die vorhandenen Gegenstände gekennzeichnet waren, und daraus resultierend eine Liste erstellt, die mit „Fehlende Stücke aus der Sammlung Alfons Rothschild" bezeichnet und mit 12. August 1948 datiert ist. Auf dieser Liste befinden sich 33 Positionen.

Eine undatierte Liste mit der Bezeichnung „Verzeichnis der im Oberösterreichischen Landesmuseum in Linz befindlichen Kunstgegenstände aus der

---

[68] OÖLM Bibliothek, Spendenprotokoll P 18: lfd. Nummern 335-539/1940. Darunter befinden sich aber auch 16 Positionen der Sammlungen Goldmann und Gutmann, für Rothschild ergeben sich damit 189 inventarisierte Positionen.

[69] OÖLM Bibliothek, Ankaufsprotokoll P 19: lfd. Nummern 32-40/1941. Für die Übernahme dieser Gegenstände gibt es auch eine Übernahmsbestätigung durch die Spedition, wonach der Transport von Wien nach Linz am 27.6.1941 stattgefunden und der Eingang der in zwei Kisten verpackten Gegenstände für 27.6.1941 bestätigt wurde. OÖLM Archiv, Mappe KH 1941: ohne Zl.

Sammlung Louis de Rothschild" umfasst 23 Positionen.[70] Eine Übergabsliste vom 5. April 1949, unterzeichnet vom Direktor des Landesmuseums und einem Vertreter des Louis de Rothschild'schen Sekretariates, bestätigt die Rückgabe jener 23 Kunstgegenstände.[71]

*"Widmungen" Rothschild*

1949 wurden als „Widmung" der Baronin Clarice Rothschild sechs Positionsnummern entgegengenommen. Justus Schmidt bedankte sich in einem Brief herzlich und versicherte, dass die Gegenstände „zum Andenken an Herrn Dr. Alphons Baron de Rothschild" bezeichnet würden.[72]

Es handelte sich dabei um folgende Positionen:

AR 2223: Eine Schachtel mit Linzerkostüm, darunter eine Goldhaube
AR 127: Fischerschuhe
AR 2958: Pokal aus Elfenbein, in Silber montiert, 17. Jahrhundert
AR 81: Zwei Holzstatuen, Hl. Georg und Hl. Florian, erste Hälfte 16. Jahrhundert
AR 2778: Beutel aus grünem Stoff, Bronze montiert, 16. Jahrhundert
AR 2951: Samtbeutel mit Eisenbeschlägen, graviert, 16. Jahrhundert

Die Praxis der „Widmungen" im Zuge von Restitutionen wurde erst rund um das Kunstrückgabegesetz von 1998 in Frage gestellt.[73] Nachdem insbesondere für die Sammlung Rothschild aufgezeigt werden konnte, dass „Widmungen" vielfach nicht freiwillig, sondern im Gegenzug für die Bewilligung von Ausfuhrgenehmigungen für restituierte Kunstgegenstände getätigt worden waren, wurden auch die „Widmungen" zum Gegenstand

---

[70] Eine zusätzliche 24. Position auf der Liste bezeichnet das Gemälde „LR 686: Melchior Hondecoeter, Geflügelhof", das allerdings nicht dem Oberösterreichischem Landesmuseum zugewiesen gewesen war, sondern erst im Zuge seiner Restitution nach 1945 aus dem Depot Ennsegg nach Linz überstellt und dem Landesmuseum lediglich zur zeitweiligen Deponierung übergeben wurde.

[71] Interessanterweise befindet sich auf dieser Übergabeliste auch die Position „LR 256 Sänfte", die sich aber laut Provenienzbericht des OÖLM im Jahr 2000 noch in den Beständen des Landesmuseums befunden hat (Vgl. OÖLM, Rückgabe 11) und daraufhin im Jahr 2001 restituiert wurde. Vgl. dazu auch den nachfolgenden Abschnitt.

[72] OÖLM Archiv, Mappe KH 1949-51: Kh 104/49, Justus Schmidt, OÖLM an Clarice de Rothschild (Brief vom 1.2.1949).

[73] Vgl. BGBl. 181/1998. Bundesgesetz über die Rückgabe von Kunstgegenständen aus den Österreichischen Bundesmuseen und Sammlungen.

des Kunstrückgabegesetzes von 1998. Wenngleich dem Bundesgesetz über Rückgabe von Kunstgegenständen juristisch nicht verpflichtet, sollten in Folge auch die „Widmungen" des Oberösterreichischen Landesmuseums nach der Erstellung des Rückgabeberichts von 2000 restituiert werden.

Im Provenienz- bzw. Rückgabebericht des Oberösterreichischen Landesmuseums aus dem Jahr 2000 wurde diesbezüglich festgestellt, dass zwei der oben angeführten Rothschild-Widmungen (AR 2958: Elfenbeinpokal und AR 127: Fischerschuhe) nicht mehr in den Beständen des Landesmuseums vorhanden bzw. auffindbar wären. Die beiden Statuen (AR 377) sowie der Seidenbeutel (AR 499) und die Samttasche (AR 495) wurden als in den Beständen des Museums befindlich angeführt. Bezüglich der Position Schachtel mit Linzer Kostüm (AR 2223) wurde keine Angabe gemacht. Zusätzlich wurde auf eine in den Widmungen nicht erwähnte Sänfte (LR 256) verwiesen, die sich noch im Museum befände.[74]

Als Konsequenz wurden die drei vorhandenen Positionen (AR 377: Zwei Statuen, AR 495: Tasche, roter Samt, AR 499: Seidenbeutel) sowie die Sänfte (LR 256) im Jahr 2000 an die Erbin nach Alphonse und Louis Rothschild rückgestellt.[75]

Eine nochmalige Untersuchung bezüglich der Fehlgegenstände brachte folgende Ergebnisse:

In Bezug auf die Position AR 127 (Fischerschuhe) konnte festgestellt werden, dass sich diese Position auf der Liste der fehlenden Gegenstände vom 12. August 1948 befand.[76] Es ist unklar, ob der Gegenstand danach noch gefunden und erst dann als Widmung übergeben wurde. Gegenwärtig konnte er jedenfalls genauso wenig wie im Zuge der Restitution 2000 aufgefunden werden.[77]

In Bezug auf die Position AR 2958 (Elfenbeinpokal) gibt es eine Vermutung: Im Jahr 1961 erwarb das Landesmuseum ein Objekt im Tausch gegen mehrere Objekte aus den eigenen Beständen. Unter den eingetauschten Objekten findet sich auch die Position „Barockelfenbeinkrug", dessen Beschreibung mit jener des Rothschildpokals übereinstimmt.[78] Die der Positi-

---

[74] Vgl. OÖLM, Rückgabe 10f.

[75] Vgl. Übernahmeprotokoll, OÖLM 7.7.2000.

[76] OÖLM Archiv, Mappe KH 1947/48: Kh 104/48, Liste. Fehlende Stücke aus der Sammlung Alfons Rothschild, Linz 12.8.1948.

[77] Die Fischerschuhe finden sich zwar im Inventar, ihr Standort allerdings ist unbekannt. Trotz Suche konnten die Schuhe nicht gefunden bzw. identifiziert werden. Stand vom 12.7.2004, Mitteilung Dr. Thekla Weissengruber (OÖLM, Abteilung Volkskunde) an die Verfasserin.

[78] Vgl. OÖLM, D-82/42-61, Übergabeprotokoll 10.6.1961. Hinweis von Dr. Lothar Schultes (OÖLM).

on hinzugefügte Inventarnummer ist allerdings nachweislich nicht korrekt, ein lückenloser Beweis, dass es sich bei dem durch Tausch außer Haus gelangten Elfenbeinpokal tatsächlich um jenen aus der Rothschild-Widmung gehandelt hatte, liegt damit nicht vor.[79]
Die Position AR 2223 (Schachtel mit Linzer Kostüm und Goldhaube) konnte zumindest teilweise ausfindig gemacht werden. In der Volkskundlichen Abteilung des Landesmuseums wurden 14 Einzelpositionen ermittelt, deren Provenienzen mit „Spende Baronin Rothschild, 1949" bezeichnet sind. Es handelt sich dabei um ein Seidenkleid und dazugehörige Accessoires.[80]
Dieses Kleid mit Zubehör stellt gegenwärtig die einzige Position dar, die sich aus den Beständen der enteigneten Rothschild-Sammlungen noch im Oberösterreichischen Landesmuseum befindet.

## Sammlungen Alfred Feitler, Robert Pollak, Eugen Erhart und Oscar Bondy (Gemälde von Johann Baptist Reiter)

Neben der direkten Zuteilung aus dem „Zentraldepot" im Kontext der Verteilungspläne Hans Posses existierten auch andere Wege, über die Wiener Raubkunst in das Oberösterreichische Landesmuseum gelangte. Häufig erhielt das Landesmuseum von der Wiener Zentralstelle für Denkmalschutz Mitteilungen über „sichergestellte" Kunstwerke, die für das Museum von Interesse sein könnten, mit dem Hinweis, sich mit den „Besitzern" diesbezüglich in Verbindung zu setzen. In mehreren Fällen nahm das Museum Kaufverhandlungen mit jüdischen BesitzerInnen oder VertreterInnen emigrierter Juden und Jüdinnen auf, denn sichergestellte Kunstwerke galten zunächst zumindest formal noch nicht als enteignet.
Besonders intensiv kam das Museum mit solchen Fällen durch eine Johann Baptist Reiter-Ausstellung im Jahr 1940 in Berührung. Der 1813 in Linz-Urfahr geborene Genre- und Porträtmaler Johann Baptist Reiter stand im Mittelpunkt des Sammelinteresses des Landesmuseums, 1940 sollte ihm eine Ausstellung gewidmet werden.[81]
Im Februar 1940 wandte sich Justus Schmidt an die Zentralstelle für Denkmalschutz und bat um die leihweise Überlassung der „bei Ihnen deponierten Gemälde von Johann Baptist Reiter für die in aller nächster Zeit geplante

---

[79] Auskunft Dr. Lothar Schultes (OÖLM).
[80] Vgl. schriftliche Mitteilung Dr. Thekla Weissengruber (OÖLM) an die Verfasserin, 12.7.2004.
[81] Vgl. zu Johann Baptist Reiter Alice Strobl, Johann Baptist Reiter (Wien 1963).

Reiter-Gedächtnisausstellung zum 50. Todestag im Landesmuseum".[82] Es ging also darum, im „Zentraldepot für beschlagnahmte Kunst" befindliche Gemälde von Reiter für die Ausstellung zu erhalten. Dem Ansuchen wurde zugestimmt, zunächst war von zwei deponierten Reiter-Gemälden die Rede, kurz darauf korrigierte die Zentralstelle für Denkmalschutz auf vier Gemälde, die im Zentraldepot deponiert wären und ausgeliehen werden könnten:[83]

1. Rastelbinder, 42,5:42 cm
2. Drei badende Frauen, 117:97 cm
3. Weiblicher Akt (Frau des Künstlers), 100:95 cm
4. Brustbild eines Mädchens mit Trauben (Tochter des Künstlers), 64:52 cm

Am 4. März 1940 bat Justus Schmidt um eheste Übersendung der Werke.[84] Am 22. März 1940 bestätigte er den Erhalt des Ölgemäldes von Reiter „Bildnis seiner Gattin" und führte an, dass damit fünf Bilder von Reiter in Verwahrung genommen wären.[85] Offenbar war zu den oben erwähnten vier Bildern eines, nämlich das als „Bildnis seiner Gattin" bezeichnete, dazugekommen, womit sich die Zahl der übernommenen Gemälde auf fünf erhöht hatte. Am 3. Mai erkundigte sich Schmidt bei der Zentralstelle für Denkmalschutz, welche der Reiter-Leihgaben angekauft werden könnten und zu welchem Preis. Interessanterweise ist in diesem Brief wieder nur von vier Gemälden die Rede.[86] Im Antwortbrief der Zentralstelle für Denkmalschutz wird ebenfalls nur auf vier Gemälde Bezug genommen und für jedes Gemälde im Einzelnen erläutert, wie im Fall einer gewünschten Erwerbung vorgegangen werden müsste: Das Bild „Rastelbinder" wurde als „Eigentum von Eugen Erhard, derzeit Ausland" bezeichnet. Erwerbungsverhandlungen müssten mit dessen Rechtsvertreter aufgenommen werden, und im Fall einer positiven Zusage müsste die Genehmigung Hans Posses ein-

---

[82] OÖLM Archiv, Mappe KH 1940: Kh 96/1940, OÖLM an Zentralstelle für Denkmalschutz (Brief vom 24.2.1940).

[83] OÖLM Archiv, Mappe KH 1940: Kh 96/1940, Zentralstelle für Denkmalschutz an OÖLM (Brief vom 28.2.1940) und Zentralstelle für Denkmalschutz an OÖLM (Brief vom 29.2.1940).

[84] OÖLM Archiv, Mappe KH 1940: Kh 96/1940, OÖLM an Zentralstelle für Denkmalschutz (Brief vom 4.3.1940).

[85] OÖLM Archiv, Mappe KH 1940: Kh 96/1940, OÖLM an Zentralstelle für Denkmalschutz (Brief vom 22.3.1940).

[86] OÖLM Archiv, Mappe KH 1940: Kh 96/40, OÖLM an Zentralstelle für Denkmalschutz (Brief vom 3.5.1940).

geholt werden. Das Bild „Drei badende Frauen" wurde für eine Erwerbung ausgeschlossen, da bereits Hans Posse darüber verfügt hätte. Betreffend das Bild „Weiblicher Akt (Frau des Künstlers)" wurde angekündigt, dass dieses voraussichtlich ohnehin dem Oberösterreichischen Landesmuseum zugewiesen werde. Für das Bild „Mädchen mit Weintrauben" wurde Robert Pollak als Eigentümer angeführt und dessen Vertreter genannt, mit dem Erwerbsverhandlungen zu führen wären.[87] Eine Woche später teilte Schmidt der Zentralstelle für Denkmalschutz mit, sich mit den jeweiligen Rechtsvertretern in Verbindung gesetzt zu haben und fragte ergänzend an, wem das fünfte entlehnte Bild, Gattin des Künstlers, gehöre.[88] Er erhielt die Antwort, dass jenes Eigentum der „Emigrantin Reichfeld" wäre.[89] Somit ist klar, dass tatsächlich fünf Gemälde als Leihgaben dem Landesmuseum übergeben wurden, die aus folgendem Eigentum stammten:

J.B. Reiter: „Gattin des Künstlers", auch bezeichnet als „Dame in grünem Kleid" (Sammlung Alfred Feitler/Irma Reichfeld)
J.B. Reiter: „Drei badende Mädchen" (Sammlung Alfred Feitler/Irma Reichfeld)
J.B. Reiter: „Rastelbinder" (Sammlung Eugen Erhart)
J.B. Reiter: „Mädchen mit Weintrauben" (Sammlung Robert Pollak)
J.B. Reiter: „Weiblicher Akt" (Sammlung Oscar Bondy)

Keines der betroffenen Bilder befindet sich heute noch in den Beständen des Oberösterreichischen Landesmuseums, sie waren alle Gegenstand der Restitutionen in den Jahren bis 1948. Dennoch sollen im Folgenden ihre Geschichten und die ihrer BesitzerInnen rekonstruiert werden, unter anderem um die Komplexität des vereinfachenden Begriffs „Kunstraub" zu verdeutlichen.

---

[87] OÖLM Archiv, Mappe KH 1940: Kh 96/40, Zentralstelle für Denkmalschutz an OÖLM (Brief vom 15.5.1940).
[88] OÖLM Archiv, Mappe KH 1940: Kh 96/40, OÖLM an Zentralstelle für Denkmalschutz (Brief vom 24.5.1940).
[89] OÖLM Archiv, Mappe KH 1940: Kh 96/40, Zentralstelle für Denkmalschutz an OÖLM (Brief vom 8.6.1940).

*"Dame in grünem Kleid" (Gattin des Künstlers) und "Drei badende Mädchen", aus dem Eigentum von Alfred Feitler und Irma Reichfeld*

Am 19. August 1938 wurde Alfred Feitler die im Zuge seiner geplanten Emigration in die USA beantragte Ausfuhr seiner Kunstsammlung von der Zentralstelle für Denkmalschutz genehmigt. Zwei Gemälde seiner Sammlung waren von der Genehmigung allerdings ausgenommen worden: Für die beiden Bilder Johann Baptist Reiters „Dame in grünem Kleid (Damenporträt)" und „Drei badende Mädchen" wurde keine Ausfuhrbewilligung erteilt,[90] die Zentralstelle für Denkmalschutz suchte vielmehr um deren „Sicherstellung" an.[91] Der Magistrat Wien erteilte diese am 17. Jänner 1939: „Das Wiener Magistrat, Magistratsabteilung 50, ordnet auf Grund des §4a des Gesetzes betreffend das Verbot der Ausfuhr und der Veräusserung von Gegenständen geschichtlicher, künstlerischer oder kultureller Bedeutung (St.GLB. Nr. 90/18 in der Fassung des BGBL. Nr. 80/23) die Sicherstellung folgender Gegenstände an: 1. Damenporträt, 67x54, signiert 1850, 2. Ein Ölbild, darstellend 3 badende Mädchen, von Johann Baptist Reiter. Die Sicherstellung erfolgt durch Verwahrung durch das kunsthist. Museum. Gemäß § 64, Abs. 2 AVG wird die aufschiebende Wirkung einer allfälligen Berufung ausgeschlossen. Begründung: Da es sich im vorliegenden Falle um Gegenstände von geschichtlicher, künstlerischer oder kultureller Bedeutung handelt, und die Gefahr einer Verbringung dieser Gegenstände ins Ausland entgegen den Bestimmungen des §1 des Ausfuhrverbotsgesetzes besteht, erfolgt auf Antrag der Zentralstelle für Denkmalschutz im Ministerium für innere und kulturelle Angelegenheiten die Sicherstellung der oben angeführten Gegenstände und die Übernahme in die Verwahrung eines öffentlichen Museums. Die Sicherstellung war durch die Tatsache gebeten, dass die Eigentümer das deutsche Reich für immer verlassen wollen."[92]
Am 18. Februar 1939 wurde das Oberösterreichische Landesmuseum von der Zentralstelle für Denkmalschutz über die Sicherstellung der beiden Gemälde informiert und um „eheste Mitteilung" gebeten, „ob das Oberösterreichische Landesmuseum an der Erwerbung der beiden Gemälde interes-

---

[90] BDA Wien, Restitutionsmaterialien, Karton 35, Mappe Feitler, Alfred: Ansuchen um Ausfuhrbewilligung, Wien 19.8.1938.

[91] BDA Wien, Restitutionsmaterialien, Karton 35, Mappe Feitler, Alfred: 487/Dsch, Zentralstelle für Denkmalschutz an Kulturamt der Gaustadt Wien (Brief vom 17.1.1939).

[92] BDA Wien, Restitutionsmaterialien, Karton 35, Mappe Feitler, Alfred: Sicherstellungsbescheid Magistrat Wien, M.Abt. 50/237/39, Wien 17.1.1939.

siert ist".[93] Das bedeutet: Bereits vor der geplanten Reiter-Ausstellung und der damit verbundenen Anfrage des Oberösterreichischen Landesmuseums bezüglich Leihgaben aus dem „Zentraldepot" bekam das Landesmuseum Kenntnis von den beiden „sichergestellten" Reiter-Bildern aus dem Besitz Alfred Feitlers und seiner Schwester Irma Reichfeld. Justus Schmidt bekundete in seiner Antwort an die Zentralstelle vom 27. Februar 1939 Interesse an beiden Gemälden, verwies aber auf die beschränkten finanziellen Möglichkeiten. Er erbat Information, „unter welchen Bedingungen und zu welchem Preis die beiden Gemälde erworben werden könnten".[94] Er wurde daraufhin von der Zentralstelle für Denkmalschutz „wegen des Preises der beiden Bilder von Johann Baptist Reiter aus dem Besitze des Emigranten Feitler" an die „Schwester des Genannten, Irma Reichfeld" verwiesen.[95] In einem kurzen Brief unter Weglassung der üblichen Grußformeln wandte sich Justus Schmidt am 24. April 1939 an Irma Reichfeld:
„Wie mir durch die Zentralstelle für Denkmalschutz bekanntgegeben wurde, haben Sie zwei Ölgemälde von Johann Baptist Reiter in Verwahrung, deren Erwerbung für das Landesmuseum allenfalls in Frage käme. Ich ersuche Sie daher um nähere Mitteilungen über die beiden Gemälde, Darstellung, Format und Preis."[96]
Irma Reichfeld antwortete am 3. Mai 1939:
„Antwortlich Ihrer Zuschrift; teile höflichst mit, daß die beiden Bilder von Johann B. Reiter unser Eigenthum, derzeit in treuhändiger Verwahrung sind. Darstellen die Bilder 1 Frauen Portrait und 3 badende Bauernmädchen. Die Bilder sind nicht verkäuflich."[97]
Eine Fortsetzung dieser Korrespondenz ist nicht bekannt, die Bilder tauchen erst wieder in den Unterlagen auf, als beide Bilder als „Leihgaben" des Zentraldepots an das Oberösterreichische Landesmuseum gingen. Obwohl Justus Schmidt bezüglich der Bilder bereits in Kontakt mit Irma Reichfeld gewesen war, erkundigte er sich 1940 bei der Zentralstelle bezüglich deren Eigentümer und des möglichen Erwerbs, wie bereits weiter oben dargestellt wurde. Ob Justus Schmidt daraufhin noch einmal mit Irma

---

[93] OÖLM Archiv, Mappe KH 1939: Kh 88/39, Zentralstelle für Denkmalschutz an OÖLM (Brief vom 18.2.1939).
[94] OÖLM Archiv, Mappe KH 1939: Kh 88/39, OÖLM an Zentralstelle für Denkmalschutz (Brief vom 27.2.1939).
[95] OÖLM Archiv, Mappe KH 1939: Kh 88/39, Zentralstelle für Denkmalschutz an OÖLM (Brief vom 7.4.1939).
[96] OÖLM Archiv, Mappe KH 1939: Kh 88/39, OÖLM an Irma Reichfeld (Brief vom 24.4.1939).
[97] OÖLM Archiv, Mappe KH 1939: Kh 88/39, Irma Reichfeld an OÖLM (Brief vom 3.5.1939).

Reichfeld in Kontakt trat, ist nicht bekannt, eine diesbezügliche Korrespondenz liegt nicht vor. Ein Aktenvermerk vom 19. April 1942 weist jedenfalls darauf hin, dass ein Rechtsvertreter von Irma Reichfeld erklärt hätte, „Frau Reichfeld sei nunmehr bereit, die beiden in ihrem und ihres Bruders Feitler Besitz befindlichen Gemälde von J.B. Reiter zu verkaufen".[98] Das Institut für Denkmalpflege beschloss daraufhin, das Landesmuseum darüber zu informieren, äußerte aber gleichzeitig Bedenken, ob der Bevollmächtigte von Frau Reichfeld überhaupt noch berechtigt sei, nach dem Erlass der 11. Verordnung zum Reichsbürgergesetz vom 25. November 1941, das den „Vermögensverfall" emigrierter und deportierter Juden festgelegt hatte, das Vermögen des im Ausland lebenden Alfred Feitler zu veräußern.[99] Im November 1943 wurde das Landesmuseum informiert, dass die „Verwertung" der Sammlung Feitler im Gange sei, das heißt ein „Vermögensverfall" ausgesprochen worden war. Die Summe für das Bild musste dementsprechend der Finanzdirektion überwiesen werden.[100] In vorauseilendem Eifer überwies das Landesmuseum die Summe für alle entliehenen Bilder Johann Baptist Reiters, insgesamt 9.000 Reichsmark, an das Institut für Denkmalpflege und wurde darauf hingewiesen, dass bislang nur die Sammlung Feitler „verwertet" und somit erwerbbar sei.[101] Das Geld blieb dennoch – gewissermaßen als Fonds – beim Institut für Denkmalpflege. Von diesem Fonds aus kam es schließlich zur Überweisung des Kaufbetrages für das Bild „Dame in grünem Kleid" an die Oberfinanzdirektion Niederdonau/Wien. Am 1. August 1944 bestätigte der Oberfinanzpräsident dem Institut für Denkmalpflege den Eingang von 2.000 Reichsmark „als Kaufpreis für das Bild von Johann Baptist Reiter, Porträt einer Dame in grünem Kleid, ... welches vom Museum des Reichsgaues Oberdonau erworben wurde".[102]

Der Verkauf war damit abgeschlossen, das Bild „Dame in grünem Kleid" war offiziell in den Bestand des Oberösterreichischen Landesmuseums übergegangen. Der eigentliche Besitzer des Bildes, Alfred Feitler, war zu diesem Zeitpunkt im Exil in New York. Seine Schwester Irma Reichfeld

---

[98] BDA Wien, Restitutionsmaterialien, Karton 35, Mappe Feitler, Alfred: Aktenvermerk 19.4.1942.

[99] Ebd.

[100] BDA Wien, Restitutionsmaterialien, Karton 35, Mappe Feitler, Alfred: 330/K/43, Zentralstelle für Denkmalschutz an OÖLM (Brief vom 18.11.1943).

[101] BDA Wien, Restitutionsmaterialien, Karton 35, Mappe Feitler, Alfred: OÖLM an Institut für Denkmalpflege (Brief vom 15.3.1944) und Institut für Denkmalpflege an OÖLM (Brief vom 14.7.1944).

[102] BDA Wien, Restitutionsmaterialien, Karton 35, Mappe Feitler, Alfred: Oberfinanzpräsident Niederdonau an das Institut für Denkmalpflege (Brief vom 1.8.1944).

war bereits tot. Sie war im Juni 1942 deportiert und in Maly Trostinec bei Minsk ermordet worden.[103]
"Dame in grünem Kleid" wurde 1948 für Alfred Feitler zur Restitution und Ausfuhr freigegeben. Die Restitution von "Dame in grünem Kleid" ging allerdings nicht reibungsfrei vonstatten: Das Bild wurde, als es bereits zur Restitution im Landeskonservatorat Oberösterreich bereitgestellt war, 1948 gestohlen und erst mehrere Monate später im Linzer Dorotheum geortet.[104]

Hinsichtlich des Gemäldes "Drei badende Mädchen" und seiner Entziehung (abgelehnte Ausfuhrbewilligung, "Sicherstellung", Verwahrung im Zentraldepot und späterer Vermögensverfall) verhielt es sich ähnlich wie im oben geschilderten Fall des Bildes "Dame in grünem Kleid". Allerdings konnte das Bild nicht vom Landesmuseum erworben werden, da es von Hans Posse für das "Führermuseum" bestimmt worden war. Es blieb dennoch bis 1944 unter Verwahrung des Oberösterreichischen Landesmuseums, erst am 9. Mai 1944 sollte es per Bahn nach Bad Aussee verschickt und dort von Gottfried Reimer als Sonderbeauftragtem des "Führermuseums" entgegengenommen werden.[105] Ebenso wie das Bild "Dame in grünem Kleid" wurde das Bild "Drei badende Mädchen" nach Kriegsende in Verwahrung der amerikanischen Militärregierung in Linz aufbewahrt und 1948 an Alfred Feitler restituiert.[106]

*"Mädchen mit Weintrauben" aus dem Eigentum von Robert Pollak*

Der Industrielle Robert Pollak und seine Frau Adele besaßen in ihrer Wohnung in Wien III eine umfassende Kunstsammlung, die auch für öffentliche Besichtigungen zugänglich war. Im März 1939 stellte Robert Pollak den Antrag auf Ausfuhrgenehmigung für seine Sammlung, zunächst wurde für elf Bilder die Ausfuhr gesperrt, schließlich wurden 50 Gemälde "sichergestellt" und in das Zentraldepot verbracht.[107] Eines davon war das Reiter-

---

[103] DÖW, Namentliche Erfassung der österreichischen Holocaustopfer, URL, http://www.doew.at.

[104] OÖLM Archiv, Mappe KH 1945/46: Kh 350/48, BDA Linz an OÖLM (Brief vom 27.8.1948); BDA Wien, Restitutionsmaterialien, Karton 35, Mappe Feitler, Alfred: Niederschrift 27.10.1948, Niederschrift 28.10.1948; 2506/48-Dr.K/E. BDA Linz an Kriminalpolizei Linz; 2316/49, Bericht Kriminalabteilung Gruppe III, Linz 21.3.1949; Interview mit Gertrude Erba, Interviewerin Birgit Kirchmayr, Linz am 3.2.2003.

[105] OÖLM Archiv, Mappe KH 1943/44: Kh 109/5e/44, OÖLM an "Ostmark"-Versicherung AG (Brief vom 8.5.1944).

[106] OÖLM Archiv, Mappe 1945/46: Kh 169/46, Kh 344/48, Kh 350/48.

[107] Vgl. Lillie, Was einmal war 885. Eine Abschrift der Sammlung der Kunstgegenstände von Robert Pollak findet sich ebd. 887ff.

Bildnis „Mädchen mit Weintrauben". Im Frühjahr 1940 wurde das Bild als „Leihgabe" an das Oberösterreichische Landesmuseum überstellt, im Mai 1940 nahm das Museum Kontakt mit dem Wiener Architekten Rudolf Bredl auf, der als Vertreter des Eigentümers fungierte.[108] Mit Bredl kam es bezüglich einer Erwerbung offenbar zu keinem Abschluss. Erst im Jahr 1944, nach bereits erfolgtem Vermögensverfall, sollten 2.000 Reichsmark aus dem beim Institut für Denkmalpflege hinterlegten Depot von 9.000 Reichsmark für die Übernahme der sichergestellten Reiter-Bilder entnommen werden.[109] Es liegt keine Bestätigung des Oberfinanzpräsidiums Wien-Niederdonau vor, ob der Betrag tatsächlich entgegengenommen wurde. Nach Kriegsende war das Bild Gegenstand der Restitution an Adele Pollak, Witwe nach Robert Pollak. Es wurde im Dezember 1950 an den Anwalt von Adele Pollak übergeben. Adele Pollak erhielt für das Reiter-Bildnis auch eine Ausfuhrbewilligung, ebenso wie für zwei andere ehemals entzogene Gemälde. Für drei weitere restituierte Bilder der Sammlung Pollak wurde die Ausfuhr 1950 nicht bewilligt.[110]

Der Vollständigkeit halber soll hier noch angeführt werden, dass sich das Oberösterreichische Landesmuseum – unabhängig von der Frage der Johann Baptist Reiter-Bilder – auch noch um ein zweites Gemälde aus der Sammlung Robert Pollak bemüht hatte, nämlich um Franz Eybls „Liebespaar in Gebirgslandschaft". Am 2. Februar 1942 hatte der Kulturbeauftragte des Gauleiters in Oberdonau, Anton Fellner, bekanntgegeben, dass sich der Gauleiter und Reichsstatthalter von Oberdonau für den Ankauf dieses Bildes interessiere – „entweder privat oder für die Sammlungen des Gaues".[111] Im März 1942 scheint das Oberösterreichische Landesmuseum sein Interesse an einem Kauf bekanntgegeben zu haben.[112] Zu einer Übernahme des

---

[108] OÖLM Archiv, Mappe KH 1940: Kh 96/40, OÖLM an Rudolf Bredl (Brief vom 24.5.1940).

[109] BDA Wien, Restitutionsmaterialien, Karton 43/1, Mappe Robert Pollak: KB 6/44, Der Kulturbeauftragte des Gauleiters und Reichsstatthalters Oberdonau an das Institut für Denkmalpflege Wien (Brief vom 3.8.1944). Anm: Als Kulturbeauftragter des Gauleiters unterzeichnete dieses Schreiben Justus Schmidt, der diese Position seit 1941 stellvertretend für Anton Fellner innehatte. Als Abteilungsleiter im Oberösterreichischen Landesmuseum koordinierte er gleichzeitig die Übernahme der Bilder von Johann Baptist Reiter.

[110] BDA Wien, Restitutionsmaterialien, Karton 43/1, Mappe Robert Pollak: 1754/50, Ausfuhrbewilligung, Wien 12.9.1950. Für die Ausfuhr gesperrt wurden ein Bild von Leopold Kuppelwieser sowie zwei Bilder von Rudolf von Alt.

[111] BDA Wien, Restitutionsmaterialien, Karton 43/1, Mappe Robert Pollak: 968/K41, Der Kulturbeauftragte des Gauleiters und Reichsstatthalters in Oberdonau an Institut für Denkmalpflege (Brief vom 6.2.1942).

[112] BDA Wien, Restitutionsmaterialien, Karton 43/1, Mappe Robert Pollak: 103/K42, Balke an Rechtsanwalt Schreiber (Brief vom 12.3.1942).

Bildes in das Landesmuseum respektive in den Besitz des Gaus Oberdonau kam es aber nicht. Es war für das „Führermuseum" beansprucht worden.[113]

## „Rastelbinder" aus dem Eigentum von Eugen Erhart

Wie die anderen hier dargestellten Gemälde von Johann Baptist Reiter gelangte auch das Gemälde „Rastelbinder" im März 1940 als Leihgabe in das Oberösterreichische Landesmuseum. Bezüglich eines Erwerbs sollte sich das Landesmuseum laut Angabe des Instituts für Denkmalschutz Wien mit dem Rechtsvertreter des Besitzers Eugen Erhart in Verbindung setzen. Das Landesmuseum wandte sich daraufhin am 24. Mai 1940 an Friedrich Jakubitschek mit der Bitte um Mitteilung, „zu welchem Preis das sichergestellte Gemälde Rastlbinder von J.B. Reiter aus dem Besitz von Eugen Erhart abgegeben wird".[114] Jakubitschek antwortete umgehend, dass sich sein Klient Eugen Erhart in den USA aufhalte und schwer erreichbar sei. Jakubitschek habe keinen Auftrag und keine Ermächtigung, Bilder aus seinem Besitz zu verkaufen, werde aber bezüglich der Anfrage des Landesmuseums nachfragen. Er wies im Brief auch darauf hin, dass sein Klient „Vollarier" sei.[115] Im November 1941 teilte Jakubitschek dem Museum mit, dass sein Klient bereit wäre, das Bild zu veräußern. Im April 1942 teilte das Landesmuseum dem Institut für Denkmalpflege auf Anfrage mit, dass eine Erwerbung des Bildes noch nicht erfolgt sei, da die Preisfrage noch offen wäre.[116] Zu einer „offiziellen" Erwerbung des Bildes scheint es nicht mehr gekommen zu sein. Das Bild verblieb bis Kriegsende in Verwahrung des Oberösterreichischen Landesmuseums. Im Zuge der Rückstellung wurde das Bild am 13. Juni 1947 vom Oberösterreichischen Landesmuseum an die Amerikanische Militärverwaltung in Oberösterreich übergeben.[117]

---

[113] Vgl. Lillie, Was einmal war 885 (FN 10).

[114] OÖLM Archiv, Mappe KH 1940: Kh 96/40, OÖLM an Friedrich Jakubitschek (Brief vom 24.5.1940).

[115] Eugen Erhart war gemeinsam mit seiner jüdischen Ehefrau in die USA emigriert, hatte deswegen die Ausfuhr seiner Gemäldesammlung beantragt, wobei mehrere Gemälde nicht zur Ausfuhr freigegeben wurden. Das Bild von J.B. Reiter wurde in diesem Zusammenhang „sichergestellt". Vgl. BDA Wien, Restitutionsmaterialien, Karton 34/1, Mappe Erhart, Eugen.

[116] OÖLM Archiv, Mappe KH 1942: Kh 135/42, OÖLM an Institut für Denkmalpflege (Brief vom 22.4.1942).

[117] OÖLM Archiv, Mappe KH 1949-51: Kh 259/49, OÖLM an BDA (Brief vom 17.3.1949).

## „Weiblicher Akt" aus der Sammlung Oscar Bondy

Mehr als 200 Kunstobjekte aus der Sammlung Bondy gelangten ab 1940 in das Oberösterreichische Landesmuseum, darunter als einziges Gemälde unter allen zugewiesenen enteigneten Objekten das Bild von Johann Baptist Reiter, „Weiblicher Akt".[118] Die Zuweisung dieses Objekts dürfte bereits mit der Anfrage bezüglich der Reiter-Ausstellung in Zusammenhang gestanden haben, da ansonsten – wie bereits weiter oben erläutert – dem Landesmuseum generell keine Gemälde zugewiesen worden waren. Anders als im Fall der anderen Reiter-„Leihgaben" liegen für das Bild aus der Sammlung Bondy kaum Archivalien vor. Das Gemälde wurde lediglich in einem vorliegenden Dokument der Sammlung Oscar Bondy zugeschrieben.[119] In einem Schreiben der Zentralstelle für Denkmalschutz vom Mai 1940 wurde mitgeteilt, dass das betreffende Bild „aller Wahrscheinlichkeit nach in das Eigentum Ihres Museums überwiesen werde", das heißt es mussten keine Verkaufsverhandlungen mit zumindest noch formal als solchen behandelten Eigentümern geführt werden. Das Bild findet sich schließlich auf Listen der Restitutionsmaterialien, unter anderem in einer als „Gegenstände der Ausfuhrliste No.1, die sich im Landesmuseum Linz befinden" bezeichneten Liste.[120]

## Aktueller Stand: Noch im Oberösterreichischen Landesmuseum befindliche Objekte aus enteigneten Wiener Sammlungen

Zu Beginn der Untersuchung der Zuweisungen und Restitutionen der aus Wien zugeteilten enteigneten Kunstgegenstände musste davon ausgegangen werden, dass diese im Rahmen der Restitutionen der Jahre bis 1948 zurückgegeben worden waren. Dies ist auch im Restitutionsbericht des Oberösterreichischen Landesmuseums des Jahres 2000 so dargestellt.[121] Die jetzige Untersuchung bestätigt diese Annahme im Wesentlichen, führt aber auch deutlich die Unsicherheiten eines solchen Befundes zutage: Es konnte

---

[118] Vgl. OÖLM Bibliothek, Spendenprotokoll P 18: lfd. Nummer 290/1940 (Bo 1356).
[119] BDA Wien, Restitutionsmaterialien, Karton 35, Mappe Feitler, Alfred: 167/K/43, Institut für Denkmalpflege an OÖLM (Brief vom 13.7.1943).
[120] OÖLM Archiv, Mappe KH 1947/1948: ohne Zl.
[121] Vgl. OÖLM, Rückgabe 9f.

klar nachgewiesen werden, dass es vor allem in den letzten Kriegsjahren nicht inventarisierte Zugänge gab, deren weiteres Schicksal sich schwer rekonstruieren lässt. Ein weiterer Unsicherheitsfaktor ist jener der in der Kriegszeit erfolgten Bergungen. Wie aus den Akten hervorgeht, konnten zum Zeitpunkt der Restitution im Bergungsdepot Eferding nicht alle zur Rückgabe geforderten Gegenstände aufgefunden werden. Es gibt daher mit Ausnahme der Sammlung Gutmann aus allen zugewiesenen Sammlungen Objekte, die nicht restituiert wurden, weil sie nach 1945 nicht mehr auffindbar waren.

Aus heutiger Perspektive ist es schwierig, diese Vorgänge zu rekonstruieren, die Aktenbasis ist nicht immer verlässlich und zeigt sich als sehr fragmentarisch. Es wurde dennoch durch intensives Aktenstudium zu eruieren versucht, ob sich noch Objekte aus den enteigneten Sammlungen im Bestand des Landesmuseums befinden könnten. Die vorhandenen Informationen wurden mit den jeweiligen SammlungsleiterInnen des Landesmuseums akkordiert. Bezüglich der „Endgültigkeit" der Ergebnisse sollten die oben angeführten Unsicherheitsfaktoren mitbedacht werden.

Die Ergebnisse wurden für jede untersuchte Sammlung in den vorangegangenen Kapiteln dargestellt. An dieser Stelle sollen noch einmal zusammenfassend jene Objekte angeführt werden, die aus enteigneten Wiener Sammlungen stammen sich nach derzeitigem Wissensstand gegenwärtig noch im Oberösterreichischen Landesmuseum befinden und der Restitution zuzuführen sind:

Sammlung Alphonse Rothschild: Zur Position „AR 2223: Schachtel mit Goldhaube und Linzer Kostüm" gehörig konnten folgende Einzelteile ausfindig gemacht werden:[122]

F 2877 Seidenkleid
F 2875 Miederleib
F 2874 Mieder und Miederstecker
F 2865 Brokathäubchen

---

[122] Vgl. schriftliche Mitteilung Dr. Thekla Weissengruber (OÖLM, Abteilung Volkskunde) vom 12.7.2004 an die Verfasserin.

## 2. Zuweisungen und Restitutionen von Kunstobjekten aus enteigneten Sammlungen in Oberdonau

In der Übernahme enteigneter Kunstwerke aus Wien zeigt sich ein Berührungspunkt des Oberösterreichischen Landesmuseums mit dem nationalsozialistischen Kunstraub. Daneben stellt sich die Frage nach Kontakten zur lokal stattfindenden Enteignung von Kunst. Mit aller Vorsicht kann konstatiert werden, dass sich in Oberösterreich keine mit Wien vergleichbare Situation vorfand, in der das Landesmuseum – verglichen etwa mit dem Kunsthistorischen Museum Wien – als Motor des Kunstentzugs zu betrachten wäre. Sehr wohl aber konnte das Landesmuseum in den NS-Jahren vom Vermögensentzug an Juden und Jüdinnen profitieren.

Kunstwerke, die aus oberösterreichischem jüdischen Besitz stammten, gelangten dabei über verschiedene Schienen in das Inventar des Oberösterreichischen Landesmuseums:

1. Übernahmen von Kunstwerken, die im Gau Oberdonau von der Gestapo beschlagnahmt worden waren, nachweisbar für: Sammlung Walter Schwarz (Linz), Sammlung Bittner (Altmünster), Synagoge Linz, Objekte unbekannter Herkunft[123]

2. Übernahme von „jüdischem Besitz", für den der Weg in das Landesmuseum nicht eindeutig nachvollzogen werden kann (vermutlich ebenfalls übernommen durch Gestapo), nachweisbar für: Sammlung Mostny (Linz)[124]

3. Übernahme von Kunstgegenständen, die aus Zwangsverkauf/Liquidation stammten, nachweisbar für: Antiquitätenhandel Töpfer (Linz)[125]

4. Übernahme von Kunstgegenständen, die im Zusammenhang mit erzwungener Emigration/Vertreibung von ihren BesitzerInnen dem Landesmuseum übergeben worden waren, nachweisbar für: Sammlung Otto Gerstl (Linz), Sammlung Sigmund Sommer[126]

5. Andere Wege: Kunstgegenstände aus Schloss Würting

---

[123] OÖLM Bibliothek, Spendenprotokoll P16.

[124] OÖLM Bibliothek, Spendenprotokoll P16, Ankaufsprotokoll P17.

[125] OÖLM Bibliothek, Ankaufsprotokoll P17; OÖLM, Einlaufprotokoll der Graphischen Sammlung 1934-1941.

[126] Vgl. u.a. OÖLM Archiv, Mappe KH 1947, Zl. Kh 18/47; IKG Linz, VA Otto Gerstl; OÖLM Archiv, Mappe Direktion 1956-1958: D 60/56.

Ad 1. Ein eindeutiger Hinweis auf eine Übernahme durch die Gestapo findet sich in den allgemeinen Ankaufs- und Spendenprotokollen sowie dem Eingangsbuch der Graphischen Abteilung des Oberösterreichischen Landesmuseums für nachweislich 37 Kunstwerke und betrifft die Sammlungen Schwarz (Linz) mit 24 Objekten, Bittner (Altmünster) mit sieben Objekten, einen Gegenstand aus der Linzer Synagoge sowie fünf Objekte ohne Angabe der Provenienz.[127]

Hinzugefügt zu den diesbezüglichen Einträgen in den Eingangsprotokollen ist jeweils der Verweis auf einen Akt der Kunsthistorischen Abteilung mit der Aktenzahl Kh 560/1938. Dieser Akt könnte vermutlich detaillierte Informationen zu den Gestapoübernahmen geben, war aber unter den vorhandenen Archivalien des Landesmuseums nicht auffindbar. Es ist davon auszugehen, dass es eine vollständige Übernahmsliste oder eine Liste der Gestapo gegeben hat, da bei sämtlichen Einträgen im Eingangsprotokoll des Museums eine zusätzliche Nummer vermerkt ist. Nachdem die höchste Nummer die 68 ist, in den Eingangsprotokollen aber nur 37 Objekte als Gestapoeingänge zu finden sind, ist es wahrscheinlich, dass nicht alle übernommenen Gegenstände auch inventarisiert wurden. Inventarisiert wurden die Kunstgegenstände im Jahr 1939, die Übernahme erfolgte mit hoher Wahrscheinlichkeit aber bereits 1938. Wie sich rekonstruieren ließ, entstammten die Kunstwerke Gestapo-Beschlagnahmen in den Wohnungen der betroffenen Besitzer, eingelagert wurden die beschlagnahmten Gegenstände in der Linzer Zweigstelle des Auktionshauses Dorotheum, wo sie von Gaukonservator Erwin Hainisch im Herbst 1938 einer Sichtung unterzogen wurden. Hochwertiges sollte nach Wien in das „Zentraldepot für beschlagnahmte Kunst" gesendet werden, weniger Wertvolles wurde Versteigerungen vor Ort zugeführt.[128] Zumindest für die Sammlung Schwarz gibt es den Hinweis, dass die enteigneten Kunstgegenstände von der Gestapo einer Dorotheumsversteigerung zugeführt worden wären und erst auf Einspruch Justus Schmidts dem Oberösterreichischen Landesmuseum „zur treuhändigen Verwaltung" übergeben worden sind.[129]

---

[127] OÖLM Bibliothek, Spenden- und Ankaufsprotokolle P16 und P17; Einlaufprotokoll der Graphischen Sammlung 1934-1941.

[128] BDA Linz, Sachakten, Betreff „Kunstwerke in Oberdonau, beschlagnahmte": Erlass Inspekteur der Sicherheitspolizei Wien, B.Nr. SIIA1-247/1/38, Wien 23.9.1938; Zl.676/38; Landeskonservator Hainisch an Zentralstelle für Denkmalschutz (Brief vom 27.10.1938).

[129] OÖLM Archiv, Mappe KH 1947: Kh 29/47, OÖLM an Amerikanische Militärregierung, Property Control and Restitution Section (Brief vom 7.2.1947).

Ad 2. Während im Fall der oben beschriebenen Übernahmen in den Eingangsprotokollen klar notiert wurde, „von Gestapo treuhändig übernommen", findet sich ein solcher Eintrag für die ebenfalls enteigneten Kunstgegenständen der Familie Mostny aus Linz nicht, lediglich der Hinweis „aus jüdischem Besitz übernommen".[130] Es muss daher unklar bleiben, ob die Gegenstände der Familie Mostny ebenfalls von der Gestapo dem Museum übergeben oder auf anderem Weg in das Haus gelangt waren.

Ad 3. Wiederum anders stellen sich die Übernahmen von Kunstgegenständen aus dem Antiquitätenhandel Töpfer dar. Das Landesmuseum stand mit der Antiquitätenhandlung in der Linzer Altstadt, deren Besitzer jüdisch waren, seit jeher in intensivem Geschäftskontakt. Nach dem März 1938 wurde das Geschäft „arisiert". Nachdem die Ankaufsprotokolle kein genaues Datum der Ankäufe verzeichnen, ist es vor allem für das Jahr 1938 schwierig, legale Ankäufe aus der Antiquitätenhandlung Töpfer von den Übernahmen von Kunstgegenständen im Zuge oder nach der Liquidation bzw. „Arisierung" des Geschäftes zu unterscheiden. Die jeweiligen Einträge in den Eingangsprotokollen des Landesmuseums lauten dementsprechend verschieden: „Ankauf Töpfer", „Aus einem en bloc Ankauf Töpfer", „Aus dem aufgelassenen Antiquaritat Töpfer".[131]

Ad 4. In zumindest zwei nachweisbaren Fällen übergaben jüdische Kunstsammler selbst dem Landesmuseum Kunstwerke aus ihrem Besitz. Ob diese Übergabe von den Betroffenen als eine Art vorläufige Deponierung gedacht war oder andere Regelungen dahinter standen, ist schwer rekonstruierbar. Die eingegangenen Kunstwerke sind nicht in den Ankaufs- oder Spendenprotokollen des Hauses zu finden. Es handelte sich bei den zwei „Deponaten" um Objekte aus den Sammlungen des Rechtsanwalts Otto Gerstl sowie des Fabrikanten Sigmund Sommer.

Ad 5. Eine weitere Übernahme von enteignetem Kunstgut zeigt sich im Fall des vom Gau Oberdonau „arisierten" Schlosses Würting. 1942 übernahm das Landesmuseum mehrere Kunstgegenstände aus dem Schloss, das sich zu diesem Zeitpunkt in Besitz des Gaus befand.

Im Folgenden werden die Übernahmen enteigneten Kunstguts aus Oberösterreich in das Landesmuseum systematisch anhand der betroffenen Sammlungen dargestellt. Es wurden sowohl die Zuweisungen als auch die erfolgten Rückgaben untersucht. Im Zentrum steht jeweils die Überprüfung,

---

[130] OÖLM Bibliothek, Spendenprotokoll P16.
[131] OÖLM Bibliothek, Ankaufsprotokoll P17; OÖLM, Einlaufprotokoll Graphische Sammlungen 1934-1941.

ob sich gegenwärtig noch Kunstgegenstände aus den enteigneten Sammlungen in den Beständen des Landesmuseums befinden.

## Sammlung Schwarz

Aus der Sammlung Walter Schwarz sind im Spendenprotokoll von 1939 24 enteignete Kunstwerke inventarisiert.[132] Es handelt sich dabei um folgende Einträge:[133]

| „Gestapoliste"-Nummer | Besitzer | Beschreibung | Laufende Zahl | Inventar-Nummer Landesmuseum |
|---|---|---|---|---|
| 1 | Schwarz, Linz | Faistauer, Dame an Tisch mit Früchten | 19/1939 | G 341 |
| 2 | Schwarz, Linz | Faistauer, Ansicht von Salzburg | 20/1939 | G 342 |
| 3 | Schwarz, Linz | Faistauer, Stilleben mit Heiligenstatue | 21/1939 | G 343 |
| 4 | Schwarz, Linz | Faistauer, Stilleben mit Barockengelfigur | 22/1939 | G 344 |
| 5 | Schwarz, Linz | Faistauer, Stilleben mit Blumen und Früchten | 23/1939 | G 345 |
| 6 | Schwarz, Linz | Faistauer, Stilleben mit Früchten und Hyazinthen | 24/1939 | G 346 |
| 7 | Schwarz, Linz | Faistauer, Stehende Dame | 25/1939 | G 347 |

---

[132] OÖLM Bibliothek, Spendenprotokoll P16.

[133] Die folgende Tabelle wurde von der Verfasserin erstellt. Es wurde dabei nicht die im Spendenprotokoll vorgegebene Reihenfolge nach laufenden Nummern übernommen, sondern nach den offenbar aus der Gestapo-Übernahmsliste stammenden hinzugefügten Nummern gereiht, wodurch die fehlenden Positionen klarer erscheinen. Hinzugefügt ist allen Einträgen im Spendenprotokoll der Hinweis: „Von Gestapo treuhändig übernommen".

| „Gestapoliste"-Nummer | Besitzer | Beschreibung | Laufende Zahl | Inventar-Nummer Landesmuseum |
|---|---|---|---|---|
| 8 | Schwarz, Linz | Faistauer, Dame mit Hut, Brustbild | 26/1939 | G 348 |
| 9 | Schwarz, Linz | Faistauer, Sitzende Dame mit rotem Kleid | 27/1939 | G 349 |
| 10 | Schwarz, Linz | Faistauer, Liegender Frauenakt | 28/1939 | G 350 |
| 11 | Schwarz, Linz | Faistauer, Hüftbild einer Dame, sitzend, rote Bluse | 29/1939 | G 351 |
| 12 | Schwarz, Linz | Faistauer, Landschaft mit Fluss | 30/1939 | G 351a |
| 13 | Schwarz, Linz | Faistauer, Dame auf Sofa liegend | 31/1939 | G 352 |
| 14 | Schwarz, Linz | Faistauer, Karton mit Kreidezeichnungen von 3 Soldaten | 32/1939 | G 353 |
| 15 | Schwarz, Linz | R. Andersen, Brustbild einer Dame auf Sofa sitzend | 33/1939 | G 354 |
| 16 | Schwarz, Linz | R. Andersen, Vase mit Blumen | 34/1939 | G 355 |
| 17 | Schwarz, Linz | Willi Jekel, Brustbild einer Frau | 18/1939 | [G 340] |
| 18 | Schwarz, Linz | Julius von Blaas, Brustbild eines Bauern | 35/1939 | G 356 |

| „Gestapoliste"-Nummer | Besitzer | Beschreibung | Laufende Zahl | Inventar-Nummer Landesmuseum |
|---|---|---|---|---|
| 19 | Schwarz, Linz | May, Brustbild einer Dame, Gattin des Künstlers | 36/1939 | G 357 |
| 20 | Schwarz, Linz | Kniestück eines Reiteroffiziers | 15/1939 | G 337 |
| 26 | Schwarz, Linz | Ernst Huber, Landschaft auf Korfu | 17/1939 | G 339 |
| 27 | Schwarz, Linz | Norbertine Preußlern-Roth, Frauenkopf | 16/1939 | G 338 |
| 45 | Schwarz, Linz | Robert Theer, Miniatur auf Elfenbein | 13/1939 | G 1044 |
| 61 | Schwarz, Linz | Plastik in gebrannten Ton, Kniestück eines nackten Mädchens | 42/1939 | K 867 |

Diese Angaben stammen aus dem „Spendenprotokoll" des Oberösterreichischen Landesmuseums. Problematisch ist, dass der betreffende Akt, auf den im Spendenprotokoll verwiesen wird, nicht mehr vorhanden bzw. auffindbar ist.[134] Darin dürfte sich die Gesamtliste der von der Gestapo übernommenen Kunstgegenstände befinden. Wie die angeführten fortlaufenden Nummern dieser Liste zeigen, deren höchste im Spendenprotokoll angeführte Nummer die 68 ist, fehlen im Spendenprotokoll mindestens 37 Positionen und zwar die Nummern 21 bis 25, 28 bis 44 sowie 46 bis 60. Nachdem die eingetragenen Nummern zwischen 1 und 61 nur Positionen der Sammlung Schwarz aufweisen, kann mit großer Wahrscheinlichkeit davon ausgegangen werden, dass es sich bei den nicht im Spendenprotokoll eingetragenen Kunstwerken um solche aus der Sammlung Schwarz handelte.

---

[134] Verwiesen wird auf den Akt Kh 560/1938. Wie bereits oben ausgeführt, konnte der betreffende Akt im Zuge der vorliegenden Forschungsarbeit trotz intensiver Bemühung nicht gefunden werden.

Bezüglich der inventarisierten und in obiger Tabelle angeführten Kunstwerke kann in Bezug auf ihre Rückgabe folgender Stand gegeben werden: Es sind 24 Kunstwerke der Sammlung Walter Schwarz im Spendenprotokoll inventarisiert (Nr. 1-20, 26-27, 45, 61). 1947 wurde die Sammlung Schwarz restituiert. In der Rückgabeliste von 1947 finden sich 20 Kunstwerke (Nr. 1-18, 20, 27).[135] Für die fehlende Nr. 19 liegt ein klarer Hinweis vor, warum sich dieses Gemälde nicht auf der Rückgabeliste befindet: Hugo Schwarz hatte das Bild von Matthias May dem Landesmuseum als Dank für die Rückgabe der übrigen Gemälde gespendet.[136] Es bleiben somit die Positionen 26, 45 und 61, für die kein schriftlicher Beleg einer erfolgten Rückgabe vorliegt:

- Ernst Huber, Landschaft auf Korfu, Gestapolistennr. 26, lfd. Nummer Spendenprotokoll 17/1939, Inventarnummer OÖLM G 339
- Robert Theer, Miniatur auf Elfenbein, Gestapolistennr. 45, lfd. Nummer Spendenprotokoll 13/1939, Inventarnummer OÖLM G 1044
- Plastik in gebrannten Ton, Kniestück eines nackten Mädchens, Gestapolistennr. 61, lfd. Nummer Spendenprotokoll 42/1939, Inventarnummer OÖLM K 867

Das Fehlen dieser drei Positionen auf der Rückgabeliste wurde erst im Zuge der vorliegenden Forschungsarbeit festgestellt. Eine daraufhin veranlasste Bestandsüberprüfung erbrachte folgendes Ergebnis:

- Das Bild von Ernst Huber konnte nicht gefunden werden. Die Inventarnummer ist mit einem anderen Gemälde belegt, das heißt, diese Nummer wurde neu vergeben.[137] Zum Aufenthalt des Bildes bzw. zu einer etwaigen Restitution, für die möglicherweise keine Aufzeichnungen vorhanden sind, konnte nichts ermittelt werden.
- Die Miniatur von Robert Theer befindet sich hingegen tatsächlich noch in den Beständen des Landesmuseums. Auf der betreffenden Karteikarte mit der Inventarnummer G 1044 ist die Herkunft aus der Sammlung Schwarz

---

[135] OÖLM Archiv, Mappe KH 1947/48: Kh 47/47, Liste der Gemälde aus dem Besitze Hugo Schwarz. Vgl. auch OÖLM, Rückgabe 10, Dok. 5.8.
[136] OÖLM Archiv, Mappe KH 1947/1948: Kh 32/47, Hugo Schwarz an Justus Schmidt (Brief vom 7.2.1947).
[137] Auskunft Dr. Lothar Schultes (OÖLM), 1.3.2005.

auch klar vermerkt.[138] Weshalb diese Position 1947 nicht restituiert wurde, ob es diesbezüglich möglicherweise mündliche Übereinkünfte gab, ist aus heutiger Perspektive nicht nachvollziehbar.
• Die Plastik „Kniestück eines nackten Mädchens" mit der Inventarnummer K 867 befindet sich ebenfalls noch in den Beständen des Landesmuseums.[139] Auch für diese Position bleibt unklar, weshalb sie bisher nicht restituiert wurde.

Neben den 24 inventarisierten Kunstwerken der Sammlung Schwarz, bei denen es sich vorwiegend um Gemälde handelte und die mit Ausnahme der drei oben angeführten Positionen 1947 auch restituiert worden waren, waren 1939 allerdings auch zahlreiche Graphiken der Sammlung Schwarz in das Museum gelangt, die 1947 nicht zurückgegeben wurden. Dieses Faktum konnte der Erbe nach Walter Schwarz, Hugo Schwarz, erst in den 1980er Jahren in Erfahrung bringen.[140] Einem daraufhin gestellten Rückstellungsantrag wurde stattgegeben, die Erben nach Walter Schwarz erhielten im Jahr 1986 29 Zeichnungen und Aquarelle aus dem Besitz ihres Vaters restituiert. Es handelte sich dabei vorwiegend um Arbeiten von Gustav Klimt und Egon Schiele.[141]

Nach vorliegenden Dokumenten wurden damit 20 Werke im Jahr 1947 und 29 Werke im Jahr 1986 an die Erben nach Walter Schwarz restituiert. Ein Gemälde wurde von den Erben 1947 dem Landesmuseum gespendet. Drei inventarisierte Positionen, die bislang nicht restituiert wurden, sind weiter oben angeführt, zwei von ihnen konnten im Bestand des Landesmuseums ausgemacht werden und sind somit gegenwärtig Gegenstand von Restitution. Sollten tatsächlich 61 Kunstgegenstände aus der Sammlung Schwarz 1938/39 in das Landesmuseum überstellt worden sein, wie es die durchlaufenden Nummern der Gestapoliste vermuten lassen, würden immer noch acht Positionen verbleiben, deren Identität und möglicher Verbleib im Landesmuseum bis dato nicht recherchiert werden konnten. Ein möglicher Zusammenhang könnte mit in den Eingangsbüchern der Graphischen Abteilung als Gestapozuweisungen inventarisierten Zeichnungen stehen,

---

[138] Auskunft Dr. Lothar Schultes (OÖLM), 1.3.2005; OÖLM, Kunstgeschichtliche Abteilung, Karteiblatt G 1044, Robert Theer, Damenporträt.

[139] Auskunft Dr. Lothar Schultes (OÖLM), 22.4.2005.

[140] Vgl. dazu die ausführliche Darstellung in Kapitel „Die Sammlung Walter Schwarz" im vorangegangenen Beitrag der vorliegenden Studie.

[141] OÖLM, Rückgabe, Dok. 5.9.

für die keine Herkunft und auch keine Nummern angegeben sind.[142] Die betreffenden Zeichnungen würden in das Sammlungsbild der Sammlung Walter Schwarz passen. Diese Vermutung konnte allerdings auf Basis der zur Verfügung stehenden Quellen bis dato nicht verifiziert werden.

## Sammlung Bittner

Neben Kunstgegenständen der Familie Schwarz wurden auch enteignete Objekte der Familie Bittner aus Altmünster dem Landesmuseum übergeben. Es wird bei den betreffenden Einträgen im „Spendenprotokoll" auf denselben Akt verwiesen wie im Fall Schwarz, die angeführten Nummern entstammen offenbar derselben Übernahmsliste.[143] Anders als im Fall Schwarz gab es hier aber nach 1945 offenbar keinen Rückstellungsantrag, wobei klar hinzugefügt werden muss, dass den Geschädigten nicht bekannt gewesen sein muss, wohin ihre von der Gestapo beschlagnahmten Objekte gelangten. Erst im Zuge der Untersuchungen für den Rückgabebericht des Landesmuseums aus dem Jahr 2000 wurde festgestellt, dass sich sieben Gegenstände aus dem Besitz Bittner im Landesmuseum befinden, die laut Vermerk im Spendenprotokoll als „von der Gestapo treuhändig übergeben" bezeichnet waren.[144] Es handelt sich dabei um folgende Objekte:

| „Gestapoliste"-Nummer | Besitzer | Beschreibung | Laufende Nummer | Inventar-Nummer Landesmuseum |
|---|---|---|---|---|
| 62 | Bittner, Altmünster | Gmundner Krug | 39/1939 | K 864 |
| 63 | Bittner, Altmünster | Gmundner Krug | 38/1939 | K 863 |
| 64 | Bittner, Altmünster | Gmundner Krug | 40/1939 | K 865 |
| 65 | Bittner, Altmünster | Gmundner Krug | 37/1939 | K 862 |
| 66 | Bittner, Altmünster | Großes Tonschaff | 41/1939 | K 866 |
| 67 | Bittner, Altmünster | Silberbügel einer Damentasche | 14/1939 | Go 434 |

---

[142] Vgl. die Auflistung weiter unten in Teilkapitel „Objekte unbekannter Herkunft"

[143] Vgl. OÖLM Bibliothek, Spendenprotokoll P16.

[144] OÖLM Bibliothek, Spendenprotokoll P16. Vgl. OÖLM, Rückgabe 7f.

| „Gestapoliste"-Nummer | Besitzer | Beschreibung | Laufende Nummer | Inventar-Nummer Landesmuseum |
|---|---|---|---|---|
| 68 | Bittner, Altmünster | Kupferdose | 12/1939 | Varia 91 |

Eine Bestandsüberprüfung ergab, dass sich sämtliche Gegenstände mit Ausnahme der Nr. 67, die nicht aufgefunden werden konnte, noch im Landesmuseum befinden.[145]

## Objekte unbekannter Herkunft

Nicht im allgemeinen Spendenprotokoll des Landesmuseums, sondern lediglich in den Einlaufprotokollen der Graphischen Abteilung fanden sich weitere Eintragungen mit dem Vermerk „Von der Gestapo treuhändig übernommen". Die betreffenden Einträge wurden erst im Zuge der vorliegenden Forschungsarbeit gefunden, im Rückgabebericht des Landesmuseums aus dem Jahr 2000 sind sie nicht vermerkt. Es handelt sich dabei um folgende Objekte:[146]

| „Gestapoliste"-Nummer | Besitzer | Beschreibung | Laufende Nummer | Inventar-Nummer Landesmuseum |
|---|---|---|---|---|
| Ohne Nr. | Ohne Angabe | Struck Hermann, Ganze Figur im Profil | 3/1939 | Kupferstichsammlung |
| Ohne Nr. | Ohne Angabe | Wach Aloys, Christus vor Pilatus | 4/1939 | Kupferstichsammlung |
| Ohne Nr. | Ohne Angabe | Wach Aloys, Mutter und Kind | 5/1939 | Kupferstichsammlung |
| Ohne Nr. | Ohne Angabe | Stehen Franciscus, Blatt aus der Folge: Das Karussell in Wien | 11/1939 | Festlichkeiten |
| Ohne Nr. | Ohne Angabe | Gmunden, Stadtplatz mit Rathaus und reicher figuraler Staffage, handkolorierte Radierung von Zieger nach Runk, 33,5x43,2 | 2/1939 | Oberösterreichische Ortsansichten |

---

[145] Vgl. OÖLM, Rückgabe 7f.
[146] OÖLM, Einlaufprotokoll Graphische Abteilung, Trachtenblätter 1934-1940; Ortsansichten 1934-1941.

Eine Bestandsüberprüfung ergab, dass sich die beiden Graphiken von Aloys Wach noch in den Beständen der Graphischen Abteilung des Landesmuseums befinden. Die anderen Werke konnten nicht aufgefunden werden.[147] Nachdem keine Quellen über ihre Herkunft vorliegen, wurden beide Graphiken nach Bekanntwerden ihrer unrechtmäßigen Herkunft auf der Homepage des Oberösterreichischen Landesmuseums veröffentlicht.[148] Bislang konnten keine weiteren Hinweise auf ihre Herkunft gewonnen werden. Wie aber bereits weiter oben angeführt wurde, kann zumindest vermutet werden, dass die Blätter möglicherweise aus der Sammlung Schwarz stammen.

## Synagoge Linz

Neben Objekten der Sammlungen Schwarz und Bittner sowie solchen unbekannter Herkunft findet sich im Spendenprotokoll des Landesmuseums noch ein Objekt, das von der Gestapo übergeben wurde. Seine Herkunft wurde dabei mit „aus Synagoge Linz" näher bezeichnet. Es handelt sich um folgendes Objekt:[149]

| „Gestapoliste"-Nummer | Besitzer | Beschreibung | Laufende Nummer | Inventar-Nummer Landesmuseum |
|---|---|---|---|---|
| Ohne Nummer | Synagoge Linz | Armband mit sieben doppelseitigen Reliefs der Passion | 78/1939 | Kostüm 868 |

Es handelt sich bei diesem Stück um keinen religiösen Gegenstand, der aus dem Besitz der Synagoge stammen könnte. Möglicherweise stammt das Schmuckstück aus dem Besitz jenes Ehepaares, das bis 1938 im Gebäude der Synagoge gewohnt hatte.[150] Eine Bestandsüberprüfung im Landesmuseum führte zu keinem Ergebnis, das Armband konnte bis dato nicht gefunden werden.[151]

---

[147] Auskunft Mag. Monika Oberchristl (OÖLM).
[148] Vgl. URL, http://www.landesmuseum.at
[149] OÖLM Bibliothek, Spendenprotokoll P16.
[150] Mündliche Auskunft DI George Wozasek, Vorstand der Israelitischen Kultusgemeinde Linz, 10.4.2003.
[151] Auskunft Dr. Andrea Euler (OÖLM).

## Sammlung Mostny

Bei den Eintragungen der Übernahmen von Objekten aus dem Besitz der Linzer Familie Mostny findet sich kein Vermerk bezüglich einer Übernahme durch die Gestapo, sondern lediglich der Eintrag „aus jüdischem Besitz übernommen".[152] Während sich zwei Gegenstände aus Mostny-Besitz im Spendenprotokoll finden, ist eine dritte Position im Ankaufsprotokoll eingetragen. Es handelt sich um folgende Objekte:

| Laufende Nummer | Besitzer | Beschreibung | Inventar-Nummer Landesmuseum | Anmerkung |
| --- | --- | --- | --- | --- |
| 120/1938[153] | „Aus beschlagnahmtem jüdischen Besitz (Mostny-Linz)" | Himmelbett | Mö 120 | Zurück KH 241/1947 |
| 2/1939[154] | „Aus jüdischem Besitz (Mostny-Linz) übernommen" | Reichgestickter Ranzen | | |
| 3/1939[155] | „Aus jüdischem Besitz (Mostny-Linz) übernommen" | Ranzen | | |

Das Himmelbett aus dem Besitz der Familie Mostny wurde im September 1947 restituiert.[156] Auf die Zuweisung der beiden Ranzen stieß man erst im Zuge der Untersuchungen für den Rückgabebericht des Landesmuseums im Jahr 2000. Eine daraufhin initiierte Suche nach den beiden Gegenständen war erfolgreich, beide Ranzen wurden gefunden und befinden sich gegenwärtig noch im Oberösterreichischen Landesmuseum.[157]

---

[152] Vgl. OÖLM Bibliothek, Spendenprotokoll P16.
[153] OÖLM Bibliothek, Ankaufsprotokoll P17.
[154] OÖLM Bibliothek, Spendenprotokoll P16.
[155] Ebd.
[156] OÖLM Archiv, Mappe KH 1947: Kh 241/47, Übergabebescheinigung.
[157] OÖLM, Rückgabe 11f.

## Antiquitätenhandel Töpfer

Im Linzer Altstadthaus Nr. 3 befand sich der Antiquitätenhandel der Familie Töpfer, auf dessen Geschichte bereits weiter oben eingegangen wurde.[158] Das Antiquariat stand seit jeher mit dem Landesmuseum in Geschäftsverbindung, so finden sich in den Ankaufsprotokollen der 1930er Jahre regelmäßige Eingänge von Ankäufen aus dem Antiquariat Töpfer. Auch für das Jahr 1938 finden sich zahlreiche solche Eingänge, wobei es mangels weiterer schriftlicher Dokumente schwer fällt, diese „Ankäufe" einzuordnen. Die Eingänge sind mit keinem Datum versehen, sodass es im Einzelnen unmöglich ist, zu eruieren, ob es sich um tatsächliche Erwerbungen aus der Zeit vor dem „Anschluss" handelt oder ob diese Eingänge erst im Zuge oder nach der „Arisierung" des Geschäfts stattgefunden haben. Zudem handelt es sich beim Gros dieser Eingänge um kleine, schwer identifizierbare und kaum wertvolle Gegenstände.[159]

Klar eruiert werden konnte, dass im Zuge des Rückstellungsverfahrens des Antiquariats Töpfer im Jahr 1951 auch das Landesmuseum aufgefordert war, bezüglich der – wie es heißt – „angekauften Gegenstände" des Jahres 1938 und 1939 Auskunft zu geben. Es wurde dabei folgende Liste übermittelt:

„1. 75 oberösterreichische Ortsansichten (Lithographien und Originalzeichnungen), 2240 Schilling. 2. 22 Handzeichnungen, 870 Schilling 3. 17 Kupferstiche von Kadoritzi, Andachtsbilder und Gebrauchsgraphiken 4. Von der Technologischen Abteilung des Landesmuseums wurden eine Reihe von Werkzeugen übernommen. Eine geldliche Ablöse dürfte hier nicht erfolgt sein, 200 Schilling."[160]

Die in den Einlaufprotokollen der Graphischen Abteilung als „Ankauf Töpfer", „Aus einem en bloc Ankauf Töpfer" und „Aus dem aufgelassenen Antiquariat Töpfer" bezeichneten Objekte passen zu dieser summarischen Darstellung.[161] Eine Stück für Stück-Überprüfung kann nicht durchgeführt werden, es ist aber davon auszugehen, dass die oben angeführte summarische Darstellung auf Basis der Eingänge im Einlaufprotokoll der Graphischen Abteilung erstellt wurde und daher mit diesen Einträgen übereinstimmt. Bezeichnet ist die oben angeführte Aufzählung als „Liste der 1938

---

[158] Vgl. Kapitel „Antiquitätenhandel Töpfer" im vorangegangenen Beitrag der vorliegenden Studie.

[159] Vgl. OÖLM Bibliothek, Ankaufsprotokoll P 17: laufende Nummern 1938: 10, 19-27, 29, 42, 47, 59, 82, 125, 135, 138, 147, 150, 151, 176, 177, 181.

[160] OÖLM Archiv, Mappe Direktion 1951: D 28, OÖLM an OÖ Landesregierung (Brief vom 29.1.1951).

[161] OÖLM, Einlaufprotokoll Graphische Sammlungen, Ortsansichten 1934-1941.

und 1939 von Antiquitätenhändler Töpfer in Linz durch die Bibliothek des O.Ö. Landesmuseums angekauften Gegenstände samt Wertbestimmung". Die darin angeführten Blätter und Objekte wurden also über die Abteilung Bibliothek verwaltet. Die eingangs erwähnten Eingänge im allgemeinen Ankaufsprotokoll, bei denen es sich um Ankäufe seitens der Kunsthistorischen Abteilung handelte, sind darin wohl nicht inkludiert. Während auf Objekte der Technologischen Abteilung in der Auflistung von 1951 hingewiesen wird, fehlt eine solche Angabe für die Kunsthistorische Abteilung. Es ist daher zu vermuten, dass die 26 Positionen, die 1938, und die vier Positionen, die 1939 als „Ankauf Töpfer" im Ankaufsprotokoll vermerkt sind, nicht Gegenstand des Rückstellungsverfahrens waren, wobei aber mangels vorliegender Datierung und weiterer Unterlagen auch nicht festgestellt werden kann, ob es sich bei diesen Eingängen um Erwerbungen vor oder nach dem „Anschluss" handelt. Die Vermutung, dass die folgenden Positionen nicht Gegenstand von Restitutionen waren, erhärtet sich durch eine stichprobenartige Überprüfung, wonach zumindest drei Gemälde der insgesamt 30 übernommenen Objekte eindeutig nicht restituiert wurden: Zwei der Gemälde wurden auf den vorhanden Karteikarten seit dem Revisionsjahr 1952 als „nicht aufgefunden" bezeichnet, eines der Gemälde befindet sich noch in den Beständen des Landesmuseums.[162]

Im Folgenden eine Auflistung der Positionen des Ankaufsprotokolls 1932-1939, die als „Ankauf Töpfer" bezeichnet sind:

„1938:
Nr. 10: Karl Hayd, Alter Bauer, Öl auf Lwd. Sign. Dat. 1919, 50:40 cm, Ankauf Töpfer, Linz (RM 3) Wert: RM 30[163]
Nr. 19: Männerweste ... Oberdonau um 1820, Ankauf Töpfer, Linz (RM 5), Wert: RM 5, Kostüm 844
Nr. 20: 10 verschiedene Knöpfe, 19. Jh, Antiquar Töpfer Linz 1938, Wert RM 1, Kostüm 848
Nr. 21: Lakaienrock, rotbraunes Tuch mit Goldbarten, Oberdonau 18. Jh, Ankauf Töpfer Linz, Wert: RM 5, Kostüm 849
Nr. 22: Damenkleid mit Schleppe, ... Linz um 1870, Antiquar Töpfer, Wert RM 5, Kostüm 850

---

[162] Auskunft Dr. Lothar Schultes (OÖLM), 26.4.2005.

[163] Lt. Auskunft Dr. Lothar Schultes (OÖLM) liegt für dieses Bild eine Karteikarte vor, in dem als Standort seit dem Revisionsjahr 1952 „nicht aufgefunden" vermerkt ist. Auskunft Dr. Lothar Schultes (OÖLM), 26.4.2005.

Nr. 23: Damenunterrock ... Antiquar Töpfer, Wert: RM 2, Kostüm 851
Nr. 24: Ein Paar Seidenschuhe ... Ankauf Töpfer, Linz 1938, Wert RM 2, Kostüm 852
Nr. 25: Ein Paar Damenschuhe ... Ankauf Töpfer Linz 1938, Wert RM 1, Kostüm 853
Nr. 26: Ein Paar Damen-Überschuhe ... Ankauf Töpfer 1938, Wert RM 1, Kostüm 854
Nr. 27: Einzelner Damenschuh ... Ankauf Töpfer 1938, Wert: RM 1, Kostüm 855
Nr. 29: Spazierstock ... Ankauf Töpfer Linz 1938, Wert RM 5
Nr. 47: Sieben verschiedene Fernrohre ... Ankauf Töpfer 1938, RM 6, Wert RM 20, Instr. 133-139, Technische Slg
Nr. 59: L. (A?) Fürst, Die Brautwerbung ... 41:68, Ankauf Töpfer 1938 Linz (RM 10), Wert RM 50, G. 301[164]
Nr. 82: Knabenbildnis, österreichisch, 112:68, Antiquar Töpfer, Vom Landestheater übernommen, Wert RM 20, G 334[165]
Nr. 101: Zwei Bratspieße ... einer davon: Ankauf Töpfer Linz 1938, Wert RM à 4, E 313, 314,
Nr. 135: Puppe ... Ankauf Töpfer 1938, Wert: RM 4, Sp. 11
Nr. 138: Markierbretter zum Kartenspiel ... Ankauf Töpfer 1938, Wert RM 1, Sp. 22
Nr. 147: Kinderkutsche ... Ankauf Töpfer (20), Wert: RM 30, Sp. 40
Nr. 150: 1 einzelner Schlittschuh für Kind ... Ankauf Töpfer 1938, Wert: RM 1, Sp.43
Nr. 151: Gemälde von einem Kind gemalt, Ankauf Töpfer 1938, Wert RM 3, Sp. 44
Nr. 176: „Brauttäschchen"... Ankauf Töpfer 1938, RM 10, Varia 68 – T 64
Nr. 177: 2 Kommoden f. Puppenzimmer ... Ankauf Töpfer Wert RM 20 zus.
Nr. 181: Papiersoldaten ... Ankauf Töpfer, Zugabe, Wert RM 1, Sp. 125

1939
Nr. 1: Brustlatz Ankauf Töpfer Linz 1938, F. 541
Nr. 12: Turmspitze ... Ankauf Töpfer Linz, Wert RM 10, Varia 86-E 342

---

[164] Lt. Auskunft Dr. Schultes (OÖLM) liegt für dieses Bild eine Karteikarte vor, in dem als Standort seit dem Revisionsjahr 1952 „nicht aufgefunden" vermerkt ist. Auskunft Dr. Lothar Schultes (OÖLM), 26.4.2005.

[165] Lt. Auskunft Dr. Schultes (OÖLM) befindet sich dieses Bild auch gegenwärtig noch in den Beständen der Oberösterreichischen Landesmuseen. Auskunft Dr. Lothar Schultes (OÖLM), 26.4.2005.

Nr. 13: 2 Hundehalsbänder ... Ankauf Töpfer Linz 1938, Wert RM 4, Varia 94-95
Nr. 20: Bügeleisen ... Oberdonau 19. Jh, Ankauf Töpfer, Wert RM 2, Varia 96"[166]

Neben den Übernahmen von Objekten aus dem Antiquariat Töpfer gab es im Jahr 1938 eine weitere Transaktion zwischen dem Landesmuseum und einem Familienmitglied des Hauses Töpfer: Dr. Artur Töpfer, Bruder des Linzer Antiquars Ernst Töpfer, bot über Vermittlung seines Bruders Stelzhamer-Handschriften zum Kauf an. Das Landesmuseum wandte sich umgehend an die Landeshauptmannschaft des Gaus Oberdonau und bat um einen Sonderkredit für diesen Ankauf, wobei darauf hingewiesen wurde, dass sich die Handschriften „derzeit in jüdischem Privatbesitz befinden und zu dem außerordentlich geringen Preis von 400 RM angekauft werden können".[167] Auch der Verkäufer Artur Töpfer weist in einem Brief darauf hin, dass er die Sammlung zu einem weitaus höheren Preis erstanden habe, er sie ursprünglich dem Museum als Spende übergeben wollte, „die geänderten Verhältnisse" ihn aber zur Auflösung der Sammlung und zum Verkauf zwingen würden.[168] Nach Auskunft der Bibliothek des Oberösterreichischen Landesmuseums wurden die fraglichen Stelzhamer-Manuskripte vom Oberösterreichischen Landesmuseum an das Adalbert Stifter Institut des Landes Oberösterreich übergeben.[169]

## Sammlung Gerstl

Wie bereits weiter oben ausführlich dargestellt, übergab der Linzer Rechtsanwalt Otto Gerstl Teile seiner Kunstsammlung im Vorfeld seiner erzwungenen Emigration dem Landesmuseum.[170] Es gibt einen Hinweis darauf, dass er für die betreffenden Zeichnungen keine Ausfuhrbewilligung er-

---

[166] Vgl. OÖLM Bibliothek, Ankaufsprotokoll P 17.
[167] OÖLM Archiv, Mappe KH 1938 (1-100): Kh 398, OÖLM an Artur Töpfer (Brief vom 19.9.1938).
[168] OÖLM Archiv, Mappe KH 1938 (1-100): Kh 398, Artur Töpfer an OÖLM (Brief vom 3.9.1938).
[169] Auskunft Waltraud Faißner (OÖLM, Bibliothek).
[170] Vgl. Kapitel „Die Sammlung des Rechtsanwalts Otto Gerstl" im vorangegangenen Beitrag der vorliegenden Studie.

hielt,[171] in seiner Vermögensanmeldung notierte Gerstl, einen Teil seiner Sammlung dem Landesmuseum „geschenkt" zu haben.[172]
Im Jahr 1947 erkundigte sich die amerikanische Botschaft im Namen des nunmehrigen amerikanischen Staatsbürgers Otto Gerstl, ob sich die von Gerstl 1938 übergebenen Bilder noch im Museum befänden, und erhielt eine positive Antwort.[173] Die von Otto Gerstl 1938 übergebenen Blätter wurden daraufhin am 27. Juli 1948 an ihren Besitzer zurückgestellt.[174] Ein Großteil der betreffenden Zeichnungen befindet sich heute dennoch wieder in den Beständen des Oberösterreichischen Landesmuseums: In mehreren Legaten vermachte Otto Gerstl seine Kunstsammlung dem Museum. Mehrere der 1938 ins Museum gelangten und 1948 rückgestellten Zeichnungen wurden schon 1959 per Legat an das Museum übergeben, ein weiteres Legat datiert mit 1960. Per letztwilliger Verfügung vermachte Gerstl seine Sammlung sowie Teile seines Nachlasses (Bibliothek, Autographen) 1974 dem Oberösterreichischen Landesmuseum.[175]
Im Folgenden eine Auflistung der 1938 ins Museum verbrachten Zeichnungen der Sammlung Gerstl mit den jeweiligen Vermerken der Karteiblätter der Graphischen Abteilung des Landesmuseums betreffend ihren Eingang, ihre Restitution und neuerliche Zuweisung in das Museum:

| Künstler | Titel | Provenienz | Inventar-Nummer Landesmuseum |
|---|---|---|---|
| Moritz v. Schwind | Abschied aus dem Leben der Ritter, Radierung | Spende Dr. Gerstl 1938 27.7.1948 an Dr. Gerstl zurückgestellt Von Dr. Gerstl im Oktober 1959 wieder dem Museum übergeben | Ha I 996 |

---

[171] OÖLM Archiv, Mappe 1947/48: Kh 18/47, OÖLM an Amerikanische Gesandtschaft Wien (Brief vom 31.1.1947).

[172] IKG Linz, VA Otto Gerstl.

[173] OÖLM Archiv, Mappe 1947/48: Kh 18/47, Amerikanische Botschaft an OÖLM (Brief vom 17.1.1947); OÖLM an Amerikanische Gesandtschaft Wien (Brief vom 31.1.1947).

[174] OÖLM, Graphische Abteilung, Karteiblätter der betreffenden Werke. Vgl. auch Monika Oberchristl, Dossier Otto Gerstl, erstellt für das vorliegende Forschungsprojekt, Linz 15.10.2002.

[175] OÖLM, Autographische Sammlung: Gerstl, Otto: „Verzeichnis meiner graphischen Sammlung und meiner Bilder und Bücher, welche ich dem Oberösterreichischen Landesmuseum in Linz letztwillig vermacht habe, mit einem Anhang und Beilagen. Linz MCMLXIV".

| Künstler | Titel | Provenienz | Inventar-Nummer Landesmuseum |
|---|---|---|---|
| Moritz v. Schwind | Rinaldo und Armida, Federzeichnung | Spende Dr. Gerstl 1938 27.7.1948 an Dr. Gerstl zurückgestellt Von Dr. Gerstl im Oktober 1959 wieder dem Museum übergeben | Ha II 997 |
| Moritz v. Schwind | Irrwisch, Radierung | Spende Dr. Gerstl 1938 27.7.1948 an Dr. Gerstl zurückgestellt Von Dr. Gerstl im Oktober 1959 wieder dem Museum übergeben | Ha II 998 |
| Moritz v. Schwind | Wilkina Saga, Radierung | Spende Dr. Gerstl 1938 27.7.1948 an Dr. Gerstl zurückgestellt Von Dr. Gerstl im Oktober 1959 wieder dem Museum übergeben | Ha I 999 |
| Moritz v. Schwind | Siegfried der Griechen Tochter, Radierung | Spende Dr. Gerstl 1938 27.7.1948 an Dr. Gerstl zurückgestellt Von Dr. Gerstl im Oktober 1959 wieder dem Museum übergeben | Ha I 1000 |
| Gottfried Seelos | Ansicht von Puergg, Aquarell | Spende Dr. Gerstl 1938 30.12.1960 von Dr. Gerstl rückübernommen | Ha 1003 |
| Unbekannt | Ansicht von St. Wolfgang, Aquarell | | |
| Unbekannt | St. Christophorus, Silberstich | | |
| Ranke – Ziegler | Ansicht der Stadt Linz, Farbradierung | | |
| Waldherr – Prudhon | Die schöne Linzerin, Farbstich | | |
| K.L. Libay | Ansicht von Mondsee, Radierung | Legat Dr. Gerstl 1974 | Ha I 11.110 |
| Demeter Koko | Inneres der Minoritenkirche Linz, Radierung | Legat Dr. Gerstl 1974 | Ha II 11.108 |

| Künstler | Titel | Provenienz | Inventar-Nummer Landesmuseum |
|---|---|---|---|
| Josef Hafner | Fassade des Hotels zur Goldenen Gans, Linz, Steindruck | Spende Dr. Gerstl | OA L II 115/1 |
| Josef Hafner | Ansicht von St. Magdalena bei Linz mit Eisenbahn, Steindruck | | |
| Josef Danhauser | Porträt des Fraulein Barbarini, Radierung und Aquarell | Spende Dr. Gerstl 1938 27.7.1948 an Dr. Gerstl zurückgestellt Von Dr. Gerstl im Oktober 1959 wieder dem Museum übergeben | Ha II 995 |
| Klemens Brosch | Ansicht des Traunstein, Aquarell | Spende Dr. Gerstl 1938 | Ha II 1001 |
| Gabriel Decker | Porträt Franz Stelzhammer, Steindruck | | |

Wie aus der Tabelle hervorgeht, befinden sich heute nicht alle der 1938 übergebenen 17 Blätter in den Beständen des Landesmuseums. Aufgrund des nicht vorliegenden Rückstellungsakts konnte nicht rekonstruiert werden, ob die betreffenden Blätter 1948 an Otto Gerstl rückgestellt wurden oder ob sie möglicherweise schon zum damaligen Zeitpunkt nicht mehr vorhanden waren.[176] Bezüglich der heute noch im Landesmuseum befindlichen Bilder aus der Sammlung Gerstl ist lediglich bei einem 1938 ins Museum gelangten Blatt, nämlich bei Klemens Brosch, „Ansicht des Traunstein", kein Hinweis auf eine Rückstellung oder ein späteres Legat vermerkt, wobei es sich dabei durchaus um eine Ungenauigkeit handeln könnte. Angesichts der erfolgten Legate ist nicht davon auszugehen, dass sich dieses Bild „unrechtmäßig" in den Beständen des Landesmuseums befindet.

---

[176] Vgl. OÖLM Archiv, Mappe KH 1947/48: Kh 18/47, OÖLM an Amerikanische Gesandtschaft Wien (Brief vom 31.1.1947). Im betreffenden Schreiben heißt es, dass aufgrund ihrer Verlagerung in Bergungsorte „ein oder zwei Blätter noch nicht als vorhanden festgestellt werden konnten".

## Sammlung Sommer

Wie der Rechtsanwalt Otto Gerstl dürfte auch der Fabrikant Sigmund Sommer nach dem „Anschluss" 1938 Kunstgegenstände aus seiner Sammlung selbst im Landesmuseum abgegeben haben. Ob dieser Vorgang wie bei Gerstl mit einer nicht erteilten Ausfuhrgenehmigung in Zusammenhang stand oder andere Hintergründe hatte, konnte nicht rekonstruiert werden. Es ließen sich weder Akten noch Einträge in den Eingangsprotokollen des Museums finden. Als Quelle für die Übergabe von Kunstgegenständen aus Sommers Besitz stehen lediglich handschriftliche Briefe Sigmund Sommers aus den 1950er Jahren zur Verfügung, als er sich mit der Bitte um Rückgabe der 1938 dem Museum übergebenen Werke an das Landesmuseum wandte.[177]

Sigmund Sommer beschrieb die übergebenen Werke wie folgt: „…eine Papp-Mappe mit Radierungen und Zeichnungen ... Die meisten Bilder sind von dem Künstler Carl Anton Reichel, Micheldorf. Darunter eine Silberstift-Zeichnung ‚Nackte Frau' mit einer persönlichen Widmung an mich."[178] Weiters führte Sommer eine nicht näher bezeichnete Bronce an.[179]

Die Sigmund Sommer übermittelte Antwort des Landesmuseums bezüglich seiner Anfrage war negativ. Die Direktion teilte mit, sowohl den früheren Sammlungsleiter Justus Schmidt als auch den gegenwärtigen Leiter Wilhelm Jenny befragt zu haben, wie auch der Direktor selbst nochmals die Handzeichnungen- und Druckgraphiksammlung durchgesehen habe. Es konnten dabei keine Hinweise auf die von Sommer übergebenen Werke gefunden werden. Die im Landesmuseum befindlichen drei Radierungen von Reichel wären 1927 bzw. 1942 durch Kauf in das Museum gelangt.[180] Auch nach Sommers zweitem Schreiben teilte das Museum mit, die Suche nach den Zeichnungen wäre „weiterhin, aber ohne Erfolg" betrieben worden.[181] Eine im Zuge des vorliegenden Forschungsprojekts nochmals initiierte

---

[177] OÖLM Archiv, Mappe Direktion 1956-1958: D 276/55, Sigmund Sommer an das OÖLM (Brief vom 23.2.1955); D 60/56, Sigmund Sommer an OÖLM (Brief vom 9.2.1956). Vgl. ausführlich Kapitel „Sigmund Sommer und die Zeichnungen von Carl Anton Reichel" im vorangegangenen Beitrag der vorliegenden Studie.

[178] OÖLM Archiv, Mappe Direktion 1956-1958: D 276/55, Sigmund Sommer an das OÖLM (Brief vom 23.2. 1955).

[179] OÖLM Archiv, Mappe Direktion 1956-1958: D 60/56, Sigmund Sommer an OÖLM (Brief vom 9.2.1956).

[180] OÖLM Archiv, Mappe Direktion 1954/55: D 276/55, OÖLM an Sigmund Sommer (Brief vom 13.12.1955).

[181] OÖLM Archiv, Mappe Direktion 1956-58: D 60/56, OÖLM an Sigmund Sommer (Brief vom 9.3.1956).

Überprüfung führte ebenfalls zu keinem Ergebnis.[182] Der Verbleib der von Sommer 1938 übergebenen Objekte bleibt unbekannt.

## Schloss Würting (Stefanie Gutmann)

Wie bereits weiter oben ausführlich dargestellt, wurden im Jahr 1942 mehrere Kunstgegenstände aus dem vom Gau Oberdonau „arisierten" Schloss Würting in das Oberösterreichische Landesmuseum verbracht.[183] Es handelte sich dabei um folgende Objekte:

„1. Vier 1/3 lebgr. Gartenfiguren, aus Märchen, sehr gute Rokoko-Arbeiten; Stein.
2. Zwei ungleich große Bischöfe, stehend, Holz. Um 1650/70, ½ lebgr.
3. Ein Christus v.d. Geißelsäule. Gute alte Fassung. Um 1700. Holz."[184]

Die Objekte wurden von Landesmuseumsmitarbeiter Gustav Gugenbauer anlässlich der von ihm betreuten Überstellung des „Würtinger Altars" in den Linzer Dom zusätzlich zum Altar mit nach Linz genommen. Bei einem vierten Objekt („Statuette, 1/5 lebgr., St. Sebastian, Mitte 17. Jahrhundert, aus der Schlosskapelle") vermerkte Gugenbauer, es im Neuen Dom untergebracht zu haben, die drei oben angeführten Positionen wurden in das Landesmuseum verbracht.[185]

Eine im Zuge des vorliegenden Forschungsprojekts initiierte Bestandsüberprüfung ergab, dass sich die oben angeführten Gartenfiguren noch im Bestand des Landesmuseums befinden.[186] Für die Skulpturen (Bischöfe und Christusfigur) kann hingegen ausgeschlossen werden, dass sie im Landesmuseum verblieben sind bzw. sich zum gegenwärtigen Zeitpunkt noch in den Beständen befinden.[187] Über ihr weiteres Schicksal ist aus den vorliegenden Dokumenten nichts bekannt.

---

[182] Vgl. Recherchen und Auskunft Mag. Monika Oberchristl (OÖLM).

[183] Vgl. ausführlich Kapitel „Schloss Würting" im vorangegangenen Beitrag der vorliegenden Studie.

[184] OÖLM Archiv, Mappe KH 1942: ohne Zl., Niederschrift „Betrifft: Schloss Würting bei Offenhausen. Altar der Schloßkapelle. Übernahme von Kunstgut durch das Museum des Reichsgaues Oberdonau", verfasst von Gustav Gugenbauer, Linz, 3.6.1942.

[185] Ebd. Zum Verbleib des „Würtinger Altars" vgl. im vorangegangenen Beitrag.

[186] Vgl. Birgit Kirchmayr, Sachverhaltsdarstellung Kunstwerke aus Schloss Würting, Linz 17.12.2003. Die Sachverhaltsdarstellung wurde den betreffenden SammlungsleiterInnen des OÖLM am 17.12.2003 vorgelegt. Nach Auskunft Dr. Lothar Schultes (OÖLM) befinden sich demnach die Gartenfiguren noch in den Beständen des Landesmuseums.

[187] Auskunft Dr. Lothar Schultes (OÖLM). Letzte diesbezügliche schriftliche Mitteilung am 25.4.2005 an die Verfasserin.

## Aktueller Stand: Noch im Oberösterreichischen Landesmuseum befindliche Objekte aus enteigneten Sammlungen in Oberdonau

Als Zusammenfassung der oben im Einzelnen angeführten Untersuchungsergebnisse sollen an dieser Stelle summarisch alle Objekte angeführt werden, deren Herkunft im Zusammenhang mit während der NS-Zeit in Oberdonau erfolgten Enteignungen steht und die sich gegenwärtig noch im Bestand der Oberösterreichischen Landesmuseen befinden. Die vorliegenden Recherchen dienen als Basis für die umgehende Restitution der betreffenden Gegenstände, die nach Abschluss der vorliegenden Studie durchgeführt werden soll.

1. Objekte der Sammlung Walter Schwarz:

G 1044: Robert Theer, Damenporträt, Aquarell, Elfenbein, 9,5:7,5, signiert.
K 867: Fayence, Kniestück eines nackten Mädchens, Höhe 73 cm.

2. Objekte der Sammlung Georg Bittner:

K 862: Gmundner Krug
K 863: Gmundner Krug
K 864: Gmundner Krug
K 865: Gmundner Krug
K 866: Großes Tonschaff
Varia 91: Kupferdose

3. Objekte der Sammlung Mostny:

Ohne Inv. Nr.: Zwei bestickte Ranzen

4. Objekte aus Schloss Würting:

Vier 1/3 lebgr. Gartenfiguren, aus Märchen, Rokoko-Arbeiten; Stein

5. Objekte aus unbekannter Herkunft:

KS 4515: Wach Aloys, Christus vor Pilatus
KS 4516: Wach, Aloys, Mutter und Kind

6. Objekte aus dem Antiquitätenhandel Töpfer:

Aufgrund des „Sonderfalls" des Antiquariats Töpfer, das vor seiner „Arisierung" mit dem Oberösterreichischen Landesmuseum auch in Geschäftsverbindung stand und aufgrund der Vielzahl von schwer identifizierbaren Einzelpositionen, die 1938 in die Bestände des Landesmuseums übernommen wurden, kann eine klare Auflistung von Gegenständen, die sich gegebenenfalls noch unrechtmäßig in den Beständen des Landesmuseums befinden, an dieser Stelle nicht vorgenommen werden. Es sei auf die ausführliche Darstellung im betreffenden Abschnitt weiter oben verwiesen.

## 3. Der Bestand von „Collecting Point"-Gemälden

## Ausgangsbasis – Forschungsweg – Quellen

Im Restitutionsbericht des Oberösterreichischen Landesmuseums aus dem Jahr 2000 wurden 18 Gemälde angeführt, die laut vorliegenden Karteikarten im Jahr 1945 vom Münchner „Collecting Point" übernommen worden wären.[188] Da über die weitere Herkunft und die näheren Umstände der Übernahme dieser Gemälde nichts bekannt war, konnte nicht ausgeschlossen werden, dass es sich um Gemälde aus enteigneten Beständen handelte. Wie bereits einleitend festgestellt, war es daher prioritäres Anliegen und Auftrag des Landes Oberösterreich, die Herkunft jener 18 Gemälde im Zuge des vorliegenden Forschungsprojekts zu klären.

Bei den betroffenen Gemälden handelt es sich vorwiegend um Werke des 19. Jahrhunderts: Ein Gemälde stammt von Hans Makart („Die Heuernte"), ein Gemälde von Friedrich Gauermann („Landschaft mit Kühen"), ein Gemälde von August Galimard („Leda mit dem Schwan"), ein Gemälde von Eduard Young („Hochzeitszug im Gebirge"), ein Gemälde von Ferdinand von Rayski („Hasenjagd im Winter"), ein Gemälde von August Fink („Winterlandschaft mit Weiden"), ein Gemälde von Eduard Schulz-Briesen („Wirtshausrauferei"), ein Gemälde von Otto von Kameke („Landschaft bei Chamonix"), ein Gemälde von Robert Kummer („Gebirge") und ein Gemälde von Ludwig Hofelich („Landschaft bei Bernried"). Ein Bild stammt von Philipp Peter Roos („Hirte mit Herde") und ein Gemälde wird einem unbekannten Roos-Nachfolger zugeschrieben („Reitender Schäferknabe"). Aus dem 17. Jahrhundert stammen ein Bild eines unbekannten Malers, das eine venezianische Szene zeigt, weiters ein Gemälde von Gerard de Lairesse („Anbetung der Könige") sowie eine „Winterlandschaft" des Holländers Claes Molenaer und Carlo Cignanis „Urteil des Paris". Eine ebenfalls aus dem 17. Jahrhundert stammende Geflügelszene mit dem Titel „Knabe im Hühnerhof" wurde ursprünglich Melchior Hondecoeter zugeschrieben, stammt aber vermutlich von den Niederländern Jordaens und Utrecht. Ein achtzehntes Bild stellt ein Porträt von Kaiser Franz Joseph dar. Wie im Folgenden noch aufgezeigt werden wird, kann bei diesem Bild davon ausgegangen werden, dass es nur aufgrund einer Verwechslung dem „Collecting Point"-Bestand zugeschrieben wurde. Wir haben es daher nicht wie

---

[188] OÖLM, Rückgabe 12ff. Zur Geschichte des Münchner „Art Collecting Points" vgl. das betreffende Kapitel im vorangegangenen Beitrag dieser Studie.

ursprünglich vermutet mit einem Bestand von 18, sondern von lediglich 17 Gemälden zu tun.

Mit Beginn der Provenienzuntersuchung zu den betroffenen Gemälden stellte sich zunächst heraus, dass der einzig vorhandene Hinweis – abgesehen vom Verweis auf den „Collecting Point" – Inventarnummern waren, die auf den Karteikarten des Landesmuseums angeführt waren, aber nicht dessen Inventarisierung entstammten. Den Nummern war jeweils der Buchstabe „K" vorangestellt, woraus sich die Vermutung ergab, es könnte sich um Inventarnummern des „Kunstdepots Kremsmünster" handeln, in dem sich während der NS-Zeit wesentliche Teile der „Führersammlung" befanden. Nicht alle, aber ein großer Teil der in Kremsmünster eingelagerten Gemälde, stammte aus beschlagnahmten Wiener Sammlungen. Ein Verdacht auf Raubkunst ist bei „K-Gemälden" somit in jedem Fall gegeben.[189] Bei Recherchen im Archiv des Bundesdenkmalamts Wien konnte die Vermutung auf eine frühere Einlagerung der betreffenden Gemälde in Kremsmünster klar verifiziert werden. Weiters fanden sich dort Kopien von Dokumenten, die bereits sehr detaillierte Informationen zur Provenienz der Bilder gaben. Es handelte sich dabei vorwiegend um Dokumente der „Collecting Point"-Verwaltung: Zu jedem unter US-Kontrolle stehenden Gemälde wurde im Münchner „Collecting Point" eine so genannte „Property Card" angelegt, auf der die von den Amerikanern eruierten Informationen hinsichtlich der Provenienz der Kunstwerke verzeichnet wurden. Auf den jeweiligen „Property Cards" wurde auch Aktenreferenz gegeben, indem auf Dokumente des so genannten „Linz-Films" verwiesen wurde. Dabei handelt es sich um Mikrofilmrollen, auf denen von den Amerikanern relevantes NS-Aktenmaterial abgefilmt worden war: Korrespondenzen des „Sonderauftrags Linz", Abrechnungen des „Sonderauftrags Linz", Quittungen, Korrespondenzen von Kunsthändlern, Abrechnungen der Reichskanzlei und vieles mehr. Der „Linz-Film" als Original existiert nicht mehr,[190] Kopien der abgefilmten Dokumente befinden sich allerdings im Bundesarchiv

---

[189] Vgl. zum „Kunstdepot Kremsmünster" das betreffende Kapitel im vorangegangenen Beitrag der vorliegenden Studie.

[190] Zum „Linz-Film" vgl. ausführlicher die Quellendarstellung bei Anja Heuss, Kunst- und Kulturgutraub. Eine vergleichende Studie zur Besatzungspolitik der Nationalsozialisten in Frankreich und der Sowjetunion (Heidelberg 2000) 19f.

Koblenz.[191] Zum Bestand der im Linzer Landesmuseum befindlichen Bilder konnten die betreffenden „Property Cards" mitsamt dazugehörigen Dokumenten vom „Linz-Film", wie Rechnungen und Korrespondenzen, auch im Archiv des Bundesdenkmalamts Wien ausgemacht werden, dem diese in Kopie offenbar zu Beginn der 1950er Jahre von der „Collecting Point"-Verwaltung überstellt wurden.

Dieser Aktenfund im Bundesdenkmalamt Wien bildete die wesentliche Basis zur Rekonstruktion der Herkunft und des Wegs der fraglichen Bilder nach Linz, weitere Recherchen, unter anderem im Bundesarchiv Koblenz, erweiterten nach und nach das Wissen um die Provenienz der Bilder. Die in der folgenden Darstellung gegebenen Informationen basieren damit im Wesentlichen auf den Nachforschungen der „Collecting Point"-Verwaltung und den dort erhobenen und gesammelten Informationen. Als Hauptquellen werden die „Property Cards", die dazu vorliegenden Dokumente wie Ankaufsrechnungen und Korrespondenzen sowie die Angaben im so genannten „Dresdener Katalog"[192] zitiert. Im Zuge der vorliegenden Untersuchung wurden diese Unterlagen aber auch einer quellenkritischen Prüfung unterzogen sowie nach Möglichkeit durch zusätzliche Quellen ergänzt. Nach Abgabe eines vorläufigen Endberichts an das Land Oberösterreich im Juni 2002 war auch entschieden worden, Fotografien und eine Zusammenfassung der bisherigen Erkenntnisse zu den fraglichen Bildern ins Internet zu stellen und damit einer breiten Öffentlichkeit zugänglich zu machen.[193]

Zusätzlich zu den Archivrecherchen wurde auch eine Untersuchung der Bilder selbst bzw. ihrer Rückseiten vorgenommen. Diese Methode gewinnt in der Provenienzforschung in der jüngsten Zeit immer mehr an Bedeutung, da sich auf den Rückseiten von Gemälden in Form von Sammlerstempeln,

---

[191] BAK, Bestand B 323 („Treuhandverwaltung für Kulturgut"). Ein großer Teil dieses Bestands besteht aus den Papierkopien der 28 Rollen des „Linz-Films". Die gegenwärtige Inventarisierung des Bestands B 323 stimmt nicht mehr mit der „Linz-Film"-Nummerierung überein, eine für diesen Fall überaus hilfreiche Konkordanz liegt im BAK gegenwärtig nur intern vor. Ich danke an dieser Stelle Andrea Martens vom BAK für ihre Betreuung bei unseren Archivrecherchen in Koblenz.

[192] BAK, B 323, Sch. 78-88 (Dresdener Katalog). Der Dresdener Katalog wird im Bundesarchiv Koblenz als „Inventar des Sonderauftrags Linz" bezeichnet. Vgl. BAK, Findmittel Bestand B 323. Er basiert auf einer Inventarliste von Gemäldeeinlagerungen im Münchner Führerbau und wurde erst nach 1945 angelegt. Der Katalog ist nach den Inventarnummern des Münchner Führerbaus aufgebaut, diese Nummern wurden in der Nachkriegsbearbeitung auch häufig als „Linz-Nummern" bezeichnet. Im Dresdner Katalog finden sich zu den jeweils darin befindlichen Kunstwerken auch Provenienzangaben. Zur Problematik des „Dresdener Katalogs" vor allem im Hinblick auf seine Zuschreibung als „Linzer Inventar" vgl. Birgit Schwarz, Hitlers Museum. Die Fotoalben. Gemäldegalerie Linz (Wien 2004) 20f.

[193] Michael John – Birgit Kirchmayr, Oberösterreichisches Landesmuseum 1938-1955. Sonderauftrag Linz und Collecting Point. Aspekte des Vermögensentzugs von Kunstwerken und der Restitution in Oberösterreich, Vorabschlussbericht Juni 2002 (masch. Bericht, Linz 2002); URL, http://www.landesmuseum.at.

Depotbezeichnungen oder anderen Einträgen möglicherweise bedeutende Informationen zu ihrer Identifizierung finden können.[194]
Die Erkenntnisse, die als Summe aller oben dargestellten Recherchen im Laufe der umfassenden Forschungsarbeit zum Bestand der fraglichen 18 Gemälde gewonnen werden konnten, werden im Folgenden ausführlich dargestellt.

## Der Weg der Bilder in das Oberösterreichische Landesmuseum

Als wesentliche und überraschende Erkenntnis konnte bereits zu Beginn der Nachforschungen festgestellt werden, dass sich die vermeintlichen „Collecting Point"-Bilder niemals im „Collecting Point" in München befunden haben und dementsprechend auch nicht von dort in das Landesmuseum überstellt worden sein konnten. Korrekt ist vielmehr, dass die Bilder nach ihrer Auffindung in einem Depot nahe Altaussee 1945 zwar unter amerikanische Kontrolle gestellt wurden, aber weiterhin in österreichischen Depots verblieben. Als Kunstwerke, die der amerikanischen Kontrolle unterstanden, wurden sie aber dennoch vom „Collecting Point" München mitverwaltet, weswegen auch die eingangs zitierten Dokumente zu ihrer Identifizierung vorliegen. In gewissem Sinn kann die Zuordnung „Collecting-Point"-Bilder damit weiterhin aufrechterhalten werden, auch wenn ihr Weg nach Linz nicht über München geführt hatte. Der „Sonderweg" dieser Bilder beruht auf einer Reihe von Zufälligkeiten, bestimmend für ihr Schicksal war beispielsweise das Faktum, dass es sich um Großformate handelt.

Wie sich feststellen ließ, waren die Bilder großteils im Kontext des „Sonderauftrags Linz" angekauft worden, entweder direkt vom „Sonderstab Linz" oder von anderen NS-Behörden. Dementsprechend waren die Bilder den Weg der Bestände der „Führersammlung" gegangen, das heißt sie wurden während des Krieges und unmittelbar danach von einem Bergungsdepot zum anderen gebracht. Der Großteil der fraglichen Bilder, konkret jene, die eine „K-Nummer" aufweisen,[195] befand sich unter anderem im

---

[194] Vgl. Gerhard Plasser, Untersuchung und Dokumentation von Gemälderückseiten am Beispiel der Landesgalerie Salzburg, in: Anderl-Caruso, NS-Kunstraub 259–277.

[195] Für drei der 18 fraglichen Bilder ließ sich keine K-Nummer eruieren: G 1626 Unbekannter Maler, Bildnis Kaiser Franz Joseph; G 1683 Roos-Nachfolger, Reitender Schäferknabe; G 1681 Hondecoeter, Knabe im Hühnerhof.

„Reichskunstdepot Kremsmünster".[196] 1944 wurde das „Reichskunstdepot Kremsmünster" aufgrund zunehmender Unsicherheit in Bezug auf Bombardierungen evakuiert. Die Kunstwerke wurden vornehmlich in die Bergwerksstollen von Altaussee verlagert – mit Ausnahme der großformatigen Bilder, die in das Depot Thürntal in Niederösterreich überstellt wurden. Darunter befanden sich auch die fraglichen Bilder, sie wurden in einem Transport am 16. März 1944 von Kremsmünster nach Thürntal verbracht.[197] Von dort hätten sie gegen Kriegsende noch nach Altaussee ausgelagert werden sollen, aufgrund der Schneesituation im Frühjahr 1945 blieben sie jedoch auf dem Transportweg in der Nähe von Bad Goisern hängen, da der Pötschenpass nicht mehr passiert werden konnte. Es wurde daraufhin im Gasthaus Agathawirt bei Goisern ein provisorisches Depot eingerichtet, wo die fraglichen Bilder bis nach Kriegsende verblieben.[198] Sie wurden unter amerikanische Verwahrung gestellt, anders als die Aussee-Bergungen aber nicht nach München in den „Collecting Point" überstellt. Nach zunehmenden Beschwerden des Besitzers des Gasthofs wurden die Bilder in zwei Transporten, am 13. März 1947 und am 31. Mai 1947, von St. Agatha nach Enns in Oberösterreich überstellt, wo im Schloss Ennsegg ein Depot des Bundesdenkmalamts eingerichtet worden war.[199]

Die Bilder unterstanden zu diesem Zeitpunkt der amerikanischen „Property Control Section", mit der konkreten Abwicklung ihrer Bergung war das österreichische Bundesdenkmalamt befasst. Korrespondenzen weisen darauf hin, dass es wesentliches Interesse der österreichischen Denkmalamtsbehörden gewesen war, die Bilder in Österreich zu behalten und nicht nach München auszuliefern. Nachdem das Depot Ennsegg 1947 aufgelassen wurde, bemühte man sich daher intensiv darum, wieder ein geeignetes Depot für

---

[196] Vgl. zum Kunstdepot Kremsmünster das betreffende Kapitel im vorangegangenen Beitrag der vorliegenden Studie. Vor ihrer Bergung in Kremsmünster befanden sich die Bilder im Münchner Führerbau.

[197] BDA Wien, Restitutionsmaterialien, Karton 16, Mappe 9: 474/46; Karton 3/1, Mappe 1a: Liste „List of the large-sized paintings from Kremsmünster to the repository Thürntal". Fünf Gemälde des fraglichen Bestands finden sich nicht auf der Liste: G 1626 Unbekannter Maler, Bildnis Kaiser Franz Joseph; G 1627 Rayski, Hasenjagd; G 1644 Roos, Hirte mit Herde; G 1683 Roos-Nachfolger, Reitender Schäferknabe; G 1681 Hondecoeter, Knabe im Hühnerhof.

[198] BDA Wien, Restitutionsmaterialien, Karton 16, Mappe 9: Restaurator Karl Sieber an BDA (Brief vom 29.1.1946).

[199] BDA Wien, Restitutionsmaterialien, Karton 3/1, Mappe 1a: Verzeichnis der am 13.3.1947 aus dem Depot St. Agatha bei Goisern nach Ennsegg verbrachten Kunstgegenstände; Karton 3/1, Mappe 1a: Verzeichnis der am 31.5.1947 aus St. Agatha bei Goisern nach Schloss Ennsegg, OÖ., verlagerten Bilder.

die Bilder zu finden, da sie andernfalls vielleicht doch noch nach München verbracht worden wären.[200]
Die Bemühungen brachten den erwünschten Erfolg, die Bilder blieben in Österreich. Am 26. April 1948 wurden die betreffenden Gemälde von Ennsegg in den Steinernen Saal des Landhauses in Linz überstellt, wo die „Property Control" ein Depot eingerichtet hatte.[201] Die Bilder wurden dann innerhalb von Linz weiter verlagert. Datiert mit 4. August 1950 findet sich eine Liste der Gemälde mit der Depotbezeichnung: „Depot of the Land Museum Linz, Untere Donaulände 28". Als Kustos des Gemäldebestands wurde Wilhelm Jenny angeführt, Leiter der Kunstgeschichtlichen Abteilung des Linzer Landesmuseums.[202] Auf dieser Liste befinden sich 17 Bilder, die mit jenen ident sind, die den gegenwärtigen „Collecting Point"- Bestand des Oberösterreichischen Landesmuseums ausmachen. Ursprünglich waren in St. Agatha sowie später in Ennsegg und auch noch im Steinernen Saal in Linz mehr als 30 Bilder eingelagert. Bis 1950 wurden davon allerdings offenbar 13 nach Frankreich sowie eines nach Holland restituiert.[203] 17 Bilder verblieben aber weiterhin in Linz. Am 22. Oktober 1952 informierte die Direktion des Landesmuseums den Landeskonservator in Linz, dass „die im alten Bräuhaus auf der Donaulände eingelagerten, unter amerikanischer Verwaltung stehenden wertvollen Gemälde in diesen Depoträumen zu Schaden kommen." Weiters hieß es in diesem Schreiben: „Die Bilder müssen daher vorläufig im Landesmuseum deponiert werden."[204] Was als vorläufige Depotlösung gedacht war, sollte für mehr als fünfzig Jahre der Aufenthaltsort der Bilder bleiben.
Warum dies so war, bleibt zum Teil rätselhaft, zumindest ansatzweise konnte aber rekonstruiert werden, warum die Bilder in Linz verblieben sind. Die Gemälde nahmen in Bezug auf ihre diskutierte Restitution einen Sonderstatus ein, da sie eigentlich in den „Collecting Point München" gehört hätten, letztlich aber doch in Österreich – wenn auch unter amerikanischer Kontrolle – verwahrt blieben. Während die Bilder in Linz gela-

---

[200] BDA Wien, Restitutionsmaterialien, Karton 16, Mappe 15: 2166/48, Briefentwurf BDA an OÖ Landesregierung, 20.3.1948.
[201] BDA Wien, Restitutionsmaterialien, Karton 16, Mappe 9: BDA an BM für Vermögenssicherung und Wirtschaftsplanung (Brief vom 19.5.1948).
[202] BDA Wien, Restitutionsmaterialien, Karton 16, Mappe 9: U.S.F.A Inventory Sheet, 4.8.1950.
[203] BDA Wien, Restitutionsmaterialien, Karton 16, Mappe 9: Landeskonservator Linz an BDA (Brief vom 7.4.1950).
[204] BDA Wien, Restitutionsmaterialien, Karton 16, Mappe 9: OÖLM an Landeskonservator Linz (Brief vom 22.10.1952).

gert waren, bemühte man sich im Münchner „Collecting Point" um ihre Identifizierung. 1951 traf ein Brief des damaligen Direktors des Münchner „Collecting Points", S. Lane Faison, im Bundesdenkmalamt Wien ein, in dem dieser berichtete, dass ein Teil der in Linz gelagerten Gemälde identifiziert und zur raschen Restitution in den „Collecting Point" zu verbringen wäre.[205] Es folgte eine Korrespondenz zu dieser Thematik zwischen S. Lane Faison vom „Collecting Point" und Otto Demus vom Bundesdenkmalamt, in der dieser darauf hinwies, dass bezüglich der noch in Linz deponierten Gemälde „einmal bereits die Übergabe an die österreichischen Behörden zur weiteren Verwahrung beabsichtigt" gewesen war. Faison wurde weiters mitgeteilt, dass ein Teil der ursprünglich 32 in Ennsegg gelagerten Kunstwerke bereits nach Holland und Frankreich restituiert worden sei.[206]

1951 kam es zu einer allgemeinen Entscheidung, die letztlich auch für den Bestand der 17 in Linz deponierten Gemälde bedeutend werden sollte: Mit Auflösung des „Collecting Points München" (die Arbeit des „Collecting Points" wurde der deutschen „Treuhandverwaltung für Kulturgut" übergeben) wurden so genannte „unidentifizierte Reste" nach Österreich überstellt. Bei der Verbringung der Kunstwerke von Altaussee nach München 1945 war den Österreichern offenbar zugesagt worden, dass österreichisches oder auch unidentifiziertes Eigentum wieder an Österreich zurückgehen würde, worauf man sich nunmehr berief. Diese Entscheidung traf auf heftigsten Protest anderer Länder, vor allem Deutschlands, und wurde gegen den persönlichen Willen des damaligen Direktors des „Collecting Point", S. Lane Faison, durchgeführt.[207] Nichtsdestotrotz wurden die „unidentifizierten Reste", es handelte sich um einen Bestand von knapp tausend Kunstwerken, nach Österreich verlagert. Im Jahr 1955, nach Abschluss des Staatsvertrags, wurde dieser „Münchner Restbestand", der nach der Entscheidung von 1951 nur nach Österreich ausgelagert wurde (Depot Schloss Kleßheim), aber unter amerikanischer Kontrolle blieb, dann tatsächlich an Österreich übergeben. Aber: Österreich sollte sich dafür verpflichten, die Kunstwerke an die rechtmäßigen Besitzer zurückzugeben, sofern solche noch identifi-

---

[205] BDA Wien, Restitutionsmaterialien, Karton 16, Mappe 9: S. Lane Faison, Collecting Point München an BDA (Brief vom 15.2.1951).

[206] BDA Wien, Restitutionsmaterialien, Karton 16, Mappe 9: Demus an Collecting Point (Briefentwurf vom 21.3.1951).

[207] Vgl. Interview mit S. Lane Faison, Williamstown (Massachussetts, USA) 14.6.1998, InterviewerInnen: Andreas Gruber und Birgit Kirchmayr; Interview mit S. Lane Faison, Williamstown 21.5.2002, Interviewer: Michael John; John-Kirchmayr, Vorabschlussbericht 2f. Vgl. dazu auch das Kapitel „Der ‚Art Collecting Point München' und Oberösterreichs Forderungen nach dem Erbe des ‚Linzer Führermuseums'" im vorangegangenen Beitrag in der vorliegenden Studie.

ziert werden konnten, und Österreich sollte sich zur Rückgabe von bereits identifizierten, noch in Österreich befindlichen Kunstwerken verpflichten – und hier wurde klar ein Teil des Bestands der 17 Gemälde, die in Linz deponiert waren, aufgelistet.[208]
Über die diesbezügliche Entscheidung wurde auch Wilhelm Jenny in Linz informiert:
„... haben die US-Behörden nunmehr den Münchner Restbestand und alle unter US-Kontrolle stehenden Kunstbestände der österreichischen Bundesregierung mit der Auflage zur Verfügung gestellt, einige dieser Gegenstände an die gleichzeitig namhaft gemachten Länder zu restituieren. Wie Sie aus der dem Schreiben beigelegten Liste ersehen, ist von dieser Restitution ein Teil jenes Bestandes betroffen, den Sie bisher für die US-Behörden persönlich verwahrt haben. Das Bundesdenkmalamt ersucht Sie, die namhaft gemachten Gemälde für die beabsichtigte Restitution, die u.e. in die Wege geleitet wird, bereitzustellen. Hinsichtlich der übrigen Gemälde wird zu einem späteren Zeitpunkt entschieden werden."[209]
Wie einer diesem Schreiben beigelegten Liste zu entnehmen ist, wären zehn der 17 in Linz deponierten Gemälde von dieser Restitutionsaufforderung betroffen gewesen: Acht Bilder hätten nach Deutschland, eines nach Holland und eines nach Italien restituiert werden müssen. Wilhelm Jenny antwortete am 17. September 1955: „In Beantwortung des dortigen Schreibens vom 5. 9. wird ergebenst mitgeteilt, daß die gefragten Restitutions-Gemälde hier zur Rückstellung bereitstehen."[210]
Die Gemälde „standen zur Rückstellung bereit" – zu einer Rückstellung kam es dennoch nicht. Es ist zu vermuten, dass nach Übergabe der „Münchner Restbestände" die von den Amerikanern geforderten Rückgaben nach Deutschland, Italien und Holland von den österreichischen Behörden einer nochmaligen Prüfung unterzogen und für nichtig erklärt wurden. In diese Richtung deutet ein Dokument des Bundesdenkmalamts aus dem Jahr 1969 mit dem Titel „Probleme im Zusammenhang mit der Durchführung des Kunst- und Kulturgutbereinigungsgesetzes, BGBl. Nr. 294/1969", in dem es heißt: „Die amerikanische Besatzungsmacht hat dann in der Folgezeit u. zw. 1955 diesen Kunstbestand (Anm. die Münchner Restbestände) der

---

[208] BDA Wien, Restitutionsmaterialien, Karton 12, Mappe 2: fol. 103ff, James Penfield, Acting High Commissioner an Reinhard Kamitz, Finanzministerium (Brief vom 22.7.1955), Anlage: List of Art Objects.

[209] BDA Wien, Restitutionsmaterialien, Karton 12, Mappe 1: fol. 12, 105/Res 55, BDA an Wilhelm Jenny, OÖLM (Briefentwurf vom 5.9.1955).

[210] BDA Wien, Restitutionsmaterialien, Karton 12, Mappe 1: fol. 8, Wilhelm Jenny an BDA (Brief vom 17.9.1955).

Republik Österreich treuhändig übergeben. Diese Übergabe war an die Auflage gebunden, bestimmte in einer Liste näher bezeichnete Objekte aus dem Titel der Restitution an Frankreich, Deutschland, Ungarn, Italien, Niederlande und Belgien zu übergeben. Da sich jedoch bei näherer Prüfung der Eigentumsfrage große Bedenken ergaben, kam es bisher nicht zu den vorgesehenen Restitutionen."[211]

Interessant erscheint in diesem Zusammenhang, dass trotz nicht erfolgter Rückstellungen nach Deutschland (sowie Italien und Holland) die österreichischen Denkmalbehörden gewillt schienen, eine einvernehmliche Lösung in Bezug auf den „Münchner Restbestand" zu finden. Das Denkmalamt schlug dem Ministerium – wohl auch die nicht herausragende Qualität der Kunstwerke betonend – vor, einen Teil der „Münchner Restbestände" der Bundesrepublik Deutschland zu übergeben. Es wurden diesbezüglich Vorschläge erarbeitet, in denen eine Einteilung des Bestands nach kunsthistorischen Kriterien vorgenommen wurde.[212]

Zu dieser Verteilung kam es allerdings nicht, der „Münchner Restbestand" blieb in Österreich. Nach mehrmaligen Verlagerungen wurde der „Münchner Restbestand" schließlich in der Kartause von Mauerbach eingelagert und kam als „Mauerbachschatz" immer wieder in die Schlagzeilen. Auf Druck Simon Wiesenthals wurde 1969 das 1. Kunst- und Kulturgutbereinigungsgesetz beschlossen und die Kunstwerke von Mauerbach wurden in einer öffentlichen Liste in der Wiener Zeitung veröffentlicht.[213]

Als Reaktion auf dieses Gesetz von 1969 kam es auch zu einem Wiederaufflammen der Streitigkeiten um die „Münchner Restbestände" mit der Bundesrepublik Deutschland, die nochmals pauschal auf alle nach Kriegsende in Österreich verbliebenen bzw. 1952 nach Österreich verbrachten Kunstgegenstände Anspruch erhob unter Berufung auf Art. 134 Abs. 1 des Grundgesetzes, wonach das Vermögen des ehemaligen Deutschen Reiches Bundesvermögen geworden war.[214]

In einer diesbezüglich vorgelegten Anspruchsliste der BRD finden sich neben anderen Objekten vor allem die als „Münchner Restbestände" nach Österreich verlagerten Kunstwerke wie auch alle aus dem Depot St. Agatha

---

[211] BDA Wien, Restitutionsmaterialien, Karton 12, Mappe 2: fol. 88ff, Probleme im Zusammenhang mit der Durchführung des Kunst- und Kulturgutbereinigungsgesetzes, BGBl. Nr. 294/1969.

[212] BDA Wien, Restitutionsmaterialien, Karton 12, Mappe 1: fol. 3, Zl. 161/Res 55, BDA an BM für Unterricht (Brief vom 28.10.1955).

[213] BGBl. 294/1969. Bundesgesetz vom 27.6.1969 über die Bereinigung der Eigentumsverhältnisse des im Gewahrsam des Bundesdenkmalamtes befindlichen Kunst- und Kulturgutes; Amtsblatt zur Wiener Zeitung, 1.9.1969.

[214] Vgl. dazu vor allem Akten aus BAK, B 323, Sch. 584 (Österreich. Behandlung des Linzer Bestandes).

stammenden, in Linz deponierten fraglichen Kunstwerke.[215] Es ist offensichtlich, dass dieser Aufforderung nicht nachgekommen wurde. Die verbliebenen Kunstwerke des „Münchner Restbestands" wurden 1996 in der „Mauerbachauktion" zugunsten der Opfer des Holocaust in Wien versteigert, die fraglichen Bilder des Landesmuseums befinden sich nach wie vor in Linz.[216]

Nach Aktendurchsicht im Oberösterreichischen Landesmuseum und den Archiven des Bundesdenkmalamts in Linz und Wien läßt sich noch folgende Beobachtung konstatieren: Die Frage der Behandlung des Bestands jener 17 Gemälde war Gegenstand intensiver Korrespondenzen, die sich auf Ebene des Bundesdenkmalamts und der amerikanischen Behörden, später auch der zuständigen österreichischen Ministerien abspielte. Das Oberösterreichische Landesmuseum dürfte in diese Causa tatsächlich kaum miteinbezogen worden sein. Es finden sich im Archiv des Landesmuseums in den Direktionsakten keinerlei Hinweise darauf, dass das Museum über den jeweiligen Stand der Identifizierung bzw. Rückgabediskussion informiert worden wäre. Es war Aufgabe des Bundesdenkmalamts in Wien, Gemälde österreichischer Herkunft aus dem „Collecting Point" München zu beanspruchen bzw. sich mit sämtlichen Angelegenheiten der Rückgabe zu beschäftigen. Das Landesmuseum wurde für den fraglichen Bestand nur als Depot gesehen und dürfte somit nur mit getroffenen Entscheidungen, nicht aber mit dem Ablauf des Entscheidungsprozesses konfrontiert gewesen sein. Für den vorliegenden Bericht wurden die Direktionsakten des Landesmuseums bis 1965 vidiert.[217] Es fand sich in den Akten kein Schriftstück, in dem eine offizielle Übernahme des fraglichen Bestandes durch das Oberösterreichische Landesmuseum – eventuell als Ergebnis ministeriell und bundesdenkmalamtlich getroffener Entscheidungen – mitgeteilt oder bestätigt würde.[218]

---

[215] BDA Wien, Restitutionsmaterialien, Karton 23, Mappe 10: 12.922/11/33/75, BM für Wissenschaft und Forschung an BM für Auswärtige Angelegenheiten, Beilage Liste der rückgeforderten Gemälde.

[216] Nachdem die betreffenden Ministeriums-Akten zur Rückgabeforderung der BRD aus den 1970er Jahren noch nicht in Archiven einsehbar sind, wurde im Zuge der vorliegenden Forschungsarbeit eine Anfrage an die betreffenden Ministerien zur fraglichen Causa gestellt. Die Antwort lautete, die Causa wäre ein nach wie vor anhängiges Verfahren und die Akten daher nicht einsehbar.

[217] 1965 ist auf den Karteikarten der betreffenden Bilder bereits als Revisionsjahr angeführt, d.h. spätestens 1965 waren die Gemälde als Bestand des Landesmuseums inventarisiert.

[218] Auch ein Gespräch mit der früheren Abteilungsleiterin der Kunstgeschichtlichen Abteilung des Landesmuseums, Dr. Gertrude Wied, gab Aufschluss darüber, dass die von ihr in den 1960er Jahren durchgeführte Inventarisierung der fraglichen Gemälde nicht im Zusammenhang mit einer offiziellen Übernahme, sondern lediglich im Zuge allgemeiner Inventarisierungstätigkeit auf Basis einer vorliegenden Liste vorgenommen wurde. Vgl. Gespräch mit Dr. Gertrude Wied, Linz 9.5.2003.

Ansprechpartnerin für Fragen der Restitution war in den 1950er Jahren in Oberösterreich Erika Kirchner (später verheiratete Doberer). Erika Kirchner-Doberer war im Landesdenkmalamt Linz tätig, unterstand aber dem Bundesdenkmalamt.[219] In Belangen des Bestands der 17 fraglichen Gemälde wurde sie vom Bundesdenkmalamt über allfällige Entscheidungen informiert und gab sie auf Weisung auch an den Kustos des Bestands, Wilhelm Jenny, weiter. Im Gegensatz zur umfangreichen Diskussion des fraglichen Bilder-Bestands auf Bundes- und bilateraler Ebene, erscheinen die Mitteilungen, die nach Oberösterreich gingen, eher knapp. Im Jahr 1951 war Erika Kirchner mit der Schätzung der in Linz deponierten Bilder beauftragt worden. Aus ihrem diesbezüglichen Schreiben lässt sich schließen, dass ihr zumindest zu diesem Zeitpunkt der Hintergrund dieses in Linz deponierten Bestands weitgehend unbekannt war.[220]

Wilhelm Jenny, der einstige Kustos der Gemälde, starb überraschend im Januar 1960. Sollte die Causa bereits vorher zu einer offiziellen Klärung gekommen sein, ist dies für die Behandlung des fraglichen Bestandes nicht mehr wesentlich, sollte es aber vorher zu keiner offiziellen Klärung gekommen sein, kommt auch diesem Umstand eventuell Bedeutung zu, im Sinne von: Die Bilder waren einfach da, niemand wusste mehr genau, woher sie kamen, und so blieben sie einfach, wo sie waren.

## Die Provenienzen der Bilder

Wie einleitend festgestellt, konnten im Zuge der Recherchen des vorliegenden Forschungsprojekts eine Reihe von Dokumenten aufgefunden werden, die in verschiedener Intensität Aufschluss über die Herkunft der fraglichen Bilder geben. Zusammenfassend können daraus über die Herkunft der fraglichen Gemälde folgende Informationen gegeben werden:

- Ein Gemälde scheint grundsätzlich nicht zum „Collecting Point"-Bestand zu gehören: Das Gemälde „Unbekannter Maler, Bildnis Kaiser Franz

---

[219] Konkret war der Zuständigkeitsbereich von Dr. Erika Kirchner-Doberer die Betreuung der Depots des Bundesdenkmalamts in Oberösterreich und Salzburg, wobei es sich hier vor allem um Depots handelte, in denen zu restituierende Kunstwerke untergebracht waren, die Österreich aus dem „Collecting Point" in München zurückerhalten hatte. Zur Tätigkeit Erika Kirchner-Doberers vgl. Akten im Archiv des Bundesdenkmalamts sowie die von Michael John und Birgit Kirchmayr durchgeführten Interviews mit Dr. Otto Wutzel, Dr. Norbert Wibiral und Gertrude Erba.

[220] BDA Wien, Restitutionsmaterialien, Karton 16, Mappe 20: 898/51-Dr.K/E, Erika Kirchner an BDA Restitutionsabteilung (Brief vom 1.6.1951).

Joseph" (G 1626) scheint in den untersuchten Archivalien nicht auf. Auf der Karteikarte des Oberösterreichischem Landesmuseum wurde ihm zudem eine „K-Nummer" zugeschrieben, die auch ein anderes „Collecting Point"-Bild aufweist, wobei die Zuschreibung in diesem Fall nachweislich korrekt ist. Die daraus entstandene Vermutung, die Einordnung des Bildes in den so genannten „Collecting Point"-Bestand könnte auf einem Irrtum beruhen,[221] wurde durch ein Gespräch mit der seinerzeit zuständigen Abteilungsleiterin des Landesmuseums, die den Bestand in den 1960er Jahren inventarisiert hatte, bestärkt.[222] Eine weitere Verstärkung fand die These der irrtümlichen Zuordnung in der Untersuchung der Rückseite des Bildes, die im Gegensatz zu allen anderen Gemälden lediglich die Inventarnummer des Landesmuseums, aber keinerlei andere Einträge aufweist.[223] Alle vorgefundenen Indizien sprechen somit dafür, dass das Bild nicht zum „Collecting Point"-Bestand gehört und dieser sich somit auf 17 Gemälde reduziert.

- Alle 17 weiteren Gemälde waren Erwerbungen durch NS-Stellen, die zumeist im Zusammenhang mit dem „Sonderauftrag Linz" standen.

- Für 13 Gemälde konnten klare Belege gefunden werden, die Aufschluss darüber geben, wer sie wann an wen verkauft hatte. Es handelt sich dabei bei allen betroffenen Bildern um Erwerbungen, für die von den jeweiligen NS-Stellen Geld gezahlt wurde, das heißt zumindest vordergründig nicht um offenkundige Enteignungen. Von diesen 13 Bildern stammte eines aus Italien und wurde von einer Privatperson an einen Einkäufer des „Sonderauftrags Linz" verkauft; ein weiteres Bild wurde vom „Sonderbeauftragten für Linz" über einen holländischen Kunsthändler angekauft; ein Bild wurde von der Bayerischen Staatsgemäldesammlung München an die Reichskanzlei verkauft; ein Bild wurde von einem deutschen Privatsammler an den „Sonderbeauftragten für Linz" verkauft; neun weitere Gemälde wurden großteils im Kontext des „Sonderauftrags Linz" von verschiedenen deutschen Kunsthändlern erworben.

---

[221] Vgl. John-Kirchmayr, Vorabschlussbericht 7.

[222] Gespräch mit Dr. Gertrude Wied am 9.5.2003 in Linz. Frau Wied führte in diesem Gespräch an, den Bestand auf Basis einer vorliegenden Liste circa Mitte der 1960er Jahre inventarisiert zu haben. Es sei ihrer Einschätzung nach denkbar, dass es sich im Fall des Bildes Kaiser Franz Joseph um einen Inventarisierungsirrtum handeln und das Bild aus dem Altbestand des Landesmuseums stammen könnte.

[223] Vgl. die Darstellung der Rückseitendokumentation an späterer Stelle.

- Für drei Bilder konnten in Bezug auf ihren Erwerb durch NS-Stellen keine Hinweise gefunden werden, zu manchen liegen allerdings frühere Provenienzangaben vor.
- Ein Gemälde konnte in Bezug auf seine Herkunft dank der Kooperation mit dem Bundesdenkmalamt Wien, das eine Erbenanfrage weiterleitete, restlos identifiziert und 2003 restituiert werden. Auch dieses Bild war eine Erwerbung durch einen deutschen Kunsthändler, durch die im Zuge der Erbenanfrage recherchierten Hintergründe konnte allerdings in diesem Fall eine ursprünglich unrechtmäßige Herkunft (durch eine Gestapo-Enteignung) klar nachgewiesen werden.

Zur zentralen Frage nach einem „Raubkunst"-Hintergrund der Bilder kann auf Basis der nunmehr vorliegenden Informationen Folgendes festgestellt werden: Es handelte sich bei allen fraglichen Bilder um „Erwerbungen", für die von NS-Stellen Geld bezahlt wurde. Bei 14 Gemälden sind die Verkäufer bekannt, bei manchen auch die Vorgeschichte. Durch diese Angaben kann bei einem Teil der Bilder ausgeschlossen werden, dass es sich von ihrem Ursprung her um Raubkunst handelt. Bei einem Teil der Bilder aber, die über den deutschen Kunsthandel verkauft wurden, existieren keine klaren Angaben zu ihrer Vorgeschichte. Es ist bekannt, dass in der Zeit von 1933 bis 1945 viele Kunstwerke auf den öffentlichen Kunstmarkt kamen, die von Juden in Zwangslagen verkauft werden mussten. Es ist weiters bekannt, dass deutsche Kunsthändler 1938 bis 1945 oftmals im Wiener Dorotheum einkauften, in dem in sehr umfangreichem Maß „arisierte" Kunstwerke, die von der Gestapo eingebracht wurden, versteigert wurden. Es ist weiters bekannt, dass die Angaben, die die Kunsthändler auf Fragen der amerikanischen Untersuchungsbehörden gaben, nicht immer einwandfrei korrekt gewesen sein mussten, insbesondere wenn dafür kein schriftliches Material existierte. Eine vordergründig „legale" Kauftransaktion über den deutschen Kunsthandel in den Jahren 1933/38 bis 1945 schließt eine unrechtmäßige Herkunft somit nicht a priori aus. Die Geschichte des 2003 restituierten Bildes „Knabe im Hühnerhof", bei dem es sich ebenfalls um eine Erwerbung über einen deutschen Kunsthändler handelte, das aber dennoch in einem früheren Schritt seinen Besitzern entzogen worden war, bestätigt diese Einschätzung sehr deutlich.[224]

---

[224] Vgl. dazu ausführlich an späterer Stelle.

Zusammenfassend kann somit festgehalten werden:[225]

- Für ein Bild wurde nachgewiesen, dass es nicht zum Bestand der „Collecting Point"-Gemälde gehört.
- Für ein Bild wurde die unrechtmäßige Herkunft klar nachgewiesen, die Besitzerin eruiert und das Bild restituiert.
- Für zwei der verbleibenden 16 Bilder kann ein Raubkunstverdacht klar ausgeschlossen werden.
- Für die restlichen 14 Bilder konnten Informationen zu ihrer Herkunft gewonnen werden, die in Bezug auf ihre Vollständigkeit recht unterschiedlich sind. In zumindest fünf Fällen erscheint angesichts der vorliegenden Informationen eine unrechtmäßige Herkunft als nahezu ausschließbar, in den verbleibenden neun Fällen zeigt sich dies weniger klar. Die Einstufung in Hinblick auf Raubkunstverdacht soll im Einzelnen daher den nun folgenden Darstellungen zu den jeweiligen Bildern entnommen werden.

---

[225] Zu den folgenden summarischen Angaben vgl. im Detail die im Anschluss folgenden Einzeldarstellungen der Untersuchungsergebnisse sowie auch die daran anschließende Übersicht in Tabellenform.

## Darstellung der Untersuchungsergebnisse zu den einzelnen Bildern

**1. Eduard Young (1823-1882): Hochzeitszug im Gebirge** (auch: Gebirgslandschaft mit Tiroler Bauernhochzeit; Brautzug im Gebirge), signiert und datiert 1872, Öl auf Lwd, 137:170, Inventarnummer OÖLM G 1624, Kremsmünster-Nummer K 56, München-Führerbau-Nummer („Linz-Nummer") 813

Das Bild „Hochzeitszug im Gebirge" von Eduard Young wurde vom Münchner Kunsthändler Xaver Scheidwimmer über Vermittlung von Gerdy Troost am 3. Juli 1939 um RM 12.000 an die Reichskanzlei verkauft.[226] Gerdy Troost, die Witwe des Architekten Ludwig Troost, war in Kunstangelegenheiten eine Vertraute Adolf Hitlers und vermittelte häufig Ankäufe für den „Sonderauftrag Linz". Sie stand dabei in engem Kontakt mit Kunsthändlern in München, die ihr immer wieder Anbote vorlegten.[227] Der Kunsthändler Xaver Scheidwimmer wurde von „Collecting Point"-Mitarbeitern zur Herkunft des von ihm verkauften Bildes von Eduard Young befragt. Das Ergebnis der Befragung wurde folgendermaßen zusammengefasst: „Scheidwimmer kaufte das Bild von Herrn Max Höher, München, Karlstraße, Vater des durch Luftangriff getöteten Restaurators Höher. Davor war das Bild in einer Norddeutschen, nicht näher bezeichneten Privatsammlung. Höher besaß das Bild vor dem Ankauf durch Scheidwimmer schon lange. In der norddeutschen Sammlung befand sich das Bild nach Scheidwimmers Aussage Jahrzehnte."[228]
Sollte diese Aussage korrekt sein, ist in diesem Fall die Vorgeschichte des Bildes vor dem Verkauf durch den Kunsthändler bekannt, wobei kein Indiz für eine Enteignung vorliegt.

---

[226] BDA Wien, Restitutionsmaterialien, Karton 12, Mappe 1: Property Card Young, Gebirgslandschaft; BAK, B 323, Sch. 79 (Dresdener Katalog Bd. 2): Nr. 813; BAK, B 323, Sch. 332: Abschrift Xaver Scheidwimmer.
[227] Vgl. BAK, B 323, Sch. 162 (Korrespondenz Troost).
[228] BAK, B 323, Sch. 332: Abschrift Xaver Scheidwimmer.

## 2. Hans Makart (1840–1884): Die Ernte (auch: Bacchusfest; Triumph der Schönheit (?)), Öl auf Lwd, 130:320; Inventarnummer OÖLM G 1625, Kremsmünster-Nummer K 630, München-Führerbau-Nummer („Linz-Nummer") 3

Laut amerikanischer Identifizierung wurde das Bild von der Kunsthandlung Haberstock 1938 um RM 20.250 an die Reichskanzlei verkauft.[229]
Karl Haberstock war insbesondere in der Phase, bevor Hans Posse 1939 als „Sonderbeauftragter für Linz" eingesetzt worden war, Hitlers engster Kunstberater. Über die Kunsthandlung Haberstock tätigte Adolf Hitler vor allem in den 1930er Jahren zahlreiche Ankäufe für seine Sammlung. Laut Angaben der „Property Card" hatte Haberstock das Bild von Hans Makart 1937 von einem Franz von Studziinski angekauft.[230] Die amerikanischen Versuche, die Identität des Franz von Studziinski näher zu klären, blieben erfolglos.[231] Auch die im Zuge des vorliegenden Forschungsprojekts durchgeführten Recherchen in genealogischen Nachschlagewerken sowie im Internet führten zunächst zu keinen Angaben. Eine Anfrage im Augsburger Haberstock-Archiv im April 2004 ergab allerdings eine interessante Neuigkeit: Laut dort archivierten Geschäftsbüchern von Karl Haberstock gab es widersprüchlich zur oben angeführten Information im Jahr 1937 keinen Ankauf eines Makartwerkes, im Mai 1938 allerdings wurde von Haberstock ein Makart mit der Bezeichnung „Triumph der Schönheit" von einer Franziska Studzinskiego in Warschau um 19.000 Zloty (umgerechnet RM 8.939,50) erworben.[232] Auch in den Unterlagen, auf die sich die Angaben der „Property Card" beziehen, ist der fragliche Makart als „Triumph der Schönheit" bezeichnet, Maße sind nicht angegeben.[233]
Woraus die amerikanische „Collecting-Point"-Verwaltung mit Sicherheit schließen konnte, dass es sich dabei um das sonst als „Ernte" oder „Bacchusfest" bezeichnete Werk handelte, ist aus heutiger Sicht nicht

---

[229] Vgl. BDA Wien, Restitutionsmaterialien, Karton 12, Mappe 1: Property Card Makart, Bacchusfest; BAK, B 323, Sch. 226 („Weiße Kartei" – Ankäufe der Galerie Haberstock, Berlin, für den Sonderauftrag Linz und die Sammlung Göring): Karteiblatt Makart.

[230] BDA Wien, Restitutionsmaterialien, Karton 12, Mappe 1: Property Card Makart, Bacchusfest; BAK, B 323, Sch. 226 („Weiße Kartei"): Karteiblatt Makart.

[231] BDA Wien, Restitutionsmaterialien, Karton 16, Mappe 9: S. Lane Faison, Collecting Point München an BDA (Brief vom 15.2.1951); BDA Wien an Collecting Point München (Brief vom 21.3.1951).

[232] Haberstock-Archiv Augsburg, HA/XXVIII/29, HA/XXIV/46. Ich danke an dieser Stelle Horst Keßler vom Haberstock-Archiv für seine Bemühungen.

[233] Vgl. BAK, B 323, Sch. 226 ("Weiße Kartei"): Karteiblatt Makart.

nachvollziehbar. Es erscheint durchaus denkbar, dass es sich um eine irrtümliche Identifikation gehandelt haben könnte.[234]
Sollte die gegebene Provenienz bzw. Zuordnung des Bildes dennoch korrekt sein, bleibt noch das Problem, dass der Verkäufer von den Amerikanern als Franz von Studzinski bezeichnet wird, in den Haberstockunterlagen aber als Franziska Studzinskiego.[235]
Stützt man sich trotz der oben angeführten Unsicherheit auf die amerikanische Identifizierung, stellt sich die Herkunft des Bildes als offenbar rechtmäßiger Ankauf durch den Kunsthändler Haberstock dar. Für das Bild wurden von Haberstock knapp 9.000 Reichsmark bezahlt, mit einer – bei solchen Verkäufen durchaus nicht unüblichen – Spanne von mehr als hundert Prozent verkaufte er es weiter an die Reichskanzlei. Für diesen Fall wäre ein Raubkunstverdacht mehr oder minder auszuschließen. Angesichts der bestehenden Unsicherheit bezüglich der Zuordnung des Bildes bleiben dennoch Zweifel.

### 3. Ferdinand von Rayski (1806-1890): Hasenjagd im Winter, Öl auf Lwd, 205:153, Inventarnummer OÖLM G 1627, Kremsmünster-Nummer K 1843, München-Führerbau-Nummer („Linz-Nummer") 3030

Das Bild wurde vom „Linzer Sonderbeauftragten" Hermann Voss über die Galerie Roemer am 21. September 1943 für RM 40.000 erworben.[236]
Als weitere Provenienzangaben sind im „Dresdener Katalog" folgende Angaben zu finden: „1907 ausgestellt Dresden, Galerie Arnold Nr. 81 und Berlin, Galerie Schulte;
1923 Berlin, Kunsthandlung Hugo Perls (verkauft aus dem Besitz der Familie Schroeter); 11.12.1937 Versteigerung Weinmüller, München Kat.11, Nr. 170 (Einbringer Kunsthandlung Kühl, Dresden);
Berlin, Galerie Roemer;
21.9.1943 von dort für RM 40 000 erworben."[237]

---

[234] Vgl. zur Identifikation des Bilds auch Gerbert Frodl, Hans Makart. Monographie und Werkverzeichnis (Salzburg 1974), Bildtafel 163/3.

[235] Studzinskiego ist im Polnischen der Genitiv von Studzinski, möglicherweise liegt darin die Ursache der verschiedenen Namensschreibungen.

[236] BDA Wien, Restitutionsmaterialien, Karton 12, Mappe 1: Property Card Rayski, Treibjagd im Winter; BAK, B 323, Sch. 83 (Dresdener Katalog Bd. 6): Nr. 3030; BAK, B 323, Sch. 141: Paul Roemer an Hermann Voss (Brief vom 21.9.1943).

[237] BAK, B 323, Sch. 83 (Dresdener Katalog Bd. 6): Nr. 3030.

In der „Property-Card" der Collecting Point-Verwaltung liest sich die Provenienzgeschichte davon abweichend etwas anders: Hier heißt es, das Bild wäre 1939 von der Kunsthandlung Kühl in Dresden gekauft worden. Es ist auch noch ein Zusammenhang mit der Kunsthandlung Gurlitt angeführt, die 1943 als Verkäufer aufgetreten wäre, wobei Gurlitt 1951 den Ankauf des Bildes von der Galerie Römer bestätigte.[238] Der Kauf des Bild wurde nach vorliegender Korrespondenz 1943 allerdings direkt zwischen der Galerie Römer und dem „Sonderstab Linz" abgewickelt,[239] die Rolle Gurlitts geht daraus nicht hervor. In einer weiteren Anmerkung auf der „Property Card" heißt es, Frau Gertrud Römer könne wegen Verlusts ihrer Geschäftspapiere keine weiteren Auskünfte mehr geben.[240] Es ist somit nicht bekannt, von wem die Kunsthandlung Römer das Bild unmittelbar erworben hatte.

Im Zuge einer durchgeführten Schätzung der in Linz befindlichen Bilder wurde vom Denkmalamt Linz 1951 – offenbar in Unkenntnis der von den amerikanischen Stellen bereits recherchierten Herkunftshinweise – ebenfalls der Versuch unternommen, Hinweise auf den ehemaligen Besitz der deponierten Bilder zu finden. Es wurden dabei für vier Bilder Informationen angegeben, unter anderem für das Bild von Ferdinand von Rayski, die sich in diesem Fall auf einen Ausstellungskatalog bezogen. In dem Dokument von 1951 heißt es: „Dieses Bild ist abgebildet im Katalog bei Maräuschlein Walter, Ferdinand von Rayski, 1943, Tafel 115 und beschrieben ebda S. 219 unter Nr. 202, bezeichnet als ‚Kesseltreiben'. Tafel 115. Zwischen 1848/50 als Wandschmuck des Eremitoriums von Schloß Bieberstein gemalt. Bes. Galerie Roemer, Berlin."[241] Diese Angabe bestätigt somit das Besitzverhältnis Galerie Römer.

Die bekannten Fakten zur Geschichte des Bildes verweisen auf keine Umstände, wonach das Bild Gegenstand eines unrechtmäßigen Entzugs gewesen sein könnte, aufgrund der vorhandenen Lücken in der Provenienz kann eine letztgültige Aussage bezüglich eines möglichen Raubkunstverdachts aber nicht gegeben werden.

---

[238] BDA Wien, Restitutionsmaterialien, Karton 12, Mappe 1: Property Card Rayski, Treibjagd im Winter.
[239] BAK, B 323, Sch. 141: Paul Roemer an Hermann Voss (Brief vom 21.9.1943).
[240] BDA Wien, Restitutionsmaterialien, Karton 12, Mappe 1: Property Card Rayski, Treibjagd im Winter.
[241] BDA Wien, Restitutionsmaterialien, Karton 16, Mappe 20: Landeskonservatorat Linz an BDA Wien (Brief vom 1.6.1951), Anlage Schätzung der vom Landesmuseum Linz verwahrten Gemälde.

**4. Unbekannter Meister (auch: Art des Palma Giovane; Venezianisch): Ungedeutete Szene (auch: Feldherr vor einem Dogen; Zeremonienszene – Der Doge ernennt einen Feldherrn), Venedig, Anfang 17. Jh., Öl auf Lwd, 160:220, Inventarnummer OÖLM G 1633, Kremsmünster-Nummer K 1711, München-Führerbau-Nummer („Linz-Nummer") 2312**

Laut Angaben auf der „Property Card" der „Collecting Point"-Verwaltung wurde das Bild 1941 über Vermittlung von Prinz Philipp von Hessen aus italienischem Privatbesitz erworben. Verkäufer soll ein Conte Robilant gewesen sein.[242]

Prinz Philipp von Hessen, der mit der Tochter des letzten italienischen Königs, Prinzessin Mafalda von Savoyen, verheiratet war, verfügte durch diese Verbindung über beste Kontakte zum italienischen Adel. Bis er im Jahr 1943 bei Hitler in „Ungnade" gefallen und in Südtirol unter Hausarrest gestellt wurde, war er als Kontaktperson und Vermittler von Kunstankäufen für den „Sonderauftrag Linz" in Italien tätig. Die vorhandene Korrespondenz mit dem Conte Robilant belegt einen Verkauf von neun Gemälden von Sebastian Ricci.[243] Die Korrespondenz verweist auf einen freiwilligen Verkauf. In einem Schreiben des italienischen Kulturministeriums wird als Verkaufsgrund angeführt: „In order to provide for the continual need of further capital and to increase his film production, Count Andrea di Robilant, Administrator of the film Company ‚Sol', agreed last April to sell 9 paintings by Sebastiano Ricci to the Prince of Hesse, envoy of the Führer. The latter were formerly in his palace in Venice but were subsequently transferred to Rome."[244] Das fragliche Bild wurde aber weder im Schreiben des Conte Robilant noch im Schreiben des Kultusministeriums angeführt. In einer Notiz in den amerikanischen Unterlagen zum Verkauf der Ricci-Bilder durch Robilant an Philipp von Hessen heißt es ergänzend: „The Doges Scene by a Venetian Master was purchased on the same day by Prince Philip of Hesse".[245] Tatsächlich findet sich auf einer Abrechnung des

---

[242] BDA Wien, Restitutionsmaterialien, Karton 12, Mappe 1: Property Card Venezianisch, 17. Jh.

[243] BDA Wien, Restitutionsmaterialien, Karton 12, Mappe 1: Property Card Venezianisch, 17. Jh., Beilagen: Conte Robilant an Prinz Philipp von Hessen (Brief vom 12.5.1941 im italienischen Original), Schreiben des italienischen Kulturministeriums, Rom 8.10.1941 (englische Übersetzung).

[244] BDA Wien, Restitutionsmaterialien, Karton 12, Mappe 1: Property Card Venezianisch, 17. Jh., Beilage Schreiben des italienischen Kulturministeriums, Rom 8.10.1941.

[245] BDA Wien, Restitutionsmaterialien, Karton 12, Mappe 1: Beilagen zu Property Card Venezianisch, 17. Jh. Den Unterlagen ist ein Zettel hinzugefügt, auf dem vermerkt ist: „Documents relating to the purchase and export of nine paintings by Sebastian Ricci. The Doges Scene by a Venetian Master was purchased on the same day by Prince Philip of Hesse ... and exported without declaration to Italians."

Sonderkontos bei der Deutschen Botschaft in Rom in einer Auflistung von Bilderankäufen die Position „9 Deckengemälde von S. Ricci" und „Dogenszene, Venezianisch" als Ankauf am selben Tag (27. Juni 1941) mit der Herkunftsadresse der Villa von Philipp von Hessen.[246] Offenbar wurde daraus geschlossen, dass beide Positionen dieselbe Herkunft haben. Auf der „Property Card" des Bildes der Dogenszene ist demnach Conte Robilant als Verkäufer des Bildes angegeben.

Eine Herkunft des Bildes aus Italien durch einen Ankauf über Prinz Philipp von Hessen ist damit klar belegt. Ob allerdings – wie in den amerikanischen Unterlagen – tatsächlich Conte Andrea Robilant aus Venedig/Rom als ursprünglicher Besitzer anzunehmen ist, scheint nach vorliegenden Unterlagen nicht klar belegt. Sollte die Zuordnung stimmen, ist für den Fall des Verkaufs durch Robilant kein Hinweis auf einen zwangsweisen Verkauf oder eine Enteignung gegeben. Sollte die Zuordnung nicht stimmen, sind Verkäufer und Umstände des Verkaufs des Bildes nicht näher bekannt.

## 5. August Galimard (1813–1880): Leda mit dem Schwan, Öl auf Lwd, 134:202, Inventarnummer OÖLM G 1635, Kremsmünster-Nummer K 634, München-Führerbau-Nummer („Linz-Nummer") 457

Das Bild von August Galimard ist eines jener Gemälde aus dem fraglichen Bestand, zu dem keine Ankaufsdokumente vorliegen. Auf der „Property Card" wurde vermerkt, dass laut Künstlerlexikon Thieme-Becker Galimards „Leda mit dem Schwan" 1855 von Napoleon III erworben worden war und dieser es dem König von Württemberg schenkte.[247] Diese Angabe passt zu den Erkenntnissen, die sich aus der Untersuchung der Rückseite ergeben hat, an der sich ein Hinweis auf das „Wilhelma-Inventar" der Württembergischen Gemäldesammlung befindet.[248] Darauf hatte auch schon das oberösterreichische Denkmalamt 1951 in einer Mitteilung an das Bundesdenkmalamt verwiesen.[249] Der Verweis auf das „Wilhelma-Inventar" ist ein

---

[246] BDA Wien, Restitutionsmaterialien, Karton 12, Mappe 1: Property Card Venezianisch, 17. Jh, Beilage Abrechnung des Sonderkontos bei der Deutschen Botschaft in Rom.

[247] BDA Wien, Restitutionsmaterialien, Karton 12, Mappe 1: Property Card Galimard, Leda mit dem Schwan; Vgl. Allgemeines Lexikon der bildenden Künstler von der Antike bis zur Gegenwart XIII, begründet von Ulrich Thieme und Felix Becker. Hg. von Ulrich Thieme (Leipzig 1920) 97f.

[248] Vgl. die Darstellung der Rückseitendokumentation an späterer Stelle.

[249] BDA Wien, Restitutionsmaterialien, Karton 16, Mappe 20: Landeskonservatorat Linz an BDA Wien (Brief vom 1.6.1951), Anlage Schätzung der vom Landesmuseum Linz verwahrten Gemälde.

klarer Beleg, dass sich das Bild in Württemberg-Besitz befunden hatte.[250] Im Zuge des Forschungsprojekts wurde daher eine Anfrage an das Archiv des Hauses Württemberg gestellt.[251] Es konnte aber auch auf diesem Weg nicht ermittelt werden, bis wann sich das Gemälde in Württemberg-Besitz befand bzw. ob es direkt von Württemberg an NS-Stellen überging. Laut Auskunft des Archivars des Hauses Württemberg wurden Teile der Württembergschen Kunstsammlung in einer großen Auktion 1919–1921 in Stuttgart versteigert. Es erscheint denkbar, dass sich darunter auch das fragliche Bild befand.[252]

Die Provenienz des Bildes „Leda mit dem Schwan" bleibt damit lückenhaft. Es ist davon auszugehen, dass es ab 1857 in Württembergschen Besitz war, es konnte aber nicht eruiert werden, wie lange es sich dort befand. Sollte das Bild tatsächlich in der Württemberg-Auktion versteigert worden sein, verlieren sich dort die Spuren. Es bleibt auch unklar, wie es in den Besitz von NS-Stellen, bzw. möglicherweise zum Stab des „Sonderauftrag Linz" gelangte. Ein Raubkunst-Verdacht kann unter diesen Umständen nicht ausgeschlossen werden, wenngleich keinerlei Indizien vorliegen.

## 6. August Fink: Winterlandschaft mit Weiden (auch: Spätherbstabend, Buchen am Teichrand), Öl auf Lwd, 134:202, Inventarnummer OÖLM G 1636, Kremsmünster-Nummer K 55, München-Führerbau-Nummer („Linz-Nummer") 889

Das Gemälde von August Fink ist gemeinsam mit anderen Gemälden über Vermittlung von Martin Bormann im Jahr 1940 aus dem Bestand der Bayerischen Staatsgemäldesammlung erworben worden.[253] Gemäß eines Schreibens von Reichsminister Lammers an Martin Bormann wurden der Staatsgemäldesammlung dafür RM 5.000 bezahlt.[254]

Wenngleich die Bayerische Staatsgemäldesammlung einen von Adolf Hitler gewünschten Verkauf von Gemälden aus ihren Beständen wohl kaum ab-

---

[250] Vgl. telefonische Auskunft Eberhard Fritz, Archiv des Hauses Württemberg, Schloss Altshausen, 19.5.2004.
[251] Schreiben der Verfasserin an das Archiv des Hauses Württemberg, 12.3.2004.
[252] Telefonische Auskunft Eberhard Fritz, Archiv des Hauses Württemberg, Schloss Altshausen, 11.5.2004.
[253] BDA Wien, Restitutionsmaterialien, Karton 12, Mappe 1: Property Card Fink, Spätherbstabend; BAK, B 323, Sch. 79 (Dresdener Katalog Bd. 2): Nr. 889.
[254] BDA Wien, Restitutionsmaterialien, Karton 12, Mappe 1: Property Card Fink, Spätherbstabend, Beilage Lammers an Bormann (Brief vom 23.3.1940).

lehnen konnte, kann in diesem Fall dennoch von einem legalen Erwerb des Gemäldes gesprochen werden. Eine unrechtmäßige Herkunft ist damit auszuschließen.
Nach Bekanntwerden der Provenienz des Bildes im Zuge des vorliegenden Forschungsprojekts wurde vom Oberösterreichischen Landesmuseum diesbezüglich mit der Bayerischen Staatsgemäldesammlung Kontakt aufgenommen, die mitteilte, das Bild wäre 1940 rechtmäßig verkauft worden und die Bayerische Staatsgemäldesammlung erhebe somit keinen Anspruch.[255]

## 7. Eduard Schulz-Briesen: Bauernrauferei im Wirtshaus, 1879, Öl auf Lwd, 218:136,5, Inventarnummer OÖLM G 1637, Kremsmünster-Nummer K 54, München-Führerbau-Nummer („Linz-Nummer") 1140

Das Gemälde wurde am 6. November 1940 von der Galerie Maria Almas Dietrich, München, und Heinrich Hoffmann, München, erworben.[256] Diese Information bezieht sich auf eine Auflistung sämtlicher Ankäufe der Galerie Almas-Dietrich.[257] Verkaufsunterlagen liegen keine vor, ebensowenig Informationen über VorbesitzerInnen. Die Münchner Kunsthändlerin Maria Almas-Dietrich stand in einem intensiven Geschäftskontakt zu Adolf Hitler, von dem sie finanziell stark profitierte.[258] Wie viele andere deutsche Kunsthändler tätigte auch Maria Dietrich zahlreiche Kunsteinkäufe zwischen 1938 und 1945 in Wien, in einer eidesstattlichen Erklärung betonte sie 1949 den stets freiwilligen Charakter der in Wien abgeschlossenen Geschäfte.[259] Eine in ihrem Ursprung unrechtmäßige Herkunft von über Dietrich angekauften Bildern kann dennoch keineswegs ausgeschlossen werden.
Da der Ankauf des Bildes nicht mit Dokumenten belegt ist und auch nichts über die Vorgeschichte des Bildes bekannt ist, lässt sich eine mögliche unrechtmäßige Herkunft des Bildes somit nicht ausschließen, wenngleich dafür keine Hinweise vorliegen.

---

[255] Vgl. Auskunft Direktor Dr. Peter Assmann (OÖLM).

[256] BAK, B 323, Sch. 80 (Dresdener Katalog Bd. 3): Nr. 1140.

[257] CIR 4 (Linz museum), Attachment 44.

[258] Vor ihrer Geschäftsbeziehung zu Adolf Hitler betrug Dietrichs Jahreseinkommen im Jahr 1937 RM 47.000, im Jahr 1938 waren es bereits RM 483.000. Maria Dietrich soll in den Jahren zwischen 1940 und 1944 einen Gewinn von RM 616.470 aus Linz-Ankäufen gemacht haben. Vgl. CIR 4 (Linz museum), 49.

[259] BAK, B 323, Sch. 331: Maria Dietrich: Eidesstattliche Erklärung, München 6.5.1949.

## 8. Gerard de Lairesse (1641–1711): Anbetung der Könige, Öl auf Lwd, 137:189, Inventarnummer OÖLM G 1638, Kremsmünster-Nummer K 1716, München-Führerbau-Nummer („Linz-Nummer") 2587

Das Bild von Gerard de Lairesse wurde am 11. Juli 1942 über die Kunsthandlung Paul Rusch in Dresden für RM 20.000 erworben.[260]
Über die Vorgeschichte des Bildes vor dem Verkauf durch Paul Rusch 1942 gibt es keine belegbare Information, lediglich die Angabe, dass es aus Bremer Privatbesitz stamme. Im Fall dieses Bildes brachte auch die Rückseitenanalyse eine interessante Information: Auf der Rückseite des Bildes befinden sich kyrillische Buchstaben, die auf eine Unterbringung des Bildes in russischsprachigem Kontext schließen lassen.[261] Aus allen anderen vorliegenden Unterlagen gibt es keinen Hinweis auf eine solche Provenienz, es kann sich natürlich um eine sehr viel früher liegende Provenienzstation handeln und muss daher nicht im Widerspruch zur oben angeführten Bremer Herkunft stehen.
Eine unrechtmäßige Herkunft erscheint daher zwar nicht wahrscheinlich, kann aber auf Basis der vorliegenden Informationen auch nicht ausgeschlossen werden.

## 9. Otto von Kameke (1826–1899): Landschaft bei Chamonix (auch: Alpenlandschaft mit Dorf im Vordergrund), signiert und datiert 1874, Öl auf Lwd, 137:189, Inventarnummer OÖLM G 1639, Kremsmünster-Nummer K 1115, München-Führerbau-Nummer („Linz-Nummer") 1995

Das Bild „Landschaft bei Chamonix" wurde wie das Bild „Hochzeitszug im Gebirge" (vgl. Darstellung weiter oben) über Vermittlung von Gerdy Troost angekauft.[262] Am 3. Jänner 1942 wurde es von der Kunst- und Antiquitätenhändlerin Karoline Anny Lang um RM 26.000 erworben. Die Rechnung ist ausgestellt an den „Führer und Reichskanzler Adolf Hitler".[263] Für mehrere Ankäufe, die über Karoline Lang getätigt wurden, liegen Auskünfte bezüg-

---

[260] BDA Wien, Restitutionsmaterialien, Karton 12, Mappe 1: Property Card Lairesse, Anbetung der Könige; BAK, B 323, Sch. 83 (Dresdener Katalog Bd. 6): Nr. 2587.

[261] Vgl. die Darstellung der Rückseitendokumentation des Bildes an späterer Stelle.

[262] BAK, B 323, Sch. 81 (Dresdener Katalog Bd. 4): Nr. 1995; BAK, B 323, Sch. 162: Angebot Karoline Anny Lang, München 5.11.1941.

[263] BAK, B 323, Sch. 162: Rechnung Antiquitäten Karoline Anny Lang, ausgestellt an den „Führer und Reichskanzler Adolf Hitler", München 3.1.1942.

lich ihrer Herkunft vor, in allen Fällen waren dabei die Bilder von Privatpersonen erworben worden.[264] Für das fragliche Bild liegen allerdings keine Auskünfte über eventuelle Vorbesitzer vor. Eine eventuell unrechtmäßige Herkunft kann daher nicht gänzlich ausgeschlossen werden, wenngleich keine Hinweise dafür vorliegen.

## 10. Philipp Peter Roos: Hirte mit Herde, Öl auf Lwd, 142:206, Inventarnummer G 1644, keine Kremsmünster-Nummer, München-Führerbau-Nummer („Linz-Nummer") 3090

Das Bild wurde von Hermann Voss, dem „Sonderbeauftragten für Linz", am 6. September 1943 aus dem Berliner Kunsthandel, konkret von der Kunsthandlung C. F. Ernst Schmidt, für RM 15.000 erworben.[265]
Der Kunsthändler Schmidt stand in engem Kontakt mit dem „Sonderauftrag Linz". Er war wie viele deutsche Kunsthändler auch häufig in Wien und erwarb immer wieder Gemälde im Wiener Dorotheum. Auf der Rechnung Schmidts für das Roos-Bild findet sich noch der Hinweis, dass das Bild ursprünglich aus der Sammlung Schloss Klessheim bei Salzburg aus dem Besitz von Erzherzog Ludwig Victor stammt.[266] Die Kunstsammlung von Ludwig Victor, des Bruders von Kaiser Franz Joseph, wurde nach Ludwig Victors Tod und dem Verkauf Klessheims durch dessen Erben 1921 am Wiener Dorotheum versteigert. Es ist unbekannt, wann und von wem C. F. Ernst Schmidt das Gemälde erworben hatte. Über die Besitzverhältnisse des Bildes zwischen 1921 und 1943 ist somit nichts bekannt, eine möglicherweise unrechtmäßige Herkunft des Bildes kann nicht ausgeschlossen werden.[267]

---

[264] Vgl. BAK, B 323, Sch. 332: Undatierte Liste: Ankäufe von K.A. Lang. In einem Fall ist ein Vorbesitzer angeführt, der nach „Chile ausgewandert" wäre.

[265] BAK, B 323, Sch. 83 (Dresdener Katalog Bd. 6): Nr. 3090; BAK, B 323, Sch. 142: Rechnung C.F. Ernst Schmidt an den Sonderbeauftragten für Linz, Berlin 6.9.1943.

[266] Vgl. BAK, B 323-83 (Dresdener Katalog Bd. 6), Nr. 3090; BAK, B 323-142, Rechnung C.F. Ernst Schmidt an den Sonderbeauftragten für Linz, Berlin 6.9.1943.

[267] Im Zuge der Untersuchungen zu diesem Bild gab es eine Erbenanfrage, die speziell geprüft wurde. Nach eingehender Untersuchung musste festgestellt werden, dass das gesuchte Bild aufgrund verschiedener Indizien nicht mit dem im Landesmuseum befindlichen ident sein kann. Im Kontext dieser Überprüfungen wurden auch Versteigerungsdaten des Dorotheums untersucht, die mögliche aber nicht letztgültig verifizierbare Informationen zu Philipp-Peter-Roos Gemälden des Sujets brachten. Vgl. dazu Michael John, Stellungnahme zur Frage der eventuellen Übergabe des Bildes „Philipp Peter Roos, Hirte mit Herde, Inventarnummer G 1644" aus dem Oberösterreichischen Landesmuseum, unveröff. masch. Bericht (Linz 2005) sowie Birgit Kirchmayr, Überprüfung der möglichen Übereinstimmung des Bildes „Philipp Peter Roos, Herde" aus dem Besitz der Familie Kantor und dem Bild „Philipp

## 11. Claes Molenaer (1630-1676), Winterlandschaft (auch: Große Ansicht von Haarlem im Winter), Öl auf Lwd, 141:220, Inventarnummer OÖLM G 1645, Kremsmünster-Nummer K 1710, München-Führerbau-Nummer („Linz-Nummer") 2597

Das Bild wurde im Rahmen des „Sonderauftrags Linz" am 7. Oktober 1942 aus dem holländischen Kunsthandel, von der Kunsthandlung Bier in Haarlem, für 21.000 Holländische Gulden erworben.[268]
Hans Posse war von Erhard Goepel auf dieses Bild hingewiesen worden.[269] Goepel agierte für Posse als Einkäufer in den besetzten Niederlanden und verfügte über den Titel „Referent für Sonderfragen".[270] Prinzipiell wurden vor allem in der Amtsperiode Hans Posses zahlreiche Erwerbungen für den „Sonderauftrag Linz" in Holland getätigt, der „Sonderauftrag" verfügte über ein eigenes Devisenkonto in Den Haag. Mit dem Kunsthändler Bier stand Hans Posse auch bezüglich anderer Angebote 1942 in direktem Kontakt.[271]
Über eventuelle Vorbesitzer ist im Fall dieses Verkaufs nichts bekannt, eine im Ursprung unrechtmäßige Herkunft kann daher nicht ausgeschlossen werden, wenngleich keine Hinweise dafür vorliegen.

---

Peter Roos, Herde mit Hirt" (G 1644) im Oberösterreichischen Landesmuseum, unveröff. masch. Bericht (Linz 2005).

[268] BDA Wien, Restitutionsmaterialien, Karton 12, Mappe 1: Property Card Molenaer, Ansicht von Haarlem; Beilage zu Property Card: Quittung über Überweisung 21.000 Holländische Gulden an Kunsthandlung Bier am 7.10.1942; BAK, B 323, Sch. 83 (Dresdener Katalog Bd. 6): Nr. 2597.

[269] BDA Wien, Restitutionsmaterialien, Karton 12, Mappe 1: Property Card Molenaer, Ansicht von Haarlem; Beilage zu Property Card: Korrespondenz Goepel-Posse.

[270] Vgl. CIR 4 (Linz museum) 45f.

[271] BAK, B 323, Sch. 144: Nr. 139/140, Bier an Posse (Brief vom 17.1.1942); Posse an Bier (Brief vom 30.1.42).

## 12. Robert Kummer, Gebirge (auch: Cintra-Gebirge; Portugiesische Landschaft; Blick auf Lissabon), Öl auf Lwd, 236:152, Inventarnummer OÖLM G 1648 (ehem. G 1295), Kremsmünster-Nummer K 1229, München-Führerbau-Nummer („Linz-Nummer") 2574

Wie die Bilder „Landschaft bei Chamonix" und „Hochzeitszug im Gebirge" (Vgl. Darstellungen weiter oben) wurde auch Robert Kummers „Gebirge" über Vermittlung von Gerdy Troost angekauft. Es wurde am 5. Jänner 1943 bei der Münchner Kunsthandlung Arnold, Inhaber Ludwig Gutbier, erworben.[272]

Der Ankauf über die Galerie Arnold ist durch vorliegende Dokumente klar bestätigt, 1951 konnte zudem auch auf der Rückseite des Bildes noch ein Schild ermittelt werden, auf dem „Galerie Ernst Arnold, Inhaber L.W. Gutbier, München Ludwigstr. 17b" zu lesen war.[273]

Bezüglich der Vorbesitzer erscheint die Situation unklarer: Aus einem Brief Ludwig Gutbiers an Gerdy Troost geht hervor, dass sich das Bild zum Zeitpunkt der Anbotstellung durch Gutbier im Rheinland befand, es noch nicht in Gutbiers Besitz war und Gutbier das Bild nicht selbst gesehen hatte.[274]

Anders die Aussage von Frau Gutbier gegenüber der „Collecting Point"-Verwaltung im Jahr 1951: Frau Gutbier sagte aus, das Bild stamme von der Dresdener Galerie Meusel und wäre von dieser schon vor dem Ersten Weltkrieg erworben worden. Über die Besitzverhältnisse des Bildes vor dem Verkauf durch Ludwig Gutbier gibt es somit widersprüchliche Hinweise, eine eventuell unrechtmäßige Herkunft kann nicht ausgeschlossen werden, wenngleich keine Hinweise dafür vorliegen.

---

[272] BDA Wien, Restitutionsmaterialien, Karton 12, Mappe 1: Property Card Kummer, Portugiesische Landschaft; BAK, B 323, Sch. 83 (Dresdener Katalog Bd. 6): Nr. 2574.

[273] BDA Wien, Restitutionsmaterialien, Karton 16, Mappe 20: 898/51-Dr.K/E Landeskonservatorat Linz an BDA Wien (Brief vom 1.6.1951), Anlage Schätzung der vom Landesmuseum Linz verwahrten Gemälde. Anm.: Dieses Schild konnte bei der gegenwärtigen Rückseitenuntersuchung nicht mehr identifiziert werden, es befindet sich aber noch der Rest eines Zettels am Keilrahmen, bei dem es sich möglicherweise darum gehandelt haben könnte. Vgl. die Darstellung der Rückseitendokumentation an späterer Stelle.

[274] BAK, B 323, Sch. 162: Ludwig Gutbier an Gerdy Troost (Brief vom 1.7.1942).

**13. Carlo Cignani (1628-1719): Das Urteil des Paris, Öl auf Lwd, 135:193,5, Inventarnummer OÖLM G 1680, Kremsmünster-Nummer K 1543, München-Führerbau-Nummer („Linz-Nummer") 2875**

Das Bild stammt aus der Privatsammlung Heinrich Scheuffelen, Stuttgart. Gemeinsam mit sieben anderen Bildern wurde es am 6. April 1943 um RM 25.000 an den „Sonderbeauftragten für Linz", Hermann Voss, verkauft.[275] Die vorhandene Korrespondenz rund um den Verkauf verweist auf einen freundschaftlich-höflichen Kontakt zwischen Scheuffelen und Voss. Scheuffelen schrieb am 13. April 1943 bezüglich der von ihm verkauften Bilder an Voss, dass es für ihn „eine Beruhigung (ist), dass dieselben in festen Besitz und in ein Museum von so weittragender Bedeutung wie in Linz kommen".[276] Es ist nicht bekannt, seit wann sich das Bild Cignanis in Scheuffelens Besitz befand, 1938 schien es jedenfalls bereits in einer Scheuffelen-Ausstellung auf.[277] Eine unrechtmäßige Herkunft des Bildes kann damit weitgehend ausgeschlossen werden.

**14. Friedrich Gauermann (1807-1862), Landschaft mit Kühen (auch: Hirten und Vieh unter Eichen an einem Gebirgsbach), signiert und datiert 1825, Öl auf Lwd, 132:189, Inventarnummer OÖLM G 1682, Kremsmünster-Nummer K 656, München-Führerbau-Nummer („Linz-Nummer") 544**

Zu diesem Bild lagen keinerlei Dokumente bezüglich seines Erwerbs vor. In einer Provenienzauflistung der fraglichen Bilder des Bundesdenkmalamts Wien aus den 1950er Jahren war zu diesem Bild lediglich vermerkt: „1938 erworben".[278]
Eine Anfrage beim Wiener Dorotheum im Zuge des vorliegenden Forschungsprojekts ergab, dass das Bild im Jahr 1939 am Wiener Dorotheum

---

[275] BDA Wien, Restitutionsmaterialien, Karton 12, Mappe 1: Property Card Cignani, Das Urteil des Paris; BAK, B 323, Sch. 83 (Dresdener Katalog Bd. 6): Nr. 2875; BAK, B 323, Sch. 141: Nr. 477, 487, 502, 503, Korrespondenz Voss-Scheuffelen.

[276] BAK, B 323, Sch. 141: Nr. 502, Heinrich Scheuffelen an Hermann Voss (Brief vom 13.4.1943).

[277] Vgl. BAK, B 323, Sch. 83 ( Dresdener Katalog Bd. 6): Nr. 2875. Darin findet sich die Anmerkung, das Bild wäre 1938 mit der Katalognummer 15 in Wiesbaden ausgestellt gewesen. Auch in der Korrespondenz Voss-Scheuffelen wird darauf Bezug genommen, alle erworbenen Bilder sind mit Katalognummern der Wiesbadener Ausstellung angeführt.

[278] BDA Wien, Restitutionsmaterialien, Karton 16, Mappe 9: ohne Zl., Memorandum über die in Linz befindlichen Bilder, undatiert (vermutlich 1951), unsigniert.

versteigert worden war (144. Große Auktion Juli 1939, Nr. 704 im Nachtrag zur Auktion). Einbringer und Käufer ließen sich nicht mehr ermitteln.[279] Angeführt werden soll noch ein möglicherweise interessantes Detail: Auch das Bild mit der angrenzenden „Linz-Nummer" 543 ist ein Gauermann, der vom Wiener Dorotheum erworben wurde. Für diesen Fall ist der Einbringer bekannt.[280] Es ließ sich anhand der vorhandenen Unterlagen aber nicht ermitteln, ob die beiden Gauermann-Bilder bei derselben Auktion versteigert wurden und vom selben Einbringer stammten.
Neben diesem vagen Verdacht konnten keinerlei Informationen zur Vorgeschichte dieses Bildes gewonnen werden, ein Raubkunstverdacht ist damit nicht auszuschließen.

**15. Ludwig Hofelich (1842-1905): Landschaft bei Bernried am Wurmsee (auch: Große Waldlandschaft", Öl auf Lwd, signiert, 260:176, Inventarnummer OÖLM G 1628, Kremsmünster-Nummer K 655, München-Führerbau-Nummer („Linz-Nummer") 712**

Auch zu diesem Bild konnten keinerlei Ankaufsdokumente gefunden werden. In einer Provenienzauflistung des Bundesdenkmalamts ist wie im Fall des oben dargestellten Bildes von Gauermann lediglich 1938 als Erwerbsjahr angeführt.[281]
Es konnten sonst keinerlei Informationen ermittelt werden, ein Raubkunstverdacht ist demnach nicht auszuschließen.

**16. Philipp Peter Roos-Nachfolger (Unbekannter Meister): Reitender Schäferknabe, Öl auf Lwd, 268:325, Inventarnummer OÖLM G 1683**

Zu diesem Bild konnten keinerlei Unterlagen gefunden werden. Eine Durchsicht des „Dresdener Katalogs" ergab, dass sich darin ein Bild befindet, das sowohl vom Sujet als auch Maß auf das betreffende Bild passen könnte, nämlich Henry de Roos, Tierstück, 263:320. Dieses Bild wurde über Vermittlung des Kunsthändlers Kurt Köster von der Kunsthandlung

---

[279] Vgl. Auskunft Dr. Felicitas Kunth, Dorotheum Wien, Email an die Verfasserin am 24.5.2004.

[280] Vgl. BAK, B 323, Sch. 331, Dorotheum Wien an Bayerische Staatsgemäldesammlung (Brief vom 1.12.1950).

[281] BDA Wien, Restitutionsmaterialien, Karton 16, Mappe 9: ohne Zl., Memorandum über die in Linz befindlichen Bilder, undatiert (vermutlich 1951), unsigniert.

Plober an den Referenten für den „Sonderauftrag Linz" am 29. Juli 1943 um RM 38.500 verkauft.[282] Ob es sich bei dem betreffenden Bild allerdings tatsächlich um das fragliche Bild aus dem Bestand des Oberösterreichischen Landesmuseums handelt, konnte nicht einwandfrei verifiziert werden.
Es fehlen für dieses Bild daher verlässliche Angaben zu seiner Herkunft, ein Raubkunstverdacht ist damit nicht auszuschließen.

**17. Melchior d'Hondecoeter (auch: Jordaens/Utrecht): Knabe im Hühnerhof (auch: Habichte im Hühnerstall), Öl auf Lwd, 189:249, Inventarnummer OÖLM G 1681**

Das Bild „Knabe im Hühnerhof" gehörte ursprünglich zu jenen Bildern, über die keinerlei Erkenntnisse vorlagen. In den amerikanischen Dokumenten scheint es nicht auf, eine „Property Card" lag nicht vor. Dank der Kooperation mit der Provenienzforschungskommission des Bundesdenkmalamts Wien konnte aber im Lauf des Jahres 2003 für dieses Bild als bisher einziges die ehemalige Besitzerin gefunden und die Provenienz des Bildes genau ermittelt werden. Das Bild wurde daraufhin im Juni 2003 an die Besitzerin restituiert.
Die Geschichte des Bildes wird an späterer Stelle eigens ausführlich dargestellt, hier nur kurz die Eckdaten der Provenienz des Bildes: Das Bild wurde 1910 vom Kaufmann Julius Neumann in Wien aus der Sammlung des Baron Tucher angekauft. 1942 war es als „beschlagnahmtes Umzugsgut" aus dem Besitz der Familie Neumann von der Verwaltungsstelle für jüdisches Umzugsgut (VUGESTA) im Wiener Dorotheum eingebracht und von einem Wiener Kunsthändler namens Löscher gekauft worden. Dieser verkaufte es wiederum an einen deutschen Kunsthändler. Dabei muss es sich um C. F. Ernst Schmidt gehandelt haben, der das Bild am 26. Februar 1944 dem Sonderbeauftragten für Linz um RM 180.000 (!) anbot, der Kauf wurde am 16. März 1944 bestätigt.[283]

---

[282] BAK, B 323, Sch. 87 (Dresdener Katalog Bd. 10): ohne Nr.; BAK, B 323, Sch. 137: Nr. 427-431, Korrespondenz Gottfried Reimer-Kurt Köster.

[283] BAK, B 323, Sch. 142: Nr. 656, 658, Korrespondenz C.F. Schmidt-Hermann Voss.

## 18. Bildnis Kaiser Franz Joseph, Öl auf Lwd, 175:95, Inventarnummer OÖLM G 1626

Wie bereits eingangs erwähnt, kann für dieses Bild mit an Sicherheit grenzender Wahrscheinlichkeit ausgeschlossen werden, dass es zum fraglichen „Collecting-Point"-Bestand des Landesmuseums gehört. Wahrscheinlicher ist, dass es durch einen Irrtum in der Inventarisierung dem „Collecting Point" zugeschrieben wurde.[284] Es ergab sich im Zuge der Forschungsarbeit keinerlei Hinweis, dass dieses Bild in Zusammenhang mit NS-Ankäufen und späteren Zuweisungen in das Landesmuseum steht. Bestätigt wurde der Befund der irrtümlichen Zuordnung nicht zuletzt auch durch die Rückseitenanalyse.[285]

---

[284] Vgl. Auskunft Dr. Gertrude Wied, 9.5.2003.

[285] Vgl. die Darstellung der Rückseitendokumentation an späterer Stelle.

## Tabelle:
## Der Bestand von „Collecting Point"-Gemälden:
## Ergebnisse der Provenienzuntersuchung

| | Inventar-Nummern<br>• Landesmuseum<br>• Depot Kremsmünster („K-Nr.")<br>• Depot München (auch: „Linz-Nr.") | Künstler/<br>Bildbeschreibung/<br>Bildgröße | Recherchierte Angaben zur Provenienz | Verdacht auf unrechtmäßige Herkunft |
|---|---|---|---|---|
| 1. | G 1624<br>K 56<br>813 | EDUARD YOUNG<br>(1823–1882)<br>Hochzeitszug im Gebirge,<br>1872,<br>Öl auf Lwd,<br>137x170 | Am 3.7.1939 von Kunsthändler Xaver Scheidwimmer, München über Vermittlung Gerdy Troost für RM 12.000 an Reichskanzlei verkauft.<br><br>Lt. Aussage des Kunsthändlers Scheidwimmer: „Scheidwimmer kaufte das Bild von Herrn Max Höher, München, Karlstraße, Vater des durch Luftangriff getöteten Restaurators Höher. Davor war das Bild in einer Norddeutschen, nicht näher bezeichneten Privatsammlung. Höher besass das Bild vor dem Ankauf durch Scheidwimmer schon lange. In der norddeutschen Sammlung befand sich das Bild nach Scheidwimmers Aussage Jahrzehnte." | Eher auszuschließen:<br><br>Provenienz bis Verkauf bekannt, kein Hinweis auf unrechtmäßigen Entzug. |

| | Inventar-Nummern<br>• Landes-museum<br>• Depot Kremsmünster („K-Nr.")<br>• Depot München (auch: „Linz-Nr.") | Künstler/ Bildbeschrei-bung/ Bildgröße | Recherchierte Angaben zur Provenienz | Verdacht auf unrecht-mäßige Herkunft |
|---|---|---|---|---|
| 2. | G 1625<br>K 630<br>3 | HANS MAKART (1840–1884)<br>Die Ernte (Bacchusfest; Triumph der Schönheit ?),<br>Öl auf Lwd,<br>130x320 | Widersprüchliche Angaben:<br>Lt. Property Card:<br>Erworben von Franz v. Studziinski 1937, verkauft 1938 an Reichskanzlei für RM 20.250<br><br>Auskunft Haberstock-Archiv 2004:<br>Von Haberstock erworben 1938 von Franziska Stud-zienskogo, Warschau um 19.000 Zloty (RM 8.935), verkauft an Reichskanzlei 1938 um RM 20.250<br>Bild in Geschäftsunterlagen Haberstock als „Triumph der Schönheit" bezeichnet, keine Maßangaben<br>Unklar, woher amerikanische Identifizierung des Bildes als „Die Ernte" | Eher auszuschließen, allerdings mit Vorbe-halt:<br><br>Provenienz bis Verkauf bekannt, kein Hinweis auf unrechtmäßigen Entzug, aber Unsicher-heit: Bild „Triumph der Schönheit" tatsächlich „Die Ernte"? |

| Inventar-Nummern • Landesmuseum • Depot Kremsmünster („K-Nr.") • Depot München (auch: „Linz-Nr.") | Künstler/ Bildbeschreibung/ Bildgröße | Recherchierte Angaben zur Provenienz | Verdacht auf unrechtmäßige Herkunft |
|---|---|---|---|
| 3. G 1627 K 1843 3030 | FERDINAND VON RAYSKI (1806-1890) Hasenjagd im Winter, Öl auf Lwd, 205x153 | Lt. Property Card: 1907 ausgestellt Dresden, Galerie Arnold Nr. 81 und Berlin, Galerie Schulte; 1923 Berlin, Kunsthandlung Hugo Perls (verkauft aus dem Besitz der Familie Schroeter); 11.12.1937 Versteigerung Weinmüller, München Kat.11, Nr. 170 (Einbringer Kunsthandlung Kühl, Dresden); Berlin Galerie Roemer; 21.9.1943 von dort für RM 40.000 erworben. Variante im „Dresdener Katalog": „Aus dem Besitz der Familie von Schroeter verkauft. 1922 im Besitze von Hugo Perls, Berlin. 1939 von der Kunsthandlung Kühl, Dresden, gekauft. Gurlitt bestätigt 1951 den Ankauf des Bildes von Galerie P. Römer." (Anm. Rechnung aber direkt von Römer an Voss, nicht über Gurlitt) | Eher auszuschließen, allerdings mit Vorbehalt: Provenienz vor Verkauf an „Sonderauftrag Linz" bekannt, allerdings teils widersprüchlich. |

Zuweisungen und Restitutionen enteigneter Kunst 277

| Inventar-Nummern • Landesmuseum • Depot Kremsmünster („K-Nr.") • Depot München (auch: „Linz-Nr.") | Künstler/ Bildbeschreibung/ Bildgröße | Recherchierte Angaben zur Provenienz | Verdacht auf unrechtmäßige Herkunft |
|---|---|---|---|
| 4. G 1633 K 1711 2312 | UNBEKANNTER MEISTER (ART DES PALMA GIOVANE; VENEZIANISCH) Ungedeutete Szene (Feldherr vor einem Dogen; Zeremonienszene), Venedig, Anfang 17. Jh., Öl auf Lwd, 160x220 | Lt. Property Card: 1941 erworben aus italienischem Privatbesitz (Conte Robilant) über Vermittlung Prinz Philipp von Hessen (Agent für Sonderauftrag Linz in Italien). Anm.: Offiziell wurden neun Gemälde von S. Ricci von Conte Robilant verkauft (freiwillig, wie aus Dokumenten hervorgeht). Das betreffende Bild kommt in den Unterlagen aber nicht vor. Von der CCP-Behörde wurde notiert: „The Doges Scene by a Venetian Master was purchased on the same day by Prince Philip of Hesse". Auf Property Card daher Conte Robilant als Verkäufer angegeben. Zuordnung erscheint auf Basis dieser Quellen aber nicht ausreichend belegt. | Eher auszuschließen, allerdings mit Vorbehalt: Dokumente Conte Robilant verweisen auf freiwilligen Verkauf, Conte Robilant scheint als Verkäufer aber nicht einwandfrei belegt. |

| Inventar-Nummern • Landesmuseum • Depot Kremsmünster („K-Nr.") • Depot München (auch: „Linz-Nr.") | Künstler/ Bildbeschreibung/ Bildgröße | Recherchierte Angaben zur Provenienz | Verdacht auf unrechtmäßige Herkunft |
|---|---|---|---|
| 5. G 1635 K 634 457 | AUGUST GALIMARD (1813-1880) Leda mit dem Schwan, Öl auf Lwd, 134x202 | Keine Angaben bekannt. Erworben vermutlich 1938. Lt. Künstlerlexikon Thieme-Becker: „Napoleon III erwarb das Gemälde 1855 und schenkte es dem König von Württemberg" Auf Rückseite des Bildes Hinweis „Wilhelma-Inventar-Nr. 756" – klarer Verweis auf Württembergbesitz Anfrage im Archiv des Hauses Württemberg 2004 ohne Ergebnis, allerdings Hinweis, dass große Teile der Württembergsammlungen 1919–1921 in Stuttgart versteigert wurden. | Nicht auszuschließen: Unbekannt, bis wann das Bild in Württemberg-Besitz war und von welchen Vorbesitzern und auf welchem Weg es in NS-Besitz gelangte |
| 6. G 1636 K 55 889 | AUGUST FINK Winterlandschaft mit Weiden (Spätherbstabend; Buchen am Teichrand), Öl auf Lwd, 134x202 | Am 23.3.1940 für RM 5.000 an Reichskanzlei Erworben von der Bayerischen Staatsgemäldesammlung | Auszuschließen: Herkunft aus Bayerischer Staatsgemäldesammlung belegt. |
| 7. G 1637 K 54 1140 | EDUARD SCHULZ-BRIESEN Bauernrauferei im Wirtshaus, 1879, Öl auf Lwd, 218x136,5 | Am 6.11.1940 von Galerie Maria Almas Dietrich, München und Heinrich Hoffmann, München erworben. | Nicht auszuschließen: Keine Angaben über Vorbesitzer vor Verkauf durch Kunsthandlung Almas |
| 8. G 1638 K 1716 2587 | GERARD DE LAIRESSE (1641-1711) Anbetung der Könige, Öl auf Lwd, 137x189 | Am 11.7.1942 von Kunsthandlung P. Rusch, Dresden für RM 20.000 erworben Lt. Property Card: früher Bremen, Privatbesitz | Nicht auszuschließen: Keine konkreten Angaben über Vorbesitz vor Verkauf durch Kunsthandlung Rusch. |

| | Inventar-Nummern<br>• Landesmuseum<br>• Depot Kremsmünster („K-Nr.")<br>• Depot München (auch: „Linz-Nr.") | Künstler/<br>Bildbeschreibung/<br>Bildgröße | Recherchierte Angaben zur Provenienz | Verdacht auf unrechtmäßige Herkunft |
|---|---|---|---|---|
| 9. | G 1639<br>K 115<br>1995 | OTTO VON KAMEKE (1826-1899)<br>Landschaft bei Chamonix, 1874, Öl auf Lwd, 137x189 | Am 3.1.1942 von Kunsthandlung Karoline Anny Lang, München über Vermittlung Gerdy Troost für RM 26.000 an Reichskanzlei | Nicht auszuschließen:<br>Keine Angaben über Vorbesitz vor Verkauf durch Kunsthandlung Lang. |
| 10. | G 1644<br>Keine K-Nr.<br>3090 | PHILIPP PETER ROOS<br>Hirte mit Herde, Öl auf Lwd, 142x206 | Am 6.9.1943 aus dem Berliner Kunsthandel (C.F.E. Schmidt) für RM 15.000 erworben.<br>früher Schloss Klessheim b. Salzburg, Erzherzog Ludwig Victor<br>(Anm.: Die Kunstsammlung von Ludwig Victor wurde nach dem Verkauf Klessheims durch Ludwigs Erben 1921 am Wiener Dorotheum versteigert.) | Nicht auszuschließen:<br>Besitzverhältnisse zwischen Versteigerung 1921 Sammlung Ludwig Victor und Verkauf 1943 durch Kunsthandlung Schmidt nicht bekannt. |
| 11. | G 1645<br>K 1710<br>2597 | CLAES MOLENAER (1630-1676)<br>Winterlandschaft (Große Ansicht von Haarlem im Winter), Öl auf Lwd, 141x220 | Am 7.10.1942 aus dem holländischen Kunsthandel (Kunsthandlung Bier, Haarlem) für 21.000 Holländische Gulden erworben. | Nicht auszuschließen:<br>Eventuelle Vorbesitzer unbekannt. |

| Inventar-Nummern<br>• Landesmuseum<br>• Depot Kremsmünster („K-Nr.")<br>• Depot München (auch: „Linz-Nr.") | Künstler/<br>Bildbeschreibung/<br>Bildgröße | Recherchierte Angaben zur Provenienz | Verdacht auf unrechtmäßige Herkunft |
|---|---|---|---|
| 12. G 1648 (ehem. G 1295)<br>K 1229<br>2574 | ROBERT KUMMER<br>Gebirge (Cintra-Gebirge; Portugiesische Landschaft; Blick auf Lissabon), Öl auf Lwd, 236x152 | Am 5.1.1943 gekauft über Vermittlung Gerdy Troost von Kunsthandlung Arnold, München, Inh. Ludwig Gutbier an Reichskanzlei.<br><br>Aus Korrespondenz Troost-Gutbier geht hervor, dass das Bild zum Zeitpunkt der Anbotstellung durch Gutbier sich im Rheinland befand und noch nicht in Gutbiers Besitz war und Gutbier das Bild nicht selbst gesehen hatte.<br><br>Anders die Variante von Frau Gutbier, Aussage an CCP 1951:<br>Bild stamme von Dresdener Galerie Meusel, erworben bereits vor dem 1. Weltkrieg | Eher auszuschließen, allerdings mit Vorbehalt:<br><br>Widersprüchliche Herkunftsangaben durch Galerie Arnold, Gutbier, dennoch dürfte in beiden Varianten unrechtmäßige Herkunft unwahrscheinlich sein. |
| 13. G 1680<br>K 1543<br>2875 | CARLO CIGNANI (1628–1719)<br>Das Urteil des Paris, Öl auf Lwd, 135x193,5 | Am 6.4.1943 aus der Sammlung Heinrich Scheuffelen, Stuttgart-Oberlenningen für RM 25.000 erworben<br><br>(gemeinsam mit sechs anderen Bildern, verkauft an Sonderbeauftragten für Linz, Hermann Voss) | Auszuschließen:<br><br>Verkäufer (Privatsammler) bekannt, kein Hinweis auf Verkauf unter Druck. |
| 14. G 1682<br>K 656<br>544 | FRIEDRICH GAUERMANN (1807–1862)<br>Landschaft mit Kühen (Hirten und Vieh unter Eichen an einem Gebirgsbach), 1825, Öl auf Lwd, 132x189 | Lt. Auskunft Dorotheum 2004:<br>Dorotheum, 144. Große Auktion Juli 1939, Nr. 704 „im Nachtrag zur Auktion". Einbringer und Käufer unbekannt. | Nicht auszuschließen:<br><br>Bild stammt aus Dorotheumsauktion, Einbringer und Käufer unbekannt. |

| Inventar-Nummern<br>• Landesmuseum<br>• Depot Kremsmünster („K-Nr.")<br>• Depot München (auch: „Linz-Nr.") | Künstler/ Bildbeschreibung/ Bildgröße | Recherchierte Angaben zur Provenienz | Verdacht auf unrechtmäßige Herkunft |
|---|---|---|---|
| 15. | G 1628<br>K 655<br>712 | LUDWIG HOFELICH (1842–1905) Landschaft bei Bernried am Wurmsee (Große Waldlandschaft), Öl auf Lwd, 260x176 | Keine Angaben bekannt<br><br>Erwerbsjahr vermutlich 1938 | Nicht auszuschließen:<br><br>Herkunftsdaten unbekannt |
| 16. | G 1683<br>Keine K-Nr. | ROOS-NACHFOLGER Reitender Schäferknabe, Öl auf Lwd, 268x325 | Keine Angaben<br><br>Möglicherweise aber ident mit Bild<br>Henry de Roos, Tierstück, 263:320: Kunsthandlung Plober an Referent für „Sonderauftrag Linz" am 29.7.1943 um RM 36.500 Vermittelt von Kunsthändler Kurt Köster | Nicht auszuschließen:<br><br>Im Fall, dass es nicht mit dem Bild Henry de Roos ident ist, keinerlei Herkunftsdaten, andernfalls Kunsthändlerankauf ohne Vorbesitzerangaben. |
| 17. | G 1681<br>Keine K-Nr. | MELCHIOR HONDECOETER bzw. JORDAENS/ UTRECHT Knabe im Hühnerhof (Habichte im Hühnerstall), Öl auf Lwd, 189x249 | Sammlung Baron Tucher 1910 Sammlung Julius Neumann ca. 1942 von „Vugesta" enteignet, 1942 Versteigerung Dorotheum, verkauft an Wiener Kunsthändler Kurt Löscher, Weiterverkauf an dt. Kunsthändler, 1944 von Berliner Kunsthändler C.F.E. Schmidt an Prof. Voss, Sonderauftrag Linz, um RM 180.000 angeboten. | Unrechtmäßige Herkunft nachgewiesen.<br><br>2003 an Erbin restituiert. |
| 18. | G 1626 | UNBEKANNTER MALER Bildnis Kaiser Franz Joseph, Öl auf Lwd, 175x95 | | Gehört mit größter Wahrscheinlichkeit nicht zum fraglichen Bestand. |

## Rückseitendokumentation

Die Methode der genauen Betrachtung, Analyse und Dokumentation der Rückseiten von Gemälden gewinnt in der Provenienzforschung langsam, aber zunehmend an Bedeutung. Während sich ProvenienforscherInnen durch Berge von Akten und eine Unzahl von Archiven arbeiten, wird dem Kunstwerk selbst als Träger von Provenienzinformationen oft wenig Aufmerksamkeit geschenkt.[286] Um dieses Defizit zu vermeiden und in der Hoffnung auf weiterführende Informationen wurde daher der Bestand der „Collecting-Point"- Bilder im Oberösterreichischen Landesmuseum auch direkt am Objekt untersucht. Konkret wurden dabei die Rückseiten der betreffenden Gemälde unter Beisein der Autorin und des zuständigen Kunsthistorikers vom Oberösterreichischen Landesmuseum, Lothar Schultes, untersucht und fotografisch dokumentiert.

Im Falle fast aller betroffenen Bilder ließ sich dabei der Weg, den die Bilder seit ihrem Ankauf seitens NS-Stellen genommen haben, auf den Rückseiten nachvollziehen, indem Einträge, die sich übereinstimmend auf den Gemälderückseiten fanden, als verschiedene Depot-Inventarisierungen identifziert werden konnten. Identifizierbar waren die Nummern des Depots im Münchner Führerbau, in dem die Bilder unmittelbar nach ihrem Ankauf eingelagert und inventarisiert wurden, die Nummern des Depots von Kremsmünster, wohin sie noch während der NS-Zeit ausgelagert wurden, und die Nummern des Depots von St. Agatha, wo sie zu Kriegsende von den Amerikanern übernommen wurden.

Während somit jener Teil der Provenienzgeschichte der Bilder, der mit dem NS-Ankauf einsetzt und bis zur gegenwärtigen Präsenz im Oberösterreichischen Landesmuseum reicht, sich auf den Rückseiten klar dokumentiert zeigt, konnten kaum Einträge gefunden werden, die über die Vorgeschichte der Bilder Aufschluss geben würden. Im Falle eines Bildes (G 1638 Gerard de Lairesse) konnten kyrillische Buchstaben auf dem Rahmen entdeckt werden, wobei bislang aus keiner anderen Quelle eine russische Provenienzstation festgestellt wurde. Nur ein Bild verfügte über einen Hinweis auf ein Sammlerinventar (G 1635 Galimard), das aber aus anderer Quelle bereits bekannt war. Einige Einträge ließen sich bis dato nicht identifizieren. Im

---

[286] Vgl. Gerhard Plasser, Dokumentation von Gemälderückseiten am Beispiel der Landesgalerie Salzburg. In: Anderl-Caruso, NS-Kunstraub 259-277, 259. Die zunehmende Bedeutung, die den Gemälderückseiten zugesprochen wird, spiegelt sich auch am Titelblatt der oben angeführten Publikation wider, das lediglich die Rückseite eines Klimt-Gemäldes zeigt. Vgl. zur Thematik auch Ute Haug, Die Rücken der Bilder (Hamburg 2004).

Fall des Bildes G 1626 Bildnis Kaiser Franz Joseph, das schon aufgrund der übrigen Recherchearbeit als vermutlich irrtümlich dem Bestand der „Collecting-Point"-Bilder zugeordnet identifiziert werden konnte, wurde dieser Verdacht durch die Rückseitenuntersuchung noch zusätzlich erhärtet. Zusammenfassend kann festgestellt werden, dass die Rückseitenuntersuchung der betroffenen Gemälde keinen „Durchbruch" erbrachte, indem etwa Einträge aufgefunden worden wären, die noch bestehende Lücken in der Provenienz einzelner Bilder hätten füllen können. Die Identifikation der Einträge und Aufkleber stellt dennoch einen wichtigen Beitrag in der Provenienzforschung dar, mithilfe derer – vor allem in der Vernetzung mit anderen ProvenienzforscherInnen – weiterführende Hinweise für die vorliegende wie auch für andere Recherchen gefunden werden können.

Im Folgenden eine Dokumentation aller vorhandenen Einträge auf den Gemälderückseiten sowie deren bisherige Identifikation:

### 1. G 1624 (K 56, 813): Eduard Young, Hochzeitszug im Gebirge

| Eintrag | Anmerkung | Identifikation |
| --- | --- | --- |
| Hochzeitszug im Hochgebirge Tyrol Ed. Young, München 1872 | Handschriftlich Am Keilrahmen | Titel des Werks, Künstler und Entstehungsjahr |
| 813 Ed. Young | Aufkleber am Keilrahmen | Depot München Führerbau („Linz-Nummer") |
| 22 | Blaue Kreide am Keilrahmen | Depot St. Agatha |
| Fremd | Schwarz, handschriftlich in Druckbuchstaben am Keilrahmen | Vermutlich von der Finanzlandesdirektion angebracht, wo sich das Bild als Leihgabe des Landesmuseums befindet |
| | | |
| E.Y. | Handschriftlich auf Leinwand | Künstlerinitialen |
| Ed. Young, München 1872 | Handschriftlich auf Leinwand | Künstler und Entstehungsjahr |
| Leinwandfabrik ... (unleserl.) | Stempel auf Leinwand | Herstellerstempel der Leinwand |

## 2. G 1625 (K 650, 3): Hans Makart, Heuernte

| Eintrag | Anmerkung | Identifikation |
|---|---|---|
| G 1625 | Weiße Kreide am Keilrahmen | Inventarnummer OÖLM |
| 3 | Aufkleber am Keilrahmen | Depot München Führerbau („Linz-Nummer") |
| 14 | Blaue Kreide am Keilrahmen | Depot St. Agatha |
| K 650 | Schwarz am Keilrahmen | Depot Kremsmünster („Kremsmünster-Nummer") |

## 3. G 1627 (K 1843, 3030): Ferdinand von Rayski, Hasenjagd im Winter

| Eintrag | Anmerkung | Identifikation |
|---|---|---|
| G 1627 | Rote Kreide am Keilrahmen | Inventarnummer OÖLM |
| K 1843 | Schwarz am Keilrahmen | Depot Kremsmünster („Kremsmünster-Nummer") |
| 8 | Blaue Kreide am Keilrahmen | Depot St. Agatha |
| ... (unleserl.) | Aufkleber am Keilrahmen | Depot München Führerbau („Linz-Nummer") |
| ... (unleserl.) | Aufkleber | Nicht identifiziert |
| 12 | Weiße Kreide am Keilrahmen | Nicht identifiziert |
| 161-212 | Weiße Kreide am Keilrahmen | Nicht identifiziert |

## 4. G 1633 (K 1711, 2312): Venezianisch: Feldherr vor einem Dogen

| Eintrag | Anmerkung | Identifikation |
|---|---|---|
| G 1633 | Rote Kreide am Keilrahmen | Inventarnummer OÖLM |
| K 1711 | Schwarz am Keilrahmen | Depot Kremsmünster („Kremsmünster-Nummer") |
| 7 | Blaue Kreide am Keilrahmen | Depot St. Agatha |
| PD 2 (?) | Graue Kreide am Keilrahmen | Nicht identifiziert |
| 39 (?) | | Nicht identifiziert |
| ... (schwer lesbar, verm. 2312) | Rest von Aufkleber | Depot München-Führerbau („Linz-Nummer") |

## 5. G 1635 (K 634, 457): August Galimard, Leda mit dem Schwan

| Eintrag | Anmerkung | Identifikation |
|---|---|---|
| G 1635 | Rot auf Leinwand und am Keilrahmen | Inventarnummer OÖLM |
| K 634 | Schwarz am Keilrahmen | Depot Kremsmünster („Kremsmünster-Nummer") |
| 20 | Blaue Kreide am Keilrahmen | Depot St. Agatha |
| AUGUSTE GALIMARD Leda mit dem Schwan, Öl auf Leinwand Inv.Nr. G 1635 | Zettel am Keilrahmen | Inventarzettel OÖLM |
| 457/408 | Aufkleber am Keilrahmen | Depot München Führerbau (Linz-Nummer") |
| „Wilhelma Inventar … eingel. 1857 … Nr. 756" (teilw. unleserlich) | Aufkleber/Zettel am Keilrahmen | Diese Beschriftung verweist auf das Wilhelma-Inventar der Baden-Württembergischen Sammlung, der das Bild seit 1857 angehört hatte. |
| TABLEAU NA PAS BESOIN D'ETRE VERNIS (Übers.: „braucht nicht lackiert/ gefirnisst werden") | Schwarz am Keilrahmen | Restauratorische Anweisung, möglicherweise noch aus der Entstehungszeit des Gemäldes |

## 6. G 1636 (K 55, 889): August Fink, Winterlandschaft mit Weiden

| Eintrag | Anmerkung | Identifikation |
|---|---|---|
| G 1636 | Schwarz auf Leinwand | Inventarnummer OÖLM |
| G 1636 | Rot am Keilrahmen | Inventarnummer OÖLM |
| 23 | Blaue Kreide am Keilrahmen | Depot St. Agatha |
| K 55 | Schwarz (schwach) am Keilrahmen | Depot Kremsmünster („Kremsmünster-Nummer") |

## 7. G 1637 (K 54, 1140): Eduard Schulz-Briesen, Bauernrauferei in Wirtshaus

| Eintrag | Anmerkung | Identifikation |
|---|---|---|
| G 1637 | Schwarz am Keilrahmen | Inventarnummer OÖLM |
| 3 | Blaue Kreide am Keilrahmen | Depot St. Agatha |
| 1140 ... (unleserl.) | Aufkleber am Keilrahmen | Depot München Führerbau („Linz-Nummer") |

## 8. G 1638 (K 1716, 2587): Gerard de Lairesse, Anbetung der Könige

| Eintrag | Anmerkung | Identifikation |
|---|---|---|
| G 1636 | Rot am Keilrahmen und auf Leinwand | Inventarnummer OÖLM |
| K 1716 | Schwarz am Keilrahmen und am Rahmen | Depot Kremsmünster („Kremsmünster-Nummer") |
| 9 | Blaue Kreide am Keilrahmen | Depot St. Agatha |
| 2587 | Aufkleber am Keilrahmen | Depot München Führerbau („Linz-Nummer") |
| 850 | Handschriftlich (verkehrt) am Keilrahmen | Nicht identifiziert |
| ... 50 (tw. unleserlich) | Handschriftlich am Keilrahmen | Nicht identifiziert |
| Ja-Schtsch (Kyrillische Buchstaben) X N. 96 | Handschriftlich, schwarz am Keilrahmen in Einheit mit daran anschließender Bezeichnung Künstler | Vermutlich die kyrillischen Buchstaben Ja-Schtsch, die als Abkürzung für das Wort Jaschtschik stehen könnten (bedeutet Fach, Box, Container) und X N. 96 (ergäbe den Sinn: Schachtel 10, Nummer 96). Hinweis auf einen Zusammenhang des Bildes mit russischsprachigem Hintergrund! |
| GERARD LAIRESSE | Schwarz am Keilrahmen | Künstler |
| Gerard Lairesse | Weiße Kreide am Keilrahmen | Künstler |
| 13487/65 | Blau am Keilrahmen | Nicht identifiziert (mögl. OÖLM Inventarisierung, Aktennummer?) |
| N. 18326 (durchgestrichen) | Blau am Keilrahmen | Nicht identifiziert |

## 9. G 1639 (K 1115, 1995): Otto von Kameke, Landschaft bei Chamonix

| Eintrag | Anmerkung | Identifikation |
|---|---|---|
| G 1639 | Rot und schwarz auf Rückwand | Inventarnummer OÖLM |
| O.v.Kamecke Dresden Leubnitzerstraße | Papieraufkleber Am Keilrahmen | Künstleradresse |
| Aiguille verte u. Aiguille de Dru. Montblanc ... auf dem Berge über Tete noir und Chamounix. | Papieraufkleber Handschriftlich Am Keilrahmen | Bildbezeichnung, bzw. -beschreibung |
| K-1115 | Schwarz am Keilrahmen | Depot Kremsmünster („Kremsmünster-Nummer") |
| 25 | Blau am Keilrahmen | Depot St. Agatha |
| 2.19/1.70 | Weiße Kreide am Keilrahmen | Maß mit Rahmen (?) |
| II-1 | Rote Kreide am Keilrahmen | Nicht identifiziert |

## 10. G 1644 (K 1840, 3090): Philipp Peter Roos, Hirte mit Herde

| Eintrag | Anmerkung | Identifikation |
|---|---|---|
| 11 | Blaue Kreide am Keilrahmen | Depot St. Agatha |
| K 1840 | Schwarz am Keilrahmen | Depot Kremsmünster („Kremsmünster-Nummer") |
| 1 | Weiße Kreide am Keilrahmen | Nicht identifiziert |
| 3090 | Aufkleber am Keilrahmen | Depot München Führerbau („Linz-Nummer") |
| Leihgabe Nr. 33 | Aufkleber am Keilrahmen | Nicht identifiziert (Vgl. Bilder G 1648, G 1682) |
| 171238 | Weiße Kreide am Keilrahmen | Nicht identifiziert (möglicherweise Datum einer Auktion) |

## 11. G 1645 (K 1710, 2597): Claes Molenaer, Winterlandschaft

| Eintrag | Anmerkung | Identifikation |
| --- | --- | --- |
| K 1710 | Schwarz am Keilrahmen | Depot Kremsmünster („Kremsmünster-Nummer") |
| 27 | Blaue Kreide am Keilrahmen | Depot St. Agatha |
| 2597 | Aufkleber am Keilrahmen | Depot München Führerbau („Linz-Nummer") |

## 12. G 1648 (K 1229, 2574): Robert Kummer, Gebirge

| Eintrag | Anmerkung | Identifikation |
| --- | --- | --- |
| G 1648 | Rot auf Leinwand und schwarz am Keilrahmen | Inventarnummer OÖLM |
| 28 | Blau am Keilrahmen | Depot St. Agatha (Anm: lt. Depotliste St. Agatha müsste das Bild die Nr. 29 haben) |
| K 1229 | Schwarz am Keilrahmen | Depot Kremsmünster („Kremsmünster-Nummer") |
| 2574 | Aufkleber | Depot München Führerbau („Linz-Nummer") |
| 2574 | Weiße Kreide am Keilrahmen und am Rahmen | Depot München Führerbau („Linz-Nummer") |
| Leihgabe Nr. 32 | Aufkleber | Nicht identifiziert (Vgl. Bilder G 1644, G 1682) |

## 13. G 1680 (K 1543, 2875): Carlo Cignani, Das Urteil des Paris

| Eintrag | Anmerkung | Identifikation |
| --- | --- | --- |
| G 1680 | Schwarz am Keilrahmen | Inventarnummer OÖLM |
| 29 | Blaue Kreide am Keilrahmen | Depot St. Agatha |
| K 1543 | Schwarz am Keilrahmen | Depot Kremsmünster („Kremsmünster-Nummer") |
| 2875 | Aufkleber am Keilrahmen | Depot München Führerbau („Linz-Nummer") |
| La. MN (? schwer lesbar) | Eingeritzt in Keilrahmen | Nicht identifiziert |
| 27 (schwer lesbar) | Rote Kreide am Keilrahmen | Nicht identifiziert |

### 14. G 1682 (K 656, 544): Friedrich Gauermann, Landschaft mit Kühen

| Eintrag | Anmerkung | Identifikation |
|---|---|---|
| OÖ LaMus LINZ | Schwarz am Keilrahmen und Rahmen | Inventarisierung OÖLM |
| G 2165 | Rot auf Leinwand | Inventarnummer OÖLM |
| G 2045 (durchgestrichen) G 2165 | Schwarz am Keilrahmen und Rahmen | Inventarnummer OÖLM |
| 627. | Dunkelgrauer Aufkleber am Keilrahmen | Nicht identifiziert |
| Leihgabe Nr. 35 | Aufkleber am Keilrahmen | Nicht identifiziert (vgl. Bilder G 1644, G 1648) |
| 544/467 | Aufkleber am Keilrahmen | Depot München Führerbau („Linz-Nummer") – Nr. 467 unklar |
| K 656 | Schwarz am Keilrahmen | Depot Kremsmünster („Kremsmünster-Nummer") |

### 15. G 1628 (K 655, 712): Ludwig Hofelich, Landschaft bei Bernried

| Eintrag | Anmerkung | Identifikation |
|---|---|---|
| G 1628 | Schwarz auf Leinwand | Inventarnummer OÖLM |
| K 655 | Schwarz am Keilrahmen | Depot Kremsmünster („Kremsmünster-Nummer") |
| 5 | Blaue Kreide | Depot St. Agatha |
| 712 Hofelich | Aufkleber | Depot München Führerbau („Linz-Nummer") |
| „Landschaft bei Bernried / Wurmsee bei aufziehendem Gewitter" von Ludwig Hofelich München (1842-1903) | Goldplakette am Keilrahmen | Bezeichnung des Gemäldes und des Künstlers |

### 16. G 1683 (Keine K.-Nr.): Roos-Nachfolger, Reitender Schäferknabe
Das Bild wurde neu aufgezogen, es sind daher keine relevanten Markierungen auffindbar.

### 17. G 1681: Hondecoeter
Bereits restituiert.

### 18. G 1626: Bildnis Kaiser Franz Joseph
Irrtümliche Zuordnung zum Bestand der „Collecting Point"-Bilder. Auf der Rückseite ist nur die Inventarnummer OÖLM vorzufinden, auch dies bestätigt die irrtümliche Zuordnung.

## Restitution 2003:
## Die Rückgabe des Bildes „Knabe im Hühnerhof"

Bis Mitte 2002 galt das Bild „Knabe im Hühnerhof" als eines von jenen „Collecting Point"-Bildern, über die am wenigsten Informationen vorlagen. Sein Weg konnte zwar wie für die anderen Bilder bis in das Jahr 1945 in das Depot St. Agatha zurückverfolgt werden, weitere Herkunftsnachweise lagen in diesem Fall aber nicht vor.[287] Die Wende hinsichtlich der Provenienzrecherchen zu diesem Bild sollte im Herbst 2002 erfolgen: In einem Schreiben der Kommission für Provenienzforschung des Bundesdenkmalamts Wien wurde gebeten, eine Überprüfung zu veranlassen, ob ein aufgrund einer Erbenanfrage gesuchtes Bild ident sein könnte mit dem im Oberösterreichischen Landesmuseum befindlichen Bild „Hondecoeter, Knabe im Hühnerhof".[288] Wie sich im Folgenden herausstellen sollte, erschloss sich damit der bislang fehlende Anfang einer Geschichte, von der im Rahmen des Forschungsprojekts zu den „Collecting Point"-Bildern bis zu diesem Zeitpunkt nur der (vorläufige) Schluss hatte ermittelt werden können. Folgender Sachverhalt ergab sich aus der Zusammenführung der Recherchen:

1947 leitete Martha Brown-Neumann eine Suche nach Gemälden aus ihrem Besitz ein, die von der Gestapo in Wien beschlagnahmt worden waren. Sie wandte sich in dieser Suche 1947 an das Bundesdenkmalamt in Wien. Ihrer Anfrage war eine Liste von Gemälden beigelegt. In dieser Auflistung finden sich unter anderem zwei Gemälde mit Darstellungen von „Geflügelszenen": Ein Jordaens und Van Utrecht zugeschriebenes Bild mit der Bezeichnung „Habichte im Hühnerhof" sowie ein Melchior Hondecoeter „Die weiße Gluckhenne". Das Bild von Jordaens und Van Utrecht wurde als circa 6 x 4 Meter groß bezeichnet, für die anderen Bilder wurden keine Maße angegeben.[289] Vorgelegt wurde auch eine notarielle Vermögenserhebung aus dem Jahr 1924, in der die Bilder aufgelistet sind.[290] Das Bundesdenkmalamt nahm 1947 die Nachforschung nach diesen Bildern auf und konnte Frau Neumann am 18. August 1948 folgendes Ergebnis mitteilen: Mithilfe von Unterlagen des Dorotheums (die heute leider nicht mehr zur Verfügung

---

[287] John-Kirchmayr, Vorabschlussbericht, Anhang Datenblatt Hondecoeter.
[288] Kommission für Provenienzforschung, BDA Wien an Universität Linz (Brief vom 2.9.2002).
[289] BDA Wien, Restitutionsmaterialien, Karton 32/1, Mappe Martha Brown (Neumann): Zl. 419/1948.
[290] BDA Wien, Restitutionsmaterialien, Karton 32/1, Mappe Martha Brown (Neumann): Notariatsakt 24.1.1924.

stehen, uns somit nur indirekt bekannt sind) konnte eruiert werden, dass am 8. Juni 1942 bei einer Dorotheumsversteigerung mehrere Positionen unter dem Namen Neumann von der ‚VUGESTA' (‚Verwertungsstelle für jüdisches Umzugsgut der Gestapo') eingebracht worden waren. Darunter befand sich das folgendermaßen bezeichnete Bild: „Die Raubvögel im Hühnerstall, Kreis des Hondecoeter, 190 x 252, gerahmt."[291] Laut Angaben des Dorotheums von 1948 war das Bild am 8. Juni 1942 versteigert und von einem Herrn Karl Löscher, Kunsthändler Wien I, Spiegelgasse 8, erworben worden, der es an einen deutschen Kunsthändler weiterverkaufte, dessen Namen nicht eruiert werden konnte.[292] Dort verlor sich 1948 die Spur des Bildes. Das heißt: Frau Neumann konnte zwar erfahren, wann das Bild an wen verkauft wurde, aber nicht, wo sich das Bild zum damaligen Zeitpunkt befand. Zum selben Zeitpunkt betreute das Bundesdenkmalamt das Depot im Schloß Ennsegg, wo aus den Depot-Beständen von St. Agatha stammend genau zur selben Zeit ein Bild, das als „Holländ., 17. Jh., Geflügelszene, 190 x 252" bezeichnet war, untergebracht war. Es wurde offenbar kein Konnex hergestellt.

Mehr als 50 Jahre später nahm die Urenkelin von Martha Neumann die Recherchen hinsichtlich der Kunstsammlung ihrer Familie wieder auf und wandte sich an die seit 1998 bestehende Provenienzforschungskommission des Bundesdenkmalamts Wien. Die dortigen Recherchen konnten einerseits die oben dargestellten Fakten hinsichtlich der ersten Untersuchungen aus dem Jahr 1947 zu Tage bringen und andererseits aber auch den wesentlichen Konnex herstellen, es könnte sich bei einem der gesuchten Bilder um eines der 18 „Collecting Point"-Bilder aus dem Oberösterreichischen Landesmuseum handeln.[293] Nach einer ersten Prüfung der Unterlagen erschien es bereits durchaus denkbar, dass es sich bei dem im Oberösterreichischen Landesmuseum befindlichen Hondecoeter-Bild um das von der Erbin nach Martha Neumann gesuchte Bild handeln könnte. Diese Einschätzung stützte sich vor allem auf die Angaben des Dorotheums von 1948, wonach ein Hondecoeter-Bild mit Geflügelsujet, dessen Maße mit denen des heute

---

[291] BDA Wien, Restitutionsmaterialien, Karton 32/1, Mappe Martha Brown (Neumann): BDA an Martha Brown (Brief vom 18.8.1948).

[292] Ebd.

[293] Das vorliegende Forschungsprojekt stand von Beginn an in ständigem Kontakt mit der Provenienzforschungskommission des Bundesdenkmalamts, der somit auch eine Liste der fraglichen „Collecting-Point"-Bilder vorlag. Mag. Anita Gallian-Stelzl von der Provenienzforschungskommission stellte schließlich die Verbindung zwischen der Erbenanfrage seitens der Familie Neumann und dem Bild der „Collecting Point"-Liste im Oberösterreichischen Landesmuseum her, wofür ihr an dieser Stelle noch einmal im Namen aller Beteiligten gedankt werden soll.

im Landesmuseum befindlichen Bildes übereinstimmen, von der Gestapo unter dem Namen Neumann eingebracht wurde. In Verbindung mit den anderen vorliegenden Dokumenten und der Beschreibung des gesuchten Bildes durch die Antragstellerin, in der sie auch den am Bild dargestellten ängstlichen Knaben erwähnte, ergab sich der Schluss, dass das gesuchte Bild mit dem fraglichen Bild des Oberösterreichischen Landesmuseums mit größter Wahrscheinlichkeit ident und ein Restitutionsanspruch unter diesem Gesichtspunkt zu bewerten sei.[294]

Noch vor der Rückgabe wurde das Bild, das sich schon zum Zeitpunkt seiner Überstellung in das Landesmuseum in den 1950er Jahren in einem stark zerstörten Zustand befand, aufwendig restauriert. Im Zuge seiner Restitution entbrannte auch eine kunsthistorische Debatte über die Zuschreibung des Bildes. In der Karteikarte des Landesmuseums war das Bild Melchior Hondecoeter zugeschrieben. Wie oben dargestellt befand sich im Besitz der Familie Neumann auch ein Hondecoeter-Gemälde mit der Bezeichnung „Die weiße Kluckhenne". Im Zuge der Recherchen stellte sich allerdings heraus, dass das betreffende Bild im Oberösterreichischen Landesmuseum nicht der Hondecoeter aus dem Besitz Neumann, sondern das ebenfalls oben angeführte Geflügel-Bild von Jordaens und Van Utrecht sein musste. In der Anfrage Martha Neumanns von 1947 waren diesem Bild zwar Maße von 4x6 Meter zugeschrieben worden,[295] in einem Brief von 1952 allerdings schrieb der Neffe Martha Neumanns dem Jordaens und Utrecht genau jene Maße von 190 x 252 zu,[296] die der im Landesmuseum befindliche „Hondecoeter" aufweist. Ganz klar muss es sich bei den 4x6 Metern um einen Irrtum gehandelt haben, der möglicherweise in einer Verwechslung der in Amerika üblichen Maßeinheit „Fuß" mit Metern seinen Ursprung hat. Kunsthistorische Überprüfungen ergaben schließlich auch, dass Hondecoeter als Maler dieses Bildes tatsächlich auszuschließen ist, Jordaens und Van Utrecht erscheinen wahrscheinlich.[297]

Aus dem Hondecoeter war also wieder ein Jordaens/Van Utrecht geworden, als das Bild im Juni 2003 restituiert wurde. Am 17. Juni 2003 wurde das Bild „Knabe im Hühnerhof" in einer feierlichen Zeremonie im Ober-

---

[294] Vgl. Birgit Kirchmayr, Sachverhaltsdarstellung. Restitutionsanspruch für Gemälde „Melchior d'Hondecoeter, Knabe im Hühnerhof" OÖLM Inv. Nr. G 1681 (masch. Bericht, Linz 2002).

[295] BDA Wien, Restitutionsmaterialien, Karton 32/1, Mappe Martha Brown (Neumann): Zl. 419/1948.

[296] BDA Wien, Restitutionsmaterialien, Karton 42, Mappe Stefan Neumann: 2065/52, Stefan Neumann an Österreichisches Denkmalschutzamt (sic!) (Brief vom 15.3.1952).

[297] Vgl. dazu die Rede von Dr. Lothar Schultes im Zuge der Rückgabe am 17.6.2003 sowie die Darstellung auf der Homepage des Landesmuseums, URL: http: www.landesmuseum.at.

österreichischen Landesmuseum an die Tochter und Enkelin der Besitzerin übergeben. Wenn diese auch aus gesundheitlichen Gründen nicht selbst zur Bildübergabe nach Linz reisen konnte, so konnte sie das Bild nach seinem Transport in die USA doch rechtzeitig zu ihrem 93. Geburtstag in Empfang nehmen.[298] Zur Übergabezeremonie im Juni 2002 gab sie ihrer Tochter und Enkelin ein Schreiben an Landeshauptmann Josef Pühringer mit, aus dem abschließend zitiert werden soll:
„In Zusammenhang mit der Übergabe des Gemäldes ‚Habichte im Hühnerhof' aus der Sammlung meines Vaters, Julius Neumann, möchte ich es nicht verabsäumen Ihnen meinen Dank für die zwar etwas verspätete, aber doch sehr willkommene Rückgabe auszusprechen. Es tut mir leid bei der Übergabe nicht persönlich anwesend sein zu können, aber man ist halt mit 92 nicht mehr ganz so agil wie man es mit 85 war. ... Ohne die langjährigen und unverzagten Recherchen meiner kleinen Enkelin ... wäre es unweigerlich für mich zu spät gewesen dieses Lieblingsbild meines Vaters nach 65 Jahren wieder zu sehen. Meinen Dank an alle, die an dieser Restitution wohlwollend mitgearbeitet haben."[299]

Im Zuge der Restitution des Bildes „Knabe im Hühnerhof" im Juni 2003 ergab sich die Möglichkeit, in Gesprächen mit Antonia Bryk und Alexandra Cardarelli, Tochter und Enkelin der Besitzerin des Bildes, nicht nur Näheres über die Geschichte der Enteignung der Kunstwerke der Familie Neumann, sondern auch über das Schicksal der Familie zu erfahren. Antonia Bryk erzählte dabei in einem Interviewgespräch mit der Verfasserin von der Geschichte ihrer Familie, ihrem eigenen Schicksal während der NS-Zeit und jenem des Bildes „Knabe im Hühnerhof".[300] Im Folgenden wird in überarbeiteter und gekürzter Form das Interviewgespräch mit Antonia Bryk wiedergegeben. Ihre Erinnerungen sollen stellvertretend aufzeigen, dass jedes geraubte Kunstwerk eine Geschichte hat, und dass hinter jeder dieser Geschichten auch die Schicksale ihrer BesitzerInnen stehen.

---

[298] Freundliche Mitteilung der Enkelin Alexandra Cardarelli an die Verfasserin.

[299] Schreiben der Besitzerin des restituierten Bildes an Landeshauptmann Dr. Josef Pühringer, verlesen bei der Rückgabezeremonie des Bildes „Knabe im Hühnherhof" am 17.6.2003, Kopie des Schreibens in Besitz der Verfasserin.

[300] Interview mit Antonia Bryk, Interviewerin Birgit Kirchmayr, Linz am 17.6.2006.
1931 geboren, wuchs Antonia Bryk in Wien auf. Ihre Mutter überlebte die NS-Zeit als so genanntes „U-Boot" versteckt in Budapest, Antonia blieb während der gesamten NS-Zeit bei ihrem nichtjüdischen Vater in Wien und war als „Halbjüdin" vom Schulbesuch ausgeschlossen. 1948 emigrierte sie mit ihrer Mutter, die inzwischen von ihrem Vater geschieden worden war, in die USA, wo sie bis heute lebt.

BK (Birgit Kirchmayr): „Können Sie mir von Ihren Erinnerungen an das Bild und das Haus Ihrer Großeltern, in dem es untergebracht war, erzählen?"
AB (Antonia Bryk): „Es war ein riesengroßes Haus, 15 Zimmer und Badezimmer. Ich kann mich an das Wohnzimmer erinnern, an den kleinen Salon, an den großen Salon, an die Schlafzimmer, und natürlich kann ich mich an das Bild erinnern! Es war das große Bild am Ende vom Salon. Dort hing es an einem Ehrenplatz. Davor war eine sehr schöne Garnitur ‚Louis seize' – eine falsche wahrscheinlich –, wunderschöne Teppiche, eine Marmor-Skulptur und ein Bösendorfer, weil meine Großmutter hat sehr gut Klavier gespielt. Das war das Paradestück der Wohnung."
BK: „Der Salon war so eine Art Ausstellungsraum? Hat man da auch gelebt?"
AB: „Nein, gelebt nicht, aber Partys wurden gegeben, mein Großpapa und meine Großmutter haben ein sehr großes Haus geführt. Dort wurde getanzt, das war ein großes Zimmer. Die Kunstsammlung stammte von meinem Großvater mütterlicherseits, Julius Neumann, kaiserlicher Kommerzienrat. Er war ein sehr eleganter, munterer, gescheiter und wahnsinnig gebildeter Mann. Und er hat ein sehr schönes Leben gelebt. Sie waren drei Brüder, die nach dem Tod ihres Vaters die Firma führten.[301] Der älteste Bruder hat sehr auf das Geld aufgepasst und mein Großvater war der, der die Ideen gehabt hat. Er ist überall herumgefahren, war einer der ersten, der ein Telefon gehabt hat in Wien, also er war ein Entrepreneur. So haben sie die Firma in die Höhe gebracht und waren sehr erfolgreiche Herren. Mein Großvater war einmal verheiratet mit einer Frau, die er wahnsinnig geliebt hat, die hat ein Kind bekommen und ist im Kindbett gestorben. Er hat diesen Sohn wahnsinnig geliebt, der ist im Ersten Weltkrieg umgekommen, ganz jung, mit 17 oder so. Dann hat er meine Großmutter geheiratet und dann vier Kinder gehabt. Er hat versucht, allen Kindern das weiterzugeben, diese Liebe an die Kunst und die Liebe an Musik und an Bücher und so. Es ist ihm aber nur bei meiner Mutter gelungen. Sein ältester Sohn war zwar sehr talentiert fürs Geschäft, aber amusisch. Aber meine Mutter hat das alles aufgesaugt. Er hat sie ins Museum geführt, wann immer er da war, wenn es gegangen ist, zu jeder Ausstellung, und er hat zu allen Sachen etwas gewusst – nur moderne Kunst hat er nicht mögen. Er hat einen sehr großen Einfluss auf meine Mutter gehabt, und sie hat ihn vergöttert. Er ist viel zu jung gestor-

---

[301] Die Brüder Neumann führten das Warenhaus „Neumann & Söhne" in der Wiener Kärntnerstraße mit Filialen in Budapest und Prag. Vgl. auch Tina Walzer – Stephan Templ, Unser Wien. „Arisierung" auf österreichisch (Berlin 2001) 157f.

ben, ganz plötzlich an einer Sepsis, das war schrecklich. Das Leben ging weiter, meine Großmutter hat seinen Bruder geheiratet, und 1938 ist dann alles auseinandergefallen."
BK: „War Ihr Großvater der Begründer der Kunstsammlung oder gab es da schon vorher etwas?"
AB: „Er war der Begründer, er hat das alles zusammengetragen. Das Bild stammt von einem Baron Tucher, das war ein Freund von ihm. Meine Mutter hat immer von diesem Bild als ein Van Utrecht gesprochen, nie Hondecoeter. Also jetzt ist es ein Hondecoeter, gut. Na, wurscht.[302] Aber das hat er gekauft, wie meine Mutter auf die Welt gekommen ist, das war so ein Geschenk zur Geburt, für die Mutter. Er hat das Zimmer bauen lassen, er hat dieses Zimmer für das Bild herrichten lassen."
BK: „Das Haus war in der Johannesgasse in Wien. Steht das Haus noch?"
AB: „Ja, das ist ganz unbefleckt geblieben von allem. Wie es innen ist, weiß ich nicht. Meine Tochter wollte sofort hinein, und wir haben mit der Hausbesorgerin gesprochen. Sie hat gesagt, es wohnt wer drinnen, aber sie wird es versuchen. Sie hat dann hinauftelefoniert, und die jetzige Bewohnerin hat dann gesagt, sie schläft gerade, sie will nicht. Die Wohnung war im ersten Stock, Beletage. Ein tolles Haus. Es ist immer noch schön. Ich würd sehr gern hineinschauen, was noch ist. Aber ..."
BK: „Ist das Haus restituiert worden?"
AB: „Nein. Die Wohnung hat ja nicht uns gehört, das war eine Mietwohnung. Meine Mutter hat dort gewohnt, bis sie 18 war. Dann hat sie meinen Vater geheiratet und wir haben in der Rauhensteingasse gewohnt, das war der hintere Teil vom Geschäft. Das Geschäft war auf der Kärntnerstraße 19, es war ein ganzer Block. Aber ich bin halt alle Augenblick drüben gewesen in der Johannesgasse, bei den Großeltern."
B: „Was geschah dann mit Ihren Großeltern, Martha und Julius Neumann?"
T: „Julius war 1938 Gott sei Dank schon tot, er ist ja schon 1924 gestorben. Meine Großmutter ist 1938 praktisch bei Nacht und Nebel nach Ungarn, nach Budapest. Mein Onkel Stefan war zum Zeitpunkt des Anschlusses in England, ist zurückgeeilt, wurde auf der Gasse von irgendwelchen Nazibuam verprügelt und gezwungen, die Straße aufzuwaschen. Dann haben sie ihn gehen lassen, daraufhin ist er weder in die Wohnung noch ins Geschäft gegangen, sondern hat sich umgedreht und ist zurück nach England. Von

---

[302] Zur Zuschreibung des Bildes „Knabe im Hühnerhof" an Melchior Hondecoeter bzw. Jordaens/Van Utrecht vgl. die Darstellung weiter oben.

England hat er dann seinem Bruder eine Prager Staatsbürgerschaft gekauft. Meine Großmutter wurde sofort nach Budapest abgesetzt, und alles wurde innerhalb von sechs Monaten verpackt. Was dann war, weiß ich nicht genau. Meine Mutter kann sich auch nicht – sie will sich nicht daran erinnern."
B: „Das heißt, der Besitz ist verpackt und dann als so genanntes ‚Umzugsgut' von der ‚Vugesta' enteignet worden?"[303]
AB: „Ja, das war als Umzugsgut bei der Spedition Bäumle eingelagert. Die haben ein Lager im Haus gehabt, in der Johannesgasse. Und dort war es bis 1942, die haben solang gewartet. ... Der Einzige, der wirklich schlau war, war der Bruder meiner Großmutter. Der hat sich mit allem, was er gehabt hat, nach Paris abgesetzt 1938 und ging dann sofort nach Kanada. Der war schlau. Wir waren nicht schlau."
B: „Das hat man ja nicht wissen können."
AB: „Viele haben es gewusst. ... Dann hat meine Großmutter in Budapest einen Engländer geheiratet, pro forma, damit sie die englische Staatsbürgerschaft bekommt, damit sie heraus kann, und ist dann in die Schweiz und von der Schweiz mit diesem englischen Pass nach Amerika gefahren. Meine Mutter hat es in Wien nicht ausgehalten und ist im Jahr 1939 im Frühling nach Budapest gegangen und hat den Krieg in Budapest überlebt. Ich bin mit meinem Vater in Wien geblieben. Und so haben wir es überlebt. Aber niemand ist je in die Johannesgasse gegangen. Wie die Mutter zurückgekommen ist, ist sie komischerweise auch nicht hingegangen. Es wurde ihr gesagt vom Anwalt, dass alles weg ist, dass alles verkauft ist. Als ihr zweiter Mann gestorben ist, ist sie dann eben nach Amerika, und damit war die Sache vorbei. Meine Großmutter und meine Onkeln haben dann noch versucht, Sachen zu finden von dem, was da war. ... Eine Skulptur haben wir zurückbekommen. Die haben wir zurückgekriegt, schön war sie. Solche Sachen haben sie gehabt. Das war eine interessante Familie. Gar keine Frage. Und meine Mutter natürlich, die Tochter einer Dame, die mit solchen Sachen wirklich nichts zu tun haben will – ‚ist vorbei, red nicht drüber, ist genug'. Und dann kam meine Tochter. Sie hat wirklich umgerührt. Wir sind so wahnsinnig stolz auf sie! Sie hat es sich in den Kopf gesetzt. Sie hat ja keine Ahnung gehabt, ich hab ja auch nicht gewusst, was da war. Wie die Verzeichnisse kamen, wie sie das gesehen hat, da hat sie gesagt, man muss doch was tun, um Gottes willen. Ich hab gesagt, was willst du tun, bitte, nach 60 Jahren!"

---

[303] Auf die Tätigkeit der „Vugesta" („Verwaltungsstelle für jüdisches Umzugsgut") als Veräußerungsinstrumentarium von enteignetem mobilen Besitz wurde bereits an früherer Stelle dieser Studie eingegangen.

Alexandra Cardarelli, die Tochter von Antonia Bryk, hat dennoch nach 60 Jahren begonnen, intensiv nach der Kunstsammlung ihrer Großmutter bzw. ihrer Urgroßeltern zu forschen. Das Bild „Knabe im Hühnerhof" ist bislang das einzige, das aus der Sammlung Neumann gefunden und restituiert werden konnte.

## Aktueller Stand: Noch im Oberösterreichischen Landesmuseum befindliche „Collecting Point"-Gemälde

Die Recherchen zur Herkunft des „Collecting Point"-Bestands von ursprünglich 18 so bezeichneten Gemälden haben in einem Fall zur vollständigen Aufklärung bis hin zur Restitution geführt:

G 1681 Hondecoeter, bzw. Jordaens/Utrecht: Knabe im Hühnerhof

Für ein Bild konnte mit an Sicherheit grenzender Wahrscheinlichkeit eruiert werden, dass es nicht zum „Collecting Point"-Bestand gehört, wobei diese ursprüngliche Zuschreibung offenbar auf einem Inventarisierungsirrtum beruhte:

G 1626 Unbekannter Maler: Porträt Kaiser Franz Joseph

Demnach verbleiben zum gegenwärtigen Zeitpunkt 16 Gemälde im Oberösterreichischen Landesmuseum, die nach 1945 unter der Verwaltung der amerikanischen „Collecting Points" standen:

G 1624 Young: Hochzeitszug im Gebirge
G 1625 Makart: Heuernte
G 1627 Rayski: Hasenjagd
G 1633 Venezianisch: Feldherr vor einem Dogen
G 1635 Galimard: Leda mit dem Schwan
G 1636 Fink: Winterlandschaft mit Weiden
G 1637 Schulz-Briesen: Bauernrauferei
G 1638 Lairesse: Anbetung der Könige
G 1639 Kameke: Landschaft bei Chamonix
G 1644 Roos: Hirte mit Herde
G 1645 Molenaer: Winterlandschaft
G 1648 Kummer: Gebirge
G 1680 Cignani: Das Urteil des Paris

G 1682 Gauermann: Landschaft mit Kühen
G 1628 Hofelich: Landschaft bei Bernried
G 1683 Roos-Nachfolger: Reitender Schäferknabe

Für alle noch im Landesmuseum befindlichen Objekte des „Collecting Point"-Bestands konnten hinsichtlich ihrer Herkunft zahlreiche Informationen gewonnen werden, die oben ausführlich beschrieben wurden und die als Grundlage für die Entscheidung über ihr weiteres Schicksal dienen sollen.

Kh 102/1939

**Beschlagnahmtes Kunstgut.**
Liste der ausgewählten Gegenstände.

| | | | | | |
|---|---|---|---|---|---|
| L R | 5o | Bildnis | A R | 1898 | Gürtel |
| L R | 687 | " | A R | 3326 | Türgriff |
| L R | 65 | 3 Engel, Bild | A R | 3178 | Mohrstatuette |
| L R | 88 | Bild, Leyden | A R | 1786 | Uhr, Bronze, Hahn |
| L R | 831 | Bild | A R | 152o ab | 2 Engel, Statuetten Email |
| L R | 26 | Statue, Holz | | | |
| L R | 825 | 2 Engerl | A R | 2913 | Turmuhr |
| L R | 798 | Relief | A R | 2837 | " |
| L R | 672 | " | A R | 2841 | " |
| L R | 54 | Holzfigur | A R | 135 | Eisenkassette |
| L R | 471 | Terracottafigur | A R | 81 ab | 2 Holzstatuen |
| L R | 27 | Madonnen-Figur | A R | 783 | Waage |
| L R | 46B | Bild | A R | 3361 | Rolle, Landkarte |
| L R | 4o6 | Standuhr | A R | 127 | 2 Schuhe |
| G u | 417 | Turmuhr, groß | A R | 82 | Uhr mit Kronos |
| G u | 419 | Metallbüste | A R | 83 | Uhr, Holz |
| G u | 339 | Grabmodell | A R | 78o | Uhr, Bronze |
| G u | 618 | Holzrelief | A R | 66o | Uhr, Bronze |
| G u | 416 | Bronzeuhr, Kamel | A R | 784 | Uhr, Bronze |
| G u | 384 | " | A R | 818 | Büste Marmor |
| L R | 765 B | Hammer | A R | 719 abc | 2 Ständer |
| L R | 765 A | " | A R | 452 ab | 2 Vasen |
| L R | 841 | gotischer Kasten | A R | 1o38 | Lederpult |
| L R | 689 | " " | A R | 1o72 | Lederschatulle |
| L R | 256 | goldene Sänfte | A R | 137 | Salzfaß, Holz |
| L R | 28o | Kästchen | A R | 1727 | Tintenzeug |
| L R | 3o2 A | Kindersessel | A R | 2688 | got. Monette |
| L R | 257 | Schlitten | A R | 1873 | Nußknacker |
| A R | 148 | Kummet | A R | 173 | Sänfte |
| A R | 111 | " | A R | 2631 | Silbergürtel |
| ARR | 19oo | Schatulle | A R | 27o6 | Silbermedaillon |
| A R | 2756 | Fächer | A R | 2633 | Silberbecher |
| A R | 1927 | Maßstab | A R | 2628 | Bronzeuhr |
| A R | 1846 | Keramik | A R | 2954 | Elfenbeinbecher |

**Abb. 32**
Die erste Seite der „Wunschliste" des Oberösterreichischen Landesmuseums betreffend die enteigneten Kunstsammlungen Wiens, 1939

- 37 -

**Kunstwerke aus dem beschlagnahmten**

**Wiener Besitz**

**Für das Landesmuseum Linz**

| | |
|---|---|
| Gestrickte Seidenjacke | LR 40 |
| Holzstatue, Hl. Rocchus | 54 |
| Dekorationsschlitten | 257 |
| Sänfte | 266 |
| Kleine Innungstruhe | 280 |
| Poule-Tisch | 300 |
| Ochsenzunge | 353 |
| Kugelbeutel | 363 |
| koptischer Gewebe | 393 |
| Schreibkabinett | 336 |
| 3 Taschen | 487 |
| 10 St. Puppengeschirr | 514 |
| Deckelkassette | 767 |
| Apostel Jakobus Relief | 798 |
| 2 Hämmer | 765 a,b |
| 4 Kindersessel | 302 |
| Terrakotta-Statuette | 481 |
| Teil einer Turnierlanze | 677 |
| Schreibkommode | 800 |
| Brettsäge | 820 |
| 2 Schränke | 894 |
| 2 fliegende Cherubsfiguren | 825 |
| gotischer Kasten | 841 |

**Abb. 33**
Aus der Zuteilungsliste von enteigneten Kunstwerken aus Wien, erstellt von Hans Posse

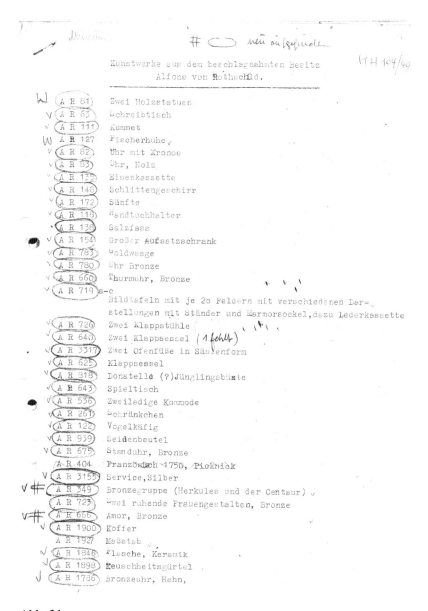

**Abb. 34**
Teil einer Liste von beschlagnahmten Kunstwerken der Sammlung Rothschild, die 1940 dem Oberösterreichischen Landesmuseum zugeteilt wurden. Die Markierungen stammen aus der Phase der Rückstellung.

**Abb. 35**
Seidenkleid aus der Sammlung Rothschild. Stammt aus der 1940 zugewiesenen Position „AR 2223 - Linzer Kostüm mit Goldhaube"

**Abb. 36**
Matthias May, Brustbild einer Dame.
Spende Hugo Schwarz 1948

**Abb. 37**
Hugo Schwarz mit seinen Töchtern, Salzburg 1993

Hier in diesem Himmelbett schlief der Judensproß Hugo Mostny. Gefälschte Engelsfiguren und Heiligenbilder mußten ihm bei seinen widerwärtigen Schweinereien zusehen.

**Abb. 38 und 39**
Kampagne gegen die Unternehmerfamilie Mostny in jener Woche des Jahres 1938, als das Novemberpogrom („Reichskristallnacht") veranstaltet wurde. Mit antisemitischen Verleumdungen versuchten die Nationalsozialisten die Stimmung anzuheizen. Die Firmen im Familienbesitz wurden ebenso beschlagnahmt wie Kunstgegenstände, darunter auch das hier abgebildete Himmelbett. Es gelangte durch die Gestapo in das Oberösterreichische Landesmuseum und wurde 1947 restituiert.

**Abb. 40**
Schnappschuss mit Mitgliedern der Familie Mostny vor 1938. Im Hintergrund Hugo und Inka Mostny

**Abb. 41**
Juan Mostny, geboren 1901 als Hans Mostny in Linz. Er flüchtete vor den Nationalsozialisten ebenso wie die meisten Familienmitglieder nach Südamerika. Juan Mostny übersandte 1994 Material in Erinnerung an seinen Onkel Leopold Mostny, der von der SS im Alter von 100 Jahren (!) in das KZ Theresienstadt transportiert wurde und dort verstarb.

**Abb. 42**
Aus dem Bestand der „Collecting Point"-Bilder: Eduard Young, Hochzeitszug im Gebirge (OÖLM G 1624)

**Abb. 43**
Aus dem Bestand der „Collecting Point"-Bilder: Hans Makart, Die Ernte (OÖLM G 1625)

**Abb. 44**
Aus dem Bestand der „Collecting Point"-Bilder: Ferdinand von Rayski, Hasenjagd im Winter (OÖLM G 1627)

**Abb. 45**
Aus dem Bestand der „Collecting Point"-Bilder: Unbekannter Meister (Venezianisch), Feldherr vor einem Dogen (OÖLM G 1633)

**Abb. 46**
Aus dem Bestand der „Collecting Point"-Bilder: August Galimard, Leda mit dem Schwan (OÖLM G 1635)

**Abb. 47**
Aus dem Bestand der „Collecting Point"-Bilder: August Fink,
Winterlandschaft mit Weiden (OÖLM G 1636)

**Abb. 48**
Aus dem Bestand der „Collecting Point"-Bilder: Eduard Schulz-
Briesen, Bauernrauferei im Wirtshaus (OÖLM G 1637)

**Abb. 49**
Aus dem Bestand der „Collecting Point"-Bilder: Gerard de Lairesse, Anbetung der Könige (OÖLM G 1638)

Bildteil II

**Abb. 50**
Aus dem Bestand der „Collecting Point"-Bilder: Otto von Kameke,
Landschaft bei Chamonix (OÖLM G 1639)

**Abb. 51**
Aus dem Bestand der „Collecting Point"-Bilder: Philipp Peter Roos,
Hirte mit Herde (OÖLM G 1644)

**Abb. 52**
Aus dem Bestand der „Collecting Point"-Bilder: Claes Molenaer, Winterlandschaft (OÖLM G 1645)

**Abb. 53**
Aus dem Bestand der „Collecting Point"-Bilder: Robert Kummer, Gebirge (OÖLM G 1648)

**Abb. 54**
Aus dem Bestand der „Collecting Point"-Bilder: Carlo Cignani, Das Urteil des Paris (OÖLM G 1680)

**Abb. 55**
Aus dem Bestand der „Collecting Point"-Bilder: Friedrich Gauermann, Landschaft mit Kühen (OÖLM G 1682)

**Abb. 56**
Aus dem Bestand der „Collecting Point"-Bilder: Ludwig Hofelich, Landschaft bei Bernried am Wurmsee (OÖLM G 1628)

**Abb. 57**
Aus dem Bestand der „Collecting Point"-Bilder: Philipp Peter Roos-Nachfolger (Unbekannter Meister), Reitender Schäferknabe (OÖLM G 1683)

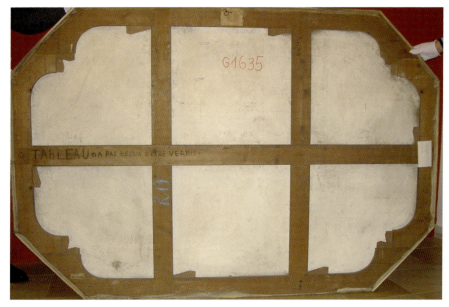

**Abb. 58**
Rückseitendokumentation. Von allen „Collecting Point"-Bildern wurden auch die Rückseiten untersucht, auf denen sich wertvolle Hinweise hinsichtlich der Provenienzstationen von Bildern finden können. Hier die Rückseite des Bildes „Leda mit dem Schwan" von August Galimard.

**Abb. 59**
Rückseitendokumentation – Detailansicht: Die auf der Rückseite des Bildes „Urteil des Paris" von Carlo Cignani notierten Nummern stammen aus den Depots Kremsmünster („K-Nummer" in schwarz) und St. Agatha (blau).

**Abb. 60**
Für das Bild „Knabe im Hühnerhof", das ebenfalls aus dem „Collecting Point"-Bestand stammt, konnte die frühere Besitzerin ermittelt werden. Im Juni 2003 wurde das Gemälde in einer feierlichen Zeremonie im Oberösterreichischen Landesmuseum an die Tochter und Enkelin der Besitzerin übergeben.

**FRIEDRICH BUCHMAYR**

KUNSTRAUB HINTER KLOSTERMAUERN.
ASPEKTE DER ENTEIGNUNG UND DER RESTITUTION
VON KUNSTWERKEN UND KULTURGÜTERN IN DEN
OBERÖSTERREICHISCHEN STIFTEN UND KLÖSTERN

So „uneinheitlich und widerspruchsvoll" die allgemeine Religionspolitik der Nationalsozialisten war, so einig war man sich in der Ablehnung des katholischen Ordenslebens.[1] In einer Geheimanweisung des Reichssicherheitsdienstes vom 15. Februar 1938 hieß es: „Die Orden sind der militante Arm der katholischen Kirche. Sie müssen daher von ihren Einflußgebieten zurückgedrängt, eingeengt und schließlich vernichtet werden."[2] Bei den Beschlagnahmen der Stifte und Klöster durch die Nationalsozialisten handelte es sich nicht um einzelne Willkürakte lokaler Behörden, sondern um eine groß angelegte systematische Aktion. Johann Großruck, ein Mitarbeiter der Österreichischen Historikerkommission, hob in Bezug auf die Stifte in Oberösterreich die „gerade durch die Bei- sowie Einbeziehung der Gestapo unterstrichene Radikalität der Vorgangsweise" bei den Beschlagnahmen hervor. Dies deutete, so Großruck, „auf einen inszenierten Vernichtungskampf hin, den die NS-Machthaber ganz gezielt gegen die Stifte als die traditionellen und im Bewusstsein der Bevölkerung tief verwurzelten Zentren des Katholizismus führten." Die Aggressoren hätten dabei „tatsächlich die für die Zeit nach dem ‚Endsieg' vorgesehene ‚Vernichtung' der Kirche(n) ins Auge gefasst".[3]

Die Kunstpolitik der Nationalsozialisten war eng mit ihren politischen und ideologischen Zielen verknüpft. Der „allmählich eskalierende Krieg der NS-Führung gegen die katholische Kirche fand seinen Ausdruck in der Art und Weise, wie sie über Kunstwerke verfügte, die in kirchlichem Besitz waren",

---

[1] Enzyklopädie des Nationalsozialismus. Hg. v. Wolfgang Benz u.a. (Stuttgart 31998) 476 („Polykratie der Religionspolitik"). Am langfristigen Ziel der Ausschaltung der Kirche(n) ließen die Nationalsozialisten aber keinen Zweifel. Vgl. John S. Conway, Die nationalsozialistische Kirchenpolitik 1933-1945. Ihre Ziele, Widersprüche und Fehlschläge (München 1969) 297-304.

[2] Zit. nach Johann Neuhäusler, Kreuz und Hakenkreuz. Der Kampf des Nationalsozialismus gegen die katholische Kirche und der kirchliche Widerstand I (München 1946) 123 mit weiteren NS-Dokumenten zum Vorgehen gegen die Orden.

[3] Johann Großruck, Vermögensentzug und Restitution betreffend die oberösterreichischen Stifte mit den inkorporierten Pfarren (Veröffentlichungen der Österreichischen Historikerkommission. Vermögensentzug während der NS-Zeit sowie Rückstellungen und Entschädigungen seit 1945 in Österreich 22/4, Wien 2004) 17.

registrierte der Kunstraubexperte Jonathan Petropoulos.[4] Dieser allgemeine Befund von Petropoulos wird durch die konkreten Vorfälle rund um die Kunstsammlungen der Stifte und Klöster Oberösterreichs bestätigt. Es begann mit einer auf den ersten Blick unverdächtigen Inventarisierungsaktion im Jänner 1939 und führte bei den meisten Stiften über die Beschlagnahme hin zur Enteignung. Der Wiener Historiker Robert Holzbauer hat zu Recht das Ausmaß des Kunstraubs an Stiften und Klöstern hervorgehoben: „Die nationalsozialistischen Entziehungsmaßnahmen erreichten aber auch gegenüber kirchlichen Einrichtungen beträchtliche Dimensionen; als systematische und ideologisch determinierte Maßnahmen erfüllen sie durchaus die ... Kriterien für nationalsozialistischen Kunst- und Kulturraub."
Vor diesem Hintergrund fällt die mangelnde Präsenz des Themas kirchlicher Kulturgutraub in der allgemeinen Kunstraubdebatte auf. Holzbauer gibt eine plausible Erklärung dafür: „Weil diese Maßnahmen meist unmittelbar nach dem Krieg wieder rückgängig gemacht wurden, stellen sie heute kein unerledigtes ‚Problem' dar."[5] Es wird sich zeigen, dass die Restitutionen „meist", also tatsächlich nicht in allen Fällen erfolgt sind.
Die Historikerkommission der Republik Österreich hat keine Gesamtstudie zum Vermögensentzug und zur Restitution und Entschädigung des Vermögens der katholischen Kirche durchgeführt, sondern mehrere regionale Einzelstudien vorgelegt.[6] Im Endbericht über „Vermögensentzug und Restitution betreffend die oberösterreichischen Stifte mit den inkorporierten Pfarren", der sich auf das gesamte Vermögen der Stifte erstreckte, wird das Schicksal der Klosterkunstsammlungen nur gestreift und kein aktueller Stand der Restitution wiedergegeben. Der Verfasser sah sich zur ausdrücklichen Feststellung genötigt, dass es sich dabei nur um einen „Versuch" handelte.[7] Dies war nicht zuletzt auf die Fülle von relevanten, aber gleichzeitig oft schwer zugänglichen Archivalien in den oberösterreichischen Stiften und Klöstern zurückzuführen. In den erwähnten Schadensberechnungen sind die Schäden an und Verluste von Kunstgegenständen nie erfasst, die zum

---

[4] Petropoulos, Kunstraub 311.

[5] Robert Holzbauer, NS-Kunstraub in Österreich. Von 1938 bis heute. Ein Überblick. In: Österreich in Geschichte und Literatur 46 (2002) 151-163, 155.

[6] Irene Bandhauer-Schöffmann, Entzug und Restitution im Bereich der Katholischen Kirche; Stefan Spevak, NS-Vermögensentzug, Restitution und Entschädigung in der Diözese St. Pölten; Siegfried Kristöfl, Die Liquidationsstelle der katholischen Verbände. Zur Auflösung der katholischen Vereine in der Diözese Linz – Gau Oberdonau; Großruck, Vermögensentzug, alle erschienen in Wien 2004 als Bände 22/1 bis 22/4 der Reihe „Veröffentlichungen der Österreichischen Historikerkommission. Vermögensentzug während der NS-Zeit sowie Rückstellungen und Entschädigungen seit 1945 in Österreich".

[7] Großruck, Vermögensentzug 5f.

Teil erheblich waren. Es lagen hierfür in den Akten keine entsprechenden Berechnungen aus der Zeit nach 1945 vor.
Hier wird deshalb der Weg gewählt, am Beispiel eines einzelnen Stifts – des Stifts St. Florian – exemplarisch das Schicksal der Klosterkunstsammlungen in der NS-Zeit nachzuzeichnen und erstmals klar festzustellen, welche Kunstwerke entzogen, verschleppt, enteignet und restituiert wurden bzw. noch immer verschollen sind. Ein erstes Resümee zur Geschichte des Stifts St. Florian und anderer oberösterreichischer Stifte im Nationalsozialismus publizierte Stiftsarchivar Karl Rehberger. Freilich konnte er in seinem historischen Gesamtüberblick nicht näher auf die Kunstbestände der Stifte und Klöster eingehen.[8] Hanns Kreczi befasste sich ausführlich mit den musikalischen Plänen der Nationalsozialisten in St. Florian.[9] Der Verfasser der vorliegenden Studie streifte in zwei Publikationen die Thematik Kunstraub und St. Florian.[10] Auf den verdienstvollen Endbericht für die Österreichische Historikerkommission über Vermögensentzug und Restitution in den oberösterreichischen Stiften von Johann Großruck soll bei dieser Gelegenheit erneut verwiesen werden.
In den Stiften wurden nicht nur Kunstwerke im engeren Sinn gesammelt, sondern Kulturgüter im umfassenden Sinn.[11] Wenn auch die traditionellen Kunstsammlungen (Gemälde-, Skulpturen- und Grafiksammlungen) im Mittelpunkt der folgenden Untersuchung stehen, so wird doch versucht, das Schicksal der übrigen klösterlichen Kulturgutsammlungen (Bibliotheken, Archive, kunstgewerbliche und naturwissenschaftliche Sammlungen, Münzsammlungen usw.) nicht ganz auszuklammern. All diese Sammlungsbereiche waren gleichermaßen dem Zugriff der Nationalsozialisten ausgesetzt.

---

[8] Vgl. Karl Rehberger, Die Stifte Oberösterreichs unter dem Hakenkreuz. In: Das Bistum Linz im Dritten Reich. Hg. v. Rudolf Zinnhobler (Linzer Philosophisch-theologische Reihe 11, Linz 1979) 244-294 und den darauf basierenden Aufsatz über St. Florian in: Österreichs Stifte unter dem Hakenkreuz. Zeugnisse und Dokumente aus der Zeit des Nationalsozialismus 1938 bis 1945. Hg. von der Österreichischen Superiorenkonferenz (Ordensnachrichten 34 (1995) H. 4A) 97-108.

[9] Hanns Kreczi, Das Bruckner-Stift St. Florian und das Linzer Reichs-Bruckner-Orchester 1942-1945 (Anton Bruckner Dokumente und Studien 5, Graz 1986).

[10] Vgl. Friedrich Buchmayr, Der Priester in Almas Salon. Johannes Hollnsteiners Weg von der Elite des Ständestaats zum NS-Bibliothekar (Weitra 2003) und Ders., „Aufs Großartigste auszubauen ...". Nationalsozialistische Pläne und Utopien rund um das Stift St. Florian. In: kunst – kommunikation – macht. Sechster Österreichischer Zeitgeschichtetag 2003. Hg. v. Ingrid Bauer u.a. (Innsbruck 2004) 37-41.

[11] Vgl. dazu die Einführung des Begriffs Kulturgutraub anstelle von Kunstraub bei Anja Heuss, Kunst- und Kulturgutraub. Eine vergleichende Studie zur Besatzungspolitik der Nationalsozialisten in Frankreich und der Sowjetunion (Heidelberg 2000) 9.

## 1. Die Kunstsammlungen der oberösterreichischen Stifte und Klöster in der NS-Zeit am Beispiel von St. Florian

### Vorzeichen

Aufgrund des konkordatslosen Zustands, den Adolf Hitler wenige Monate nach dem „Anschluss" für Österreich proklamiert hatte, wurde die Kirchenfrage anders als im „Altreich" durch den Reichsstatthalter und den jeweiligen Gauleiter geregelt. In der Praxis hing die Intensität des nationalsozialistischen Kirchenkampfes weitgehend von der Person des Gauleiters ab.[12] Beim Gauleiter Oberdonaus, August Eigruber, gab es vereinzelt kirchenfreundliche Gesten, die aber nichts an der geschilderten grundsätzlich kirchenfeindlichen Haltung des Nationalsozialismus änderten, die Eigruber voll mittrug. Nach mehreren Klosterbeschlagnahmen erklärte der Gauleiter im Jänner 1941 in einer parteiinternen Flugschrift unverhohlen: „Mit politischen u. moralischen Lumpen solcher Art kann keine andere Sprache gesprochen werden. Ich hoffe nur, dass besonders die kath. Geistlichen, hauptsächlich alle Ordensbrüder, in Zukunft einen besseren Lebenswandel führen, um nicht noch strenger gegen sie vorgehen zu müssen. Im übrigen ist es nicht sonderlich angenehm, dass es solche moralisch u. politisch verkommenen Elemente im deutschen Volke noch gibt."[13]

Propst Vinzenz Hartl versuchte in den ersten Wochen nach dem „Anschluss", über kleinere Zugeständnisse einen Modus Vivendi mit den neuen Machthabern zu finden. Am 15. März 1938 durchsuchten Polizei und SA das Stift St. Florian nach Waffen, allerdings ohne Erfolg.[14] Im Vorfeld der Volksabstimmung, bei der sich der Chorherr Alois Nikolussi stark zu Gunsten der Nationalsozialisten exponierte, kam von der Leitung des Stiftsgymnasiums eine Loyalitätsbekundung an Gauleiter Eigruber, der sich darüber höchst erfreut gab.[15] Das devote Schreiben aus St. Florian stand im Zusam-

---

[12] Österreichs Stifte unter dem Hakenkreuz. Hg. von der Österreichischen Superiorenkonferenz 12.

[13] Stiftsarchiv St. Florian (künftig StfA), NS-Akten I: Information des Gauleiters Eigruber vom 27. 1. 1941 (Flugschrift).

[14] III. Jahresbericht des Stiftsgymnasiums St. Florian (1937/38) 9f.

[15] StfA, NS-Akten I: Propst Hartl und Direktor Hager an Gauleitung (Brief vom 3. 4. 1938) und Antwort von Gauleiter Eigruber vom 6. 4. 1938: „Für Ihr Schreiben vom 3. April 1938 danke ich verbindlichst. Es freut mich aufrichtig, daß das Augustiner-Chorherrenstift die Disziplin so hoch hält und den Namen des Führers mit allen Kräften schützt und verteidigt. Ich danke der Stiftsvorstehung, der Direktion und

menhang mit der Entlassung des Reichersberger Klerikers und Studenten der St. Florianer Hauslehranstalt Lambert Weißl am 2. April 1938. Weißl hatte ein Schimpfgedicht auf den „Führer" in eine Bank geritzt und kam nach seiner Verurteilung in das KZ Dachau.[16] Nikolussi wurde zum kommissarischen Beirat des Stiftsgymnasiums bestellt. Somit ergab sich für St. Florian die kuriose Situation, dass ein Geistlicher die politische Indoktrination der Schüler zu überwachen hatte und die Schulleitung mit dem weiterhin amtierenden Direktor Leopold Hager insgesamt in geistlicher Hand verblieb.

Ungeachtet der Ergebenheitsadressen aus St. Florian und des gespielten Wohlgefallens Eigrubers kam es bald zu konkreten Forderungen seitens der Nationalsozialisten. Die Gaudienststelle „Kraft durch Freude" drängte auf Stiftsführungen zu Sonderpreisen, die Hitler-Jugend erpresste sich das Benutzungsrecht für sieben Heimräume im Stift, die Kriegsopferfürsorge zog in die Unterkunft des aufgelösten Gesellenvereins ein, wo keine Miete zu bezahlen war, und die Reichwerke Hermann Göring beanspruchten zwei Höfe für Umsiedlungszwecke aus dem Hüttengelände in Linz-St. Peter.[17] Der Bürgermeister von St. Florian ließ die vom Stift verwaltete Kleinkinderbewahranstalt im Ortszentrum für Parteiorganisationen beschlagnahmen. Das Vermögen der damit verbundenen Stiftung in der Höhe von 2.727,37 RM musste vom Stift an die NS-Volkswohlfahrt überwiesen werden.[18]

Am 9. September 1938 verfügte der Landesschulrat Oberdonau die Schließung des Stiftsgymnasiums St. Florian. Propst Hartl versuchte durch eine Eingabenflut, die Schule doch noch zu retten. Im Gesuch an Adolf Hitler vom 11. September 1938 erinnerte er an das persönliche Zusammentreffen bei der Enthüllung der Brucknerbüste in der Walhalla bei Regensburg im Jahr 1937.[19] Die rastlosen Bemühungen Hartls zogen sich bis in das Jahr 1939 hinein, blieben aber erfolglos.

Am 7. Jänner 1939 erteilte Staatskommissar Friedrich Plattner (Ministerium für innere und kulturelle Angelegenheiten) in einer geheimen Sitzung in Wien den österreichischen Gaukonservatoren die Anweisung, den beweg-

---

dem Professorenkollegium für dieses Zeichen Ihrer hohen Gesinnung und werde dies auch an geeigneter Stelle zur Kenntnis bringen." Zu Alois Nikolussi, der später von seiner NS-Sympathie wieder abrückte, vgl. Rehberger, Stifte Oberösterreichs 247f. und 263f.

[16] StfA, Akten der Theol. Hauslehranstalt: Protokollbuch 1896-1969: Eintrag vom 2. April 1938; vgl. auch Österreichs Stifte unter dem Hakenkreuz. Hg. von der Österreichischen Superiorenkonferenz 161f.

[17] Vgl. Rehberger, Stifte Oberösterreichs 248.

[18] Vgl. Egbert Bernauer, St. Florian in der NS-Zeit (Diss. Univ. Wien 2004) 62-64.

[19] StfA, NS-Akten I: Propst Hartl an Reichskanzler Hitler (Brief vom 11. 9. 1938).

lichen Kunstbesitz der Klöster zu inventarisieren. Die Sonderaktion sollte in der Zeit vom 10. bis 20. Jänner 1939 unter strengster Geheimhaltung erfolgen.[20] Im Gau Oberdonau beauftragte Landeskonservator Erwin Hainisch sechs Kunsthistoriker mit der Inventarisierung der Stifte und Klöster des Landes: Erich Strohmer und Ernst von Garger (Stift St. Florian), Ignaz Schlosser (Stift Kremsmünster), Justus Schmidt (Stifte Lambach und Schlierbach), Dr. Ernst (Stift Hohenfurt und Klöster in Krumau) und Fritz Nowotny (Stifte Schlägl, Engelszell und Reichersberg). Das Stift Wilhering, die Linzer Klöster und den Bischofshof übernahm Hainisch selbst.

Staatskommissar Plattner gab den Bearbeitern genaue Weisungen mit auf den Weg. Demnach sollten „alle Gegenstände künstlerischer, geschichtlicher und kultureller Bedeutung" erfasst und „auf der Rückseite mit einer Nummernmarke, welche den Stempel der Zentralstelle für Denkmalschutz trägt, versehen" werden. Ziel wäre der bessere Schutz der Kunstobjekte und die Verhinderung ihres Verkaufs ohne Zustimmung des Bundesdenkmalamts. Schäden und Verluste waren genau zu registrieren. Sollten Kunstgegenstände durch unsachgemäße Verwahrung gefährdet sein oder die Gefahr eines widerrechtlichen Verkaufs bestehen, so hätten die Beamten „Sicherstellungsmassnahmen vorzubereiten" und einen entsprechenden Antrag bei der Zentralstelle für Denkmalschutz in Wien einzubringen.[21] Nach dem Abschluss der Sonderaktion gingen die Inventare und Berichte an die Zentralstelle für Denkmalschutz in Wien.

Erich Strohmer und Ernst von Garger führten ihre Arbeit in St. Florian vom 9. bis 18. Jänner 1939 durch. Das 28-seitige Inventar des Stifts St. Florian blieb im Bundesdenkmalamt Wien erhalten.[22] Es ist mit 20. Jänner 1939 datiert, enthält 501 Posten und ist von den Bearbeitern signiert. Im Bericht dazu heißt es: „Die Unterzeichneten hatten bei ihrer Arbeit keinerlei Schwierigkeiten und der Abt des Stiftes hat zu allen Räumen den Zugang ermöglicht." Die Kunsthistoriker konnten dem Stift St. Florian keinerlei Unregelmäßigkeiten anlasten. „Bei der Aufnahme wurden die vorhandenen teils gedruckten, teils handschriftlichen Verzeichnisse und Inventare zur Grundlage genommen, wobei festgestellt wurde, dass nichts Wesentliches gegenüber alten Verzeichnissen fehlt. Für einige Stücke, welche derzeit nicht am Platze waren, konnte deren Entlehnung konstatiert werden." Die

---

[20] Bundesdenkmalamt (künftig BDA) Linz, Kunstschätze in den Klöstern: Zl. 36/1939, Reichsstatthalter Wien an BDA Linz (Brief vom 23. 12. 1938 mit der Einladung zur Sitzung und Skizzierung der Aktion).

[21] Ebd., Weisungen für die Verzeichnung des Kunstbesitzes in den Klöstern.

[22] BDA Wien, Restitutionsmaterialien, Karton 19/1, Mappe 27: Inventar vom 20. 1. 1939.

Aufkleber auf den Kunstgegenständen hatten die Form eines Rundstempels und trugen die Inschrift: „Min. f. Inn. u. kult. Ang. Abt. IV. Zentralstelle für Denkmalschutz". In das freie Mittelfeld wurde die neue Inventarnummer eingetragen. Die Gegenstände in den Kaiserzimmern, in der Prälatur, im Dekanat und in der Sakristei erhielten aus restauratorischen Gründen keine Nummernmarken, stattdessen wurden 99 Fotos angefertigt und dem Bericht beigelegt.[23]

Die Inventarisierung in St. Florian war damit aber nicht abgeschlossen, denn am 23. Jänner 1939 kündigte Landeskonservator Erwin Hainisch brieflich den Besuch des Prähistorikers Kurt Willvonseder zur Inventarisierung der Prähistorischen Sammlung des Stifts St. Florian an.[24] Propst Vinzenz Hartl antwortete: „Die Besichtigung unserer ‚Altertümer' ist für Jeden, der sich ausweist, gestattet. Allerdings wurden ja unsere Kunstschätze ohnehin schon von einer Kommission aufgenommen."[25] Ein entsprechendes Inventar blieb aber nicht erhalten.

Vom 22. bis 24. Februar 1939 inventarisierten Mitarbeiter des Oberösterreichischen Landesarchivs das Stiftsarchiv St. Florian und legten am 11. März ihren Abschlussbericht vor.[26] Fünf besonders wertvolle Handschriften wurden durch zwei Sternchen hervorgehoben. Ein halbes Jahr später ersuchte der Direktor des Oberösterreichischen Landesarchivs, Johann Zibermayr, den St. Florianer Propst Vinzenz Hartl, zwei der fünf ausgezeichneten Handschriften „käuflich dem Landesarchiv abtreten zu wollen", und bot dafür „den angemessenen Betrag von 1300.- RM".[27] Es handelte sich um zwei prunkvolle Urbare. Das Urbar (Güterverzeichnis) der Herrschaft Schaunberg (1371) enthält auf 232 Pergamentblättern viele farbige Initialen und wurde von Zibermayr als „das älteste Urbar einer weltlichen Grundherrschaft im ehemaligen Oberösterreich" bezeichnet.[28] Das noch ältere und großformatige Baumgartenberger Urbar (um 1335/40) ist eine historisch wie kunsthistorisch bedeutende Pergamenthandschrift mit zwei

---

[23] Ebd.: Strohmer und Garger an Zentralstelle für Denkmalschutz Wien (Brief vom 25. 1. 1939).

[24] BDA Linz, Kunstschätze in den Klöstern: Einlagebl. 2 zu Zl. 36/1939, Landeskonservator Hainisch an Stiftsvorstehung St. Florian (Brief vom 23. 1. 1939).

[25] Ebd.: ad Zl. 36/1939/II, Propst Hartl an Landeskonservator Hainisch (Brief vom 27. 1. 1939).

[26] StfA, Handschriftenkasten: Bericht über die am 22.-24. Februar 1939 vorgenommene Aufnahme des Stiftsarchivs St. Florian, datiert mit 11. März 1939, unterzeichnet von Hans Sturmberger und Alfred Hofmann (Kopie).

[27] StfA, Kunstverkäufe: Direktor Zibermayr an Propst Hartl (Brief vom 16. 10. 1939).

[28] Ignaz Zibermayr, 43. Jahresbericht (1939). In: Jahrbuch des Vereines für Landeskunde und Heimatpflege im Gau Oberdonau, früher Jahrbuch des Oberösterreichischen Musealvereines (künftig JbOÖM) 89 (1940) 301-307, 303.

ganzseitigen Miniaturen zur Gründungsgeschichte des Klosters Baumgartenberg. Propst und Stiftskapitel von St. Florian stimmten dem Verkauf nach einer neuerlichen Urgenz Zibermayrs schließlich zu.[29] Zibermayr nahm sich daraufhin nicht einmal Zeit, die Auszahlung der Ankaufssumme durch den Finanzreferenten der Landshauptmannschaft Oberdonau abzuwarten, sondern streckte den Betrag vor und ließ die Handschriften am 18. Dezember 1939 abholen.[30] Nach mündlicher Auskunft von Stiftsarchivar und -bibliothekar Karl Rehberger ist die Freiwilligkeit des Verkaufs dieser beiden wertvollen Handschriften ebenso in Frage zu stellen wie die Angemessenheit des Verkaufspreises.

Eng in die Sonderaktion zur Klösterinventarisierung eingebunden war Kajetan Mühlmann, der im Ministerium Plattners die Abteilung IV, Gruppe 4 (Kunstpflege und Museen) leitete. Mühlmann bot am 3. Februar 1939, also unmittelbar nach der Inventarisierungsaktion, seinem Gönner Hermann Göring u. a. zwei Tafelbilder an, die „wahrscheinlich aus dem Kloster St. Florian bei Linz u.zw. aus der Altdorferschule stammen dürften".[31] Auf Görings Interesse an Kunstwerken aus oberösterreichischen Stiften wird an anderer Stelle noch zurückzukommen sein. Hermann Göring hatte Mühlmann schon vor dem „Anschluss" mehrfach als Kunstagenten zu Rate gezogen und ihn in sein Haus auf dem Obersalzberg eingeladen, um sich über mögliche Kunsterwerbungen in Österreich zu informieren.[32] Gleich nach dem „Anschluss" ließ Göring Mühlmann mehrmals zu sich rufen, „weil er verschiedene Kunstwerke kaufen wollte".[33] Im April 1938 vermittelte Kajetan Mühlmann dem Generalfeldmarschall ein Gemälde aus dem Salzburger Benediktinerstift St. Peter.[34]

---

[29] Oberösterreichisches Landesarchiv (künftig OÖLA), Amtsakten, Sch. 41: Zl. 1003/1939, Ankauf des Schaunberger Urbares und des Baumgartenberger Kopialbuches vom Stift St. Florian, Direktor Zibermayr an Propst Hartl (Brief vom 30. 11. 1939).

[30] Ebd.: Direktor Zibermayr an Finanzreferent Danzer (Brief vom 19. 12. 1939).

[31] National Archives Washington, Record Group 260/486: Mühlmann an Göring (Brief vom 3. 2. 1939). Es ist nicht klar, um welche Tafelbilder es sich handelte bzw. ob Göring diese schließlich erwarb. Zur Liste vgl. auch Jonathan Petropoulos, The Faustian Bargain. The Art World in Nazi Germany (Harmondsworth 2000) 183.

[32] Der Hochverratsprozeß gegen Dr. Guido Schmidt vor dem Wiener Volksgericht (Wien 1947) 246 (Zeugenaussage Mühlmann). Zur langjährigen Bekanntschaft Mühlmanns mit den Göringschwestern und zu den Treffen Mühlmanns mit Hermann Göring schon vor 1938 vgl. Petropoulos, Faustian Bargain 173. Göring war mit Mühlmanns Arbeit so zufrieden, dass er ihn 1939 zum „Sonderbeauftragten für die Erfassung und Sicherung der Kunstschätze" im Generalgouvernement Polen ernannte. In dieser Funktion setzte Mühlmann umfangreiche Kunstraubaktivitäten.

[33] Der Hochverratsprozeß gegen Dr. Guido Schmidt 252 (Zeugenaussage Mühlmann).

[34] Petropoulos, Faustian Bargain 179.

Im März 1939 bemächtigten sich endgültig die politischen Kräfte des Landes der Klosterkunstinventare. Landeskonservator Hainisch schickte Abschriften der Inventare, wie sich am Beispiel der Linzer Klöster, des Bischofshofs und der Stifte Wilhering, Lambach und Schlierbach nachweisen lässt, nicht nur an die Landeshauptmannschaft, sondern auch an die Geheime Staatspolizei (Gestapo) und an den Sicherheitsdienst.[35] Dies lässt auf erste Planungen zur Beschlagnahme der Stifte in Oberdonau schließen. Das Stift Göttweig war kurz zuvor, am 17. Februar 1939, unter Zwangsverwaltung gestellt worden, nachdem die ersten Stifte in Österreich schon 1938 (St. Lambrecht, Admont) beschlagnahmt worden waren.[36] Nach der Aktion in Göttweig machte sich der Kremsmünsterer Pater Richard Rankl keine Illusionen mehr über die bevorstehende Entwicklung: „Die Situation unserer Stifte ist immer mehr eine labile – … Man geht langsam vor – aber an der Absicht, die Kirche und das Christentum zu unterdrücken und auszurotten – ist nicht mehr zu zweifeln".[37] Gaukonservator Franz Juraschek, der im April 1939 dem aus rassischen Gründen zwangspensionierten Hainisch im Amt nachfolgte, sollte freilich 1947 beteuern, dass die Inventarisierung des klösterlichen Kunstbesitzes „vielfach mißverstanden" und zu Unrecht „als Vorbote der Klosteraufhebung" gedeutet worden wäre. Die Denkmalpfleger hätten in Wahrheit aus der Sorge heraus gehandelt, „nach dem Fallen der Grenzen gegen Deutschland könnte Wertvollstes unkontrolliert seinen Weg nach auswärts nehmen".[38] Der Tiroler Gaukonservator Oswald Trapp sah hingegen rückblickend die Inventarisierungsaktion, die in den Tiroler Klöstern bereits unter Gestapoaufsicht stattfand, eindeutig als „Auftakt zur Säkularisierung der Klöster".[39] Dass die Beamten – wie geschildert – zu „Sicherstellungsmaßnahmen" in den Stiften ermächtigt waren, unterstreicht diese Einschätzung.

---

[35] BDA Linz, Kunstschätze in den Klöstern: Zl. 36/1939, Landeskonservator Hainisch an Gestapo Linz (Brief vom 21. 3. 1939), an Landeshauptmannschaft Oberdonau (Brief vom 22. 3. 1939) und an Sicherheitsdienst Linz (Brief vom 22. 3. 1939). Im BDA Linz blieb kein einziges Klosterkunstinventar erhalten.

[36] Ein klosterfeindlicher Artikel, der nach den Beschlagnahmen von Admont und St. Lambrecht in der SS-Zeitung „Das Schwarze Korps" erschienen war, wurde in Kremsmünster beim Postamt öffentlich ausgehängt. Vgl. Stiftsarchiv Kremsmünster (künftig StAKr), Tagebuch Richard Rankl, Bd. XV: Eintrag 9. 12. 1938, 331.

[37] StAKr, Tagebuch Richard Rankl, Bd. XV: Eintrag 5. 3. 1939, 371.

[38] Franz Juraschek, Die Klosterdenkmale Oberösterreichs. Ihr Schicksal in und nach dem Kriege. In: JbOÖM 92 (1947) 84-99, 84. Zu Erwin Hainisch vgl. Theodor Brückler – Ulrike Nimeth, Personenlexikon zur Österreichischen Denkmalpflege (1850-1990) (Wien 2001) 96.

[39] Oswald Trapp, Die Kunstdenkmäler Tirols in Not und Gefahr (Innsbruck 1947) 16.

## Die Beschlagnahme des Stifts St. Florian

Nach der Beschlagnahme von Hohenfurt, das damals zum Gau Oberdonau gehörte, im Jänner 1939 und von Engelszell im Juli 1939 folgte im Sommer 1940 eine Gestapoaktion gegen eine Widerstandsgruppe in Wilhering, die zur Beschlagnahme des Stifts im November führte. Bei einer Gauleiterkonferenz im September 1940 wurden hinter verschlossenen Türen die Weichen für weitere Beschlagnahmen gestellt.
Es ging dabei vordergründig um die Ausschaltung eines ideologischen Hauptgegners. Johann Großruck fasste in seinem Bericht für die Historikerkommission die klosterfeindlichen Argumente so zusammen: „Um ‚legal' in den Genuss der Besitzungen und Erträgnisse der Stifte in Oberdonau kommen zu können, wurde der Vorwurf des ‚volks- und staatsfeindlichen' Verhaltens mit Vorhaltungen betreffend den ‚unmoralischen' und sogar ‚unchristlichen' Lebenswandel der Ordensangehörigen kombiniert."[40]
Die ideologische Begründung für die Beschlagnahme der Stifte wurde aber nach Großruck „eindeutig zum Vorwand für den nicht argumentierten ökonomischen Aspekt hochstilisiert".[41] Der Klostersturm war im Wesentlichen eine Aktion zur Beschaffung von Vermögen für den Reichsgau. Allein aus dem Verkauf von Liegenschaften des Stifts St. Florian sollten dem Reichsgau Oberdonau später 832.792 RM zufließen.[42] Das buchmäßig übernommene Stiftsvermögen von Kremsmünster betrug rund 4,5 Millionen RM.[43]
Die Kunst- und Kulturgutsammlungen der Stifte und Klöster hatten nicht nur einen hohen finanziellen Wert, sondern stellten auch einen unschätzbaren ideellen Zugewinn dar. Auf Anfrage der Gestapo erstellte Gaukonservator Juraschek am 24. April 1941 auf der Grundlage der Klosterkunstinventare von 1939 eine Kostenschätzung der in den einzelnen Stiften vorhandenen Handschriften, Bücher, Grafiken, Münzen, Möbel und sonstigen Kunstgegenstände. Für das Stift St. Florian errechnete er einen Wert von 8,140.000 RM, für das Stift Kremsmünster 3,070.000 RM, für das Stift Hohenfurt 5,150.000 RM und für das Stift Wilhering 205.000 RM.[44]

---

[40] Großruck, Vermögensentzug 19.

[41] Ebd.

[42] Helmut Fiereder, Behörden des Reichsstatthalters in Oberdonau. In: Nationalsozialismus in Linz I. Hg. von Fritz Mayrhofer und Walter Schuster (Linz 2001) 137-196, 177.

[43] Österreichs Stifte unter dem Hakenkreuz. Hg. von der Österreichischen Superiorenkonferenz 129.

[44] BDA Linz, beschlagnahmte Kunstwerke in Oberdonau: Zl. 892/41, Gaukonservator Juraschek an Gestapo Linz (Brief vom 24. 4. 1941).

Im Laufe des Jahres 1940 mehrten sich die Alarmzeichen in Richtung Beschlagnahme von St. Florian. Den Plan von Gauleiter Eigruber, das zum Stift gehörende Schloss Hohenbrunn zu beschlagnahmen und in ein Gästehaus des Reichsstatthalters umzuwandeln, brachte die dort herrschende Mückenplage zu Fall.[45] Im Oktober 1940 erfolgte die Zuweisung von Umsiedlern aus Bessarabien und der Bukowina, wodurch die Chorherren im eigenen Haus mehr und mehr zurückgedrängt wurden. Zu Jahresbeginn 1941 betrug die Zahl der Umsiedler schon etwa 1.000.[46]

Als Gaukonservator Franz Juraschek von der bevorstehenden Beschlagnahme des Stifts St. Florian erfuhr, ermutigte er den Leiter des Instituts für Denkmalpflege, Herbert Seiberl, zu einem Protestbrief an Gauleiter Eigruber. Seiberl holte in seinem Plädoyer für den Weiterbestand des Stifts historisch weit aus.

„Welchen Verlust würde es für die Welt bedeuten, wenn etwa alle die hochinteressanten buddhistischen Klöster im fernen Asien, die zahllose Reisende der ganzen Welt zu Studienzwecken besuchen, von ihren Insassen entvölkert würden und wie sehr müssen wir es heute bedauern, dass die antiken Tempel, wie der berühmte Vesta-Tempel in Rom, tote Ruinen sind. Genau so würde es für die Nachwelt einst ein Verlust sein, wenn von unseren Klosterbauten nur mehr die Mauern stünden. Unter allen ostmärkischen Klöstern wäre aber gerade St. Florian das geeignetste, um in der Zukunft als lebendiger Zeuge dieser historischen donauländischen Kultur erhalten zu werden."[47]

Herbert Seiberl wagte es aber zuletzt doch nicht, den Brief abzuschicken, der in Jurascheks Schublade liegen blieb.[48]

Am 21. Jänner 1941 erschienen etwa 50 Gestapobeamte in einer Autokolonne überfallsartig im Stift St. Florian zu einer Hausdurchsuchung. Am nächsten Tag wurde dem Prälaten Vinzenz Hartl zu seinem Namenstag der vorbereitete Bescheid – ein einseitiges Blankoformular, in das nur mehr der Name des Stifts einzusetzen war – über die Beschlagnahme des Stifts überreicht. Die tagelangen Verhöre der Ordensmitglieder waren nur mehr pro forma, um behaupten zu können, dass sich diese eines „volks- und staatsfeindlichen" Verhaltens schuldig gemacht hätten. Die Gestapo versteckte zu diesem Zweck auch noch selbst Waffen beim Einfahrtstor, die dann

---

[45] BDA Linz, Stift St. Florian, Sonderakt: Amtserinnerung Jurascheks vom 11. 11. 1940.
[46] StfA, NS-Akten I, Mappe Bessarabier.
[47] BDA Linz, Stift St. Florian, Sonderakt: Briefentwurf Seiberls an Gauleiter Eigruber, 2. 11. 1940.
[48] Ebd.: Amtserinnerung Jurascheks vom 11. 11. 1940.

triumphierend „entdeckt" wurden. Damit konnte man Legalität vortäuschen und auf den Gummiparagrafen über die „Einziehung volks- und staatsfeindlichen Vermögens im Lande Österreich" vom 18. November 1938 verweisen, der auf nichtjüdische Gegner des NS-Regimes zugeschnitten war. Die plumpe Inszenierung wurde selbst in höchsten NS-Kreisen nicht kritiklos hingenommen. Reichsminister Hans Heinrich Lammers ersuchte Reichsführer-SS Heinrich Himmler zwei Monate später, bei künftigen Beschlagnahmen von Kirchenbesitz keine so „wenig überzeugenden" Gründe mehr wie in St. Florian und St. Peter (Salzburg) anzugeben. Himmler versprach, die Gestapostellen anzuweisen, „daß sie in Zukunft bei Einziehung oder Beschlagnahme von Kirchenbesitz Gründe hierfür nur dann angeben, wenn sie dazu ausdrücklich ermächtigt sind".[49] Gauleiter Eigruber hatte übrigens am 17. Jänner 1941 von Hitler persönlich die Erlaubnis zur Beschlagnahme und Enteignung des Stifts St. Florian zugunsten des Reichsgaus Oberdonau eingeholt.[50]

Während alle Chorherren und auch der Propst ihre Zimmer nicht verlassen durften und bewacht wurden, konnte sich Johannes Hollnsteiner als Einziger frei im Stift bewegen. Der Theologieprofessor hatte in den 1930er Jahren als Beichtvater Kurt Schuschniggs und geistlicher Begleiter Alma Mahler-Werfels zur Elite des Ständestaats gezählt. Nach dem „Anschluss" verlor er seinen Dienstposten an der Wiener Universität und war knapp ein Jahr im KZ Dachau inhaftiert.[51] Nun verhandelte die Gestapo zur Überraschung seiner Mitbrüder mit ihm und überging den dazu berufenen Propst.[52] Leopold Hager, ab 1944 Propst des Stifts, erinnerte sich 1947 an Hollnsteiners „Anbiederung an die Gestapo" und fügte hinzu:

„Zum Teile gab er sich dadurch den Anschein, uns durch seine Vermittlung zu helfen und vor Schaden zu bewahren ... Er scheint tatsächlich die fixe Meinung gehabt zu haben, durch Ausnützung seiner Beziehungen oder des genossenen Vertrauens die Rolle übernehmen zu müssen, die Kunstschätze

---

[49] Bundesarchiv Berlin (künftig BAB), R 43 II: Gesprächsnotiz von Ministerialdirektor Kritzinger vom 29. 3. 1941.

[50] Ebd., Nr. 1271: Reichsleiter Bormann an Reichsminister Lammers (Brief vom 17. 1. 1941). Als Motiv nannte Eigruber demnach im Vorhinein, „Angehörige des Ordens, denen das Stift Sankt Florian gehörte, hätten wieder Verstösse gegen Partei und Staat begangen". Er spielte damit wohl auf die „Österreichische Freiheitsbewegung" um den Klosterneuburger Augustiner-Chorherrn Karl Roman Scholz an und stilisierte das Faktum der gleichen Ordenszugehörigkeit zum Grund für die Beschlagnahme von St. Florian hoch. Vgl. dazu Österreichs Stifte unter dem Hakenkreuz. Hg. von der Österreichischen Superiorenkonferenz 38.

[51] Buchmayr, Priester.

[52] Das hing mit seiner schriftlichen Loyalitätserklärung gegenüber der Gestapo vom 26. Mai 1939 zusammen. Vgl. Buchmayr, Priester 196-201.

des Stiftes vor dem Zugriff raublustiger Kräfte schützen zu müssen – freilich, um dadurch sich eine Stellung zu sichern, die seine anderen Pläne ermöglichen sollte."[53]

Im Rahmen der sechstägigen Beschlagnahmeaktion begab sich auch Gauleiter Eigruber persönlich nach St. Florian. Ein Foto, vermutlich am 23. Jänner 1941 aufgenommen, zeigt Johannes Hollnsteiner mit Schlüsselbund als Führer durch die Kunstsammlungen, wie er Gauleiter August Eigruber und seinen Begleitern zulächelt. Anton Fellner, der Kulturbeauftragte des Gauleiters, wurde von Reichsstatthalter August Eigruber mit der Gesamtleitung aller weiteren Maßnahmen nach der Beschlagnahme betraut.

Die Gestapobeamten ließen sich einige Tage Zeit, ehe sie den Denkmalschutz von der Beschlagnahme St. Florians informierten und zu den Kunstsammlungen des Stifts vorließen. Am 25. Jänner 1941 besichtigte Fellner zusammen mit dem Leiter der Kunstabteilung des Landesmuseums, Justus Schmidt, sowie mit Gaukonservator Franz Juraschek und dessen Stellvertreter Louis Adalbert Springer das Stift. Johannes Hollnsteiner übernahm die Führung. Unter Berücksichtigung entsprechender Wünsche des „Führers" kam man überein, die Kunstsammlungen und die Bibliothek im Stift zu belassen und hier die Bruckner-Gesellschaft, eine Bruckner-Musikhochschule (später auf ein Musisches Gymnasium reduziert) und eine Reichsdirigentenhochschule unterzubringen. Die repräsentativen Räume behielt sich Reichsstatthalter und Gauleiter August Eigruber für Empfänge und Veranstaltungen vor.[54]

Noch am gleichen Tag beauftragte Anton Fellner den Gaukonservator Franz Juraschek mit der „Wahrung aller denkmalpflegerischen Aufgaben im Stift St. Florian" und Justus Schmidt mit der „Betreuung der musealen Sammlungen" des Stifts.[55] Juraschek informierte seinerseits den Sonderbeauftragen für das „Führermuseum", Hans Posse, von der Beschlagnahme und insbesondere vom Wunsch des „Führers" bezüglich der Stiftssammlungen: „Über Vorschlag des Herrn Reichsstatthalters hat der Führer verfügt, dass die Kunstsammlungen von St. Florian dort zu verbleiben haben."[56]

---

[53] Österreichisches Staatsarchiv (künftig ÖStA), Archiv der Republik, Bundesministerium für Unterricht, Personalakt Hollnsteiner: Propst Hager an das Bundesministerium für Unterricht (Brief vom 27. 12. 1947).

[54] BDA Linz, Stift St. Florian, Beschlagnahme: Zl. 156/41, Amtserinnerung Springers vom 25. 1. 1941.

[55] BDA Linz, Stift St. Florian, Sonderakt: Kulturbeauftragter Fellner an Gaukonservator Juraschek (Brief vom 25. 1. 1941).

[56] Ebd.: Landeskonservator Juraschek an Hans Posse (Brief vom 25. 1. 1941).

Johannes Hollnsteiner baute seine Kontakte zu den maßgeblichen Leuten im Gau Oberdonau sukzessive aus. Im März 1941 ernannte ihn die Gestapo zum kommissarischen Leiter der Kunstsammlungen des Stifts St. Florian.[57] Offensichtlich verfügte man in den eigenen Reihen über keinen entsprechend qualifizierten Mann und war an einer Kooperation mit dem Insider und ausgewiesenen Fachmann interessiert, der zwar kein Parteigenosse war, aber seine Loyalität deutlich bekundet hatte. Kommissarischer Hauptverwalter des beschlagnahmten Stifts St. Florian wurde Graf Douglas O'Donnell, der dieses Amt schon für das 1939 beschlagnahmte Stift Engelszell bekleidet hatte. O'Donnell hatte vor 1938 in seinem Bauernhof in der Gemeinde Pichling bei Linz die illegale Gauleitung und die Redaktion des „Österreichischen Beobachters" beherbergt, wofür sich Gauleiter August Eigruber nun erkenntlich zeigte.[58]

Bis zum 20. April, dem 52. Geburtstag des „Führers", hatten die Augustiner-Chorherren das Stift St. Florian zu räumen. Als Exil erhielten sie ihren kleinen Meierhof im nahe gelegenen Pulgarn bei Steyregg zugewiesen. Nicht einmal der Stiftspfarrer durfte im Stiftsgebäude wohnen, sondern musste seinen Pfarrhof in einem benachbarten alten Stiftshaus, dem Schlagerhaus, einrichten und dort ebenso Miete bezahlen wie die Chorherren für ihren Meierhof in Pulgarn. Von Protesten der Bevölkerung gegen die Beschlagnahme des Stifts, wie z. B. im Fall des steiermärkischen Stifts Vorau, ist in St. Florian nichts bekannt.[59]

Propst Vinzenz Hartl kämpfte mit allen Kräften gegen die Beschlagnahme des Stifts und knüpfte immer wieder an das persönliche Treffen mit Adolf Hitler bei der Enthüllung der Brucknerbüste in der Walhalla im Jahr 1937 an. Nach Protestbriefen an den Reichserziehungsminister Bernhard Rust und den Chef der Reichskanzlei, Hans Heinrich Lammers, scheute er Ende März 1941 nicht davor zurück, persönlich in die Reichskanzlei nach Berlin zu fahren. In seinem Reisebericht teilte er Gauleiter August Eigruber seine Bereitschaft mit, eine Reichsmusikhochschule im Stift aufzunehmen und dem „Führer" die Prunkräume zur Verfügung zu stellen. Eigruber war er-

---

[57] Hollnsteiner unterzeichnete mehrfach mit „kommissarischer Leiter der Stiftssammlungen", erstmals am 23. März 1941. Vgl. BDA Linz, Stift St. Florian, Stiftskirche: Hollnsteiner an Gaukonservator Juraschek (Brief vom 23. 3. 1941).

[58] Hanns Schopper, Presse im Kampf. Geschichte der Presse während der Kampfjahre der NSDAP (1933-1938) in Österreich (Brünn [1941]) 254. O'Donnell stammte aus einem alten irischen Adelsgeschlecht, das Anfang des 17. Jahrhunderts vor den Engländern fliehen musste. Einer seiner Vorfahren war jener General Maximilian O'Donnell, der 1853 maßgeblichen Anteil an der Rettung des Kaisers Franz Joseph vor dem ungarischen Attentäter János Libényi hatte.

[59] Österreichs Stifte unter dem Hakenkreuz. Hg. von der Österreichischen Superiorenkonferenz 203f.

bost über die Berlinreise des Propstes und bekräftigte die Beschlagnahme.[60] Am 8. April wurde Propst Hartl von der Gestapo vor die Wahl gestellt: Verhör mit nachfolgendem Gauverbot oder freiwillige Ausreise aus dem Gau.[61] Er wählte das Exil in der zum Stift St. Florian gehörigen Pfarre Weißenkirchen in der Wachau.

Jene Räume des Stifts St. Florian, in denen sich Kunst- oder Sammlungsgegenstände befanden, waren von der Gestapo bei der Beschlagnahme versiegelt worden. Ein Zutritt und auch die notwendige Betreuung durfte nur unter Beiziehung eines Gestapobeamten erfolgen. Am 24. April 1941 berichtete Juraschek dem Sonderbeauftragten Hans Posse, dass die Gestapo bereits die gesamte Verwaltung des Stifts St. Florian an den Reichsgau Oberdonau abgegeben hätte. Die Gestapo wäre – die Zustimmung des Sonderbeauftragten vorausgesetzt – auch für die drei anderen Stifte Wilhering, Kremsmünster und Hohenfurt „schon jetzt im Stadium der Enteignungsverhandlungen" ebenfalls dazu bereit.[62] Die Einziehung des gesamten Stiftsvermögens („Enteignung") von St. Florian zugunsten des Reichsgaus Oberdonau erfolgte am 22. November 1941.

Im erwähnten Brief vom 24. April 1941 bat Juraschek den Sonderbeauftragten Posse auch um einen baldigen Besuch in Oberdonau. Dabei sollte er überprüfen, ob das Stift Kremsmünster als Kunstdepot für das „Führermuseum" geeignet wäre, und die Sammlungen der beschlagnahmten Stifte und Schlösser auf geeignete Objekte für das „Führermuseum" hin durchsehen.[63] Dass Posse schon seit Sommer 1940 auf Kunstwerke aus den Sammlungen der österreichischen Stifte und Klöster reflektierte, um damit die spärlichen Bestände des „Führermuseums" an Werken aus der Romanik, Gotik und Renaissance stark zu vergrößern, geht aus seinem Bericht an Hitler vom Juni 1940 hervor. Es müssten „alle Bemühungen darauf gerichtet sein, diese Museumssektion durch Erwerbungen aus freiwerdendem Besitz der Stifte und Klöster der Ostmark auszubauen". Ganz konkret dachte Posse dabei an den Sebastianaltar Albrecht Altdorfers im Stift St. Florian. „Wenn es z.B. gelänge, so bedeutende Werke des Hauptmeisters

---

[60] StfA, NS-Akten I: Propst Hartl an Gauleiter Eigruber (Brief vom 24. 3. 1941) und Antwort Eigrubers vom 9. 4. 1941; BAB, R 43 II, Nr. 1271: Propst Hartl an Reichsminister Lammers (Brief vom 13. 3. 1941 mit Gedächtnisprotokoll Hartls zur Beschlagnahme vom 28. 1. 1941) und Vermerk über Besprechung von Lammers mit Eigruber vom 4. 4. 1941.

[61] StfA, NS-Akten I: Propst Hartl an Ministerialdirektor Kritzinger (Brief vom 16. 4. 1941).

[62] BDA Linz, beschlagnahmte Kunstwerke in Oberdonau: Zl. 892/41, Gaukonservator Juraschek an Direktor Hans Posse (Brief vom 24. 4. 1941).

[63] Ebd.

der Donauschule Albrecht Altdorfer, wie sie das Stift St. Florian noch besitzt, (sei es auch vorläufig nur als Leihgabe) zu bekommen, so würde das neue Linzer Kunstmuseum einen besonderen Anziehungspunkt erhalten."[64] Viele Kunstgüter aus beschlagnahmten Stiften, etwa die gesamten Münzsammlungen und numismatischen Buchbestände, die Insignien (Pektorale, Ringe, Goldketten) der Pröpste und Äbte und die neun Tafeln des Hohenfurter Altars (um 1350), sollten später tatsächlich Bestandteil des „Führermuseums" werden.[65]

## Pläne und Initiativen des Reichsgaus Oberdonau

Bald nach der Beschlagnahme des Stifts St. Florian formierten sich in der engsten Umgebung von Gauleiter August Eigruber kritische Stimmen zur Einquartierung der rund 800 Umsiedler aus Bessarabien, zu denen zuletzt noch weitere 400 aus der Bukowina gekommen waren. Der Denkmalschützer Louis Adalbert Springer klagte im Auftrag Anton Fellners, des Kulturbeauftragten des Gauleiters:
„Die Belegung des Stiftes hat dazu geführt, dass große Teile der Fluren und Zimmer hoffnungslos verschmutzen, die mit Kohle beheizten Öfen dem Ruin entgegengehen und nicht nur die sämtlichen benützten Räume und Fluren, sondern auch die Höfe in den Zustand einer bedauerlichen Verwahrlosung geraten."[66]
Als die Beschwerden bis in die Reichskanzlei vordrangen, befahl Adolf Hitler im Mai 1941 die sofortige Räumung des Stifts St. Florian, das er zur „Bruckner-Weihestätte" umfunktionieren wollte.[67] Anfang Juni 1941 konnte bereits ein pompöses Brucknerfest in Linz und im von Umsiedlern geleerten St. Florian über die Bühne gehen.

---

[64] Bundesarchiv Koblenz (künftig BAK), B 323, Sch. 229: Landesmuseen in Österreich, Gutachten Dr. Posse, [Juni 1940], 3f.

[65] Vgl. BAK, B 323, Sch. 124, XII a 443-446: Zusammenstellung folgender kirchlicher Wertgegenstände (Pektorale, Ringe und Goldketten) aus den Stiften Wilhering, Schlägl, Kremsmünster und Hohenfurth, die vom Verwalter des Stiftes Kremsmünster Pg. Hager übernommen und nach Kremsmünster in die Schatzkammer gebracht werden vom 29. 7. 1942. Das Verzeichnis umfasst 116 Posten. Für den Hinweis danke ich Birgit Kirchmayr.

[66] OÖLA, Nationalsozialistische Volkswohlfahrt, Sch. 32: Kulturbeauftragter des Gauleiters an den Linzer Bürgermeister Wolkerstorfer (Brief vom 1. 3. 1941).

[67] Ebd.: Kulturbeauftragter des Gauleiters an den Linzer Bürgermeister Wolkerstorfer (Brief vom 21. 5. 1941); vgl. Kreczi, Bruckner-Stift 53.

Nachdem noch im März 1941 offenbar Adolf Hitler selbst einen Umbau des Stifts St. Florian planen und finanzieren wollte, trat in der Folge Gauleiter August Eigruber als Bauherr auf.[68] Eigruber wollte sich im 1. Stock des Westflügels im Stil eines Feudalfürsten eine kostspielige Suite von prunkvollen Amtsräumen schaffen. Durch einen aufwendigen Großumbau von 23 Zimmern, die in der Barockzeit als Prälatur gedient hatten, sollten 12 „moderne" Repräsentationsräume mit fünf Nebenräumen entstehen. Dabei hätte Eigruber nicht nur die Zerstörung mehrerer barocker Prälaturzimmer (Roter Salon, Hauskapelle) in Kauf genommen, sondern auch jene des Brucknerzimmers mit dem Kreuzgewölbe aus dem 17. Jahrhundert, in dem der Komponist gewohnt hatte.[69] Das Repräsentationsbedürfnis übertrumpfte hier das kulturpolitische Kalkül, das ansonsten zu einer schonungslosen Vereinnahmung des Komponisten führte. Auch der gelegentlich renitente Gaukonservator Franz Juraschek willigte schließlich in die Umbaupläne ein.[70] Er lud den Maler und Gaubeauftragten für bildende Kunst in Oberdonau, Ernst August von Mandelsloh, ein, die Räume vor ihrem Umbau für die Nachwelt in Aquarellen festzuhalten.[71]

Gauleiter Eigruber orientierte sich bei seinem St. Florianer Projekt offenbar an entsprechenden Umbaumaßnahmen des Salzburger Gauleiters Friedrich Rainer. Auch Rainer hatte eine historische, kirchlich geprägte Raumfolge – die einstige Erzbischöfliche Residenz – zu „modernen" Repräsentationsräumen umgestaltet und Teppiche, Gobelins und Möbel aus Paris zur Neuausstattung verwendet. Jedenfalls verordnete Eigruber den an den Planungen beteiligten Denkmalschützern und Architekten eine Besichtigungsreise in die neu eingerichtete Residenz des Salzburger Gauleiters.[72]

Als Propagandaminister Joseph Goebbels am 12. März 1941 das Stift St. Florian besuchte, erkundigte er sich nach dem Finanzbedarf für die Adaptierung des Stifts. Die Kosten für die Einrichtung der Repräsentationsräume des Gauleiters wurden von Gaukonservator Franz Juraschek mit 500.000 RM beziffert. Insgesamt rechnete man für die Instandsetzung und Neuge-

---

[68] Joseph Goebbels, Die Tagebücher. Sämtliche Fragmente I/4. Hg. v. Elke Fröhlich, München 1987, 537. Nach dem Besuch in St. Florian am 12. 3. 1941 sprach demnach Goebbels im Linzer Hotelzimmer mit Hitler und notierte: „Er will St. Florian auf seine Kosten umbauen."

[69] BDA Linz, Stift St. Florian, Beschlagnahme: Bericht Jurascheks über die Vorarbeiten zur Neueinrichtung des Stiftes St. Florian vom 13. 2. 1941.

[70] Ebd.

[71] Ebd.: Amtserinnerung Jurascheks vom 10. 2. 1941.

[72] Ebd.: Amtserinnerung Jurascheks vom 21. 2. 1941. Für den Hinweis danke ich Friederike Hillebrand (Wien).

staltung des Stifts St. Florian mit einem Betrag von 2,8 Millionen RM.[73] Dass die Nachfrage des Propagandaministers nicht von ungefähr kam, sollte sich bald zeigen.
Auch andere mächtige Politiker im „Reich" warfen einen begehrlichen Blick auf das Barockstift. Reichserziehungsminister Bernhard Rust plante ein Musisches Gymnasium in St. Florian. Die wohl ausgefallenste und zugleich absurdeste Idee hatte Fritz Todt, der Generalinspekteur für das deutsche Straßenwesen, der das Barockstift zu einer Reichsautobahnraststätte umfunktionieren wollte.[74] Diesen Plan griff übrigens ein Jahr später Reichsminister Albert Speer für das Benediktinerstift Göttweig auf, das ein Kongress- und Rasthaus der Reichsautobahn werden sollte.[75]
Parallel zu seinen Umbauplänen versuchte Gauleiter Eigruber auch die Brucknerverehrung als Gausache an sich zu ziehen. Am 31. Mai 1941 eröffnete er mehrtägige Bruckner-Festtage in Linz und St. Florian. Die Deutsche Bruckner-Gesellschaft wurde demonstrativ nicht eingebunden, weil deren Präsident Wilhelm Furtwängler eine Übersiedlung der Gesellschaft von Wien in das „provinzielle" Linz oder St. Florian ablehnte.[76] Nicht zuletzt der Misserfolg der Bruckner-Festtage führte bei Eigruber zum Einlenken. Er musste erkennen, dass die Brucknerpflege längst höchste Reichssache in den Händen von Hitler und Goebbels war und kam deshalb im Sommer 1941 von seinen baulichen und kulturellen Initiativen in St. Florian ab.
Am 21. Juli 1941 ließ die Gauleitung eine Liste über die Aufteilung der Räume im beschlagnahmten Stift St. Florian erstellen. Ein Umbau des 1. Stocks des Westflügels wurde demnach nicht mehr geplant. Die dortigen Räume sollten als Gasträume und als Residenz der Bruckner-Gesellschaft genutzt werden. Das Barockmuseum erhielt die Räume im 2. Stock des Leopoldinischen Trakts zugesprochen und für eine eventuelle Erweiterung im gleichen Stock die nördlichen Räume des Ostflügels. Das Historische Forschungsinstitut des Reichsgaus Oberdonau wurde im Südostflügel des Stifts untergebracht. Das Musische Gymnasium war noch immer in Planung

---

[73] Ebd.: Gaukonservator Juraschek an Gaukämmerer Danzer, 4. 4. 1941.

[74] OÖLA, Historisches Forschungsinstitut des Reichsgaues Oberdonau (künftig HistFdRO), Sch. 4: Hollnsteiner an Glasmeier (Brief vom 31. 10. 1941). Vielleicht wurden die Pläne im Stiftsarchiv St. Florian für ein riesiges Restaurant im Keller unter der Bibliothek und im angrenzenden Garten in diesem Zusammenhang angefertigt.

[75] Vgl. Eva Frodl-Kraft, Gefährdetes Erbe. Österreichs Denkmalschutz und Denkmalpflege 1918-1945 im Prisma der Zeitgeschichte (Studien zu Denkmalschutz und Denkmalpflege 16, Wien 1997) 284.

[76] Christa Brüstle, Anton Bruckner und die Nachwelt. Zur Rezeptionsgeschichte des Komponisten in der ersten Hälfte des 20. Jahrhunderts (Stuttgart 1998) 260.

und sollte im 1. Stock des Leopoldinischen Trakts und des Ostflügels angesiedelt werden.[77]

## Erste Zugriffe auf die Kunstsammlung

Obwohl Adolf Hitler verfügt hatte, dass die Kunstsammlungen und die Bibliothek in St. Florian zu verbleiben hätten, setzte sofort nach der Beschlagnahme der Zugriff des Gauleiters August Eigruber und anderer Parteigrößen auf die Kulturgüter des Stifts ein. Die gesetzlich garantierte Aufsicht des Gaukonservators Franz Juraschek über die klösterlichen Kunstschätze wurde dabei meist ignoriert oder umgangen. Auch die kommissarischen Verwalter Douglas O'Donnell und Johannes Hollnsteiner leisteten nur bei kleineren Fällen energischen Widerstand. Eine Anfrage des Heimathauses Grein um Übergabe eines steinzeitlichen Steinhammers lehnten sie scharf ab mit der Begründung, sie hätten sich der Gestapo gegenüber verpflichten müssen, „den Besitzstand des Stiftes ungeschmälert zu erhalten".[78]
Am 28. Februar 1941 wandte sich der Oberbürgermeister von Regensburg direkt an Adolf Hitler und ersuchte ihn, er möge die vierzehn Gemälde Albrecht Altdorfers (Sebastianaltar) aus dem beschlagnahmten Stift St. Florian dem Heimatmuseum Regensburg „überlassen".[79] Der Vorstoß blieb ohne Erfolg. Am gleichen Tag mussten die noch anwesenden Augustiner-Chorherren mit ansehen, wie aus ihrer Kunstsammlung unter dem Beisein des kommissarischen Leiters Johannes Hollnsteiner und Anton Fellners über Weisung der Gauleitung Kunstgegenstände „zu Restaurierungszwecken und zur Verwendung für die Räume des Herrn Gauleiters" aus den Stiftssammlungen von St. Florian entnommen wurden. Es handelte sich dabei um vier Marmorputti, eine Alabastermadonna, zwei Blumengemälde Johann Georg von Hamiltons (1632–1737), eine Pferdedarstellung von Joseph Heicke (1811–1861), zwei Porträts von Christian Seybold (1690?–1768), zwei nicht näher bezeichnete große Landschaftsbilder des 18. Jahrhunderts und den Entwurf für das Deckengemälde des Marmorsaals von Bartolomeo Altomonte.[80] Eigruber setzte sich mit dieser Entscheidung, beschlagnahmte

---

[77] BDA Linz, Stift St. Florian, Beschlagnahme: Stellvertretender Gauleiter an Gaukonservator Juraschek (Brief vom 21. 7. 1941).

[78] Ebd., Kunstsammlungen und Bibliothek: O'Donnell an Gaukonservator Juraschek (Brief vom 15. 8. 1941).

[79] BAB, R 43 II, Nr. 1271: Vermerk vom 5. 3. 1941.

[80] OÖLA, HistFdRO, Sch. 3: Protokoll vom 28. Februar 1941, unterzeichnet von Johannes Hollnsteiner und

Kunstgegenstände aus dem Stift St. Florian zur Dekoration von Amtsräumen zu verwenden, selbstherrlich über die Verfügung des „Führers" hinweg, alle Kunstgegenstände im Stift St. Florian zu belassen.

## Kräuterbücher für die SS

Mitte Juni 1941 wurde Johannes Hollnsteiner in die Kanzlei des Gauleiters zitiert. August Eigruber wollte dem Reichsführer-SS Heinrich Himmler prachtvolle alte Kräuterbücher für die Bibliothek der „Deutschen Versuchsanstalt für Ernährung und Verpflegung" in Dachau schenken. Hollnsteiner, der vom 24. Mai 1938 bis 15. April 1939 im KZ Dachau inhaftiert gewesen war, erhielt die Anweisung, die Bücher aus den Beständen der Stiftsbibliothek St. Florian zu entnehmen. Die genaue Auswahl wurde ihm freigestellt.
Die 1939 gegründete Versuchsanstalt der SS unterhielt beim KZ Dachau riesige Heilkräutergärten, die von Häftlingen bewirtschaftet wurden. Heinrich Himmler wollte als Anhänger der Lebensreform das deutsche Volk vom Gebrauch „fremder" Gewürze und künstlicher Medikamente abbringen und auf deutsche Gewürze und natürliche Heilkräuter umstellen. Neben den SS- und Polizeiformationen soll auch die deutsche Wehrmacht während des Krieges ihre Gewürze überwiegend aus Dachau bezogen haben.[81]
Am 24. Juni 1941 teilte Hollnsteiner der Kanzlei Eigrubers mit, dass „siebzehn Kräuterbücher, darunter mehrbändige, mit Erscheinungsjahren vom J. 1546 an zur Übergabe an den Referenten in der Reichsführung SS bereitgestellt sind".[82] Am 3. Juli kam Rudolf Lucaß, der Referent für Heil- und Gewürzpflanzenanbau in der Reichsführung SS, in das Stift St. Florian. Hollnsteiner präsentierte und übergab ihm die Folianten. Die acht kostbarsten Werke, die zwischen 1546 und 1799 erschienen sind, sollen hier nach der Liste Hollnsteiners wiedergegeben werden.[83] An erster Stelle steht jeweils die Buchsignatur.

---

Josef Geyrhofer. Diese Kunstwerke kamen 1945 wieder nach St. Florian zurück.

[81] Vgl. Enno Georg, Die wirtschaftlichen Unternehmungen der SS (Schriftenreihe der Vierteljahreshefte für Zeitgeschichte 7, Stuttgart 1963) 62f.

[82] OÖLA, HistFdRO, Sch. 4: Hollnsteiner an Menzel (Brief vom 24. 6. 1941).

[83] Ebd., Sch. 1: Liste der an die Reichsführung SS übergebenen Bücher vom 3. 7. 1941.

> I. 1626 Johann Dantzen von Ast: Kreutterbuch gedruckt zu Frankfurt am Mayn 1546.
> V. 214 Curio Joannes: Conservandae bonae valetudinis praecepta longe saloberrima Frankfurt 1548
> VI. 253 Hieronymus Bock: Kreutterbuch. Gedruckt zu Straßburg 1587.
> I. 1625 Johann Dantzen von Ast: Kräuterbuch Frankfurt am Main 1610.
> VI. 167 D. Petri Matthioli, des hochgelehrten u. weltberühmten Herrn: Kreutterbuch. Gedruckt zu Frankfurt am Mayn 1626.
> II 2929 Israel Siebnern von Schneebergk: Vollkommenes Geheimniß derer Sigillen, Kräuter u. Steine in der Cur u. Heilung aller Krankheiten, Schäden, Leibes- u. Gemüths-Beschwerungen. Frankfurt u. Leipzig 1735.
> VI 252 Blackwellisches Kräuterbuch. Nürnberg 1750. 3 Bde.
> VI 226 Dr. Karl Ludwig Willdenow: Grundriß der Kräuterkunde zu Vorlesungen. 2. verbesserte u. vermehrte Auflage. Wien 1799

SS-Obersturmführer Lucaß dürfte von der Pracht der alten, reichlich illustrierten Werke beeindruckt gewesen sein. Am nächsten Tag meldete Hollnsteiner an die Kanzlei des Gauleiters: „H. Lucaß äußerte sich, dass seine Erwartungen wesentlich übertroffen worden seien und dass er über den Wert der ihm übergebenen Bücher sehr erfreut sei."[84]
Aus der Bibliothek des Benediktinerstifts Admont in der Steiermark entfernte die SS 1941 ebenfalls für die Versuchsanstalt in Dachau nicht weniger als 3.224 medizinische und botanische Bände.[85] Die Beschlagnahmen in der Steiermark hatten noch ein Nachspiel. Der Sonderbeauftragte für die „Führerbibliothek", die zum „Sonderauftrag Linz" gehörte, SS-Hauptsturmführer Friedrich Wolffhardt protestierte im Herbst 1944 bei Reichsleiter Bormann heftig gegen das Vorgehen des Sicherheitsdienstes bei den Beschlagnahmen und gegen die Entnahmen von Büchern aus den Stiftsbibliotheken.[86] Wolffhardt wollte die Stiftsbibliotheken, im konkreten Fall jene des Augustiner-Chorherrenstifts Vorau, selbst für die Linzer „Führerbiblio-

---

[84] Ebd., Sch. 4: Hollnsteiner an Menzel (Brief vom 4. 7. 1941).
[85] Österreichs Stifte unter dem Hakenkreuz. Hg. von der Österreichischen Superiorenkonferenz 208.
[86] Zu Wolffhardt und zum Projekt „Führerbibliothek" vgl. David Roxan – Ken Wanstall, Der Kunstraub. Ein Kapitel aus den Tagen des Dritten Reiches (München 1966) 151-159 und Gerhart Marckgott, Das Projekt „Führerbibliothek" in Linz. In: Entnazifizierung und Wiederaufbau in Linz (Historisches Jahrbuch der Stadt Linz 1995, Linz 1996) 411-434.

thek" beschlagnahmen. Der Brief wirft auch ein bezeichnendes Licht auf den selbstherrlichen Umgang des Sicherheitsdienstes und der Gestapo mit beschlagnahmtem Klostergut, gegen den selbst der Sonderbeauftragte des „Führers" weitgehend machtlos war.

„Auch in der Steiermark hat das Unverständnis von untergeordneten Organen des Sicherheitsdienstes viel kostbares Gut, insbesondere älterer Herkunft, vernichtet. Leider auch noch in letzter Zeit. So wurde beispielsweise vor etwa zwei Jahren der Nachlass eines nicht unbedeutenden, übrigens arischen Gelehrten einfach restlos verbrannt!

Für den Kräutergarten, den die SS in Dachau angelegt hat, wurden und werden eigens Kräuterbücher, darüber hinaus auch Werke pharmazeutischen und auch allgemein naturwissenschaftlichen Inhaltes zum Aufbau einer großen Bibliothek in Dachau aus Klosterbeständen ohne irgendwelche weitere Untersuchung der Rechtslage kurzerhand beschlagnahmt. Aus den Stiften Admont, St. Lamprecht [sic!] und wohl auch anderen wurden recht erhebliche Bestände diesen Bibliotheken entzogen. In diesen Fällen ist also größtenteils Linz lebhaft interessiert!

Vor etwa einem Jahr beschlagnahmte der SD aus eingezogenem Privatbesitz der Untersteiermark u.a. die Violin-Musikschule von Leopold Mozart und ein Werk von Kopernikus, zwei wertvolle und gesuchte Bücher. Da diese Werke durch die Landesbibliothek Graz geschätzt wurden, steht zu befürchten, dass sie inzwischen zu Geld gemacht worden sind!

Die Kulturinstitute der Steiermark sehen voller Besorgnis in die Zukunft, da sowohl die bisherige Praxis des SD, als auch die bereits geäußerten Andeutungen befürchten lassen, dass der SD aufgrund seiner polizeilichen Befugnisse die großen beschlagnahmten Kulturobjekte, also insbesondere Stiftsvermögen (und diese sowohl in ihren Büchern als in ihren Kunstgegenständen) einfach beschlagnahmt. Gegen eine solche Aktion wären ja staatliche Behörden des Kulturlebens einfach machtlos. ...

Da die Gefahr einer Beschlagnahme-Aktion des SD auch für die gesamten Buchbestände des Stiftes Vorau besteht, an denen ich lebhaft interessiert bin, müßte die Möglichkeit gegeben werden, eine solche Aktion im gleichen Augenblick abzustoppen. Da der SD aber die vollziehende Staatsgewalt hat, wäre ich natürlich von mir aus nicht in der Lage einzugreifen. Ich könnte zwar vorsorglich die gesamte Vorauer Bibliothek aufgrund des Führervorbehaltes einziehen, das heißt, zwar an Ort und Stelle lassen, aber für mich absperren, um die mich nicht interessierende Literatur zu gegebener Zeit an die Steiermärkische Landesbibliothek zurückzugeben, und würde damit zweifellos diesem Institut, das sich erboten hat, mich im Linzer Auftrag nach Kräften zu unterstützen, gefällig sein. Das Bessere ist aber doch wohl eine grundsätzliche Klärung der Rechtslage, die nur von Ihnen selbst aus erfolgen kann. Diese Klärung würde sich dann auf das gesamte Reichsgebiet beziehen und könnte uns, die wir mit der Linzer-Planung beauftragt sind, sowie den öffentlichen Kulturinstituten mit Museums- und Bibliotheks-Charakter manche Sorge nehmen."[87]

## Handschriften für Hermann Göring?

Den Kunst- und Kulturgütern in St. Florian drohten noch weitere Plünderungsaktionen. Nach einer späteren Bemerkung des Gaukonservators Franz Juraschek sollten „die künstlerisch hervorragendsten Bilderhandschriften in die Kunstbibliothek Adolf Hitlers" kommen.[88] Damit dürfte das Projekt „Führerbibliothek" in Linz gemeint gewesen sein, das im Rahmen des „Sonderauftrags Linz" lief. Der Sonderbeauftragte für die „Führerbibliothek", Friedrich Wolffhardt, nahm seine Tätigkeit allerdings erst Ende 1941 auf. Konkrete Aktivitäten Wolffhardts in Richtung Stiftsbibliothek St. Florian sind nicht nachweisbar und dürften nach der Begründung des Historischen Forschungsinstituts im Frühling 1942 auch nicht mehr erfolgt sein. Anlässlich eines Besuchs im Stift St. Florian im Winter 1942/43 erbat sich Wolffhardt Fotos des Hauptsaals der Stiftsbibliothek, die ihm Johannes Hollnsteiner dann zuschickte.[89]
Es gibt auch Indizien, die auf den zweitgrößten „Kunstsammler" des Reichs, Reichsmarschall Hermann Göring, weisen. In den besonders wertvollen illuminierten Handschriften des Mittelalters der Stiftsbibliotheken St. Florian, Kremsmünster und Lambach fanden sich nach Kriegsende Karteikarten, die den Vermerk „Bibliothek: Carinhall" trugen. Betroffen waren nicht nur Bibeln, Missalien und andere liturgische Handschriften, sondern insbesondere auch naturwissenschaftliche Werke, z. B. des Astronomen Johannes von Gmunden.[90] Auf diese Karten hatte jemand mit blauem Farbstift Signaturen wie 4246/5 (I) oder 4244/46 (III) geschrieben. Carinhall (auch Karinhall) war der Landsitz Hermann Görings in der Schorfheide nördlich

---

[87] BAK, B 323, Sch. 115, IX/9 (46): Vorlage an Reichsleiter Bormann von Friedrich Wolffhardt, [11. 10. 1944].

[88] Juraschek, Klosterdenkmale 93.

[89] OÖLA, HistFdRO, Sch. 3: Hollnsteiner an Wolffhardt (Brief vom 26. 2. 1943) und Antwort vom 2. 3. 1943.

[90] Handschrift XI 569 der Stiftsbibliothek St. Florian mit Karteikarte „Carinhall".

von Berlin. Hier empfing der Reichsmarschall Staatsgäste, veranstaltete Feste und Jagden und richtete sich eine riesige private Kunstsammlung ein, die überwiegend aus dem groß angelegten Kunstraub in den besetzten Ländern (Frankreich, Belgien, Holland) stammte.
Es gibt Hinweise, dass sich Göring schon unmittelbar nach dem „Anschluss" auch in Österreich nach Kunstwerken umsah. Für die Jahre 1938 und 1939 lassen sich zahlreiche Transaktionen aus Österreich an den Kunstsammler nachweisen, u.a. eines Tafelbilds von Michael Pacher.[91] Dass Kajetan Mühlmann Göring im Februar 1939 mit einer konkreten Liste auf Kunstwerke aus klösterlichem Besitz in Österreich, u.a. aus dem Stift St. Florian, aufmerksam machte, wurde bereits erwähnt.[92] Es ist durchaus möglich, dass Hermann Göring auch auf die Prunkhandschriften der beschlagnahmten Stiftsbibliotheken Oberösterreichs hingewiesen wurde.
Dies könnte nach der Beschlagnahme der Stifte im Jahr 1941 (St. Florian am 21. Jänner, Kremsmünster am 3. April, Lambach am 3. Juli), vielleicht auch nach der Zusammenführung der Handschriften in St. Florian passiert sein. Die Handschriften von Kremsmünster und Lambach wurden unter Johannes Hollnsteiners Aufsicht im Sommer 1941 bzw. im November 1941 nach St. Florian transportiert.[93] Wer nahm dort die Auswahl und Kennzeichnung der Codices mithilfe der erwähnten Karteikarten vor? Görings Privatbibliothekarin Gisela Limberger? Inwieweit war Johannes Hollnsteiner als Bibliotheksleiter involviert? In den fragmentarischen Akten zur Sammlung Göring blieben keine Hinweise auf derartige Aktivitäten erhalten.[94] Bei der Befragung von Görings Bibliothekarin Gisela Limberger kam das genannte Thema nicht zur Sprache.[95]
In einem späteren Entlastungsschreiben sprach Hollnsteiner von einem Verkaufsauftrag durch den Reichsgau Oberdonau: „Ich habe durch drei Jahre den Auftrag, den größten Teil der beschlagnahmten Stiftsbibliotheken zum Verkauf zu bringen unter verschiedenen Vorwänden nicht ausgeführt

---

[91] Frodl-Kraft, Gefährdetes Erbe 189-191.

[92] Zu den umfangreichen Kunstraubaktivitäten Kajetan Mühlmanns in Polen (im Auftrag Hermann Görings) und in Holland (im Auftrag von Artur Seyss-Inquart) vgl. Petropoulos, Faustian Bargain 170-204.

[93] OÖLA, HistFdRO, Sch. 4: Protokoll Kremsmünster und Sch. 2: Liste der am 25. November 1941 aus dem Stifte Lambach nach St. Florian überbrachten Sammlungsgegenstände.

[94] Zur Bibliothek Görings ist im Bestand BAK, B 323, Sch. 320: Sammlung Göring (Bücher, Manuskripte usw.) kein Katalog erhalten geblieben. Im Buch von Günther Haase, Die Kunstsammlung des Reichsmarschalls Hermann Göring. Eine Dokumentation (Berlin 2000) wird Görings Bibliothek nicht behandelt. Das Buch von Andreas Kittler, Hermann Görings Carinhall. Der Waldhof in der Schorfheide (Berg 1997) enthält auf Seite 147 eine Skizze der Großen Bibliothek im geplanten Museum.

[95] National Archives Washington, Record Group 239, Entry 74, Box 84-A: D.I.R. #7, Gisela Limberger.

und dadurch Millionenwerte für Österreich gerettet."⁹⁶ An anderer Stelle schwärmte Hollnsteiner diesbezüglich: „Welch ein herrliches Valutengeschäft wäre der Verkauf für den Gau und den durchführenden Beamten (Provision!) gewesen. Ich habe durch drei Jahre den Verkaufsauftrag sabotiert."⁹⁷ Zu welchen Aktivitäten es in diesem Zusammenhang gekommen ist, verschwieg der Bibliotheksleiter. Der Verkaufsauftrag hätte demnach jedenfalls auch in der Zeit des Historischen Forschungsinstituts, also zwischen 1942 und 1945, noch existiert, was freilich höchst unwahrscheinlich ist.

Dass Hermann Göring Kontakte zum „Brucknerstift St. Florian" unterhielt, ist dokumentiert. Der Reichsmarschall beschlagnahmte laut Reichsrundfunkintendant Heinrich Glasmeier Ende 1943 das Stift St. Florian für den Jagdfliegerstab. Über Einspruch von Gauleiter Eigruber hätte der „Führer" diesen Beschluss aber sofort wieder aufgehoben.⁹⁸ Göring ließ zu einem unbekannten Zeitpunkt auch einen Kranz beim Brucknersarkophag in der Stiftsgruft niederlegen. Ein Foto in einer amerikanischen Militärzeitschrift vom Mai 1945 zeigt einen amerikanischen Soldaten mit dem Brucknersarkophag und dem noch immer vorhandenen Göringkranz.⁹⁹

## St. Florian als Zentraldepot für das beschlagnahmte Kulturgut der Stifte

Gaukonservator Franz Juraschek war nach der Beschlagnahme des Stifts St. Florian bestrebt, vor Ort Fuß zu fassen, um die unkontrollierte Abwanderung von Kunstgegenständen einzudämmen. Landesrat Rudolf Lenk hatte im März 1940 die „Zusammenfassung aller wissenschaftlichen und kulturellen Anstalten des Gaues zu einem wissenschaftlichen Institut in Linz" vorgeschlagen.¹⁰⁰ Am 1. April 1942 nahm das Historische Forschungsinstitut des Reichsgaus Oberdonau unter der vorläufigen Direktion von Gaukonservator Franz Juraschek seine Tätigkeit auf.¹⁰¹ Laut Institutsordnung hatte es

---

⁹⁶ OÖLA, Personalakt Hollnsteiner: Hollnsteiner an die OÖ. Landesregierung (Brief vom 29. 4. 1948).
⁹⁷ ÖStA, Nachlass Friedrich Funder: Hollnsteiner an Funder (Brief vom 8. 5. 1947).
⁹⁸ Vgl. BDA Linz, Stift St. Florian, Zusammenarbeit mit der Reichsrundfunkgesellschaft (künftig RRG): Hollnsteiner an Gaukonservator Juraschek (Brief vom 4. 1. 1944 mit Gedächtnisprotokoll).
⁹⁹ StfA, NS-Akten III: The 65th Halbert Division Daily News Letter, 17 May 1945.
¹⁰⁰ Theodor Kerschner, Direktionsbericht 1940. In: JbOÖM 90 (1942) 321f., 321.
¹⁰¹ Zum Historischen Forschungsinstitut vgl. Buchmayr, Priester 236-251.

die Aufgabe, die „geschichtswissenschaftliche Forschungsarbeit im Reichsgau anzuregen, zu fördern und planvoll zu lenken".[102] Die wichtigste Tat Jurascheks war die Einrichtung einer Fachbibliothek für das Forschungsinstitut, die sich aus den Bücherbeständen der beschlagnahmten Stifte des Landes zusammensetzte. Juraschek gelang es, diese Bibliothek in der Südostecke des Stifts St. Florian zu installieren. Als Leiter der Fachbibliothek konnte Juraschek seinen Wunschkandidaten Johannes Hollnsteiner durchsetzen.

Die Bibliothek des Historischen Forschungsinstituts betreute die Stiftsbibliotheken von St. Florian, Kremsmünster, Lambach, Wilhering, Hohenfurt und Schlägl, sowie die Lamberg-Bibliothek in Steyr und die Starhemberg-Bibliothek in Eferding. Die Bibliotheken der nicht enteigneten Stifte Reichersberg und Schlierbach standen „unter wissenschaftlicher Aufsicht" des Historischen Forschungsinstituts.[103] Mit einem Gesamtbestand von 5.418 Handschriften, 3.093 Inkunabeln (alte Drucke vor 1500), 10.600 Musikalien und 512.000 Druckwerken zählte die Bibliothek des Historischen Forschungsinstituts nicht nur zahlenmäßig, sondern auch der Bedeutung des Bestands nach zu den wichtigsten Bibliotheken des Deutschen Reichs.[104] In Österreich hatte, von der Nationalbibliothek in Wien abgesehen, zu diesem Zeitpunkt nur die Universitätsbibliothek Wien mehr Druckwerke (1,294.488 Bände), die aber bei den Inkunabeln (665) und Handschriften (1.079) weit zurücklag.[105]

Bereits im Sommer 1941 waren die Handschriften und Inkunabeln des Stifts Kremsmünster unter Johannes Hollnsteiners Aufsicht in zwei Lastfuhren nach St. Florian transportiert worden.[106] Der Bibliotheksleiter dürfte erkannt haben, dass die Bücher bei dezentraler Lagerung schwer vor Übergriffen durch diverse „Kunstsammler" zu schützen waren und trieb die Zusammenführung der Handschriften und Inkunabeln in St. Florian energisch voran. Am 25. November 1941 folgten die 931 Handschriften,

---

[102] Verordnungs- und Amtsblatt für den Reichsgau Oberdonau 1942, Folge 14, 76-78, 76.

[103] OÖLA, HistFdRO, Sch. 1: Bericht über die dem Historischen Forschungsinstitut des Reichsgaues Oberdonau unterstellten Bibliotheken vom 23. 12. 1944.

[104] Ebd.

[105] Vgl. Jahrbuch der Deutschen Bibliotheken 33 (1942) 97f.

[106] OÖLA, HistFdRO, Sch. 4: Protokoll Kremsmünster.

159 Inkunabeln sowie Gemälde und Stiche aus dem Stift Lambach.[107] Die Handschriften kamen aus Sicherheitsgründen ebenfalls nach St. Florian.[108] Im Juli 1942 folgten die 301 Inkunabeln und Handschriftenfragmente aus dem Stift Schlägl.[109] Am 7. und 8. Juni 1943 war Hollnsteiner wieder in Schlägl. Die in einer Schreibtischlade abgelegten Handschriftenfragmente und alten Drucke waren seit dem letzten Besuch verschwunden und die Bücher aus dem Bibliotheksraum auf Ablegetische weggeräumt. Laut Auskunft des kommissarischen Verwalters war der Direktor des Landesmuseums, Theodor Kerschner, für die Aktion verantwortlich.[110]

Nach der Zusammenführung der Handschriften und Inkunabeln in St. Florian kam es zu keinen größeren Aktivitäten mehr, weil die Luftschutzmaßnahmen alle Kräfte banden. Auch die Kunstbestände der beschlagnahmten Stifte fanden Schutz in St. Florian, und zwar im neu gegründeten Barockmuseum des Reichsgaus Oberdonau, das an anderer Stelle in dieser Publikation ausführlich beschrieben wird.

## Weitere Zugriffe auf Bücher aus Stiftsbibliotheken

Institutsleiter Franz Juraschek und Bibliotheksleiter Johannes Hollnsteiner schützten nicht alle Bestände der enteigneten Stiftsbibliotheken mit gleicher Entschlossenheit. Insbesondere das naturwissenschaftliche Buchgut der Stiftsbibliotheken wurde geringer geachtet, weil es nicht zur Kerndisziplin des Historischen Forschungsinstituts des Reichsgaus Oberdonau gehörte. Im Zentrum sollte die Geschichtsforschung stehen. Gaukonservator Franz Juraschek plante von Anfang an die „Ausscheidung der für die Zukunft nicht wesentlichen Bestandteile" der Stiftsbibliotheken und nannte dabei insbesondere „naturwissenschaftliche und rein theologische Bücher".[111]

---

[107] Ebd., Sch. 2: Liste der am 25. November 1941 aus dem Stifte Lambach nach St. Florian überbrachten Sammlungsgegenstände, Liste der Handschriften aus der Stiftsbibliothek Lambach und Hollnsteiner an Juraschek (Brief vom 28. 5. 1942). Zunächst war von 939 Handschriften die Rede; eine Zählung im Mai 1942 ergab dann die Zahl 931.

[108] Ebd., Sch. 1: Bericht über die dem Historischen Forschungsinstitut des Reichsgaues Oberdonau unterstellten Bibliotheken vom 23. 12. 1944.

[109] Ebd.: Hollnsteiner an Juraschek (Brief vom 4. 7. 1942) und Liste der Inkunabeln aus der Stiftsbibliothek Schlägl.

[110] Ebd., Sch. 4: Protokoll Schlägl.

[111] BDA Linz, Stift St. Florian, Beschlagnahme: Bericht Jurascheks über die Vorarbeiten zur Neueinrichtung des Stiftes St. Florian vom 13. 2. 1941.

Es gab außer der SS möglicherweise auch noch andere Interessenten für die vom Forschungsinstitut als „nicht wesentlich" betrachteten naturwissenschaftlichen Bücher der Stiftsbibliotheken. In einer Amtserinnerung aus dem Jahr 1946 hielt Franz Juraschek fest: „Auf meine Anfrage hin berichtet Dr. Richard Rankl, Kremsmünster fernmündlich, dass einer der beiden Herren, die im Juni und Juli 1945 bei dem Military Government das beschlagnahmte Klostergut bearbeitet haben, Kenntnis hatten von einer Liste von Büchern medizinischen oder astrologischen Inhalts, die Hermann Göring aus österreichischem Klosterbesitz erworben hat."[112] Leider hat sich der Benediktiner Rankl in seinen Tagebüchern weder 1945 noch 1946 diesbezüglich geäußert.[113]

In der Stiftsbibliothek Kremsmünster fehlen jedenfalls 17 frühe Drucke von Paracelsus, die vielleicht in der genannten Versuchsanstalt in Dachau oder in Görings Sammlung landeten.[114] Auch in der Stiftsbibliothek St. Florian dürften viele medizinische und astrologische Werke (u.a. Erstausgaben von Johannes Kepler) zwischen 1918 und 1945 abhanden gekommen sein. Genaueres lässt sich aufgrund mangelnder Quellen derzeit nicht feststellen. Mit der Schaffung eines naturwissenschaftlichen Instituts und einer damit verbundenen naturwissenschaftlichen Zentralbibliothek in Linz am 11. März 1942 gab es schließlich ein Auffangbecken für die naturwissenschaftlichen Bücher der enteigneten Stiftsbibliotheken. Darauf wird an anderer Stelle noch genauer einzugehen sein.

Hollnsteiner hatte als Bibliotheksleiter wiederholt über das Schicksal von Büchern aus den enteigneten Stiften und Klöstern zu entscheiden. Am 15. März 1941 befürwortete er die „Übertragung" der wertvollen Bibliothek des Wiener Orientalisten Rudolf Geyer (1861–1929) aus dem Stift St. Florian an die Wiener Universität und hielt diesen Schritt sogar für „den einzig richtigen". Dem langjährigen Stiftsbibliothekar Hollnsteiner muss bekannt gewesen sein, dass Propst Vinzenz Hartl persönlich die als größte arabische Bibliothek nördlich der Alpen geltende Büchersammlung nach dem Tod Geyers angekauft hatte. Nur weil der Propst in seinem Exil vom

---

[112] BDA Linz, beschlagnahmte Kunstwerke in Oberösterreich: Zl. 454/46, Amtserinnerung Jurascheks vom 7. 5. 1946. Im Aufsatz von Richard Rankl, Stift und Gymnasium in den Jahren 1938-1946. In: 89. Jahresbericht des Obergymnasiums der Benediktiner zu Kremsmünster (1946) 49-79 wird dieser Punkt nicht angesprochen.

[113] Die Tagebücher Richard Rankls im Stiftsarchiv Kremsmünster wurden für die Jahre 1938 bis 1948 vollständig durchgesehen.

[114] Freundliche Auskunft per E-Mail und Brief von Bibliothekar Hauke Fill vom 3. 5. 2004. Schriftliche Dokumente, die diese Vermutung untermauern könnten, liegen für Kremsmünster nicht vor.

Vorhaben Wind bekam und daraufhin ein Veräußerungsverbot verhängte, kam es schließlich doch nicht zur geplanten „Übertragung".[115] Hollnsteiner arbeitete mit seinem Plazet dem Wiener Anthropologen und Orientalisten Viktor Christian in die Hand, der in Heinrich Himmlers SS-Organisation „Ahnenerbe" die Abteilung Vorderer Orient leitete und auch hinter anderen „herrenlosen" Gelehrtenbibliotheken her war.[116]
Ende 1942 entschied Hollnsteiner, die separat von der Schlossbibliothek aufgestellten Bücher des Schlosses Lamberg in Steyr an die wissenschaftlichen Bibliotheken des Reichsgaus Oberdonau abzugeben und den Rest an Antiquariate zu verkaufen.[117] Der Großteil der rund 10.000 Bände umfassenden Engelszeller Bibliothek war schon nach der Beschlagnahme 1939 im In- und Ausland verkauft bzw. auf Gaubüchereien verteilt worden. Im Jänner 1943 sollte der Bibliotheksraum im Stift Engelszell zur Unterbringung einer Büchersammlung für das Kunstmuseum Linz herangezogen werden. Bei einer Besichtigung ortete Gaukämmerer Danzer „noch immer eine grosse Anzahl von Büchern" und „von alten Katastermappen" und forderte Hollnsteiner in Zusammenarbeit mit dem Landesarchiv zur Räumung des Saals auf.[118]
Bei der Überprüfung der Bestände kam Hollnsteiner zum Schluss, dass es sich „etwa zur Hälfte um Erbauungsliteratur des 19. Jahrhunderts handelt, die bibliothekarisch vollkommen wertlos und im Buchhandel unanbringlich ist", und ordnete an, diesen Bestand gemeinsam mit dem Bestand an alten Schulbüchern „im Wege der örtlichen H.J. der Altmaterialsammlung zuzuführen". Die literarischen Werke übergab er zusammen mit den neueren Lehrbüchern einer Gefolgschaftsbücherei. Nur wenige wissenschaftliche Werke wollte der Bibliotheksleiter nach St. Florian bringen lassen, um sie „mit der Doublettenaktion der weiteren Verwertung" zuzuführen, also zu verkaufen.[119] Das entsprechende Verzeichnis umfasste drei Seiten.[120] Die archivalischen Bestände gingen an das Landesarchiv.

---

[115] BDA Linz, Stift St. Florian, Kunstsammlungen und Bibliothek: Hollnsteiner an Christian (Brief vom 15. 3. 1941); StfA, NS-Akten I: O'Donnell an Propst Hartl (Brief vom 11. 7. 1941) und Antwort vom 21. 7. 1941.

[116] Über Viktor Christians zwiespältige Rolle bei der Deportation des jüdischen Anthropologen Norbert Jokl und beim Kampf um dessen Privatbibliothek vgl. Mechthild Yvon, Der jüdische Albanologe Norbert Jokl und seine Bibliothek. In: Geraubte Bücher. Die Österreichische Nationalbibliothek stellt sich ihrer NS-Vergangenheit. Hg. v. Murray G. Hall u.a. (Wien 2004) 104-117.

[117] OÖLA, HistFdRO, Sch. 2: Hollnsteiner an Gaukämmerer Danzer (Brief vom 2. 12. 1942).

[118] Ebd.: Gaukämmerer Danzer an Gaukonservator Juraschek (Brief vom 23. 1. 1943).

[119] Ebd.: Hollnsteiner an Gaukämmerer Danzer (Brief vom 17. 2. 1943).

[120] OÖLA, HistFdRO, Sch. 4: Verzeichnis der Dubletten von Engelszell.

Im Juli 1944 erstellte Johannes Hollnsteiner eine Liste der von den St. Florianer Chorherren jahrzehntelang gesammelten Dubletten (Doppelexemplare) zur Geschichte des Stifts und Oberösterreichs. Das Verzeichnis enthielt viele bedeutende Werke aus dem 19. Jahrhundert und umfasste 33 Seiten.[121] Auch diese Bücher veräußerte der Bibliotheksleiter mit Zustimmung von Gaukämmerer Danzer. Wie schon bei der Lamberg-Bibliothek konnten zunächst die wissenschaftlichen Bibliotheken des Gaus auswählen, und der Rest ging an Antiquariate.[122] Das Landesarchiv erwarb die meisten Bücher (Schätzwert 130 RM), gefolgt von der Studienbibliothek (80 RM) und vom Landesmuseum (25 RM). Weitere Bücher im Gesamtschätzwert von 145 RM gingen an Privatpersonen, und zwar an Gaukonservator Juraschek, an einen Mitarbeiter des Propagandaministeriums, an Johannes Hollnsteiner selbst und an zwei seiner Mitarbeiterinnen im Historischen Forschungsinstitut.[123]

## Residenz des Reichsrundfunkintendanten Heinrich Glasmeier

Im Juli 1941 stoppte die Gauleitung alle Umbauplanungen für St. Florian und kam von der Idee ab, auf Gaukosten teure Repräsentationsräume einzurichten.[124] Gauleiter Eigruber suchte nach einem potenten Gesamtpächter, um sich der Sorge um die Erhaltung und Adaptierung des riesigen Gebäudekomplexes zu entledigen und gleichzeitig eine einheitliche kulturelle Nutzung des Stifts unter Berücksichtigung der entsprechenden Wünsche des „Führers" sicherzustellen. Mit Billigung des Propagandaministers Joseph Goebbels trat Reichsrundfunkintendant Heinrich Glasmeier in Verhandlungen ein.
Glasmeier hatte im Jänner 1933 sein prägendes „Führererlebnis" gehabt und enge Kontakte zu Joseph Goebbels und Heinrich Himmler geknüpft, der ihn persönlich in die SS aufnahm.[125] Ein Porträtfoto des „Führers" mit

---

[121] Ebd.: Verzeichnis der Dubletten von St. Florian (im Anhang Dubletten von Engelszell).

[122] OÖLA, HistFdRO, Sch. 2: Hollnsteiner an Gaukämmerer Danzer (Brief vom 5. 7. 1944 mit Liste).

[123] Ebd.: Hollnsteiner an Danzer (Brief vom 5. 7. 1944) und Buchhandlung Quirin Haslinger an Historisches Forschungsinstitut (Brief vom 14. 7. 1944).

[124] BDA Linz, Stift St. Florian, Beschlagnahme: Stellvertretender Gauleiter an Gaukonservator Juraschek (Brief vom 21. 7. 1941).

[125] Zu Glasmeier vgl. zuletzt Norbert Reimann, Heinrich Glasmeier. In: Westfälische Lebensbilder 17 (2005) 154-184 und Norbert Fasse, Vom Adelsarchiv zur NS-Propaganda. Der symptomatische Lebenslauf des

persönlicher Widmung hütete Glasmeier wie eine Ikone, um sie wohl bei Bedarf als Beweis für die persönliche Wertschätzung durch den „Führer" vorzuweisen. Der handschriftliche Widmungstext Hitlers lautete: „Dr. Glasmeier, dem besten Kenner der Kultur und Geschichte dieses Landes, herzlich Adolf Hitler. Grevenburg, den 14. Januar 1933".[126]
Glasmeier, der „zum Führungskader des Propagandaapparates" gehörte und trotz einzelner Konflikte auch in der SS aufstieg, machte sich den Wunsch und Auftrag des „Führers" an den Gau Oberdonau zu Eigen, das Stift als „Bruckner-Weihestätte" zu betreuen.[127] Der Reichsrundfunkintendant dürfte die Gesprächspartner in Linz und St. Florian mit seinem dominanten Auftreten und seinen hochfahrenden Umbau- und Ausstattungsplänen für das Stift zur zweiten Residenz des Großdeutschen Rundfunks (neben Berlin) und zu einem Musikzentrum europäischen Ranges regelrecht in Bann geschlagen haben.[128]
Im September 1941 dürfte bei einem Treffen zwischen Glasmeier und Gauleiter Eigruber ein nicht erhaltener Pachtvorvertrag abgeschlossen worden sein. Im August 1942 stimmte Adolf Hitler dem Projekt „Brucknerstift St. Florian" endgültig zu, und der Pachtvertrag auf 99 Jahre zwischen Gauleitung und Reichsrundfunkgesellschaft konnte unterzeichnet werden.[129] Der Pachtzins von einer Reichsmark jährlich wurde in St. Florian mit Verwunderung zur Kenntnis genommen. Der örtliche Uhrmacher witzelte: „Wenn ich es gewußt hätte, dass das Stift so billig hergeht – um den Preis hätt' ich's auch genommen."[130]
Heinrich Glasmeier wurde zum Generalbevollmächtigten für das „Brucknerstift St. Florian" ernannt und war nur dem Gauleiter verantwortlich. Er verpflichtete sich, das Stift zum „Mittelpunkt ernster musikalischer Kultur nicht nur für Oberdonau, sondern für das Großdeutsche Reich, ja für ganz

---

Reichsrundfunkintendanten Heinrich Glasmeier (Schriftenreihe des Jüdischen Museums Westfalen 2, Bielefeld 2001).

[126] Das Widmungsporträt befindet sich im Stiftsarchiv St. Florian.

[127] Fasse, Adelsarchiv 36. Glasmeier war SS-Obersturmführer und Träger des SS-Ehrendolches.

[128] Zu Glasmeiers Verhältnis zu Johannes Hollnsteiner vgl. Buchmayr, Priester 218-224 und öfter.

[129] StfA, Akten der RRG, Eugen Kurt Fischer – Chronik, Zeitungsausschnitte: Aktenvermerk von Wirz für Fischer vom 26. 1. 1944 mit Briefexzerpt von Eilert an Wirz vom 22. 8. 1942, in dem ausführlich über ein diesbezügliches Gespräch zwischen Hitler und Goebbels berichtet wird: „Unser Minister war in den letzten Tagen beim Führer. Nach seiner Rückkehr hat er gestern in der Konferenz coram publico strahlend in sehr lebhafter Weise und sichtlich erfreut mitgeteilt, dass der Führer sich herzlich bedankt habe für das wunderschöne Geschenk, das der Minister ihm mit dem neuen Florianplan gemacht habe. Er habe ausdrücklichen Auftrag, Dr. Glasmeier als den Initiator dieses Planes den Dank des Führers zu übermitteln usw. usw."

[130] Antonius Hochreiter, Stift St. Florian 1941-1945. In: In Unum Congregati 22 (1975) 117-130, 119.

Europa" zu machen.[131] Der Gauleiter behielt sich ungeachtet des Pachtvertrags „die weitestgehende Einflussnahme auf die Verwaltung und künftige Ausgestaltung des Stiftes" vor und hielt bis zum Kriegsende an der Idee fest, den südlichen Teil der Kaiserzimmer zusammen mit dem Landeshauptmannzimmer zu einer Altersresidenz des „Führers" auszubauen.[132] Glasmeier plante die Einrichtung einer „Führerwohnung" und einer Ministerwohnung (für Goebbels) im Stift St. Florian.[133]
Kurz nach der Pachtunterzeichnung wurde mit der Inventarisierung des Stifts St. Florian begonnen. Dabei arbeiteten jeweils zwei Vertreter des Gaus Oberdonau und der Reichsrundfunkgesellschaft zusammen. Für den Gau wurden Gustav Gugenbauer und die Restauratorin Gisela de Somzée nominiert, die beide dem Landesmuseum angehörten. Die Bearbeiter konnten auf die vorhandenen Kataloge und Verzeichnisse zurückgreifen, nicht zuletzt auch auf das Denkmalschutzinventar von 1939. Jeder Kunstgegenstand wurde mit einem viereckigen Aufkleber versehen, der die aufgedruckte Inventarnummer enthielt und – handschriftlich ergänzt – die Nummer des „Hängekatalogs" und des Denkmalschutzinventars von 1939. Zwei Exemplare und die Kopie eines dritten Exemplars der „Inventur-Aufnahme" von St. Florian blieben im Stiftsarchiv erhalten.[134]
Die im Pachtvertrag enthaltene Pflicht, für alle Veränderungen die Zustimmung des Gaukonservators einzuholen, sollte Glasmeier später nicht sonderlich ernst nehmen. Er ignorierte alle vom Gau ausgearbeiteten und vom Denkmalpfleger abgesegneten Pläne für die Instandsetzung und Umgestaltung des Stifts und plante mit dem Düsseldorfer Architekten Franz Schneider nach eigenem Gutdünken. Auf die gigantischen Umbau- und Neuausstattungspläne Glasmeiers für das Stift St. Florian wird im Aufsatz über das Barockmuseum in dieser Publikation näher einzugehen sein.
Rund sieben Millionen RM soll Heinrich Glasmeier zwischen 1942 und 1944 für den Ankauf barocker Möbel und Kunstgegenstände im In- und

---

[131] BDA Linz, Stift St. Florian, Zusammenarbeit mit der RRG: Gaukämmerer Danzer an Gaukonservator Juraschek (Brief vom 22. 9. 1941 mit dem Entwurf zum Pachtvertrag).

[132] StfA, Akten der RRG, Allgemeine Korrespondenz II: Gaukämmerer Danzer an Glasmeier (Brief vom 28. 8. 1942). Zur „Führerwohnung" vgl. Buchmayr, Priester 233-235. Vielleicht ging diese Idee auf Gespräche zwischen Hitler und Eigruber zurück. Eine Notiz von Goebbels vom 12. 3. 1941 in Linz nach einem Gespräch mit Hitler dokumentiert jedenfalls dessen Beschäftigung mit dem Umbau des Stifts St. Florian: „Er will St. Florian auf seine Kosten umbauen." Goebbels, Tagebücher I/4 537.

[133] BAB, R 43 II, Nr. 230: Grundlagen zur Besprechung im RMVP am 22. Oktober 1941 von Rudolf Schebitz (Betriebsobmann der RRG).

[134] StfA, NS-Akten, Inventur-Aufnahme bei der Übergabe des Stiftes St. Florian an die Reichs-Rundfunk-Gesellschaft m.b.H. durch den Gau Oberdonau, September/Oktober 1942.

Ausland ausgegeben haben.[135] Die Höhe der Ausgaben rechtfertigte er immer mit dem Hinweis auf die entsprechenden Wünsche des „Führers", nicht zuletzt mit dessen Aussage beim Besuch in St. Florian am 4. April 1943, das Stift wäre „aufs Großartigste auszubauen".[136] Die vom Gaukonservator als notwendig erachteten konkreten Sanierungsarbeiten an den Stiftsgebäuden wurden hingegen vernachlässigt. Bis Jänner 1944 stellte Glasmeier dafür nur 132.000 RM zur Verfügung.[137]

Im Frühling 1943 begann das Reichs-Bruckner-Orchester St. Florian seine Tätigkeit, für das Propagandaminister Goebbels die besten Musiker aus den einzelnen Rundfunkorchestern abkommandieren ließ. Der Aderlass führte zur Auflösung einiger großer Rundfunkorchester. Das rund 80 Musiker zählende Reichs-Bruckner-Orchester sollte von Georg Ludwig Jochum zum Eliteorchester des „Führers" und zum besten des Reichs ausgebaut werden. Dass Adolf Hitler schon am Tag nach der Vereidigung des Orchesters, nämlich am 4. April 1943, nach St. Florian kam, verdeutlicht seine persönliche Anteilnahme und Wertschätzung. Neben erstklassigen Musikern brachte Heinrich Glasmeier auch hochrangige Gastdirigenten wie Wilhelm Furtwängler, Karl Böhm und Herbert von Karajan nach St. Florian.[138]

Zum 55. Geburtstag des „Führers" am 20. April 1944 sollte das Reichs-Bruckner-Orchester zusammen mit dem Bruckner-Chor in einem von Wilhelm Furtwängler dirigierten Festkonzert in St. Florian erstmals an die Öffentlichkeit treten. Das umfangreiche Festprogramm wurde von Gauleiter Eigruber aber aufgrund der katastrophalen Kriegslage kurzfristig gestrichen.[139] Die mit hohem Finanzaufwand geplante und in Auftrag gegebene St. Florianer Tafel (Porzellan- und Glasservice, Leuchter, Vasen usw.) konnte zu diesem Termin ohnehin nicht fertig gestellt werden.

---

[135] Kreczi, Bruckner-Stift 62.

[136] Vgl. dazu die Schilderung des Hitlerbesuchs in einem Brief Eugen Kurt Fischers: StfA, Akten der RRG, Korrespondenz Eugen Kurt Fischer: Fischer an Castelle (Brief vom 5. 5. 1943). Ein Faksimile dieses Dokuments findet sich bei Kreczi, Bruckner-Stift 93.

[137] Kreczi, Bruckner-Stift 57.

[138] Vgl. dazu die Untersuchung von Kreczi, Bruckner-Stift.

[139] Kreczi, Bruckner-Stift 122. Es kam nur zu einem kurzen Festakt in St. Florian. Im Rundfunk wurde eine alte Aufnahme mit dem Bruckner-Orchester unter Georg Ludwig Jochum abgespielt.

## Die nationalsozialistische Instrumentalisierung des Stifts St. Florian [140]

Das Stift St. Florian übte aus vielen Gründen eine besondere Attraktivität auf die NS-Machthaber aus. Neben dem schon angesprochenen rein materiellen Wert war es insbesondere der ideelle Wert des Stifts, auf den die Nationalsozialisten bei der Beschlagnahme reflektierten. St. Florian war als Bauwerk ein einmaliges barockes Gesamtkunstwerk und beherbergte eine wertvolle Kunst- und Möbelsammlung und eine imposante Bibliothek. Nicht zuletzt war das Stift die Wirkungs- und Grabstätte des von Adolf Hitler so verehrten Komponisten Anton Bruckner. Wissenschaftsminister Bernhard Rust konnte bei einem Rundgang sein Staunen nicht verbergen und resümierte: „Ja, wir Nazis müssen noch verdammt viel lernen, ehe wir so etwas erreichen."[141] Diese kulturelle Sonderstellung des Stifts St. Florian wollten die neuen Machthaber für ihre eigenen Interessen nutzen.

Die Inbesitznahme des Stifts war rhetorisch mit einer negativen Repräsentation der geistlichen Vorbesitzer verknüpft, die Teil einer völligen Umschreibung der Hausgeschichte war. Auf die Bewunderung für das barocke Bauwerk und seine Sammlungen folgte reflexartig fast immer die Kritik an den Augustiner-Chorherrn. Joseph Goebbels notierte nach seinem Besuch in St. Florian am 12. März 1941 unverblümt in sein Tagebuch: „Welch ein wunderbarer Barockbau. Wir wollen hier die Pfaffen vertreiben, eine Hochschule für Musik und die Brucknergesellschaft hinlegen. Ein großartiger Plan."[142] Im April 1941 berichtete Gaukonservator Juraschek nicht ohne Stolz dem Sonderbeauftragten für das „Führermuseum", Hans Posse: „Im Ganzen scheint mir die Neugestaltung recht glücklich zu sein und würdig der alten Tradition, die von uns jedenfalls besser gepflegt werden wird, als von den Geistlichen in den letzten Jahrzehnten."[143]

Ähnlich argumentierte der Augustiner-Chorherr Johannes Hollnsteiner einen Monat später, als er den Orden verließ, um mit den Nationalsozialisten zu kooperieren. Es läge eine „geschichtliche Ger[e]chtigkeit" in der Beschlagnahme der Stifte, weil diese „ihrer alt überkommenen Aufgabe untreu geworden sind, da sie die geistige Mission, die ihnen nun einmal

---

[140] Vgl. zu diesem Kapitel auch Buchmayr, „Aufs Großartigste auszubauen …".

[141] StfA, Akten der RRG, Allgemeine Korrespondenz III: Castelle an Glasmeier (Brief vom 31. 12. 1942).

[142] Goebbels Tagebücher I/4 536.

[143] BDA Linz, beschlagnahmte Kunstwerke in Oberdonau: Zl. 892/41, Gaukonservator Juraschek an Direktor Hans Posse (Brief vom 24. 4. 1941).

geschichtlich übertragen war, nicht mehr erfüllten". Mithilfe der neuen Eigentümer würde es nun gelingen, „die in der letzten Zeit toten kulturellen und geistigen Werte der Stifter [sic!] zu neuem Leben zu erwecken". Gerade in St. Florian sollte mit dem Historischen Forschungsinstitut des Reichsgaus Oberdonau unter seiner Mitarbeit „ein einzigartiges Denkmal christlicher [sic!] Geistigkeit erstehen".[144]

Es ging den Nationalsozialisten, die eine systematische Entsakralisierung der Klöster betrieben, nie um die Fortführung irgendeiner alten Tradition, schon gar nicht einer christlichen. Vielmehr sollte das beschlagnahmte Stift St. Florian mit seinen über viele Jahrhunderte gewachsenen Sammlungen aus dem historischen Kontext herausgelöst und der eigenen politischen Ideologie dienstbar gemacht werden. Es ging mit anderen Worten um eine ideologische Transformation des christlichen Stifts in ein nationalsozialistisches Kulturinstitut. Das signalisierte schon das neue Hoheitszeichen, in dem das Stiftswappen nur noch als Pendant zum persönlichen Wappen Heinrich Glasmeiers vorkam und vom Reichsadler mit dem Hakenkreuz überragt wurde.

Am 7. Jänner und 1. Februar 1943 gab die Gestapo Linz eigene Weisungen heraus, die den Zweck hatten, die alten Ordensnamen zum Verschwinden zu bringen und die enteigneten Stiftsgebäude auch namentlich von den Ordensgemeinschaften zu trennen. Es hieße „nicht Stift St. Florian, Abtei Kremsmünster, sondern Propst (Vorstehung) der Chorherren von St. Florian zu Pulgarn, Abt (Vorstehung) der Benediktiner von Kremsmünster zu Kremsmünster usw."[145] Im Gegenzug wurde das Augustiner-Chorherrenstift St. Florian in „Brucknerstift St. Florian" umgetauft.

Reichsrundfunkintendant Heinrich Glasmeier war die Schlüsselfigur bei der Neupositionierung des Stifts. Mit nicht unbeträchtlichem Aufwand versuchte er die Fiktion einer historischen Kontinuität zu entwerfen und seine Ära geradezu als Erfüllungszeit der geschichtlichen Sendung des Stifts St. Florian erscheinen zu lassen. Namen, Wappen, Festinhalte, alles wurde Teil einer großen Inszenierung von geschichtlicher Kontinuität. Glasmeier konnte dabei einerseits seinen „Abtkomplex" ausleben.[146] Er ließ sich von seinen Mitarbeitern „Prälat" nennen, bezeichnete seine Dienstbesprechungen als

---

[144] StfA, Teilnachlass Hollnsteiner: Hollnsteiner an Propst Hartl (Brief vom 5. 5. 1941). Vgl. Buchmayr, Priester 212-216.

[145] StfA, NS-Akten I: Bischöfliches Ordinariat an Stift St. Florian (Brief vom 2. 2. 1943).

[146] StfA, NS-Akten II: Hannah Spohr, Demaskerade. Lebenserinnerungen II/X (Hitler und das Augustiner-Chorherren-Stift St. Florian), o. J. (unveröffentlichtes Manuskript), 1. Spohr hatte sich im Dezember 1944 einige Zeit als Dolmetscherin in St. Florian aufgehalten.

„Kapitelsitzungen" und schaffte sich eine eigene Mönchskutte an.[147] Zu den Todestagen der Barockpröpste, die er als seine Vorgänger sah, legte Glasmeier in der Gruft beim jeweiligen Sarkophag einen Kranz mit Hakenkreuzschleife nieder.[148] Andererseits gibt es Anzeichen dafür, dass der um 1936 aus der katholischen Kirche ausgetretene SS-Obersturmführer Glasmeier den Nationalsozialismus als politische Religion begriff. Glasmeier inspirierte sich offenbar an katholischen Ritualen und Kulthandlungen, entfremdete sie und benutzte sie im Sinne des Nationalsozialismus.[149] Insgesamt waren seine Anweisungen nicht immer stimmig und durchaus von Widersprüchen geprägt.

Im Pachtvertrag hieß es unter Punkt I: „Ausgang und Krönung der Wiederbelebung Florians muß die Pflege edler Musik sein, zu der Bruckners Werk und Grab verpflichten."[150] Die Stiftsgruft mit dem Sarkophag des Komponisten war ein Höhepunkt jeder Sonderführung durch das „Brucknerstift St. Florian" und Schauplatz von Weihehandlungen. Glasmeier ließ das Reichs-Bruckner-Orchester am 3. April 1943 und den Bruckner-Chor am 30. April 1944 jeweils vor dem Brucknersarkophag angeloben. Bei Sonderführungen standen zwei SS-Posten mit Fackeln Wache. „Nicht die Reliquien im Altar der Kirche, sondern das Grab Bruckners sollte jetzt Fundament der Weihestätte sein", kommentierte Hanns Kreczi treffend.[151] Als zentrale und sinnlich erlebbare Kultstätte sollte Bruckners Sarkophag den Effekt der historischen Kontinuität am unmittelbarsten bestärken. Es entbehrt nicht einer gewissen Komik, dass der Mann, der den politischen Missbrauch Bruckners steuerte, Heinrich Glasmeier, ein ganz unmusikalischer Mensch war.[152] Seine Gäste pflegte Glasmeier am Stiftsportal mit Wein in einem barocken Messkelch aus den Stiftssammlungen zu empfangen. Die sakrale Aura der

---

[147] Vgl. StfA, Akten der RRG, Eugen Kurt Fischer – Chronik, Zeitungsausschnitte: Tätigkeitsbericht Juli 1943 und öfter.

[148] StfA, NS-Akten II: Spohr, Demaskerade II/X 12.

[149] Ein sprechendes Beispiel für die Umbiegung christlichen Gedankenguts zur NS-Parole ist folgender Glückwunschbrief Glasmeiers an einen SS-Oberführer: „Zu der Geburt Ihres Heidenkindes beglückwünsche ich Sie und Ihre Gattin aufs beste. Möge der kleine Heide ein Licht zur Erleuchtung vieler Heiden werden. Heil Hitler!" StfA, Akten der RRG, Korrespondenz Glasmeier 1937-1941: Glasmeier an Ministerialrat Werner Naumann (Brief vom 3. 3. 1939).

[150] BDA Linz, Stift St. Florian, Zusammenarbeit mit der RRG: Gaukämmerer Danzer an Gaukonservator Juraschek (Brief vom 26. 10. 1942 mit Abschrift des Pachtvertrags).

[151] Kreczi, Bruckner-Stift 64.

[152] So das Urteil Eugen Kurt Fischers, eines seiner engsten Mitarbeiter. Vgl. E. Kurt Fischer, Das Brucknerstift St. Florian. Ein Beitrag zur Geschichte des Rundfunks im Dritten Reich. In: Publizistik 5 (1960) 159-164, 161.

Stiftskirche, die nun „Orgelhalle" hieß, wurde für Orgelwettbewerbe und -vorführungen sowie für Konzerte eingesetzt. Das Bruckner-Orchester nahm bei Konzerten im Altarraum Aufstellung und spielte unter bewusster Ausschaltung der vorhandenen elektrischen Lichtanlage bei mystischem Kerzenlicht. Dass die beabsichtigte pseudoreligiöse Wirkung auch tatsächlich beim Publikum eintrat, illustriert eine Rezension zum einzig wirklich großen Konzert des Bruckner-Orchesters unter Herbert von Karajan am 23. Juli 1944.

„In eine fast mystische Dämmerung war die Kirche gehüllt. Das Orchester war vor dem Hochaltar aufgestellt. Feierlicher Kerzenschein löste eine Weihestimmung [aus]. Unter atemloser Stille erwarteten Orchester und Zuhörer den Dirigenten. Herbert von Karajan trat ruhig vor, sammelte sich wie ein Priester in vorbereitendem Gebet zu einer heiligen Handlung. Da begannen die gesenkten Hände kaum merkliche Kreise zu ziehen und wie aus der zeitlosen Zeit ‚da alles nicht war' fing ein Zittern, ein Regen, das Tremolo der Violinen an."[153]

Glasmeier erstellte auch einen „Festkalender des Brucknerstiftes", der die „historisch bedeutsamen Daten aus der Geschichte des Brucknerstiftes" (Geburts- und Todestage der Barockpröpste und Anton Bruckners, Jahrestag der Stiftsübernahme durch die Reichsrundfunkgesellschaft usw.) und politisch bedeutsame Daten (Geburtstag des „Führers") enthielt.[154]

Der Reichsintendant übte in St. Florian eine bemerkenswerte Besuchsdiplomatie aus. Gewöhnlichen Besuchern und der St. Florianer Bevölkerung wurde durch die beim Portal stationierte SS-Wache, die auch Schießbefehl hatte, die Macht und Größe des „Dritten Reichs" und seiner Repräsentanten signalisiert und der Zutritt verwehrt.[155] 1942 ließ der Gauleiter auf Betreiben Glasmeiers hin St. Florian unter Landschaftsschutz stellen. „Die außerordentlich anheimelnde Heckenlandschaft soll möglichst getreu in der Gestalt wie zur Zeit Anton Bruckners erhalten bleiben."[156] Glasmeier erreichte damit, dass der ganze Ort dem im Zentrum stehenden „Brucknerstift" untergeordnet und in eine totalitäre Ästhetik eingefügt wurde.

---

[153] Max Hilpert, Bruckners VIII. Symphonie unter Herbert von Karajan. In: Oberdonau-Zeitung vom 25. 7. 1944.

[154] StfA, Akten der RRG, Korrespondenz Eugen Kurt Fischer: Schwaiger an Fischer (Brief vom 11. 5. 1944); vgl. auch Kreczi, Bruckner-Stift 129 und 216.

[155] StfA, Akten der RRG, Allgemeine Korrespondenz IX: Bekanntmachung an SS vom 31. 8. 1943: „Nach eintreten der Dunkelheit und schliessung sämmtlicher Türen ist auf Personen die sich im Stiftsbereich nach Anruf des Postens zwecks feststellung ihrer Personalien trotzdem entfernen zu schiessen." (Schreibweise des Originals!)

[156] Heinrich Seidl, Natur- und Landschaftsschutz 1942. In: JbOÖM 91 (1944) 443–449, 443.

Prominente Gäste bekamen ein anderes Schauspiel zelebriert. Der „Führer" selbst kam am 4. April 1943 nach St. Florian, nachdem er zusammen mit Reichsminister Albert Speer die Linzer Rüstungsbetriebe besichtigt hatte. Speer hatte wenige Tage zuvor, am 30. März, zusammen mit Gauleiter Eigruber auch noch das nahe gelegene KZ Mauthausen besucht. Nun entspannte man sich bei einem Rundgang durch die Kunstsammlungen und zum Sarkophag Anton Bruckners. Dazwischen gab es Kammermusik und eine Orgelvorführung zu hören. Im Gespräch mit Heinrich Glasmeier betonte der „Führer", „dass das Brucknerstift das bedeutendste Kunstinstitut und Konservatorium Europas werden müsse und aufs Grossartigste auszubauen sei". Ein Foto im Stiftsarchiv St. Florian zeigt den Brucknersarkophag mit mehreren Ehrenkränzen, u.a. jenem Adolf Hitlers. Durch den Besuch des „Führers" bekam Glasmeier nach den Worten eines Mitarbeiters „eine völlig unangreifbare Stellung".[157]

Die Verknüpfung von Besuchen prominenter Nationalsozialisten in den Linzer Rüstungsbetrieben oder im nahe gelegenen KZ Mauthausen mit einem Abstecher in das „Brucknerstift St. Florian", um hier in einer idyllischen Gegenwelt höchsten Kunstgenuss zu zelebrieren, blieb ein oft geübtes Zeremoniell.[158] Die pseudobarocken Feste beim Reichsintendanten Glasmeier wurden „zum Geheimtip der höchsten braunen Prominenz", die Abwechslung zu schätzen wusste.[159] Nach einer Rüstungstagung in Linz und St. Florian bedankte sich etwa Albert Speer am 12. Juli 1944 beim Hausherrn Heinrich Glasmeier „für die Stunden großzügiger Gastfreundschaft und erlesenen Kunstgenusses" und fügte hinzu: „Nach Tagen ernster Arbeit bereitete der vollkommene Zusammenklang von edler Architektur, erhabener Musik und kameradschaftlicher Geselligkeit und [sic!] allen ein unvergessliches Erlebnis."[160] In St. Florian hatte es eine Aufführung von Bruckners Vierter Symphonie in der Stiftskirche gegeben und anschließend ein Nachtmahl im Marmorsaal bei Kerzenlicht.[161]

---

[157] StfA, Akten der RRG, Korrespondenz Eugen Kurt Fischer: Fischer an Castelle (Brief vom 5. 4. 1943).

[158] Zwischen 1941 und 1944 gab es in St. Florian neben Adolf Hitler u.a. auch Empfänge für Reichspropagandaminister Joseph Goebbels, Reichsführer-SS Heinrich Himmler, Reichsminister Albert Speer, den italienischen Botschafter in Berlin, Dino Alfieri, und Amin El-Husseini, den Großmufti von Jerusalem.

[159] Viktor Ergert, 50 Jahre Rundfunk in Österreich I (Salzburg 1974) 193.

[160] StfA, Akten der RRG, Korrespondenz Reichsintendant Glasmeier, Sch. III: Speer an Glasmeier (Brief vom 13. 7. 1944).

[161] Vgl. Hans Kehrl, Krisenmanager im Dritten Reich. 6 Jahre Frieden – 6 Jahre Krieg (Düsseldorf 1973) 395. Auf Seite 277 findet sich ein Foto mit Speer, Eigruber und Glasmeier in der Stiftskirche St. Florian beim Anhören von Bruckners Vierter Symphonie.

Das NS-Projekt „Brucknerstift St. Florian" kann – bei aller Sonderlichkeit Glasmeiers – nicht als private Machtfantasie und als utopische Provinzposse eines exzentrischen NS-Bonzen abgetan werden. Eugen Kurt Fischer, ein enger Mitarbeiter Glasmeiers, hat rückblickend betont, dass die Pläne des Reichsintendanten mit St. Florian „in ihrer Extravaganz an die des Bayernkönigs Ludwig erinnerten" und „auf einem blinden Glauben an den deutschen Sieg und den kommenden Glanz eines ‚Tausendjährigen Reiches'" aufgebaut gewesen wären.[162] Tatsächlich plante Glasmeier immer schon im Hinblick auf die Nachkriegsbedürfnisse des Rundfunks. Das NS-Projekt „Brucknerstift St. Florian" sollte nach Hanns Kreczi „den kulturellen Führungsanspruch Deutschlands nach dem Endsieg vorbereiten" und kann nur in „Parallele zum Führer-Museum Linz" richtig bewertet werden.[163] Das Projekt war über Glasmeier eng mit der Person Hitlers und dessen Linzplänen verknüpft und wurde von Hitler bei seinem Besuch in St. Florian gerade in seiner Überdimensionalität sanktioniert. In diesem Zusammenhang ist daran zu erinnern, dass „Groß-Linz" nach dem erhofften Kriegsgewinn auch die umliegenden Gemeinden, darunter St. Florian, umfassen sollte. Anton Bruckner hätte man dann als „einzigartige Nazi-Kultfigur in Erscheinung treten" lassen.[164]

Noch Ende Dezember 1944 wurde Glasmeier nach freiwilliger Meldung zur Front auf persönlichen Befehl Hitlers zurückberufen, um die „Weihestätte Bruckners" weiter zu betreuen.[165] Der Wiener Rundfunkintendant Franz Huber quittierte das mit den Worten: „Ganz erstaunlich ist es, dass der Führer bei der Riesenlast von Arbeit und Verantwortung Florian nicht vergisst. Es ist wohl das kostbarste Kleinod, das der Führer in seiner engeren Heimat hat und was ich so von seiner Umgebung höre, hält er mit allen Fasern seines Herzens daran fest."[166]

Glasmeier ließ sich in seinem Glauben an den „Führer" bis zuletzt nicht beirren und gab noch im Februar 1945 Durchhalteparolen aus: „Gerade weil ich einen unbeirrbar felsenfesten Glauben an den Führer und an Deutsch-

---

[162] Fischer, Brucknerstift St. Florian 159, 163 und 162.
[163] Kreczi, Bruckner-Stift 143.
[164] Brüstle, Anton Bruckner 257.
[165] Vgl. StfA, Akten der RRG, Korrespondenz Reichsintendant Glasmeier, Sch. III: Glasmeier an Richard Ernst (Brief vom 21. 12. 1944): „Auf persönlichen Befehl des Führers bin ich soeben von meinem Einsatz an der Budapester Front zurückgekommen."
[166] Ebd.: Intendant Huber an Glasmeier (Brief vom 28. 12. 1944).

land habe, kann und muß ich auch an die Zukunft des Brucknerstifts und an die Verwirklichung unserer weitgesteckten Ziele und Pläne glauben."[167]

## Die Kompetenzaufteilung für die enteigneten Stiftssammlungen

Schon unmittelbar nach den Beschlagnahmen der Stifte St. Florian, Wilhering, Schlägl, Hohenfurt und Kremsmünster erhielt das Landesmuseum den Auftrag, das gesamte Kulturgut dieser Institutionen zu betreuen. Als die Enteignungen vollzogen waren, folgte mit einem Erlass des Reichsstatthalters am 5. Jänner 1942 die formelle Betrauung des Landesmuseums.[168] Gaukämmerer Danzer erläuterte dazu in einem Schreiben an die kommissarischen Verwalter der enteigneten Ordenshäuser:
„Ich habe nun die Verpflichtung, dieses Kunst- und Kulturgut sorgsam zu betreuen und lebendig zu erhalten, den hierfür zuständigen Stellen der Gauselbstverwaltung übertragen und zwar:
1. Den Besitz an Kunstwerken und künstlerisch oder historisch bemerkenswertem Mobiliar dem Gaumuseum kunsthistorische Abteilung,
2. den Besitz an naturkundlichen und technologischen Sammlungen dem Gaumuseum, naturkundliche und technologische Abteilung,
3. den Besitz an volkskundlichen gegenständen [sic!] dem Gaumuseum, volkskundliche Abteilung,
4. den Besitz an Büchersammlungen und Handschriften, soweit sie nicht zu den Archiven gehören, dem historischen Forschungsinstitut des Reichsgaues Oberdonau in St. Florian,
5. den Besitz an Archivbeständen dem Landesarchiv in Linz.
Da es sich in allen Fällen um bedeutende Vermögenswerte handelt, habe ich die Verbringung an andere Aufbewahrungsorte, den Tausch und Verkauf von Gegenständen in jedem einzelnen Fall an meine schriftliche Zustimmung gebunden.
Die Schlüssel zu allen Sammlungen und Räumen verbleiben in der Verwahrung des Verwalters der betreffenden Liegenschaften. Den Verwaltern wird durch die Betreuung der vorgenannten Dienststellen die Verantwortung für

---

[167] Ebd., Sch. IV: Glasmeier an Max Auer (Brief vom 13. 2. 1945).
[168] Theodor Kerschner, Direktionsbericht 1942. In: JbOÖM 91 (1944) 371-373, 371.

das ihnen anvertraute Kunstgut nicht abgenommen, sondern sie bleiben mir hiefür nach wie vor verantwortlich."[169]
Landesmuseum, Landesarchiv und Historisches Forschungsinstitut teilten sich folglich in Zusammenarbeit mit den kommissarischen Verwaltern die Betreuung der jeweiligen Sammlungsbestände der enteigneten Stifte des Landes auf. Für die Kunstsammlungen des Stifts St. Florian blieb vor Ort Graf Douglas O'Donnell bis zum September 1942 verantwortlich, ehe ihm Eugen Kurt Fischer von der Reichsrundfunkgesellschaft in dieser Funktion nachfolgte.

## Konflikte und Kontroversen in St. Florian

Ungeachtet der Regelung vom Jänner 1942 kam es im Stift St. Florian immer wieder zu Konflikten zwischen der Reichsrundfunkgesellschaft, dem Denkmalschutz und dem Historischen Forschungsinstitut. Jede Gruppe kämpfte mit den ihr zur Verfügung stehenden Mitteln um Rechte und Vorrechte. Ein Streitpunkt war die Obhut über das Stiftsarchiv und das Musikarchiv.
Auf eine Anfrage Johannes Hollnsteiners hin bestätigte Gaukämmerer Danzer am 18. November 1942, dass die Musikaliensammlung des Stifts St. Florian „als Teil der Bibliothek vom Pachtvertrag mit der Reichsrundfunkgesellschaft ausgenommen" wäre. „Es ist mir sehr daran gelegen, die in früheren Stiften noch verwahrten Musikaliensammlungen, darunter die sehr interessanten Manuskripte von Komponisten, unter anderem solche von Anton Bruckner, in Ihrer Obhut zu wissen. Ich stimme daher Ihrem Vorschlag zu, dass diese Musikaliensammlungen in St. Florian zusammengezogen und im Rahmen der Bibliothek verwahrt werden."[170] Das hinderte Heinrich Glasmeier nicht, das Musikarchiv und später auch das Stiftsarchiv für die Reichsrundfunkgesellschaft zu reklamieren. Seine Taktik war, diese Bestände als Teil des Pachtvertrags zu betrachten.
Im Juli 1943 schickte er seinen Mitarbeiter Eugen Kurt Fischer vor, der bezüglich des Musikarchivs an Hollnsteiner schrieb: „Im Auftrag des Herrn Reichsintendanten ersuche ich Sie, der Leitung des Bruckner-Stiftes den von Ihren Mitarbeitern geschaffenen Katalog der im Hause befindlichen Musikalien samt dem Schlüssel zum Notenarchiv auszuhändigen zu wollen,

---

[169] StfA, Akten der RRG, Verwalter O'Donnell: Gaukämmerer Danzer an O'Donnell (Brief vom 16. 1. 1942).
[170] OÖLA, HistFdRO, Sch. 4: Gaukämmerer Danzer an Hollnsteiner (Brief vom 18. 11. 1942).

da nach der Ueberzeugung des Herrn Reichsintendanten diese Musikalien kein organischer Bestandteil der gaueigenen wissenschaftlichen Bücherei, sondern ein wesentliches Hilfsmittel für die künstlerische Arbeit des Reichs-Rundfunks im Bruckner-Stift sind."[171]
Überraschenderweise gab Hollnsteiner dieser Ansicht Recht und wünschte nur, dass die Benützung der Musikalien durch Forscher im Arbeitszimmer des Historischen Forschungsinstituts erfolgen sollte.[172] Gaukämmerer Danzer, der letztendlich zu entscheiden hatte, widersprach aber der Auslegung Glasmeiers und Hollnsteiners. „Die Musiksammlungen bildeten seit jeher einen integrierenden Bestandteil der Büchersammlungen der Stifte und müssen daher auch künftig bei diesen verbleiben." Danzer wollte der Reichsrundfunkgesellschaft nur „ein weitgehendes Benützungsrecht der Musikalien" unter der Aufsicht des Historischen Forschungsinstituts einräumen.[173] Vermutlich ist es dann bei dieser Regelung geblieben.
Trotzdem gelang es Glasmeier Ende 1943 nach Rücksprache mit Gauleiter Eigruber, zumindest das Stiftsarchiv entgegen der ursprünglichen Kompetenzaufteilung an sich zu ziehen.[174] Gaukämmerer Danzer teilte Landesarchivdirektor Zibermayr und Bibliotheksleiter Hollnsteiner am 30. Dezember 1943 mit: „Nach einer Entscheidung des Gauleiters verbleibt das Florianer Stiftsarchiv in der Verwaltung der Reichsrundfunkgesellschaft. Der Herr Reichsintendant schreibt hiezu, dass es ihm eine Ehre sein wird, persönlich das Archiv im Laufe des Jahres 1944 mustergiltig zu ordnen und einzurichten."[175]
Der einstige Berufsarchivar Glasmeier kam freilich 1944 nicht mehr zur groß angekündigten Neuordnung des Stiftsarchivs. Er ließ die Bestände von einem Tischler und einem französischen Kriegsgefangenen ohne Fachaufsicht aus den Räumen entfernen, um sich dort einen Rauchsalon und eine Hausbar einzurichten. Die Archivbestände wurden 1945 von den zurückkehrenden Augustiner-Chorherren „in einem wüsten Durcheinander" aufgefunden.[176]

---

[171] StfA, Akten der RRG, Korrespondenz Eugen Kurt Fischer: Fischer an Hollnsteiner (Brief vom 21. 7. 1943).

[172] Ebd.: Hollnsteiner an Fischer (Brief vom 24. 7. 1943).

[173] Ebd.: Gaukämmerer Danzer an RRG (Brief vom 31. 7. 1943).

[174] OÖLA, HistFdRO, Sch. 2: Glasmeier an Gauselbstverwaltung (Brief vom 26. 12. 1943).

[175] Ebd.: Gaukämmerer Danzer an Landesarchivdirektor Zibermayr und Hollnsteiner (Brief vom 30. 12. 1943, Durchschlag zur Kenntnisnahme an Hollnsteiner).

[176] Franz Linninger, Bibliothek, Archiv und Sammlungen des Stiftes St. Florian 1945 und 1946. In: JbOÖM 92 (1947) 100-104, 101.

Gaukonservator Juraschek kreidete dem Hausherrn Heinrich Glasmeier wiederholt schwere Beschädigungen an Kunstgegenständen des Stifts St. Florian an. „Weder das beschädigte Stiftsportal noch der fortschreitende Verfall von Hohenbrunn, noch das beabsichtigte Beschneiden von Möbelfüßen, noch mißglückte Reinigungsversuche bei Deckengemälden sollen unsere Beziehungen belasten", merkte er in einem Schreiben vom Oktober 1942 an.[177]

Im Frühling 1943 eskalierte der Konflikt zwischen Glasmeier und Juraschek. Zunächst schlug sich der ehemalige Verwalter, Graf Douglas O'Donnell, auf die Seite des Denkmalschutzes und zeigte an, dass der Reichsintendant im Marmorsaal Sessel deponiert hätte, wodurch „der künstlerische Eindruck des Saales beeinträchtigt" wäre.[178] Dann erfuhr Gaukonservator Franz Juraschek von der Schlägerung von 20 Bäumen im denkmalgeschützten Prälatengarten. Damit wollte sich Glasmeier für seine Amtsräume in der ehemaligen Prälatur einen freien Blick auf die Voralpen verschaffen. Als Mitte März 1943 durch unsachgemäße Lagerung auch noch schwerer Schimmelbefall am Sebastianaltar Albrecht Altdorfers und an spätgotischen Tafelgemälden entstand, schaltete sich Juraschek trotz gegenteiliger Weisung durch den Gauleiter ein.[179]

Heinrich Glasmeier, der bei Gauleiter Eigruber offenbar bereits eine Versetzung des renitenten Denkmalschützers nach Wien erwirkt hatte, lehnte „Verhandlungen mit einem abtretenden Gaukonservator" kategorisch ab.[180] Zwei Wochen später vollzog er eine unerwartete Kehrtwende, holte führende Denkmalpfleger und Restauratoren aus Wien nach St. Florian, lud sogar Franz Juraschek ein – nicht in seiner Funktion als Gaukonservator, sondern als seinen persönlichen Berater (!) – und versprach, alle dabei vereinbarten Auflagen bezüglich der gefährdeten Tafelgemälde zu erfüllen. Im Gegenzug lobte ihn der Leiter des Instituts für Denkmalpflege in Wien, Herbert Seiberl, in einem Schreiben an Gauleiter August Eigruber vom 5. April 1943 euphorisch und sah das Stift St. Florian „vom Standpunkte des Denkmalpflegers aus gesehen, in den denkbar besten Händen".[181] Zwei Wochen

---

[177] OÖLA, HistFdRO, Sch. 3: Juraschek an Glasmeier (Brief vom 7. 10. 1942); bezüglich Reinigung vgl. ebd., Sch. 4: Schneider an Schicklberger (Brief vom 6. 10. 1941).

[178] BDA Linz, Stift St. Florian, Baulichkeiten: Amtserinnerung Jurascheks vom 19. 1. 1943.

[179] Ebd., Kunstsammlungen und Bibliothek: Gaukämmerer Juraschek an Ministerialdirigent Hiecke (Brief vom 3. 8. 1943).

[180] Ebd., Zusammenarbeit mit der RRG: Gaukonservator Juraschek an Reichsintendant Glasmeier (Brief vom 18. 3. 1943).

[181] Ebd., Kunstsammlungen und Bibliothek: Seiberl an Gauleiter Eigruber (Brief vom 5. 4. 1943).

später war das Verhältnis zwischen Heinrich Glasmeier und Franz Juraschek schon wieder so ungetrübt, dass sich der Gaukonservator im Dienstwagen des Reichsrundfunkintendanten zum Linzer Hauptbahnhof bringen ließ.[182] Juraschek segnete schließlich alle Umbaupläne Glasmeiers ab, freilich erst im Oktober 1944, als mit einer Ausführung nicht mehr zu rechnen war.[183]

## Die Zentralisierung der naturwissenschaftlichen Bestände der Stifte

Mit Erlass des Reichsstatthalters vom 28. November 1941 wurde Theodor Kerschner, der neben der Direktion des Landesmuseums auch die Leitung der naturhistorischen Sammlung seines Hauses innehatte, die Aufsicht über die naturwissenschaftlichen Sammlungen der enteigneten Stifte des Landes übertragen. Gleichzeitig wurde Kerschner ermächtigt, „einen zweckmäßig erscheinenden Austausch mit den Sammlungen des Reichsgaumuseums durchzuführen".[184] Am 11. März 1942 ordnete Reichsstatthalter Eigruber die Schaffung eines naturwissenschaftlichen Instituts und einer damit verbundenen naturwissenschaftlichen Zentralbibliothek in Linz an.[185] Die Grundlage dafür sollten die entsprechenden Bestände der enteigneten Stifte des Landes bilden.

Die botanischen Sammlungen des Stifts St. Florian wurden 1943 nach Linz in das Landesmuseum transportiert. Darunter befanden sich das Herbarium, eine Holzsammlung von 223 Holzarten, Wachsmodelle von Apfel- und Birnensorten, eine Wurzel- und Blättersammlung, homöopathische Medikamente, Fruchtstände und Samen sowie Flechten.[186] Gleichzeitig wurde die gesamte zoologische Sammlung (u.a. 565 Stopfpräparate, Insektensammlung, Konchyliensammlung mit über 3.000 Objekten) von St. Florian nach Linz gebracht.[187] Die mineralogische Sammlung war schon in Kisten verpackt zum Abtransport bereit, zu dem es aber aufgrund der Kriegslage nicht mehr kam.

---

[182] StfA, Akten der RRG, Glasmeier – Diverses: Fahrtenbuch, Eintrag vom 21. 4. 1943: „Linz Bahnhof (Mitfahrt Dr. Juraschek)".

[183] BDA Linz, Stift St. Florian, Baulichkeiten: Gaukonservator Juraschek an Franz Schneider (Brief vom 10. 10. 1944).

[184] Theodor Kerschner, Direktionsbericht 1941. In: JbOÖM 90 (1942) 322f., 323.

[185] Ders., Direktionsbericht 1942. In: JbOÖM 91 (1944) 371-373, 372.

[186] Ders., Botanik 1943. In: JbOÖM 91 (1944) 383f.

[187] Ders., Zoologie 1943. In: JbOÖM 91 (1944) 389-391, 390f.

Die Auswahl der Bücher für die naturwissenschaftliche Zentralbibliothek aus den Beständen der enteigneten Stiftsbibliotheken nahm Johannes Hollnsteiner vor. Franz Juraschek hatte schon im Februar 1941 die „Ausscheidung der für die Zukunft nicht wesentlichen Bestandteile" der Stiftsbibliotheken angekündigt und dabei „naturwissenschaftliche und rein theologische Bücher" im Auge gehabt.[188] Am 22. und 23. Juli 1943 fuhr Hollnsteiner nach Kremsmünster, wo er 1.324 Bände für die Zentralbibliothek freigab.[189] Die naturwissenschaftliche Fachliteratur der Stifte Schlägl und Wilhering wurde ebenfalls ausgesondert und nach Linz transportiert.[190] Zu weiteren Arbeiten dürfte es nicht mehr gekommen sein.

## Die Münzsammlungen und das Münzkabinett des „Führers"

Die reichen Münzsammlungen der beschlagnahmten Stifte wollte Gauleiter Eigruber über seinen Gaukämmerer Danzer ursprünglich verkaufen. Ein entsprechender Erlass an die kommissarischen Verwalter soll bereits vorbereitet gewesen sein.[191] Ein „Führererlass" vom 30. September 1942 ordnete jedoch die Zusammenfassung aller seit März 1938 in Österreich beschlagnahmten Münz- und Medaillensammlungen samt den dazugehörigen Möbeln und den numismatischen Büchern zu einem Münzkabinett in Linz an. Das Projekt stand im Rahmen des „Sonderauftrags Linz". Der Dresdener Kunsthistoriker Hans Posse fungierte als Sonderbeauftragter des „Führers" für dieses Münzkabinett und betraute Fritz Dworschak, den Direktor des Kunsthistorischen Museums Wien, mit der Durchführung. Als vorläufiger Aufbewahrungsort wurde das Stift Kremsmünster bestimmt.[192] Den Kern des „Linzer Münzkabinetts" bildeten die Bestände von 13 beschlagnahmten Stiften (Klosterneuburg, Göttweig, Kremsmünster, Lambach, St. Florian, Schlägl, Wilhering, Hohenfurt, St. Peter, Admont, St. Lambrecht, Vorau und St. Paul).

---

[188] BDA Linz, Stift St. Florian, Beschlagnahme: Bericht Jurascheks über die Vorarbeiten zur Neueinrichtung des Stiftes St. Florian vom 13. 2. 1941.

[189] OÖLA, HistFdRO, Sch. 4: Protokoll Kremsmünster (22./23. Juli 1943).

[190] Hans Oberleitner, Bücherei 1943. In: JbOÖM 91 (1944) 411-415, 411.

[191] Günther Probst [sic!], Beiträge zur Geschichte der klösterlichen Münzsammlungen Österreichs. In: Mitteilungen der Österreichischen Numismatischen Gesellschaft 7 (1951) 25-29 und 43-48, 47.

[192] Vgl. StfA, Akten der RRG, Allgemeine Korrespondenz III: Gaukämmerer Danzer an RRG (Brief vom 14. 11. 1942).

Nachdem Fritz Dworschak das Historische Forschungsinstitut am 14. November 1942 über diesen Erlass informiert hatte, ordnete Franz Juraschek zwei Tage später die Auswahl und Bereitstellung der entsprechenden Bestände durch Johannes Hollnsteiner an.[193] Am 18. November 1942 kam der Numismatiker Günther Probszt mit einem Speditionswagen und Mitarbeitern, u.a. Franz Stroh vom Landesmuseum Linz, um in St. Florian dem „Führererlass" gemäß die Münzkabinette von St. Florian, Wilhering, Lambach, Hohenfurt und Schlägl abzuholen und nach Kremsmünster zu transportieren.[194] Auch die dazugehörigen Münzschränke und die Porträts der früheren Kustoden der St. Florianer Münzsammlung wurden verladen. Die seit jeher separat aufgestellten numismatischen Bücher der Stiftsbibliothek St. Florian (276 signierte und 84 nicht signierte Werke, insgesamt rund 600 Bände) gingen bei dieser Gelegenheit gleich mit.[195] Bei der Auswahl der entsprechenden Bücher aus den anderen Stiftsbibliotheken hatte Hollnsteiner aufgrund mangelnder Kataloge oder unsachgemäßer Aufstellung der Buchbestände Probleme. In Kremsmünster führte diese Arbeit Pater Petrus Mayrhofer durch. Probszt und seine Mitarbeiter bezogen am 23. November 1942 die Abteiräume des Stifts Kremsmünster und begannen, aus den beschlagnahmten Sammlungen das „Linzer Münzkabinett" zusammenzustellen.[196] Als die Gestapo-Leitstelle Linz Ende Februar 1944 nach Kremsmünster übersiedelte, verdrängte sie die Mitarbeiter des Münzkabinetts aus der Abtei in Konventräume.[197]

Fritz Dworschak ließ Hollnsteiner über Gaukämmerer Danzer am 9. Februar 1943 an die Ausfolgung der noch ausständigen numismatischen Werke aus den Stiften Hohenfurt, Schlägl und Wilhering erinnern.[198] Innerhalb kurzer Zeit dürften die entsprechenden Werke aus Hohenfurt und Schlägl abgeliefert worden sein. Zwischen 30. Juni und 2. Juli 1943 hielt sich Hollnsteiner

---

[193] OÖLA, HistFdRO, Sch. 2: Dworschak an Hollnsteiner (Brief vom 14. 11. 1942) und ebd., Sch. 1: Juraschek an Hollnsteiner (Brief vom 16. 11. 1942 mit Abschrift des „Führererlasses").

[194] StfA, Akten der RRG, Allgemeine Korrespondenz III: Gaukämmerer Danzer an RRG (Brief vom 14. 11. 1942). Aus Lambach waren am 21. November 1941 nach St. Florian gekommen: ein gestrickter Geldbeutel mit Münzen, eine Kartonrolle mit Münzen, zwei Kartons mit Münzen und eine Kassette mit Münzen und Notgeld. Vgl. OÖLA, HistFdRO, Sch. 2: Liste der am 25. November 1941 aus dem Stifte Lambach nach St. Florian überbrachten Sammlungsgegenstände.

[195] OÖLA, HistFdRO, Sch. 1: Amtserinnerung von Hollnsteiner zu Zl. 733/42 vom 18. 11. 1942 und ebd., Sch. 2: Hollnsteiner an Dworschak (Brief vom 27. 11. 1942).

[196] StAKr, Tagebuch Richard Rankl, Bd. XVIII: Eintrag 23. 11. 1942, 106.

[197] Ebd., Bd. XIX: Eintrag 1. 3. 1944, 91.

[198] OÖLA, HistFdRO, Sch. 2: Danzer an Hollnsteiner (Brief vom 9. 2. 1943).

in Hohenfurt auf, um die numismatische Literatur auszusondern. Es waren schließlich 251 Bände. Aus Schlägl wurden 62 Bände ausgewählt. Im November 1944 übergab das Stift Wilhering die 31 numismatischen Bände der Stiftsbibliothek und die Münzinventare der Münzsammlung Wilhering.[199] Die Werke wurden zunächst nach Hohenfurt transportiert. Fritz Dworschak bestätigte den Empfang am 3. Februar 1945.[200]

Probszt hatte mit seinen Mitarbeitern etwa 25.000 Münzen katalogisiert, als die Arbeit abgebrochen werden musste und die Luftschutzmaßnahmen einsetzten.[201] Das ursprünglich in Kremsmünster gelagerte „Linzer Münzkabinett" wurde im Sommer 1944 nach Bombenabwürfen in der Gegend in das Stift Hohenfurt transportiert und im April 1945 in etwa 100 Kisten verpackt in den Steinberg bei Altaussee verlagert. Die Möbel blieben in Hohenfurt zurück. Nur die drei barocken Münzschränke aus St. Florian wurden wegen ihres hohen Kunstwertes nach Altaussee mitgenommen.

Eine Kiste mit 2.000 wertvollen Münzen, insbesondere Goldmünzen, ließ Martin Bormann durch seinen Sekretär Helmuth von Hummel mit dem Auto in die „Führerkanzlei" in München abholen, wo sie nie ankam.[202] Die Übergabe an Hummel erfolgte am 30. April 1945 in Berchtesgaden. Man vermutete, die Kiste wäre nach Berchtesgaden gekommen und dort von den Amerikanern mit den übrigen Goldvorräten erfasst worden. Schließlich stellte sich heraus, dass die Kiste von Hummel über eine Vermittlerin an den Salzburger Erzbischof Andreas Rohracher übergeben worden war. Als diese Münzen 1946 zur Katalogisierung in das Zentralkunstdepot München kamen, fehlte allerdings ein beträchtlicher Teil.[203] Die Stifte Göttweig, Klosterneuburg und Wilhering verloren insgesamt 300 mittelalterliche und neuzeitliche Goldmünzen und -medaillen.[204]

---

[199] Ebd.: Listen numismatischer Bücher aus Hohenfurt, Schlägl und Wilhering.

[200] Ebd.: Dworschak an Hollnsteiner (Brief vom 2. 2. 1945) und Hollnsteiner an Gaukämmerer Danzer (Brief vom 18. 2. 1943).

[201] Probst, Beiträge 25.

[202] StfA, Kunst – Rückstellungen: Landeskonservator Juraschek an Propst Hager (Brief vom 14. 8. 1945).

[203] Vgl. Die Münzsammlungen der Zisterzienserstifte Wilhering und Zwettl (Österreichische Akademie der Wissenschaften, Philosophisch-Historische Klasse, Denkschriften 121, Wien 1975) 29f. (von Benno Hofer).

[204] Probst, Beiträge 48.

## Das Tauziehen um die Grafiksammlung von St. Florian

Am 3. November 1942 ordnete Reichsstatthalter August Eigruber über seinen Gaukämmerer Danzer an, dass alle im Besitz der Gauselbstverwaltung befindlichen grafischen Sammlungen, also auch jene der enteigneten Stifte, in eine Grafische Zentralsammlung zu vereinigen wären. Die Leitung des neu geschaffenen Instituts, das im enteigneten Schloss der Familie Starhemberg in Eferding untergebracht werden sollte, wurde Gustav Gugenbauer, einem Mitarbeiter des Landesmuseums, übertragen.[205] Gugenbauer war von seinem Direktor Theodor Kerschner vorgeschlagen worden.[206] Den Status der Zentralsammlung definierte Danzer Kerschner gegenüber noch nicht endgültig: „Bis zur Entscheidung, welchem Institut die graphische Zentralsammlung einverleibt werden wird, ist die Zentralsammlung als Abteilung Ihres Museums zu führen."[207] In diesem Satz klang die Möglichkeit einer späteren Eingliederung der Zentralsammlung in das „Linzer Kunstmuseum" Adolf Hitlers durch. Tatsächlich präzisierte Danzer drei Monate später in einem Brief an Justus Schmidt: „Es ist wohl anzunehmen, dass diese graphischen Bestände einen Grundstock der graphischen Abteilung des künftigen Kunstmuseums Linz bilden werden. Ich halte es für erforderlich, dass die Frage vom Sonderbeauftragten des Führers für das Kunstmuseum Linz geklärt wird."[208]

Reichsrundfunkintendant Heinrich Glasmeier ging davon aus, dass die Grafiksammlung des Stifts St. Florian wie dessen Münzsammlung in das „Linzer Kunstmuseum" integriert werden würde und stellte Gaukämmerer Danzer Anfang November 1942 gleich weitere Sammlungen des Stifts in Aussicht.

„Bevor ich auf Ihr Schreiben vom 26. 10. 1942 … dienstlich antworte, möchte ich Ihnen heute privatim mitteilen, dass ich mich bemühe klarzustellen, ob der Führer damit einverstanden ist, dass ich neben dem Münzkabinett und der Kupferstich- und Handzeichnungssammlung auch alle anderen Kunstgegenstände, insbesondere die Gemälde und Möbel, einschliesslich der sehr wertvollen Türen und des einzigartigen Prandauer (sic!) Portals und dazu

---

[205] BAK, B 323, Sch. 124, XIIa/224 (876): Gaukämmerer Danzer an das Museum des Reichsgaus Oberdonau (Brief vom 3. 11. 1942); vgl. auch Theodor Kerschner, Direktionsbericht 1943. In: JbOÖM 91 (1944) 373-376, 374.

[206] Ebd., XIIa/223 (875): Direktor Kerschner an Gauselbstverwaltung (Brief vom 30. 10. 1942).

[207] Ebd., XIIa/224 (876): Gaukämmerer Danzer an das Museum des Reichsgaus Oberdonau (Brief vom 3. 11. 1942).

[208] Ebd., XIIa/225 (879): Gaukämmerer Danzer an Schmidt (Brief vom 5. 2. 1943).

unseren Vertrag als ein besonders interessantes zeitgenössisches Dokument zur Ordnung, Inventarisierung und vorläufigen Verwahrung Ihrem löblichen Landesmuseum übergebe."[209]

Glasmeier wollte somit das gesamte St. Florianer Kunstgut in das „Linzer Kunstmuseum" integriert wissen. Als er erkannte, dass die Grafiksammlung von St. Florian – wenn auch nur vorläufig – vom Landesmuseum verwaltet werden sollte, vollzog er eine radikale Kehrtwende, um dies zu verhindern. Nur wenige Tage nach dem großzügigen Angebot an Gaukämmerer Danzer intervenierte er beim Sonderbeauftragten für das „Führermuseum", Hans Posse, und gab sich nun plötzlich als glühender Verfechter des Verbleibs der St. Florianer Kunstschätze im Stift. Das Landesmuseum bezichtigte Glasmeier bei dieser Gelegenheit der „Ausplünderung" von St. Florian und der missbräuchlichen Verwendung des „Führerwillens". Der Grund für das rasche Handeln war eine Ankündigung Gugenbauers, er würde über Posse den „Führer" auf die Grafiksammlung des Stifts St. Florian aufmerksam machen. Glasmeier hatte daraufhin von seinem Mitarbeiter Schwaiger den Ratschlag erhalten: „Sollten Herr Reichsintendant Herrn Bosse (sic!) zufällig sprechen, so wird es sich empfehlen Dr. Guggenbauer (sic!) zuvorzukommen."[210] Der Reichsrundfunkintendant reagierte sofort mit dem besagten Brief an Posse.

„Das Landesmuseum in Linz versucht, die Kupferstichsammlung des Brucknerstiftes St. Florian an sich zu ziehen, weil angeblich ‚geklärt' sei, dass sie als Grundstock für die grafische Abteilung des Führermuseums in Linz dienen soll. Auch sonst ist man bestrebt, Gemälde und andere Kunstsammlungen, aber auch Möbel und hochwertige Musikinstrumente unter diesem Vorwand dem Stift zu nehmen. Es erscheint nun unsinnig, die für das Stift hergestellten oder von ihm gesammelten Kunstgegenstände fortzuholen und mich zu zwingen, ortsfremde Kunstgegenstände, die garkeine (sic!) Beziehung zum Stift haben, überall anzukaufen, um mit ihnen die leer gemachten Räume aufzufüllen. St. Florian ist nicht mehr St. Florian, wenn dem edlen Bau seine Kunstausstattung genommen wird.

Sie wissen, sehr verehrter Herr Dr. Posse, dass ich im Sinne des Führers in St. Florian etwas Einmaliges schaffen will, das aber nur in seiner Totalität zwischen Stiftsbau, Stiftsinhalt, Marktflecken, Landschaft und Brucknertradition möglich ist. Innerhalb meiner Pläne werden auch die Kunstsammlungen des Stiftes selbstverständlich einen hervorragenden Platz bekom-

---

[209] StfA, Akten der RRG, Allgemeine Korrespondenz III: Glasmeier an Gaukämmerer Danzer (Brief vom 4. 11. 1942).

[210] Ebd., Allgemeine Korrespondenz II: Schwaiger an Glasmeier (Brief vom 3. 10. 1942).

men und mehr noch als bisher der interessierten Öffentlichkeit zugänglich gemacht werden. Wenn aber die von gewissen lokalen Stellen in Linz erstrebte ‚Ausplünderung' des Stiftes (von seiner solchen kann man wahrhaftig reden!) weitergeht, so sind meine Pläne sinnlos.
Es steht für mich fest, dass jene Stellen unter missbräuchlicher Bezugnahme auf Sie und den Willen des Führers versuchen, ‚ihr Schäflein ins Trockne zu bringen'. Diesem bedauerlichen, eigensüchtigen Bestreben würde endgültig Einhalt getan, wenn der Führer klar entscheiden würde, dass alle im Stift St. Florian befindlichen und dort entstandenen Kunstsammlungen auch dort verbleiben sollen. Ich nehme an, dass dies auch Ihre Meinung ist, und ich bitte Sie daher, mich zu ermächtigen, missbräuchlicher Benutzung Ihres Namens und Ihres Führerauftrags eindeutig entgegentreten zu dürfen."[211]
Hans Posse beantwortete das Schreiben Glasmeiers nicht, der später behauptete, Posse hätte ihm mündlich „zugesagt …, dass die Graphischen Bestände im Stift St. Florian verbleiben sollen".[212] Damit gelang es ihm tatsächlich, Gauleiter Eigruber auf seine Seite zu ziehen und somit einen mächtigen Fürsprecher für den Verbleib der Grafiksammlung in St. Florian zu gewinnen. Kerschner war darüber so verstimmt, dass er die im September 1942 angelaufene Gesamtinventarisierung des Stifts St. Florian boykottierte und seine beiden Mitarbeiter abzog.[213] Justus Schmidt, der Leiter der Kunstabteilung des Landesmuseums, wurde nun in seiner Funktion als stellvertretender Referent des Sonderbeauftragten für das „Führermuseum" aktiv und schloss seine Sachverhaltsdarstellung an seinen Vorgesetzten Friedrich Reimer mit dem Ersuchen: „Ich bitte um Weisung, ob ich in Angelegenheit dieser graphischen Bestände weitere Schritte unternehmen soll."[214] In seiner mit „Streng vertraulich!" versehenen Antwort beschwichtigte Reimer am 5. Oktober 1943:
„Ihre Anfrage wegen der weiteren Behandlung der Graphischen Sammlung des Stiftes St. Florian möchte ich Sie heute bitten, von Seiten des Sonderauftrages Linz keine weiteren Schritte unternehmen zu wollen, da uns die Bestände als solche ja nicht verlorengehen können und später bei Errichtung des Linzer Kupferstich- und Handzeichnungskabinetts immer noch herangezogen werden können."[215]

---

[211] BAK, B 323, Sch. 124, XIIa/241 (927): Glasmeier an Posse (Brief vom 10. 11. 1942).

[212] StfA, Akten der RRG, Allgemeine Korrespondenz IX: RRG an Gaukämmerer Danzer (Brief vom 6. 9. 1943).

[213] Ebd., Allgemeine Korrespondenz III: Merkzettel von Schwaiger für Glasmeier vom 14. 12. 1942.

[214] BAK, B 323, Sch. 124, XIIa/188 (754) und 189 (755): Schmidt an Reimer (Brief vom 22. 9. 1943).

[215] Ebd., XIIa/187 (751, 752) und 188 (753): Reimer an Schmidt (Brief vom 5. 10. 1943).

Gustav Gugenbauer, der Leiter der Grafischen Zentralsammlung, hatte zunächst mit der Aufnahme der schlosseigenen Grafiksammlung in Eferding alle Hände voll zu tun. Die Grafiksammlung des enteigneten Stifts Lambach wurde in treuhändische Verwahrung übernommen.[216] Auch die Grafiksammlung des Stifts Hohenfurt kam in das Schloss Eferding.[217] Am 15. Februar 1944 begann Gugenbauer in St. Florian mit der Inventarisierung der Grafiksammlung des Stifts St. Florian. Die Sammlung wurde offenbar sukzessive in das Schloss Eferding transportiert, denn Gugenbauer schloss die Katalogisierung am 22. März 1944 in Eferding ab.[218]

## Die Bergung der wertvollen Kunstgegenstände

Im Herbst 1942 setzte Bibliotheksleiter Johannes Hollnsteiner die ersten Maßnahmen, um mit großem persönlichen Einsatz die Bibliotheksbestände in St. Florian vor möglichen Kriegsschäden zu sichern. Zunächst kamen die klösterlichen Handschriften, Inkunabeln und wertvollen Drucke aus dem Hauptsaal der Stiftsbibliothek in gewölbte Räume im Erdgeschoss des Stifts St. Florian. Vor dem Eingang wurden Sandsäcke, Wassereimer und Feuerlöscher postiert. Die provokative Forderung Heinrich Glasmeiers an Gaukämmerer Danzer im März 1943, alle Handschriften von St. Florian weg in die enteigneten Stifte und Klöster zurückzutransportieren, weil eine zentrale Lagerung mit dem Risiko einer völligen Vernichtung im Falle eines Brandes verbunden wäre, zwang Hollnsteiner und Gaukonservator Juraschek zu weiteren Aktionen.[219] Für St. Florian, Hohenfurt und Kremsmünster wurden Bergungstrupps aufgestellt, die im Falle eines Fliegerangriffs, eines Brandes oder eines Sabotageaktes eingreifen sollten.[220] Gleichzeitig schlug Hollnsteiner Gaukämmerer Danzer vor, 70 der wertvollsten Handschriften an einen sicheren Bergungsort auszulagern.[221] Man dachte zunächst

---

[216] Gustav Gugenbauer, Graphische Zentralsammlung. In: JbOÖM 91 (1944) 415f.

[217] Oberösterreichisches Landesmuseum (künftig OÖLM) Archiv, Mappe Kunsthistorische Abteilung (künftig KH): Zl. Kh 31/1945, Justus Schmidt über den Kunstbesitz der Stifte (Brief vom 7. 6. 1945).

[218] StfA, Akten der RRG, Eugen Kurt Fischer – Chronik, Zeitungsausschnitte: Tätigkeitsbericht von Februar und März 1944. Ein Exemplar des Katalogs befindet sich in der Grafiksammlung des Stifts St. Florian.

[219] Vgl. OÖLA, HistFdRO, Sch. 2: Gaukämmerer Danzer an HistFdRO (Brief vom 9. 3. 1943).

[220] Ebd.: Hollnsteiner an Schwaiger (Brief vom 13. 3. 1943).

[221] Ebd.: Hollnsteiner an Gaukämmerer Danzer (Brief vom 13. 3. 1943).

an das Schloss Grub bei Hallstatt, das aber dann von der Hitler-Jugend beansprucht wurde. Daraufhin entschieden sich Hollnsteiner und Juraschek für den Altausseer Steinberg (Springerwerk). Parallel dazu setzte auch die Reichsrundfunkgesellschaft Bergungsmaßnahmen für die im Haus verbliebenen Kunstgegenstände. Die Verantwortung trug Eugen Kurt Fischer, der Verwalter aller Kunstsammlungen des Hauses und Beauftragte für Denkmalpflege und Naturschutz. Im Mai 1943 schrieb Fischer: „Zur Zeit bin ich damit beschäftigt, die Kupferstiche zu bergen, nachdem die Mehrzahl aller Bilder bereits im Vorraum der alten Krypta in Tragtruhen verstaut ist."[222] Der genannte Kryptavorraum wurde mit Holzgestellen ausgestattet und fungierte als „Kunstbunker" der Reichsrundfunkgesellschaft. Die vorher zur Bergung verwendeten ebenerdigen Räume unter dem Hauptsaal der Bibliothek wurden geräumt, wie aus einem Tätigkeitsbericht Fischers für September 1943 hervorgeht: „In den letzten Tagen des Monats wurde eine grössere Anzahl von Gemälden aus dem Archiv unter der Bibliothek in den Bergungsraum vor der Krypta verbracht und eine neue Aufstellung der geborgenen Werke vorbereitet."[223] Im Oktober 1943 kamen die letzten Gemälde der Barockgalerie in den Bunker.[224]

Am 13. Oktober 1943 brachte Hollnsteiner bei seiner ersten Bergungsfahrt vier Kisten mit 77 mittelalterlichen Handschriften, einer Inkunabel und zwei Bruckner-Autografen in den Steinberg bei Altaussee, das zum Gau Oberdonau gehörte.[225] Am 29. Oktober 1943 begab sich Hollnsteiner nach Wilhering, um den Handschriftenbestand der Stiftsbibliothek durchzusehen. Er sonderte 19 wertvolle Handschriften für die Bergungsaktion aus, transportierte sie zunächst nach Linz und am 3. November mit der zweiten Bergungsfahrt in den Steinberg.[226] Nun lagerten elf Kisten des Historischen Forschungsinstituts mit insgesamt 261 Handschriften, Inkunabeln, wertvollen Frühdrucken und 28 Musikhandschriften (vor allem Anton Bruckners) in Altaussee.

Eugen Kurt Fischer übergab am 4. November 1943 22 spätgotische Tafelbilder (u.a. von Albrecht Altdorfer und Wolf Huber) und eine geschnitzte gotische Madonna mit Kind sowie die kleinere gotische Florianskulptur

---

[222] StfA, Akten der RRG, Korrespondenz Eugen Kurt Fischer: Fischer an Otto Stein (Brief vom 7. 5. 1943).

[223] Ebd., Eugen Kurt Fischer – Chronik, Zeitungsausschnitte: Tätigkeitsbericht September 1943.

[224] Ebd.: Tätigkeitsbericht Oktober 1943.

[225] OÖLA, HistFdRO, Sch. 4: Liste vom 18. 10. 1943.

[226] Ebd.: Protokoll Wilhering.

(um 1320) in Altaussee an das Institut für Denkmalpflege.[227] Die zweite Florianskulptur (um 1350) wurde nach mündlicher Tradition vom Chorherrn Franz Linninger einem St. Florianer Bauern übergeben, der sie bis 1946 unter seinem Ehebett aufbewahrte.[228]
Die dritte Bergungsfahrt des Historischen Forschungsinstituts ging in den Erbstollen bei Lauffen. Ein erster Versuch am 9. und 10. März 1944 scheiterte an den Schneemassen. Mithilfe eines Ochsengespanns konnten schließlich zwischen dem 15. und 18. März 1944 elf Kisten mit 145 Handschriften, 82 Inkunabeln, 221 wertvollen Drucken und 17 Musikhandschriften geborgen werden. Die vierte und letzte Bergungsfahrt vom 6. Juni 1944, wieder in den Erbstollen bei Lauffen, bestand vorwiegend aus handschriftlichen Dokumenten aus Anton Bruckners Nachlass.[229] Im Juli 1944 war die Stadt Linz dem ersten großen Fliegerangriff ausgesetzt, dem bis Kriegsende noch 21 weitere folgen sollten.

Die Maßnahmen zur Sicherung der Bibliotheksbestände in Luftschutzbunkern bewahrten Johannes Hollnsteiner letztlich vor einem Kriegseinsatz. Auch nach der Proklamation des „Totalen Kriegseinsatzes der Kulturschaffenden", die Ende August 1944 zur Schließung des Historischen Forschungsinstituts führte, blieb Johannes Hollnsteiner ein Dienst mit der Waffe erspart. Er hatte bereits die Einberufung zum Fronteinsatz in der Hand, die aber vom Büro des Gauleiters August Eigruber wieder rückgängig gemacht wurde.[230]
Am 20. Oktober 1944 begann die Einlagerung des Sammel-Sanitätsparks 103 der Wehrmacht im Stift St. Florian. Tagelang wurden Medikamente, Verbandsstoffe, medizinische Geräte und Instrumente, Kochtöpfe und Badewannen im Marmorsaal, in den Kaiserzimmern, in der Gruft und auf den langen Gängen des Westtrakts deponiert. Laut Augenzeugen herrschte in

---

[227] BDA Wien, Restitutionsmaterialien, Karton 19/1, Mappe 27: Liste „Zur Bergung abgegeben an das Depot Dr. Seiberls bei der Salinenverwaltung Bad Aussee" vom 4. 11. 1943; vgl. auch OÖLA, HistFdRO, Sch. 4: Hollnsteiner an Juraschek (Brief vom 18. 11. 1943 inkl. Liste); Amtserinnerung Hollnsteiners vom 18. 11. 1944 (richtig 1943!) und StfA, Kunst – Rückstellungen: Institut für Denkmalpflege an RRG (Brief vom 15. 11. 1943 mit Liste, auf der zusätzlich die in der genannten Liste fehlende gotische Florianstatue angeführt wird).

[228] StfA, NS-Akten III: Alfred Planyavsky, Wie wir den Heilgen [sic!] Florian heimgeholt haben (Manuskript 2004).

[229] OÖLA, HistFdRO, Sch. 4: Hollnsteiner an Juraschek (Brief vom 22. 3. 1944); vgl. auch Katharina Hammer, Glanz im Dunkel. Die Bergung von Kunstschätzen im Salzkammergut am Ende des 2. Weltkrieges (Wien 1986) 32, 49, 51 und Ernst Kubin, „Sonderauftrag Linz". Die Kunstsammlung Adolf Hitler (Wien 1989) 77.

[230] OÖLA, Personalakt Hollnsteiner: Reichsstatthalter an das Arbeitsamt Linz (Briefe vom 30. 8 und 31. 8. 1944) und OÖLA, HistFdRO, Sch. 4: Juraschek an Hollnsteiner (Brief vom 17. 8. 1944).

den Gängen ein penetranter Geruch.[231] Ende April 1945 bereitete die Reichsrundfunkgesellschaft noch einen zweiten Transport von Kunstschätzen aus St. Florian zur Bergung in den Salzstollen bei Altaussee vor. Die Liste enthielt 110 Posten, fast ausschließlich Ölgemälde. Darüber hinaus wurden auch „Kisten mit Elfenbeinschnitzereien und anderen Kostbarkeiten aus dem Raritätenkabinett", ein „Konvolut Handzeichnungen" und „ein kostbares Kreuz aus dem Raritätenkabinett" angeführt.[232] Offenbar kam es aber nicht mehr zum Abtransport der Kunstgegenstände.

## Die Rückführung des geborgenen Kulturguts

Am 24. Juni 1945 konnten die Augustiner-Chorherren von St. Florian aus dem Zwangsexil in Pulgarn wieder in ihr Stift zurückkehren. Die Amerikaner übergaben allerdings zunächst nur sechs Zimmer. Den Großteil der Räume belegte weiterhin der Sammel-Sanitätspark, der noch bis 15. Juli 1945 im Haus blieb. Am 30. Oktober 1945 überließen die Amerikaner Propst Hager die Prälaturräume. Die letzten amerikanischen Soldaten zogen am 2. Jänner 1946 aus dem Stift St. Florian ab.[233]

Mit der Rückkehr der Chorherren in ihr Kloster war „de facto auch die provisorische Rückstellung des beschlagnahmten und eingezogenen Vermögens verbunden und das mehrjährige formelle Rückstellungsverfahren eingeleitet".[234] Am 20. August 1945 teilte Landeshauptmann Adolf Eigl Vertretern der beschlagnahmten oberösterreichischen Stifte mit, dass mit der baldigen offiziellen Rückstellung des Eigentums zu rechnen wäre. Ein Bevollmächtigter der amerikanischen Militärregierung ergänzte, die Ordensleute könnten sich „schon als faktische Besitzer betrachten" und die Ordensschulen wieder eröffnen.[235] Das Amt der Oberösterreichischen Landesregierung behielt noch bis Jahresende 1946 die Verwaltungshoheit über das Stiftsvermögen.

Am 27. September 1946 erfolgte im Marmorsaal des Stifts St. Florian die feierliche Rückgabe der enteigneten Besitztümer und Rechte an die ober-

---

[231] StfA, NS-Akten II: Notiz für die Chronik der RRG von Eugen Kurt Fischer (undatiert).

[232] StfA, Akten der RRG, Inventare VI: Liste Zweiter Transport von Kunstschätzen zur Bergung bei Altaussee vom 25. 4. 1945.

[233] StfA, NS-Akten III: undatierter Vortragstext von Propst Leopold Hager zu einer Radiosendung (1946) mit Notizen.

[234] Großruck, Vermögensentzug 43.

[235] StAKr, Tagebuch Richard Rankl, Band XXI: Eintrag 20. 8. 1945, 89-91.

österreichischen Stifte. Der amerikanische Oberst Edgar Hume, Chef der Militärregierung der amerikanischen Zone Österreichs, hob die von den Nationalsozialisten vorgenommene Beschlagnahme der Kirchen- und Stiftsgüter auf und gab den österreichischen Behörden grünes Licht für die formelle Rückstellung.[236] In 18 Formbögen meldete die Stiftsvorstehung St. Florian am 26. Oktober 1946 offiziell das entzogene Vermögen bei den zuständigen Bezirkshauptmannschaften an.[237] Am 21. November und 12. Dezember 1946 wurden die Kunstgegenstände in der Bildergalerie, im Antiquitätengang und in den Kaiserzimmern im Stift St. Florian inventarisiert und von der amerikanischen Militärbehörde als „Alter Klosterbesitz" bestätigt.[238] Ein Jahr später, am 4. Dezember 1947, stellte das Stift St. Florian den Antrag auf Rückstellung. Der Rückstellungsbescheid der Finanzlandesdirektion Linz über das gesamte Stiftsvermögen erging am 8. September 1949.[239]

Nach ihrer Rückkehr in das Stift St. Florian bemühten sich die Augustiner-Chorherren um eine möglichst rasche Rückholung der geborgenen Kunstwerke. Die vorhandenen Listen zur Auslagerung erleichterten die Rückführung erheblich. Die wertvollen Kunst- und Kulturgüter des Stifts St. Florian waren an drei verschiedenen Orten deponiert. Im Springerwerk des Steinbergs bei Altaussee befanden sich 22 spätgotische Tafelbilder und zwei gotische Skulpturen, 136 Handschriften, 24 Inkunabeln, sechs Bruckner-Partituren, ein unbezeichnetes Pergamentblatt und die gesamte Münzsammlung. Im Franz-Josef-Erbstollen in Lauffen bei Bad Ischl lagerten 399 Codices, 45 Einzelblätter sowie Autografe Anton Bruckners und Dokumente zu seiner Lebensgeschichte.[240] Im Schloss Eferding, das zuletzt als Luftschutzdepot des Hauptbestands der kunst- und kulturgeschichtlichen Sammlungen des Oberösterreichischen Landesmuseums genutzt wurde, befanden sich 165 Bilder, 46 Grafiken und 19 weitere Kunstgegenstände aus St. Florian, die allerdings nicht alle dem Stift St. Florian gehörten.[241]

---

[236] Rückgabe der o.-ö. Stifte an die Kirche. In: Linzer Volksblatt vom 28. 9. 1946, 3.

[237] StfA, NS-Akten, Restitutionsmaterialien I und II; Großruck, Vermögensentzug 54f. und 348-358 (Anhang 4).

[238] Ebd., Restitutionsmaterialien I: U.S.F.A. Inventory Sheet, C.S.D.Bl. Arts 5513/5515, List No. 176-315 vom 21. 11. und 12. 12. 1946.

[239] Ebd., Restitutionsmaterialien II: Rückstellungsantrag vom 4. 12. 1947/8. 1. 1948 und Rückstellungsbescheid der Finanzlandesdirektion Linz Zl. 97/9 IVb VR 1949 vom 8. 9. 1949.

[240] StfA, Kunst – Rückstellungen: Landeskonservator Juraschek an Propst Hager (Brief vom 20. 8. 1945 mit Gesamtverzeichnis Oberösterreichisches Kunstgut in den Salzbergwerken); vgl. auch OÖLA, HistFdRO, Sch. 4: Liste Bergungsgut des Historischen Forschungsinstitutes St. Florian bei Linz/D. vom 8. 5. 1945.

[241] StfA, Akten der RRG, Inventare VI: Verzeichnis der nach Eferding gebrachten Bilder (undatiert).

Zumindest 71 Gemälde waren Eigentum der St. Florianer Chorherren.[242] Am 3. August 1945 übermittelte die Oberösterreichische Landeshauptmannschaft der für Eferding zuständigen Güterdirektion Auhof ein siebenseitiges Verzeichnis der von St. Florian nach Eferding verlagerten Bilder, Möbel, Grafiken und anderen Kunstgegenstände und kündigte die Abholung durch das Stift St. Florian an.[243] Am 13. August gab es ein großes Treffen im Kunstdepot Eferding, bei dem u.a. Vertreter der Stifte St. Florian, Kremsmünster, Wilhering und Lambach anwesend waren. Aus St. Florian kam Propst Leopold Hager in Begleitung von Kustos Franz Linninger. Es war nicht einfach, die entsprechenden Kunstwerke aufzufinden, wie der Kremsmünsterer Prior Richard Rankl im Tagebuch bemerkte: „Von uns sollen unter den vielen Bildern 17 Stück sein – habe jedoch noch keines gefunden – auch die eingelegten Tischchen aus der Abtei sind nicht dort – P. Willibrord muß gelegentlich noch gründlicher suchen."[244] Zwei Wochen später identifizierte Rankl in Eferding 20 Kremsmünsterer Gemälde.[245] Wann und in welcher Vollständigkeit die Abholung der Kunst- und Kulturgüter aus dem Stift St. Florian erfolgte, lässt sich nicht feststellen.

Der Rücktransport aus den Salzstollen verlief noch viel komplizierter. Anfang Juli 1945 berieten die amerikanischen Kunstsachverständigen für den Schutz von Baudenkmälern, Kunst und Archiven (Monuments, Fine Arts & Archives Section, kurz MFA&A) über das weitere Schicksal der in den Bergwerken vorgefundenen Kunstwerke. Es wurde beschlossen, jenes Kunstgut, das schon vor dem Krieg österreichisches Eigentum gewesen war, in der US-Zone Österreichs zu belassen und das übrige Kunstgut in den Central Art Collecting Point (CACP) München zu bringen, wo es inventarisiert und später den rechtmäßigen Eigentümern zurückgegeben werden sollte.

Als der Kremsmünsterer Bibliothekar Willibrord Neumüller am 14. Juli 1945 nach Altaussee fuhr, um die Handschriften seines Stifts zu identifizieren und zum Heimtransport vorzubereiten, musste er mit Schrecken zur Kenntnis nehmen, dass ein Teil schon nach München gebracht worden

---

[242] OÖLA, Gauselbstverwaltung, Schuber 9: Gustav A. Canaval – F. E. Demuth, Bericht über die in den Monaten Juni und Juli 1945 vorgenommene Wirtschaftsprüfung betreffend die beschlagnahmten Vermögenswerte der Stifte Kremsmünster, St. Florian, Wilhering und Schlägl XXXIV-XXXVI (Beilage zum Prüfungsbericht über das Stift St. Florian, Kategorie I, Punkt 9).

[243] StfA, Kunst – Rückstellungen: OÖ. Landeshauptmannschaft an Güterdirektion Auhof (Brief vom 3. 8. 1945, Durchschrift zur Kenntnisnahme an Propst Hager, ohne Liste). Beim oben genannten 6-seitigen Verzeichnis der nach Eferding gebrachten Bilder (StfA, Akten der RRG, Inventare VI) dürfte es sich um eine Abschrift dieser nicht erhaltenen Liste handeln.

[244] StAKr, Tagebuch Richard Rankl, Band XXI: Eintrag 13. 8. 1945, 84.

[245] Ebd.: Eintrag 28. 8. 1945, 98.

war.[246] Der Abtransport der klösterlichen Kunstwerke außer Landes löste erhebliche Unruhe bei den Stiften Oberösterreichs aus. Noch im Juli 1945 gingen auch große Teile des in Altaussee und Bad Ischl gelagerten Kunstguts des Stifts St. Florian nach München. Der Ischler Transport soll auf einem Irrtum beruht haben und den „herrschenden turbulenten Zuständen" zuzuschreiben gewesen sein.[247]

Nach welchen Kriterien die US-Amerikaner in Altaussee und Bad Ischl tatsächlich vorgingen, ist unklar. Vermutlich konnten die Kunstsachverständigen in vielen Fällen nicht feststellen, ob es sich um österreichisches oder erbeutetes Kunstgut handelte, und plädierten im Zweifelsfall für einen Abtransport nach München, wo die endgültige Klärung erfolgen sollte. Vielleicht wurden auch grundsätzlich alle besonders wertvollen klösterlichen Kunstgegenstände nach München gebracht. Jedenfalls kehrten keineswegs alle Kunstgegenstände direkt aus den Salzstollen in das Stift St. Florian zurück, sondern erst auf dem Umweg über München.

Wie eine genaue Durchsicht der Karteikarten und Listen des CACP München im Bundesarchiv Koblenz zeigte, kamen aus den St. Florianer Sammlungen die spätgotischen Tafelbilder, die wertvolle Münzsammlung und die numismatischen Bücher vollständig in das Zentralkunstdepot. Von den mehr als 500 ausgelagerten Handschriften sind nur 152 Bände (inklusive einzelner Bruckner-Autografe) nachzuweisen, von den 24 Inkunabeln gar nur eine einzige vollständige und ein Fragment. Von den beiden gotischen Skulpturen war in München nur die Florianstatue registriert.[248]

Um den Stiften, die um ihre Kunstwerke bangten, entgegenzukommen, erteilten die Amerikaner dem Kremsmünsterer Prior Richard Rankl die Erlaubnis, am 9. August 1945 in das Zentralkunstdepot München zu reisen und dort das Kunstgut seines Stifts zu identifizieren. Rankl drang in München, das von Bombentreffern zerstört war, nach vielen Mühen und Strapazen tatsächlich bis zum Collecting Point im einstigen Sitz der NSDAP-Reichsleitung („Verwaltungsbau") vor und notierte in sein Tagebuch: „Es wurde mir bestätigt, daß unsere Handschriften und die Altdorfer Bilder von St. Florian dort sind – was mir genügte – für einen baldigen Rücktransport bestehe jedoch derzeit noch geringe Aussicht – da alles erst geordnet werden muss."[249]

---

[246] Ebd.: Eintrag 14. 7. 1945, 53f.

[247] Kubin, Sonderauftrag 156.

[248] BAK, B 323, Sch. 720: Restitutionskartei Österreich III (enthält St. Florian) und B 323, Sch. 576: Verzeichnis der der Treuhandverwaltung für Kulturgut bekannt gewordenen Restitutionen: Österreich.

[249] StAKr, Tagebuch Richard Rankl, Band XXI: Eintrag 9. 8. 1945, 80.

Am 19. August 1945 empfing der Monument Officer im Hauptquartier der amerikanischen Streitkräfte in Österreich, Lt. Colonel Ernest T. Dewalt, in Salzburg die oberösterreichische Kunstabordnung, die vom nunmehrigen Landeskonservator Franz Juraschek angeführt wurde. Für das Stift Kremsmünster war Pater Willibrord Neumüller anwesend, der auch die Interessen der anderen oberösterreichischen Stifte mitvertrat. Juraschek übergab eine Gesamtliste des ausgelagerten oberösterreichischen Kunstguts. Dewalt versprach die Rückgabe des gesamten Bergungsguts, ersuchte die Eigentümer aber um Geduld. Von diesem Treffen mit dem fließend deutsch sprechenden Kunsthistoriker nahm Juraschek „die sichere Überzeugung mit, dass die Rückführung unseres Kunstgutes in den besten, zugleich wohlwollenden Händen liegt".[250]

Zwei Monate später, am 20. November 1945, kamen die ersten zehn Kisten mit Handschriften, Inkunabeln, Drucken und Musikalien der oberösterreichischen Stiftssammlungen direkt aus dem Franz-Josef-Erbstollen (in Lauffen) in das Kunstdepot Kremsmünster.[251] Am 4. Dezember 1945 konnte das Stift St. Florian insgesamt 400 Posten übernehmen, davon 98 Bände Handschriften und Zimelien, 82 Bände Inkunabeln, sechs Stück Musikalien und drei Stück Archivalien. Bei dieser Gelegenheit kehrten auch sechs Tafeln des Sebastianaltars Albrecht Altdorfers zurück, die am 26. November 1945 mit dem ersten amerikanischen Transport vom Zentralkunstdepot München nach Kremsmünster gekommen waren.[252] Es wurden kleinere Mängel an der Farbdecke der Gemälde festgestellt, aber keine wesentlichen Schäden.[253]

Am 14. Dezember 1945 kamen sechs Kisten mit Handschriften, Inkunabeln, Musikalien und Archivalien des Stifts St. Florian, die im Salzberg von Altaussee ausgelagert gewesen waren, mit dem zweiten amerikanischen Transport aus dem Zentralkunstdepot München nach Kremsmünster.[254] Eine Woche später trafen diese sechs Kisten in St. Florian ein. Die ursprüngliche Ordnung der Auslagerungsliste war ganz aufgelöst, da man in München die

---

[250] StfA, Kunst – Rückstellungen: Juraschek an Landeshauptmann Eigl (Brief vom 20. 8. 1945).

[251] Ebd.: Verzeichnis der Bücher (Handschriften, Inkunabeln, Drucke und Muscalia), die am 20. 11. 1945 aus dem Franz Josef Erbstollen nach Kremsmünster gebracht wurden, vom 21. 11. 1945; vgl. auch StAKr, Tagebuch Richard Rankl, Band XXI: Eintrag 22. 11. 1945, 236.

[252] BAK, B 323, Sch. 720: Restitutionskartei Österreich III (enthält St. Florian) und B 323, Sch. 576: Verzeichnis der der Treuhandverwaltung für Kulturgut bekannt gewordenen Restitutionen – Österreich.

[253] StfA, Kunst – Rückstellungen: Bericht über die teilweise Rückführung des Bergungsgutes der Stiftsbibliothek St. Florian vom 12. Dezember 1945.

[254] Ebd.: Verzeichnis der Bücher und Musikalien aus o.ö. Stiften, die am 14. 12. 1945 aus München nach Kremsmünster gebracht wurden, vom 15. 12. 1945.

illuminierten Codices von den übrigen getrennt hatte. Die Kisten enthielten 278 Stück, darunter 111 Handschriften und 152 Archivalien. Zusammen mit diesen Werken kamen auch die restlichen acht Bilder von Altdorfers Sebastianaltar, wieder mit leichten Mängeln an der Farbdecke und Kratzern, und die vier beidseitig bemalten Tafelbilder (um 1512) zweier unbekannter Meister zurück.[255]

Mit dem dritten amerikanischen Transport folgten am 25. April 1946 die 28 besonders wertvollen illuminierten Handschriften und die gotische Florianstatue.[256] Der Weitertransport vom Kunstdepot Kremsmünster nach St. Florian ist nicht dokumentiert. Der vierte amerikanische Transport von München nach Kremsmünster fand am 16. Mai 1946 statt und enthielt vier spätgotische Tafelbilder aus St. Florian: das Kreuzigungstryptichon und die Heimsuchung Marias, beide gemalt von einem Nachfolger des Wiener Schottenmeisters, und zwei Gemälde von Wolf Huber.[257] Das Datum der Ankunft in St. Florian ist nur für die beiden zuerst genannten Bilder bekannt. Kustos Franz Linninger übernahm die Bilder am 6. August 1947. Wieder wurden die gleichen Schäden wie bei den Altdorfertafeln registriert.[258]

Mit Bescheid vom 4. April 1947 wurden dem Stift St. Florian mehrere Kunst- und Kulturgüter aus drei verschiedenen Depots rückgestellt: eine Holzskulptur „Maria mit Kind" (um 1460/70) aus dem Salzberg in Altaussee, das Kreuzigungstriptychon (um 1480/90) eines Nachfolgers des Schottenmeisters und drei Münzkisten aus dem Depot im Stift Kremsmünster, sowie weitere Münzkisten, die numismatische Literatur und „diverse, noch mit anderem Stiftsbesitz zusammengelegte und erst zu sondernde Sendungen" aus dem Kunstdepot in der Salzburger Residenz.[259] Am 30. Mai 1947 konnte die im Bescheid erwähnte Skulptur „Maria mit Kind" in St. Florian übernommen werden.[260] Das Bundesdenkmalamt verrechnete die Transportkosten dem Stift. Ein Hinweis von Kustos Franz Linninger, dass „bis jetzt der Rücktransport der ohne Auftrag des Stiftes weggeführ-

---

[255] Ebd.: Bericht über Rückführung weiteren Bergungsgutes der Stiftsbibliothek St. Florian vom 27. Dezember 1945.

[256] BDA Wien, Restitutionsmaterialien, Karton 19/1, Mappe 28: Verzeichnis der mit dem 1., 2., 3. und 4. amerikanischen Transport von München nach Kremsmünster verbrachten Kunstgegenstände aus dem Besitz des Stiftes St. Florian (ohne Datum).

[257] BAK, B 323, Sch. 720: Restitutionskartei Österreich III (enthält St. Florian) und B 323, Sch. 576: Verzeichnis der der Treuhandverwaltung für Kulturgut bekannt gewordenen Restitutionen: Österreich.

[258] StfA, Kunst – Rückstellungen: Franz Linninger an das BDA Linz (Brief vom 7. 8. 1947).

[259] Ebd.: Rückstellungsbescheid der Finanzlandesdirektion Linz an das Stift St. Florian vom 4. 4. 1947.

[260] Ebd.: Kustos Linninger an BDA Linz (Brief vom 24. 4. 1947, handschriftlicher Vermerk auf Durchschrift) und Transportrechnung des BDA Linz an das Stift St. Florian vom 19. 7. 1947.

ten Kunstgegenstände von den Behörden getragen" worden wäre, blieb erfolglos.[261] Damit war – zwei Jahre nach Kriegsende – die Rückholung der St. Florianer Kunst- und Kulturgüter aus den Salzstollen abgeschlossen. Allerdings gab es noch eine mehrjährige Verwirrung um Autografe des Komponisten Anton Bruckner. Im Februar 1948 teilte Franz Linninger dem Bundesdenkmalamt in Linz mit, dass von den in Salzstollen ausgelagerten Beständen noch immer Bruckner-Autografe fehlten. Es handelte sich dabei um die Partitur zur Missa solemnis in B-Dur, um Skizzen zu den Messen in f-Moll, d-Moll und e-Moll (8 Bogen und ein Blatt) und um 59 Briefe.[262] Im August 1948 wies Linninger erneut auf die fehlenden Bruckneriana hin. Eine Nachfrage des Bundesdenkmalamts im Kunstdepot Kremsmünster verlief negativ.[263] Zwei Jahre später klagte Franz Linninger: „59 eigenhändige Briefe des Meisters sind trotz aller Bemühungen noch nicht zurückgekommen."[264] Die Skizzen und die Missa solemnis erwähnte der Kustos jetzt nicht mehr.

Linninger bezog sich bei seinen Reklamationen auf ein Schreiben Franz Jurascheks. Am 20. August 1945 hatte der nunmehrige Landeskonservator dem St. Florianer Propst „Verzeichnisse über das Kunstgut in den Salzbergwerken in Altaussee und Lauffen bei Bad Ischl" zugeschickt, in dessen Beilage 10 es hieß:

„Lauffen schwarze Aktenmappe hinterlegt 6. 6. 1944
Inhalt:
A) Brucknermanuskripte und Denkwürdigkeiten
1. Anton Bruckner, Missa solemnis in B, eigenhändige Partitur.
2. Anton Bruckner, eigenhändige Skizzen zu den Messen in F moll, D moll und E moll, 8 Bogen, 1 Blatt
3. Anton Bruckner, 59 eigenhändige Briefe
4. Briefe an Bruckner, 26 Briefe
5. Sammlung von Akten, Gesuchen, Zeugnissen, Quittungen, Anzeigen, teils eigenhändig, teils Bruckner betreffend, 81 Blatt.
... Besitzer: Die Posten 1-5 gehören dem Stifte St. Florian, Bibliothek"[265]

---

[261] Ebd.: Linninger an BDA Linz (Brief vom 23. 7. 1947) und Antwort vom BDA Wien vom 22. 8. 1947.
[262] Ebd.: Linninger an das BDA Linz (Brief vom 13. 2. 1948).
[263] Ebd.: Linninger an BDA Linz (Brief vom 10. 7. 1948) und Antwort vom 27. 8. 1948.
[264] Franz Linninger, Bibliothek, Archiv, Sammlungen und Kirche des Stiftes St. Florian 1949. In: JbOÖM 95 (1950) 76-80, 77.
[265] StfA, Kunst – Rückstellungen: Gaukonservator Juraschek an Propst Hager (Brief vom 20. 8. 1945 mit Beilage Verzeichnisse über das Kunstgut in den Salzbergwerken in Altaussee und Lauffen bei Bad Ischl).

Die hier unter den Punkten 1, 4 und 5 genannten Bruckneriana, die von Franz Linninger zuletzt nicht mehr reklamiert wurden, müssen zu einem unbekannten Zeitpunkt nach St. Florian zurückgekehrt sein und befinden sich im Bruckerarchiv des Stifts. Die unter Punkt 2 erwähnten Brucknerskizzen dürften nie dem Stift St. Florian gehört haben, sondern dem Stift Kremsmünster, und wurden wohl deshalb von Linninger zuletzt auch nicht mehr reklamiert.[266] Hier dürfte Juraschek ein Fehler unterlaufen sein. Was die 59 Briefe Anton Bruckners (Punkt 3) betrifft, enthielt das Verzeichnis Jurascheks einen von Linninger nicht bemerkten Druckfehler. Die als Vorlage dienende Bergungsliste des Historischen Forschungsinstituts von 1944 führte nicht 59, sondern nur neun Briefe Anton Bruckners an.[267] Diese neun Briefe sind zu einem unbekannten Zeitpunkt nach St. Florian zurückgekehrt und befinden sich im Bruckerarchiv des Stifts.

## Die Liquidierung des Historischen Forschungsinstituts und des Barockmuseums

Jene St. Florianer Kunst- und Kulturgüter, die nicht in Salzstollen geborgen worden waren, befanden sich zum Kriegsende nach wie vor im Stift. Dazu kamen jene Kunstgüter aus anderen oberösterreichischen Stiften, die Bestandteil des Historischen Forschungsinstituts oder des Barockmuseums des Reichsgaus Oberdonau gewesen waren. Die Rückgabe erfolgte direkt von St. Florian weg an die einzelnen Stifte.

Am 5. Juli 1945 schickte der noch im Amt befindliche Bibliotheksleiter Johannes Hollnsteiner an Major R. A. Skelton von der Monuments, Fine Arts & Archives Section „den gewünschten Bericht über die Bibliothek St. Florian und die vorgenommenen Verlagerungen und Sicherstellungen" sowie eine „Liste von Veräußerungen und Leihgaben aus dem Inventar von St. Florian". Dem erhalten gebliebenen Durchschlag des Schreibens

---

[266] Vgl. z.B. Alfred Orel, Anton Bruckner (Wien 1925) 220-221 mit dem Eigentumsvermerk Kremsmünster für die Skizzen Anton Bruckners zur e-Moll-Messe und zur f-Moll-Messe. Vgl. zu den Skizzen auch Paul Hawkshaw, Weiteres über die Arbeitsweise Anton Bruckners während seiner Linzer Jahre. Der Inhalt von Kremsmünster C 56.2. In: Bruckner-Symposion 1992 (Linz 1995) 143-152.

[267] Vgl. OÖLA, HistFdRO, Sch. 4: Hollnsteiner an Gaukonservator Juraschek (Brief vom 20. 6. 1944 mit Liste Bergungsgut aus dem Historischen Forschungsinstitut St. Florian). Hollnsteiner vermerkte auf der Bergungsliste nicht, welche Bruckneriana dem Stift St. Florian, und welche dem Stift Kremsmünster gehörten.

im Oberösterreichischen Landesarchiv liegen Bericht und Liste nicht mehr bei.[268]

Am 10. Juli 1945 kam der Kremsmünsterer Stiftsbibliothekar Willibrord Neumüller nach St. Florian, um die Handschriften und Inkunabeln des Stifts Kremsmünster abzuholen.[269] Durch ein Versehen blieben aber noch fünf Codices, acht Inkunabeln und der Inkunabel-Zettelkatalog liegen, die bald darauf ebenfalls nach Kremsmünster restituiert wurden.[270] Auch die Rückgabe der in St. Florian lagernden Handschriften und Inkunabeln der Stifte Schlägl, Wilhering und Lambach dürfte ähnlich zügig und unbürokratisch erfolgt sein. Die Wilheringer Handschriften kamen zunächst nach Kremsmünster, von wo sie am 2. Oktober 1946 abgeholt wurden.[271] Das Stift Schlägl übernahm seine Inkunabeln erst am 16. September 1947.[272] Die vom Historischen Forschungsinstitut neu erworbenen Bücher erhielt das Oberösterreichische Landesarchiv.[273]

Die Gemälde, Möbel, Grafiken und anderen Kunstgegenstände aus dem Stift Lambach wurden am 6. Dezember 1946 übergeben, ebenso die 850 Handschriften und 155 Inkunabeln.[274] Der „Lambacher Kelch" war schon am 12. Oktober 1945 von Landeskonservator Juraschek abgeholt worden.[275] Die Möbel, Gemälde, Grafiken und Plastiken aus dem Stift Wilhering wurden größtenteils am 2. April 1946 übergeben. Einzelne Kunstgegenstände folgten noch im Februar und März 1947.[276] Ein Intarsienschrank aus dem Stift Schlägl kam erst am 31. März 1949 dorthin zurück.[277]

Über die Provenienz einer im Stift St. Florian deponierten Bildfolge herrschte noch viele Jahre lang Unklarheit. Am 5. April 1960 ließ der Kustos der St. Floriner Stiftssammlungen, Franz Linninger, dem Oberösterreichischen Landesmuseum sieben Ölbilder mit Szenen aus dem Volksleben

---

[268] Ebd., Sch. 1: Hollnsteiner an Skelton (Brief vom 5. 6. 1945).

[269] Ebd., Sch. 2: Übernahme-Bescheinigung vom 10. 7. 1945 (unterzeichnet von Hollnsteiner und Neumüller).

[270] Ebd.: Hollnsteiner an Neumüller (Brief vom 13. 7. 1945).

[271] StAKr, Tagebuch Richard Rankl, Band XXIII: Eintrag 2. 10. 1945, 17.

[272] StfA, Kunst – Rückstellungen: Übernahmeliste vom 16. 9. 1947.

[273] Franz Linninger, Bibliothek, Archiv und Sammlungen des Stiftes St. Florian 1945 und 1946. In: JbOÖM 92 (1947) 100-104, 101.

[274] StfA, Kunst – Rückstellungen: Übernahmelisten vom 6. 12. 1946; vgl. auch die dortige Liste Bergungsgut des Stiftes Lambach, dzt. in St. Florian vom 25. 10. 1945.

[275] Ebd.: Übernahmebestätigung vom 12. 10. 1945.

[276] Ebd.: Übernahmelisten vom März 1946, 8. 2. 1947 und 2. 4. 1947.

[277] Ebd.: Übernahmeliste vom 31. 3. 1949.

in Venedig im einstigen Gesamtwert von 65.000 bis 70.000 RM überstellen. Linninger wollte diese nicht näher beschriebene Folge dem Landesmuseum ausdrücklich „vorläufig als Leihgabe bis der Besitz derselben sicher festgestellt ist" übergeben und fügte hinzu: „Es wird zu überprüfen sein, ob der Reichsrundfunk die Bilder käuflich erworben oder nur las (sic!) Leihgabe übernommen hat." Im Falle eines Kaufs durch die Reichsrundfunkgesellschaft würden die Bilder dem Stift St. Florian zustehen: „Denn alle Meliorationen wurden bei Abrechnung mit dem Reichsrundfunk dem Stifte übergeben."[278] Benno Ulm, der Leiter der Kunst- und kulturhistorischen Abteilung des Landesmuseums, bescheinigte die Übergabe am 14. April: „Es wird bestätigt, daß das O.Ö. Landesmuseum im April 1960 7 Gemälde, die im Stifte deponiert waren und Eigentum des O.Ö. Landesmuseums sind, erhalten hat."[279] Damit bricht der Akt ab.

Nach längeren Recherchen konnte im St. Florianer Gesamtinventar von 1942 die Venedigfolge aufgefunden werden. Bei den Inventarnummern 1459 bis 1465 heißt es: „4 große und 3 schmälere Wandbilder, eines stark beschäd.[igt], Italienische Karnevalszenen um 1770 (nicht florianisch, aber angebl. aus einem oberösterr. Schloss". Mit Bleistift folgt der Zusatz: „gehören Museum".[280] Am 10. Juli 1943 hatte Gaukämmerer Danzer die langfristige Entlehnung dieser sieben Ölbilder durch den Gau an die Reichsrundfunkgesellschaft in St. Florian genehmigt.[281] Mithilfe dieser Hinweise konnte geklärt werden, dass die Bildfolge aus dem Schloss Bergheim bei Feldkirchen an der Donau stammt, das seit 1912 in Landesbesitz ist.[282]

## Schadensbilanz

Mit der Erhebung jener Schäden und Verluste, die das Kunst- und Kulturgut des Stifts St. Florian in der Zeit der nationalsozialistischen Beschlagnahme und Enteignung erlitten hatte, wurde gleich nach der Rückkehr

---

[278] Ebd.: Hofmeisteramt St. Florian an OÖLM (Brief vom 5. 4. 1960).

[279] Ebd., Übernahmebestätigung von Benno Ulm (Brief vom 14. 4. 1960).

[280] StfA, Akten der RRG, Inventur-Aufnahme bei der Übergabe des Stiftes St. Florian an die Reichs-Rundfunk-Gesellschaft m.b.H. durch den Gau Oberdonau, September/Oktober 1942, 54.

[281] Ebd., Allgemeine Korrespondenz VIII: Gaukämmerer Danzer an RRG (Brief vom 10. 7. 1943).

[282] Freundliche Auskunft per E-Mail vom 26. 5. 2004 von Lothar Schultes. Demnach kamen die Bilder mit der Signatur G 331 (alte Signatur G 954-960) 1938 aus dem Schloss Bergheim in das Oberösterreichische Landesmuseum, von dort 1941 oder 1942 als Leihgabe nach St. Florian und zwischen 1960 und 1965 wieder in das Schloss Bergheim zurück. Nur ein Bild wurde durch eine Kopie ersetzt, wobei das Original im Landesmuseum blieb.

der Chorherren am 24. Juni 1945 begonnen. Die Landeshauptmannschaft Oberösterreich ließ unter der Leitung des Linzer Journalisten Gustav Adolf Canaval, der sieben Jahre in Konzentrationslagern verbracht hatte, in den Monaten Juni und Juli 1945 einen Wirtschaftsprüfbericht zu den eingezogenen Vermögenswerten der Stifte St. Florian, Kremsmünster und Wilhering erstellen.[283] Obwohl die Kunstwerke des Stifts St. Florian nicht Gegenstand dieses Berichts waren, wurde unter Punkt 10 kurz auf „Kunstschätze, Sammlungen und Einrichtungen" eingegangen und festgehalten: „In der Zeit nach der Beschlagnahme und Einziehung der Vermögenswerte des Stiftes sind Wertminderungen durch Fortschaffung und Beschädigung entstanden." Die Schäden und fehlenden Kunst- und Sammlungsgegenstände wurden nicht wertmäßig erfasst, aber in den Beilagen XXXIV-XXXV aufgelistet. Als Grundlage diente die vom 25. Juni bis 12. Juli 1945 vorgenommene Inventarisierung der Kunstsammlung des Stifts St. Florian durch den Augustiner-Chorherrn und Hofmeister Franz Linninger, Gustav Schwaiger (Reichsrundfunkgesellschaft) und Gisela de Somzée (Oberösterreichisches Landesmuseum). Die genannten Beilagen des Berichts wurden von Johann Großruck ausführlich wiedergegeben, aber nicht auf ihre Richtigkeit und die tatsächliche Restitution hin überprüft.[284]

Die Kategorie I („Entfernte Kunstgegenstände u. Werte") umfasste 15 Punkte. An erster Stelle nannte der Prüfbericht die fehlende Münzsammlung (Punkt 1) und die fehlenden numismatischen Bücher aus der Stiftsbibliothek. Die nächsten Punkte befassten sich mit den naturwissenschaftlichen Sammlungen, die in das Oberösterreichische Landesmuseum nach Linz transportiert worden waren. Es handelte sich dabei um die 270 Spezies umfassende Vogelsammlung (Punkt 2), das Herbarium (Punkt 3), die Käfer-, Schmetterling- und Insektensammlung (Punkt 4) und die Mineralien- und Konchyliensammlung (Punkt 5).

Aus der Bildergalerie (Punkt 6) fehlten zu diesem Zeitpunkt das Gemälde „Christus in der Vorhölle" aus der Werkstatt Lucas Cranachs (1472-1553), das später wieder auftauchen sollte, sowie die Gemälde „Landschaft mit Jäger und Hunden" von Paul Bril (ca. 1553/54-1626), das Tafelbild „Brennende Stadt" von Pieter Brueghel d. J. (1564/65-1637/38) und „einige andere Bilder". Weiters erwähnte der Bericht die im Rahmen der Bergungsaktion in Salzstollen ausgelagerten 22 spätgotischen Tafelbilder und die

---

[283] OÖLA, Gauselbstverwaltung, Schuber 9: Canaval – Demuth, Bericht XXXIV-XXXVI (Beilage zum Prüfungsbericht über das Stift St. Florian).

[284] Großruck, Vermögensentzug 48f. und 345-348 (Anhang 3).

beiden ebenfalls spätgotischen Skulpturen „Maria mit Kind" und „Ritter St. Florian". 71 Gemälde waren laut Prüfbericht aus dem Konvent in das Kunstdepot im Schloss Eferding transportiert worden (Punkt 9).
Aus der Bibliothek (Punkt 7) wurden als fehlend jene 17 alten Kräuterbücher vermerkt, die von der SS nach Dachau geholt worden waren. In Salzstollen ausgelagert waren laut Prüfbericht 223 Handschriften, 81 Inkunabeln und 231 weitere Bücher. Aus dem Archiv (Punkt 8) waren die Akten von 1071 bis 1491, verschiedene andere Akten und Briefe, drei Bücher und ein Faszikel Briefe sowie fünf Autografe Anton Bruckners in Salzstollen geborgen. Die Kupferstiche und das Tafelsilber (Punkt 10) waren bei Abschluss des Berichts noch nicht kontrolliert.
Die Überprüfung der Kunstmöbel (Punkt 11) gestaltete sich durch die völlige Umgruppierung in der NS-Zeit als äußerst schwierig. Fürs Erste konnte nur festgestellt werden, dass die ganze Einrichtung des Arbeitszimmers der Prälatur entfernt worden war. Eine größere Anzahl auch besserer Möbel hatte Kommissar Graf O'Donnell an Privatpersonen verkauft, viele weniger wertvolle Möbel hatte er abtransportieren lassen (Punkt 12).[285] Von der Einrichtung des Gymnasiums war nichts mehr vorhanden, von jener des Konvikts nur ein geringer Rest an Eisenbetten und Studierpulten. Der Schaden wurde auf 12.000 RM geschätzt (Punkt 13).[286] Die Einrichtung des Kellerstüberls (Punkt 14, Anschaffungswert 20.000 öS) war entfernt und teils nach Kremsmünster, teils an einen unbekannten Ort im Mühlviertel gebracht worden.[287] Ein größerer Satz Zinngeschirr (Punkt 15) fehlte ebenfalls.
Die Kategorie II („Durch unsachgemäße Behandlung schwer geschädigte Kunstwerke und Einrichtungsgegenstände") umfasste sieben Punkte. Die spätgotischen Glasgemälde (Punkt 1) waren von der Reichsrundfunkgesellschaft ausgebaut und an einem feuchten Platz gelagert worden. Die Restaurierungskosten wurden auf „mindestens 4.000 RM" geschätzt. Von 22 barocken Möbelstücken (Punkt 2) waren die Gobelins abgezogen,

---

[285] Vgl. dazu StfA, Kunst – Rückstellungen: Belege vom 5. 5. 1941, 8. 5. 1942, 7. 11. 1942. An den Fliegerhorst Hörsching wurden demnach am 5. Mai 1941 zwölf Möbelstücke leihweise entlehnt, drei Tage später an das Standesamt Linz 18 weitere Möbelstücke. Dem Gauwirtschaftsberater Oskar Hinterleitner verkaufte O'Donnell am 7. November 1942 Barockmöbel um insgesamt 1.950 RM, und zwar zwei Kommoden und einen Betschemel aus St. Florianer Stiftsbesitz um 1.300 RM, dazu noch einen Bücherkasten und einen Aufsatzkasten aus dem Stift Wilhering um 650 RM.

[286] Handschriftlicher Nachtrag im StfA, Kunst – Rückstellungen: Canaval – Demuth, Bericht XXXV (bzw. 2).

[287] Nach den Recherchen von Johann Großruck soll es der „Spitzwirt", ein NS-Stammlokal in Klaffer, gewesen sein. Vgl. Großruck, Vermögensentzug 49.

unsachgemäß gewaschen und dadurch unbrauchbar gemacht worden. Zwölf Bezüge fehlten überhaupt.
Eine nicht genannte Anzahl von Gemälden (Punkt 3) hatte durch fehlerhafte Restaurierung Schäden erlitten. Größere Mängel wurden an einem Triptychon aus dem Jahr 1499 und an einem Gemälde von David Teniers festgestellt. Die Kunstmöbel (Punkt 4) erlitten bei den vielen Transporten innerhalb des Hauses Schäden. Die Einrichtung des Rekreatoriums (Punkt 5, Anschaffungswert 10.000 öS) war nur mehr teilweise vorhanden. Von den noch außer Haus befindlichen, geborgenen Kunstwerken (Punkt 6) konnte noch kein Schadensbericht gegeben werden. Im Prälatengarten waren durch die Reichsrundfunkgesellschaft wertvolle alte Baumbestände (amerikanische Mammutbäume) geschlägert worden (Punkt 7).
Zum Abschluss beteuerten die beiden Autoren des Wirtschaftsprüfberichts: „Die vorliegende Aufstellung ist nicht vollständig; es wurden nur die größeren Posten angeführt."
In einem Schreiben an das Bischöfliche Ordinariat Linz vom 14. Dezember 1945 legte das Stift St. Florian erneut eine Schadensbilanz vor. Der Wert der noch nicht zurückgekehrten Münzsammlung wurde auf „mehr als 100.000 RM" geschätzt. Für die Schäden an den Gobelinsesseln wurden 100.000 RM berechnet, für Schäden an den naturwissenschaftlichen Sammlungen 2.000 RM, für zwei entwendete Gemälde (u.a. von Brueghel) nur 5.000 RM und für die 17 wertvollen Kräuterbücher aus der Bibliothek gar nur insgesamt 2.000 RM. Der Wert der verkauften Gebrauchsmöbel und der Einrichtung von Gymnasium und Kellerstüberl wurde auf 37.000 RM geschätzt.[288]
In einem beigelegten handschriftlichen Zettel, der dann offenbar als Grundlage für die Schadensmeldung an die österreichische Äbtekonferenz vom Oktober 1946 diente, wurde der Wert der verkauften Möbel und Einrichtungsgegenstände auf 34.000 RM herabgesetzt. Für die verlorenen Bücher, zu denen eine Handschrift hinzukam, berechnete man nun 60.000 RM. In der Gemäldesammlung fehlten mittlerweile acht Bilder, die zusammen mit anderen, nicht näher benannten fehlenden Kunstgegenständen auf 100.000 RM veranschlagt wurden. Hier waren vermutlich auch die beschädigten Gobelinsessel mit enthalten. Gleich blieben die Beträge für die Münzsammlung (100.000 RM) und die Schäden an der naturhistorischen Sammlung (2.000 RM). In der endgültigen Schadensmeldung an die österreichische

---

[288] StfA, NS-Akten, Restitutionsmaterialien III: Reparationsanmeldung Stift St. Florian an Bischöfliches Ordinariat Linz vom 14. 12. 1945.

Äbtekonferenz vom 18. Oktober 1946 führte Propst Leopold Hager wieder andere Beträge und Posten ab. Bei der Münzsammlung, den Büchern (samt Handschrift) und den acht Bildern und Kunstgegenständen nannte Hager den jeweils gleichen Betrag, aber in Schilling. Die fehlenden Möbel und Einrichtungen wurden auf 30.000 Schilling geschätzt. Als neuer Posten kamen „Schäden durch Unterlassung dringender Reparaturen" in der Höhe von 40.000 Schilling hinzu.[289] An den zum Teil erheblich divergierenden Schadensmeldungen lässt sich erkennen, wie schwierig es für die Stifte war, die erlittenen Schäden festzustellen und dann auch noch zu beziffern. Insgesamt ist mit Johann Großruck festzuhalten, dass es sich in allen Fällen um „unrealistisch niedrige Summen" handelte.[290]

Zwischen 5. Mai 1945 und 2. Jänner 1946 waren amerikanische Besatzungstruppen im Stift St. Florian einquartiert. Besonders in den ersten beiden Monaten verursachten die Soldaten Schäden an Einrichtungs- und Kunstgegenständen. Stark in Mitleidenschaft gezogen wurden dabei die alten, meist barocken Ausstellungsmöbel und Kunstgegenstände in den Kaiserzimmern und in anderen Schauräumen. Die amerikanischen Soldaten verwendeten alte Schränke, Fauteuils, Betten und Sessel und transportierten sie innerhalb des Stifts herum. Ein Titelfoto in der Armeezeitschrift „Yank" zeigt einen Soldaten, der mit Stiefeln lesend im Prunkbett des „Prinz-Eugen-Zimmers" liegt.[291] Zwei Lorettoschüsseln von 1780 waren als Aschenbecher in Verwendung und verschwanden schließlich. Propst Hager sah sich zunächst außerstande, die durch amerikanische Soldaten verursachten Schäden genau zu beziffern, ehe er im März 1947 auf etwa 102.000 Schilling kam, davon auf mindestens 5.000 bis 10.000 Schilling für die Schäden an den Möbeln in den Kaiserzimmern.[292] Am 2. Jänner 1946 verließen die letzten Amerikaner das Stift, in dem sie zuletzt noch 29 Zimmer besetzt hatten.[293]

---

[289] Ebd.: Protokoll Besprechung der Äbte am 18. Oktober 1946 in Wien. Johann Großruck fand im Archiv der Äbtekonferenz eine weitere handschriftliche Schadensmeldung von St. Florian, die wieder in zwei Punkten von der eben zitierten abwich: Für die ruinierten Gobelins wurden 15.000 S angegeben, während der Posten mit Schäden durch unterlassene Reparaturen fehlte. Vgl. Großruck, Vermögensentzug 52f.

[290] Großruck, Vermögensentzug 52.

[291] StfA, NS-Akten III: Yank, The Army Weekly, Continental Edition. Ein weiteres Foto mit vier amerikanischen Soldaten in diesem Prunkbett findet sich bei Michael John, Bevölkerung in der Stadt. „Einheimische" und „Fremde" in Linz. 19. und 20. Jahrhundert (Linzer Forschungen 7, Linz 2000) 342.

[292] BDA Linz, Stift St. Florian: Verzeichnis der hauptsächlichsten Schäden, die im Stifte St. Florian durch die Einquartierung amerikanischer Besatzungstruppen, besonders in den Kaiserzimmern entstanden sind (von Propst Hager, ca. 22. 9. 1945) und StfA, NS-Akten, Restitutionsmaterialien III: Propst Hager an die Abteilung Vermögenssicherung bei der OÖ. Landesregierung (Brief vom 28. 3. 1947).

[293] StfA, NS-Akten III: undatierter Vortragstext von Propst Leopold Hager zu einer Radiosendung (1946) mit Notizen.

## Die ramponierte naturwissenschaftliche Sammlung

Die Transporte der naturwissenschaftlichen Sammlung des Stifts St. Florian in das Oberösterreichische Landesmuseum und von dort zurück führten zu großen Schäden. Am 25. Oktober 1945 übernahm Franz Linninger acht Kästen mit Insekten, Samen und Hölzern. Die Insekten waren zum Teil stark verschimmelt.[294] Anfang November 1945 folgten die Vitrinen der mineralogischen Sammlung und der Konchyliensammlung, die leeren Schmetterlingskästen sowie das barocke Bergwerk.[295] Am 14. November 1945 kamen 564 Stopfpräparate, 15 ausgestopfte Säugetiere und vier Insektenkästen zurück.[296]

Im August 1947 übernahm Franz Linninger 490 Stopfpräparate und vermerkte das Fehlen von 75 weiteren Stopfpräparaten sowie der gesamten Eier- und Nestersammlung. „Die Schmetterlingssammlung ist fast vollständig zerstört, von der Käfersammlung fehlen die schönen exotischen Exemplare, die in den Vitrinen ausgestellt waren. Die Eier- und Nestersammlung fehlt noch ganz, ebenso einige Besonderheiten".[297] Am 7. November 1947 kamen noch einmal 39 Stopfpräparate nach St. Florian zurück.[298] Vom einst umfangreichen Herbarium übernahm Linninger „nur noch spärliche Reste".[299]

Eine Kiste mit Vögeln ging im Sommer 1947 aus dem Oberösterreichischen Landesmuseum nach St. Florian und von dort aus unbekannten Gründen wieder zurück nach Linz. Im Jänner 1948 schickte das Oberösterreichische Landesmuseum die Kiste wieder nach St. Florian.[300]

---

[294] StfA, Kunst – Rückstellungen: Übernahmebestätigung vom 25. 10. 1945.
[295] Ebd.: Übergabeliste vom 5. 11. 1945.
[296] Ebd.: Übernahmebestätigung vom 14. 11. 1945.
[297] Ebd.: Linninger an das OÖLM (Brief vom 11. 8. 1947).
[298] Ebd.: Übergabeliste vom 7. 11. 1947.
[299] Franz Linninger, Bibliothek, Archiv und Sammlungen des Stiftes St. Florian 1945 und 1946. In: JbOÖM 92 (1947) 100-104, 104.
[300] StfA, Kunst – Rückstellungen: OÖLM an Franz Linninger (Brief vom 26. 1. 1948). Wahrscheinlich bezieht sich die beiliegende Übergabeliste von 35 Vögeln, einem Fuchs und einem Hamster durch das Oberösterreichische Landesmuseum an das Stift St. Florian vom 7. 11. 1947 auf den Inhalt dieser Kiste.

## Die Restitution der Münzsammlung von St. Florian

Am längsten mussten die St. Florianer Chorherren auf die Rückkehr ihrer Münzsammlung warten. Es sollte fünf Jahre lang dauern, ehe die rund 16.000 Münzen, die Münzkataloge, die numismatischen Bücher und die Möbel des Münzkabinetts wieder an ihrem Platz waren. Zunächst kamen nur jene drei barocken Münzschränke zurück, die im Salzberg von Altaussee gelagert waren. Mit Bescheid vom 26. Dezember 1947 ordnete die Finanzlandesdirektion die Rückstellung an.[301] Der Chorherr Augustin Kaiser übernahm die Münzschränke am 4. November 1948 beim Depot Altaussee.[302]

Am 23. Juni 1948 informierte das Bundesdenkmalamt das Stift St. Florian, dass die in Hohenfurt zurückgebliebenen und durch tschechoslowakisches Militär verschleppten Münzkästen und sonstigen Möbelstücke der Münzsammlung des Stifts St. Florian nach Österreich rückgeführt und im Depot Ennsegg eingelagert worden seien.[303] Die Münzen selbst waren am 5. Juli 1946 mit dem sechsten amerikanischen Transport vom CACP München nach Salzburg oder Kremsmünster und später in das Stift St. Florian gekommen, wo der Numismatiker Günther Probszt ab 6. April 1948 die Sichtung und die Aufteilung nach Besitzern vornahm.[304] Probszt hatte ab 1942 im Rahmen des „Sonderauftrags Linz" für das „Linzer Münzkabinett" gearbeitet und die beschlagnahmten Münzsammlungen der Stifte und Klöster katalogisiert. Nun betraute ihn das Bundesdenkmalamt als „Experten" wieder mit der Rückabwicklung der seit 1942 durchgeführten Maßnahmen.

Die numismatische Literatur kam am 30. Juli 1946 mit dem siebten amerikanischen Transport ebenfalls aus dem Zentralkunstdepot München in das Depot des Bundesdenkmalamts in der Salzburger Residenz.[305] Am 30. September und 1. Oktober übergab Günther Probszt die Münzen, Medail-

---

[301] Ebd.: Bescheid der Finanzlandesdirektion Linz an die Stiftsverwaltung St. Florian vom 26. 12. 1947.

[302] BDA Wien, Restitutionsmaterialien, Karton 19/1, Mappe 28: Ausfolgebescheinigung Zl. 36.369-2/48 vom 4. 11. 1948.

[303] Ebd.: Protokoll der am 30. September und 1. Oktober 1948 im Stifte St. Florian bei Linz durchgeführten Übergabe bzw. Übernahme der Bestände der aus österreichischem Stiftsbesitz stammenden Münzen und Medaillen sowie numismatischen Bücher des ehemaligen „Sonderauftrages Linz (Münzkabinett)". Hier wird eine „Bestätigung von P. Xaver Svanda, O.Cist. Hohenfurth, 20. X. 1947, über die Verschleppung von Möbelstücken aus österreichischem Stiftsbesitz durch tschechisches Militär" erwähnt.

[304] StfA, Kunst – Rückstellungen: BDA an Stiftsverwaltung St. Florian (Brief vom 23. 6. 1948); BAK, B 323, Sch. 720: Restitutionskartei Österreich III, Stift St. Florian.

[305] StfA, Kunst – Rückstellungen: Verzeichnis der im Depot des Bundesdenkmalamtes Salzburg-Residenz verwahrten Numismatischen Literatur aus dem Besitze des Stiftes St. Florian; BAK, B 323, Sch. 720: Restitutionskartei Österreich III, Stift St. Florian.

len und numismatische Literatur aus österreichischem Stiftsbesitz zusammen mit den von ihm angefertigten Verzeichnissen und Inventaren an das Bundesdenkmalamt Linz.[306] Nach sechsmonatiger Arbeit verließ Probszt am 11. Oktober 1948 das Stift St. Florian.[307]
Im August 1949 konnte das Bundesdenkmalamt Wien die Sichtung und Sortierung der Münzen des „Linzer Münzkabinetts" aus dem „Sonderauftrag Linz" abschließen. Die Kosten für den Rücktransport aus Hohenfurt (10.890 öS), für die Sichtung und die Sortierung (3.660 öS) wurden vom Bundesdenkmalamt anteilig den einzelnen Stiften verrechnet, die darüber alles andere als erfreut waren. Das Stift St. Florian hatte 2.338 öS zu bezahlen, konnte aber 300 öS für die Unterbringung der Münzsammlungen und die Beherbergung von Günther Probszt in Abzug bringen.[308]
Am 14. Jänner 1950 stellte die Finanzlandesdirektion Linz den Rückstellungsbescheid für die numismatische Sammlung des Stifts St. Florian mit den dazugehörigen Möbeln und Kunstwerken aus.[309] Als weitere Bestandteile der Sammlung auftauchten, erfolgte am 18. März 1950 ein Nachtragsbescheid.[310] Am 22. März 1950 übernahm Hofmeister Franz Linninger vom Bundesdenkmalamt die gesamte Münzsammlung des Stifts St. Florian und die numismatische Literatur. Aus der Teilsammlung des Apostolo Zeno fehlten einige schon von Günther Probszt als „fehlend" ausgewiesene Stücke.[311] Am 28. März 1950 folgten aus dem Depot Ennsegg acht Münzkästen und ein Ölporträt von Apostolo Zeno aus der numismatischen Sammlung St. Florians.[312] Drei Monate später übernahm Kustos Franz Linninger vom Bundesdenkmalamt noch drei Ölporträts, drei Gipsfiguren,

---

[306] BDA Wien, Restitutionsmaterialien, Karton 19/1, Mappe 28: Protokoll der am 30. September und 1. Oktober 1948 im Stifte St. Florian bei Linz durchgeführten Übergabe bzw. Übernahme der Bestände der aus österreichischem Stiftsbesitz stammenden Münzen und Medaillen sowie numismatischen Bücher des ehemaligen „Sonderauftrages Linz (Münzkabinett)".

[307] Ebd.: Hofmeister Franz Linninger an Ministerialrat Josef Reith (Brief vom 11. 10. 1948).

[308] StfA, Kunst – Rückstellungen: Bescheid der Finanzlandesdirektion Linz an das Hofmeisteramt des Stifts St. Florian vom 18. 3. 1950 und BDA an Stiftsvorstehung St. Florian (Brief vom 31. 8. 1949 mit Liste zur Aufteilung der Kosten für Rücktransport und Sortierung der numismatischen Bestände aus Stiftsbesitz); BDA Wien, Restitutionsmaterialien, Karton 19/1, Mappe 29: Zl. 2246/50 vom 9. 3. 1950 (Klösterliche Münzbestände in St. Florian: Aufbewahrungs- und Bearbeitungskosten).

[309] StfA, Kunst – Rückstellungen: Bescheid der Finanzlandesdirektion an das Hofmeisteramt des Stifts St. Florian vom 14. 1. 1950.

[310] Ebd.: Nachtrags-Bescheid der Finanzlandesdirektion Linz an das Hofmeisteramt des Stifts St. Florian vom 18. 3. 1950.

[311] Ebd.: Übernahmebestätigung vom 22. 3. 1950.

[312] Ebd.: Empfangsbestätigung vom 28. 3. 1950.

zwei Tableaus mit Gipsmedaillons römischer Kaiser und zwei Tische.[313]
Nach der Rückkehr der numismatischen Sammlung war es erst möglich, die Verluste zu benennen. Es fehlten zwölf Goldmünzen aus der so genannten „Goldkiste" mit der Bergungsnummer XXVIII, die insgesamt fehlte, und eine unbekannte Anzahl römischer Konsular- und Kaisermünzen. Nach Günter Probszt sollen die römischen Münzen aber komplett rückgestellt worden sein und die fehlenden Stücke schon bei der Übernahme 1942 nicht vorhanden gewesen sein.[314] Die fehlenden St. Florianer Goldmünzen erfasste das Bundesdenkmalamt 1952 in einer Liste.[315]

| Nr. | Herrscher | Einheit | Land |
|---|---|---|---|
| 7d | Maria Theresia | ¼ Dukat 1665 | Kremnitz RDR Ungarn |
| 9d | Joseph II. | Doppeldukat 1786 | Wien RDR Österr. |
| 41d | Max Gandolph Gf. V. Kuenberg | ¼ Dukat 1671 | Salzburg Ebt. Salzbg. |
| 57d | Leop. Anton Gf. V. Firmian | ¼ Dukat 1740 | Salzburg Ebt. Salzburg |
| 93d | Klemens XIV. 1769-1774 | Zecchine 1770 | Kirchenstaat |
| 96d | Karl Emanuel III. 1730/73 | Scudo d'oro 1745 | Savoyen |
| 98d | Karl Albert 1831-1849 | 20 Lire 1838 | Savoyen |
| 121d | Franz I. | Jeton 1745 | RDR Österr. |
| 134d | Ferdinand I. | Jeton 1835 | Wien Österr. |
| 138d | Heilige: St. Georg | Dukat o.J. | Miscellan |
| 146d | Matthias Corvinus | Dukat o.J. | Ungarn |
| 148d | Stadt | Goldgulden o.J. | Köln |

Propst Hager wiederholte, dass von Günter Probszt insgesamt 694 Goldmünzen an das Stift St. Florian restituiert worden wären und 12 Goldmünzen gefehlt hätten. Ob die römischen Konsular- und Kaisermünzen wirklich komplett rückgestellt worden wären, wie Probszt meinte, ließe sich aufgrund fehlender Verzeichnisse nicht mehr feststellen. Nur das Verzeichnis der griechischen Münzen wäre zurückgekommen, nicht aber die Verzeichnisse der römischen, byzantinischen und anderen Münzen.[316]
Günter Probszt hatte im Sommer 1944 verschiedene Gemälde aus dem Münzkabinett des Stifts St. Florian an den Kremsmünsterer Pater Petrus Mayrhofer übergeben: vier Bilder mit Münzabbildungen, ein Porträtgemälde des Chorherrn und Historikers Franz Kurz, zwei Porträts von St. Florianer

---

[313] Ebd.: Empfangsbestätigung vom 28. 6. 1950.
[314] Ebd.: BDA an Franz Linninger (Brief vom 12. 2. 1952).
[315] Ebd.: BDA an Stiftsvorstehung St. Florian (Brief vom 21. 1. 1952 mit Liste).
[316] Ebd.: Franz Linninger an BDA (Brief vom 5. 3. 1952).

Pröpsten, ein Porträt eines unbekannten Geistlichen und ein Bündel mit verschiedenen Kunstheften. Franz Linninger ersuchte im Dezember 1947 den Kremsmünsterer Pater Willibrord Neumüller um die Rücksendung der Bilder.[317] Ob es sich beim gesuchten Porträt von Franz Kurz um jenes gehandelt hat, das sich heute in der Gemäldesammlung des Stifts St. Florian befindet, ist unklar. Eine Überprüfung der übrigen Objekte ist aufgrund der ungenauen Angaben nicht möglich.

1959 kamen noch zwei römische Goldmünzen (Nachpressungen) und ein numismatisches Buch in das Stift St. Florian zurück, die in der Treuhandverwaltung von Kulturgut in München liegen geblieben waren.[318]

## Die verlorenen Kunst- und Sammlungsgegenstände des Stifts St. Florian

Am 31. Juli 1947 schickte Hofmeister Franz Linninger dem Bundesdenkmalamt Linz eine Liste der Gemälde, Gobelins und Kupferstiche, die während der Verwaltung des Stifts durch die Reichsrundfunkgesellschaft abhanden gekommen waren. Es handelte sich dabei um 22 „Bilder" (darunter auch ein Tonrelief), zwölf Sammelbände mit Originalgrafiken oder Kupferstichen (dabei auch ein mehrbändiges gedrucktes Handbuch für Kupferstichsammler) und zehn barocke Gobelinbezüge für Sessel bzw. Tische.[319] Am 13. Februar 1948 meldete das Bundesdenkmalamt Wien die zwölf Grafikbände an den Central Art Collecting Point München und ersuchte um Nachforschungen.[320] Die Liste wurde in das Münchener Gesamtverzeichnis der gesuchten Kunstgegenstände aufgenommen.[321] Warum das Bundesdenkmalamt die fehlenden Gobelinbezüge und vor allem die fehlenden Gemälde aus dem Stift St. Florian nicht auch zur Aufnahme in die Suchkartei des Münchener Zentralkunstdepots weitergegeben hat, bleibt rätselhaft.

---

[317] Ebd.: Franz Linninger an Willibrord Neumüller (Brief vom 6. 12. 1947 mit Verzeichnis der Bilder).
[318] Ebd.: Bundeskanzleramt an Propst Hager (Brief vom 16. 4. 1959), Antwort von Propst Hager vom 20. 4. 1959 und BDA an Propst Hager (Brief vom 7. 7. 1959).
[319] BDA Wien, Restitutionsmaterialien, Karton 19/1, Mappe 28: Landeskonservator für OÖ. an BDA Linz (Brief vom 9. 8. 1947 mit Durchschrift der Liste von Franz Linninger).
[320] Ebd.: BDA Wien an Central Art Collecting Point München (Brief vom 13. 2. 1948 mit Liste).
[321] BAK, B 323, Sch. 467, Claims I und II, Bd. 2: Österreichische Claims, Gesamtverzeichnis der gesuchten Kunstgegenstände österreichischer Herkunft zusammengestellt aus Ursprungsverzeichnissen Münchener Suchlisten und Suchkartei, [ca. 1948], 28-29.

Tatsächlich müssen daraufhin vier Grafikbände nach St. Florian zurückgekommen sein, denn sie sind in der noch zu behandelnden Fehlliste aus dem Jahr 1955 nicht mehr angeführt. Es gibt keine diesbezüglichen Unterlagen, sodass unklar bleibt, wann, woher und auf welchem Weg diese wertvollen Bände wieder nach St. Florian gekommen sind. Auch im CACP München fanden sich keine Hinweise auf entsprechende Restitutionen. Es handelte sich dabei um einen Sammelband, der vor allem Grafiken des 16. Jahrhunderts enthielt, um einen weiteren Sammelband mit etwa 180 Kupferstichen von Matthäus Merian d. Ä. (1593-1650), um eine Folge von 225 Kupferstichen von Georg Christoph Kilian (1709-1781) und um ein Album mit handkolorierten Fotos sowie Blumen-, Kinder-, Märchen- und Trachtenbildern.[322]

Am 27. April 1955 erneuerte das Stift St. Florian seine Schadensansprüche gegenüber der Reichsrundfunkgesellschaft und erstellte eine entsprechende Liste. Die Schäden bezogen sich auf fehlende Möbel, fehlende Gemälde, fehlende Gobelinbezüge, fehlende Kunstgegenstände aus dem Kapitelzimmer, fehlende Kupferstiche und abtransportierte Möbel, die alle bei der Übergabe des Stifts an die Reichsrundfunkgesellschaft noch vorhanden gewesen waren.[323] Im Großen und Ganzen wurde die Liste von 1947 ohne die vier zurückgekommenen Kupferstichposten wiedergegeben. Neu hinzugekommen ist die Kategorie Kunstgewerbe aus dem Kapitelzimmer, das 1947 noch nicht überprüft worden war.

Im Folgenden wird diese Liste originalgetreu (inklusive der Tippfehler) wiedergegeben. Da diese Kunstgegenstände – von einem Gemälde abgesehen – bis heute fehlen, werden die Daten im Anschluss möglichst genau ergänzt. Zunächst folgt die Auflistung der fehlenden Gemälde und Skulpturen. In der Spalte „Inv. Nr." ist die Nummer aus dem Gesamtinventar von 1942 angeführt.[324] Mit „Hängekatalog" ist der Katalog der Chorherren Albin Czerny und Franz Linninger gemeint.[325] Gelegentlich folgt die Nummer aus dem Denkmalschutzinventar („D.Sch.") von 1939.

---

[322] Die Bände tragen auf der erwähnten Liste von Franz Linninger vom 13. 2. 1948 die Nummern 1, 6, 7 und 11.

[323] StfA, NS-Akten III: Propst Hager an Deutsche Revisions- und Treuhand A.G. (Brief vom 27. 4. 1955 mit beiliegender Liste).

[324] StfA, Akten der RRG: Inventur-Aufnahme bei der Übergabe des Stiftes St. Florian an die Reichs-Rundfunk-Gesellschaft m.b.H. durch den Gau Oberdonau, September/Oktober 1942.

[325] StfA: Franz Linninger, Vollständiges Verzeichnis der Gemälde des Stiftes St. Florian (Typoskript 1937, basierend auf dem ungedruckten, handschriftlichen „Katalog der Gemälde-Sammlung des Stiftes St. Florian" von Albin Czerny aus dem Jahr 1893).

*Fehlende Bilder.*

| Inv.Nr. | Autor | Darstellung | Hängekatalog | |
|---|---|---|---|---|
| 1514 | | Landschaftsbild 144 x 101 Florian | | D.Sch.491 |
| 1542 | Francia | Madonna im Rosengarten (Schulz) | 71/1 | |
| 1545 | kleines Ölbild: | Madonna | | |
| 1793 | kleines Bild | Versuchung Christi: rest.Maurer 1911 | | |
| 1881 | Schimmagl | Landschaft | 35/11 | |
| 1907 | Nuvolone | Altes Weib singend | 37/32 | 125 A |
| 1917 | Nuvolone | Altes Weib mit Schwämmen | 37/46 | 125 B |
| 2022 | Caraveggio | Frauen, dem hl.Sebastian Pfeile | 54/5 | 172 |
| 2040 | Bemel | kleine Landschaft | 56/25 | 184 A |
| 2041 | Bemel | kleine Landschaft | 56/39 | 184 B |
| 2107 | Cantone | kleine Landschaft | 63/90 | 205 B |
| 2352 | Brill Paul | Landschaft mit Jäger und Hund | 20/58 | 89 D |
| 2365 | Breughel | Brand von Rotterdam | 21/69 | 94 |
| 2752 | Tonrelief | Trunkene Silenen | 86/9 | |
| 2766 | Unbekannt | Grablegung Christi, Grau in Grau | 64/95 | |
| 2768 | Reslfeld | Christus am Kreuze | 34/5 | |
| | Caracci | Maria mit Jesus | 54/5 | |
| | Heike | Schimmel | 32/19 | |
| | Brandel | Brustbild eines unbekannten Prälaten | 34/1 | |

*Im Inventar abgestrichen, aber nicht vorhanden:*

| 1882 | Lehr | Gebirgslandschaft mit Wasserfall | 35/12 |
|---|---|---|---|
| 1911 | Honnemann | Männerporträt mit offenem Hemd | 38/38 |
| 1912 | Honnemann | Männerporträt | 38/45 |

*Fraglich, ob Besitz von St. Florian:*
*1617*            *alter Mann ¾ Ansicht, schwarzes Barett*
*1618*            *alter Mann, schwarzes Barett*
*2770*            *sterbender Mönch*

Zum einleitend angeführten „florianischen" (in St. Florian gemalten?) Landschaftsbild vermerkt das Gesamtinventar von 1942 einen Goldrahmen. Das Gemälde ist im Denkmalschutzinventar nicht erfasst.[326] Die „Madonna im Rosengarten" wurde von Leopold Schulz (1804-1873) nach einer Vorlage von Francesco Francia (um 1450-1517) in der Alten Pinakothek München gemalt. Albin Czerny erwähnt das Tafelbild, das einen breiten Goldrahmen hatte, in seinem Katalog unter Nr. 363 und gibt als Titel „Maria das in einem kleinen Rosengarten liegende Jesukind anbetend" an. Zum kleinformatigen Gemälde „Madonna" ist nur bekannt, dass es sich um ein Tafelbild handelte. Die „Versuchung Christi" soll nach dem Gesamtinventar von 1942 kein Gemälde, sondern eine kleine Zeichnung gewesen sein. Der Maler der „Landschaft", die nach dem „Hängekatalog" die Maße 36 x 44 cm hatte, hieß Maximilian Joseph Schinnagl (1697-1762).

Die beiden nachfolgenden Gemälde von Giuseppe Nuvolone (1619-1703) könnten nach einem handschriftlichen Vermerk im Czerny-Katalog auch von Giacomo Francesco Cipper (1664-1736) stammen. Das erste Bild trägt bei Czerny (Nr. 36) den Titel „Singendes altes Weib mit einem Klarinettbläser im jugendlichen Alter" und hat im „Hängekatalog" die Maße 135 x 105 cm. Das zweite Bild trägt im „Hängekatalog" den Titel „Alte Frau mit Schwämmen und ein Mann, der einen Feuerschwamm anbläst" und hat die Maße 90 x 97 cm. Im Denkmalschutzinventar (Nr. 125 A und B) sind für beide Bilder die Maße 113 x 88 cm angegeben. Die singende Frau im ersten Bild trägt demnach eine Brille.

Die Darstellung des Martyriums des hl. Sebastian hat im Denkmalschutzinventar (Nr. 172) den Titel „Befreiung des hl. Sebastian" und die Maße 77 x 61 cm. Der Verweis auf „Hängekatalog" Nr. 54/5 dürfte falsch sein. Dieses Gemälde ist 124 x 124 cm groß, befindet sich in der Gemäldesammlung von St. Florian und wurde um 1680/1690 von Hans Adam Weissenkircher gemalt.[327] Aufgrund der ganz unterschiedlichen Maße ist anzunehmen, dass

---

[326] Die hier angegebene Nummer 491 steht im Denkmalschutzinventar irrtümlich bei Inv. Nr. 1514, gehört aber zum Gemälde „Rudolf von Habsburg bietet sein Pferd einem Priester an" (Inv. Nr. 1515).

[327] Vgl. Wolfgang Prohaska, Die Gemälde vom späten 16. Jahrhundert bis zur Mitte des 18. Jahrhunderts. In: Die Kunstsammlungen des Augustiner-Chorherrenstiftes St. Florian (Österreichische Kunsttopographie 48, Wien 1988) 190-215, 198 (Nr. 119).

es sich um zwei verschiedene Sebastiandarstellungen handelt. Die beiden nachfolgenden Landschaften, die jeweils rückwärts signiert sind, stammen von Carl Sebastian Bemmel (1743-1796) und haben die Maße 14 x 21 cm („Hängekatalog"). Das erste Bild zeigt nach dem Gesamtinventar von 1942 eine „Flußlandschaft mit 2 Reitern, einer davon abgesessen", und das zweite Bild ebenfalls eine Flusslandschaft, „aber mit 2 Reitern und Wanderern". Das nachfolgende Landschaftsgemälde von Franz Thomas Canton (Francesco Cantone, 1678-1733) ist nach dem „Hängekatalog" ebenfalls kleinformatig (10 x 10 cm). Das Denkmalschutzinventar beschreibt es als rundformatiges Tafelbild mit einem Durchmesser von 7 cm. Die Maße des Landschaftsgemäldes von Paul Bril (auch Brill, ca. 1553/54-1626) sind laut „Hängekatalog" 11 x 17 cm. Das Gegenstück mit dem gleichen Titel („Hängekatalog" Nr. 20/55) ist in der Stiftgalerie vorhanden.

Das wohl bedeutendste der verlorenen Gemälde ist die „Brennende Stadt" (auch „Brand von Rotterdam") von Pieter Brueghel d. J. (1564-1637/38). Es ist auf Holz gemalt und wie sein noch vorhandenes Gegenstück „Winterliche Dorflandschaft" rundformatig (Durchmesser 16 cm). 1930 war das Tafelbild bei einer Ausstellung in der Wiener Sezession.[328] Im derzeit maßgeblichen Werkverzeichnis des Künstlers ist das Bild nicht erwähnt.[329] Zu den nächsten beiden Gemälden „Grablegung Christi" und „Christus am Kreuz" – Letzteres von Johann Karl von Reslfeld (1658-1735) – liegen keine genaueren Angaben vor. Das Gemälde „Maria mit Jesus" wird von Albin Czerny (Katalog Nr. 232) der Schule von Annibale Carracci (1560-1609) zugeschrieben und trägt dort den wortreichen Titel „Maria mit Jesus, dem der heil. Joseph einen Vogel auf dem Finger hinhält". Das Porträt eines Schimmels von Joseph Heicke (1811-1861) kam nach Albin Czerny (Katalog Nr. 236) aus dem Nachlass des Chorherrn Ernst Marinelli (1824-1887) in die Stiftsgalerie.

Zum Prälatenporträt von Peter Brandl (auch Brandel, 1668-1735) gibt es keine weiteren Angaben. Das Landschaftsbild des ansonsten unbekannten Malers Lehr hat im „Hängekatalog" die Maße 80 x 70 cm. Zu den beiden Männerporträts, laut Gesamtinventar von 1942 von Adrian Honnemann (?), heißt es im „Hängekatalog": „Brustbilder: 1.) Eines jungen Mannes mit langen wallenden Haar[en], 2.) Eines jungen Mannes in der Tracht des 17. Jahrhunderts". Das Tonrelief „Gruppe mit dem trunkenen Silen" stammt

---

[328] Vgl. Drei Jahrhunderte Vlämische Kunst 1400-1700. CX. Ausstellung der Vereinigung Bildender Künstler Wiener Secession (Wien 1930) Nr. 130.

[329] Vgl. Klaus Ertz, Pieter Brueghel der Jüngere (1564-1637/38). Die Gemälde mit kritischem Oeuvrekatalog, 2 Bände (Lingen 2000).

nach Albin Czerny (Katalog Nr. 269) aus dem 18. Jahrhundert. Zu den drei abschließend angeführten Gemälden, deren Besitzstand fraglich ist, liegen keine weiteren Angaben vor.

Keines der fehlenden Gemälde findet sich auf einer der beiden Auslagerungslisten der Reichsrundfunkgesellschaft für die Salzstollen in Altaussee und Bad Ischl.[330] Die meisten Bilder dürften im Kunstbunker der Reichsrundfunkgesellschaft gelagert gewesen sein, der sich im Vorraum zur Krypta unter der Stiftskirche St. Florian befand, und von dort entwendet worden sein. Das gilt insbesondere für die Gemälde von Paul Brill und von Pieter Brueghel, die in jenem Exemplar des Gesamtinventars von 1942, das der Reichsrundfunkgesellschaft gehörte, den Vermerk „Bunker" hatten. Im zweiten Exemplar des Gesamtinventars, das sich im Stiftsarchiv St. Florian befindet, steht beim Brueghelgemälde mit rotem Farbstift der handschriftliche Vermerk: „fehlt nur Rahmen im Bunker!" Demnach wurde das Bild im Luftschutzbunker aus dem Rahmen genommen und entwendet.

Einige Kunstwerke verschwanden offenbar aus dem Kunstdepot im Schloss Eferding. Die Gemälde von Francia (eigentlich Leopold Schulz, Fehlliste Gemälde Nr. 2), die anonymen Ölbilder „Madonna" (ebenda Nr. 3) und „Versuchung Christi" (ebenda Nr. 4), die beiden Porträts alter Männer (ebenda Nr. 23 und Nr. 24) und das Tonrelief „Trunkene Silenen" (ebenda Nr. 14) hatten im erwähnten Exemplar des Gesamtinventars der Reichsrundfunkgesellschaft den Vermerk „zu entfernen" und finden sich alle, das Franciabild ausgenommen, auch auf der Transportliste für das Schloss Eferding.[331] Von dort dürften sie nicht mehr nach St. Florian zurückgekehrt sein. Nach Erhebungen des Gendarmeriepostens Eferding kam es nach Kriegsende im Schloss Eferding zu Diebstählen und unkontrollierten Abtransporten von Kunstgegenständen. „Es kamen laufend Autos mit Soldaten und Offizieren und fuhren wieder weg. Es war einfach ein Hin- und her. Was verladen und weggeschafft wurde konnte nicht mehr festgestellt werden. Gleichfalls konnte keine der militärischen Stellen, welchen diese Maßnahmen veranlasst hatte, festgestellt werden. Wie allgemein üblich, haben sich auch hier in Eferding die amerikanischen Soldaten verschiedene Andenken mitgenommen, welche im Schloss Eferding reichlich vorhanden waren."[332]

---

[330] BDA Wien, Restitutionsmaterialien, Karton 19/1, Mappe 27: Liste „Zur Bergung abgegeben an das Depot Dr. Seiberls bei der Salinenverwaltung Bad Aussee" vom 4. 11. 1943; StfA, Kunst – Rückstellungen: Institut für Denkmalpflege an RRG (Brief vom 15. 11. 1943 mit Liste); StfA, Akten der RRG, Inventare VI: Liste Zweiter Transport von Kunstschätzen zur Bergung bei Altaussee vom 25. 4. 1945.

[331] StfA, Akten der RRG, Inventare VI: Verzeichnis der nach Eferding gebrachten Bilder (undatiert).

[332] OÖLM Archiv, Mappe KH: Zl. Kh 343/1948, BDA Wien an OÖLM (Brief vom 21. 7. 1948 mit Abschrift

Das Gemälde „Schimmel" von Joseph Heicke wurde am 28. Februar 1941 „zu Restaurierungszwecken und zur Verwendung für die Räume des Herrn Gauleiters" aus dem Stift St. Florian nach Linz gebracht.[333] Dann verliert sich die Spur. Die beiden Gemälde von Giuseppe Nuvolone kamen offenbar von einer Restaurierung nicht mehr zurück. Sie waren zunächst bei einer unbeaufsichtigten Transportaktion der Reichsrundfunkgesellschaft zu Schaden gekommen, wie Eugen Kurt Fischer im April 1943 dem Gaukonservator Franz Juraschek mitteilte: „Der Ordnung halber melde ich Ihnen, dass gestern bei der Ueberführung zahlreicher Gemälde aus der barocken Kunstkammer in den Archivraum des Erdgeschosses ein französischer Transportarbeiter beim Verlassen des Hauses unvermittelt in einen heftigen Windwirbel geriet, der ihm zwei, zum Glück nicht sehr bedeutende Halbfiguren-Bilder von Nuvolone (Pamphili) über den Kopf stülpte."[334] Die beiden Bilder wurden dem akademischen Maler Ferdinand Stephan zur Restaurierung übergeben und verblieben bis nach Kriegsende in seinen Händen. Im Oktober 1946 fragte ein Mitarbeiter der Reichsrundfunkgesellschaft bei Stephan nach, erhielt jedoch keine Antwort. Auf eine neuerliche Nachfrage hin gab der Maler im Juni 1947 an, die Bilder wären „mit dem Kopf durchstoßen" worden und befänden sich in seinem Wiener Atelier, wo er noch die Retuschen zu machen hätte.[335] Dann verliert sich die Spur.
Als zweite Kategorie folgt in der Fehlliste zum erwähnten Schreiben vom 27. April 1955 die Grafik:

*Fehlende Kupferstiche.*
*1.) Le Pautre, Neue Grotten-Fontäne „S. M. Sandrartin fec. 8. Folge 2 Folgen mit je 2 Blättern, Zusammengebunden. Papierumschlag, 18,5 x 30,5*
*2.) Le Pautre, Plafonds, gestochen v. S. M. Sandrartin. Nürnberg, o.J. 6 Blätter zs. mit Plafonds a la Romains. 6 Blätter, 4 Blätter Papierumschlag, 18,5 x 30,5 cm*
*3.) Le Pautre, ohne Titelblatt, Nachstiche v. d. Sandrartin, Vasen, Deckenecken 1678, Altä[r]e (Nr. 13"), Versch. Entwürfe (Nr. 17"), Kartuschen + Natürl. Blumengehänge. (M. Steinle del.) bei Wolff J. in Nürnberg. Papierumschlag (28 x 19 cm)*

---

    des Briefs Gendarmerieposten Eferding an BH Eferding vom 7. 9. 1948).
[333] OÖLA, HistFdRO, Sch. 3: Protokoll vom 28. 2. 1941, unterzeichnet von Hollnsteiner und Geyrhofer.
[334] BDA Linz, Stift St. Florian, Kunstsammlungen und Bibliothek: Fischer an Gaukonservator Juraschek (Brief vom 29. 4. 1943).
[335] StfA, Akten der RRG, Verkäufe nach 1945: Ferdinand Stephan an Karl Ritz (Brief vom 19. 6. 1947).

4.) *J. A. Thelott, Kampfszene, 10 Blätter encl. Titel bei J.F. Leopold in Augsburg. Ohne Umschlag 18,5 x 30,5 cm*
5.) *Adam Sculptot Matuanus, Michael Angelo, Figuren aus der sixtinischen Decke o. J. 73 Stiche v. Ghisi. Ganz Pergamentband um 1650. 19,5 x 14,5*
6.) *Stahlstich-Album vom Salzburger Alpenlande, Wildbad Gastein o.J. Halbleinen, Format 14 x 20,5 cm*
7.) *„Der kostümierte Festzug der Reichshauptstadt Wien, 27. IV. 1879" Original Leinenmäppchen. Format 8,5 x 15 cm. Handkolorierte Tondrucke.*
8.) *Hubers Handbuch für Kupferstichsammler, Zürich 1796 – 1808. 9 Bände in 5 Bänden. Kleisterpapier mit Lederrücken und Ecken Format 17,5 x 11 cm.*

Unter Zuhilfenahme der Kataloge zur St. Florianer Grafiksammlung von Josef Bermann und Gustav Gugenbauer lassen sich folgende zusätzliche Angaben machen:[336] Der unter Nr. 1 genannte Band enthält die 8. und 9. Folge (je sechs Blätter) der Grafikfolge „Neue Grotten und Fontänen" von Susanne Maria von Sandrart (1658-1716). Im nachfolgenden Band Nr. 2 sind sechs Blätter „Plafonds" (nach Le Pautre) und sechs Blätter „Plafonds à la Romains" von Susanne Maria von Sandrart vereint, die mit weiteren sechs Blättern (Arabesken) von Johann Jakob von Sandrart (1655-1698) zusammengeheftet sind. Die Sammelmappe Nr. 3 enthält 24 Blätter ohne Titelblatt von Susanne Maria von Sandrart, die überwiegend Vasen, Deckenecken, Altäre (Nr. 13), Kartuschen, Blumengehänge (nach Le Pautre) und Entwürfe (Nr. 17) zeigen.

Die Folge Nr. 4 enthält zehn Blätter (inklusive Titelblatt) mit Kampf- und Soldatenszenen von Johann Andreas Thelott (1655-1734). Der Pergamentband Nr. 5 enthält 73 Blätter mit Studien aus der Sixtinischen Kapelle nach Michelangelo von Giorgio Ghisi (1520-1582) oder Adamo Scultori (ca. 1530-1585). Das Album vom Salzburger Alpenlande mit Stahlstichtafeln (Nr. 6) ist um 1850 beim Verlag J. Schoen (Badgastein) erschienen. Wie viele Stiche das St. Florianer Exemplar enthalten hat, ist unklar, weil es das Illustrationswerk mit einer unterschiedlich großen Zahl an Tafeln (zwi-

---

[336] Josef Bermann, Katalog des Kupferstichcabinetes St. Florian (in Zettelform nach Schulen, ca. 1886) und Katalog „Bestände der graphischen Sammlung des Stiftes St. Florian" (vermutlich 1944 von Gustav Gugenbauer angelegt). Beide Verzeichnisse werden in der Grafiksammlung des Stifts St. Florian aufbewahrt.

schen 37 und 59) gibt.[337] „Der Costümirte Festzug der Reichshaupt- und Residenzstadt Wien anlässlich der silbernen Hochzeits-Feier ihrer Majestäten am 27. April 1879" (Nr. 7) umfasst 42 handkolorierte Tondrucke. Der vollständige Titel des Handbuchs von Michael Huber lautet: „Handbuch für Kunstliebhaber und Sammler über die vornehmsten Kupferstecher und ihre Werke" (Zürich 1796-1808).

Keines der acht Werke findet sich auf einer der beiden Auslagerungslisten der Reichsrundfunkgesellschaft für die Salzstollen in Altaussee und Bad Ischl.[338] Die Posten Nr. 4 bis Nr. 8 sind im Verzeichnis Gustav Gugenbauers von 1944 unter „Illustrierte Bücher und Suiten" angeführt. Da Gugenbauer die Inventarisierung der St. Florianer Grafikbestände zumindest teilweise im Schloss Eferding vornahm, wo die Grafische Zentralsammlung des Reichsgaus Oberdonau untergebracht war, dürften die fehlenden Grafikwerke von dort weggekommen sein. Bei den Grafiken ist nur die Rückgabe einer einzigen Zeichnung schriftlich dokumentiert. Am 21. Mai 1947 stellte das Oberösterreichische Landesmuseum die Handzeichnung „Darbringung Jesu im Tempel" (Skizze für ein Deckenbild) von 1750 nach St. Florian zurück. Das Blatt war 1943 in das Landesmuseum nach Linz gekommen.[339] Nach den fehlenden Gemälden und Grafiken folgt an nächster Stelle in der erwähnten Fehlliste die Kategorie der fehlenden kunstgewerblichen Gegenstände aus dem Kapitelzimmer.

*Kapitelzimmer. Fehlende Gegenstände.*
*Inv. Verzeichnis. Nr.*
S. 165      3663    *Schachspiel: 4 weitere Figuren fehlen*
S. 174                *1 Dose aus Horn, im Deckel Ansicht v. St. Florian*
S. 175                *1 Miniatur auf Zinkblech: Lesender Mann*
                          *1 Miniatur auf Elfenbein: Mönch mit schmachtendem Blick.*
S. 181                *1 Runder Topf mit Ornamentik um 1570*
S. 182                *1 Spazierstock*

---

[337] Vgl. Ingo Nebehay – Robert Wagner, Bibliographie altösterreichischer Ansichtenwerke aus fünf Jahrhunderten I (Graz 1981) 13-16.

[338] BDA Wien, Restitutionsmaterialien, Karton 19/1, Mappe 27: Liste „Zur Bergung abgegeben an das Depot Dr. Seiberls bei der Salinenverwaltung Bad Aussee" vom 4. 11. 1943; StfA, Kunst – Rückstellungen: Institut für Denkmalpflege an RRG (Brief vom 15. 11. 1943 mit Liste); StfA, Akten der RRG, Inventare VI: Liste Zweiter Transport von Kunstschätzen zur Bergung bei Altaussee vom 25. 4. 1945. Der in der letzten Liste genannte „Konvolut Handzeichnungen" ist allerdings nicht genauer beschrieben, weil die angeführte Sonderliste dazu fehlt.

[339] StfA, Kunst – Rückstellungen: Übernahmebestätigung vom 21. 5. 1947.

| | | |
|---|---|---|
| S. 183 | | 1 Medaillon, Querschnitt eines Telegrafenkabels |
| | | 1 Taschensonnenuhr |
| S. 184 | | 1 Aschenbecher in Fischform |
| S. 185 | | 1 kleiner japanischer Holzteller |
| | | 1 Buddha (aus speckstein) |
| | | 1 kl. Metallständer f. Speisekarte, chin. |
| S. 186 | | 1 Broncedose m. Deckel, Glockengießerarbeit um 1500 |
| S. 187 | | 1 ca 20 cm hohe Holzstatuette: Nonne in vergoldetem Habit, flammendes Herz in ihren Händen. |
| | | 2 Zwei Buchsstatuetten, 24 cm hoch, hl. Bischöfe, um 1700 |
| S. 188 | | 1 Tischglocke (mit Löwen verziert) Renaissance |
| | | 1 Zinnlöffel 1527 |
| S. 189 | | 1 Wandtafel, Leder auf Leinwand |
| S. 191 | | 1 ungefasste Gemme |
| | | 2 gefasste Gemmen |
| | | 1 Petschaft |
| S. 192 | | 2 Mumienfigürchen |
| S. 193 | | 3 Lorettoschüsselchen (Besatzung) |
| S. 194 | | 1 Barockhauptfassade von Kirchenportal. |
| S. 196 | | 1 Apothekergefäß 1591 |
| S. 201 | | 1 blaues Überfangglas |
| | | 1 Kästchen aus Glas mit reicher Bemalung u. Broncemontg. |
| | | 1 kleines Kelchglas reich graviert. |
| S. 193 | | 1 Fayencevase, Seelandschaft mit Kühen, D.Sch. 292 |
| S. 163 | 3632 | 1 Dante-Büste aus Dantekasten |
| | 3633 | 2 Laden aus Kommode (Besatzung). |

Bei den an erster Stelle angeführten vier Schachfiguren handelt es sich um Schnitzfiguren aus Ebenholz aus dem frühen 17. Jahrhundert.[340] Zu den beiden Buchsstatuetten, die unter Nr. 15 beschrieben sind, fanden sich zwei entsprechende Objekte in der Kunstgewerbesammlung von St. Florian. Es lässt sich allerdings nicht sagen, ob es sich dabei um die gesuchten Statuetten oder um zwei weitere Exemplare aus einer Serie handelt. Die Objekte

---

[340] Vgl. Rudolf Distelberger, Die kunstgewerblichen Sammlungen. In: Die Kunstsammlungen des Augustiner-Chorherrenstiftes St. Florian (Österreichische Kunsttopographie 48, Wien 1988) 122-163, 135 (Nr. 128).

Nr. 23 und Nr. 31 enthalten den Vermerk „Besatzung" und wurden demnach nach Kriegsende von amerikanischen Soldaten entwendet.
Die Fehlliste von 1955 führt nach den Gemälden, Grafiken und kunstgewerblichen Gegenständen noch weitere Fehlbestände an, die nicht unerwähnt bleiben sollen. Es handelt sich dabei um 10 barocke Gobelinbezüge von Tischen und Sesseln (meist aus den Kaiserzimmern), eine Anzahl von Einrichtungsgegenständen, vorwiegend Gebrauchsmöbel (fünf Betten, 20 Tische, zwei Schubladkästen, sechs Sofas, zwei Öfen und zwei Stehkästen), 96 Bilderrahmen und sechs Goldrahmen, eine ungenannte Zahl von (wohl gerahmten) Kupferstichen, mehrere Prälatenporträts sowie weitere Bilder und alte Möbel.

## Die verlorenen Bücher der Stiftsbibliothek

Nach Kriegsende kam nur mehr ein Teil der nach Dachau transportierten Bücher in das Stift St. Florian zurück. Am 28. Jänner 1946 stellte das Oberösterreichische Landesarchiv an die Landeshauptmannschaft das Ersuchen, die Rückstellung dieser Bücher bei der Amerikanischen Militärbehörde zu erwirken.[341] 1948 wurden die noch auffindbaren acht Werke (in zehn Bänden) zunächst irrtümlich in die Stiftsbibliothek Admont zurückgeschickt, von wo sie Propst Leopold Hager am 19. März 1950 übernahm.[342] Zwei Tage später folgten noch drei Werke aus Admont.[343] 1956 kamen wieder aus Admont von den vier Heften mit dem Titel „Alräunchens Kräuterbuch" (München 1882-1885) drei Hefte zurück.[344]
Damit fehlten noch sechs kostbare Werke, die offenbar nie nach Admont gekommen waren:

1. Alräunchens Kräuterbuch, Teil 3/1, München 1884 (Signatur VI 179G)
2. Pedanius Dioscurides: Kräuterbuch, Frankfurt a. M. 1610 (I 1625, 616 Seiten mit zahlreichen kolorierten Kupferstichen)

---

[341] StfA, Kunst – Rückstellungen: OÖLA an OÖ. Landeshauptmannschaft (Brief vom 28. 1. 1946, Abschrift, mit Liste der fehlenden Bücher).

[342] Ebd.: Übernahmebestätigung vom 19. 3. 1950.

[343] Ebd.: Stiftsbibliothek St. Florian an Stiftsbibliothek Admont (Brief vom 24. 3. 1950). Das in diesem Schreiben als restituiert geführte Kräuterbuch von Hieronymus Beck (1587) mit 567 handkolorierten Holzschnitten (Signatur VI 253) befindet sich aber nach einer aktuellen Überprüfung nicht am Platz.

[344] Ebd.: Empfangsbestätigung vom 18. 5. 1956.

3. Carl Ludwig Willdenow, Grundriss der Kräuterkunde, 2. Auflage, Wien 1799 (VI 226, mit neun Kupfertafeln und einer Farbentabelle)
4. Johann Künzle, Chrut und Uchrut. Praktisches Heilkräuter-Büchlein, Feldkirch 1914 (V 48a)
5. Elizabeth Blackwell, Vermehrtes und verbessertes Blackwellisches Kräuterbuch, Nürnberg 1750-1754, 3 Bde. (VI 252, mit 390 handkolorierten Kupferstichen)
6. Ein umfangreicher alter Sammelband (XIII 2929), der mehrere Werke enthält:
Israel Hiebner, Mysterium sigillorum, herbarum et lapidum, Frankfurt 1735
Augustus Quirinus Rivinus, Vom wahren Alter sowohl der Welt, als auch unsers Heilandes, Leipzig 1721
Johann B. Friderici, Cryptographia, Hamburg 1685
Andreas Stübel, Die Wissenschafft der Zahlen und Zeichen, Leipzig 1697
Thema Coeleste oder Himmels-Figur, Lübeck 1724
Nicolaus Rohlfs, Anweisung wie die Sonnenfinsternissen über einen jeden Ort des Erd-Bodens zu berechnen, Hamburg 1734.[345]

Das handschriftliche Tagebuch mit der Signatur XI 574 A, das der Chorherr Josef Putz zwischen 1836 und 1841 geführt hat, ging ebenfalls in den Jahren der Enteignung des Stifts verloren.[346] Im Archiv vermisste Archivar Franz Linninger 1947 „verschiedene Akten und Bücher", gab aber keine Details an.[347]

## Ersatz für die Schäden und Verluste von Kunstgütern?

Das Stift St. Florian versuchte nach dem Kriegsende, Entschädigung für die Verluste und Schäden an Kunstgütern zu erhalten. Es stellte sich dabei die Frage nach der Verantwortlichkeit für diese Schäden. Nach der Beschlagnahme hatte Gaukämmerer Danzer – wie bereits geschildert – dem

---

[345] Ebd.: Stiftsbibliothek St. Florian an Stiftsbibliothek Admont (Brief vom 24. 3. 1950).
[346] Franz Linninger, Bibliothek, Archiv und Sammlungen des Stiftes St. Florian 1945 und 1946. In: JbOÖM 92 (1947) 100-104, 101. Die von Linninger ebenfalls als vermisst angeführte Handschrift III 6 war 1928 verkauft worden. Alle an gleicher Stelle als entlehnt bezeichneten Handschriften sind später wieder zurückgekommen.
[347] Ebd. 102.

Landesmuseum den Auftrag gegeben, das gesamte Kunst- und Kulturgut St. Florians zu betreuen. Die letzte Verantwortung verblieb aber bei den Verwaltern, also bis zum September 1942 bei Graf O'Donnell, danach bei Eugen Kurt Fischer von der Reichsrundfunkgesellschaft.
Zunächst wandte sich das Stift St. Florian an die Reichsrundfunkgesellschaft. In einem Schreiben an die Abteilung für Vermögenssicherung reichsdeutschen Vermögens der Amerikanischen Militärregierung vom 4. Jänner 1946 kam Propst Hager auch auf die Schäden im Stift zu sprechen, die durch die Reichsrundfunkgesellschaft als Pächterin verursacht worden waren. Alte Öfen, Gebrauchsmöbel, Türen und Beleuchtungskörper waren demnach entfernt und nur zum Teil durch neue ersetzt worden. Weiters führte der Propst die verlorenen Gemälde (zu diesem Zeitpunkt noch zehn), Kupferstiche, Gobelinbezüge (hier 26), Sesselbezüge (90) und die geschlägerten Bäume des Prälatengartens an. Abschließend ersuchte Propst Hager die amerikanische Vermögenskontrollstelle, „bei der Verteilung des Rundfunkvermögens in besonderer Weise auf das Stift St. Florian Rücksicht zu nehmen" und dem Stift im Gegenzug für die erlittenen Schäden und Verluste die durch den Reichsrundfunk im Haus eingebauten Türen, Öfen, Beleuchtungskörper, Wandbespannungen etc. zu überlassen bzw. Gebrauchsgegenstände aus dem Besitz des Reichsrundfunks günstig an das Stift zu verkaufen.[348]
Am 12. Jänner 1947 und erneut am 12. Februar 1948 versuchte das Stift St. Florian, den durch die Verpachtung an die Reichsrundfunkgesellschaft zwischen September 1942 und Mai 1945 entstandenen Schaden direkt von der nunmehr treuhändisch verwalteten Reichsrundfunkgesellschaft rückerstattet zu bekommen. Man dachte wie schon im Schreiben von 1946 nicht an einen finanziellen Ersatz, sondern an eine Überlassung von Gebrauchsmöbeln aus dem Rundfunkbestand. Das Ansuchen vom 12. Februar 1948 enthielt zehn Beilagen mit Aufstellungen über die bei der Rückgabe des Stifts durch die Reichsrundfunkgesellschaft nicht mehr vorhandenen Gegenstände.[349] Der Treuhänder der Reichsrundfunkgesellschaft ersuchte das Stift daraufhin um „eine genaue und erschöpfende Aufstellung aller während der Pachtzeit des Stiftes durch die Reichsrundfunkgesellschaft (also vom 21. 10. 1942 bis 9. Mai 1945) und nachweisbar durch diese entstandenen Abgänge und Schäden mit wertmässigen Angaben" und verwies das Stift

---

[348] StfA, NS-Akten III: Propst Hager an die Amerikanische Militärregierung Linz, Abt. Vermögenssicherung reichsdeutschen Vermögens (Brief vom 4. 1. 1946).

[349] StfA, NS-Akten, Restitutionsmaterialien III: Propst Hager an die Abteilung Vermögenssicherung bei der OÖ. Landesregierung (Brief vom 12. 2. 1948 mit Verweis auf das frühere Schreiben).

im Übrigen weiter an den Verwalter der Reichsrundfunkgesellschaft im Ministerium für Vermögenssicherung und Wirtschaftsplanung.[350] Auch das Land Oberösterreich, das als Gau Oberdonau Besitzer und später Verpächter des beschlagnahmten und enteigneten Stifts St. Florian gewesen war, wurde vom Propst auf die Verluste und Schäden aufmerksam gemacht. In der abschließenden Stellungnahme des Stifts St. Florian zum Rückstellungsbescheid vom 27. Juni 1949 kam Propst Leopold Hager u.a. auch auf den nicht geleisteten Ersatz für die 19 verlorenen Gemälde zu sprechen, die er „gering mit RM 100.000" veranschlagte, und für die fehlenden bzw. vernichteten Möbel und Einrichtungsgegenstände („30.000 bis 50.000 RM").[351] Die Landesregierung verwies den Propst mit diesen Forderungen wieder zurück an die Reichsrundfunkgesellschaft.[352] Dort befürchtete man mittlerweile „Schwierigkeiten" bei der endgültigen Abgleichung mit den Augustiner-Chorherren: „Es wird aber vermutlich darauf ankommen, von Anfang an ein steifes Rückgrat zu bewahren und einen Ausgleich, um diesen endgültig zu gestalten, erst am Schluss der Liquidation vorzunehmen."[353] Als 1955 das Bundesministerium für Finanzen die öffentliche Verwaltung aufhob und die gesamte Masse an die Reichsrundfunk Ges.m.b.H. in Liquidation in Berlin, vertreten durch den Liquidator Deutsche Revisions- und Treuhand-Aktiengesellschaft, restituierte, erneuerte das Stift St. Florian am 27. April 1955 seine Schadensansprüche. Die bereits oben abgedruckte Liste enthielt fehlende Möbel, fehlende Gemälde, fehlende Gobelinbezüge, fehlende Kunstgegenstände aus dem Kapitelzimmer, fehlende Kupferstiche, abtransportierte Möbel und fehlende kunstgewerbliche Gegenstände.[354]
Am 15. Juni 1955 kam es zu einer Besprechung zwischen Vertretern der Reichsrundfunkgesellschaft und des Stifts St. Florian. Hofmeister Franz Linninger wurde laut Protokoll darauf hingewiesen, „dass seine schriftlichen an die RRG gerichteten Forderungen mangels Beweises nicht durchsetzbar erscheinen". Aufgefordert, seine Forderungen zu präzisieren, verwies Linninger nur mehr auf die nachweislich durch die Reichsrundfunkgesellschaft verursachten Schäden an den Gobelinbezügen und auf die durch

---

[350] Ebd.: RRG an Stift St. Florian (Brief vom 27. 5. 1948).
[351] Ebd.: Propst Hager an OÖ. Landesregierung (Brief vom 27. 6. 1949).
[352] Ebd.: OÖ. Landesregierung an Stift St. Florian (Brief vom 8. 7. 1949).
[353] StfA, Akten der RRG, Korrespondenz Treuhänder II: Norbert Reif an Rechtsanwalt Mohr (Brief vom 11. März 1954).
[354] StfA, NS-Akten III: Propst Hager an Deutsche Revisions- und Treuhand A.G. (Brief vom 27. 4. 1955 mit beiliegender Liste).

die Reichsrundfunkgesellschaft vernichteten Gebrauchsmöbel und nahm Abstand von den Forderungen bezüglich der verlorenen Kunstgegenstände. Die Vertreter der Reichsrundfunkgesellschaft gestanden diese Beschädigungen ein und wollten die Stuhlbezüge neu anfertigen lassen und die vernichteten Gebrauchsmöbel durch andere aus dem eigenen Besitz ersetzen. Um sich für die kostenlose Überlassung der Lagerräume im Stift über einen Zeitraum von zehn Jahren erkenntlich zu zeigen, wollte die Reichsrundfunkgesellschaft dem Propst einen Flügel und einen Teppich schenken.[355] Ob diese Absichtserklärungen der Reichsrundfunkgesellschaft tatsächlich in die Tat umgesetzt worden sind, lässt sich nicht mehr nachweisen.
Nach Hofmeister Linninger kam es zu einer Übereinkunft, wonach das Stift von der Reichsrundfunkgesellschaft alle Verbesserungen am und im Gebäude übertragen erhielt. Linninger bekräftigte dies 1960 in einem Brief an das Oberösterreichische Landesmuseum: „Denn alle Meliorationen wurden bei Abrechnung mit dem Reichsrundfunk dem Stifte übergeben."[356] Die Reichsrundfunkgesellschaft hatte sanitäre und elektrische Installationsarbeiten, Möbelrestaurierungen und Maler- und Anstreicherarbeiten durchführen lassen.[357]
Im Jahr 1959 erhob die Österreichische Superiorenkonferenz unter dem Titel „NS-Schäden-Berechnung 1958/59" die bis dato noch nicht gutgemachten Schäden in den österreichischen Stiften und Klöstern. Das Stift St. Florian führte eine Gesamtschadenssumme von S 14,360.000 an. Der Anteil der Schäden an Kunstgegenständen wurde dabei nicht aufgeschlüsselt.[358] Im gleichen Jahr hielt Propst Hager gegenüber der Finanzlandesdirektion Linz jedoch fest, dass nach dem Vermögensausgleich mit dem Land (Rückstellungsbescheid 1949) und nach dem Vergleich mit der Reichsrundfunkgesellschaft das Stift St. Florian noch immer nicht für den Verlust der 19 Gemälde sowie der Möbel und Einrichtungsgegenstände, also der Kunstgüter der Liste vom 27. April 1955, entschädigt worden wäre.[359] Insgesamt bestätigt sich am Beispiel von St. Florian der Gesamteindruck,

---

[355] StfA, Akten der RRG, Korrespondenz Treuhänder II: Niederschrift über die Besprechung am 15. Juni 1955 im Stift St. Florian.

[356] StfA, Kunst – Rückstellungen: Hofmeisteramt St. Florian an OÖLM (Brief vom 5. 4. 1960).

[357] Vgl. dazu die Aufstellung dieser Arbeiten in: OÖLA, Gauselbstverwaltung, Stift St. Florian 1939-1949, Nr. 7: Inventar-Verzeichnis über Ausstattungs- und Gebrauchsgegenstände sowie über Materialien zur sanit. Installation im Besitz des Reichsrundfunks Berlin im Brucknerstift Florian b. Linz-Donau.

[358] Großruck, Vermögensentzug 59-61.

[359] StfA, NS-Akten, Restitutionsmaterialien III: Propst Hager an Finanzlandesdirektion OÖ. (Brief vom 11. 11. 1959).

den Johann Großruck in seiner Arbeit für die Österreichische Historikerkommission bezüglich der Restitutionsansprüche der oberösterreichischen Stifte und Klöster gewonnen hat: „Die Klöster haben ihre Restitutionsansprüche mit gerechtfertigter Sachlichkeit geltend gemacht, jedoch immer unter dem Gesichtspunkt der Verantwortung gegenüber den aktuellen kommunalen Interessen und in Akkordanz mit der Oberösterreichischen Landesregierung, selbst wenn die Reparation der mittel- oder unmittelbar durch den Nationalsozialismus angerichteten Schäden trotz Rückstellungen und Abschlagzahlungen weitgehend zu Lasten der Stifte ging."[360]

## Kunstwerke aus oberösterreichischen Stiften im Oberösterreichischen Landesmuseum

Der hausinterne Bericht zur Geschichte des Oberösterreichischen Landesmuseums in der NS-Zeit vermerkt, dass die Kunstwerke der enteigneten Stifte vom Landesmuseum betreut wurden. Dass es in dieser Zeit zu Verlusten kam, wird nur im Zusammenhang mit der Abgabe von Kunstgegenständen auf höhere Weisung in Erwägung gezogen, aber nicht weiter recherchiert.

„Dem bruchstückhaft überlieferten Schriftverkehr kann entnommen werden, daß mehrmals Objekte aus dem Museum auf Geheiß von NS-Dienststellen an verschiedene Personen abgegeben werden mussten. Ob sich unter diesen Objekten auch Gegenstände aus beschlagnahmten, und dem OÖ. Landesmuseum treuhändig übergebenen Sammlungen befunden haben, läßt sich nicht mehr feststellen."[361]

Der Frage, ob nach 1945 eine vollständige Restitution der Kunstwerke aus den Stiften und Klöstern erfolgt ist, wird im hausinternen Bericht ebenfalls nicht nachgegangen.

Um einen Überblick über die Kunst- und Kulturgüter, die zwischen 1938 und 1945 aus Stiften und Klöstern in das Oberösterreichische Landesmuseum gekommen sind, zu erhalten, sichtete der Verfasser die vorhandenen Ankaufs- und Spendenprotokolle des Oberösterreichischen Landes-

---

[360] Großruck, Vermögensentzug 341.

[361] Rückgabe von Kunstgegenständen, die während der NS-Ära in das Oberösterreichische Landesmuseum gelangten. Endbericht des Oberösterreichischen Landesmuseums vom 30. 4. 1999, erg. u. erw. im Jänner 2000, 4 und 8 (Zitat).

museums aus diesem Zeitraum.³⁶² Die auf dieser Basis erstellte Gesamtliste wurde nach Sammlungsbeständen aufgeteilt und den jeweiligen Sammlungsleitern des Oberösterreichischen Landesmuseums zur Überprüfung übergeben. Die Rückmeldungen erfolgten entweder mündlich in den Workshops oder schriftlich per E-Mail.³⁶³ Alle bei dieser Überprüfung von den Sammlungsleitern aufgefundenen Kunst- und Kulturgüter, die sich also noch im Oberösterreichischen Landesmuseum befinden und nicht restituiert worden sind, werden im Folgenden angeführt.³⁶⁴

Aus dem Stift St. Florian ist nur ein einzelner Gegenstand, ein Vorhängschloss mit der Signatur T 1943/19, in der Techniksammlung des Oberösterreichischen Landesmuseums nachweisbar. Die Sammlungen des Stifts Kremsmünster überstanden nach Auskunft von Pater Klaudius Wintz die NS-Zeit ohne Verluste.³⁶⁵ Es fanden sich tatsächlich keine Kunst- oder Kulturgüter aus Kremsmünster im Oberösterreichischen Landesmuseum. Auf die 17 Paracelsusdrucke der Stiftsbibliothek, die vermutlich in der NS-Zeit abhanden gekommen sind, wurde bereits an früherer Stelle hingewiesen. Auch mehr als ein Dutzend Erstdrucke von Schriften Martin Luthers gingen wohl in dieser Zeit verloren. Schriftliche Unterlagen, die den genauen Zeitpunkt dieser Verluste dokumentieren, liegen in Kremsmünster allerdings nicht vor.³⁶⁶

Aus der Chronik des Stifts Lambach ist bekannt, dass die kommissarische Stiftsverwaltung im Juli 1944 begann, „einzelne Bilder, Kreuze und Einrichtungsgegenstände zu verkaufen".³⁶⁷ Genauere Angaben liegen nicht vor. Mitte der 1990er Jahre stellte eine Privatperson ein Gemälde an das Stift Lambach zurück, das ein Vorfahre in der NS-Zeit entwendet hatte.³⁶⁸

---

[362] OÖLM Bibliothek, Band P 19: Ankaufsprotokolle und Spendenprotokolle 1940-1950 und Band P 18: Geschenkprotokolle 1940-1949.

[363] Dr. Lothar Schultes (Kunstsammlungen) und Dr. Bernhard Prokisch (Numismatik) antworteten mündlich; die bei den Workshops nicht eingebundenen Sammlungsleiter Dr. Andrea Euler (Volkskunde), Mag. Stefan Gschwendtner (Musikinstrumente) und Mag. Ute Streitt (Historische Waffen, Rechtsaltertümer, Technikgeschichte, Wehrgeschichte) gaben Ihre Auskünfte per E-Mail.

[364] Die Sammlungsleiter können freilich nicht mit letzter Sicherheit ausschließen, dass einzelne jetzt nicht aufgefundene Kulturgüter nicht doch z. B. in einem Depot des Oberösterreichischen Landesmuseums lagern und noch nicht katalogisiert sind. Andererseits waren die zur Überprüfung vorliegenden Objektbeschreibungen oft so ungenau, dass die Suche nach einem konkreten Objekt von vornherein aussichtslos war.

[365] Telefonische Auskunft vom 23. März 2004.

[366] Freundliche Auskunft per E-Mail und Brief von Bibliothekar Hauke Fill vom 3. 5. 2004.

[367] Vgl. August Prenninger, Die Auswirkungen des Nationalsozialismus auf das Benediktinerstift Lambach. In: 78. Jahresbericht des Bischöflichen Gymnasiums Kollegium Petrinum (1981/82) 37-106, 68.

[368] Freundliche Mitteilung von Archivar Mag. Christoph Stöttinger per Brief vom 20. 10. 2004.

Eine detaillierte Liste der Kunstverluste lässt sich nach Auskunft des Stiftsarchivars kaum erstellen: „Prinzipiell wurde erst 1972 eine exakte Bestandsaufnahme der Kunst- und Kulturgegenstände des Klosters gemacht und das Fehlende kann sicher nicht in jedem Fall auf Verluste in der NS-Zeit zurückgeführt werden."[369] Die 1941 aus Lambach entfernten und in St. Florian deponierten Kunstgegenstände wurden – wie bereits erwähnt – 1946 im Rahmen der Auflösung des Barockmuseums wieder restituiert. Die aus dem Stift Schlägl entfernten Sammlungsobjekte – eine Liste von 1946 nennt 193 Posten – blieben zunächst im Oberösterreichischen Landesmuseum und waren dort zum Teil ausgestellt. „Wann wird der Tag der Heimkehr für dieses geraubte Gut kommen?", klagte Prior Cajetan Lang am 29. April 1946 in einem Brief an Justus Schmidt.[370] Am 16. November 1946 restituierte das Oberösterreichische Landesmuseum 16 Kisten mit den naturwissenschaftlichen Büchern an das Stift Schlägl.[371] Am 5. September 1947 folgten 31 nicht näher bezeichnete Bilder, eine Mappe mit Kupferstichen, eine Kiste mit Haushaltsgegenständen, ein Lederetui und ein Teekessel aus Zinn.[372] Fünfzehn Gemälde, überwiegend gotische Tafelbilder, die alle in der Fehlliste von 1946 angeführt sind, kehrten am 16. November 1949 aus dem Oberösterreichischen Landesmuseum nach Schlägl zurück.[373] Von jenen elf Gemälden, die am 12. Juni 1942 für die repräsentative Einrichtung eines Offizierskasinos in Linz entfernt worden waren, kamen zunächst nur vier Gemälde zurück, die letzten im Jahr 1953. Das Porträt Prinz Eugens von Ludwig Haase ist inzwischen wieder in der Stiftsgalerie aufgetaucht. Joseph Edlbachers „Ansicht von Linz vom Pöstlingberg" (1865) konnte 1994 zurückgekauft werden.[374] Die restlichen fünf Gemälde sind verschollen und befinden sich auch nicht im Oberösterreichischen Landesmuseum.[375]

---

[369] Ebd.
[370] OÖLM Archiv, Mappe KH: Zl. Kh 110/1946, Prior Cajetan Lang an Justus Schmidt (Brief vom 29. 4. 1946 mit Liste).
[371] Ebd.: Zl. Kh 110/1946, Übergabebestätigung vom 16. 11. 1946.
[372] Ebd.: Zl. Kh 8/1947, Rückgabe an das Stift Schlägl, 5. 9. 1947.
[373] Isfried Pichler, Schlägler Gemäldekatalog (Linz 1987) 55.
[374] Freundliche Mitteilung von Stiftsbibliothekar Dr. Isfried Pichler per Brief vom 2. 10. 2004.
[375] Vgl. dazu Pichler, Gemäldekatalog 54f. Die Überprüfung im Oberösterreichischen Landesmuseum nahm freundlicherweise Dr. Lothar Schultes vor (Antwort per E-Mail vom 5. 10. 2004).

1. Joseph Bucher, Pustertalerin, 1882.
2. Jan Wouwerman (1629-1666), Reiter.
3. J. Steiner, Trompeter zu Pferd.
4. Wilhelm Melchior (1817-1860), Schiffszug bei einem Dorf.
5. Wilhelm Melchior, Schiffszug mit Ochsen im Vordergrund.

Die Gemälde mit den Nummern 4 und 5 scheinen auch in der erwähnten Fehlliste von 1946 als Posten Nr. 28, 123, 124 und 154 auf. Isfried Pichler nannte im „Schlägler Gemäldekatalog" noch elf weitere Gemälde, von denen er allerdings nicht genau sagen konnte, ob sie in der NS-Zeit, während der russischen Besatzungszeit oder zu einem anderen Zeitpunkt abhanden gekommen sind.[376] Drei dieser elf Bilder konnten in der Liste von 1946 als Posten Nr. 18, 40 und 109 aufgefunden werden, was darauf schließen lässt, dass sie in den Jahren der Beschlagnahme und Enteignung entfernt worden sind.

8. Franz Scheyerer (1762-1838/39), Klassische Landschaft.
9. Johann Christian Brand (1722-1795), Felslandschaft mit Schiffern im Vordergrund.
10. [Italienisch], Antike Landschaft mit Staffage, 17./18. Jh.

Bei den 16 fehlenden Inkunabeln lässt sich nicht mit Sicherheit differenzieren, welche vor 1938, welche zwischen 1938 und 1945 und welche in der unmittelbaren Nachkriegszeit weggekommen sind.[377]
In den Ankaufsprotokollen des Oberösterreichischen Landesmuseums fand sich unter Nr. 15/1944 folgendes Objekt: „Brunnengefäß mit drei Ausgußhähnen Zinn 17. Jht. Aus der Bibliothek des Stiftes Schlägl Z 465". Laut Objektkarteiblatt Z 465 konnte das Zinngefäß bei einer Überprüfung im Jahr 1974 nicht mehr im Oberösterreichischen Landesmuseum aufgefunden werden. Im Stift Schlägl gibt es zu diesem Brunnengefäß keine schriftlichen Unterlagen.[378]
In der technikgeschichtlichen Sammlung des Oberösterreichischen Landesmuseums befinden sich noch 22 Gegenstände aus dem Stift Schlägl, darunter eine barocke Sonnenuhr, das Modell des ersten Dampfschiffs, das 1837 die Donau in Österreich befuhr, und diverse Brillen, Waagen und Tür-

---

[376] Pichler, Gemäldekatalog 56.
[377] Freundliche Mitteilung von Stiftsbibliothekar Dr. Isfried Pichler per Brief vom 24. 9. und 2. 10. 2004.
[378] Freundliche Mitteilung von Stiftsbibliothekar Dr. Isfried Pichler per Brief vom 24. 9. 2004.

schlösser.[379] Nur das Schiffsmodell ist in der erwähnten Fehlliste von 1946 als Posten Nr. 162 angeführt. Bei einer Durchsicht der Objektkarteiblätter der volkskundlichen Sammlungen durch den Verfasser konnten vier kleinere Objekte aus Stiftsbesitz aufgefunden werden, von denen als einziges eine Aufschreibtafel aus der Schlägler Pfisterei im Oberösterreichischen Landesmuseum verblieben ist. Die Tafel trägt die Inventarnummer F 1765 und wird derzeit in der Übersiedlungsschachtel 321 aufbewahrt.

An das Stift Wilhering wurden am 5. Mai 1947 und am 3. Juli 1947 viele Kunstgüter und zu einem unbekannten Zeitpunkt alle Waffen restituiert.[380] Ein gotischer Reliquienschrein und eine barocke Elfenbeinstatuette kamen ebenfalls im Jahr 1947 nach Wilhering zurück.[381] 1950 klagte der Wilheringer Pater Amadeus Reisinger: „Mehrere Möbelstücke und Bilder, darunter wertvolle Jagdbilder von M. und B. Altomonte sind noch nicht gefunden worden."[382] Um welche Gemälde es sich genau handelte, ist unklar. Der aktuelle Gemäldekatalog, der die Geschichte der Sammlung in der NS-Zeit leider ausklammert, führt jedenfalls keine Jagdbilder von Martino oder Bartolomeo Altomonte an.[383] Dass die im Stift St. Florian deponierten Gemälde, Grafiken, Möbel und anderen Kunstgegenstände 1946 und 1947 im Rahmen der Auflösung des dortigen Barockmuseums nach Wilhering restituiert wurden, ist an anderer Stelle bereits erwähnt worden.

In den Ankaufsprotokollen des Oberösterreichischen Landesmuseums fanden sich eine Glasschale aus dem 17. Jh. (Nr. 98/1942, Objektkarteiblatt J 502) und eine Querflöte (Nr. 17/1944, Objektkarteiblatt Mu 139), die noch im Oberösterreichischen Landesmuseum sind. Neun weitere Wilheringer Holzblasinstrumente (Nr. 40/1941, Objektkarteiblätter Mu 119-129) gingen nach einem Vermerk im Inventarbuch Musik 1985 per Schenkung an das Oberösterreichische Landesmuseum.[384] Jene 106 Objekte aus dem Stift Wilhering, die in der Technikabteilung des Oberösterreichischen Landesmuseums aufbewahrt waren, trugen die Signaturen T 1942/189-289,

---

[379] Objektkarteikarten T 1942/620-621, T 1943/3-18, 22 und T 1944/112-115.
[380] OÖLM Archiv, Mappe KH: Zl. Kh 170/1947 mit entsprechenden Rückgabelisten.
[381] Ebd.: Vermerke auf Objektkarteiblättern VA 1016 (Reliquienschrein) und 1017 (Elfenbeinstatuette).
[382] Amadeus Reisinger, Aufbauarbeit im Stifte Wilhering 1945-1949. In: JbOÖM 95 (1950) 80-82, 80f.
[383] Hannes Etzlstorfer, Die Kunstsammlungen des Stiftes Wilhering. Beschreibender Katalog (Studien zur Kulturgeschichte von Oberösterreich 6, Linz 1997).
[384] OÖLM Musik, Inventarbuch Musik: handschriftlicher Vermerk zu Mu 119-129: „1985 dem oö. Landesmuseum vom Stift Wilhering geschenkt (telefonisch durch Pater Gabriel Weinberger)".

T 1944/109-110 und T 1949/238, 243, 244.[385] Die wertvolleren Gegenstände, wie Uhren und Globen, wurden restituiert, ein Großteil davon am 18. Juni 1949.[386] Im Landesmuseum verblieben noch 83 kleinere Objekte, darunter Türschlösser, Schlüssel, Leuchter, Waagen und Brillen.[387] Das Stift Hohenfurt, das zwischen 1938 und 1945 zum Gau Oberdonau gehörte, ist als Sonderfall innerhalb der Restitutionsgeschichte des Oberösterreichischen Landesmuseums zu bezeichnen. Eine auffällig große Anzahl von Kunst- und Kulturgütern aus dem Zisterzienserstift verblieb im Oberösterreichischen Landesmuseum. Der Hauptgrund für die unvollständige Restitution ist in der politischen Entwicklung der Tschechoslowakei zu suchen. Die zunächst erfolgreiche Wiederherstellung der Abtei Hohenfurt im Jahr 1945 erlitt in der Folge durch die Vertreibung der deutschen Mönche Rückschläge. Mit der kommunistischen Machtübernahme im Februar 1948 und den daraufhin einsetzenden Repressionen gegen die katholische Kirche kam der Anfang vom Ende. Im April 1948 verließen die letzten deutschen Mönche das Stift Hohenfurt, im Juli 1948 emigrierte auch der Abt. Am 4. Mai 1950 erfolgte die Aufhebung des Stifts Hohenfurt durch die kommunistischen Machthaber.[388]

Als Justus Schmidt Anfang Juli 1946 von der Oberösterreichischen Landeshauptmannschaft zur Anmeldung der nach Österreich verschleppten Vermögenswerte aufgefordert wurde, füllte er für die Objekte aus dem Stift Hohenfurt eine Anmeldungserklärung aus und resümierte: „Aus ausländischem Besitz befinden sich im Landesmuseum nur einige Gemälde und die Kupferstichsammlung aus dem Stift Hohenfurth, die im Einvernehmen mit der Stiftsverwaltung in Hohenfurth bis auf weiteres in Verwahrung des Landesmuseums sind."[389] Die beigelegte Liste führt 21 Gemälde an, dazu summarisch fünf Kisten mit Kupferstichen und Büchern und die naturwissenschaftliche Schulsammlung.

---

[385] Einzelne Karteiblätter, die heute in der Reihe T 1942/189-289 fehlen, dürften ebenfalls Objekte aus dem Stift Wilhering beschrieben haben.

[386] Vermerk auf diversen Objektkarteikarten (u.a. T 1942/211-215).

[387] Objektkarteikarten T 1942/189-209, 216-217, 219-223, 225-251, 254-262, 264-271, 274-275, 286-289 und T 1944/109-110 sowie T 1949/238, 243-244.

[388] Vgl. Canisius L. Noschitzka, Das Zisterzienserstift Hohenfurth im Böhmerwald (1259-1950). In: Oberösterreich 36 (1986), Heft 2, 43-51 und Österreichs Stifte unter dem Hakenkreuz. Hg. von der Österreichischen Superiorenkonferenz 155f.

[389] OÖLM Archiv, Mappe KH: Zl. Kh 181/1946, OÖ. Landeshauptmannschaft an OÖLM (Brief vom 1. 7. 1946) und Antwort von Justus Schmidt vom 9. 7. 1946 mit Anmeldungserklärung für Stift Hohenfurt und Liste der Kunstgegenstände aus dem Stift Hohenfurt (Tschechoslowakei), derzeit im Landesmuseum.

Am 1. Februar 1947 erfolgte die Restituierung dieser Kunstgüter in elf Kisten. Vier Kisten enthielten die 21 Gemälde, fünf Kisten die Kupferstiche und Bücher aus der Kupferstichsammlung, zwei weitere Kisten die naturwissenschaftlichen und physikalischen Gegenstände.[390] Weitere Restitutionen erfolgten nicht mehr, wurden aufgrund der als vollständig angesehenen Liste Schmidts wohl auch nicht als notwendig erachtet. Die aus Hohenfurt vertriebenen Zisterzienser fanden 1950 größtenteils im Stift Rein in der Steiermark eine Zuflucht. Nach 40-jähriger Verwaltung durch den Staat wurde das Stift Hohenfurt im Jahr 1991 wieder an den Zisterzienserorden zurückgegeben.

Heute sind noch folgende Objekte aus den Kunstsammlungen des Stifts Hohenfurt im Oberösterreichischen Landesmuseum vorhanden:

1. Elfenbeinkassette.

„Elfenbeinkassette neuerer Holzkern mit dünnen Platten belegt, Seitenplatten fehlen, vergoldete Broncebeschläge und Schloß, ornamentale Goldbemalung, Adler 14. Jhd. Gr. 14 x 6.5 x 7 cm Stift Hohenfurt übernommen VA 436 Go 387" (Ankaufsprotokolle Nr. 21/1941)

Das Objektkarteiblatt Go 387 (früher VA 436) beschreibt die Kassette genauer und datiert sie in das 12. Jahrhundert. Das Objekt wurde zu einem unbekannten Zeitpunkt auf Inv. Nr. 60387 umsigniert.

2. Hand- und Fußblock.

„Rechtsaltertum Hand- und Fußblock Eisen, 2 Schlösser m. Schlüsseln beigebunden Rest eines lederüberzogenen Züchtigung[s]stabes 17. Jhd Gr. 31 x 44 cm Stift Hohenfurt VA 438 E 330" (Ankaufsprotokolle Nr. 23/1941). Das Objektkarteiblatt E 330 (früher VA 438) bestätigt diesen Wissensstand. Die Objekte befinden sich jetzt im Depot Welserstraße, Depot Waffensammlung, Kasten Rechtsaltertümer und tragen die Inventarnummern RA 10 und RA 38.

3. Eisenkasse.

„Eisenkasse...[?] geschnittene, gravierte, durchbrochene Eisenplatte 17. Jhd. Gr. 60 x 32 x 30 cm Stift Hohenfurt VA 439 E 331" (Ankaufsprotokolle Nr. 24/1941).

Das Objektkarteiblatt E 331 (früher VA 439) bestätigt diesen Wissensstand.

---

[390] Ebd.: Zl. Kh 27/1947 mit Liste der Kunstgegenstände aus dem Stift Hohenfurth (Tschechoslowakei), derzeit im Landesmuseum vom 9. Juli 1946 und Übergabebestätigung vom 1. 2. 1947.

4. Eisenkassa.

„Eisenkassa außen bemalt, tw. Landschaften, innen durchbrochene Schloßplatten mit 3 Figuren 17. Jhdt. Gr. 40 x 40 x 65 cm Stift Hohenfurt VA 440 E 332" (Ankaufsprotokolle Nr. 25/1941)

Das Objektkarteiblatt E 332 (früher VA 440) gibt eine genauere Objektbeschreibung und datiert die Kassa auf „um 1700".

5. Türschloss mit Klinke.

„Türschloß mit Klinke Eisen mit aufgelegten durchbrochenen Messingplatten, Wappen v. Hohenfurt, dazu Schlüssel durchbrochen SHS Hohenfurt 18. Jhd. Gr. L 47 cm Stift Hohenfurt VA 442 E 352" (Ankaufsprotokolle Nr. 27/1941)

Das Objektkarteiblatt E 352 (früher VA 442) bestätigt diesen Wissensstand. Bei einer Überprüfung in der Techniksammlung fanden sich zehn Türschlösser aus dem Stift Hohenfurt. Das hier genannte Türschloss war aber nicht dabei. Es wurde schon bei einer Revision 1988 nicht aufgefunden.

6–7. Backsteinfließen.

„Backsteinfließen mit eingepreßten Ornamenten, Rose der Rosenberger? Vermutlich Fußboden v. Kirche d. Stiftes Hohenfurt, 8 ganze Stücke 2 Fragmente gotisch Gr. 18 x 18 cm Stift Hohenfurt VA 443 K 1066, 1540, 1541" (Ankaufsprotokolle Nr. 28/1941)

Das Objektkarteiblatt VA 443 dokumentiert die Umsignierung zu einem unbekannten Zeitpunkt auf K 1066 und K 1540.

8–10. 3 Büßergürtel.

„3 Büßerketten am bloßen Leib als Gürtel zu tragen geflochtener Eisendraht Stift Hohenfurt VA 444 Technische Sammlung" (Ankaufsprotokolle Nr. 29/1941)

Das Objektkarteiblatt VA 444 dokumentiert die Umsignierung der mittlerweile fünf Gürtel aus Hohenfurt im Jahr 1978 auf T 1978/72-76 (sic!). Das Objektkarteiblatt RA 72-76 zeigt, dass die Gürtel zu Abteilung Rechtsaltertümer kamen und im Kasten M, Fach 2 aufbewahrt werden.

11–12. 2 kleine Messingmörser.

„2 kleine Messingmörser für Böller aufrecht stehend großes Zundloch gedreht 16. Jhd. Gr. H 13.5 DM 10.5 cm Stift Hohenfurt übernommen C 2163-4" (Ankaufsprotokolle Nr. 41/1941)

Das Objektkarteiblatt C 2163-4 bezeichnet die Objekte als Böller und datiert sie in das 17. Jahrhundert. Der Standort ist derzeit unbekannt.

13. Mörser mit Lafette.
„Mörser lichte Bronce, beweglich auf Brett montiert dazu 2 Eisenkugeln Kaliber 7.5 cm Stift Hohenfurt C 2165" (Ankaufsprotokolle Nr. 42/1941)
Das Objektkarteiblatt C 2165 datiert das Modell in das 17. Jahrhundert. Der Standort ist derzeit unbekannt.

14. Mörser.
„Mörser gedrehter Gelbguß, 2 Handgriffe in Form von Schlangen Holzstafette mit verziertem Eisenbeschlag Kaliber 4.3 cm 16. Jhd. E Gr. 25.5 x 11 x 10.5 cm Stift Hohenfurt C 2166" (Ankaufsprotokolle Nr. 43/1941)
Das Modell wird auf dem Objektkarteiblatt in das 17. Jahrhundert datiert und befindet sich im Linzer Schlossmuseum im Kasten Mö 220.

15. Modell eines Feldgeschützes.
„Modell eines Feldgeschützes Lauf aus Gelbguß mit 2 Handgriffen Holzkassette mit Eisenbeschlag, 1 Rad fehlt Kaliber 9 mm 17. Jhd. Gr. L 34 cm Stift Hohenfurt C 2167" (Ankaufsprotokolle Nr. 44/1941)
Laut Objektkarteiblatt C 2167 kam das Modell 1961 durch einen Tausch vom Oberösterreichischen Landesmuseum in den Besitz einer Privatperson.

16. Modell einer Feldkanone.
„Modell einer Feldkanone gedrehter Lauf aus Gelbguß mit 2 Handgriffen eisenbeschlagene Holzkassette 1 Rad abgebrochen Kaliber 8 mm 17 Jhd. Gr. L 34.5 cm Stift Hohenfurt C 2168" (Ankaufsprotokolle Nr. 45/1941)
Das Modell befindet sich im Linzer Schlossmuseum im Kasten Mö 220.

17. Modell einer Feldkanone.
„Modell einer Feldkanone gedrehter Lauf aus Gelbguß mit 2 Handgriffen Holzlafette Kaliber: 12 mm 18. Jhdt. Gr. L 41.5 cm Stift Hohenfurt C 2169" (Ankaufsprotokolle Nr. 46/1941)
Das Modell befindet sich im Linzer Schlossmuseum im Kasten Mö 220.

18–20. Diverse Gegenstände.
„1) Gewehrschloß m. Feuerstein ornamental graviert
 2) Schlüssel für Radschloßgewehr

3) Eisengranate mit Inschrift vom Schlachtfeld am Wenzelsberg bey Neustadt a. d. Neckar 27. 6. 1866 7.5 Stift Hohenfurth C 2170-72" (Ankaufsprotokolle Nr. 47/1941)
Das Objektkarteiblatt C 2170-72 bestätigt diese Angaben. Die Objekte C 2170 und C 2172 wurden aber bei Revisionen in den Jahren 1960, 1972 und 1994 nicht aufgefunden. Das Objekt C 2171 konnte 1994 nicht aufgefunden werden und ist derzeit ebenfalls verschollen.

21. Klappenbasstrompete.
„Flügelhorn 6 Klappen, Mundstück fehlt Messing Gr. 68.5 cm Stift Hohenfurt Musik 114" (Ankaufsprotokolle Nr. 48/1941)
Laut Objektkarteiblatt Mu 114 handelt es sich um eine Klappenbasstrompete, die in Prag um 1800 gebaut worden ist. Die Kranzinschrift lautet: „Franz Stöhr in Prag". Die Höhe beträgt 74,54 cm, der Durchmesser 17,5 cm.

22. Oboe.
„Klarinette 5 Löcher (2 Klappen) Signatur: Carl ...... (unleserlich) eingepreßt dazu Leinenfutteral Gr. 54 cm Stift Hohenfurt Mu 115" (Ankaufsprotokolle Nr. 49/1941)
Laut Objektkarteiblatt Mu 115 handelt es sich um eine Oboe vom Ende des 18. Jahrhunderts. Als Hersteller wird Carl Sattler vermutet.

23. Bassblockflöte.
„Holzblasinstrument 6 Löcher + 1 Klappe bez.: I. C. Denner Gr. 103 cm Stift Hohenfurt Musik 116" (Ankaufsprotokolle Nr. 50/1941)
Laut Objektkarteiblatt Mu 116 handelt es sich um eine Bassblockflöte, die vom Nürnberger Johann Christoff Denner Ende des 17. Jahrhunderts hergestellt wurde. Die Höhe beträgt 104 cm, der Durchmesser 2,3 cm.

24. Fagott.
„Oboe 6 Klappen, 6 Löcher Holz und Messing Gr. 121 cm Stift Hohenfurt Musik 117" (Ankaufsprotokolle Nr. 51/1941)
Laut Objektkarteiblatt Mu 117 handelt es sich um ein Fagott vom Ende des 18. Jahrhunderts. Am Stiefel befindet sich die Marke des Wieners Mathias Rockobauer. Die Höhe beträgt 121 cm, der Durchmesser 1,5 bzw. 3,3 cm.

25. Fagott.
„Oboe Holz und Messing 8 Klappen, 6 Löcher bez.: A. HUITTL Gr. 130 cm Stift Hohenfurt Musik 118" (Ankaufsprotokolle Nr. 52/1941)
Laut Objektkarteiblatt Mu 118 handelt es sich um ein Fagott von Ignaz Huittl aus dem 18. Jahrhundert.

Der größte Bestand an Gegenständen aus dem Stift Hohenfurt findet sich in der technikgeschichtlichen Sammlung des Oberösterreichischen Landesmuseums. Auf den Objektkarteiblättern T 1942/13 bis T 1942/182 sind ausschließlich Objekte aus Hohenfurt erfasst, die nicht in den Ankaufs- und Geschenkprotokollen aufscheinen. Das ergibt 170 Gegenstände aus Hohenfurt.[391] Dazu kommen noch 18 weitere Objekte, die erst 1949 bei der Aufarbeitung von Depotbeständen inventarisiert wurden.[392] Es handelt sich insgesamt vorwiegend um elektrische, physikalische und medizinische Geräte, um Sonnenuhren und andere Uhren, um Globen, optische Geräte (Mikroskope, Lupen, Fernrohre), Schlösser und Schlüssel. Zu den bedeutendsten Objekten zählen die vier barocken Horizontal-Sonnenuhren (T 1942/94-97) und die zwei barocken Globen (T 1942/118-119).
In den volkskundlichen Sammlungen fand sich eine Liste „Volkskundliche Gegenstände aus dem ehem. Stifte Hohenfurth", die 16 Positionen umfasst.[393] Der ursprüngliche Aufbewahrungsort war laut Vermerk: „In einer Schachtel in der Bauernstube". Diese Bauernstube im Linzer Schlossmuseum wurde zwischen 1963 und 1965 aufgelöst. Die in der Liste angeführten Objekte sind nicht mehr vorhanden.[394]

---

[391] Aus der genannten Serie fehlen derzeit 33 Karteiblätter, und zwar zu den Nummern 14, 17, 26, 27, 36, 41, 45-48, 50, 53, 55, 65-67, 69, 74, 78, 103, 105-107, 109, 111-112, 132-133, 143-144, 165, 180-181. Für die Bereitstellung von Kopien der Objektkarteikarten aus den Jahren 1938 bis 1955 ist der Sammlungsleiterin Mag. Ute Streitt zu danken.

[392] Der Provenienzhinweis Hohenfurt findet sich auf den Objektkarteikarten T 1949/31, 32, 73, 114, 117-120, 122-126, 128, 132-133, 193 und 201.

[393] OÖLM, Volkskunde, Inventarbücher: Heft Grill-Lieferungen F 646-F 694, Liste „Volkskundliche Gegenstände aus dem ehem. Stifte Hohenfurth".

[394] Freundliche Auskunft der Sammlungsleiterin Dr. Andrea Euler per E-Mail vom 4. August 2004.

## 2. Das Barockmuseum des Reichsgaus Oberdonau in St. Florian und die Barockisierungspläne Heinrich Glasmeiers

Unmittelbar nach der Beschlagnahme des Stifts St. Florian durch die Gestapo am 21. Jänner 1941 übertrug Gauleiter August Eigruber seinem Kulturbeauftragten Anton Fellner die Gesamtleitung aller weiteren Maßnahmen. Am 25. Jänner 1941 traf Anton Fellner im Stift St. Florian mit dem Leiter der Kunstabteilung des Landesmuseums, Justus Schmidt, Gaukonservator Franz Juraschek und Gestapobeamten zusammen, um über die Zukunft des Stifts zu beraten. Unter Berücksichtigung entsprechender Wünsche des „Führers" kam man überein, die Kunstsammlungen und die Bibliothek an Ort und Stelle zu belassen.[395] Fellner verpflichtete den Gaukonservator zur „Wahrung aller denkmalpflegerischen Aufgaben im Stift St. Florian" und Justus Schmidt zur „Betreuung der musealen Sammlungen" des Stifts.[396]
Vielleicht wurde bei dieser Gelegenheit auch beschlossen, die Bibliotheksbestände der beschlagnahmten Stifte des Landes zur Bibliothek des Historischen Forschungsinstituts des Reichsgaus Oberdonau in St. Florian zusammenzufassen.[397] Gaukonservator Juraschek wollte damit die unkontrollierte Abwanderung wertvoller Handschriften, Inkunabeln und Bücher aus den beschlagnahmten Stiften eindämmen. Eine entsprechende Zentralstelle sollte auch für die klösterlichen Kunstsammlungen geschaffen werden. Als Standort bot sich das Barockstift St. Florian an. Justus Schmidt wurde zum Leiter des neu zu schaffenden Barockmuseums des Reichsgaus Oberdonau bestimmt.
Schmidt griff für das Barockmuseum auf die Kunstbestände der enteigneten Stifte Wilhering, St. Florian und Kremsmünster zurück, aber auch auf die Pariser Ankäufe des Gauleiters. In der Plansammlung des Stiftsarchivs St. Florian hat sich ein Grundriss der Stiftsanlage erhalten, in den die Präsentations- und Depoträume für das Barockmuseum eingezeichnet sind. Die Raumaufteilung wurde am 8. April 1941 von Gaukonservator Franz Jura-

---

[395] BDA Linz, Stift St. Florian, Beschlagnahme: Zl. 156/41, Amtserinnerung Springers vom 25. 1. 1941.
[396] BDA Linz, Stift St. Florian, Sonderakt: Kulturbeauftragter Fellner an Gaukonservator Juraschek (Brief vom 25. 1. 1941).
[397] Zum Historischen Forschungsinstitut des Reichsgaus Oberdonau, das am 1. April 1942 seine Tätigkeit aufnahm, vgl. Buchmayr, Priester 236-251.

schek und von Douglas O'Donnell, dem kommissarischen Verwalter des Stifts St. Florian, unterzeichnet.[398]
Der künftige Museumsleiter Justus Schmidt wurde in St. Florian von der Gauleitung gerne als Führer bei Prominentenbesuchen eingesetzt. Am 12. März 1941 beispielsweise begleitete er Reichspropagandaminister Goebbels, der sich zum Jahrestag des „Anschlusses" Österreichs in Linz aufhielt, und Gauleiter Eigruber durch die Kunstsammlungen des Stifts St. Florian. Er zeigte sich dabei als Kulturbürger, in schwarzem Anzug mit „Fliege" (Smokingschleife).[399] Auf allen drei erhaltenen Fotos ist er an der Seite des Propagandaministers zu sehen. In der Stiftsbibliothek trägt er Goebbels und Eigruber, die ihn mit ihren Blicken fixieren, sein Wissen mit gesenktem Blick vor und hat dabei seine rechte Hand elegant vor der Brust in den Mantelausschnitt gesteckt. In der Stiftskirche steht er in der zweiten Reihe und flüstert dem vom Altarraum in Richtung Brucknerorgel blickenden Propagandaminister diskret seine Informationen zu.
In einer geheimen politischen Beurteilung Schmidts aus dem Jahr 1939 hatte es über ihn und seine Mutter abschätzig geheißen: „Ihre Einstellung den Volksgenossen gegenüber ist eine absolut unsoziale."[400] Damit kreidete man wohl sein elitäres Selbstbewusstsein als Intellektueller und seinen mangelnden Kontakt zur lokalen (Wiener) Parteiszene an. Gegenüber führenden NS-Größen zeigte sich Schmidt hingegen wiederholt sehr kooperativ. Als Pariser Kunsteinkäufer für Heinrich Himmler und August Eigruber, als zeitweiliger Kulturbeauftragter des Gauleiters und stellvertretender Referent des Sonderbeauftragten für das „Führermuseum" sollte er sich immer wieder im Dunstkreis der NS-Elite bewegen.
Mit Erlass des Reichsstatthalters vom 5. Jänner 1942 erhielt das Landesmuseum den Auftrag, das gesamte Kulturgut der enteigneten Stifte St. Florian, Wilhering, Schlägl, Hohenfurt und Kremsmünster und des Starhembergschen Vermögens zu betreuen.[401] Für den „Besitz an Kunstwerken und künstlerisch oder historisch bemerkenswertem Mobiliar" war die kunsthistorische Abteilung unter Justus Schmidt zuständig. Die Verwalter behielten aber auch weiterhin die Verantwortung für das enteignete Kulturgut und verwahrten die Schlüssel zu allen Sammlungen und Räumen.[402]

---

[398] StfA, Plansammlung: Mappe I, Nr. 13.
[399] Vgl. Kreczi, Bruckner-Stift Abb. 3 und 4.
[400] ÖStA, Archiv der Republik, Gauakt Heinrich [!] Schmidt: Beurteilung durch NSDAP-Ortsgruppe Am Neubau vom 7. 9. 1939. Zur Biographie Schmidts vgl. auch den Beitrag von Birgit Kirchmayr.
[401] Theodor Kerschner, Direktionsbericht 1942. In: JbOÖM 91 (1944) 371-373, 371.
[402] StfA, Akten der RRG, Verwalter O'Donnell, Gaukämmerer Danzer an O'Donnell (Brief vom 16. 1. 1942).

## „Deutschlands größtes Barockmuseum"

Um die Standortwahl für das Barockmuseum zu begründen, kehrten die Verantwortlichen gerne kunsthistorische Motive hervor. Gaukonservator Franz Juraschek rühmte St. Florian in der Begleitbroschüre zum Brucknerfest 1941 als das einzige vollendete barocke „Gesamtkunstwerk im Sinne eines Richard Wagner", ohne noch auf das Barockmuseum zu sprechen zu kommen.[403] In der repräsentativen Kulturzeitschrift „Oberdonau" hieß es zum Standort: „Für die Aufstellung dieser einzigartigen Barocksammlung wurde St. Florian gewählt, weil es als größtes bauliches Kunstwerk des Barock den würdigsten und stimmungsvollsten Rahmen für barocke Sammlungen bietet."[404]

Der „Westdeutsche Beobachter" lobte das Museum als „Deutschlands größtes Barockmuseum ... in Deutschlands größtem und schönstem Barockbau".[405] Eine andere Zeitung nannte die Verknüpfung von Barockstift und Barockmuseum „hervorragend glücklich" und schwärmte: „Wo ließe sich eine Sammlung barocker Kunstwerke wirkungs- und sinnvoller zur Geltung bringen als in diesem Rahmen, der selbst eine der größten Kunstschöpfungen des Barocks ist? St. Florian als Barockmuseum: das ist keine jener oft unbefriedigenden Zwecklösungen, bei denen ein gerade zur Verfügung stehendes historisches Bauwerk zur Aufnahme einer sonst obdachlosen Kunstsammlung ‚verwendet' wird, sondern im Hinblick auf die hier gegebene vollkommene Harmonie zwischen Ausstellungsraum und Ausstellungsgegenstand ein Idealfall musealer Bestimmung."[406]

Ungeachtet solcher Beteuerungen war das St. Florianer Barockmuseum dennoch auch eine „Zwecklösung". Justus Schmidt nützte die Gelegenheit der Beschlagnahme des Stifts St. Florian, um das unter Raumnot leidende Landesmuseum zu entlasten, das nach den Pariser Ankäufen und den neu hinzugekommenen Kunstbeständen der beschlagnahmten Klöster aus allen Nähten platzte. Man war froh, angesichts mangelnder Ausstellungsflächen diese Neubestände anderswo präsentieren zu können.

Im St. Florianer Gesamtinventar vom Herbst 1942 wurden als Barockmuseum die sechs Räume mit den Nummern 48 bis 53 im 2. Stock des

---

[403] Franz von Juraschek, St. Florian. In: Bruckner Festtage St. Florian – Linz, 31. Mai bis 3. Juni 1941 (Linz 1941) 31.
[404] Oberdonau 1 (1941/42), Folge 3, 40.
[405] Deutschlands Barockmuseum. In: Westdeutscher Beobachter vom 4. 7. 1941.
[406] KHR, Barockmuseum Sankt Florian, o.O, o.D. (Zeitungsausschnitt im StfA, NS-Akten I).

Leopoldinischen Trakts geführt. Damit waren nur die Schauräume ohne die Depoträume gemeint. Die Inventarisierung erfolgte von Osten nach Westen und begann mit dem Altomontesaal. Die gesamte Ausstellungsfläche betrug 507 m², wobei der Altomontesaal mehr als ein Drittel der Fläche einnahm. Der Bestand umfasste nach dem Gesamtinventar etwa 180 Kunstgegenstände, und zwar barocke Gemälde, Grafiken, Möbel, Teppiche, Skulpturen und kunstgewerbliche Stücke.
Alle Räume waren unbeheizt. Justus Schmidt postierte in den Räumen Nr. 50 bis 53 lediglich Schaukachelöfen. Zur Ausstattung der Räume Nr. 54 und 56, die den Leopoldinischen Trakt im Westen abschlossen, dürfte Schmidt nicht mehr gekommen sein. Die beiden Zimmer waren laut Inventar „Rumpelkammern" und alles andere als präsentabel.[407]
Der 178 m² große Altomontesaal (Raum Nr. 48) war der prächtigste Raum des gesamten Barockmuseums. Bartolomeo Altomonte (1694-1783) hatte 1727 das Deckenfresko mit den Allegorien der Künste und Wissenschaften geschaffen. Später waren auch noch die Wände mit farbenprächtigen ornamentalen Malereien überzogen worden. Justus Schmidt wollte den reich dekorierten Saal nicht in seiner Raumwirkung beeinträchtigen und versah ihn nur sehr behutsam mit einigen wenigen Ausstellungsstücken. Vielleicht sollte der Saal auch für Veranstaltungen freigehalten werden.
Neben barocken Möbeln aus dem Stift Wilhering waren verschiedene Kunstgegenstände aus den Pariser Ankäufen zu sehen. Ein Foto in der Kulturzeitschrift „Oberdonau" zeigt, dass der Saal von der überlebensgroßen Bronzebüste eines Bürgers von Calais von Auguste Rodin (1840-1917) dominiert wurde. An den Wänden kann man sechs barocke Armsessel aus Paris und zwei chinesische Lackkommoden aus dem Stift Wilhering erkennen. Damit stellte Schmidt einen feinen Bezug zu den in chinesischer Manier ausgemalten Fensterlaibungen des Raums her. Die drei Teppiche stammten ebenfalls aus Paris.[408] Nicht auf dem Foto zu sehen sind das bemalte Spinett (17. Jh.) aus Paris sowie ein Thronsessel und ein Lehnsessel aus dem Stift Wilhering.
Der westlich an den Altomontesaal anschließende Raum Nr. 49 war mit 44 m² relativ klein. Justus Schmidt zeigte hier österreichische Barockgemälde. Der mit Abstand präsenteste Maler war Martin Johann Schmidt („Kremser Schmidt", 1718-1801) mit 18 Gemälden. Acht der Gemälde

---

[407] In den beiden Räumen waren demnach diverse Gebrauchsmöbel (Tische, Schemel) und Alltagsgegenstände der jüngsten Vergangenheit (Lampen, Stiefelknechte und ein Radioapparat) abgestellt.
[408] Oberdonau 1 (1941/42), Folge 4, 37.

stammten aus dem Stift Wilhering, acht weitere aus dem Stift Kremsmünster und zwei aus dem Stift St. Florian. Franz Anton Maulpertsch (1724-1796) war mit sechs Gemälden (fünf aus dem Stift Wilhering, eines aus dem Stift Kremsmünster) vertreten. Dazu kamen noch neun weitere Barockgemälde, fünf davon aus dem Stift St. Florian und drei aus dem Stift Wilhering. Die insgesamt 33 eng gehängten Gemälde behandelten übrigens ausschließlich christliche Themen.

Der Raum Nr. 50 war mit 96 m² mehr als doppelt so groß wie der Raum davor und mit prächtigem figuralem Stuck ausgestattet. Im Mittelpunkt standen hier prunkvolle Barockmöbel aus dem Stift Wilhering, u.a. zwei Spieltische, eine Standuhr, eine Aufsatzkommode, ein Aufsatzsekretär und fünf Tische. Darüber hinaus waren noch acht Skulpturen, fünf davon wieder aus dem Stift Wilhering, zu sehen. An den Wänden hingen 23 Barockgemälde, hauptsächlich Entwürfe für Deckenfresken in Kirchen. Bei den Künstlern dominierte Bartolomeo Altomonte (neun Gemälde), gefolgt von Martino Altomonte (um 1657-1745) und Franz Anton Maulpertsch (jeweils vier Gemälde). Aus dem Stift Wilhering kamen neun der Gemälde, aus dem Stift St. Florian fünf und aus dem Stift Kremsmünster vier. Die restlichen fünf Gemälde übernahm Justus Schmidt aus dem Linzer Landesmuseum.

Der Raum Nr. 51 gehörte mit 56 m² zu den kleineren Räumen des Barockmuseums. An den Wänden hingen 13 Barockgemälde aus dem Stift Wilhering, darunter vier Gemälde Bartolomeo Altomontes. Im Raum kamen auch Barockmöbel zur Aufstellung, und zwar zwei Sekretäre, ein Stehpult, eine Standuhr und ein Betschemel aus dem Stift Wilhering sowie zwei Sessel ohne Provenienzangabe, vermutlich aus dem Landesmuseum. Von dort dürfte auch die Skulptur des hl. Sebastian von Johann Georg Schwanthaler (1773-?) gekommen sein.

Der folgende Raum Nr. 52 war mit 41 m² der kleinste Raum des gesamten Barockmuseums. Trotzdem brachte Justus Schmidt hier nicht wenige Möbel unter: eine Kommode, einen Tabernakelsekretär und einen Tabernakelaufsatz aus dem Stift Wilhering sowie einen Schreibtisch, eine Eckvitrine und zwei Schubladkästen aus unbekanntem Besitz, vielleicht aus dem Landesmuseum oder aus dem Stift St. Florian. Die zwei Apothekerprunkgefäße dürften jene aus dem Stift St. Florian gewesen sein. Vier Landschaftsgemälde aus den Pariser Ankäufen schmückten die Wände. Wie das um 1880 gemalte Ölbild „Hirschhatz im Heidegelände" von Henry Martin (1832-1904) zeigt, nahm es Justus Schmidt mit dem Begriff „Barockmuseum" nicht allzu genau.

Der Raum Nr. 53 war wieder mit prächtigem figuralem Stuck ausgestattet und verfügte über 92 m² Ausstellungsfläche. Justus Schmidt präsentierte hier vier barocke Schränke, zwei Sekretäre und einen Tisch. Einer der Schränke war unbekannter Herkunft. Alle übrigen Möbel kamen aus dem Stift Wilhering. Nur zwei Doppelschreibtische waren im St. Florianer Gymnasium aufgestellt gewesen.

Als Besonderheit zeigte Schmidt in diesem Raum Textilien, die er in Paris angekauft hatte. Während die 14 Samtbrokatstreifen aus dem 18. Jahrhundert stammten, waren ein weiterer Brokatstreifen und ein Brokatdeckchen aus dem 19. Jahrhundert, also eigentlich in einem Barockmuseum fehl am Platz. Dem Barock noch ferner war ein in Paris angekauftes impressionistisches Porträt der Malerin Louise Ribot (1825- nach 1877). Völlig aus dem Rahmen fiel ein koptisches (!) Leinengewebe. Justus Schmidt hatte das 68 x 64,5 cm große Textilstück wohl wegen des eingewebten „Hakenkreuzes" in Paris für den Gau erworben und damit Political Correctness gegenüber dem Auftraggeber, Gauleiter Eigruber, demonstriert.

Auf dem Gang vor den Räumen des Barockmuseums im 2. Stock des Leopoldinischen Trakts („Primizgang") präsentierte Justus Schmidt neun riesige Gobelins aus den Pariser Ankäufen, die aus dem 16. bis 18. Jahrhundert stammten und Landschaften oder antike Szenen darstellten.[409] Dazu deponierte er eine Truhe und einen Betschemel aus dem Stift Wilhering sowie zwei Empirekommoden unbekannter Herkunft. An den Wänden waren neben den Gobelins noch ein Damenporträt und eine Hafenszene, ebenfalls aus den Pariser Ankäufen, zu sehen, weiters ein barockes Thesenblatt, ein Barockspiegel und vier Landschaftsgemälde. Ein Foto aus dem Jahr 1943, das beim Besuch des italienischen Botschafters Dino Alfieri aufgenommen wurde, zeigt den hohen Gast mit seinem Gefolge, wie er von Heinrich Glasmeier und Johannes Hollnstein auf dem Primizgang an den Pariser Gobelins vorbeigeführt wird.

Insgesamt überrascht der hohe Anteil religiöser Kunst, handelte es sich doch um ein von Nationalsozialisten begründetes Museum. Das Stift St. Florian, der Standort des Museums, war ja nicht zuletzt aus kirchenfeindlichen Überlegungen heraus 1941 beschlagnahmt worden. Die religiöse Tönung des Barockmuseums lässt sich nicht allein aus dem Rückgriff auf den Kunstbestand der Stifte erklären. Hier dürfte auch die Person des Museumsleiters eine Rolle gespielt haben. Justus Schmidt hatte sicherlich keine Berührungsängste mit religiöser Kunst. Im Gauakt hieß es 1939 in einer geheimen Beurteilung durch die NSDAP-Gauamtsleitung Oberdonau:

---

[409] Vgl. auch R.H., „Bruckners Werk dem ganzen deutschen Volk!" Feierliche Eröffnung der Bruckner-Festtage 1941 durch den Gauleiter. In: Tages-Post Nr. 128, 3. 6. 1941.

„Er war Errichter des Diözesan-Museums Wien. Er hatte dadurch Beziehungen zur höheren Geistlichkeit." Die NSDAP-Ortsgruppe Am Neubau, dem Wohnbezirk Schmidts bis zu seiner Übersiedlung nach Linz im Jahr 1937, wusste zu berichten, dass Justus Schmidt und seine Mutter „eifrige Anhänger des Systems waren und es wahrscheinlich noch sind".[410] Tatsächlich gehörte Schmidt 1933 bei der Gründung des Wiener Dom- und Diözesanmuseums dem sechsköpfigen wissenschaftlichen Arbeitskollegium an, das für die Auswahl der Sammlungsgegenstände und die Gestaltung des neuen Museums zuständig war.[411] Er publizierte zwischen 1929 und 1938 auch mehrere Aufsätze in der Wiener Zeitschrift „Kirchenkunst".
Die Neuaufstellung der Kunstgüter der Klöster und Stifte in einem von Ordensleuten „gesäuberten" Haus war trotzdem eine Abschneidung dieser Sammlungen von ihren historischen Wurzeln. Damit sollten die Kunstgüter in die neue nationalsozialistische Ideologie integriert werden. Wie diese Einordnung letztendlich genau ausgesehen hätte, lässt sich nicht sagen. Das Barockmuseum hatte nur eine sehr kurze Lebensdauer und führte auch in dieser Zeit nur ein stiefmütterliches Dasein.

## Eröffnung und Stillstand

Die Eröffnung des Barockmuseums fand im Rahmen der Brucknerfesttage 1941 statt. Am Pfingstsonntag, dem 1. Juni 1941, gab es vormittags ein Konzert in der Stiftskirche St. Florian, bei dem u.a. Anton Bruckners „Tedeum" aufgeführt wurde. Anschließend folgten ohne größeren Festakt die ersten offiziellen Führungen durch das Barockmuseum und durch eine von Johannes Hollnsteiner aus den Beständen des Stiftsarchivs St. Florian zusammengestellte Sonderausstellung über Anton Bruckner.
Das Barockmuseum war zum Zeitpunkt seiner Eröffnung noch kein fertiges Museum. Offensichtlich wollte man zu den Brucknerfesttagen 1941 die künftige „Sendung" St. Florians als Stätte der Barockkunst und als Zentrum der Brucknerpflege demonstrieren, stand aber unter großem Terminduck. Man könnte Schmidts Museums eher als Barockausstellung zu den Brucknerfesttagen 1941 apostrophieren denn als eigentliches Barockmuseum.

---

[410] ÖStA, Archiv der Republik, Gauakt Heinrich [!] Schmidt.
[411] Vgl. Gründung des Erzbischöflichen Dom- und Diözesanmuseums in Wien. In: Kirchenkunst 4 (1933) 115.

Das Unfertige des Museums fiel auch den Besuchern auf. In einem Artikel zur Museumseröffnung hieß es, Schmidt hätte „die ersten Säle für eine groß angelegte Kunstsammlung des deutschen Barock eingerichtet"; das Museum würde „im Zuge der Zeit noch wesentlich ausgestaltet".[412]
Auch der Gestalter selbst sah das hastig zusammengestellte Museum als ein Provisorium an. Als Schmidt im Juli 1941 zu einem Beitrag über das Barockmuseum für die „Zeitschrift für Denkmalpflege" eingeladen wurde, erwiderte er dem Redakteur: „Ich freue mich sehr, daß Sie in Ihrer Zeitschrift etwas über die Neuaufstellung in St. Florian bringen wollen. Die Sache ist aber noch in Fluß und vorläufig noch etwas provisorisch. Ich bin noch mitten in der Arbeit und werde Ihnen, sobald ich etwas klarer sehe, einen Bericht einsenden."[413]
Dazu kam es aber nicht mehr. Der weitere Ausbau des Barockmuseums wurde praktisch schon im September 1941 eingestellt, als sich Gauleiter Eigruber entschloss, das Stift zunächst für ein Jahr an die Reichsrundfunkgesellschaft zu verpachten.
Am 25. November 1941, lange nach der Eröffnung des Barockmuseums, kamen 63 Gemälde, Skulpturen und andere Kunstgegenstände sowie 36 Zeichnungen aus dem Stift Lambach nach St. Florian. Justus Schmidt dachte offenbar nicht mehr daran, diese Bestände in das Barockmuseum zu integrieren. Übernommen wurden die Kunstgegenstände zusammen mit den Handschriften und Inkunabeln von Johannes Hollnsteiner. Die 125 Mappen mit Kupferstichen kamen später in die Grafische Zentralsammlung nach Eferding.[414]

## Heinrich Glasmeier übernimmt die Barockpflege in St. Florian

Als Heinrich Glasmeier nach einem auf ein Jahr befristeten Pachtvertrag im September 1942 das Stift St. Florian auf 99 Jahre für den Reichsrundfunk pachtete, hatte er große Pläne. Er griff die Idee vom Barockmuseum St. Florian auf, verlieh dem Projekt jedoch viel größere Dimensionen und

---

[412] Florian – deutsches Barockmuseum. In: Tagespost Nr. 127, 31. 5. 1941 (unter dem Titel „St. Florian – Deutschlands größtes Barockmuseum" gleich lautend in Volksstimme Nr. 152, 3. 6. 1941).

[413] OÖLM Archiv, Mappe KH: Zl. Kh 266/41, Schmidt an Karl Ginhart (Brief vom 14. 7. 1941).

[414] OÖLA, HistFdRO, Sch. 2: Liste der am 25. November [1941] aus dem Stifte Lambach nach St. Florian überbrachten Sammlungsgegenstände.

arbeitete mit ganz anderen finanziellen Mitteln. Glasmeier wollte das ganze Stift St. Florian als barockes Gesamtkunstwerk wieder aufleben lassen und nach den Worten seines Mitarbeiters Ritz zum „Mittelpunkt weltweiter Barockpflege" ausbauen.[415]
Zunächst begnügte sich Heinrich Glasmeier mit der Umgruppierung der vorhandenen Barockmöbel. In das Arbeitszimmer des Reichsintendanten sollten demnach kommen: ein großer und ein kleiner Prunkschrank aus dem Bischofzimmer, ein großer Schrank aus dem Refektorium, eine Standuhr, ein Sekretär und ein kleiner Teppich aus dem Barockmuseum sowie bemalte Vasen, Gläser und Teller aus dem Kapitelsaal. Der Kachelofen sollte durch jenen im Arbeitszimmer der Stiftsbibliothek ersetzt werden.[416] Für die übrigen Repräsentativ- und Wohnräume des Reichsintendanten waren vorgesehen: die barocken Spieltische aus dem Landeshauptmannzimmer, die gepolsterten Stühle aus dem Bischof- und Gefolgezimmer, eine Standuhr aus dem Arbeitszimmer der Stiftsbibliothek, ein chinesischer Teppich und eine Venedigansicht von Bernardo Canaletto aus dem Barockmuseum, sowie eine große, eisenbeschlagene Truhe aus dem Kapitelsaal. So kann es nicht verwundern, dass 1945 bei der Rückkehr der Chorherren „kein einziges Möbel am gleichen Platz gestanden [ist] wie früher".[417]
Glasmeier plante aber auch architektonische Umbauten im Barockstift. Er wollte zwei Empfangshallen beim Hauptportal mit Treppenaufgängen in das 1. Obergeschoss errichten, dazu ein komfortables Gästehaus im Meierhof, Wandelhallen am Eingang des Marmorsaals und des Sommerrefektoriums und eine Brucknerhalle mit 500 Sitzplätzen anstelle des „Neustöckls". Sein Architekt Franz Schneider fertigte rund 270 Pläne an, vom riesigen Saal bis zur kleinsten Kassette. Aber schon das erste Baugesuch für die Prälaten- und Stiftshalle im Westflügel wurde Anfang 1943 zu Fall gebracht.[418] Die zum Teil einschneidenden Umbauaktionen konnten also nicht zuletzt aufgrund der Kriegslage nicht einmal begonnen werden und blieben Luftschlösser.[419]

---

[415] StfA, NS-Akten I: Karl Ritz an Propst Johannes Zauner (Brief vom August 1972).

[416] OÖLA, HistFdRO, Sch. 4: Schneider an Hollnsteiner (Brief vom 28. 9. 1941).

[417] Franz Linninger, Bibliothek, Archiv und Sammlungen des Stiftes St. Florian 1945 und 1946. In: JbOÖM 92 (1947) 100-104, 103.

[418] Kreczi, Bruckner-Stift 90.

[419] Vgl. Friederike Hillebrand, Umbau- und Umgestaltungsprojekte der barocken Klosteranlage von St. Florian zur Zeit des Nationalsozialismus (Dipl.arbeit Univ. Wien 2005).

Heinrich Glasmeier konzentrierte sich folglich auf die prunkvolle Ausstattung des Stifts. Er dachte dabei zunächst nur an den Zukauf barocker Möbel und Kunstgegenstände, die den vorhandenen Bestand ergänzen sollten. Für seine hochfliegenden Ausstattungspläne in St. Florian wurde der Reichsintendant „von der Reichskanzlei nicht nur mit enormen Finanzmitteln, sondern auch mit weit reichenden Sondervollmachten ausgestattet".[420] Am 26. Juli 1942 beantragte Glasmeier 5 Millionen RM aus der Baureserve der Reichsrundfunkgesellschaft für die Renovierung und Neuausstattung des Stifts St. Florian. Eine Summe von 500.000 RM wollte er sofort in Devisen zur Verfügung haben, um Tapisserien, Stoffe, Möbel und andere Kunstgegenstände in Frankreich und Italien zur Ausstattung des Stifts St. Florian anzukaufen.[421] Am 28. Juli stimmte Goebbels zu, am 14. August zeigte sich auch Hitler einverstanden.[422]

Durch den Besuch des „Führers" im Stift St. Florian am 4. April 1943 bekam Glasmeier nach den Worten seines Mitarbeiters Eugen Kurt Fischer „eine völlig unangreifbare Stellung" und verwies in der Folgezeit bei jeder Gelegenheit auf den Wunsch des „Führers", „dass das Brucknerstift das bedeutendste Kunstinstitut und Konservatorium Europas werden müsse und aufs Grossartigste auszubauen sei".[423] Bis Februar 1944 kaufte Glasmeier im In- und Ausland Kunstgegenstände und Möbel im Wert von 2,380.985 RM ein.[424]

Glasmeier dürfte sich bei seinen gigantischen Ankäufen auch am internationalen Kunstraub in Frankreich und Holland beteiligt haben. Als der Reichsrundfunkintendant im November 1943 als Bevollmächtigter des Propagandaministers Joseph Goebbels in Paris war, schwärmte er gegenüber seinem Verwalter in St. Florian: „Sie machen sich keinen Begriff davon, was hier noch alles in herrlicher Qualität, fabelhafter Auswahl und zu billigen Preisen zu haben ist. ... Es wäre eine Kleinigkeit, das ganze Stift endgültig und herrlich zu möblieren."[425]

---

[420] Fasse, Adelsarchiv 53.

[421] BAK, R 55 (Propagandaministerium), Nr. 546: zwei Schreiben von Glasmeier an Goebbels, 26. 7. 1942.

[422] Ebd.: Vorlage von Referent Gerber an Goebbels vom 28. 7. 1942 mit Paraphe von Goebbels: „ja!" und Adjutantur des „Führers" an Ministeramt Goebbels (Brief vom 14. 8. 1942).

[423] StfA, Akten der RRG, Korrespondenz Eugen Kurt Fischer: Fischer an Friedrich Castelle (Brief vom 5. 4. 1943).

[424] Kreczi, Bruckner-Stift 57.

[425] StfA, Akten der RRG, Allgemeine Korrespondenz X: Glasmeier an Schwaiger (Brief vom 29. 11. 1943).

Aus Paris erwarb Glasmeier insgesamt 93 Einrichtungsgegenstände und Kunstwerke im Einkaufswert von 198.000 RM.[426] Die letzten Kunstgegenstände kamen in zwei Eisenbahnwaggons noch Ende Juli 1944 aus Paris nach Linz. Viele dieser Objekte hätten selbst nach den NS-Bestimmungen nicht exportiert werden dürfen. Aus dem Pariser Büro des Propagandaministeriums entfernte Glasmeier illegal 19 (meist barocke) Möbelstücke und Einrichtungsgegenstände.[427]

## Das Ende des Barockmuseums

Um die Bestände des schon Ende 1941 zur Bedeutungslosigkeit herabgesunkenen Barockmuseums sollte Ende 1942 noch ein heftiger Streit zwischen Gaumuseum und Reichsrundfunkgesellschaft ausbrechen. Im Zuge der endgültigen Verpachtung des Stifts St. Florian an die Reichsrundfunkgesellschaft im September 1942 stellte sich die Frage nach dem weiteren Schicksal der im Barockmuseum ausgestellten bzw. der sonst im Stift St. Florian deponierten, aber dem Gau Oberdonau gehörenden Kunstgegenstände. Es ging in der Hauptsache um jene Objekte, die aus dem Gaumuseum und aus den beschlagnahmten Stiften Wilhering, Kremsmünster und Hohenfurt überstellt, und jene, die in Paris angekauft worden waren. Gaukämmerer Danzer empfahl Museumsdirektor Theodor Kerschner am 8. September 1942, Justus Schmidt zu einer Aussprache mit dem Verwalter Gustav Schwaiger nach St. Florian zu entsenden. Dabei sollte darüber beraten werden, welche der in St. Florian ausgestellten bzw. deponierten Kunstgegenstände vor Ort verbleiben, und welche in das Gaumuseum kommen sollten. Danzer plädierte im gleichen Schreiben dafür, die fraglichen Kunstgegenstände, „soweit sie nicht dringend vom Reichsgau selbst benö-

---

[426] StfA, Akten der RRG, Steuererklärungen [1945-1959]: RRG an Finanzamt Linz-Stadt (Brief vom 3. 6. 1947). Hanns Kreczi erwähnt dazu noch eigens französische Kunstwerke mit etwa gleichem Einkaufspreis (Kreczi, Bruckner-Stift 106), für die sich kein Dokument fand. Die 93 Kunstobjekte sind im Notizheft Schwaigers von 1945 (StfA, Akten der RRG, Liquidationen – Diverses I) angeführt. Eine Liste der in Frankreich von der RRG erworbenen Kunstgegenstände (bis Position 85) findet sich in: StfA, Akten der RRG, Inventare VI und wurde von Kreczi (Bruckner-Stift 104-106) abgedruckt.

[427] StfA, Akten der RRG, Inventare VI. Mit Hilfe der im Internet veröffentlichen Dokumentation „Catalogue des MNR" (www.culture.fr/documentation/mnr/pres.htm), die alle nach Kriegsende nach Frankreich restituierten und noch immer im staatlichen Besitz befindlichen Kunstgegenstände auflistet und quellenmäßig dokumentiert, lässt sich das Schicksal von 20 (von insgesamt 93) durch die RRG in Paris erworbenen oder beschlagnahmten Kunstgegenstände rekonstruieren. (Die letzte Abfrage fand am 8. August 2006 statt.) Demnach wurde nur eines der 20 dokumentierten Objekte, ein syrischer Leuchterständer des 13. Jahrhunderts, rechtmäßig erworben und aus Frankreich ausgeführt.

tigt werden, in St. Florian zu belassen".[428] Zehn Tage später wurde bei einer persönlichen Besprechung zwischen Gaukämmerer Danzer und Reichsrundfunkintendant Glasmeier vereinbart, dass Gaumuseum und Reichsrundfunkgesellschaft Wunschlisten über die Kunstgegenstände aus Paris und aus den enteigneten Stiften Wilhering und Kremsmünster vorlegen sollten. In Zweifelsfällen sollte der Gaukämmerer die letzte Entscheidung fällen.[429] Theodor Kerschner entsandte im September 1942 die Restauratorin Gisela de Somzée und den Kunsthistoriker Gustav Gugenbauer nach St. Florian, wo sie gemeinsam mit Mitarbeitern der Reichsrundfunkgesellschaft ein Gesamtinventar aller im Stift St. Florian gelagerten Kulturgüter erstellen sollten. Justus Schmidt, dem die Überwachung der Inventarisierung übertragen wurde, befand sich zu diesem Zeitpunkt bei einem Waffenkurs.[430]

Ende Oktober 1942 stellte die Reichsrundfunkgesellschaft den Abgang mehrerer Kunstgegenstände aus dem Barockmuseum fest. Es fehlten zwei Apothekervasen, ein Aufsatzsekretär, eine Standuhr, sechs Armsessel, ein Tisch und vier Stockerl.[431] Glasmeier befürchtete den Abtransport weiterer Gegenstände durch den Gau und auf lange Sicht die sukzessive Entfernung aller Kunstobjekte und Möbelstücke des Barockmuseums. Gustav Gugenbauer streute noch dazu die Nachricht aus, die zum Barockmuseum gehörenden Möbel aus dem enteigneten Stift Wilhering würden „zur Gänze dem Gaumuseum und später dem in Linz geplanten Führermuseum einverleibt".[432] Die Reichsrundfunkgesellschaft wollte zu diesem Zeitpunkt mit allen Mitteln den Verbleib der Bestände des Barockmuseums in St. Florian durchsetzen.

Als Glasmeier von der Gründung der Grafischen Zentralsammlung des Gaus Oberdonau erfuhr, der auch die Grafiksammlung von St. Florian zufallen sollte, nahm er an, dass diese Zentralsammlung wie das Münzkabinett Teil des „Führermuseums" werden würde und überraschte Gaukämmerer Danzer in einem vertraulichen Brief mit einem neuen Vorschlag.

---

[428] StfA, Akten der RRG, Allgemeine Korrespondenz II: Gaukämmerer Danzer an Landesmuseum (Brief vom 8. 9. 1942).

[429] Ebd.: Gedächtnisvermerk Schwaigers über die Besprechung beim Herrn Gaukämmerer vom 18. 9. 42.

[430] Ebd.: Kerschner an RRG (Brief vom 17. 9. 1942).

[431] Ebd.: Aktennotiz vom 27. 10. 1942. Die Kunstgegenstände sind dort mit den Nummern des nicht erhaltenen Barockmuseum-Inventars angeführt. Mithilfe des St. Florianer Gesamtinventars von 1942 (StfA, Akten der RRG: Inventur-Aufnahme bei der Übergabe des Stiftes St. Florian an die Reichs-Rundfunk-Gesellschaft m.b.H. durch den Gau Oberdonau, September/Oktober 1942), das die Barockmuseum-Inventarnummern mit erwähnt, lassen sich die Kunstobjekte identifizieren: Nr. 2879 und 2880 (Barockmuseum Nr. 15 und 16), 2810 (Nr. 26), 2817 und 2818 (Nr. 34, 33), 2706-2711(Nr. 41 und 42).

[432] StfA, Akten der RRG, Allgemeine Korrespondenz II: Aktennotiz vom 27. 10. 1942.

„Bevor ich auf Ihr Schreiben vom 26. 10. 1942 ... dienstlich antworte, möchte ich Ihnen heute privatim mitteilen, dass ich mich bemühe klarzustellen, ob der Führer damit einverstanden ist, dass ich neben dem Münzkabinett und der Kupferstich- und Handzeichnungssammlung auch alle anderen Kunstgegenstände, insbesondere die Gemälde und Möbel, einschliesslich der sehr wertvollen Türen und des einzigartigen Prandauer (sic!) Portals und dazu unseren Vertrag als ein besonders interessantes zeitgenössisches Dokument zur Ordnung, Inventarisierung und vorläufigen Verwahrung Ihrem löblichen Landesmuseum übergebe."[433]

Wie er bei der Demontage des prächtigen, die Westfront dominierenden Steinportals vorgegangen wäre, das übrigens von Jakob Prandtauer zwar entworfen, aber von Leonhard Sattler abgeändert und ausgeführt wurde, und was er an dessen Stelle errichtet hätte, verschwieg Glasmeier. Mit diesem Angebot, das sich ausdrücklich auf „alle" Kunstgegenstände einschließlich der Barockmöbel und Türen bezog, wurde jedenfalls der Gedanke eines mit der Haustradition und den historischen Beständen des Barockstifts verbundenen Barockmuseums bzw. einer in diesem Geiste weitergeführten Barockpflege in St. Florian zu Grabe getragen. Der Reichsrundfunkintendant wollte sich mit der Abgabe der vorhandenen Kulturgüter freie Hand für die völlige Neuausstattung des Stifts mit noch großartigeren barocken Kunstgegenständen aus dem internationalen Kunsthandel verschaffen, die er inzwischen mit seinen reichlichen finanziellen Mitteln plante. Es genügte ihm also nicht, den einstigen Glanz des Barockstifts wieder herzustellen und den Barockprälaten nachzueifern; er wollte sie in seinem maßlosen kulturellen Ehrgeiz noch überflügeln.

Als Glasmeier erkannte, dass die Grafiksammlung von St. Florian – wenn auch nur vorläufig – vom Landesmuseum verwaltet werden sollte, vollzog er eine radikale Kehrtwende, um das zu verhindern. Nur wenige Tage nach dem großzügigen Angebot an Gaukämmerer Danzer intervenierte er beim Sonderbeauftragten für das „Führermuseum", Hans Posse, und gab sich nun plötzlich als glühender Verfechter des Verbleibs der St. Florianer Kunstschätze im Stift. Das Landesmuseum bezichtigte Glasmeier bei dieser Gelegenheit der „Ausplünderung" von St. Florian und der missbräuchlichen Verwendung des „Führerwillens". Man würde ihn dadurch „zwingen" (!), „ortsfremde" Kunstgegenstände anzukaufen. „St. Florian ist nicht mehr St. Florian, wenn dem edlen Bau seine Kunstausstattung genommen wird", wetterte Glasmeier in Richtung Gau und Gaumuseum, denen er eben noch

---

[433] Ebd., Allgemeine Korrespondenz III: Glasmeier an Danzer (Brief vom 4. 11. 1942).

selbst zur „vorläufigen Verwahrung" für das „Führermuseum" die gesamte Kunstausstattung von St. Florian angeboten hatte.[434]
Der todkranke Posse hatte kein Ohr mehr für das Begehren Glasmeiers, der im Übrigen seine eigenen vollmundigen Beteuerungen bezüglich des hervorragenden Stellenwerts der St. Florianer Kunstgüter in seinen Planungen bald wieder Lügen strafen sollte. Zunächst legte der Reichsrundfunkintendant jedoch die von Gaukämmerer Danzer geforderte Wunschliste vor, die stattlich ausfiel und nicht weniger als 57 Gemälde und 59 Möbelstücke aus dem Stift Wilhering, sowie 33 Kunstobjekte aus den Pariser Ankäufen enthielt.[435] Aus dem Bestand des Barockmuseums stammten dabei acht Gemälde und 39 Möbelstücke aus Wilhering sowie 23 Paris-Objekte, also insgesamt 70 Gegenstände. Die übrigen Kunstgegenstände waren anderswo im Stift St. Florian deponiert. Rechnet man zu diesen 70 Objekten noch die vor Ort bleibenden St. Florianer Objekte des Barockmuseums, so lässt sich sagen, dass Glasmeier den Großteil des Barockmuseums für sich reklamierte.
Am 2. Mai 1943 ließ Glasmeier in seinem Dienstwagen Justus Schmidt nach St. Florian holen, wohl um ihn günstig zu stimmen.[436] Am 14. Mai kam Schmidt dann erneut und offiziell nach St. Florian, um die Auswahl für den Gau und das Gaumuseum zu treffen. Er beanspruchte die leihweise in das Barockmuseum gekommenen Kunstwerke aus dem Landesmuseum und aus den Stiften Hohenfurt und Kremsmünster, die Gaukämmerer Danzer der Reichsrundfunkgesellschaft nie zur Disposition gestellt hatte. Schwierigkeiten bahnten sich jedoch im Hinblick auf die übrigen Kunstgegenstände an. Hier wählte Schmidt vier Paris-Objekte sowie vier Gegenstände und die gesamte Barockgrafik aus Wilhering aus.[437] Dabei gab es insgesamt acht Kunstwerke, die von beiden Seiten auf die jeweilige Wunschliste gesetzt wurden: fünf Grafiken und zwei Tabernakelschränke aus dem Stift Wilhering sowie das in Paris erworbene spätgotische Tafelbild „Tod Mariens" des Meisters von Mondsee. Über diese acht Streitobjekte hatte nun Gaukämmerer Danzer zu entscheiden.
Der Gaukämmerer schrieb am 10. Juli 1943 an die Reichsrundfunkgesellschaft: „Das Landesmuseum hat nun das mir übermittelte Gesamt-Inventar

---

[434] BAK, B 323, Sch. 124, XIIa/241 (927): Glasmeier an Posse (Brief vom 10. 11. 1942). Der Brief ist im Kapitel „Das Tauziehen um die Grafiksammlung von St. Florian" abgedruckt.

[435] StfA, Akten der RRG, Allgemeine Korrespondenz III: Glasmeier an Danzer (Brief vom 14. 12. 1942).

[436] StfA, Akten der RRG, Glasmeier – Diverses: Fahrtenbuch, Eintrag vom 2. 5. 1943: „Ebelsberg (Abholung Dr. Just. Schmidt, Linz)".

[437] Ebd., Allgemeine Korrespondenz VI: Fischer an Schmidt (Brief vom 14. 5. 1943).

über die im Stifte St. Florian vorhandenen Kunst- und Einrichtungsgegenstände durchgesehen und jene Stücke festgestellt, die nicht Florianerbesitz sind und für Zwecke der gaueigenen Sammlungen beansprucht werden. Ich überreiche Ihnen in der Anlage ein Verzeichnis, aus dem Sie die vom Gau reklamierten Gegenstände entnehmen können. Ich bitte diese Inventarnummern aus dem Inventarverzeichnis zu streichen und sie für die Abholung durch meine Beauftragten bereit zu stellen."[438]
Danzer hielt sich insgesamt eng an die Vorauswahl von Justus Schmidt. Er verzichtete der Empfehlung Schmidts folgend auf den Großteil der in Paris angekauften Kunstgegenstände, beharrte aber auf dem Tafelbild „Tod Mariens" des Meisters von Mondsee (Nr. 35; 2126) und forderte zusätzlich noch eine Gliederpuppe (Nr. 84). Was die Objekte aus dem Stift Wilhering betraf, forderte Danzer – wieder mit Schmidt – die gesamte Barockgrafik (26 Nummern), also auch die auf der Wunschliste der Reichsrundfunkgesellschaft enthaltenen fünf Grafiken aus Wilhering, und die übrigen von Schmidt angeführten Gegenstände. Zusätzlich über Schmidt hinausgehend wählte Danzer aus dem Wilheringer Bestand noch drei weitere Möbelstücke und sechs Gemälde aus, die aber nicht auf der Wunschliste der Reichsrundfunkgesellschaft standen. Die aus den Stiften Kremsmünster (17 Nummern) und Hohenfurt (9 Nummern) und aus dem Landesmuseum (47 Nummern) stammenden Gegenstände, die auf Danzers Liste aufscheinen, waren Glasmeier nie angeboten worden. Aus den Beständen des Stifts St. Florian wurden wohl auf eine Initiative Theodor Kerschners hin, der in seiner Direktionszeit auch die naturwissenschaftliche Abteilung des Gaumuseums leitete, die vorhandenen physikalischen und astronomischen Instrumente eingefordert.[439]
Am 17. August 1943 retournierte Gustav Schwaiger die Liste an Danzer und bestätigte, dass die vom Gau reklamierten Objekte zum Abtransport bereit stünden.[440] Kurze Zeit später dürfte die Abholung erfolgt sein.
Im Oktober 1943 entschloss sich Reichsintendant Glasmeier, eine große Anzahl von Gemälden, Möbeln, Gläsern, Porzellangeschirr und sonstigen Ausstattungsstücken des Stifts St. Florian, „an deren weiterem Besitz er kein unmittelbares Interesse" hatte, in den Raum unterhalb des Bibliothekshauptsaals transportieren zu lassen, um sie dann dem Gau Oberdonau zu

---

[438] Ebd., Allgemeine Korrespondenz VIII: Danzer an RRG (Brief vom 10. 7. 1943 mit Auswahlliste).

[439] Ebd.: Danzer an RRG (Brief vom 10. 7. 1943 mit Auswahlliste).

[440] Ebd.: Schwaiger an Danzer (Brief vom 17. 8. 1943 mit Auswahlliste).

übergeben.[441] Im internen Jargon sprach man von einer „Entrümpelung".[442] Offensichtlich wollte Glasmeier mit einem Schlag viele ihm mittelmäßig erscheinende Kunstobjekte und solche, die zu sehr an die geistliche Vorgeschichte des Hauses erinnerten, wegbringen. Damit änderte er seine Meinung bezüglich des hervorragenden Stellenwerts der St. Florianer Kunstgüter in seinen Planungen, die er im November 1942 Hans Posse gegenüber geäußert hatte, radikal. Unter den verschmähten Kunstwerken fanden sich auch die von Justus Schmidt in Paris erworbenen Gemälde und Kunstgegenstände. Darüber hinaus ließ Glasmeier die 55 Porträts von Heiligen aus dem Augustiner-Chorherrenorden, die sich auf den Konventgängen im ersten und zweiten Stock befanden, abhängen und viele goldgerahmte Stiche aus dem 19. Jahrhundert sowie Objekte aus der Glas- und Porzellansammlung entfernen. Das Landesmuseum wiederum, das selbst unter Platznöten litt, transportierte die ausgeschiedenen Kunstgegenstände dann offenbar größtenteils in das Kunstdepot im Schloss Eferding. Eine Liste von insgesamt 231 Kunstgegenständen, die von St. Florian nach Eferding kamen, ist erhalten geblieben. Die Kategorie Bilder umfasste dabei 165 Objekte, die Kategorie Kunstgegenstände 19 Objekte und die Kategorie Stiche, Öldrucke und Lithografien 47 Objekte.[443]

1944 veröffentlichte Justus Schmidt einen 16-seitigen Kunstführer über das Stift St. Florian. Auf das nicht mehr existente „Barockmuseum des Reichsgaus Oberdonau" kam er bei dieser Gelegenheit nicht zu sprechen. Er mied auch sonst jeglichen Hinweis auf die Beschlagnahme und die nationalsozialistische Neubestimmung des Stifts St. Florian.[444]

---

[441] Ebd., Korrespondenz Eugen Kurt Fischer: Fischer an Gaukonservator Juraschek (Brief vom 18. 10. 1943).

[442] Ebd., Eugen Kurt Fischer – Chronik, Zeitungsausschnitte: Tätigkeitsbericht Oktober 1943.

[443] Ebd., Inventare VI: Verzeichnis der nach Eferding gebrachten Bilder.

[444] Justus Schmidt, Stift St. Florian (Führer zu großen Baudenkmälern 12, Berlin 1944).

## 3. Die Pariser Kunstankäufe von Justus Schmidt

> *Das Sammeln von Kunstwerken ist ähnlich der Jagdleidenschaft, bekanntlich einer der ältesten Triebe des Menschen. Das Kunstwerk ist das Wild, das sich verborgen hält, erst mühsam aufgestöbert, dann verfolgt, aufs Korn genommen und zur Strecke gebracht werden muß.*
> (Justus Schmidt, Kunstsammeln in Oberdonau)[445]

Nach der Kriegsniederlage Frankreichs im Juni 1940 setzte sofort der Zugriff der deutschen Besatzer auf die jüdischen Kunstsammlungen, aber auch auf Kunstgüter aus öffentlichen Sammlungen des Landes ein. Die monatelangen Kompetenzstreitigkeiten deutscher Behörden endeten im September 1940 damit, dass der „Einsatzstab Reichsleiter Rosenberg" die Vollmacht für die Beschlagnahme und den Abtransport von „herrenlosem jüdischen Besitz" und „wertvoll erscheinenden Kulturgütern" erhielt.[446] Um die Kunsttransporte nach Deutschland durchführen zu können, ging Alfred Rosenberg eine Kooperation mit dem Chef der Luftwaffe, Hermann Göring, ein. Der Reichsmarschall requirierte im Gegenzug rund 600 Gemälde aus dem beschlagnahmten Kunstgut für seine private Kunstsammlung und legte am 5. November 1940 die Rangordnung bei der Aufteilung der Kunstbeute fest. Demnach stand die erste Auswahl dem „Führer" zu, gefolgt vom Reichsmarschall selbst, vom „Einsatzstab Reichsleiter Rosenberg", geeigneten deutschen Museen und schließlich französischen Kunsthändlern, die den Rest der Beute versteigern sollten.[447]

Der Kunsthandel in Paris profitierte nicht nur von den Beschlagnahmen, sondern auch von unzähligen Zwangsverkäufen politisch verfolgter oder sonst in Not geratener Personen und erlebte zwischen 1940 und 1943 einen grandiosen Aufschwung.

„Der Pariser Kunsthandel war im ‚Hôtel Drouot' organisiert – in Form von Verkauf und Versteigerung per Auftrag. Daneben haben Franzosen und Ausländer in Bistros, in Hotels, in Wohnungen gehandelt, wobei das Eigentum privater Sammler angeboten wurde, auch von Verfolgten, die gezwungen

---

[445] Justus Schmidt, Kunstsammeln in Oberdonau. In: Oberdonau 2 (1942), Folge 2, 24.

[446] Enzyklopädie des Nationalsozialismus 442 („Einsatzstelle Reichsleiter Rosenberg")

[447] Jonathan Petropoulos, Kunstraub und Sammelwahn. Kunst und Politik im Dritten Reich (Berlin 1999) 175.

waren, rasch und schwarz zu verkaufen. In der Regel sind die Provenienzen nicht zu eruieren; die Spuren verschwinden im Schwarzmarkt. Da diese Händler durchaus nicht die Absicht hatten, ihre Gewinne zu versteuern, haben sie, mit Ausnahmen, auch keine Fakturen ausgestellt."[448] Die deutschen Galeristen, Museumsexperten und Kunsthändler reisten in die besetzte Kunstmetropole, um sich kostspielig mit Kunst- und Einrichtungsgegenständen zu versorgen, und lieferten sich dabei einen regelrechten Wettlauf um die vielen Kunstobjekte. Der von der Reichsbank diktierte Umrechnungskurs begünstigte die deutschen Käufer massiv. Vor dem Krieg lag das Verhältnis von Reichsmark zu Franc bei 1:6, nach dem Waffenstillstand bei 1:20.

Zu den größten Pariser Einkäufern aus Österreich zählte der Salzburger Kunsthändler und „Beauftragte des Gauleiters und Reichsstatthalters für die Landesgalerie Salzburg" Friedrich Welz.[449] Am 19. September 1940 begab sich Welz in unbekanntem Auftrag erstmals nach Paris, um Ausstattungsobjekte für das Schloss Kleßheim zu erwerben, das zum Gästehaus des „Führers" umgestaltet werden sollte. Auf seine überschwänglichen Berichte über die außerordentlich günstigen Einkaufsmöglichkeiten hin erteilte ihm Gauleiter Friedrich Rainer die Vollmacht, im November 1940 neuerlich nach Paris zu reisen, um Kunst- und Einrichtungsgegenstände für das Schloss Kleßheim und für die Diensträume des Reichsstatthalters im Wert von 200.000 RM zu erwerben. Auf vier Parisreisen zwischen November 1940 und Oktober 1941 erwarb Welz insgesamt 312 Kunstobjekte, größtenteils Bilder, Teppiche, Gobelins und Stilmöbel, im Ankaufswert von rund 566.000 RM, die später in das Inventarbuch der Salzburger Landesgalerie Aufnahme fanden.[450] Daneben kaufte Welz auch für sich selbst, für Bekannte, für prominente Politiker und für andere öffentliche Sammlungen ein. Die schriftlichen Unterlagen zu diesen Pariser Erwerbungen blieben nicht erhalten.

---

[448] Gert Kerschbaumer, Meister des Verwirrens. Die Geschäfte des Kunsthändlers Friedrich Welz (Wien 2000) 57.

[449] Vgl. Fritz Koller, Das Inventarbuch der Landesgalerie Salzburg 1942-1944 (Schriftenreihe des Salzburger Landesarchivs 12, Salzburg 2000) und Kerschbaumer, Meister des Verwirrens.

[450] Koller, Inventarbuch 15f.

## Justus Schmidt und sein Agent „Prinz" Alfred Juritzky

Dass auch der Leiter der Kunstgeschichtlichen Abteilung des Linzer Landesmuseums, Justus Schmidt, Kunsteinkäufe in Paris tätigte, war der Forschung bisher unbekannt.[451] Ein erster Hinweis fand sich in dessen Korrespondenz zu seiner dritten Parisreise, die er vom 12. Juni bis zum 6. Juli 1941 im Auftrag des Reichsführer-SS Heinrich Himmler durchführte. In einem Schreiben an den Wiener Kunsthistoriker Karl Ginhart schwärmte Schmidt kurz nach der Rückkehr aus Paris: „Es ist schon das dritte mal heuer, daß ich dort war, um schöne Sachen für das Museum sehr billig anzukaufen. ... In Paris war ich insgesamt über 2 Monate lang."[452] Ausgestattet mit einem Einkaufsbudget von 100.000 RM und einem Dienstwagen samt Fahrer der Gestapoleitstelle Köln erwarb Schmidt bei seiner dritten Parisreise 16 Gobelins, sechs Teppiche und ein Cello für den Reichsführer-SS. Die Liste der Kunstgegenstände mit den Einkaufspreisen und den 14 Pariser Kunsthandlungen, bei denen diese erworben wurden, blieb erhalten. Allerdings fehlen die Adressen.[453] Seltsamerweise findet sich kein einziger Kunsthändler auf der Liste jener 43 Pariser Kunsthändler, bei denen Friedrich Welz gleichzeitig einkaufte. Von diesen 43 Händlern sind freilich nur etwa die Hälfte nachweisbar.[454] Deshalb vermutete Gert Kerschbaumer, Welz hätte viele Händlernamen erfunden, um die zweifelhafte Herkunft der Gemälde zu vertuschen. Als besonders augenscheinliche Erfindung wertete Kerschbaumer den Namen „Marchand" (übersetzt „Händler"). Dabei ist ihm aber entgangen, dass „Marchand" Bestandteil des Firmennamens Brosseron et Marchand war. Dieser Händler hatte drei Geschäftsadressen in Paris, u.a. am Boulevard Haussmann 132, und verkaufte über den Zwischenhändler Bornheim auch an Hermann Göring.[455]

---

[451] Im internen Forschungsendbericht zur Geschichte des Oberösterreichischen Landesmuseums in der NS-Zeit (Rückgabe von Kunstgegenständen) werden nur summarisch Eintragungen von Ankäufen in Paris in den Ankaufsprotokollen erwähnt. Dabei handelte es sich nach den Autoren „um keine spektakulären Objekte – oft sogar nur Gegenstände mit Souvenircharakter" (6). Auf den gleich zu behandelnden Schriftwechsel Justus Schmidts zu seiner dritten Parisreise im Archiv des Oberösterreichischen Landesmuseums, der Großeinkäufe in Paris belegt, stieß man offenbar nicht. Zu Justus Schmidt vgl. zuletzt Georg Wacha, Der Kunsthistoriker Dr. Justus Schmidt. In: JbOÖM 149,I (2004) 639-654.

[452] OÖLM Archiv, Mappe KH: Zl. Kh 266/41, Schmidt an Ginhart (Brief vom 14. 7. 1941).

[453] OÖLM Archiv, Mappe KH: Zl. Kh 260/41, Schmidt an Gruppenführer Wolff (Brief vom 8. 7. 1941).

[454] Koller, Inventarbuch 19f.

[455] Vgl. die Datenbank „Catalogue des Musées nationaux Récupération" (künftig MNR) im Internet unter www.culture.fr/documentation/mnr/pres.htm. Hier ist die Firma Brosseron et Marchand siebenmal nachzuweisen (Abfrage vom 8. August 2006).

Welz soll nach Fritz Koller nicht aus dem irregulären Kunstmarkt angekauft haben, sondern „aus dem Kunsthandel im engsten Wortsinn".[456] Etwa zehn der 20 identifizierbaren Händler, mit denen Welz Kontakt hatte, wären nach Koller „als eher unbedenklich einzustufen".[457] Für die restlichen Händler, insbesondere für den Hauptlieferanten Rudolf Holzapfel, konnte Koller aber kein Unbedenklichkeitszertifikat ausstellen. Sein Resümee lautete: „Zusammenfassend lässt sich abschätzen, dass Welz in diesem Milieu gewandt auftrat und rasch zugreifend seine Entscheidungen traf. Zur Spitze der Pyramide, zu geraubten Kunstwerken, wie sie im Jeu de Paume gehortet wurden, hatte er – zumindest offiziell und soweit es die Landesgalerie betrifft – keinen Zugang. Dementsprechend überschätzt man seine Möglichkeiten und seine Rolle, wenn man ihn unter die ‚führenden Kunsträuber des Dritten Reiches' subsummiert. Aber am Rande des Verbrechens, im Umfeld des daneben blühenden und damit verwobenen Kunsthandels bewegte er sich mit Erfolg."[458]

Von den 14 Pariser Kunsthandlungen, bei denen Justus Schmidt auf seiner dritten Parisreise für den Reichsführer-SS einkaufte, sind nur vier identifizierbar: die schon erwähnte Firma Brosseron et Marchand (132 Boulevard Haussmann und zwei weitere Adressen), Decour (28 rue François 1er), Indjudjan (26 rue Lafayette) und Stire (wohl Stier, 135 Boulevard St. Germain). Durch Zufall ist eine einzelne Firma bekannt, bei der Schmidt auf einer der beiden ersten Parisreisen einkaufte: Brimo de Laroussilhe (58 rue Jouffroy).[459] Diese fünf Firmen waren nach dem amerikanischen „Art Looting Investigation Unit Final Report" vom 1. Mai 1946 in Kunstraubaktivitäten verwickelt und sind deshalb nicht als unbedenklich einzustufen.[460] Bei allem Vorbehalt aufgrund der wenigen vorhandenen Daten dürfte auch für Justus Schmidt wie für Friedrich Welz gelten, dass er sich geschickt „am Rande des Verbrechens" und des damit verbundenen Kunsthandels bewegt hat. Dies lässt sich nicht zuletzt durch die Person seines Begleiters vor Ort, Alfred Antonin Juritzky-Warberg, erhärten.

Juritzky-Warberg wohnte in der rue de Washington 21, einer Seitenstraße der Prachtstraße Avenue des Champs Élysées unweit des Triumphbogens, und war Justus Schmidt schon bei den ersten beiden Parisreisen dienlich

---

[456] Koller, Inventarbuch 16; vgl. dagegen Kerschbaumer, Meister des Verwirrens 55-60.
[457] Koller, Inventarbuch 20.
[458] Ebd.
[459] OÖLM Bibliothek, Band P 19: Ankaufsprotokolle und Spendenprotokolle 1940-1950, Nr. 15/1942.
[460] Der Report ist im Internet nachzulesen unter http://docproj.loyola.edu/oss1/toc.html.

gewesen, wie Schmidt rückblickend anlässlich seiner dritten Parisreise feststellte. „Der Ankauf erfolgte, wie bei den Erwerbungen für Oberdonau, durch die Vermittlung des Prinzen Antonin Juritzky-Warberg in Paris, der die übliche Vermittlungsgebühr von 10 % erhielt. Von dieser ausgenommen waren drei Teppiche im Gesamtwert von 96.000 Fr."[461] Juritzky-Warberg nützte später den offenbar über Justus Schmidt mit dem Reichsführer-SS entstandenen Kontakt zu weiteren Geschäften. Im Dezember 1941 bot er Heinrich Himmler elf Schmuckgegenstände, die angeblich aus der Völkerwanderungszeit stammten, zum Kauf an. Himmler ließ die Gegenstände anhand der mitgeschickten Fotos durch den ihm ergebenen Prähistoriker Herbert Jankuhn nicht zuletzt auf ihren germanischen Ursprung hin prüfen und erwarb am 5. Jänner 1942 zwei Spangen aus Silber und Gold.[462] Zwei Monate später bot Juritzky dem Reichsführer-SS weitere Fundstücke an.[463]

1944 kaufte der neue Hausherr des enteigneten Stifts St. Florian, Reichsrundfunkintendant und SS-Oberführer Heinrich Glasmeier, bei Juritzky in Paris mehrere Objekte.[464] Der Kontakt könnte wieder über Justus Schmidt, der sich wiederholt in St. Florian aufhielt, oder über Heinrich Himmler, der Glasmeier 1933 persönlich in die SS aufgenommen hatte, hergestellt worden sein.[465] Glasmeier erkundigte sich nach dem Einmarsch der Alliierten in Paris noch monatelang intensiv nach dem Schicksal Juritzkys, ohne etwas zu erfahren.[466] Die Kontakte bzw. Geschäftsbeziehungen des „Prinzen" zu hohen NS-Repräsentanten blieben nicht ohne Folgen. Juritzky wurde der Kollaboration beschuldigt und zusammen mit seiner Frau drei Monate lang interniert.[467]

---

[461] OÖLM Archiv, Mappe KH: Zl. Kh 260/41, Schmidt an Gruppenführer Wolff (Brief vom 8. 7. 1941).

[462] Zu Jankuhn und seiner Rolle in der SS-Wissenschaftsorganisation „Das Ahnenerbe" vgl. Heuss, Kunst- und Kulturgutraub 210-213 und 218-243.

[463] BAB, NS 21, Bd. 227: Vorgang A 1/194, Funde zum Ankauf durch den Reichsführer SS. Die Originalbriefe von Antonin Juritzky-Warberg blieben nicht erhalten.

[464] StfA, Akten der RRG, Inventare VI: Verzeichnis der von Dr. Glasmeier in Paris im Laufe des Jahres 1944 erworbenen Kunstgegenstände, abgedruckt bei Kreczi, Bruckner-Stift 104-106. Glasmeier kaufte in Paris weiters bei den Kunsthandlungen Brimo de Laroussilhe, Decour und Stier ein, die auch Justus Schmidt aufgesucht hatte.

[465] Zu Glasmeiers Aufnahme in die SS vgl. Fasse, Adelsarchiv 30.

[466] StfA, Akten der RRG, Korrespondenz Glasmeier, Sch. III und IV: Telegrammwechsel mit der Kanzlei des Reichsintendanten in Berlin, mit dem Reichssender Wien und dem Wallraf-Richartz-Museum Köln zwischen dem 21. 9. 1944 und dem 23. 2. 1945.

[467] Jacqueline Roche-Meredith, Juva. In: Publications de la Collection de l'art brut fascicule 21 (2001) 66-91, 68. Demnach soll Juritzky Kontakte zu deutschen Wehrmachtsgenerälen aus adeliger Abstammung gehabt haben, u.a. zu Dietrich von Choltzitz, den letzten deutschen Wehrmachtsbefehlshaber von „Groß-Paris".

Justus Schmidt rühmte gegenüber der SS anlässlich seiner dritten Parisreise sein eigenes Verhandlungsgeschick. „Bei fast sämtlichen Stücken konnte ich eine wesentliche Herabsetzung der zuerst geforderten Preise erzielen."[468] Da Friedrich Welz seine Rodinskulpturen beim gleichen Pariser Händler wie Justus Schmidt einkaufte, bei Alexis Rudier, ist hier ein Vergleich möglich. Schmidt erwarb den Bronzeabguss nach dem Modell eines überlebensgroßen Kopfes aus „Die Bürger von Calais" um 3.000 RM, Friedrich Welz bezahlte für Rodinskulpturen entsprechender Größe zwischen 3.500 RM („Schreitender") und 4.000 RM („Eva", „Der Denker").[469] Schmidt kaufte also zumindest in diesem Fall tatsächlich günstig ein.

Akten zu den ersten beiden Parisreisen Schmidts existieren nicht und wurden von ihm im Landesmuseum offensichtlich von vornherein nicht angelegt.[470] Es kann daher nicht festgestellt werden, ob auch beschlagnahmte Kunstwerke „erworben" wurden. Bei der dritten Parisreise im Auftrag des Reichsführers-SS erwarb Justus Schmidt auch einzelne Kunstgegenstände für das Landesmuseum. Gemessen an den ersten beiden Parisankäufen handelte es sich dabei nur um kleinere Objekte: „12 Marionettenfiguren, eine ägyptische Steinvase und eine Statue, stehender Knabe."[471] Vielleicht legte Schmidt deshalb – im Gegensatz zu den ersten beiden Parisreisen – gerade zu dieser dritten einen Akt im Landesmuseum an. Während aber dabei die Einkäufe für den Reichsführer-SS genau dokumentiert sind, fehlen Angaben und Einkaufsunterlagen für die genannten Museumsobjekte.

Justus Schmidt vergaß nicht, in Paris auch für andere öffentliche Sammlungen in Österreich die Augen aufzumachen. Den Direktor der Städtischen Sammlungen Wien wies er auf Vertäfelungen aus dem ehemaligen Palais Paar in der Singerstraße hin und übermittelte auch die Verkaufsunterlagen

---

[468] OÖLM Archiv, Mappe KH: Zl. Kh 260/41, Schmidt an Gruppenführer Wolff (Brief vom 8. 7. 1941).

[469] Vgl. Koller, Inventarbuch Inv. Nr. 295 und 301 ( 214f.), Inv. Nr. 288 ( 212f.). In der Liste zu den Pariser Ankäufen von Justus Schmidt, auf die später noch ausführlich einzugehen sein wird, findet sich der Rodinkopf als Nr. 101.

[470] Vgl. OÖLM Archiv, Mappe KH 1940 und 1941. Ankaufsunterlagen zu den Pariser Objekten sind weder in den Akten der Reichsstatthalterei noch in jenen der Gauselbstverwaltung im Oberösterreichischen Landesarchiv erhalten. Alle Unterlagen dürften entweder vorsorglich vor Kriegsende vernichtet oder 1945 von den amerikanischen bzw. französischen Militärbehörden im Zusammenhang mit der Restitution der Objekte übernommen worden sein.

[471] OÖLM Archiv, Mappe KH: Zl. Kh 260/41, Schmidt an Gestapo Berlin (Brief vom 3. 9. 1941).

des exklusiven Pariser Dekorationshauses Jansen.[472] Der Direktor Karl Wagner bedankte sich für die „Intervention".[473] Ein militärisch bewachter Eisenbahnwaggon brachte die Einkäufe für den Reichsführer-SS als Sondertransport am 24. August 1941 nach Berlin. Die für das Landesmuseum bestimmten Gegenstände wurden von Berlin aus in das Kunsthistorische Museum Wien und von dort weiter nach Linz geschickt, wo sie am 25. Oktober 1941 eintrafen.

Noch vor seiner ersten Parisreise unternahm Justus Schmidt im Frühling 1940 eine einmonatige Reise nach Holland. Über Auftraggeber und Zweck dieser Reise ist nichts bekannt. Schmidt muss jedenfalls unmittelbar nach der Kapitulation der Niederlande vor den deutschen Truppen aufgebrochen sein, die am 14. Mai 1940 erfolgte. Aus einem Brief vom 11. Juni 1940 geht hervor, dass Schmidt bereits „für die Dauer eines Monats nach Holland verreist ist".[474] Die drei in den Ankaufprotokollen des Oberösterreichischen Landesmuseums als Erwerbungen aus Den Haag geführten Objekte dürfte Justus Schmidt bei dieser Gelegenheit angekauft haben: eine Holzpuppe in Seidenkleid (18. Jh.) zum Preis von 150 RM, einen ebenfalls aus dem 18. Jahrhundert stammenden Hängeluster für eine Puppenstube (30 RM) und eine silberne Kaffeetasse für eine Puppenstube (um 1860) im Wert von 30 RM.[475]

Die Einkaufsreisen für den Gauleiter wirkten sich auf Justus Schmidts Karriere keineswegs nachteilig aus. Er avancierte bald nach seiner Pariser Einkaufstour zum stellvertretenden Kulturbeauftragten, 1942 auch zum Kulturbeauftragten des Gauleiters.

## Die Präsentation der Pariser Ankäufe im Stift St. Florian

NS-Machthaber wie Gauleiter August Eigruber, denen als Emporkömmlingen „der Geruch von Parvenüs anhing, sahen ... in der Kunstpflege ein Mittel, sich der traditionellen Führungsschicht anzugleichen".[476] Eigruber

---

[472] Zum Dekorationshaus Jansen vgl. Hector Feliciano, Das verlorene Museum. Vom Kunstraub der Nazis (Berlin 1998) 145-147.

[473] OÖLM Archiv, Mappe KH: Zl. Kh 264/41, Schmidt an Städtische Sammlungen Wien (Brief vom 14. 7. 1941) und Antwort vom 21. 7. 1941.

[474] Ebd.: Zl. Kh 96/1940, [Direktor Kerschner] an Zentralstelle für Denkmalschutz (Brief vom 11. 6. 1940).

[475] OÖLM Bibliothek, Band P 19: Ankaufsprotokolle und Spendenprotokolle 1940-1950, Nr. 77/1940, Nr. 18/1942 und Nr. 1/1941.

[476] Petropoulos, Kunstraub 25.

konnte über seine Pariser Kunstankäufe im Gesamtwert von rund 200.000 RM seinen gesellschaftlichen Status als Gauleiter präsentieren.[477] Es ist gut möglich, dass er sich dabei vom Salzburger Gauleiter Friedrich Rainer inspirieren ließ, der – wie erwähnt – im November 1940 Friedrich Welz mit einem Budget von ebenfalls 200.000 RM zum Einkauf von Kunst- und Einrichtungsgegenständen nach Paris geschickt hatte. Jedenfalls verordnete Eigruber jenen Denkmalschützern und Architekten, die an den Planungen zum Umbau der St. Florianer Prälaturräume beteiligt waren, eine Besichtigungsreise in die neu eingerichtete Residenz des Salzburger Gauleiters, die mit Teppichen, Gobelins und Möbeln aus Paris ausgestattet war.[478]

Dass die Kunstwerke gerade in Paris erworben wurden, hatte hohen Symbolwert, denn Paris galt als Kulturmetropole. Gleichzeitig dokumentierten diese Ankäufe die guten Beziehungen des Gauleiters weit über seinen Gau hinaus bis in fremde Länder. Nach Jonathan Petropoulos bedurfte es aufgrund strenger Devisenbestimmungen „selbst in den ersten Kriegsjahren … beträchtlichen Einflusses, um im Ausland Käufe tätigen zu können".[479]

Bald nach der Beschlagnahme des Stifts St. Florian wurden die auf den beiden ersten Parisreisen von Justus Schmidt erworbenen Kunstgegenstände hier deponiert. Die offizielle Präsentation der Neuerwerbungen fand am 1. Juni 1941 im Rahmen der Bruckner-Festtage zusammen mit der Eröffnung des Barockmuseums des Reichsgaues Oberdonau statt. Ein Foto in der repräsentativen Kulturzeitschrift „Oberdonau" zeigt den Altomontesaal, in dem auf einem Holzsockel, den ganzen Raum beherrschend, die Bronzebüste eines der Bürger von Calais von Auguste Rodin (1840-1917) steht.[480] An der Wand sind sechs barocke Armsessel aus Paris zu sehen. Am Boden liegen drei Teppiche aus dem 18. bzw. 19. Jahrhundert, die ebenfalls aus Paris stammten.[481] Der mittlere Rundteppich ging später, wie sich noch zeigen wird, als Geschenk des Gauleiters Eigruber an Heinrich Himmler.

---

[477] BDA Linz, Stift St. Florian, Kunstsammlung und Bibliothek: Danzer an Springer (Brief vom 9. 7. 1941): „Wie Ihnen bekannt sein wird, hat der Gauleiter vor einiger Zeit Gobelins und andere Kunstgegenstände im Werte von rund RM 200.000.- – angekauft und vorerst im Stifte St. Florian einlagern lassen."

[478] Ebd., Beschlagnahme: Amtserinnerung Juraschek vom 21. 2. 1941. Für den Hinweis danke ich Friederike Hillebrand (Wien).

[479] Petropoulos, Kunstraub 348. Petropoulos verweist in diesem Zusammenhang auf die Ablehnung eines Antrags des Salzburger Gauleiters Gustav Scheel vom Juni 1942, in Paris Kunst- und Einrichtungsgegenstände erwerben zu dürfen.

[480] Oberdonau 1 (1941/42), Folge 4, 37.

[481] Die Gegenstände tragen in der später noch ausführlich zu behandelnden Liste von Justus Schmidt zu den Pariser Ankäufen (getippte Durchschrift im StfA, Akten der RRG, Inventare VI: Verzeichnis der aus Paris im Winter 1940 – 1941 angekauften Kunstgegenstände) die Nummern 101, 95-100 und 20-22.

Einige der Pariser Neuerwerbungen waren auch im Rahmen von Führungen zu sehen. Über die Herkunft der Gobelins erzählten die St. Florianer Führer dabei auf Weisung des Kulturbeauftragten des Gauleiters, Anton Fellner, es wären „Neuerwerbungen des Gaues aus dem freien Pariser Kunsthandel".[482] Im Dezember 1941 gab der offenbar besorgte Justus Schmidt als stellvertretender Kulturbeauftragter eine neue Anweisung an die Stiftsführer. „Im Auftrage des Gaukämmerers Pg. Danzer ersuche ich Sie, jede Herkunftsangabe der neuerworbenen Stücke in den Schausammlungen, insbesonders bei Führungen zu unterlassen und alle Personen, welche Führungen veranstalten, gleichfalls dazu zu verhalten."[483]

Am 23. Jänner 1942 schwärmte die Journalistin Rosa Stürzl in einem Artikel für die „Volksstimme" von den Pariser Kunstankäufen des Gaus. „Draußen in St. Florian hängen die wundervollen Gobelins aus Paris. Und in einem weiten Saal steht einsam, den Raum beherrschend, auf einem Riesenteppich ein Piedestal mit einer prachtvollen Büste. Sofort nimmt die Plastik gefangen. Schmerzverzerrt sind die Züge, der Mund halb offen, der Blick nach innen gekehrt. Tiefstes Leiderleben offenbart dies Antlitz. So hat der französische Bildhauer Rodin einen der Bürger von Calais (vermutlich Eustache de Pi[e]rre) gestaltet."[484]

Noch am gleichen Tag erbat Johannes Hollnsteiner, der die Bibliothek des Historischen Forschungsinstituts in St. Florian leitete und auch Stiftsführungen hielt, neue Weisungen vom Kulturbeauftragten Anton Fellner.[485] Die Antwort erfolgte umgehend.

„Auf Ihr Schreiben vom 23. d. M. teile ich Ihnen mit, dass wohl im Allgemeinen von sich aus nicht angegeben werden soll, woher diese Gegenstände stammen, weil dadurch nach Ansicht des Gauleiters und des Gaukämmerers leicht der Eindruck entstehen könnte, man hätte die Zeit nach der Niederlage Frankreichs zur Ausplünderung von Kunstschätzen ausgenützt. Wenn jemand fragt, können Sie ruhig antworten lassen, es sei einfach vom Gau gekauft. Wenn wirklich wissenschaftliche Interessenten solche Fragen stellen, kann diesen ruhig die Antwort gegeben werden, dass es aus Paris sei. Nur wollen wir verhindern, dass allgemein diese Dinge herumgesprochen werden, weil es sich derzeit politisch besser auswirkt, wenn auf das Woher aus Frankreich nicht eingegangen wird."[486]

---

[482] OÖLA, HistFdRO, Sch. 3: Hollnsteiner an Fellner (Brief vom 23. 1. 1942).
[483] Ebd.: Schmidt an Hollnsteiner (Brief vom 4. 12. 1941).
[484] Rosa Stürzl, Die Bürger von Calais. In: Volksstimme, 23. 1. 1942.
[485] OÖLA, HistFdRO, Sch. 3: Hollnsteiner an Fellner (Brief vom 23. 1. 1942).
[486] Ebd.: Fellner an Hollnsteiner (Brief vom 30. 1. 1942).

Der Tatbestand der Plünderung sollte damit notdürftig verschleiert und zum „Kauf" schöngefärbt werden.

## Manipulationen bei der Bestandsaufnahme

Am 9. Juli 1941 beauftragte Gaukämmerer Danzer den Denkmalschützer Louis Adalbert Springer mit der Inventarisierung der von Justus Schmidt in Paris erworbenen Kunstgegenstände.
„Wie Ihnen bekannt sein wird, hat der Gauleiter vor einiger Zeit Gobelins und andere Kunstgegenstände im Werte von rund RM 200.000.- angekauft und vorerst im Stifte St. Florian einlagern lassen.
Aus verschiedenen Gründen bin ich ersucht worden, diese Gegenstände inventarmäßig zu erfassen und treuhändisch in meine Verwaltung zu nehmen, obwohl es sich nicht um ein Eigentum der Gauselbstverwaltung handelt.
Im Einvernehmen mit Herrn Dr. SCHMIDT des Landesmuseums ersuche ich Sie, eine genaue Inventarisierung dieser Gegenstände vorzunehmen und eine Kartei für jedes einzelne Stück, die unter anderem den jeweiligen Standort aufzunehmen hat, herzustellen. Inventar und Kartei sind nach Fertigstellung der Arbeit mir zu übergeben. Die Rechnungsunterlagen für dieses angekaufte Kunstgut befinden sich in der Kanzlei des Herrn Oberregierungsrat Dr. FELLNER, wo sie von Ihnen übernommen werden können. Es wird zweckmäßig sein, wenn Sie sich vor Inangriffnahme der Arbeit bei mir noch weitere mündliche Richtlinien holen."[487]
Springer dürfte etwa eineinhalb Monate an der Katalogisierung gearbeitet haben und übergab Gaukämmerer Danzer abschließend die gewünschte Inventarliste. Der Denkmalschützer geriet später „wegen Altertumshandel – in Ausnützung seiner Stellung" ins Kreuzfeuer der Kritik und beging Ende 1942 Selbstmord.[488] Am 29. August 1941 schickte Danzer dem kommissarischen Verwalter Douglas O'Donnell in St. Florian eine Abschrift (Durchschlag) der Liste Springers mit 107 Nummern. Es fällt auf, dass die Liste falsch datiert ist, und zwar auf den 20. Oktober 1942. Laut Eingangsvermerk am Briefkopf erhielt O'Donnell sie aber am 29. August 1941. Offensichtlich wollte Gaukämmerer Danzer durch die Nachdatierung der Ankäufe um ein ganzes Jahr den Eindruck vermeiden, man hätte die Zeit unmittelbar nach der militärischen Niederlage Frankreichs zur Plünderung

---

[487] BDA Linz, Stift St. Florian, Kunstsammlung und Bibliothek: Danzer an Springer (Brief vom 9. 7. 1941).
[488] StAKr, Tagebuch Richard Rankl, Bd. XVIII: Eintrag 18. 12. 1942, 131.

der dortigen Kunstschätze genützt. Auch im Brief selber nannte Danzer als Erwerbungsdatum den Winter 1941/42.

„Ich übergebe Ihnen in der Anlage ein Verzeichnis der im Winter 1941/42 in Paris für den Gauleiter angekauften Kunstgegenstände, die in St. Florian verwahrt sind. Es handelt sich um 107 Nummern, für deren ordnungsgemässe Verwahrung Sie nunmehr verantwortlich sind. Eine Zweitschrift dieses Verzeichnisses samt den dazugehörigen Kartothekkarten befindet sich bei meiner Gebäudeverwaltung. Eine Verbringung von Gegenständen in andere oder an andere Orte ist nur über Auftrag des Gauleiters oder über meinen Auftrag zulässig. In jedem Einzelfall ist ein genauester Vermerk über die Ortsveränderung der Gegenstände aufzunehmen und mir zur Richtigstellung der bei der Gebäudeverwaltung befindlichen Karteikarten zu übermitteln."[489]

Am 22. September 1941 schickte Danzer diese Paris-Inventarliste Springers zur Weiterbearbeitung an Justus Schmidt und ersuchte ihn, die „für notwendig gehaltene Berichtigung und Ergänzung vorzunehmen und die Ankaufspreise hinzuzufügen".[490] Justus Schmidt dürfte daraufhin die ergänzte Paris-Inventarliste mit nunmehr 122 Nummern erstellt haben.[491] Es sind 13 Kunstobjekte hinzugekommen. Zwei Objekte sind irrtümlich doppelt aufgenommen: eine Madonnenstatue aus dem 16. Jh. (Nr. 86 und Nr. 113) und eine Madonnenstatue aus dem 13. Jh. (Nr. 87 und Nr. 114). Insgesamt dürften in der neuen Liste die bei Schmidts ersten beiden Parisbesuchen angekauften Kunstobjekte erfasst worden sein. Am 25. Oktober 1941 trafen die drei Ankäufe von Justus Schmidt aus seinem dritten Parisbesuch in Linz ein.[492] Sie sind in der wohl zuvor fertig gestellten Paris-Inventarliste Schmidts nicht mehr enthalten. Bei allen künftigen Erwähnungen von Kunstgegenständen aus Paris werden im Folgenden immer die Nummern aus der umfangreicheren, 122 Nummern zählenden Schmidt-Liste angeführt.

Das Verzeichnis Schmidts enthält, von kleineren Ergänzungen (Maße, Künstlernamen) abgesehen, noch weitere Besonderheiten gegenüber jenem

---

[489] OÖLA, HistFdRO, Sch. 3: Danzer an O'Donnell (Brief vom 29. 8. 1941). Die Durchschrift der getippten Liste Springers mit dem Eingangsvermerk O'Donnells befindet sich separiert vom Brief im StfA, Akten der RRG, Inventare VI: Verzeichnis der aus Paris im Winter 1940 – 1941 angekauften Kunstgegenstände (107 Nummern).

[490] OÖLM Archiv, Mappe KH: Zl. Kh 260/41, Danzer an Schmidt (Brief vom 22. 9. 1941 ohne Liste).

[491] Eine getippte Durchschrift dieser Liste blieb im Stiftsarchiv St. Florian erhalten. StfA, Akten der RRG, Inventare VI: Verzeichnis der aus Paris im Winter 1940 – 1941 angekauften Kunstgegenstände (122 Nummern).

[492] OÖLM Archiv, Mappe KH: Zl. Kh 260/1941, Schmidt an Reichsführer-SS (Brief vom 25. 10. 1941).

Springers. Zwei Objekte fehlen ersatzlos. Das nicht mehr angeführte Tafelbild „Waldbach mit felsigen Ufern" (um 1900) eines unbekannten französischen Künstlers mit der Nr. 46 ging, wie sich noch zeigen wird, wohl als Geschenk August Eigrubers in den Privatbesitz seines Kulturbeauftragten Anton Fellner über. Die ebenfalls fehlende Gliederpuppe (19. Jh.) mit der Nr. 84 ist inzwischen vielleicht dem Landesmuseum übergeben worden. Bei zwei Objekten (Nr. 91, 106) wurden ältere Auktionshinweise eingefügt, wohl um einen legalen Ankauf zu simulieren. Bei vielen ägyptischen, griechischen und chinesischen Objekten (Nr. 75, 76, 77, 92, 93, 94, 106) fiel der Hinweis, dass es sich nur um moderne Kopien handelte, weg. Auch bei Kopien von Gemälden des 16. (Nr. 73) bzw. 17. Jahrhunderts (Nr. 55) strich Schmidt den Hinweis „Kopie". Wollte er damit das Aufkommen des Verdachts verhindern, er hätte um teures Geld reihenweise Plagiate eingekauft?

In zumindest einem Fall freilich stellte sich klar heraus, dass Schmidt einem Schwindel aufgesessen war. Bei Brimo de Laroussilhe, der auf Gobelins und mittelalterliche Kunst spezialisiert war und auch an Hermann Göring und das Linzer „Führermuseum" verkaufte, glaubte Schmidt um 1.750 RM einen Tragaltar aus dem 13. Jahrhundert (Nr. 115) erworben zu haben. Bei der Inventarisierung im Landesmuseum wurde dann freilich die Jahreszahl 1817 aufgefunden. Der Schätzwert des Altars fiel daraufhin auf 125 RM, also auf weniger als ein Zehntel seines Ankaufspreises.[493]

Insgesamt ließ Schmidt bei vielen modernen Gemälden, insbesondere französischer Herkunft, die Datierung unter den Tisch fallen. Möglicherweise sollte der Eindruck vermieden werden, es könnte sich dabei um impressionistische Gemälde handeln, die im Nationalsozialismus verpönt waren. Einige französische Künstlernamen entfernte Schmidt wohl deshalb, um die auffällige Dominanz „fremdländischer" Künstler nicht zu augenscheinlich zu machen.

## Die Pariser Objekte und der NS-Kunstkanon

Anhand der genannten Listen von Springer und Schmidt ist der Einkauf von 120 Kunstobjekten in Paris für Gauleiter Eigruber dokumentiert. Zählt man die drei Objekte hinzu, die Schmidt für das Landesmuseum bei seiner

---

[493] Vgl. OÖLM Bibliothek, Band P 19: Ankaufsprotokolle und Spendenprotokolle 1940-1950, Nr. 15/1942.

dritten Parisreise erwarb, ergibt das 123 Kunstobjekte aus Paris.[494] Da bei einigen Posten aber mehrere Objekte zusammengefasst sind, wäre die Zahl noch etwas höher anzusetzen. Der von Danzer genannte Einkaufspreis von 200.000 RM für die 120 Objekte (ohne die letzten Ankäufe) dürfte auch die 10-prozentige Vermittlungsgebühr für Antonin Juritzky-Warberg enthalten haben. Somit käme man auf einen Ankaufswert von rund 180.000 RM für die Kunstobjekte. Aus der genannten Schmidt-Liste im Stiftsarchiv St. Florian ist ein Gesamtpreis von 155.230 RM zu ermitteln. Dabei fehlen aber die Preise für zehn Objekte.[495]

Gauleiter Eigruber hatte wenig Interesse und Verständnis für Kunst, was ihn nicht daran hinderte, sich in Anbiederung an Adolf Hitler auch als „Kulturmensch" zu geben. Eigruber erwarb die Kunstgegenstände aus Paris wie der Salzburger Gauleiter Rainer „zur Ausschmückung wichtiger repräsentativer Bauten".[496] Er handelte also primär nicht aus Kunstinteresse, sondern sah die Kunstwerke als ästhetische Schmuckstücke. Daneben sollten diese nicht zuletzt wegen ihrer Herkunft aus der Kunstmetropole Paris und ihres zum Teil hohen Preises auch als äußere Attribute seiner Macht dienen.

Die teuersten Gegenstände waren die insgesamt 17 Gobelins. Wegen ihrer Verbindung zur europäischen Adelskultur, ihrer Kostbarkeit und ihrer riesigen Dimension waren sie bestens zur Dekoration von Amtsräumen geeignet. Zusammen mit den zehn Teppichen sollten sie Macht und Luxus suggerieren und den Anspruch der NS-Elite unterstreichen, den Adel als Führungsschicht abzulösen. Auch die Bildthemen unterstützten vielfach dieses Bemühen. In vielen Darstellungen wurde die Jagd, einst Privileg des Königs und des Adels, verherrlicht. Vier Gobelins (Nr. 1-4) waren beispielsweise mit Szenen einer Fürstenjagd in orientalischem Ambiente geschmückt. Ein nordfranzösischer Gobelin der königlichen Manufaktur aus dem 17. Jahrhundert (Nr. 7) hatte als teuerstes Stück der gesamten Erwerbungen einen Einkaufspreis von 16.250 RM.

Bei den Gemälden fällt in thematischer Hinsicht der hohe Anteil an erotischen Abbildungen auf. Die Palette reicht von mythologisch verkleideten

---

[494] Im Gesamtinventar des Stifts St. Florian (StfA, Akten der RRG: Inventur-Aufnahme bei der Übergabe des Stiftes St. Florian an die Reichs-Rundfunk-Gesellschaft m.b.H. durch den Gau Oberdonau, September/Oktober 1942) sind darüber hinaus noch zwei Sessel (Nr. 3016-3017), eine Brokatweberei (Nr. 3004) und das Ölgemälde „Kriegerische Reiterszene am Flußübergang" (Nr. 3007) mit dem Vermerk „Par.?" versehen und somit als mögliche Pariser Erwerbungen deklariert.

[495] Es handelt sich um die Preise für die Objekte Nr. 46, 54, 57, 74, 78, 84, 86, 89, 92 und 93a. Der bei Schmidt ebenfalls fehlende Preis des Gobelins Nr. 16 ist nach dem „Catalogue des MNR"(OAR 63 und OAR 70) im Preis seines Gegenstücks (Nr. 15) inkludiert.

[496] Florian – deutsches Barockmuseum. In: Tagespost Nr. 127, 31. 5. 1941.

Szenen (z. B. „Faun mit schlafender Nymphe", Nr. 70, oder „Liegende Venus mit Meerfrauen", Nr. 71) über laszive Anblicke (z. B. „Balletteusen vor dem Auftritt", Nr. 37), weibliche Akte (Nr. 36, Nr. 62) bis hin zu Raubphantasien (z.b. „Raub eines Mädchens durch drei Männer", Nr. 34). Den Hauptanteil machten viele künstlerisch zweitrangige französische Landschaftsgemälde und Genrebilder aus, die wohl dem Auftrag des Gauleiters – er wollte die Kunstobjekte als Dekoration einsetzen – entsprachen.

Insgesamt überrascht, dass Justus Schmidt für Eigruber so viele „ausländische" Kunstwerke kaufte und nicht deutsche Künstler bevorzugte. Die bei den Pariser Ankäufen häufig vertretene französische Kunst des 19. Jahrhunderts wurde „in Hitlers revisionistischem Schema praktisch vollständig außer acht gelassen", um die Leistung der gleichzeitigen deutschen Malerei entsprechend hervorzuheben.[497] Allerdings ist diese Einkaufspolitik auch bei Friedrich Welz festzustellen. Auch der Ankauf eines Rodin (Nr. 101) war – wie sich gerade im Vergleich mit Welz zeigte – alles andere als außergewöhnlich.

Zu den bevorzugten Sammelgebieten der NS-Elite zählten die Alten Meister, die in der Kunstgeschichte seit jeher hoch geschätzt wurden. Bei den Nationalsozialisten spielte dabei der nationale Chauvinismus eine wesentliche Rolle, strebten sie doch „nach dem Wiederbesitz aller von Deutschen geschaffenen oder ihnen einst gehörenden Kunstwerke".[498] Heinrich Hoffmann beklagte in einem der wenigen Artikel über das geplante „Führermuseum" in Linz ausführlich den „beschämenden Ausverkauf deutschen Kulturgutes" in der Zwischenkriegszeit, den der „Führer" 1933 „zum Stillstand brachte".[499] Eigruber ließ sich einige gotische Kunstobjekte aus Paris holen. Ein spätgotisches Tafelbild des Meisters von Mondsee (Nr. 35), das den Tod Mariens darstellte, wurde um 7.500 RM erworben, und eine spätgotische Steinmadonna (Nr. 86) um 5.000 RM. Beim Tafelbild kam noch hinzu, dass der Künstler aus dem Gau Oberdonau stammte. Es zählte zu den besonders Aufsehen erregenden Taten eines Gauleiters, wenn er ein Kunstwerk, das in seinem Machtbereich entstanden war, wieder dorthin zurückholen konnte. In einem Zeitungsartikel wurde deshalb gerade dieses

---

[497] Petropoulos, Kunstraub 307.

[498] Ebd. 23. Zur Rückholung der von Napoleon aus Deutschland verschleppten Kunstwerke und jener deutschen Ursprungs aus Frankreich, die von Propagandaminister Goebbels forciert wurde vgl. Hildegard Brenner, Die Kunstpolitik des Nationalsozialismus (Rowohlts deutsche Enzyklopädie 167/168, Reinbek 1963) 142f.

[499] Heinrich Hoffmann, Kunstwerke für die neue Galerie in Linz. In: Kunst dem Volke 14 (1943), Sonderheft zum 20. April 1943, 4-12, 5.

Tafelbild aus Mondsee hervorgehoben, „das in der Systemzeit nach Frankreich verschoben worden war und nun zu außerordentlich günstigen Bedingungen wieder zurückerworben werden konnte".[500]

## „Prinz" Juritzky und die „Lorcher Madonna"

Justus Schmidt dürfte den Pariser Vermittler seiner Ankäufe, Antonin Juritzky-Warberg, schon aus der Zeit vor 1938 gekannt haben. Juritzky wurde als einziger Sohn eines österreichischen Artillerieoffiziers am 30. August 1887 im Schloss Neuhaus bei Weißenbach (Niederösterreich) geboren. Über seine Mutter, eine geborene Baronin Warberg, betrachtete er sich als Nachfahre des Fürstenhauses Rjuric und bezeichnete sich im Pariser Exil gerne als „Prinz".[501] Nach juristischen und kunsthistorischen Studien an der Wiener Universität arbeitete Juritzky als Beamter im Dorotheum, war aber auch privat als Kunsthändler tätig. 1922 wurde er Geschäftsführer des vom Dorotheum finanzierten Krystall-Verlags, bei dem u.a. die aufwendige, von Juritzky bis 1928 redigierte Kunstsammlerzeitschrift „Belvedere" erschien. Um 1928 erwarb Juritzky die Zeitschrift „Belvedere", die dann bis 1938 im Wiener Amalthea-Verlag erschien.[502]

Nebenher baute Juritzky-Warberg eine bedeutende Kunstsammlung auf, die er 1930 in seinem Buch „Interieurs: Verwendung alter Kunstwerke zur Gestaltung moderner Innenräume" präsentierte. Diese Sammlung war zum Teil in seiner Wiener Wohnung in der Schwindgasse 15 (4. Bezirk), zum Teil in seinem Schlösschen „Mon Repos" in Gablitz im Wienerwald aufgestellt und konnte ab 1921 besichtigt werden.[503] Das Prunkstück seiner Sammlung war die so genannte „Lorcher Madonna", eine gotische Steinplastik aus dem ersten Viertel des 14. Jahrhunderts, die nach heutigem Forschungsstand eine thronende hl. Anna mit ihrem Kind Maria ist.[504] 1923

---

[500] Florian – deutsches Barockmuseum. In: Tagespost Nr. 127, 31. 5. 1941.

[501] Auf der Mitgliedskarte Nr. 5894 für den Ring österreichischer Soldaten (im Besitz der Nichte Juritzkys, Citta von Einem, München) scheint als Name auf: „Alfred Antonin Juritzky-Warberg aus dem fürstlichen Hause Rjuric".

[502] Murray G. Hall, Österreichische Verlagsgeschichte 1918-1938 II (Literatur und Leben, N.F. 28, Wien 1985) 217f.

[503] BDA Wien, Ausfuhr, Vermögensabgabe – Juritzky: Juritzky an BDA Wien (Brief vom 10. 5. 1921) und Das Jahrbuch der Wiener Gesellschaft. Hg. von Franz Planer (Wien 1929) 293. Damit erreichte Juritzky eine Befreiung von der Vermögensabgabe für seine Sammlung.

[504] Gotik Schätze Oberösterreich. Hg. v. Lothar Schultes und Bernhard Prokisch (Kataloge des Oberösterreichischen Landesmuseums N.F. 175, Linz 2002) 258 (Lothar Schultes).

kam die Steinplastik aus einer der Ennser Kirchen, vielleicht aus der Basilika St. Laurenz in Enns-Lorch, in den Besitz der Wiener Kunsthandlung Treuga, von der sie Antonin Juritzky-Warberg erworben haben dürfte.
Die Kunsthandlung Treuga war offenbar mit der Treuga-Bankgesellschaft verknüpft, deren Direktor der Kunsthistoriker und Gotikexperte Franz Kieslinger war.[505] Kieslinger dürfte 1923 die „Lorcher Madonna" für die Treuga erworben und dann an Juritzky-Warberg weiterverkauft haben. Als Kieslinger 1940 die gotische Steinplastik dem Oberösterreichischen Landesmuseum anbot, lobte er Justus Schmidt gegenüber den günstigen Preis und räsonierte rückblickend:
„Ich war grosszügig bereit jene Wertziffer beizubehalten, die ich unter den kläglichen Verhältnissen eines Gott sei Dank versunkenen Österreich gestellt hatte. Sie werden es gewiss mir glauben, dass ich unter den heutigen Verhältnissen des Reiches ein Mehrfaches leicht erzielen könnte, oder dass ich zu dem Preise, zu dem ich die frühgotische Figur verkaufte sie sehr gerne selbst besessen hätte, was ja einst der Hauptgrund war, ihr in meinem Hause Asyl zu bieten."[506]
Kieslinger bot demnach der von ihm aufgespürten Madonna „Asyl" in der von ihm geleiteten Treuga und vermittelte den Ankauf vom unbekannten Vorbesitzer. In den Ankaufsprotokollen des Oberösterreichischen Landesmuseums von 1940 heißt es diesbezüglich knapp: „Wurde 1923 an die ‚Treuga' Kunsthandlung Wien aus der Lorcher Kirche verkauft."[507] Als Kieslinger 1923 die „Madonna mit Kind" publizierte, gab er als Provenienz „Wien, Privatbesitz" an, d.h., die Steinplastik dürfte schon von der Kunsthandlung in den Besitz von Antonin Juritzky-Warberg übergegangen sein.[508]
Juritzky stellte das Prunkstück seiner Privatsammlung im Arbeitsraum seiner Wiener Wohnung auf und publizierte 1928 in der Zeitschrift „Belvedere" ein Foto des Zimmers mit der Skulptur im Mittelpunkt.[509] 1930 nahm der passionierte Kunstliebhaber das Foto in sein schon genanntes Buch „Interieurs" auf und schrieb in der Legende dazu: „Der Raum wurde gebaut, um der überlebensgroßen Madonnenstatue aus dem hohen Mittelalter die richtige Umgebung zu schaffen. Es wurde nicht versucht, einen Wohnraum

---

[505] Materialsammlung zu Franz Kieslinger des Österreichischen Biographischen Lexikons und biographische Dokumentation, Österreichische Akademie der Wissenschaften, Wien.

[506] OÖLM Archiv, Mappe KH: Zl. Kh 40/1940, Kieslinger an Schmidt (Brief vom 6. 6. 1940).

[507] OÖLM Bibliothek, Band P 19: Ankaufsprotokolle und Spendenprotokolle 1940-1950, Nr. 26/1940.

[508] Franz Kieslinger, Zur Geschichte der gotischen Plastik in Österreich (Wien 1923) Tafel 11.

[509] Belvedere 12 (1928) 45.

des Mittelalters getreulich wiederzugeben, sondern nur die Stimmungswerte der Epoche sollten festgehalten werden. Diese Bibliothek ist in einem Wiener Mietshaus eingebaut und erstand aus dem Wunsche, einen Raum zu schaffen, der die moderne Zeit und Großstadt vergessen läßt."[510] 1936 gab Juritzky-Warberg seine Wiener Wohnung auf, ließ einen Teil seiner Kunstsammlung über das Dorotheum versteigern und brachte die restlichen Kunstgegenstände in Kisten verpackt in sein Schlösschen in Gablitz.[511] 1938 ging Juritzky offenbar aus politischen Gründen in die Emigration. Er zog nach Paris, wo er politisches Asyl beantragte und am 17. November 1938 auch erhielt.[512] Inzwischen kam die „Lorcher Madonna" in das Blickfeld des Interesses von Justus Schmidt. Er wusste, dass diese bei der Versteigerung von 1936 keinen Käufer gefunden hatte, und erkundigte sich im Juni 1938 beim Dorotheum nach dem seinerzeitigen Schätzwert und Ausrufpreis.[513] Gleichzeitig schaltete er Franz Kieslinger als Mittelsmann zu Juritzky ein und vergaß dabei auch nicht, auf die Notlage des Verkäufers hinzuweisen. „Bezüglich der Ennser Madonna wäre es soch (sic!) vielleicht gut, wenn Sie sich mit Dr. Juritzky in Verbindung setzten. Vielleicht könnten Sie ihn zu einem diskutablen Preis für dieses sonst wohl schwer verkäufliche Stück bewegen."[514]
Kieslinger kannte Juritzky nicht nur vom seinerzeitigen Verkauf der „Lorcher Madonna" im Jahr 1923, sondern war von 1922 an Mitarbeiter – 1929 auch Herausgeber – von Juritzkys Zeitschrift „Belvedere". Nach dem „Anschluss" agierte er als Sachverständiger für Schätzungsgutachten und war „einer der meistbeschäftigten Kunst-Schätzmeister im frühen Nazi-Wien".[515] Kieslinger zeichnete seine Schätzgutachten mit „Dr. Franz Kieslinger, Experte des Dorotheums für mittelalterliche Kunst und emeritiertes Mitglied des Institutes für österreichische Geschichtsforschung in Wien".[516] 1940 wurde Kieslinger enger Mitarbeiter des Kunsträubers Kajetan Mühlmann in der „Dienststelle Mühlmann" in Holland und katalogisierte da-

---

[510] Antonin Juritzky-Warberg, Interieurs. Verwendung alter Kunstwerke zur Gestaltung moderner Innenräume (Zürich 1930) 8.

[511] BDA Wien, Ausfuhrabteilung, Sammlung Juritzky-Warberg: Juritzky an BDA (Brief vom 23. 10. 1946).

[512] Roche-Meredith, Juva 68.

[513] Der Schätzwert von 1936 betrug 20.000 öS, der Ausrufpreis 7.000 öS. Vgl. OÖLM Archiv, Mappe KH: Zl. Kh 273/1938, Schmidt an Dorotheum (Brief vom 17. 6. 1938) und Antwort vom 2. 7. 1938.

[514] OÖLM Archiv, Mappe KH: Zl. Kh 283/1938, Schmidt an Kieslinger (Brief vom 21. 6. 1938).

[515] Holzbauer, NS-Kunstraub 159f.; vgl. auch Brückler – Nimeth, Personenlexikon 132f.

[516] Sophie Lillie, Was einmal war. Handbuch der enteigneten Kunstsammlungen Wiens (Wien 2003) 190 und öfter.

bei die Kunstsammlung von Fritz Mannheimer, die zu den wertvollsten Privatsammlungen Europas gehörte und für das „Führermuseum" erworben wurde.[517] Zu den Käufern der von der Dienststelle Mühlmann beschlagnahmten Kunstwerke zählte u.a. die Kunsthandlung Adolf Weinmann in München und Wien, bei der Kieslinger ebenfalls mitarbeitete.[518]
Franz Kieslinger dürfte auf Schmidts Anregung hin im Sommer 1938 den Kontakt mit dem im Ausland befindlichen Juritzky-Warberg gesucht haben. Es dauerte bis Anfang 1940, ehe er den Emigranten zum Verkauf der Skulptur bewegen konnte. Am 23. Jänner 1940 ersuchte Justus Schmidt Gaukämmerer Franz Danzer um die Bewilligung des Ankaufs der Steinplastik zum Preis von 5.000 RM. Der Preis für das „Hauptwerk der Plastik Oberdonaus" wäre „niedrig, es wurde seinerzeit 10.000 S gefordert".[519] Dieser Betrag muss sich auf den Verkauf von der Kunsthandlung Treuga an Juritzky-Warberg im Jahr 1923 bezogen haben, denn er weicht deutlich von den Angaben des Dorotheums zur Versteigerung von 1936 ab.
Am 6. Februar 1940 lag die Ankaufsbewilligung vor.[520] Kieslinger gab daraufhin die Anweisung, „4200 = viertausendzweihundert Mark auf das Sperrkonto des Antonio von Juvitzky (sic!) Wien I Bösendorferstrasse 2 einzahlen zu lassen", und die restlichen 800 Mark auf sein eigenes Privatkonto. In letzterem Betrag wären „fünfhundert Mark für die Vermittlung und dreihundert Mark für das Kinderköpfchen der Madonna das mein Privateigentum ist", inkludiert.[521] Kieslinger verlangte also eine zehnprozentige Vermittlungsgebühr. Er trat zwar durchwegs mit der Adresse, zum Teil auch mit dem Briefpapier des Kunsthändlers Adolf Weinmüller (München-Wien) auf, bei dem er angestellt war, agierte aber im konkreten Fall ausdrücklich als Privatperson, und zwar als Privathändler, und nicht als Privateigentümer. Rechnet man die restlichen 4.200 RM mit der offiziellen Wertrelation 1 RM = 1,50 öS um, so blieben Juritzky 6.300 öS. Dieser Betrag war nur ein Drittel des Schätzwertes von 1936 (20.000 öS) und lag auch noch unter dem damaligen Ausrufpreis von 7.000 öS.
Am 22. März 1940 bestätigte Justus Schmidt Kieslinger gegenüber den Erhalt der Skulptur und leitete die Überweisung der beiden Beträge in die

---

[517] Vgl. Lynn H. Nicholas, Der Raub der Europa. Das Schicksal europäischer Kunstwerke im Dritten Reich (München 1997) 153. Auf dem dort abgebildeten Titelblatt des Katalogs über die Sammlung Mannheimer steht u.a.: „Mit der wissenschaftlichen Durchführung war beauftragt Dr. Franz Kieslinger".

[518] Petropoulos, Faustian Bargain 163, 194.

[519] OÖLM Archiv, Mappe KH: Zl. Kh 40/1940, Schmidt an Danzer (Brief vom 23. 1. 1940).

[520] Ebd.: Schmidt an Kieslinger (Brief vom 6. 2. 1940).

[521] Ebd.: Kieslinger an Schmidt (Brief vom 12. 2. 1940).

Wege. „Ich freue mich, dass die langwierige Angelegenheit der Erwerbung der Lorcher Madonna nun endlich zu einem guten Abschluß kam und sage Ihnen für Ihre Bemühung und ihr sehr freundliches Entgegenkommen meinen herzlichsten Dank."[522]
Die Bezeichnung „langwierig" dürfte sich dabei zumindest auf die Jahre 1938 bis 1940 bezogen haben und dokumentiert jedenfalls das anhaltende Interesse Schmidts am Erwerb der „Lorcher Madonna".
Am 31. Mai 1940 informierte die Regierungsoberkasse Linz nach Überweisung des Betrags von 4.200 RM Schmidt, dass sich Juritzky-Warberg in Athen befände und sein Bankhaus zur Weiterleitung des Geldes eine Devisenausfuhrgenehmigung benötigte. Um eine solche Genehmigung zu erhalten, wären zunächst einige Fragen zu beantworten, nämlich, ob die Statue „inländischer Herkunft" oder importiert wäre, und seit wann Juritzky „seinen ständigen Wohnsitz (Aufenthalt) in Athen hat".[523] Schmidt verwies die Regierungsoberkasse an Franz Kieslinger, der Schmidt gegenüber seine Antwort an die Regierungsoberkasse so resümierte: „Ich habe dieses Schreiben ausführlich beantwortet, in dem Sinne, dass Herr Juritzky schon mehrere Monate vor dem ‚Anschluss' sich im Auslande befindet. Wann er sich dorthin begeben hat, und wo überall er war, weiss ich nur andeutungsweise aus den Poststempeln und Marken seiner Briefe."
Kieslinger, der nun offenbar um seine Provision bangte, betonte Schmidt gegenüber erbost, dass diese Fragen „mit unserem Geschäft schon gar nichts zu tun" hätten, weil der Betrag „an das Sperrkonto des Juritzky bei dem Wiener Bankhause zu leisten" wäre.
„Wenn nun schon in der Zahlung an Juritzky irgend welche Skrupel bestehen könnten, es ist mir allerdings nicht ersichtlich warum, denn die Bank haftet ja dafür, dass nichts geschieht, was irgendwelchen Vorschriften oder Möglichkeiten widersprechen könnte, so liegt doch gar kein Grund vor, die Zahlung an mich als Arier, Parteigenossen etc. zu verzögern, ohne mir irgend eine Mitteilung zu machen, warum dies geschieht."[524]
In Vertretung des in Holland weilenden Schmidt antwortete Gustav Gugenbauer dem empörten Kieslinger, dass beide Beträge bereits am 9. April 1940 überwiesen worden wären.[525] Damit bricht der Akt im Archiv des Landesmuseums ab.

---

[522] Ebd.: Schmidt an Kieslinger (Brief vom 22. 3. 1940).

[523] Ebd.: Regierungsoberkasse an Direktion des Landesmuseums (Brief vom 31. 5. 1940).

[524] Ebd.: Kieslinger an Schmidt (Brief vom 6. 6. 1940).

[525] Ebd.: Gugenbauer an Kieslinger (Brief vom 7. 6. 1940).

Der Grund für die Sperre des Kontos war bei Juritzky, der nicht jüdischer Herkunft war, seine Emigration.[526] Das neue Devisengesetz vom 12. Dezember 1938 brachte gravierende Verfügungsbeschränkungen für Auswanderer wie Juritzky. Eine Unterscheidung nach jüdischer und nichtjüdischer Herkunft wurde dabei nicht getroffen. Verfügungsberechtigungen über so genannte „Auswandererguthaben", also Guthaben von Auswanderern bei inländischen Banken, erteilte die Devisenstelle nur nach Maßgabe der Devisenlage und nach Abgabe detaillierter Informationen und einer steuerlichen Unbedenklichkeitserklärung.[527]

Da der Besitzer Juritzky-Warberg von Athen bzw. Paris aus keinen Zugriff auf sein gesperrtes Konto hatte, ist unklar, was mit der Kaufsumme geschah. Aus den Akten des Landesmuseums geht nicht hervor, ob die Devisenstelle schließlich die 4.200 RM oder einen Teil des Betrags zur Auslandsüberweisung freigegeben hat. Die Akten der Devisenstelle Wien sind vom Archiv der Nationalbank in das Vermögenssicherungsministerium gekommen und nach Auskunft eines Mitarbeiters der Österreichischen Historikerkommission „anscheinend vernichtet" worden.[528] Im Archiv des Bankhauses Krentschker, bei dem Juritzky sein Bankkonto (Sperrkonto) hatte, sind keinerlei historische Unterlagen mehr vorhanden.[529] Nach Auskunft der einzigen noch lebenden Verwandten Juritzkys blieb kein Nachlass des „Prinzen" erhalten.[530]

Eine Inventarliste im Stiftsarchiv St. Florian, die wohl Justus Schmidt im September/Oktober 1941 angelegt hat, wirft zusätzliche Fragen auf. In dieser Liste erfasste Schmidt die 120 für den Gau Oberdonau in Paris erworbenen Kunstgegenstände. Warum er die „Lorcher Madonna" auf diese Liste setzte, soll später noch behandelt werden. Hier geht es nur um den Ankaufspreis, den Justus Schmidt zur Skulptur vermerkte. Demnach wurden für die „Lorcher Madonna" nicht 5.000 RM, sondern nur 22.000 Francs oder

---

[526] Das geht aus den vorhandenen Akten und der Literatur über Juritzky hervor. In den Akten der Vermögensverkehrsstelle (ÖStA, Archiv der Republik) gibt es folgerichtig keine Vermögensanmeldung von Juritzky-Warberg (freundliche Auskunft von Dr. Rudolf Jerabek vom 18. 2. 2003 per E-Mail).

[527] Theodor Venus – Alexandra-Eileen Wenck, Die Einziehung jüdischen Vermögens im Rahmen der „Aktion Gildemeester". Eine empirische Studie über Organisation, Form und Wandel von „Arisierung" und jüdischer Auswanderung in Österreich 1938-1941. Hg. v. der Österreichischen Historikerkommission (Wien 2002) Kap. 8.4.3.

[528] Freundliche Auskunft per E-Mail von Theodor Venus vom 1. 3. 2004.

[529] Freundliche Auskunft per E-Mail von Theodor Venus, der Zugang zum Bankarchiv hatte, vom 2. 3. 2004.

[530] Briefliche Auskunft von Citta von Einem, der Nichte Juritzkys, vom 6. 12. 2002.

1.100 RM bezahlt.[531] Warum nannte Schmidt eineinhalb Jahre nach dem Ankauf nun plötzlich diesen erheblich niedrigeren Einkaufspreis? Wurde etwa der Betrag, der am 9. April 1940 auf das Sperrkonto Juritzky überwiesen worden war, bis auf die fraglichen 300 RM wieder rücküberwiesen? Ging man bei Auswanderern ähnlich vor wie bei „Arisierungen", bei denen üblicherweise die aus „Arisierungen" auf Sperrkonten eingefrorenen Gelder dem NS-Staat verfielen und nur kleine Beträge zur bescheidenen Lebensführung und zur Ausreise freigegeben wurden?[532] Waren die 300 RM der so freigegebene Betrag bzw. der ohne besondere Genehmigung zulässige Auszahlungsbetrag? Verzichtete Juritzky daraufhin auf den Restbetrag, der so wieder an das Oberösterreichische Landesmuseum zurückging? Bekam Juritzky überhaupt je Geld für seine Statue in die Hand? Aufgrund der nur mehr fragmentarisch vorhandenen Quellen lässt sich auf diese Fragen keine verbindliche Antwort geben.

Ein Verkaufszwang dürfte bei Juritzky allem Anschein nach nicht bestanden haben. Er hatte im Gegenteil schon 1936 – also lange vor dem Gang ins Exil – die Absicht gehabt, die Madonna zu verkaufen. Ob die 1953 im Schlösschen in Gablitz lebenden Verwandten – Juritzkys Schwiegermutter und Schwägerin – auch während der Kriegsjahre dort gewohnt haben, lässt sich nicht mehr feststellen. Der erste Stock mit der Kunstsammlung stand jedenfalls ab 1943 unter Denkmalschutz.[533]

Aus der in Wien zurückgebliebenen Kunstsammlung Juritzkys kamen neben der „Lorcher Madonna" noch weitere Objekte in das Landesmuseum. Am 29. Mai 1941 erhielt Justus Schmidt offenbar als Geschenk über den Wiener Buchhändler und Verleger Johannes Katzler „Bücher vom Prinzen Antonin Juritzky".[534] Bei Katzler, der seit 1930 der NSDAP angehörte und 1938 aus dem „Altreich" nach Wien zurückkehrte, handelte es sich um den „größten Ariseur im österreichischen Buchhandel".[535] Er übernahm nach dem „Anschluss" nicht weniger als sieben jüdische Buchhandlungen und schreckte auch nicht vor Plünderungen dieser Bestände noch vor den Übernahmen zurück, wie Murray G. Hall am Beispiel des Buchhändlers und Karl-Kraus-

---

[531] StfA, Akten der RRG: Inventur-Aufnahme bei der Übergabe des Stiftes St. Florian an die Reichs-Rundfunk-Gesellschaft m.b.H. durch den Gau Oberdonau, September/Oktober 1942, Nr. 87 bzw. 114.

[532] NS-Herrschaft in Österreich. Ein Handbuch. Hg. v. Emmerich Tálos u.a. (Wien 2000) 798.

[533] BDA Wien, Ausfuhrabteilung, Sammlung Juritzky-Warberg: BDA an Bürgermeisteramt Gablitz (Brief vom 14. 9. 1953) und Antwort vom 2. 10. 1953.

[534] OÖLM Archiv, Mappe KH: Zl. Kh 223/1941 (Einlaufprotokoll). Diese Bücher scheinen weder in den Spendenprotokollen noch in den Ankaufprotokollen des Oberösterreichischen Landesmuseums auf.

[535] Hall, Verlagsgeschichte I 71.

Verlegers Richard Lányi aufzeigen konnte.[536] Wie Johannes Katzler an die Bücher aus der Bibliothek von Juritzky kam, ist nicht dokumentiert. Justus Schmidt muss angesichts der großzügigen Geste in gutem Einvernehmen mit Katzler gestanden sein. Nach Kriegsende waren im Schlösschen in Gablitz noch knapp 200 Bücher und Zeitschriftenbände vorhanden, die erst 1957 nach Paris übersiedelt wurden.[537]

Will man den Spendenprotokollen des Landesmuseums glauben, blieb Antonin Juritzky-Warberg Justus Schmidt und dem Landesmuseum wohl gesinnt. Im Spendenprotokoll von 1941 findet sich ein Stäbchenspiel (15.-18. Jahrhundert) im Wert von freilich bescheidenen 20 RM mit dem Vermerk: „Spende Prinz Antonin Juritzky Paris 1941".[538] Juritzky-Warberg hatte nach dem Verkauf der „Lorcher Madonna" – wie auch immer sein Anteil am Verkaufserlös ausgesehen haben mag – enorme Folgegeschäfte mit dem Ankäufer im Landesmuseum, Justus Schmidt. Bei den drei Pariser Einkaufsreisen von Schmidt dürfte er Vermittlungsgebühren von insgesamt etwa 26.000 RM erhalten haben.[539]

Nach 1945 betätigte sich Juritzky-Warberg in Paris als Archäologe, sah sich aber aufgrund von Manipulationen an Ausgrabungsobjekten und Fundstücken mit dem Vorwurf der Fälscherei konfrontiert. Mehr Erfolg sollte er – freilich erst posthum – als Künstler haben. Seinem Werk wurde 2002 im Museum für Art Brut („rohe, unverbildete Kunst") in Lausanne eine Ausstellung gewidmet. Als sich das Bundesdenkmalamt im Oktober 1946 nach dem Schicksal seiner Kunstsammlung erkundigte, antwortete Juritzky aus Paris:

„Mein Hauswart Herr Johann Später teilte mir mit, daß Sie anfragen, was aus meinem Besitz, Gablitz ‚Mon Repos' weggekommen ist. Die Frage kann derzeit weder ich, noch Herr Später beantworten. Ich habe von ihm lediglich erfahren, dass man Sachen aus meinem Haus weggeschleppt hat,

---

[536] Ebd. II 231: „Für ihn [Katzler] war die Buchhandlung Lányi ein Selbstbedienungsladen: er verschenkte Bücher (die ihm nicht gehörten) an die Staatspolizisten, nahm Bilder und Bücher für sich, verkaufte Bücher im Laden und steckte das Geld in seine eigene Tasche." Vgl. auch Lillie, Was einmal war 645-650 (zu Richard Lányi).

[537] BDA Wien, Ausfuhrabteilung, Sammlung Juritzky-Warberg: Bescheid Nr. 1529/57 vom 3. 6. 1957 mit Liste.

[538] OÖLM Bibliothek, Band P 18: Spendenprotokolle, Nr. 2/1941.

[539] OÖLM Archiv, Mappe KH: Zl. Kh 260/41, Schmidt an Wolff (Brief vom 8. 7. 1941). Demnach erhielt Juritzky bei den drei Parisreisen Schmidts jeweils 10% der Ankaufssumme. Bei der dritten Parisreise mit der Einkaufssumme von 100.000 RM wurde der Ankauf von drei Teppichen nicht berechnet, sodass die Vermittlungsgebühr 173.000 Francs oder 8.650 RM betrug. Rechnet man für die ersten beiden Einkäufe Schmidts mit dem gleichen Entgegenkommen Juritzkys, so ergäbe das eine Vermittlungsgebühr von insgesamt knapp 26.000 RM.

bei deren Verteidigung er eine Kopfwunde erhielt. Nach seinen Angaben wurden hauptsächlich Kleider, Küchen[-] und Tischgerät und Textilien (Teppiche) genommen.
Da meine wissenschaftlichen Kunstgegenstände noch von meiner Übersiedlung aus Wien (IV., Schwindgasse 15) in Kisten verpackt sind, so kann ich erst, wenn ich zurückgekehrt sein werde, nach der Auspackung mitteilen was fehlt, da nur ich weiß, was ich besessen habe. ... Nach meiner Rückkehr werde ich Ihnen meinen Schaden mitteilen."[540]
Juritzky kehrte aber nie in seine alte Heimat Österreich zurück und erstattete auch nie die angekündigte Schadensmeldung an das Bundesdenkmalamt.
Das Schlösschen in Gablitz wurde nach dem Tod der letzten Verwandten Ende der 1950er Jahre geräumt und verkauft. Die noch vorhandenen Einrichtungs- und Kunstgegenstände – insgesamt 129 Posten im Schätzwert von 45.000 Schilling – kamen in den Jahren 1957 und 1958 nach Paris.[541] Auch nach Empfang seiner Sammlung übermittelte der inzwischen schwer kranke Juritzky dem Bundesdenkmalamt keine Schadensmeldung. Am 7. März 1961 starb Antonin Juritzky-Warberg 73-jährig in Paris.

## Das weitere Schicksal der „Lorcher Madonna"

Die „Lorcher Madonna" kam als Wiener Ankauf zu Recht nicht auf die im Juli/August 1941 erstellte Paris-Inventarliste von Louis Adalbert Springer. In der erweiterten Paris-Inventarliste, die Justus Schmidt im September/Oktober 1941 anfertigte, scheint sie plötzlich zweifach auf, als Nr. 87 (Datierung 13. Jh.) und Nr. 114 (Datierung 14. Jh.) mit dem jeweils gleichen Einkaufspreis von 22.000 Francs (1.100 RM).[542] Warum setzte Schmidt die in Wien erworbene „Lorcher Madonna" auf die Liste der Paris-Einkäufe? Da der Einkauf erst eineinhalb Jahre zurücklag und von Schmidt selber abgewickelt worden war, ist wohl nicht von einem Versehen auszugehen. War es ein banaler Grund? Wollte er vielleicht die Steinplastik einfach nur mit den übrigen Pariser Objekten im Stift St. Florian lagern und präsentieren?

---

[540] BDA Wien, Ausfuhrabteilung, Sammlung Juritzky-Warberg: Juritzky an BDA Wien (Brief vom 23. 10. 1946).

[541] Ebd.: Ansuchen um Ausfuhrbewilligung vom 18. 5. 1957 und vom 26. 11. 1958 mit Bescheiden des BDA vom 3. 6. 1957 und vom 29. 11. 1958.

[542] StfA, Akten der RRG, Inventare VI: Verzeichnis der aus Paris im Winter 1940-1941 angekauften Kunstgegenstände.

Oder sollte das Objekt als Import aus Paris ausgegeben werden, um die Finanzbehörde in die Irre zu führen und eine Devisenausfuhrgenehmigung für den nunmehr in Paris ansässigen Juritzky zu erwirken? Die Statue kam jedenfalls nach St. Florian. Im St. Florianer Gesamtinventar, das im September 1942 begonnen wurde, scheint die „Lorcher Madonna" irrtümlich zweifach auf, einmal als Nr. 3012 mit dem Aufbewahrungsort Raum 53, Heizergang, und einmal als Nr. 3620, „in Kiste verpackt", im Turnsaal, also offenbar zum Abtransport bereit.[543] In beiden Fällen wird als Provenienzhinweis „Par.?" angegeben; die Pariser Herkunft wurde also zu Recht in Frage gestellt. 1945 kam die in Wien erworbene Skulptur nicht mit den eigentlichen Paris-Objekten nach Frankreich zurück, sondern verblieb im Landesmuseum.

In den schriftlichen Dokumenten des Landesmuseums zur Provenienzgeschichte der „Lorcher Madonna" gab es, ungeachtet der eindeutigen Sachlage aufgrund der Korrespondenz Justus Schmidts mit Franz Kieslinger, von Anfang an eine Spurenverwischung. In den Ankaufsprotokollen von 1940 wurde vermerkt: „Ankauf Dr. F. Kieslinger Wien 1940 (5000.-)".[544] Damit konnte der Eindruck entstehen, der Ankaufsvermittler Franz Kieslinger wäre der Eigentümer und Vorbesitzer der Skulptur gewesen. Ergänzend dazu hieß es: „Wurde 1923 an die ‚Treuga' Kunsthandlung Wien aus der Lorcher Kirche verkauft."[545] Der langjährige Besitzer Antonin Juritzky-Warberg wurde völlig ausgeblendet. Die gleiche Darstellung findet sich auch auf dem Objektkarteiblatt der „Lorcher Madonna".[546]

Der Einkäufer selbst, Justus Schmidt, hielt sich 1940 in einem Zeitungsartikel über die Neuerwerbung bedeckt. „Dieses Bildwerk gelangte im Jahre 1923 aus der Kirche von Lorch in Wiener Privatbesitz und konnte nunmehr aus diesem wieder nach Oberdonau zurückgebracht werden."[547] 1947 führte Schmidt als Leiter der Kunsthistorischen Abteilung auf der von der amerikanischen Militärbehörde angeforderten Liste aller Kunsteinkäufe zwischen 1938 und 1945 die „Lorcher Madonna" mit korrekter Inventarnummer und dem ursprünglichen Einkaufspreis von 5.000 RM an, nannte als Material

---

[543] Ebd.: Inventur-Aufnahme bei der Übergabe des Stiftes St. Florian an die Reichs-Rundfunk-Gesellschaft m.b.H. durch den Gau Oberdonau, September/Oktober 1942.

[544] OÖLM Bibliothek, Band P 19: Ankaufsprotokolle und Spendenprotokolle 1940-1950, Nr. 26/1940.

[545] Ebd. Der Weg der „Madonna" wäre demnach gewesen: Lorch (Enns) – Kunsthandel in Wien – Kieslinger – Oberösterreichisches Landesmuseum.

[546] OÖLM, KH: Objektkarteiblatt Nr. I S 400.

[547] Justus Schmidt, Kunst des Mittelalters. Die Lorcher Madonna – Eine Neuerwerbung des Landesmuseums. In: Volksstimme Nr. 96, 7. 4. 1940.

aber Sandstein und nicht Holz.[548] In einer offiziellen Würdigung zum Abschied von Justus Schmidt vom Landesmuseum im Jahr 1949 wurde die „Lorcher Madonna" zu seinen „wesentlichen Neuerwerbungen" gezählt.[549] 1958 folgten Otfried Kastner und Benno Ulm in ihrem Buch „Mittelalterliche Bildwerke im Oberösterreichischen Landesmuseum" der falschen Fährte in den Ankaufsprotokollen und kamen so in Unkenntnis der im Archiv des Landesmuseums aufliegenden Korrespondenz Schmidts mit Kieslinger zu einer unverfänglichen Provenienzgeschichte.
„Das Werk soll aus einer der Kirchen von Lorch (Enns) stammen. Es wurde 1923 nach Wien verkauft und konnte 1940 um RM 5000.- aus dem Besitz F. Kieslingers, Wien, der es von der Treuga-Kunsthandlung in Wien erworben hatte, erstanden werden."[550]
Damit mutierte der Ankaufsvermittler Kieslinger endgültig zum Vorbesitzer. Weiters wurde vorgegeben, Kieslinger hätte die „Madonna" im Jahr 1923 regulär aus dem Kunsthandel erworben und dann an das Landesmuseum weiterverkauft. Diese verdrehte Darstellung blieb in der Folgezeit unwidersprochen.[551]

## Geschenke, Entlehnungen und Verlagerungen bis 1945

Ungeachtet der Finanzierung des Einkaufs durch öffentliche Gelder verfügte Gauleiter Eigruber nach eigenem Gutdünken über die Pariser Kunstgegenstände. Er schenkte sie nach Belieben an öffentliche Institutionen oder an Privatpersonen, um Anerkennung auszudrücken und sich die Loyalität der Untergebenen zu sichern. Einzelne Objekte ließ er auch in seine Amtsräume nach Linz bringen.
Die Wege der einzelnen Kunstwerke sind aufgrund des Verlustes der Zentralkartei von Gaukämmerer Danzer nur mehr schwer nachzuzeichnen.

---

[548] OÖLM Archiv, Mappe KH: Zl. Kh 169/1947, Schreiben des Bundesministeriums für Unterricht zur Anforderung von Listen aller Zuwendungen von Käufen und Kunstgegenständen nach 1938 durch die amerikanische Besatzungsmacht vom 19. 4. 1947 und Schmidt an die amerikanische Militärregierung (Brief vom 30. 5. 1947 mit Liste von 8 Gemälden und 9 Skulpturen).

[549] Franz Pfeffer, Direktionsbericht 1949. In: JbOÖM 95 (1950) 9-14, 13.

[550] Otfried Kastner – Benno Ulm, Mittelalterliche Bildwerke im Oberösterreichischen Landesmuseum (Linz 1958) 24f.

[551] Im internen Forschungsendbericht zur Geschichte des Oberösterreichischen Landesmuseums in der NS-Zeit (Rückgabe von Kunstgegenständen) wurde die „Lorcher Madonna" nicht diskutiert. Lothar Schultes ging 2002 in seinem Katalogaufsatz zur Skulptur nicht auf die Provenienzgeschichte ein. Vgl. Gotik Schätze Oberösterreich 258 (Lothar Schultes).

Die Angaben auf den im Stiftsarchiv St. Florian vorhandenen Inventarlisten von Schmidt und Springer und auf Abschriften dieser Listen sind zum Teil ungenau und widersprüchlich. Selbst den französischen Militärbehörden gelang es 1945 nicht, die Verlagerungen der einzelnen Kunstwerke lückenlos zu rekonstruieren.

Zu einem unbekannten Zeitpunkt ließ Gauleiter Eigruber fünf Gobelins (Nr. 1, 2, 4, 7 und 10) in das Linzer Landhaus transportieren. Nur für den Gobelin Nr. 10 ist über einen Vermerk auf der Schmidt-Inventarliste als Abholdatum von St. Florian der 9. September 1942 zu ermitteln. Die Gobelins Nr. 1 („Fürstliche Jagdgesellschaft", 16. Jh.) und Nr. 7 („Monatsdarstellung September: Weinlesefest", 17. Jh.) waren im Gauleitersaal aufgehängt.[552] Das Porträt einer schwarzhaarigen Französin in rotem Kostüm von Dietz Edzard (nach 1900, Nr. 38) kam zusammen mit einem Blumenstück von Achille Emile Othon Friesz (1937, Nr. 57) am 28. Mai 1942 von St. Florian in Amtsräume des Landhauses.[553]

Am 10. Februar 1942 informierte Gaukämmerer Danzer den Verwalter O'Donnell in St. Florian von einer großzügigen Geste des Gauleiters Eigruber gegenüber seiner Heimatstadt Steyr.

„Der Gauleiter hat dem Oberbürgermeister der Stadt Steyr die leihweise Übergabe einiger Gobelins aus den Pariser Käufen, die derzeit in St. Florian verwahrt werden, zugesichert. Oberbürgermeister RANSMAYR wird sich daher demnächst zusammen mit dem Architekten Tüchler die in St. Florian befindlichen Gobelins ansehen und die notwendige Auswahl treffen. Ich bitte, den beiden Herren hiebei an die Hand zu gehen."[554]

Den verschiedenen Paris-Inventarlisten zufolge dürften die Gobelins Nr. 5 und Nr. 6 und die niederländischen Gemälde Nr. 54 und Nr. 60 (samt Gipsrahmen Nr. 82) in das Schloss Lamberg in Steyr gekommen sein.[555] Der Gobelin Nr. 5 mit einer ländlichen Jahreszeitdarstellung des Sommers

---

[552] „Catalogue des MNR", OAR 480 und OAR 66. Hier wird der Gauleitersaal irrtümlich in das Stift St. Florian lokalisiert. Der Gobelin Nr. 7 kam später zur Restaurierung nach Wien.

[553] Vgl. Schmidt-Inventarliste (getippte Durchschrift im StfA, Akten der RRG, Inventare VI: Verzeichnis der aus Paris im Winter 1940 – 1941 angekauften Kunstgegenstände) und OÖLA, HistFdRO, Sch. 4: Verzeichnis der im Auftrag von Oberreg. Rat Dr. Fellner nach Linz gesandten französischen Bilder vom 28. 5. 1942.

[554] StfA, Akten der RRG, Verwalter O'Donnell: Danzer an O'Donnell (Brief vom 10. 2. 1942). Hervorhebung wie im Original.

[555] Einer der Gobelins wurde am 27. Juli 1942 aus St. Florian abgeholt, weitere Kunstgegenstände am 11. August und am 14. Oktober 1942 (Gemälde Nr. 60). StfA, Akten der RRG, Gustav Schwaiger: undatiertes Notizblatt; zum Gemälde Nr. 60 auch ebd., Allgemeine Korrespondenz II: Somzée an Schwaiger (Brief vom 14. 10. 1942).

nach Brueghel aus dem 17. Jahrhundert schmückte den dortigen Hochzeitssaal.[556] Gauleiter Eigruber hatte die mit Barockaltären ausgestattete gotische Kapelle des Schlosses Lamberg völlig räumen und in ein Standesamt umbauen lassen.[557] Die Gobelins Nr. 13 und 14 wurden nach einem Vermerk in der Schmidt-Inventarliste ebenfalls für Steyr ausgewählt, aber offenbar nie dorthin transportiert.

Das Landesmuseum erhielt vom Gauleiter mit Abstand die meisten Pariser Kunstgegenstände zugeteilt. Die am 28. Mai 1942 nach Linz transportierten Gemälde „Drei Grazien stützen mit erhobenen Armen ein Becken, auf dem ein Genius mit Fackel ruht" (Frankreich, um 1870-80, Nr. 32), „Balletteusen vor dem Auftritt" von Marcel Cosson (nach 1900, Nr. 37), „Mythologische Eberjagd" von Théodore Chassériau (19. Jh., Nr. 53) und „Blumenstrauß in Vase" von Dietz Edzard (1938, Nr. 63) fanden sich nach Kriegsende im Landesmuseum Linz, dazu noch ein allegorisches Gemälde der Künste und Wissenschaften (niederländisch, 16. Jh., Nr. 54) und drei spätgotische Steinmadonnen (Nr. 83?, Nr. 86/113 und Nr. 87/114).[558] Zu einem unbekannten Zeitpunkt übergab der Gauleiter auch ein grün glasiertes Ofenmodell mit Reliefverzierungen (17. Jh., Nr. 116) an das Landesmuseum.[559] Nach den Paris-Inventarlisten landeten weiters im Landesmuseum: eine Gliederpuppe mit Perücke (19. Jh., Nr. 84), zwei Elfenbeinlöwen (13. Jh., Nr. 121), ein Tragaltar (angeblich 13. Jh., Nr. 115), ein Elfenbeindudelsack (18. Jh., Nr. 118), eine alpenländische Holzmaske (Nr. 119), drei koptische Gegenstände (6. Jh., Nr. 112, 117 und 120) und möglicherweise auch eine Kassette mit Zaubergeräten (Nr. 89).[560] Zwei kleinere Kunstobjekte, die angeblich auf einem Pariser Flohmarkt um je 5 RM erworben worden waren, gelangten offenbar nicht in die Pariser Inventarlisten, weil sie zuvor schon an das Landesmuseum geschenkt worden waren: ein Modell eines Pfluges (um 1800) und eine Kassette mit Probegläsern für Brillen (um 1850).[561] Dazu kamen noch die bereits erwähnten Erwerbungen aus der dritten Parisreise

---

[556] „Catalogue des MNR", OAR 60.

[557] Vgl. BDA Wien, BDA allgemein, Karton 23, Jahresberichte 1947: Franz Juraschek, Denkmalpflege in O.Ö. 1943-1946, 3.

[558] OÖLA, HistFdRO, Sch. 4: Verzeichnis der im Auftrag von Oberreg. Rat Dr. Fellner nach Linz gesandten französischen Bilder vom 28. 5. 1942 und StfA, Akten der RRG, Gustav Schwaiger: Somzée (?) an Schwaiger (undatierter Brief).

[559] OÖLM Bibliothek, Band P 19: Ankaufsprotokolle und Spendenprotokolle 1940-1950, Nr. 12/1941 mit dem Vermerk: „Ankauf Paris 1941 (20.-) von d. Gauleitung übernommen". Als Wert wird 200 RM angegeben. Das dazugehörige Objektkarteiblatt trägt die Nr. K 1031.

[560] Tragaltar ebd. Nr. 15/1941.

[561] Ebd. Nr. 6 und 7/1941.

Schmidts für das Landesmuseum: „12 Marionettenfiguren, eine ägyptische Steinvase und eine Statue, stehender Knabe."[562] Zu diesen 23 Gegenständen sollten später noch sechs weitere aus dem St. Florianer Depot kommen, auf die gleich einzugehen sein wird.
Gauleiter Eigruber zeigte sich auch seinen Mitarbeitern gegenüber erkenntlich. Das Gemälde „Waldbach mit felsigen Ufern" eines unbekannten französischen Künstlers (Nr. 46) ging wohl durch Schenkung in den Besitz seines Kulturbeauftragten Anton Fellner über.[563] Von Fellners Wohnung verschwand es zum Kriegsende. Auch zwei ägyptische Kleinbronzen (Nr. 90 und 105) kamen in Fellners Wohnung und waren dort 1945 laut Vermerk auf der Schmidt-Inventarliste nicht mehr auffindbar. Das französische Gemälde „Fischer am Fluss (Sonnenaufgang)" (um 1900, Nr. 74) gelangte wohl ebenfalls als Schenkung des Gauleiters in das Eferdinger Privathaus des stellvertretenden Gauleiters Christian Opdenhoff.
Am 9. Juli 1942 ließ Gauleiter August Eigruber einen französischen Rundteppich (um 1810, Nr. 20) aus dem Altomontesaal in St. Florian nach Linz holen, um ihn dem Reichsführer-SS Heinrich Himmler zu schenken. Himmler hatte sich den Teppich vom Gauleiter bei einem persönlichen Besuch im Stift St. Florian, der im Mai oder Anfang Juni 1942 stattgefunden haben dürfte, erbeten. Vielleicht ließ er sich damit für die maßgebliche Beteiligung der SS bei der Beschlagnahme des Stifts St. Florian entlohnen. Als der in Paris gekaufte Teppich auf sich warten ließ, forderte der Reichsführer-SS den SS-Gruppenführer Ernst Kaltenbrunner auf, Gauleiter Eigruber „in entsprechender Form ebenso humoristisch wie dringend" an die Einhaltung des Versprechens zu erinnern. Mit Erfolg, wie sich zeigte. Am 3. August meldete Gauleiter Eigruber an Heinrich Himmler die Absendung des Rundteppichs, der am 15. August 1942 auf der Wewelsburg, der Forschungsstätte und repräsentativen Zentrale des SS-Ordens, eintraf. Dort wurde der Teppich laut Burghauptmann Siegfried Taubert „gereinigt, entmottet und im neuen Museum (unten im Wachgebäude) sachgemäß untergebracht".[564]

---

[562] OÖLM Archiv, Mappe KH: Zl. Kh 260/41, Schmidt an Gestapo Berlin (Brief vom 3. 9. 1941).

[563] OÖLA, HistFdRO, Sch. 4: Verzeichnis der im Auftrag von Oberreg. Rat Dr. Fellner nach Linz gesandten französischen Bilder vom 28. 5. 1942.

[564] Ebd. und Kulturbeauftragter des Gauleiters an O'Donnell (Brief vom 6. 7. 1942); BAB, NS 19, Nr. 2787: SS-Obergruppenführer Wolff an SS-Gruppenführer Kaltenbrunner (Brief vom 18. 6. 1942) und Antwort vom 30. 6. 1942, Gauleiter Eigruber an Reichsführer-SS Himmler (Brief vom 3. 8. 1942), Burghauptmann Taubert an Wolff (Brief vom 18. 8. 1942), Himmler an Eigruber (Brief vom 7. 9. 1942); vgl. auch Rudolf Zinnhobler, Ein Teppich für Heinrich Himmler. Eine kleine Dokumentation als Beitrag zur Geschichte des Chorherrenstiftes St. Florian in der NS-Zeit. In: Neues Archiv 2 (1982/83) 19-23.

Im Zuge der endgültigen Verpachtung des Stifts St. Florian an die Reichsrundfunkgesellschaft im September 1942 stellte sich auch die Frage nach dem weiteren Schicksal der noch im Stift ausgestellten oder deponierten, aber dem Gau gehörenden Kunstgegenstände. Im Folgenden geht es nur um die Pariser Kunstobjekte, während an anderer Stelle die übrigen Kunstgegenstände zu behandeln waren. In einer persönlichen Besprechung von Gaukämmerer Danzer und Reichsrundfunkintendant Glasmeier am 18. September einigte man sich bezüglich der Pariser Objekte dahingehend, dass jede Partei die ihr wichtigen Objekte benennen sollte. Die letzte Entscheidung läge beim Gaukämmerer.[565]

Bei seiner Auswahl ließ sich Glasmeier auch vom einstigen Augustiner-Chorherrn Johannes Hollnsteiner beraten. Er übermittelte ihm eine Inventarliste Springers, auf der Hollnsteiner die ihm für die Ausstattung des Stifts St. Florian bedeutsam scheinenden Stücke anhakte. „In Beilage übermittle ich Ihnen das Verzeichnis der Pariser-Ankäufe. Die Gegenstände die mir wesentlich und beachtenswert erscheinen, habe ich rot angehackt. Wie mit Ihnen besprochen habe ich die Gemälde dabei ausser Betracht gelassen, da es kaum dafür steht sich dafür zu interessieren."[566]

Am 14. Dezember 1942 wählte Heinrich Glasmeier aus der 107 Posten umfassenden Inventarliste Springers 30 Objekte „zur Einrichtung der Florianer Räume" aus, darunter auch zehn Gemälde. Glasmeier hatte es auf die wertvollsten Stücke abgesehen. Auf seiner Auswahlliste fehlte weder das teuerste Objekt, der nordfranzösische Gobelin Nr. 7, noch das spätgotische Tafelbild des Meisters von Mondsee (Nr. 35).[567]

Anlässlich einer Besichtigung des Barockmuseums hielt Justus Schmidt am 14. Mai 1943 u.a. jene Pariser Kunstgegenstände fest, die von der Verpachtung des Stifts St. Florian an die Reichsrundfunkgesellschaft ausgenommen sein und somit dem Landesmuseum zufallen sollten: ein Gobelin (Nr. 17), das Tafelbild „Tod Mariens" des Meisters von Mondsee (Nr. 35), ein Zauberkasten (Nr. 89) und ein Zinögger-Gemälde (Nr. 110). Der Einkäufer Schmidt verzichtete somit auf den Großteil der von ihm in Paris erworbenen Kunstgegenstände, die er offenbar jetzt selbst für zweitklassig hielt.

Am 10. Juli 1943 traf Gaukämmerer Danzer in Anlehnung an die Wunschliste von Schmidt seine Entscheidung. Von den Paris-Gegenständen bean-

---

[565] StfA, Akten der RRG, Allgemeine Korrespondenz II: Gedächtnisvermerk Schwaigers vom 18. 9. 1942.
[566] Ebd.: Hollnsteiner an Glasmeier (Brief vom 15. 9. 1942).
[567] StfA, Akten der RRG, Allgemeine Korrespondenz III: Glasmeier an Danzer (Brief vom 14. 12. 1942, Beilage).

spruchte Danzer über die Vorauswahl Schmidts hinaus noch die Gliederpuppe (Nr. 84). Das bemalte Spinett aus dem 17. Jahrhundert (Nr. 94) sollte als Leihgabe des Landesmuseums in St. Florian bleiben.[568] Mit dieser Lösung konnte die Reichsrundfunkgesellschaft leben. Am 17. August 1943 teilte Schwaiger dem Gaukämmerer mit, dass die vom Gau reklamierten Objekte zum Abtransport bereit stünden. Nur über das spätgotische Tafelbild „Tod Mariens" (Nr. 35) wollte Glasmeier noch verhandeln. Der handschriftliche Vermerk „von RI freigegeben" zeigt aber, dass Glasmeier letztlich dem Wunsch des Gaus nachgab.[569]

Der Reichsintendant wusste mit den vielen künstlerisch durchschnittlichen Kunstwerken aus Paris, die ihm verblieben waren, nicht viel anzufangen. Am 18. Oktober 1943 ließ er über seinen Mitarbeiter Fischer Gaukonservator Juraschek mitteilen: „Weiter hat der Reichsintendant kurzfristig angeordnet, dass im Laufe der letzten Woche alle Kunstwerke und Möbel, an deren weiterem Besitz er kein unmittelbares Interesse hat, zusammengestellt und dem Gau über die von diesem selbst angeforderten Sachen hinaus zum Abtransport gemeldet werden sollen."[570]

Glasmeier ließ in jenem Exemplar des St. Florianer Gesamtinventars, das die Reichsrundfunkgesellschaft benutzte, bei 19 Pariser Kunstwerken den Vermerk „zu entfernen" eintragen.[571]

Zu einem unbekannten Zeitpunkt, vermutlich noch im Jahr 1943, kamen die vom Gau ausgewählten fünf Pariser Kunstwerke wohl in das Landesmuseum, während die von Glasmeier verschmähten Pariser Werke hauptsächlich im Schloss Eferding deponiert wurden. Nach einer undatierten Liste gelangten 28 Gemälde, acht Skulpturen, ein Spinett, vier Gobelins und neun weitere Objekte, also insgesamt 58 Kunstgegenstände aus den Pariser Einkäufen, nach Eferding.[572] Laut Vermerken auf der Springer-Inventarliste folgten wohl im Zuge der Bergung noch die Gobelins Nr. 2 und 4 aus Linz und der Gobelin Nr. 3 sowie die Gemälde Nr. 70 und 71 aus St. Florian. Ein mit 25. April 1945 datiertes Verzeichnis der im zweiten Transport von

---

[568] Ebd. Allgemeine Korrespondenz VIII: Danzer an RRG (Brief vom 10. 7. 1943 mit Auswahlliste).

[569] Ebd.: Schwaiger an Danzer (Brief vom 17. 8. 1943 mit Auswahlliste).

[570] Ebd., Korrespondenz Eugen Kurt Fischer: Fischer an Juraschek (Brief vom 18. 10. 1943).

[571] Es handelte sich um die Gobelins Nr. 9, 11 und 12, um die Teppiche Nr. 20 und 21 sowie um die Gemälde Nr. 29, 30, 31, 45, 48, 51, 52, 61, 62, 67, 70, 71, 114 und Inv. Nr. 3007.

[572] StfA, Akten der RRG, Inventare VI: Verzeichnis der nach Eferding gebrachten Bilder. Demnach handelte es sich um die Gemälde Nr. 29, 30, 31, 39, 40, 42, 43, 44, 45, 47, 48, 49, 51, 52, 55, 56, 58, 59, 61, 62, 64, 65, 66, 67, 68, 72, Nr. 111 und Inv. Nr. 3007, die Skulpturen: Nr. 75, 83, 87, 88, 92, 93 und 114, das Spinett Nr. 94, die Gobelins: Nr. 9, 11, 12 und 20 und weitere Kunstgegenstände mit den Nummern 76, 77, 79, 80, 81, 91, 106, 107 und Inv. Nr. 3004.

Kunstschätzen zur Bergung nach Altaussee gebrachten Objekte enthält von den Pariser Gegenständen schließlich eine Steinskulptur einer Heiligen (15. oder 18. Jh., Nr. 103).[573] Somit dürften sich bei Kriegsende nur mehr gut ein Dutzend Pariser Kunstgegenstände im Stift St. Florian befunden haben.

## Die Restitution der Pariser Ankäufe nach 1945

Die in St. Florian deponierten Kunstgegenstände aus Paris wurden im Mai 1945 von amerikanischen Truppen aufgefunden. Die Amerikaner übernahmen einige dieser Objekte zur Ausstattung von Amtsräumen. So kamen sechs barocke Armlehnsessel (Nr. 95-100) in die Villa von General Macon nach Linz. Ein Gobelin aus dem 15. Jahrhundert (Nr. 1), der im Gauleitersaal des Linzer Landhauses gehängt war, blieb in einem der dortigen Dienstzimmer in Verwendung.[574]

Am 24. Juli 1945 besuchte ein französischer Offizier St. Florian und informierte Colonel (Oberst) Georges Henri Brissaud-Desmaillet von der Bedeutung des aus Frankreich stammenden und hier gelagerten Kunstbestands. Daraufhin setzten monatelange, intensive Erhebungen nach dem Verbleib der übrigen Pariser Objekte ein, von denen die verschiedenen Inventarlisten mit den jeweiligen handschriftlichen Ortsangaben im Stiftsarchiv St. Florian Zeugnis ablegen.[575] Als Auskunftspersonen in St. Florian dienten Johannes Hollnsteiner und Gustav Schwaiger, der ehemalige Verwalter der Reichsrundfunkgesellschaft, der sich mit seinen Angaben offenbar Zeit ließ. Am 29. November 1945 ermahnte die amerikanische Property-Control-Stelle im Linzer Landhaus Schwaiger:

„Betrifft: Verzeichnis von in Paris für Gauleiter Eigruber angekauften Kunstgegenständen
Sie werden ersucht, die Ihnen in St. Florian persönlich übergebenen Listen nach Durchführung der erforderlichen Erhebungen nunmehr ehestmöglich anher vorzulegen."[576]

---

[573] StfA, Akten der RRG, Inventare VI: Brucknerstift St. Florian – Zweiter Transport von Kunstschätzen zur Bergung bei Altaussee.
[574] Vgl. „Catalogue des MNR", OAR 134-139 und OAR 66.
[575] StfA, Akten der RRG, Inventare VI.
[576] Ebd.: Property Control (Dr. Wilhelm-Heininger) an Schwaiger (Brief vom 29. 11. 1945).

Als die Antwort weiter auf sich warten ließ, erinnerte der Vermögenskontrolloffizier am 20. Dezember 1945 Schwaiger an die schnellstmögliche Erledigung der geforderten Aufgabe.[577] Nach ihrer Lokalisierung wurden alle Pariser Objekte offenbar vom aktuellen Lagerungsort (Schloss Eferding bzw. Linz) wieder zum ursprünglichen Aufbewahrungsort, dem Stift St. Florian, zurücktransportiert und dort geschlossen der französischen Militärbehörde übergeben. Jedes Gemälde wurde auf der Rückseite mit einer Etikette beklebt, auf der mit Schreibmaschine das Übergabedatum, der Übergabeort und eine Transportnummer getippt war. Beim Gemälde Nr. 35a lautete der Text z.b.: „12 juin 1946 Linz Stift Österreich Dépôt de St Florian caisse n° 12".[578]

Die französischen Ansprüche gründeten sich auf die Londoner Deklaration vom 5. Jänner 1943, wonach alle Eigentumsveränderungen, die während der deutschen Besetzung in Frankreich zustande gekommen waren, ob durch Raub, Plünderung oder durch anscheinend legale Transaktionen, keine Gültigkeit hatten. Die außer Landes gebrachten Kunstgegenstände mussten deshalb nach 1945 entschädigungslos in ihr Herkunftsland zurückgeführt werden.[579]

Die Vorgänge rund um die Auffindung und Restitution der Pariser Ankäufe des Gauleiters Eigruber sind im Einzelnen nur schwer zu rekonstruieren. Bei den Restitutionsmaterialien des Bundesdenkmalamts Wien sind keine auf diese Ankäufe bezüglichen Archivalien erhalten geblieben.[580] Die bereits erwähnten Anmerkungen auf den St. Florianer Inventarlisten sind wertvoll, aber nur lückenhaft und oft widersprüchlich. Als hilfreich erwies sich die im Internet veröffentliche Dokumentation „Catalogue des Musées nationaux Récupération (MNR)", die alle nach Frankreich restituierten und noch immer in öffentlichen Museen deponierten, also noch nicht an die rechtmäßigen Besitzer weitergegebenen Kunstgegenstände auflistet und quellenmäßig dokumentiert. Hier konnten auch 26 der insgesamt 123 Pariser Objekte aus dem Ankauf des Gauleiters Eigruber aufgefunden werden.[581]

---

[577] Ebd.: Ders. an Schwaiger (Brief vom 20. 12. 1945).

[578] „Catalogue des MNR", MNR 255.

[579] Vgl. die Dokumentation zum „Catalogue des MNR", die u.a. den Text der Londoner Deklaration enthält.

[580] Das ergab eine Durchsicht im BDA Wien, Restitutionsmaterialien, Karton 21 (Kunstgegenstände aus Frankreich), Karton 23/2 (Restitution Fremdstaaten I: USA, diverse europäische Staaten) und Karton 23/3 (Restitution Fremdstaaten II: USA, diverse europäische Staaten).

[581] Für den Hinweis auf diese Datenbank (www.culture.fr/documentation/mnr/pres.htm) danke ich Gerhard Plasser (Salzburg). Der Datenbankkatalog ist noch in Arbeit und wird ständig erweitert. Die letzte Datenbankabfrage erfolgte am 8. August 2006. Mehrere schriftliche Anfragen des Verfassers an Mitarbeiter

Am 18. August 1945 kamen laut Vermerken auf den St. Florianer Inventarlisten die ersten Gegenstände aus dem Schloss Eferding zurück: die Gobelins Nr. 2, 3 und 4 sowie die Gemälde Nr. 48, 51, 56, 58, 59 und 67. Am 14. Dezember 1945 wurden auf einem Rundgang die im Beichtgang des Stifts St. Florian aufgestellten Pariser Gegenstände erfasst. Die Inspektion des Kunstdepots in St. Florian erfolgte am 16. und 17. Jänner 1946 durch den Kunsthistoriker Boris Lossky, den Repräsentanten der Commission de Récupération Artistique (Kommission zur Wiedererlangung künstlerischer Werke) in Österreich. Diese Kommission war im November 1944 offiziell eingesetzt worden und hatte die aus Frankreich entwendeten Kunstwerke zu identifizieren. Die eigentliche Restitution erfolgte über die Ämter des Außen- und Finanzministeriums, meist über das Office de Biens et Intérêts Privées, kurz OBIP (Dienststelle für Güter und Interessen von Privatpersonen).[582]

Boris Lossky legte seinen Bericht über die für den Gauleiter angekauften Pariser Kunstobjekte am 4. April 1946 vor. Der Großteil der Kunstgegenstände, die durch die französische Restitutionskommission sichergestellt worden waren, kam am 20. Juni 1946 mit dem ersten Linzer Transport nach Paris zurück.[583] Die Rückgabe erfolgte nicht über das Zentralkunstdepot München, wie eine Durchsicht der entsprechenden Transportlisten nach Frankreich zeigte.[584] Als Justus Schmidt Anfang Juli 1946 von der Oberösterreichischen Landeshauptmannschaft zur Anmeldung der nach Österreich verschleppten Vermögenswerte aufgefordert wurde, füllte er für die Pariser Objekte keine Anmeldungserklärung mehr aus, sondern antwortete summarisch: „Die vom ehemaligen Reichsgau Oberdonau in Frankreich angekauften Kunstgegenstände wurden laut Weisung der amerikanischen Militärregierung an die französische Militärregierung ausgefolgt."[585] Am 17. März 1947 notierte Gustav Schwaiger, dass alle im St. Florianer Gesamtinventar „mit dem Vermerk .....Par (Paris) bezeichneten Stücke auf Veranlassung der französischen Mil. Mission für Kunstwerte bereits abtrans-

---

des „Catalogue" mit der Bitte um archivalische Unterstützung bezüglich der Restitutionen aus St. Florian blieben leider unbeantwortet.

[582] Nicholas, Raub 542f.

[583] Laut „Catalogue des MNR" (Abfrage vom 8. August 2006) waren das nachweislich Nr. 2 (OAR 74), Nr. 3 (OAR 62), Nr. 5 (OAR 60), Nr. 6 (OAR 57), Nr. 8 (OAR 73), Nr. 9 (OAR 78), Nr. 10 (OAR 76), Nr. 11 (OAR 75), Nr. 12 (OAR 77), Nr. 13 (OAR 72), Nr. 14 (OAR 91), Nr. 15 (OAR 70), Nr. 16 (OAR 63), Nr. 18 (OAR 577), Nr. 25 (ER 2), Nr. 35a (MNR 255) und die Nummern 95-100 (OAR 134-139).

[584] BAK, B 323, Sch. 536, 537 und 538 (Information Lists: Rückgabe der Kunstgüter an Frankreich).

[585] OÖLM Archiv, Mappe KH: Zl. Kh 181/1946, OÖ. Landeshauptmannschaft an OÖLM (Brief vom 1. 7. 1946) und Antwort von Justus Schmidt vom 9. 7. 1946.

portiert" worden wären.[586] Zwei Monate später suchten französische Kunstoffiziere in Kremsmünster noch einmal „Reste französ. Kunstschätze".[587] Tatsächlich mussten einzelne Kunstobjekte noch lange auf ihre Rückkehr nach Paris warten. Ein Gobelin des 15. Jahrhunderts (Nr. 1), der von den Amerikanern zur Dekoration der eigenen Amtsräume verwendet worden war, kam über den Collecting Point München erst mit dem 37. Münchener Transport am 1. Juli 1949 nach Paris.[588] Der Gobelin Nr. 7, der sich zu Kriegsende zur Restaurierung in Wien befunden hatte, und der Gobelin Nr. 4 kamen ebenfalls erst später zurück; ein genaues Datum lässt sich nicht mehr feststellen.[589] Am längsten dauerte die Heimreise für das spätgotische Tafelbild „Tod Mariens" (angeblich ein Werk des Meisters von Mondsee), das 1943 ein Zankapfel zwischen Justus Schmidt und Heinrich Glasmeier gewesen war. Justus Schmidt meldete gegenüber den französischen Behörden das Interesse des Landesmuseums am weiteren Besitz des Tafelbilds an und führte dabei wohl die Entstehung des Kunstwerks in Oberösterreich ins Treffen. Boris Lossky, der Kulturoffizier der französischen Militärregierung in Österreich, zeigte sich kooperativ und überließ Justus Schmidt das Mondseer Tafelbild am 11. Juni 1946 unter folgender Auflage: „Herr Oberleutnant Lossky, Kulturoffizier der franz. Militärregierung in Österreich hat das Gemälde des Meisters von Mondsee Öl auf Holz Ende 15. Jahrhundert Herrn Dr. Justus Schmidt gegen persönliche Haftung übergeben. Er hat es übernommen an den Herrn Präsidenten des Commission de Recuperation Artistique in Paris, das Ansuchen betreffend die Belassung des Gemäldes in den Kunstsammlungen Oberösterreichs zu leiten, unter der Bedingung, daß im Falle der Nichtbewilligung des Ansuchens das in Rede stehende Gemälde danach der französischen Besatzungsbehörde übergeben wird."[590]
Der Präsident A. S. Henraux ersuchte auf Schmidts Ansuchen hin um fünf Fotos des Tafelbilds, die Schmidt am 17. Juli 1946 abschickte.[591] Zwei Jahre später führte Justus Schmidt das Gemälde noch als Leihgabe des

---

[586] StfA, Akten der RRG, Inventare VI: Schwaiger, Verzeichnis der Gegenstände, die der Unterzeichnete als mit Sicherheit aus dem RRG-Besitz stammend in dem, von der RRG angefertigten Gesamt-Stiftsinventar verzeichnet, feststellen konnte vom 17. 3. 1947.
[587] StAKr, Tagebuch Richard Rankl, Bd. XXIII: Eintrag 17. 5. 1947, 106.
[588] „Catalogue des MNR", OAR 66.
[589] „Catalogue des MNR", OAR 480 und OAR 99.
[590] OÖLM Archiv, Mappe KH: Zl. Kh 145/1946, Bestätigung vom 11. 6. 1946.
[591] Ebd.: Zl. Kh 209/1946, Lossky an Schmidt (Brief vom 17. 7. 1946) und Schmidt an Präsident Henraux (Brief vom 28. 7. 1946).

Oberösterreichischen Landesmuseums an das Stift St. Florian.[592] Das spätgotische Bild ging aber zwischen 1948 und 1951, als es dem Louvre zugesprochen wurde, nach Paris zurück. Seit 1987 befindet sich das Tafelbild im Musée d'Art et d'Archéologie von Moulins.[593]
In rechtskonservativen Publikationen werden Restitutionen an andere Länder gerne als Plünderungen durch Besatzungssoldaten dargestellt. So heißt es in einem neuen, viel gelesenen Buch von Wolfgang Popp ohne Quellenangabe zu St. Florian: „Ende 1945 plünderten Angehörige der 83. US-Infanteriedivision Kunstdepots im St. Florian-Kloster in Österreich und entführten auf fünf LKW wertvolle Gemälde, antike Möbel sowie einen keltischen Goldschatz."[594] Damit können nur die Abtransporte jener Kunstgegenstände gemeint sein, die durch den Gau Oberdonau bzw. die Reichsrundfunkgesellschaft in Frankreich und Holland „angekauft" worden waren und nach 1945 restituiert wurden.

## Kunstgegenstände aus Paris und Den Haag im Oberösterreichischen Landesmuseum

Wie viele von den 123 Pariser Objekten letztendlich nach Paris zurückkehrten, ist unklar. In den österreichischen Archiven existieren keine Übergabeverzeichnisse. Daher lässt sich auch der Anteil jener Kunstwerke nicht bestimmen, die 1945 in Oberösterreich nicht aufzufinden waren und deshalb nicht nach Paris zurückkehren konnten. Der hausinterne Forschungsendbericht zur Geschichte des Oberösterreichischen Landesmuseums in der NS-Zeit verweist summarisch auf „Ankäufe im Ausland (Paris, Den Haag), wobei es sich aber um keine spektakulären Objekte – oft sogar nur Gegenstände mit Souvenircharakter gehandelt hat".[595] Man bezog sich dabei auf die in den Ankaufs- und Schenkungsprotokollen genannten Objekte Pariser Herkunft, ohne diese aufzulisten, und hatte keine Kenntnis von den Ankäufen durch Justus Schmidt und deren Restitutionsgeschichte.

---

[592] Ebd.: Zl. Kh 272/1948, Liste Gemälde und Plastiken, die das o.ö. Landesmuseum an Kirchen und Klöster entlehnt hat, von Justus Schmidt vom 12. 7. 1948.

[593] „Catalogue des MNR", MNR 885.

[594] Wolfgang Popp, Wehe den Besiegten! Versuch einer Bilanz der Folgen des Zweiten Weltkrieges für das deutsche Volk (= Veröffentlichungen des Institutes für deutsche Nachkriegsgeschichte 27, Tübingen (2004) 234. Was mit dem keltischen Goldschatz gemeint war, bleibt unklar. Popp übernahm den zitierten Satz wörtlich aus dem Artikel von Jochen Arp, Der Raub des Jahrunderts. In: Junge Freiheit Nr. 8/1997, 14. 2. 1997, in dem ebenfalls keine Quelle angeführt wird.

[595] Rückgabe von Kunstgegenständen 6.

Nach einer neuerlichen Sichtung der Ankaufs- und Spendenprotokolle des Oberösterreichischen Landesmuseums aus dem Zeitraum 1938 bis 1945 durch den Verfasser wurde unter Einbeziehung der neu aufgefundenen Paris-Inventarlisten eine aktuelle Gesamtliste aller Erwerbungen in Frankreich und Holland erstellt.[596] Den jeweiligen Bereichsleitern wurden Auszüge aus dieser Gesamtliste mit den Objekten aus ihren Sammlungsbereichen zur Überprüfung übergeben. Die Rückmeldungen erfolgten entweder mündlich in den Workshops oder schriftlich per E-Mail.[597] Alle bei dieser Überprüfung von den Sammlungsleitern aufgefundenen Kunstgüter, die sich also noch im Oberösterreichischen Landesmuseum befinden und nicht restituiert worden sind, werden im Folgenden angeführt.[598]

1. Tragaltar.
„Tragaltar, Holzschrein mit Metallbeschlag aus Schloß Sigmaringen. 13. Jhd. Aufbewahrungsort: Gaumuseum. 35.000.-" (Paris-Inventarliste Nr. 115).
In den Ankaufsprotokollen findet sich der Tragaltar mit völlig neuer Datierung und Bewertung unter Nr. 15/1941: „Tragaltar Holzkern (später) aus Eichenholz mit vergoldetem Kupferblech beschlagen, Deckel mit ornamentiertem Rand um Porphyrplatte, Seitenflächen der aufgesetzten (wohl figürlich) Reliefverzierungen beraubt, nur 7 Halbsäulchen erhalten. Auf 4 hohen Füßen der untere Rand mit Schriftband … Ankauf Paris 1941, Antiquar BRIMO, 35.000 Frcs. – 1750 RM von d. Gauleitung übernommen angeblich aus d. Auktion Sigmaringen, deutsch 12. Jhd. Gr. H 15, 24.5 x 14 cm Go 555 VA 420 … mit vergoldeten Schnitzereien und eingesetzten 12 Alabasterreliefs mit bibl. Szenen bez.: PROBST 1817 Gr. H 55 cm Wert: RM 125.- S 472"

---

[596] OÖLM Bibliothek, Band P 19: Ankaufsprotokolle und Spendenprotokolle 1940-1950 und Band P 18: Geschenkprotokolle 1940-1949. Zitiert wird die Paris-Inventarliste von Justus Schmidt (122 Nummern): StfA, Akten der RRG, Inventare VI: Verzeichnis der aus Paris im Winter 1940 – 1941 angekauften Kunstgegenstände (getippte Durchschrift).

[597] Dr. Lothar Schultes (Kunstsammlungen) und Dr. Bernhard Prokisch (Numismatik) antworteten mündlich; die bei den Workshops nicht eingebundenen Sammlungsleiter Dr. Andrea Euler (Volkskunde), Mag. Stefan Gschwendtner (Musikinstrumente) und Mag. Ute Streitt (Historische Waffen, Rechtsaltertümer, Technikgeschichte, Wehrgeschichte) gaben Ihre Auskünfte per E-Mail.

[598] Eine letzte Sicherheit, dass damit alle noch vorhandenen Gegenstände aus Frankreich und Holland erfasst sind, ist nicht gegeben, weil die Sammlungsleiter nicht ausschließen können, dass einzelne jetzt nicht aufgefundene Kunstgegenstände nicht doch z. B. in einem Depot des Oberösterreichischen Landesmuseums lagern und noch nicht katalogisiert sind. Eine Übergabeliste an die französische Militärbehörde existiert, wie gesagt, nicht.

Der massive Wertverlust von 1.750 RM auf 125 RM erklärt sich aus der Neudatierung aufgrund einer von Justus Schmidt beim Einkauf übersehenen Datierung. Das zugehörige Objektkarteiblatt S 472 spricht nicht von einem Tragaltar, sondern von einem „Turm" und gibt als Herkunft nicht mehr Paris an, sondern „Steiner Linz". Wie man auf den Vorbesitzer „Steiner Linz" kam, der in den Ankaufsprotokollen im Zusammenhang mit dem Tragaltar nie genannt wird, bleibt rätselhaft. Das Objektkarteiblatt Go 555 (früher VA 420) trägt den Vermerk: „Laut Aussage Dr. Benno Ulms an den französischen Besitzer zurückgestellt". Die Herkunftsangabe lautet: „Ankauf Paris 1941 Antiquar BRIMO 35.000 Frcs. = 1750 RM."

2. Ofenmodell.
„Ofenmodell. Keramik. 17. Jhd. Aufbewahrungsort: Gaumuseum. 600.-" (Paris-Inventarliste Nr. 116).
In den Ankaufsprotokollen wird das Ofenmodell unter Nr. 12/1941 erwähnt: „Ofenmodell grün glasiert mit gepreßten Reliefverzierungen: Liebespaar bez.: BL u. Engel Alpenländisch A. 17. Jhd. Gr. H 22.5 cm Ankauf Paris 1941 (20.-) von d. Gauleitung übernommen Wert: RM 200.- K 1031"
Auf dem Objektkarteiblatt K 1031 wird die Beschreibung erweitert und die Datierung auf „2. H. 16. Jh." geändert.

3. Dudelsack.
„Dudelsack Elfenbein, 18. Jhd. Aufbewahrungsort: Gaumuseum. 800.-" (Paris-Inventarliste Nr. 118).
In den Ankaufsprotokollen findet sich der Dudelsack unter Nr. 17/1942: „Dudelsack mit 2 Pfeifen u. 1. Mundstück Elfenbein, Lederbalg mit Seifenfutteral Frankreich 18. Jhd. Gr. L 70 cm Ankauf Paris 1941 von der Gauleitung übernommen (20.-) Wert: RM 100.- Musik 113"
Auf dem Objektkarteiblatt Mu 113 wird dieser Wissensstand etwas erweitert.

Die folgenden Objekte sind nicht in der Paris-Inventarliste von Justus Schmidt enthalten, sondern fanden sich nur in den Ankaufsprotokollen. Schmidt dürfte sie als „Mitbringsel" direkt für das Oberösterreichische Landesmuseum (und nicht für den Gau) erworben haben. Die Reihung erfolgt chronologisch nach den Einträgen in den Ankaufsprotokollen.

4. Modell eines Pfluges.
„Modell eines Pfluges Eisen um 1800 Gr. L 22 cm Ankauf Paris (marché aux puces) 1941 Wert: RM 5.- VA 422" (Ankaufsprotokolle Nr. 6/1941).
Laut Objektkarteiblatt VA 422 wurde das Modell 1977 an die Volkskundeabteilung überstellt, wo es derzeit nicht auffindbar ist.

5. Kassette mit Probegläsern für Brillen.
„Kassette mit Probegläsern für Brillen Frankreich um 1850 Gr. 27 x 13.5 cm Ankauf Paris (marché aux puces) 1941 Wert: RM 5.- BE 189" (Ankaufsprotokolle Nr. 7/1941).
Die Kassette trägt jetzt die Signatur T 1978/48 und befindet sich im Depot Welserstraße, Zwischendecke, Kasten P, Fach 4.

6. Petschaft (Siegelstempel).
„Petschaft m. 3 Heiligenfiguren Holz geschnitzt 15. Jhd. Gr. H 8 cm Ankauf Paris 1941 Wert: RM 300.- VA 424 S 898" (Ankaufsprotokolle Nr. 38/1941).
Auf dem Objektkarteiblatt VA 424 wird dieser Wissensstand wiedergegeben. Zu einem unbekannten Zeitpunkt erfolgte eine Umsignierung auf S 898. Auf dem neuen Objektkarteiblatt S 898 heißt es nun ausführlicher: „Petschaft Holz. Christus, Johannes und Maria um Pinienzapfen gescharrt (sic!). Primitiver gotischer Faltenstil. Bretagne? 19. Jh.". Demnach wurde die Petschaft vom Ankäufer offenbar für gotisch gehalten und bei der Umsignierung als Fälschung aus dem 19. Jahrhundert enttarnt.

7. Modell eines Sattels.
„Modell eines Sattels Leder mit Metallbeschlag 18. Jhd. Gr. L 17 cm Ankauf Paris 1941 (50.-) Wert: RM 100.- SP 345" (Ankaufsprotokolle Nr. 46/1941).
Das Modell erhielt die neue Inventarnummer F 17.070 und befindet sich in der Volkskundeabteilung des Oberösterreichischen Landesmuseums.

8. Wolfsköder.
„Wolfsköder Eisen 17. Jhdt. Ankauf Paris 1941 VA 426 E 327" (Ankaufsprotokolle Nr. 47/1941).
Auf dem Objektkarteiblatt VA 426 wird als Größe 10 cm angegeben. Zu einem unbekannten Zeitpunkt wurde das Objekt auf E 327 umsigniert. Laut Objektkarteiblatt E 327 wurde das Objekt 1988 nicht aufgefunden.

9. Panorama-Diorama.
„Diovana (sic!) mit Ansicht eines Theaters mit Ballett „Constructveanie Panoramique". Diovana d'un ballett a l'opera. Haguenthal, Imprimera Lithos auf Papier bunt bemalt in der Art eines Glückkastens, Frankreich um 1850 Gr. 14 x 19 cm Ankauf Paris 1941 von Gauleitung übernommen Wert: RM 12.- SP 338" (Ankaufsprotokolle Nr. 31/1942).
Das Panorama-Diorama trägt die neue Inventarnummer F 17.072 und die Standortbezeichnung „Schloss R II 8" (derzeit „Keplingerdepot").

10. Tonbozetto.
„Tonbozetto hl. Barbara linker Arm tw. ergänzt Art d. Giovanni Giuliani Österreich A. 18. Jhd. Gr. H 31 cm Ankauf Paris 1941 Wert: RM 250.- S 468" (Ankaufsprotokolle Nr. 37/1942).
Auf dem Objektkarteiblatt S 468 findet sich der Wissensstand wiedergegeben, allerdings heißt es unter Herkunft: „von Pichler". Wie es zu dieser Falschangabe kam, ist unklar.

Von den drei bereits erwähnten Objekten, die Justus Schmidt bei seiner einmonatigen Reise nach Holland im Frühling 1940 erworben haben dürfte, befindet sich noch ein Objekt im Besitz des Oberösterreichischen Landesmuseums:

11. Silberne Kaffeetasse.
„Silberne Kaffeetasse mit Untertasse für Puppenstube graviert, Reste von Vergoldung um 1860 Gr. H 3.5 cm Ankauf in den Hag 1941 von d. Gauleitung übernommen Wert: RM 40.- SP 341" (Ankaufsprotokolle Nr. 1/1941).
Die Kaffeetasse hat die neue Inventarnummer F 17.149a,b und die Standortbezeichnung „Schloss R II 8" (derzeit „Keplingerdepot").

Bei einer Kontrolle der Bestände der Volkskundeabteilung, in der auch Textilien, Spielzeug, Keramik und Möbel aufbewahrt werden, konnten keine weiteren Objekte mehr aufgefunden werden, die zwischen 1938 und 1945 in Frankreich oder Holland erworben worden sind.[599] Zum gleichen Ergebnis führte eine Kontrolle der Bestände in der Musiksammlung.[600]

---

[599] Freundliche Auskunft der Leiterin der Volkskundeabteilung des Oberösterreichischen Landesmuseums, Dr. Andrea Euler, per E-Mail vom 28. 5. 2004.
[600] Freundliche Auskunft des Leiters der Musiksammlung, Mag. Stefan Gschwendtner, per E-Mail vom 8. Juli 2004.

**Abb. 61**
Fotoserie des Stifts St. Florian in Papierumschlag (um 1939)

**Abb. 62 und 63**
Russische Ikone „Hl. Michael besiegt den Satan" (17. Jh.) mit dem Rundpickerl der Zentralstelle für Denkmalschutz (1939) und dem Aufkleber der Gesamtinventarisierung von St. Florian (1942) auf der Rückseite

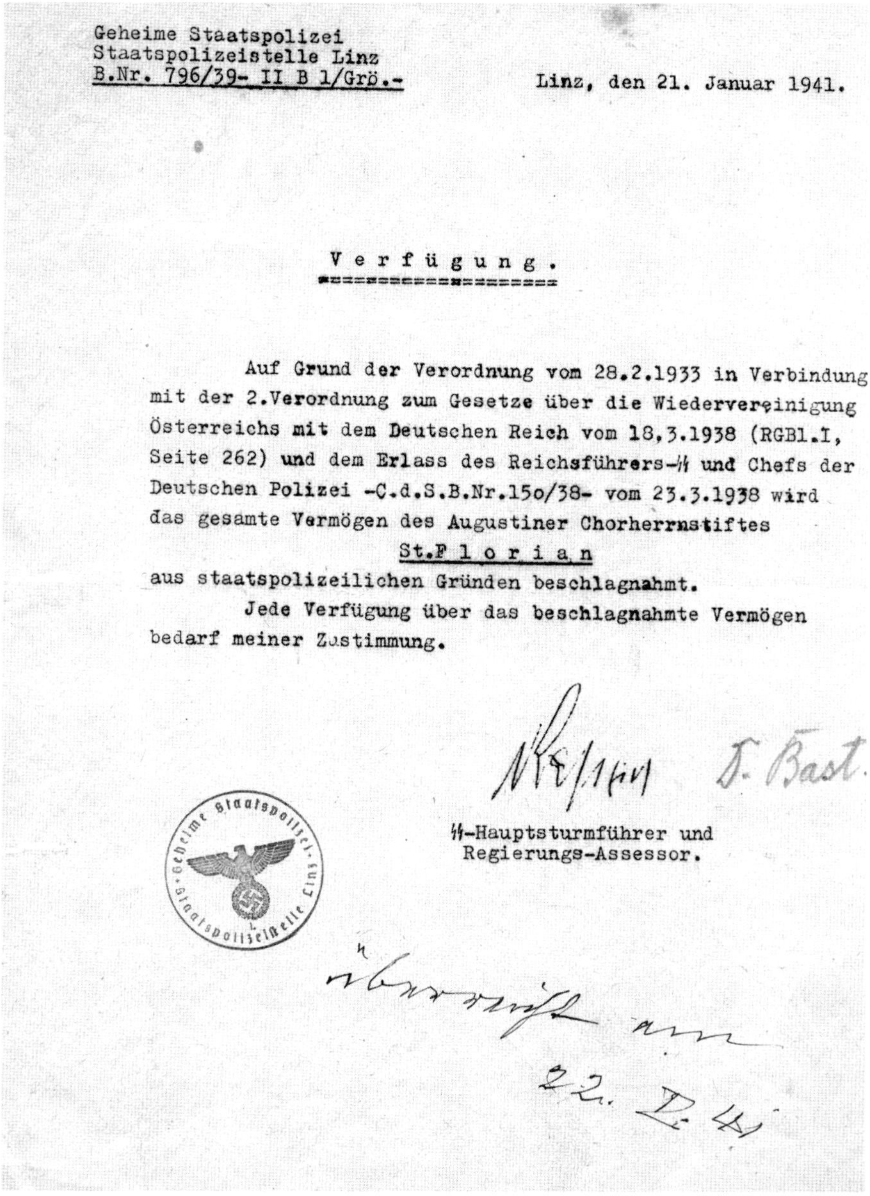

Geheime Staatspolizei
Staatspolizeistelle Linz
B.Nr. 796/39- II B 1/Grö.-     Linz, den 21. Januar 1941.

V e r f ü g u n g.

Auf Grund der Verordnung vom 28.2.1933 in Verbindung mit der 2.Verordnung zum Gesetze über die Wiedervereinigung Österreichs mit dem Deutschen Reich vom 18.3.1938 (RGBl.I, Seite 262) und dem Erlass des Reichsführers-// und Chefs der Deutschen Polizei -C.d.S.B.Nr.150/38- vom 23.3.1938 wird das gesamte Vermögen des Augustiner Chorherrnstiftes
St. F l o r i a n
aus staatspolizeilichen Gründen beschlagnahmt.
Jede Verfügung über das beschlagnahmte Vermögen bedarf meiner Zustimmung.

//-Hauptsturmführer und
Regierungs-Assessor.

**Abb. 64**
„Verfügung" der Gestapo-Leitstelle Linz zur Beschlagnahme des Stifts St. Florian (mit Vermerk von Propst Hartl)

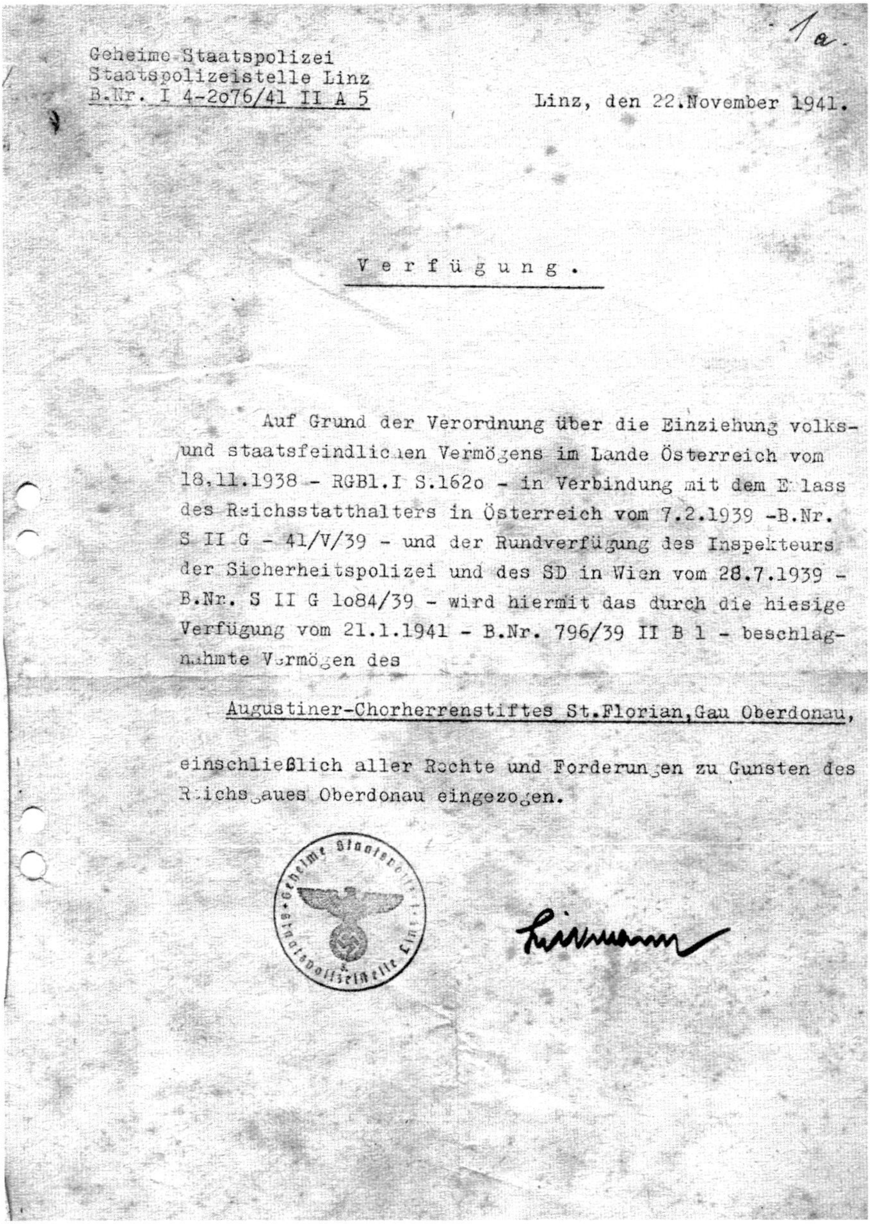

Geheime Staatspolizei
Staatspolizeistelle Linz
B.Nr. I 4-2o76/41 II A 5

Linz, den 22.November 1941.

V e r f ü g u n g.

Auf Grund der Verordnung über die Einziehung volks- und staatsfeindlichen Vermögens im Lande Österreich vom 18.11.1938 - RGBl.I S.162o - in Verbindung mit dem Erlass des Reichsstatthalters in Österreich vom 7.2.1939 -B.Nr. S II G - 41/V/39 - und der Rundverfügung des Inspekteurs der Sicherheitspolizei und des SD in Wien vom 28.7.1939 - B.Nr. S II G 1084/39 - wird hiermit das durch die hiesige Verfügung vom 21.1.1941 - B.Nr. 796/39 II B 1 - beschlag- nahmte Vermögen des

Augustiner-Chorherrenstiftes St.Florian,Gau Oberdonau,

einschließlich aller Rechte und Forderungen zu Gunsten des Reichsgaues Oberdonau eingezogen.

**Abb. 65**
„Verfügung" der Gestapo-Leitstelle Linz zur Enteignung des Stifts St. Florian

**Abb. 66**
Gauleiter Eigruber (helle Uniform) trifft in den Tagen der Beschlagnahme im Stiftshof auf Propst Vinzenz Hartl (im Hintergrund) und Johannes Hollnsteiner (rechts außen)

**Abb. 67**
Kunstgegenstände aus den beschlagnahmten Stiften werden im Dezember 1941 in der Stiftsbibliothek St. Florian deponiert und mit Blausäure behandelt

**Abb. 68**
Alchemistische Handschrift (16. Jh., XI 624) mit dem Porträt des
Theophrastus von Hohenheim und eingelegter Karteikarte mit dem
Vermerk „Carinhall"

**Abb. 69**
Entwurf des neuen Stiftswappens für Heinrich Glasmeier

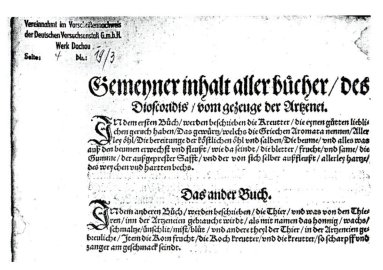

**Abb. 70**
Stempel der SS-Bibliothek beim KZ Dachau im „vereinnahmten" Kräuterbuch des Dioscurides von 1610 aus der Stiftsbibliothek St. Florian

**Abb. 71**
Heinrich Glasmeier empfängt einen unbekannten Gast am Stiftsportal mit Wein aus einem Silberpokal (17. Jh.) aus der Kunstsammlung von St. Florian

**Abb. 72**
Heinrich Glasmeier in einer eigens für ihn angefertigten Mönchskutte im
Roten Salon des Stifts St. Florian

**Abb. 73**
SS-Wache beim Bruckner-Sarkophag

**Abb. 74**
Bruckner-Sarkophag mit Ehrenkränzen u.a. Adolf Hitlers und Heinrich Glasmeiers, wohl unmittelbar nach dem Besuch des „Führers" am 4. April 1943

**Abb. 75**
Johannes Hollnsteiner zeigt dem „Führer" am 4. April 1943 in der Stiftsbibliothek St. Florian wertvolle Handschriften und Urkunden

**Abb. 76**
Heinrich Glasmeier empfängt den Dirigenten Wilhelm Furtwängler zu dessen Konzert mit dem Bruckner-Orchester am 11. Oktober 1944

**Abb. 77**
Die naturwissenschaftliche Sammlung von St. Florian vor der Beschlagnahme

| DER REICHSMINISTER FÜR RÜSTUNG UND KRIEGSPRODUKTION | Berlin W. 8, den 13. Juli 1944 Pariser Platz 3 Fernsprecher: 11 00 52 |

Lieber Parteigenosse Dr. Glasmeier,

nach Abschluss der wohlgelungenen Rüstungstagung danke ich Ihnen von Herzen für die Stunden grosszügiger Gastfreundschaft und erlesenen Kunstgenusses, die meine Mitarbeiter und ich in St. Florian erlebt haben. Nach Tagen ernster Arbeit bereitete der vollkommene Zusammenklang von edler Architektur, erhabener Musik und kameradschaftlicher Geselligkeit und allen ein unvergessliches Erlebnis. Bitte, sprechen Sie allen, die zum Gelingen dieser Stunden beigetragen haben, vornehmlich Ihrem ausgezeichneten Bruckner-Orchester, meinen herzlichen Dank aus.

Ich bitte Sie, auch Ihrer Frau Gemahlin zu danken für die liebenswürdige Sorge, mit der sie sich ihrer zahlreichen Gäste an diesem Sonntag angenommen hat.

Heil Hitler!

An den
Reichsintendanten des
Grossdeutschen Rundfunks,
Herrn Dr. Glasmeier
St. Florian
b. Linz a.d. Donau

**Abb. 78**
Dankbrief Albert Speers an Heinrich Glasmeier vom 13. Juli 1944

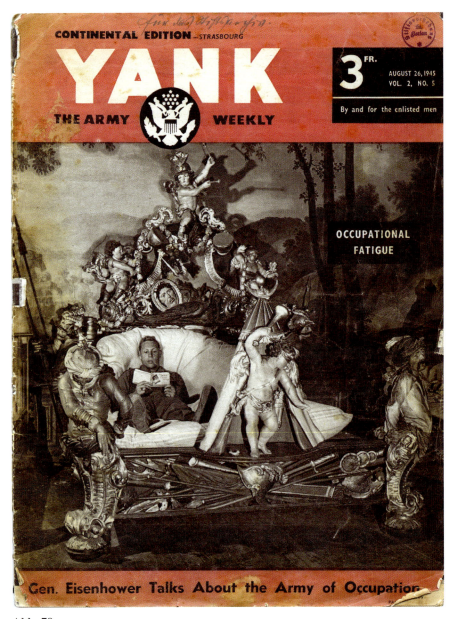

**Abb. 79**
Titelblatt der Armeezeitung „Yank" mit einem amerikanischen Besatzungssoldaten im so genannten „Prinz-Eugen-Bett" des Stifts St. Florian

**Abb. 80**
Feierliche Übergabe des Stifts St. Florian an die Chorherren am
24. Juni 1945

| Classification Numismatics | Property Card Art | Mun. 4104 Aussee 2841/2 |
|---|---|---|
| | Subject: | Presumed Owner: |
| Author: Mediaeval | 1174 mediaeval coins | Austria Monastery St. Florian |
| Measurements: L  W  H | Material: various | id. acc. to: identif. marks |
| Weight: | | |
| Depot possessor: Hitler | Arrival Condition good, undamaged | |
| Identifying Marks: Inscr. on packages | Description in case MK XXI | PHOTO yes  no |
| | History and Ownership: ~~confiscated by Hitler~~ Aus dem aufgelassenen Kloster St. Florian für Münzkabinett Linz vorgesehen (Inventar Linz-Münzkabinett) | |
| Bibliography: | Arrival Date: 13.7.45 | Exit: 5.7.46 to USFA |

**Abb. 81**
Property Card des Collecting Points München zu den 1.174 mittelalterlichen Münzen aus der Münzsammlung St. Florians

- 1 -

- XXXIV -

Beilage zum Prüfungsbericht über das Stift
S t .   F l o r i a n .

In den Sammlungen unter der Einrichtung des Stiftes befanden sich verschiedene Kunstwerke, von denen ein Teil derzeit nicht mehr vorhanden ist. Eine von Frau Gisela de Somzée, Prof. Dr. Schwaiger (als Vertreter der RRG.) u. Dr. Franz Linninger in der Zeit vom 25. 6. - 12. 7. 45 vorgenommenen Inventarisierung ergab, daß die tieferstehend angeführten Kunstwerke u. Einrichtungsgegenstände fortgeschafft, bzw. durch unsachgemäße Behandlung des Mieters stark beschädigt - hiedurch an Wert vermindert wurden.

I.   Entfernte Kunstgegenstände u. Werte:

1. Münzensammlung (sehr wertvoll), darunter aus dem Altertum
    41 griechische Goldmünzen
   1014      "       Silbermünzen
   2432      "       Bronzemünzen
    414 römische Goldmünzen
   3290      "       Silbermünzen
   4768      "       Bronzemünzen
      5 barbarische Goldmünzen
     29      "       Silbermünzen
     38 Contarniaten von Bronze
   Münzen des Mittelalters:
     83 Goldmünzen
   3377 Silber
    399 Bronze
   Gold-, Silber- und Bronzemünzen aus der Neuzeit, Denkmünzen u. Medaillen, ferner die ganze numismatische Bibliothek. Die Sammlung befindet sich angeblich in Hohenfurt.

2.) Vogelsammlung: 270 inländische Spezies
3.) Herbarium
4.) Käfer-, Schmetterling-, Insekten-Sammlung
5.) Mineralien- u. Conchiliensammlung m. Edelsteinen.
   Die Sammlungen 2-5) kamen ins Landesmuseum nach Linz
6.) aus der Bildergalerie
   2262 Christus in der Vorhölle (Lucas Cranach)
   2352 Landschaft mit Jäger und Hunden (Brill)
   2365 Brennende Stadt (Breughel)
   einige andere Bilder.
   Außerdem sind folgende sehr wertvolle Bilder-Plastiken zur Bergung fortgebracht:
   8 Tafeln aus Passion Christi    (Altdorfer)
   4  "    "    "    des Hl.Sebastian    "
   2  "    mit Propst Peter-hl.Frauen
   1 Flügelaltar   Schottenmeister
   4 Bilder v. Kölderer
   2   "    v. Wolf. Hueber
   1 Maria Heimsuchung 1480 Schottenmeister
   1 Plastik Madonna mit Kind 1470
   1    "    Ritter S. Florian 1300

**Abb. 82**
Beilage zum Wirtschaftsprüfbericht des Stifts St. Florian vom Sommer 1945

```
                        Fehlende Bilder.

Inv.Nr.    Autor              Darstellung                          Hängekatalog.

1514                          Landschaftsbild 144 x 101 Florian    D.Sch.491
1542    Francia               Madonna im Rosengarten (Schulz)      71/1
1545    kleines Ölbild:       Madonna
1793    kleines Bild   Å      Versuchung Christi:rest.Maurer 1911
1881    Schimmagl             Landschaft                           35/11
1907    Nuvolone              Altes Weib singend                   37/32    125 A
1917    Nuvolone              Altes Weib mit Schwämmen             37/46    125 B
2022    Caraveggio            Frauen, dem hl.Sebastian Pfeile      54/5     172
2040    Bemel                 kleine Landschaft                    56/25    184 A
2041    Bemel                 kleine Landschaft                    56/39    184 B
2107    Cantone               kleine Landschaft                    63/90    205 B
2352    Brill Paul            Landschaft mit Jäger und Hund        20/58    89 D
2365    Breughel              Brand von Rotterdam                  21/69    94
2752    Tonrelief             Trunkene Silenen                     86/9
2766    Unbekannt             Grablegung Christi, Grau in Grau     64/95
2768    Reslfeld              Christus am Kreuze                   34/5
        Caracci               Maria mit Jesus                      54/5
        Heike                 Schimmel                             32/19
        Brandel               Brustbild eines unbekannten Prälaten 34/1


Im Inventar abgestrichen, aber nicht vorhanden:

1882    Lehr                  Gebirgslandschaft mit Wasserfall     35/12
1911    Honnemann             Männerporträt mit offenem Hemd       38/38
1912    Honnemann             Männerporträt                        38/45


Fraglich, ob Besitz von St.Florian:

1617                          alter Mann 3/4 Ansicht, schwarzes Barett
1618                          alter Mann, schwarzes Barett
2770                          sterbender Mönch
```

**Abb. 83**
Detail aus dem Schadensbericht des Stifts St. Florian vom 27. April 1955

**Abb. 84**
Museumsraum im Stift Hohenfurt vor der Beschlagnahme

**Abb. 85**
Modell einer Feldkanone (18. Jh., C 2169) aus dem Stift Hohenfurt

**Abb. 86**
Elfenbeinkassette (12. Jh., Go 387) aus dem Stift Hohenfurt

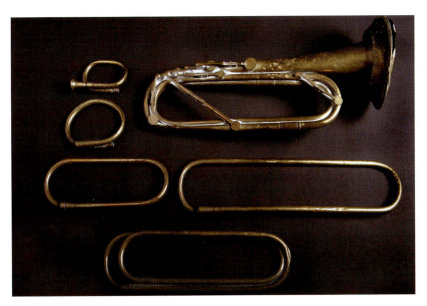

**Abb. 87**
Klappenbasstrompete (um 1800, Mu 114) aus dem Stift Hohenfurt

**Abb. 88**
Heinrich Goebbels und Gauleiter Eigruber werden am 13. März 1941
von Justus Schmidt durch die Stiftskirche St. Florian geführt

**Abb. 89**
Heinrich Glasmeier zeigt dem italienischen Botschafter Dino Alfieri am 3. Juli 1943 die Gobelins aus Paris am Gang vor dem Barockmuseum

**Abb. 90**
Der Altomontesaal im Barockmuseum mit der Büste Rodins und Teppichen aus Pariser Ankäufen sowie Kunstgegenständen aus beschlagnahmten Stiftssammlungen

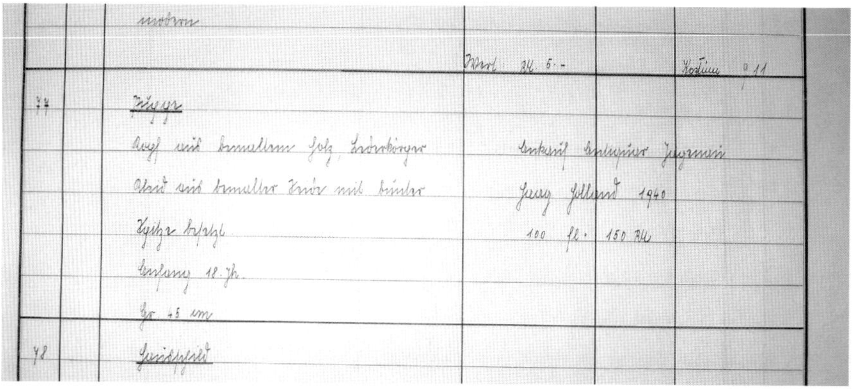

**Abb. 91**
Eintrag zum Ankauf einer Puppe (18. Jh.) in Den Haag im Ankaufsprotokollbuch (P 19) des Oberösterreichischen Landesmuseums

**Abb. 92**
Entwurf des Architekten Franz Schneider für das Portal zur geplanten „Prälatenhalle" in St. Florian

**Abb. 93**
Heinrich Justus Schmidt

**Abb. 94**
Der Kunstsammler und Pariser Agent Alfred Juritzky-Warberg

Liste der in Paris angekauften Tapisserien und Teppiche.

```
Kunsthandlung  Decour, Rinaldo und Armida, Flandern A.17.Jh.    Fr. 150.000,-
     "      "  Buillon, Alexander und Darius, Royal Aubusson
               Zeit Ludwigs XIV.                                 "  175.000,-
     "      "  Dugranot, Römische Krieger, Flandern 17.Jh.       "   20.000,-
     "      "  Societe d'Amsterdam, Bodenteppich Aubusson,
               19.Jh.                                            "    6.000,-
     "      "  Maillart, Bodenteppich Aubusson, 19.Jh.           "   14.000,-
     "      "     "      Wandersmann mit Hund, Flandern 17.Jh.   "   14.000,-
     "      "     "      drei Lebensalter, Flandern um 1600.     "   20.000,-
     "      "  Indjudjan, Bodenteppich Aubusson, 19.Jh.          "    6.000,-
     "      "  Lefortier, Bodenteppich Moquette, um 1850.        "   15.000,-
     "      "  Stira, Serie von fünf Landschaftstapisserien
               mit Tieren, Brüssel, 17.Jh.                       "  330.000,-
     "      "     "   Bodenteppich Aubusson, signiert, 19.Jh.    "
                      aus der Kathedrale von Avignon             "   30.000,-
     "      "     "   Großer Perserteppich                       "   30.000,-
     "      "     "   Familie in Landschaft, Flandern 16.Jh.     "   65.000,-
     "      "  Brosseron, Serie von drei Tapisserien mit
               Szenen aus dem Leben Cäsars, silber-
               durchwirkt, Brüssel 17.Jh.                        "  650.000,-
     "      "  Societe d'Amsterdam, Raub der Proserpina,
               Flandern 17.Jh.                                   "   70.000,-
     "      "  Rendu, Männer mit Rinderherde, Flandern 16.Jh.    "  230.000,-
     "      "  Wierzbecky, Cello in Kasten,17.Jh.Geschenk
               des Kronprinzen Friedrich Wilhelm von
               Preußen                                           "    4.000,-
Vermittlungsgebühren, ausbezahlt an Prinz Antonin Juritzky-
                      Warberg, Paris                             "  173.000,-
```

Abb. 95
Liste der Einkäufe Justus Schmidts für die SS in Paris vom 8. Juli 1941

> **Abschrift!**
>
> **Verzeichnis**
> der aus Paris im Winter 1940 - 1941 angekauften
> **Kunstgegenstände.**
>
> 20. 10. 1942
>
> Gobeline:
>
> 1. Aufbruch einer fürstlichen Jagdgesellschaft mit drei Jagdelefanten, die Türme, Podeste und Falkenkäfige tragen. Negersklaven, Zwerge, reichgewandete Frauen und Männer unter denen sich in der Mitte der Darstellung ein Turbanträger in griechischer Tracht befindet, umgeben als Fußgefolge den Zug. Im Hintergrund ebenes Feld mit zwei bewehrten Städten. Schmale dekorativ-vegetabilische Bordüre. Großfigurig, dunkle satte Farben. Zugehörig Nr. 2, 3 u. 4.
> Burgundische Arbeit 2. Viertel 16. Jahrh.
> Aufbewahrungsort: St. Florian Stift.        345 x 530
>
> Linz, Spording u. Lunsburg?
>
> 2. Löwen und Pantherjagd durch 6 Reiter, darunter ein Orientale und ein Reiter in fürstlicher Tracht mit portraitähnlichen Zügen. Im Hintergrund Ruinen, Ebene mit Teich und Schiff. Beiderseits Zitronen- und Orangenbäume. Schmale dekorative vegetabilische Bordüre. Kräftige Farben; Großfigurig. Mit Nr. 1, 3 u. 4 aus einer Serie.
> Burgundische Arbeit um 1520 - 1530        333 x 350
>
> 3. Bukolische Szene eines Jagdaufbruches von drei Kamelreitern mit einem Sattelkamel. An der Spitze des Zuges zwei Zebrareiter, Grotesk gestaltete Orientalen und Pygmäen begleiten zu Fuß und beritten. Reicher vegetabilischer Grund mit Andeutungen von Wald. Schmale Ornamental-vegetabilische Bordüre. Großfigurig. Dunkle satte Farben.
> Burgundische Arbeit 2. Viertel 16. Jhd.
> Mit Nr. 1, 2 u. 4 aus einer Serie.        338 x 330
> Aufbewahrungsort: St. Florian, Stift.
>
> 4. Jagdaufbruch. Bukolische Szene in deren Mittelpunkt drei orientalische Giraffenreiter mit einem Sattelkamel, Jagdfalken und Hunden stehen. Zwei aufwendig gekleidete Edelleute führen dressierte Löwen. In der Bildmitte ein reichgeschirrter Brakke. Üppiger vegetabilischer Grund. Schmale Bordüre mit ornamentalvegetabilischem Grund. Dunkle satte Farben. Großfigurig.
> Mit Nr. 1, 2 u. 3 aus einer Serie.
> Burgundische Arbeit 2. Viertel 16. Jhd.        342 x 220

**Abb. 96**
Erste Seite der so genannten „Pariser Liste" Justus Schmidts

498 Geraubte Kunst in Oberdonau

**Abb. 97**
Die „Lorcher Madonna" im Arbeitsraum der Wiener Wohnung von
Alfred Juritzky-Warberg

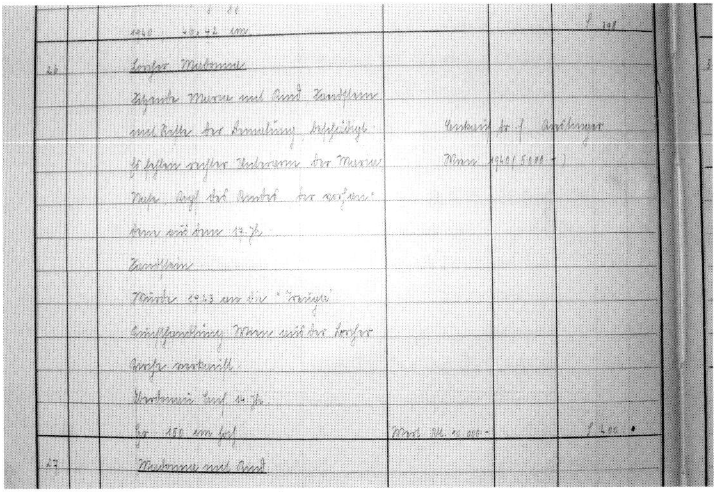

**Abb. 98**
Eintrag zum Ankauf der „Lorcher Madonna" im Ankaufsprotokollbuch (P 19) des
Oberösterreichischen Landesmuseums

**Abb. 99**
Tragaltar (1817, S 472) aus Pariser Ankauf 1941

**Abb. 100**
Dudelsack aus Elfenbein (18. Jh., Mu 113) aus Pariser Ankauf 1941

**Abb. 101**
Panorama-Diorama (um 1850, F 17.072) aus Pariser Ankauf 1941

**Abb. 102**
Petschaft (Siegelstempel) aus dem 19. Jh. (S 898) aus Pariser Ankauf 1941

**Abb. 103**
Tonbozetto der hl. Barbara in der Art des Giovanni Giuliani (18. Jh., S 468)
aus Pariser Ankauf 1941

MICHAEL JOHN
# ZUSAMMENFASSUNG UND RESÜMEE

## Vermögensentzug und Rückgabe

Bereits in den ersten Wochen nach dem „Anschluss" im Jahre 1938 wurde eine Privilegierung des Landes Oberösterreich und der Stadt Linz angekündigt und sogleich durchgeführt. Dies betraf auch den Bereich der Kunst- und Kulturpolitik, der Anstoß dazu kam von ganz oben, von Adolf Hitler persönlich. Hitler entschied daher auch, wie in der vorliegenden Studie ausführlich dargestellt, ein bedeutendes Kunstmuseum, das so genannte „Führermuseum", in Linz errichten zu lassen. Zum einen war es wohl die Realisierung privater Interessen und Bedürfnisse, die dafür den Ausschlag gab. Hitler war aber gleichzeitig der erste Mann im Staate und damit wurde der Plan eines neuen kulturellen Zentrums im Raum Oberösterreich zum Politikum. In diesem Sinne war dieses Vorhaben für Hitler auch ein Vehikel zur „Entprovinzialisierung" seiner Herkunftsregion zu Lasten der von der Bevölkerungszusammensetzung her heterogeneren Metropole Wien. Die Anti-Wien-Tendenzen waren keine im speziellen mit Hitler verbundene Idee, die seinem Denken entstammte, vielmehr war die Idee der Isolation Wiens und der speziellen Förderung der westlich gelegenen Regionen Österreichs bereits in der Zwischenkriegszeit weit verbreitet.[1] Neu an den nationalsozialistischen Planungen war, dass die Sache nun mit neuer Dynamik und in einem totalitären Kontext angegangen wurde.
Im Juni 1938 setzte Hitler eine wichtige Weichenstellung. Bis dorthin war für Österreich insgesamt eine eher willkürliche Durchführung der „Arisierung", des Vermögensentzugs gegenüber Juden, charakteristisch. In Wien, der mit Abstand wichtigsten Ansiedlung von Juden in Österreich, häuften sich die Beschwerden über Willkür und undurchschaubare Vor-

---

[1] Vgl. Ernst Hanisch, Provinz und Metropole, Gesellschaftliche Perspektiven der Beziehungen des Bundeslandes Salzburg zu Wien (1918-1934). In: Salzburg Dokumentationen Nr. 59 (Salzburg 1981) 70f; Ernst Hanisch, Der lange Schatten des Staates. Österreichische Gesellschaftsgeschichte im 20. Jahrhundert (Wien 2005) 269f.

gänge.² Aber auch in Oberösterreich wurde der Vermögensentzug häufig abseits der ohnedies weit gehenden NS-Gesetze durchgeführt. Von einer gleichförmigen systematisch-bürokratischen Vermögensübertragung konnte noch keine Rede sein: Viele trachteten sich an jüdischem Vermögen zu bereichern. Im Fall der Kunstenteignung gab der „Führervorbehalt" die klare Linie vor, dass die Disponibilität hochwertiger Kunstwerke bei den obersten Stellen des Dritten Reichs lag.

Götz Aly, zuletzt in „Hitlers Volksstaat" und Frank Bajohr in „Parvenüs und Profiteure" zeigten Facetten des nationalsozialistischen Regimes auf, in dessen Rahmen breitere Gesellschaftsgruppen der nationalsozialistischen Politik und insbesondere der Enteignung der Juden und anderer Verfolgter profitierten.³ Dies betraf so genannten Hausrat und andere mobile Vermögenswerte.⁴ Da Teppiche und Möbel und auch Kunstgegenstände, die als Hausrat bezeichnet wurden, im „Führervorbehalt" nicht erwähnt wurden, bildete dies eine Hintertür hinsichtlich einer breiteren Streuung von Kunstgegenständen. Eine Dienststelle der Gestapo, die „Vugesta" (Verwaltungsstelle für jüdisches Umzugsgut der Gestapo) verkaufte als Hausrat und Mobiliar bezeichnete Kunstgegenstände an diverse Parteikader, vor allem aber lief der Verkauf dieser Objekte über das Dorotheum.⁵ Schmuck, Juwelen und Kunstgegenstände hatten Juden, die das Land verließen, schließlich dem Deutschen Reich zum „Kauf" anzubieten, das den jüdischen Eigentümern in der Regel weniger als ein Sechstel des tatsächlichen Wertes vergütete. Auch das Vermögen der deportierten Juden ging in die Hände des Deutschen Reiches über. Ihr zurückgelassener Besitz wurde von den „Vermögensverwertungsstellen" der Oberfinanzdirektionen zu Geld gemacht – zumeist auf dem Wege der Versteigerung. Versteigert wurden schließlich auch vom „Führervorbehalt" oder anderen mächtigen Kunstsammlern nicht

---

² Albert Lichtblau, Juden in Österreich – Integration, Vernichtungsversuch und Neubeginn. Österreichisch-jüdische Geschichte 1848 bis zur Gegenwart. In: Evelyn Brugger – Martha Keil – Albert Lichtblau – Christoph Lind – Barbara Staudinger, Geschichte der Juden in Österreich (Wien 2006) 519ff.

³ Vgl. dazu Götz Aly, Hitlers Volksstaat. Raub, Rassenkrieg und nationaler Sozialismus (Frankfurt 2005); Frank Bajohr, Parvenüs und Profiteure. Korruption in der NS-Zeit (Frankfurt 2001).

⁴ Vgl. Ralf Banken, Der Edelmetallsektor und die Verwertung konfiszierten jüdischen Vermögens im „Dritten Reich". Ein Werkstattbericht über das Untersuchungsprojekt „Degussa AG" aus dem Forschungsinstitut für Sozial- und Wirtschaftsgeschichte an der Universität zu Köln. In: Jahrbuch für Wirtschaftsgeschichte 1 (1999) 135-161.

⁵ Jonathan Petropoulos, Kunstraub und Sammelwahn. Kunst und Politik im Dritten Reich (Berlin 1999) 120.

beanspruchte Kunstwerke, vor allem in den Jahren 1941 und 1942.[6] Frank Bajohr spricht von vielen „Schnäppchenjägern" und einer Beteiligung an der „Arisierung" in allen Schichten der Bevölkerung.[7] Diese Ausrichtung hatte der Vorgang des Vermögensentzugs von Kunstgegenständen in Oberösterreich bzw. dem Gau Oberdonau nur in geringem Ausmaß. Im Rahmen des „Sonderauftrags Linz" dominierte eine bürokratische, von Hitler und der Führerkanzlei mit Autorität versehene Institution. Ansonsten befand sich die Organisation und Verteilung von Kunstgütern im Wesentlichen unter der Kontrolle der entsprechenden Gaudienststellen, in Absprache mit den zuständigen Parteistellen. Eine zentrale Position nahm dabei in Oberdonau Gauleiter und Reichsstatthalter August Eigruber ein, dessen Machtfülle sich mit zunehmender Dauer des Krieges noch weiter erhöhte.[8] Er verfügte als Repräsentant zweier Machtinstanzen – der Partei und der Verwaltung – über eine Fülle an Kompetenzen. Als die Stifte, Klöster und das Starhemberg'sche Vermögen 1941 bzw. 1942 zu Gunsten des Reichsgaus enteignet wurden, erhielt Eigruber enorme Kompetenzen hinsichtlich der dort vorhandenen Kunstsammlungen. Eigruber musste diese Aufgaben delegieren, großteils an das Museum des Reichsgaus, behielt sich aber die Letztentscheidungen vor.

Nach allen vorliegenden Quellen war der gelernte Dreher Eigruber persönlich an Kunst nicht interessiert, begriff diese als Herrschaftsinstrument und instrumentalisierte den Bereich für seine Zwecke. Ob dies, wie Petropoulos vermutet, deswegen geschah, weil Eigruber „in der Kunstpflege ein Mittel sah, sich der traditionellen Führungsschicht anzugleichen"[9], oder er in erster Linie Kultur und Kunst als gesellschaftspolitische Vehikel für den Nationalsozialismus begriff, kann nicht eindeutig festgestellt werden. Dass er sich die letztere Auffassung jedenfalls zu eigen gemacht hatte, steht außer Frage, waren doch Kunst und Kultur wichtige Elemente des Ausdrucks der nationalsozialistischen Vormachtstellung. Ebenso konnten sie der Profilierung des Gaus dienlich sein. Eigruber hatte persönlichen Zutritt

---

[6] Das Dorotheum arbeitete eng als Lieferant mit dem „Sonderauftrag Linz" zusammen. Stefan August Lütgenau – Alexander Schröck – Sonja Niederacher, Zwischen Staat und Wirtschaft. Das Dorotheum im Nationalsozialismus (Wien 2006) 455.

[7] Frank Bajohr, „Arisierung" und Rückerstattung. Eine Einschätzung. In: „Arisierung" und Restitution. Die Rückerstattung jüdischen Eigentums in Deutschland und Österreich nach 1945 und 1989. Hg. von Constantin Göschler und Jürgen Lillteicher (Göttingen 2002) 45.

[8] Vgl. Helmut Fiereder, Amt und Behörde des Reichsstatthalters in Oberdonau. In: Reichsgau Oberdonau. Aspekte 2. Hg. von Oberösterreichisches Landesarchiv (Linz 2005) (= Oberösterreich in der Zeit des Nationalsozialismus 4) 279-346.

[9] Petropoulos, Kunstraub 25.

zu Hitler, was nicht für jeden Gauleiter galt, er kannte Hitlers Vorliebe für Architektur und Kunst und war sich der machtpolitischen Möglichkeiten, die sich über diesen Weg boten, bewusst.[10] Er musste sich diverser Experten im Kunstbereich bedienen, zu denen kraft seiner Position der Direktor des Oberösterreichischen Landesmuseums Theodor Kerschner zählte, obwohl dieser Naturwissenschafter war. Einen hohen Stellenwert nahm der Leiter der kunsthistorischen Sammlungen des Landesmuseums, Heinrich Justus Schmidt ein, der im Auftrag des Gauleiters Eigruber und im Auftrag des SS-Chefs Himmler „Einkaufsreisen" nach Paris durchführte. Schmidt war zeitweilig Kulturbeauftragter des Gauleiters und stellvertretender Referent des Sonderbeauftragten für das „Führermuseum". Auch der Leiter des Gaudenkmalamts Franz Juraschek zählte zu diesem Expertenstab.

Die Umsetzung der kultur- und kunstpolitischen Pläne und Überlegungen in Handlungen und Maßnahmen blieb nicht ohne Widersprüche und Konflikte. Diese erklären sich nicht aus Antagonismen zwischen Massen und Eliten oder zwischen sozialen Klassen oder Schichten, sondern aus inneren Widersprüchen innerhalb des als Polykratie beschriebenen NS-Herrschaftssystems. Das Grundmuster der Polykratie besteht darin, dass das NS-Herrschaftssystem aus einer Mehrzahl von weitgehend autonomen Herrschaftsträgern bestand, die miteinander um Machtbereiche und Einflusssphären konkurrierten; ein System, das durch „Führer", den „Führermythos" und durch gemeinsame Interessen zusammengefügt wurde. Dies erlaubte aber auch in diversen Bereichen – wie eben „Arisierung" und „Beschlagnahme von Vermögen" – eine bestimmte Autonomie und gewisse Handlungsspielräume.[11] Eine zentrale Instanz waren im Rahmen des NS-Herrschaftssystems die Gauleiter/Reichsstatthalter. Auf das Thema des vorliegenden Buches lässt sich das Polykratiemodell gut anwenden, um etwa folgende Maßnahme einzuordnen: Der zweitgrößte Kunstsammler des Dritten Reiches, Reichsfeldmarschall Hermann Göring, beschlagnahmte Ende 1943 das Stift St. Florian für den Jagdfliegerstab. Damit hätte es einen direkter Zugriff Görings auf das gesamte Stift, in dem sich viele Kunstschätze befanden, gegeben. Gauleiter Eigruber hat daher sofort Einspruch erhoben und Hitler habe daraufhin laut dem im Stift stationierten Reichsrundfunkintendanten

---

[10] Vgl. Birgit Kirchmayr, Adolf Hitlers „Sonderauftrag Linz" und seine Bedeutung für den NS-Kunstraub in Österreich. In: NS-Kunstraub in Österreich und die Folgen. Hg. von Gabriele Anderl und Alexandra Caruso (Innsbruck 2005) 35.

[11] Peter Hüttenberger, Nationalsozialistische Polykratie. In: Geschichte und Gesellschaft 4 (1976) 417-442.

Heinrich Glasmeier diesen Beschluss in der Folge wieder aufgehoben.[12] Auf ebenfalls hoher Ebene wäre auch das Tauziehen um die Bestückung des Reichskunstdepots Kremsmünster einzuordnen, das sich im Wesentlichen zwischen Linz und München, zwischen dem Gau Oberdonau und dem „Sonderbeauftragten" abspielte und letztlich zu Gunsten des Linzer Gauleiters und seiner Kunstfachleute ausging.[13]

Es ist eine Tatsache, dass der Gau Oberdonau als Standort und Aufbewahrungsort geraubter Kunst bzw. auf andere Weise akquirierter Kunstwerke für das „Führermuseum" im Deutschen Reich eine besondere Stellung einnahm. Vier Faktoren wirkten zusammen, sodass sich im Frühjahr 1945 tausende Kunstschätze wenn nicht im Besitz, so zumindest teilweise unter der Kontrolle des Gaus auf dem Territorium „Oberdonau" befanden. Zwischen diesen Kategorien gab es auch Überschneidungen: 1) Die Enteignung und der Verschub von Kunstwerken von Besitzern, die unter die Nürnberger Rassegesetze bzw. unter die Vermögensanmeldepflicht fielen (als „Juden", „Jüdinnen", „Mischlinge" und „Versippte"), 2) der „Sonderauftrag Linz", in dessen Rahmen, die weitaus größte Anzahl von Kunstwerken in den Gau Oberdonau transportiert wurde, 3) die Enteignung bedeutender Stifte und Klöster zu Gunsten des Gaus Oberdonau und damit die Verwaltung der beschlagnahmten Stift- und Klostersammlungen, 4) Auslandsankäufe zu speziellen Bedingungen, an erster Stelle zu nennen die so genannten „Pariser Ankäufe" durch Justus Schmidt im Auftrag des Gauleiters.

## Zur Rückgabe noch im Oberösterreichischen Landesmuseum befindlicher Kunstwerke, die mit den Ereignissen 1938–1945 in Zusammenhang stehen:

Im Zuge der Kriegsentwicklung dienten die Bergwerksstollen des Salzbergwerks von Altaussee, damals zu Oberdonau gehörig, unter anderem als Depot des „Sonderauftrags Linz". Im Mai 1945 wurden tausende dort lagernde Kunstwerke und Gegenstände von der US-Armee geborgen, in München im „Art Collecting Point" zusammengetragen und verwaltet.

---

[12] Vgl. den Beitrag Handschriften für Hermann Göring? von Friedrich Buchmayr in der vorliegenden Studie.

[13] Vgl. den Beitrag Die Kunsteinlagerungen im Stift Kremsmünster von Birgit Kirchmayr in der vorliegenden Studie.

Danach wurde mit der Organisation der Restitution begonnen, über 8.000 Bilder befanden sich vorerst im Gewahrsam der US-Armee.[14] Den Amerikanern schien eine Individualrestitution über ihre Militärverwaltung nicht durchführbar, so wurden die Kunstwerke in die Herkunftsländer restituiert, mit der Auflage, dass in diesen Ländern die weitere Restitution an die Besitzer durchgeführt werden sollte. Auf Grund der Anweisungen und der Verträge mit den alliierten Militärmächten ebenso wie aufgrund der Restitutionsgesetzgebung wurde in Österreich ab 1946 mit der Kunstrückgabe in großem Maßstab begonnen. Tatsächlich wurde das Gros der in Frage kommenden Kunstwerke bis 1952, dem Zeitpunkt der Auflösung des Art Collecting Point, zurückgegeben. Auch das Landesmuseum hat das Gros der in der NS-Zeit akquirierten Bilder restituiert. Die Rückgabe des letzten größeren, geschlossenen und eindeutig als Raubkunst zu definierenden Bestandes datiert ins Jahr 1986. Seitdem wurden ebenfalls vereinzelt noch Rückstellungen, vornehmlich auf der Basis von Einzelbeschlüssen, vorgenommen. Es befinden sich auch heute noch Kunstgegenstände im Oberösterreichischen Landesmuseum, die zwischen 1938 und 1945 aus dem Besitz der ursprünglichen Eigentümer in den Gewahrsam nationalsozialistisch kontrollierter Dienststellen gelangten. Dazu kommen, wenn man eine Art Bilanz zu ziehen versucht, Verlustmeldungen, zu einem erheblichen Teil aus den ehemals in Schloss Eferding gelagerten Beständen.[15]

Der Gesamtbestand an heute noch im Oberösterreichischen Landesmuseum befindlichen Kunstgegenständen, der wie bereits ausführlich dargestellt kein einheitlicher, sondern ein breit gestreuter Bestand ist und sich auf verschiedene Sammlungen verteilt, setzt sich wiederum in Anlehnung an die „Erwerbspraxis" im Wesentlichen aus vier Kategorien zusammen: 1) die aus unterschiedlichen, zum Teil unbekannten Gründen erfolgte Nicht-Rückgabe von Kunstgegenständen aus ehemals als „jüdisch" bezeichnetem Besitz, 2) der so genannte Collecting Point-Bestand, der erst nach 1945 in den Gewahrsam des Oberösterreichischen Landesmuseum gelangte und zwar über die Bundesverwaltung aus dem von den US-Behörden verwalteten Collecting Point-Bestand, 3) Kunstgegenstände aus den „Pariser Ankäufen", 4) Kunstwerke und -gegenstände aus Stiften auf dem Territorium des ehemaligen Gaus Oberdonau. Das Gros dieser Kategorie machen Gegenstände

---

[14] Vgl. Hugh Craig Smyth, Repatriation of Art from the Collecting Point in Munich after World War II (Maarssen 1988).

[15] Rückgabe von Kunstgegenständen, die während der NS-Ära in das OÖ. Landesmuseum gelangten. Endbericht vom 30. 4. 1999. Hg. vom Oberösterreichischen Landesmuseum, ergänzt und erweitert im Jänner 2000. Masch. Bericht (Linz 2000) Anhang Dokumentation, Eferding.

aus dem ehemaligen Stift Hohenfurt, heute Vyšší Brod, Tschechische Republik, aus. Daneben seien Sonderfälle genannt, die aber im Prinzip aus dem Besitz jüdischer Eigentümer stammen, wie im Falle des Antiquariats Töpfer oder im Falle der Widmungen nach 1945, im Zusammenhang mit damals erfolgten Restitutionen.[16]

Zu den Details im Einzelnen siehe die ausführlichen Darstellungen in den Detailstudien von Birgit Kirchmayr und Friedrich Buchmayr, anbei finden sich Kurzangaben, die ausreichen, um mithilfe eines Bestandsresümees einen konkreten Gesamtüberblick zu geben.

## „Collecting Point"-Sammlung im Oberösterreichischen Landesmuseum

Im Zuge einer Rückgabe und einer Fehlzuordnung verbleiben zum gegenwärtigen Zeitpunkt von ursprünglich 18 nunmehr 16 Gemälde im Oberösterreichischen Landesmuseum:

G 1624 Young: Hochzeitszug im Gebirge
G 1625 Makart: Heuernte
G 1627 Rayski: Hasenjagd
G 1633 Venezianisch: Feldherr vor einem Dogen
G 1635 Galimard: Leda mit dem Schwan
G 1636 Fink: Winterlandschaft mit Weiden
G 1637 Schulz-Briesen: Bauernrauferei
G 1638 Lairesse: Anbetung der Könige
G 1639 Kameke: Landschaft bei Chamonix
G 1644 Roos: Hirte mit Herde
G 1645 Molenaer: Winterlandschaft
G 1648 Kummer: Gebirge
G 1680 Cignani: Das Urteil des Paris
G 1682 Gauermann: Landschaft mit Kühen
G 1628 Hofelich: Landschaft bei Bernried
G 1683 Roos-Nachfolger: Reitender Schäferknabe;

---

[16] Vgl. dazu den Beitrag „Arisierung" und Restitution von Kunst in Oberdonau/Oberösterreich von Birgit Kirchmayr in der vorliegenden Studie.

Im Bestand des Oberösterreichischen Landesmuseums befindliche
Objekte aus enteigneten oberösterreichischen Sammlungen

Objekte, deren Herkunft im Zusammenhang mit in Oberdonau erfolgten
Enteignungen aus der NS-Zeit steht und die sich gegenwärtig noch im
Bestand des Oberösterreichischen Landesmuseums befinden:

Objekte der Sammlung Walter Schwarz

G 1044 Robert Theer, Damenporträt, Aquarell, Elfenbein, 9,5:7,5, signiert.
K 867 Fayence, Kniestück eines nackten Mädchens, Höhe 73 cm.

Objekte der Sammlung Georg Bittner

K 862  Gmundner Krug
K 863  Gmundner Krug
K 864  Gmundner Krug
K 865  Gmundner Krug
K 866  Großes Tonschaff
Varia 91  Kupferdose

Objekte der Sammlung Mostny

Ohne Inv. Nr. Zwei bestickte Ranzen

Objekte aus Schloss Würting

Vier 1/3 lebgr. Gartenfiguren, aus Märchen, Rokoko-Arbeiten; Stein.

Objekte aus unbekannter Herkunft

KS 4515  Wach Aloys, Christus vor Pilatus
KS 4516  Wach, Aloys, Mutter und Kind

Objekte aus dem Antiquitätenhandel Töpfer

Eine eindeutige Auflistung kann nicht vorgenommen werden.

## Objekte aus enteigneten Wiener Sammlungen

Aus enteigneten Wiener Sammlungen stammende Kunstgegenstände, die sich nach derzeitigem Wissensstand noch im Bestand des Oberösterreichischen Landesmuseums befinden:

Sammlung Alphonse Rothschild

AR 2223: Schachtel mit Goldhaube und Linzer Kostüm (Inv. Nr. OÖLM: F 2865-2878)

Es handelt sich dabei um eine Position der 1940 überwiesenen Gegenstände aus der Sammlung Rothschild, die im Zuge der Rückstellung 1948 dem Landesmuseum als „Widmung" übergeben worden war. Im Zuge der Rückgabe der „Widmungen" im Jahr 2000 war dieses Objekt offenbar nicht aufgefunden worden. Im Zuge der jetzigen Recherchen konnte es ermittelt werden, wobei sich der Inhalt der als „Schachtel mit Goldhaube und Linzer Kostüm" bezeichneten Position offenbar auf mehr als zehn Positionen einzeln aufgeteilt findet. (Inv.Nr. F 2865-2878) Eindeutig auffindbar sind davon vier Objekte: F 2877 Seidenkleid, F 2875 Miederleib, F 2874 Mieder und Miederstecker, F 2865 Brokathäubchen.

## Bestand aus den „Pariser Ankäufen" im Oberösterreichischen Landesmuseum

Kunstgüter aus den „Pariser Ankäufen", die sich noch im Oberösterreichischen Landesmuseum befinden und nicht restituiert worden sind:

1. Tragaltar „Tragaltar, Holzschrein mit Metallbeschlag aus Schloß Sigmaringen. 13. Jhd. Aufbewahrungsort: Gaumuseum. 35.000.-" (Paris-Inventarliste Nr. 115).
2. Ofenmodell „Ofenmodell. Keramik. 17. Jhd. Aufbewahrungsort: Gaumuseum. 600.-" (Paris-Inventarliste Nr. 116).
3. Dudelsack. „Dudelsack Elfenbein, 18. Jhd. Aufbewahrungsort: Gaumuseum. 800.-" (Paris-Inventarliste Nr. 118).

Ankaufsprotokolle (aus Paris, Justus Schmidt wahrscheinlich direkt für das Gaumuseum)
4. Modell eines Pfluges. „Modell eines Pfluges Eisen um 1800 Gr. L 22 cm Ankauf Paris (marché aux puces) 1941 Wert: RM 5.- VA 422" (Ankaufsprotokolle Nr. 6/1941).
5. Kassette mit Probegläsern für Brillen. „Kassette mit Probegläsern für Brillen Frankreich um 1850 Gr. 27 x 13.5 cm Ankauf Paris (marché aux puces) 1941 Wert: RM 5.- BE 189" (Ankaufsprotokolle Nr. 7/1941)
6. Petschaft (Siegelstempel). „Petschaft m. 3 Heiligenfiguren Holz geschnitzt 15. Jhd. Gr. H 8 cm Ankauf Paris 1941 Wert: RM 300.- VA 424 S 898" (Ankaufsprotokolle Nr. 38/1941).
7. Modell eines Sattels. „Modell eines Sattels Leder mit Metallbeschlag 18. Jhd. Gr. L 17 cm Ankauf Paris 1941 (50.-) Wert: RM 100.- SP 345" (Ankaufsprotokolle Nr. 46/1941).
8. Wolfsköder. „Wolfsköder Eisen 17. Jhdt. Ankauf Paris 1941 VA 426 E 327" (Ankaufsprotokolle Nr. 47/1941).
9. Panorama-Diorama. „Diovana (sic!) mit Ansicht eines Theaters mit Ballett „Constructveanie Panoramique" (Ankaufsprotokolle Nr. 31/1942).
10. Tonbozetto. „Tonbozetto hl. Barbara linker Arm tw. ergänzt Art d. Giovanni Giuliani Österreich A. 18. Jhd. Gr. H 31 cm Ankauf Paris 1941 Wert: RM 250.- S 468" (Ankaufsprotokolle Nr. 37/1942)
11. Silberne Kaffeetasse. „Silberne Kaffeetasse mit Untertasse für Puppenstube graviert, Reste von Vergoldung um 1860 Gr. H 3.5 cm Ankauf in den Hag 1941 von d. Gauleitung übernommen Wert: RM 40.- SP 341" (Ankaufsprotokolle Nr. 1/1941)

Kunstwerke und -gegenstände aus oberösterreichischen Stiften im Oberösterreichischen Landesmuseum (St. Florian, Schlägl, Wilhering)

Aus dem Stift St. Florian ist nur ein einzelner Gegenstand, ein Vorhängschloss mit der Signatur T 1943/19, in der Techniksammlung des Oberösterreichischen Landesmuseums nachweisbar. Die Sammlungen des Stifts Kremsmünster überstanden nach dem gegenwärtigen Wissensstand die NS-Zeit ohne Verluste. Es fanden sich tatsächlich keine Kunst- oder Kulturgüter aus Kremsmünster im Oberösterreichischen Landesmuseum, hingegen gibt es viele Verlustmeldungen. Die 1941 aus dem Stift Lambach entfernten und in St. Florian deponierten Kunstgegenstände wurden 1946 im Rahmen der Auflösung des Barockmuseums restituiert. Aus dem Stift Schlägl entfernte Objekte befinden sich derzeit keine in den Kunstsammlungen des Oberösterreichischen Landesmuseums. Fünf Gemälde sind verschollen und befinden sich auch nicht im Landesmuseum: 1. Joseph Bucher, Pustertalerin, 1882. 2. Jan Wouwerman (1629-1666), Reiter. 3. J. Steiner, Trompeter zu Pferd. 4. Wilhelm Melchior (1817-1860), Schiffszug bei einem Dorf. 5. Wilhelm Melchior, Schiffszug mit Ochsen im Vordergrund.

Hingegen befinden sich in der technikgeschichtlichen Sammlung des Oberösterreichischen Landesmuseums noch 22 Gegenstände aus dem Stift Schlägl. In den Ankaufsprotokollen des Oberösterreichischen Landesmuseums fanden sich ferner einige aus dem Stift Wilhering stammende Objekte: eine Glasschale aus dem 17. Jh. (Nr. 98/1942, Objektkarteiblatt J 502) und eine Querflöte (Nr. 17/1944, Objektkarteiblatt Mu 139), die noch im Oberösterreichischen Landesmuseum sind. Neun weitere Wilheringer Holzblasinstrumente (Nr. 40/1941, Objektkarteiblätter Mu 119-129) gingen nach einem Vermerk im Inventarbuch Musik 1985 per Schenkung an das Oberösterreichische Landesmuseum. Im Landesmuseum verblieben ferner noch 83 kleinere Objekte aus dem Stift Wilhering, darunter Türschlösser, Schlüssel, Leuchter, Waagen und Brillen.

## Kunstwerke und -gegenstände aus dem ehemaligen Stift Hohenfurt, nunmehr Vyšší Brod, Česka Republika/ Republik Tschechien

Das Stift Hohenfurt, das zwischen 1938 und 1945 zum Gau Oberdonau gehörte, ist als Sonderfall innerhalb der Restitutionsgeschichte des Oberösterreichischen Landesmuseums zu bezeichnen. Eine auffällig große Anzahl von Kunst- und Kulturgütern aus dem Zisterzienserstift verblieb im Oberösterreichischen Landesmuseum.

Es handelt sich um folgende Objekte aus den Kunstsammlungen des Stifts Hohenfurt:

1. Elfenbeinkassette. „Elfenbeinkassette neuerer Holzkern mit dünnen Platten belegt, Seitenplatten fehlen, vergoldete Broncebeschläge und Schloß, ornamentale Goldbemalung, Adler 14. Jhd. Gr. 14 x 6.5 x 7 cm Stift Hohenfurt übernommen VA 436 Go 387" (Ankaufsprotokolle Nr. 21/1941)

2. Hand- und Fußblock. „Rechtsaltertum Hand- und Fußblock Eisen, 2 Schlösser m. Schlüsseln beigebunden Rest eines lederüberzogenen Züchtigung[s]stabes 17. Jhd Gr. 31 x 44 cm Stift Hohenfurt VA 438 E 330" (Ankaufsprotokolle Nr. 23/1941)
3. Eisenkasse. „Eisenkasse...[?] geschnittene, gravierte, durchbrochene Eisenplatte 17. Jhd. Gr. 60 x 32 x 30 cm Stift Hohenfurt VA 439 E 331" (Ankaufsprotokolle Nr. 24/1941)
4. Eisenkassa. „Eisenkassa außen bemalt, tw. Landschaften, innen durchbrochene Schloßplatten mit 3 Figuren 17. Jhdt. Gr. 40 x 40 x 65 cm Stift Hohenfurt VA 440 E 332" (Ankaufsprotokolle Nr. 25/1941)
5. Türschloss mit Klinke. „Türschloß mit Klinke Eisen mit aufgelegten durchbrochenen Messingplatten, Wappen v. Hohenfurt, dazu Schlüssel durchbrochen SHS Hohenfurt 18. Jhd. Gr. L 47 cm Stift Hohenfurt VA 442 E 352" (Ankaufsprotokolle Nr. 27/1941)
6–7. Backsteinfließen. „Backsteinfließen mit eingepreßten Ornamenten, Rose der Rosenberger? Vermutlich Fußoden v. Kirche d. Stiftes Hohenfurt, 8 ganze Stücke 2 Fragmente gotisch Gr. 18 x 18 cm Stift Hohenfurt VA 443 K 1066, 1540, 1541" (Ankaufsprotokolle Nr. 28/1941)
8–10. 3 Büßergürtel. „3 Büßerketten am blooßen Leib als Gürtel zu tragen geflochtener Eisendraht Stift Hohenfurt VA 444 Technische Sammlung" (Ankaufsprotokolle Nr. 29/1941)
11–12. 2 kleine Messingmörser. „2 kleine Messingmörser für Böller aufrecht stehend großes Zundloch gedreht 16. Jhd. Gr. H 13.5 DM 10.5 cm Stift Hohenfurt übernommen C 2163-4" (Ankaufsprotokolle Nr. 41/1941)
13. Mörser mit Lafette. „Mörser lichte Bronce, beweglich auf Brett montiert dazu 2 Eisenkugeln Kaliber 7.5 cm Stift Hohenfurt C 2165" (Ankaufsprotokolle Nr. 42/1941)
14. Mörser. „Mörser gedrehter Gelbguß, 2 Handgriffe in Form von Schlangen Holzstafette mit verziertem Eisenbeschlag Kaliber 4.3 cm 16. Jhd. E Gr. 25.5 x 11 x 10.5 cm Stift Hohenfurt C 2166" (Ankaufsprotokolle Nr. 43/1941)
15. Modell eines Feldgeschützes. „Modell eines Feldgeschützes Lauf aus Gelbguß mit 2 Handgriffen Holzkassette mit Eisenbeschlag, 1 Rad fehlt Kaliber 9 mm 17. Jhd. Gr. L 34 cm Stift Hohenfurt C 2167" (Ankaufsprotokolle Nr. 44/1941)
16. Modell einer Feldkanone. „Modell einer Feldkanone gedrehter Lauf aus Gelbguß mit 2 Handgriffen eisenbeschlagene Holzkassette 1 Rad abgebrochen Kaliber 8 mm 17 Jhd. Gr. L 34.5 cm Stift Hohenfurt C 2168" (Ankaufsprotokolle Nr. 45/1941)

17. Modell einer Feldkanone. „Modell einer Feldkanone gedrehter Lauf aus Gelbguß mit 2 Handgriffen Holzlafette Kaliber: 12 mm 18. Jhdt. Gr. L 41.5 cm Stift Hohenfurt C 2169" (Ankaufsprotokolle Nr. 46/1941)
18–20. Diverse Gegenstände. „1) Gewehrschloß m. Feuerstein ornamental graviert 2) Schlüssel für Radschloßgewehr 3) Eisengranate mit Inschrift vom Schlachtfeld am Wenzelsberg bey Neustadt a. d. Neckar 27. 6. 1866 7.5 Stift Hohenfurth C 2170-72" (Ankaufsprotokolle Nr. 47/1941)
21. Klappenbasstrompete. „Flügelhorn 6 Klappen, Mundstück fehlt Messing Gr. 68.5 cm Stift Hohenfurt Musik 114" (Ankaufsprotokolle Nr. 48/1941)
22. Oboe. „Klarinette 5 Löcher (2 Klappen) Signatur: Carl ...... (unleserlich) eingepreßt dazu Leinenfutteral Gr. 54 cm Stift Hohenfurt Mu 115" (Ankaufsprotokolle Nr. 49/1941)
23. Bassblockflöte. „Holzblasinstrument 6 Löcher + 1 Klappe bez.: I. C. Denner Gr. 103 cm Stift Hohenfurt Musik 116" (Ankaufsprotokolle Nr. 50/1941)
24. Fagott. „Oboe 6 Klappen, 6 Löcher Holz und Messing Gr. 121 cm Stift Hohenfurt Musik 117" (Ankaufsprotokolle Nr. 51/1941)
25. Fagott. „Oboe Holz und Messing 8 Klappen, 6 Löcher bez.: A. Huittl Gr. 130 cm Stift Hohenfurt Musik 118" (Ankaufsprotokolle Nr. 52/1941)

Der größte Bestand an Gegenständen aus dem Stift Hohenfurt hat sich in der technikgeschichtlichen Sammlung des Oberösterreichischen Landesmuseums erhalten. Auf den Objektkarteiblättern T 1942/13 bis T 1942/182 scheinen ausschließlich Objekte aus Hohenfurt auf, in Summe 170 Gegenstände. Dazu kommen noch 18 weitere Objekte, die erst 1949 bei der Aufarbeitung von Depotbeständen inventarisiert wurden. Es handelt sich insgesamt vorwiegend um elektrische, physikalische und medizinische Geräte, um Sonnenuhren und andere Uhren, um Globen, optische Geräte (Mikroskope, Lupen, Fernrohre), Schlösser und Schlüssel. Zu den bedeutendsten Objekten zählen die vier barocken Horizontal-Sonnenuhren (T 1942/94-97) und zwei barocke Globen (T 1942/118-119). In den volkskundlichen Sammlungen fand sich eine Liste „Volkskundliche Gegenstände aus dem ehem. Stifte Hohenfurth", die 16 Positionen umfasst. In der technikgeschichtlichen sowie in den volkskundlichen Sammlungen des Oberösterreichischen Landesmuseums befinden sich also mindestens 204 Objekte aus dem Stift Hohenfurt, heute Vyšší Brod, Česka Republika.

## Schlussfolgerungen und Empfehlungen

Jene Kunstwerke und Kunstgegenstände, die sich im Landesmuseum befinden, sind jeweils einer der eingangs genannten Kategorien zuzuordnen. Hochpreisige Kunstwerke sind in der Liste des verbliebenen Kulturguts nicht enthalten. Preis und kunsthistorische Bedeutung eines Objekts dürfen allerdings hinsichtlich der Rückgabe oder Nicht-Rückgabe keine Rolle spielen.[17] Die Bandbreite des vorher aufgelisteten Bestandes umfasst Gegenstände, die teilweise Souvenircharakter haben und einen geringen Wert repräsentieren bis hin zur Sammlung der wertvolleren so genannten „Collecting Point"-Bilder (auch als St. Agatha-Bestand bezeichnet), mit Gemälden von Makart, Roos, Gauermann etc. Kernstück der Liste sind die „Collecting Point"-Bilder, die erst nach 1945 in das Landesmuseum gelangt sind und sich aus rechtlicher Sicht ursprünglich auch nicht im Besitz des Landes Oberösterreich befanden. Wie einer zeitgenössischen Liste zu entnehmen ist, wären zehn der in Linz deponierten Gemälde von einer Restitutionsaufforderung betroffen gewesen: Acht Bilder hätten nach Deutschland, eines nach Holland und eines nach Italien restituiert werden müssen. Wilhelm Jenny antwortete am 17. September 1955: „In Beantwortung des dortigen Schreibens vom 5. 9. wird ergebenst mitgeteilt, daß die gefragten Restitutions-Gemälde hier zur Rückstellung bereitstehen."[18] Aus unbekannten Gründen wurde diese Restitution jedoch nicht durchgeführt. Die Bilder sind noch in Linz.[19]

Es zeigte sich, dass im Rahmen der konkreten Provenienzforschung laufend neue Erkenntnisse und Entwicklungen zu Tage traten. Es wird daher empfohlen, weitere Provenienzforschungen im Anfrage- und Bedarfsfall zu betreiben, innerhalb einer bestimmten Frist (beispielsweise drei Jahre), um Fehler im Falle einer eventuellen Rückgabe zu vermeiden. Dann sollte jedoch eine politische Entscheidung über den gesamten Bestand getroffen werden.

Unabhängig davon wird eine weitere, systematische Provenienzforschung – die im Rahmen dieses Projekts nicht möglich war – hinsichtlich der Sammlung Kastner empfohlen, durchgeführt von kunsthistorisch ausgebildeten

---

[17] Vgl. Christina Weiss, Kunst und Moral. Zu Restitution und Rückkauf des Gemäldes „Der Watzmann" von Caspar David Friedrich. In: Caspar David Friedrich. Der Watzmann. Hg. von Birgit Verwiebe (Berlin/Köln 2004) 7.

[18] BDA, Restitutionsakten, Karton 12, Mappe 1, fol. 8, Wilhelm Jenny an BDA, Linz 17.9.1955.

[19] Vgl. dazu die ausführliche Darstellung der Geschichte der „Collecting Point"-Bilder von Birgit Kirchmayr in dem vorliegenden Band.

Experten und Expertinnen, die ausschließlich der Provenienz, in erster Linie der zeithistorischen Sammlung, nachgehen. Aufgrund der Biografie des Stifters und der häufigen Provenienz „Dorotheum" gibt es einen Anlass zur weiteren Überprüfung. Es verfügt das Landesmuseum in diesem Fall selbst über keine hinreichenden Unterlagen, weswegen in dem einen oder anderen Fall ein möglicher unredlicher Erwerb nicht ausgeschlossen werden kann.

Zur Diskussion hinsichtlich des Werts der enteigneten Kunstwerke ist festzustellen, dass diesen nicht nur ein materieller, sondern auch ein ideeller, ein emotionaler und ein symbolischer Wert innewohnt, der ihre Bedeutung bestimmt oder bestimmen kann. Die aufgelisteten Kunstgegenstände haben eines gemeinsam: Sie sind alle bis dato nicht restituiert worden. Im Falle der Sammlung Schwarz ist unmittelbarer Handlungsbedarf gegeben – wie übrigens im Falle aller aufgelisteten Kunstgegenstände, der Vermögensentzug währt bereits länger als 60 Jahre. Aus der Sammlung Schwarz wurde nach 1945 ein erster Teil des Bestandes, dann 1986 der zweite Teil des Bestandes zurückgegeben, wobei diese Vorgangsweise bereits höchst problematisch war. 1986 wurden höchstwahrscheinlich tatsächlich zwei Kunstgegenstände vergessen, ein drittes könnte auch noch aus dieser Sammlung stammen. Die Kunstwerke sollten baldigst retourniert werden.[20] Schließlich sind die Bestände aus dem Stift Hohenfurt, heute Vyšší Brod, zu nennen, deren Besitzstand einer Lösung zugeführt werden sollte. Dies muss durch eine politische Entscheidung gelöst werden, denn das oberösterreichische „Landesgesetz über Restitutionsmaßnahmen für Opfer des Nationalsozialismus" aus dem Jahr 2002 ist auf die Causa Hohenfurt (und teilweise auch auf den „Collecting Point"-Bestand) nach den Buchstaben des Gesetzes nicht anwendbar, da es die Wirksamkeit auf „Ereignisse auf dem Gebiet der heutigen Republik Österreich", (LGBl 2002/29) begrenzt. Ungeachtet dieser Gesetzeslage ist im Falle des Stiftes Hohenfurt, heute Vyšší Brod, aus historischer Sicht von einem Vermögensentzug und Vermögenstransfer auszugehen, der seit 1941 anhält. Eine politische Entscheidung in diesem Sinne wäre etwa ein Beschluss des Oberösterreichischen Landtags, der zu einer rechtlich verbindlichen Lösung führt.[21]

---

[20] Vgl. dazu die detaillierten Angaben bei Kirchmayr, Zuweisungen und Restitutionen von Kunstobjekten aus enteigneten Sammlungen in Oberdonau, in der vorliegenden Studie.

[21] Das Amt der Oberösterreichischen Landesregierung wurde über die „Liste, der noch im Landesmuseum befindlichen Kunstgegenstände" im April 2006 informiert. Ein Kurzbericht wurde dem Amt übermittelt.

## „Opferthese" und Kunstrestitution

In den nächsten beiden Unterkapiteln gilt es weiter auszuholen. Dies beschränkt sich, da es mit kollektivem Gedächtnis, verbreiteten Moralvorstellungen etc. zu tun hat, nicht notwendigerweise auf Dienststellen des Landes Oberösterreich, sondern greift weiter aus. Das vorherrschende Narrativ hinsichtlich der NS-Zeit in Österreich war bekanntlich über lange Jahre jenes des „ersten Opfers Hitlerdeutschlands". Diese Formulierung wurde unter anderem in der Moskauer Deklaration der USA, der Sowjetunion und Großbritanniens vom 1. November 1943 verwendet. Die Formulierung steht im historischen Kontext, den Widerstand gegen das Dritte Reich in Österreich selbst zu befördern. Damals waren die Außenminister der drei Großmächte über ihre künftige Österreichpolitik übereingekommen und hatten Österreich, das wieder errichtet werden sollte, als „das erste freie Land, das der typischen Angriffspolitik Hitlers zum Opfer fallen sollte", bezeichnet, aber andererseits formuliert, „dass es für die Teilnahme am Kriege an der Seite Hitler Deutschlands eine Verantwortung trägt, der es nicht entrinnen kann".[22]

Die „Opferthese" wurde von österreichischer Seite sogleich nach Kriegsende eingesetzt, alle Regierungen nutzten den „Opferbonus", um damit Politik zu betreiben. Bereits nach kurzer Zeit wurde sie auch als Rechtfertigung verwendet, wenn es der österreichischen Seite um die Abwehr von Zuschreibungen einer Mitverantwortung am Nationalsozialismus und von Reparationsforderungen oder um volle Entschädigung der Opfer der rassistischen Verfolgung ging. Dabei kam dieser der aufkommende Kalte Krieg entgegen, in dem im Sinne einer ideologischen Mobilisierung diverse Differenzen und Konfliktpotenziale, und dazu gehörte das Thema „Vergangenheitsbewältigung", weitgehend stillgelegt wurden. Im Falle Österreichs, das außerhalb der Militärblöcke und Bündnisse stand, wurde nach einigen Jahren von US-amerikanischer bzw. sowjetischer Seite wenig gegen den „Opfermythos" unternommen. Im Gegenteil, ohne das große Entgegenkommen seitens der US-Behörden könnte man – bezogen auf die vorliegende Thematik – weder die jahrzehntelange Existenz des „Collecting Point"-Bestandes in Linz noch des so genannten „Mauerbach"-Bestandes erklären. Die Tatsache der nationalsozialistischen Herrschaft in Österreich unter der Zustimmung und der Partizipation erheblicher Teile der Bevölkerung wurde

---

[22] Michael Gehler – Wolfgang Chwatal, Die Moskauer Deklaration über Österreich 1943. In: Geschichte und Gegenwart 6 (1987) 212ff.

solcherart lange Jahre verdrängt, bis im Zuge der so genannten Waldheim-Affäre die Diskussion um die Beteiligung von Österreichern am NS-Regime erneut aufbrach. Es entwickelte sich ein neues Narrativ und Bundeskanzler Franz Vranitzky sprach 1991 in Wien und 1993 in Jerusalem vor der Knesseth von der Beteiligung vieler Österreicher am Nationalsozialismus und an dessen Verfolgungspolitik und leitete daraus eine auch heute geltende „moralische Mitverantwortung" ab.[23]

Auf materielle Folgen dieses Bekenntnisses zur „moralischen Verantwortung" umgelegt, begannen sich erst Ende der 1990er Jahre konkrete Schritte abzuzeichnen. Zur Bereitschaft materieller und juridischer Nachbesserungen im Bereich Entschädigung, Wiedergutmachung und Restitution hat der Fall der Schweizer Banken beigetragen, die 1996 in den USA mit Ansprüchen seitens jüdischer Opferverbände und des World Jewish Congress konfrontiert wurden. Ebenso führte die Beschlagnahme zweier Klimt-Bilder im Jahr 1997 in den USA, in New York, zu einer Neubewertung der Haltung Österreichs zu den Fragen „Arisierung" und Restitution. In der Folge entstand aus der damals geführten innenpolitischen Diskussion das Kunstrückgabegesetz 1998. In den Erläuterungen zu diesem Gesetz heißt es: „Auf Grund von Ergebnissen der in den 90er Jahren begonnenen Aufarbeitung des archivalischen Materials zum Thema Raub und Restitution von Kunst- und Kulturgegenständen und konkreter Anlassfälle, wurde im Jänner 1998 verfügt, daß die Archive der Bundesmuseen und Sammlungen sowie des Bundesdenkmalamtes für eine systematische Aufarbeitung ausgewertet werden, um Einsicht in die Geschehnisse in der Zeit zwischen 1938 und 1945 sowie in die Ergebnisse der Restitutionen nach dem Ende des Zweiten Weltkrieges zu erlangen...."[24]

Alle neueren österreichischen Rückgabe- und Entschädigungsgesetze haben das Ziel, Versäumnisse in diesem Bereich nachzuholen, dies wurde von Regierungs- und auch von parlamentarischer Seite mehrfach betont. Dieses Ziel wird sowohl durch indirekte Formulierungen im Kunstrückgabegesetz ausgedrückt, als auch durch eindeutige Formulierungen in verschiedenen Gesetzen. So wird auch im § 1 (2) des BGBl. Nr. 12/2001 (Entschädigungsfondsgesetz) festgehalten: „Der Fonds hat das Ziel, die moralische Verant-

---

[23] Vgl. Gerhard Botz, Die „Waldheim-Affäre" als Widerstreit kollektiver Erinnerungen. In: 1986. Das Jahr, das Österreich veränderte. Hg. von Barbara Toth (Wien 2006), 74-95; Richard Mitten, Der kurze Schatten der Vergangenheit. In: 1986, das Jahr 109-123.

[24] Beilagen zu den Stenographischen Protokollen des Nationalrates XX. GP, Bundesgesetz über die Rückgabe von Kunstgegenständen aus den Österreichischen Bundesmuseen, Erläuterungen, Allgemeiner Teil, (1998) 4.

wortung für Verluste und Schäden, die als Folge von oder im Zusammenhang mit dem nationalsozialistischen Regime den jüdischen Bürgerinnen und Bürgern sowie den anderen Opfern des Nationalsozialismus zugefügt wurden, durch freiwillige Leistungen anzuerkennen."[25] Schließlich anerkannte die Republik Österreich in einer Gemeinsamen Erklärung mit der Regierung der Vereinigten Staaten von Amerika vom 17. Jänner 2001, dass auch nach 1945 Juden und Jüdinnen nicht korrekt behandelt und dabei um Teile ihres Vermögens gebracht wurden. In der Folge ist im Text der Erklärung die Rede davon, dass es „gewisse[n] Lücken und Unzulänglichkeiten in den früheren Rückstellungsgesetzen gegeben hat...."[26] Es werden in dieser Erklärung auch (Gerichts-)Entscheidungen oder einvernehmliche Regelungen in der Zweiten Republik angesprochen, die „eine extreme Ungerechtigkeit" („extreme injustice") dargestellt haben.[27]

In diesem Kontext ist auch auf die Debatten auf europäischer (EU-)Ebene zu verweisen. Das Europäische Parlament hat bislang unter Anderem zwei spezifische Entschließungen zum Thema geraubte Kulturgüter angenommen: die Entschließung aus dem Jahre 1995 zur Rückführung geraubter Vermögen an die jüdischen Gemeinden und die Entschließung von 1998 zur Rückerstattung der Vermögen von Holocaust-Opfern.[28] Damit hat die Europäische Union eindeutig Schritte zur Anerkennung des historischen Tatbestands des Kunstraubs zwischen 1933 und 1945 unternommen, es wurde allerdings bisher kein umfassender Rahmen zur Lösung der bestehenden rechtlichen und zur Reparatur der historisch verursachten Probleme geschaffen, die Auswirkungen auf den freien Verkehr aller Kunstwerke im Binnenmarkt haben. Nun hat der „Ausschuss für Recht und Binnenmarkt" am 26. November 2003 dem Europäischen Parlament seinen „Bericht über einen rechtlichen Rahmen für den freien Verkehr von Gütern im Binnenmarkt, bei denen ein Streit um den Eigentumsstatus absehbar ist", erstattet. Darin heißt es unter Anderem: „Abschließend stellen sich in Fällen von erbeutetem Kulturgut generell die folgenden Fragen [........] 5. Falls ein er-

---

[25] Bundesgesetz über die Einrichtung eines Allgemeinen Entschädigungsfonds für Opfer des Nationalsozialismus und über Restitutionsmaßnahmen (Entschädigungsfondsgesetz) sowie zur Änderung des Allgemeinen Sozialversicherungsgesetzes und des Opferfürsorgegesetzes, BGBl. Nr. 12/2001.

[26] Gemeinsame Erklärung, 17. Januar 2001. Die Regierungen der Republik Österreich („Österreich") und der Vereinigten Staaten von Amerika („Vereinigte Staaten"), Annex A, Punkt 2d.

[27] Ebenda.

[28] Europäisches Parlament, Ausschuss für Recht und Binnenmarkt, Entwurf eines Berichts über einen rechtlichen Rahmen für den freien Verkehr von Gütern im Binnenmarkt, bei denen ein Streit um den Eigentumsstatus absehbar ist (2002/2114(INI)) vom 22. Juli 2003, S. 10.

beutetes Kulturgut wiedererlangt wird, kann es dann Beschränkungen für die Möglichkeit des Eigentümers geben, dieses Gut zu exportieren? Die verschiedenen Antworten auf diese Fragen in den Mitgliedsstaaten stellen einen Rechtsmangel dar und verhindern den freien Verkehr von Kulturgütern auf dem Binnenmarkt."[29] Dies ist als eindeutiger Beleg für einen sich verbreiternden Bewusstseinsbildungsprozess in den Mitgliedsländern der Europäischen Union zu werten, ein Prozess der sich in Österreich bereits im Ausschluss des Ausfuhrverbotsgesetzes durch das Kunstrückgabegesetz 1998 niedergeschlagen hat.

Da hinsichtlich der Kunstrückgabe und der Naturalrestition die Bundesgesetze nur für Objekte im Einflussreich des Bundes gültig sind, haben die Bundesländer Kärnten, Steiermark und Oberösterreich eigene Restitutionsgesetze verabschiedet, in allen anderen Bundesländern – mit Ausnahme Tirols – hat man einen einschlägigen Landtagsbeschluss hinsichtlich der Restitution bzw. Teilbereichen der Restitution gefasst. Das bereits erwähnte oberösterreichische „Landesgesetz über Restitutionsmaßnahmen" 2002 beinhaltet dieselben Schlüsselformulierungen wie die Bundesgesetze: „Das Land Oberösterreich anerkennt durch freiwillige Leistungen die moralische Verantwortung für Verluste und Schäden, die als Folge von oder im Zusammenhang mit dem nationalsozialistischen Regime den jüdischen Bürgerinnen und Bürgern sowie den anderen Opfern des Nationalsozialismus zugefügt wurden. Ziel dieses Landesgesetzes ist die Regelung von Verfahren zur Naturalrestitution von öffentlichem Vermögen und zur Rückgabe von Kunstgegenständen, die zur Zeit des Nationalsozialismus zwischen 1938 und 1945 als Folge oder im Zusammenhang mit Ereignissen auf dem Gebiet der heutigen Republik Österreich Opfern des Nationalsozialismus entzogen wurden und in das Eigentum des heutigen Landes Oberösterreich gelangten."[30] Die Opfer werden in weiterer Folge genauer definiert als frühere Eigentümer, welchen, „sei es eigenmächtig, sei es auf Grund von Gesetzen oder anderen Anordnungen, aus politischen Gründen, aus Gründen der Abstammung, Religion, Nationalität, sexuellen Orientierung, auf Grund einer körperlichen oder geistigen Behinderung oder auf Grund des Vorwurfs der sogenannten Asozialität im Zusammenhang mit Ereignissen auf dem Gebiet der heutigen Republik Österreich während der Zeit des

---

[29] Europäisches Parlament, Ausschuss für Recht und Binnenmarkt, Bericht über einen rechtlichen Rahmen für den freien Verkehr von Gütern im Binnenmarkt, bei denen ein Streit um den Eigentumsstatus absehbar ist (2002/2114(INI)) vom 26. November 2003, S. 12.

[30] Landesgesetzblatt für Oberösterreich (2002) 101. (LGBl 2002/29).

Nationalsozialismus" Eigentum entzogen wurde. Auch bereits vollständig abgeschlossene Fälle, die eine „extreme Ungerechtigkeit" darstellen, werden berücksichtigt und können revidiert werden.[31]

## Kunst und „moralische Verantwortung"

In fast allen Gesetzen und Erklärungen findet sich der Passus, man wolle für Verluste und Schäden aufkommen, die „den jüdischen Bürgerinnen und Bürgern sowie den anderen Opfern des Nationalsozialismus zugefügt wurden." Neben dem Schwerpunkt der „Schadensregulierung" findet sich die Festschreibung der Schäden auf das „Gebiet des heutigen Österreich", die infolge der internationalen Dimension des „Sonderauftrags Linz", der „Auslandsankäufe" sowie der gesamten, natürlich über den Raum Österreich hinausgreifenden nationalsozialistischen Akquirierungspolitik zu kurz greift. Schließlich wird an diversen Stellen das Prinzip der „Freiwilligkeit" betont, ein grundsätzlicher rechtlicher Anspruch besteht nicht. Es besteht keine aktive Parteienstellung der Betroffenen.[32] Hinter den hier angeführten verbalen Chiffren steht nach Ansicht des Autors daher keine radikale Abkehr von der „Opferthese", sondern ihre Modifizierung: Eine „moralische Mitverantwortung" von Österreichern und Österreicherinnen wird nunmehr eingeräumt, ihre Regulierung durch „freiwillige" Leistungen („ex gratia nature") gewährt. Schließlich sind Fälle, „welche nach österreichischen Rückstellungsgesetzen von österreichischen Gerichten oder Verwaltungsbehörden endgültig entschieden wurden oder die nach 1945 einvernehmlich geregelt wurden" von einer Neubewertung an sich ausgeschlossen, nur in Ausnahmefällen können sie berücksichtigt werden.[33] Das bedeutet, grundsätzlich, dass eine Verantwortlichkeit österreichischer Stellen dafür, was nach 1945 geschehen ist, nicht gegeben ist.[34]

---

[31] Ebenda 102.

[32] Vgl. Oliver Rathkolb, NS-Kunstraub und Diversion in den Erinnerungen über den Holocaust in Europa. Der „schlagende Symbolismus" der Kunstraubdebatte in der Gegenwart. In: Geschichte. Schreiben. Georg Schmidt gewidmet. Hg. von Hans Petschar (Wien 2004) 206.

[33] Gemeinsame Erklärung, Annex A, Punkt 2d.

[34] Der historischen Realität wird in der „Gemeinsamen Erklärung" USA-Österreich aus dem Jahre 2001 dennoch Rechnung getragen, nämlich „in der Erkenntnis ... dass es möglicherweise gewisse Lücken und Unzulänglichkeiten in den früheren Rückstellungsgesetzen gegeben hat" und in Anerkennung dessen, dass es Fälle „extremer Ungerechtigkeit" („extreme injustice") gegeben habe, dann ist eine Schadensregulierung auch im nachhinein möglich.

Hinsichtlich der historischen Fakten steht außer Frage, dass ab März 1938 die jüdische Bevölkerung in diversen Ausprägungen ihres Vermögens enteignet wurde, ebenso Roma und Sinti, Opponenten, so genannte „Staatsfeinde" und eine Reihe anderer Opfergruppen. Flucht, Vertreibung, Deportation und/oder Tötung der Opfer waren die weiteren Schritte. Der Bereich der Enteignung von Kunst- und Kulturgütern ist sicherlich ein besonderes Feld, das aber von der allgemeinen Entwicklung nicht abgekoppelt war. Hinsichtlich dessen, was im Zuge des „Sonderauftrags Linz" geschehen ist, ebenso hinsichtlich der Kunst- und Kulturgüterenteignung im Gau Oberdonau, trugen Adolf Hitler und Gauleiter August Eigruber die Verantwortung, sowie eine Reihe weiterer NS-Herrschaftsträger, in Bezug auf St. Florian etwa Reichsrundfunkintendant und SS-Oberführer Heinrich Glasmeier sowie weitere Personen aus dem Kreis der NS-Eliten. Die Herrschaftsträger setzten Kunstfachleute für ihre Vorhaben im Bereich der Kunst- und Kulturpolitik ein. Die Kunstfachleute waren keine Entscheidungsträger hinsichtlich der großen Linien der NS-Politik, sie waren jedoch nicht nur als Berater der Machtträger tätig, sondern auch für Akquirierungen und Verlagerungen von Kunstgütern zuständig. Für die Herrschaftsträger war die Kooperation mit den Experten unverzichtbar, da sie selbst nicht über das entsprechende Wissen verfügten – Bajohr ortet bei ihnen eine „potemkinsche Kulturfassade".[35] Auch über die höheren Parteikader konnte dieses Expertenwissen nur in Ausnahmefälle bereit gestellt werden, etwa im Falle Glasmeiers.

Gezielt wurde von den verantwortlichen Stellen im Museumsbereich versucht, möglichst viele Kunstschätze für regionale Stellen zu reklamieren. Dies war notabene während der NS-Zeit der Fall. Zur Illustration mag dabei nur ein bereits erwähntes Textfragment dienen: „Die Villa Munk Bad Aussee" schrieb Gaukonservator Juraschek an Heinrich Justus Schmidt, den Leiter der kunsthistorischen Sammlung des Gaumuseums 1942, „ist in Reichsbesitz übergegangen. Wie Sie wissen, besaß Frau Munk u.a. das wertvolle Damenporträt von Gustav Klimt, darstellend ihre Tochter ... Falls das Gaumuseum an der Erwerbung solcher Stücke Interesse hätte, empfehle ich Ihnen sich umgehend an Herrn Regierungsrat Dr. Eurich beim Oberfinanzpräsidenten zu wenden bevor noch andere Interessenten sich einstellen."[36] Gaukonservator Juraschek hatte bereits 1941 die Beschlagnahme des Altars von Hohenfurt (Vyšší Brod) durch die Gestapo zu Gunsten des

---

[35] Vgl. Bajohr, Parvenüs 193.

[36] OÖLM, Archiv: Gaukonservator Juraschek an Justus Schmidt, Gaumuseum Linz vom 8.7.1942.

Gaus Oberdonau mit den Worten kommentiert: „Da waren die neuen Tafeln des Hohenfurther Meisters, mit die ältesten Zeugen deutscher Tafelmalerei und ein ganz besonderer Schatz des deutschen Volkes, in den Gau zurückzugewinnen."[37]

Das nun im folgenden zitierte Schreiben betrifft zwar nicht unmittelbar das Landesmuseum/Gaumuseum, aber einen weiteren Kunstfachmann, der in Oberösterreich tätig war. Wolfgang Gurlitt war kein Nationalsozialist, er besaß eine Kunsthandlung in Berlin und er sollte in Oberösterreich nach dem Ende des Krieges, insbesondere in der Kunstszene in Linz, eine wichtige Rolle spielen. Gurlitt war nach den Nürnberger Gesetzen „Mischling 2. Grades", er hatte 1940 ein Haus in Bad Aussee gekauft, und er war in das in dem vorherigen Zitat sichtbar werdende Informationsnetz der Kunstexperten einbezogen. Sein Schreiben aus dem Jahr 1943 zeigt, dass die Kunstexperten in den frühen 1940er Jahren „die Szene" aufmerksam beobachteten und über einschlägige Informationen verfügten. Nicht ganz zehn Jahre später sollten Justus Schmidt und Wolfgang Gurlitt aufeinander treffen, als es um die Verhandlungen der Bildankäufe für die Neue Galerie der Stadt Linz ging. Beide standen aber auch in der Zeit dazwischen in Kontakt. Es schrieb also Gurlitt im September 1943 an den „Sonderbeauftragten" für das Führermuseum in Linz, Hermann Voss, und machte ihn auf die im Salzkammergut gelegene Villa „eines Ungarn und Halbariers" aufmerksam, in der „ein paar Bilder sind, die vielleicht für Linz etwas wären", darunter befinde sich „ein schöner Kremser-Schmidt".[38] Gurlitt war in den frühen 1940er Jahren einer der offiziellen Einkäufer für den „Sonderauftrag Linz".[39]

Nach Kriegsende traf in Linz eine Runde aus Kunstexperten und Politikern zu einem offiziellen Gespräch über das „Linzer Kunstmuseum" („Führermuseum") zusammen. Aus einem bereits mehrfach zitierten Schreiben ist zu entnehmen, dass am 15. Oktober 1945 (!) neben Landeshauptmann Gleissner an dieser Sitzung die Herren Viktor Griessmayer, Eduard Straßmayr, Karl Eder, Herbert Grau und Hanns Kreczi, auch Justus Schmidt als Leiter der Abteilung Kunst und Kultur der Landesregierung und Franz Juraschek

---

[37] Franz Juraschek, Jahresbericht der Denkmalpflege. In: Oberdonau. Querschnitt durch Kultur und Schaffen im Heimatgau des Führers, Folge 5, 1. Jg. (Dez. 1941/Febr. 1942) 30f.

[38] Bundesarchiv Koblenz, Treuhandverwaltung von Kulturgut, B 323/134, fol. 29, Nr. 149, Gurlitt an Voss v. 22.6.1943, zit. nach Walter Schuster, Die „Sammlung Gurlitt" der Neuen Galerie der Stadt Linz. Hg. vom Archiv der Stadt Linz. Dokumentation (Linz 1999) 26f.

[39] Vgl. Walter Schuster, Facetten des NS-„Kunsthandels" am Beispiel Wolfgang Gurlitt. In: NS-Kunstraub in Österreich 216f.

als Referent für Denkmalschutz teilnahmen. Oberösterreich stellte bereits im Oktober 1945 einen Forderungskatalog auf, der unter dem Titel „Ansprüche Oberösterreichs auf Grund der Bodenzugehörigkeit der betreffenden Kunstwerke" zusammengefasst wurde, d.h. weil sie in Oberdonau gelagert wurden und für die neue Kunstgalerie in Linz gedacht waren. Es sollten in der Folge eine erhebliche Anzahl von Werken an Oberösterreich übergeben werden, auch solche, die sich vorher nicht in Oberösterreich befunden hatten.[40] Allen Teilnehmern muss fünf Monate nach Kriegsende klar gewesen sein, dass es sich bei den im Zuge des „Sonderauftrags Linz" akquirierten Bildern um solche handelte, die die Nationalsozialisten auf unterschiedliche und meist sehr zweifelhafte Weise zusammengetragen hatten. Im Mittelpunkt des Gesprächs stand nicht die Rückgabe, sondern wie man möglichst viele Kunstgegenstände für Oberösterreich sichern könne. Drei Teilnehmer hatten, was Kunst und Kultur betraf, absolutes Insiderwissen. Der Sekretär des NS-Oberbürgermeisters von Linz, Franz Langoth, Hanns Kreczi, der als Kulturbeauftragter der Stadt Linz auftrat; Justus Schmidt, der Sammlungsleiter des ehemaligen Gaumuseums und Franz Juraschek, ehemals Gaukonservator. Nach Kriegsende waren diese Personen wiederum in wichtige Positionen gelangt. In dieses Bild fügt sich auch, dass die Stadt Linz Anfang der 1950er Jahre Kunstgegenstände und -werke aus dem persönlichen Besitz Adolf Hitlers für sich unter Bezugnahme auf dessen Testament reklamierte. Schließlich versuchte auch das Land Oberösterreich weiterhin zusätzliche Bestände aus dem Fundus des ehemaligen „Führermuseums" zu erhalten. Alle diversen Versuche in Oberösterreich sind dadurch gekennzeichnet, dass sie offenbar unabhängig von politischem Couleur und sowohl aus dem Umfeld des Landes Oberösterreich als auch der Stadt Linz zu registrieren waren. Der bislang letzte bekannte Versuch in diesem Zusammenhang datiert aus dem Jahre 1965. So versuchte in einem Schreiben vom 18. Dezember 1965 Wilhelm Freh als Direktor des Oberösterreichischen Landesmuseums in einem Schreiben an den Deutschen Museumsbund, nicht restituierte Kunstwerke als Dauerleihgaben zu erhalten. In diese letztlich gescheiterten Bemühungen war offenbar auch Lothar Machura als Direktor des Niederösterreichischen Landesmuseums eingebunden. Jedenfalls schrieb Freh an Machura am 29. Dezember 1965: „Lieber Freund! Anbei das betrübliche Ergebnis unserer Bemühungen, aus der Konkursmasse des Dritten Reiches den einen oder anderen uns zuste-

---

[40] Vgl. Birgit Kirchmayr, „Sonderauftrag Linz". Zur Fiktion eines Museums. In: Nationalsozialismus in Linz. Band 1. Hg. von Fritz Mayrhofer und Walter Schuster (Linz 2001) 588f.

henden Happen zu erhaschen. Herzlichen Dank für Deine gut gemeinten Bemühungen! Mit besten Grüßen."[41]

Nach 1945 war Oberösterreich ein vom Zweiten Weltkrieg gezeichnetes Land. Nicht zuletzt aufgrund der unter Marshall-Plan-Hilfe entwickelten enormen Wirtschaftskraft verbreitete sich im Lande ein gewisser Optimismus, man erwartete wirtschaftlichen Aufschwung und gesellschaftlichen Aufbruch. Auch in Hinblick auf die Kunst und Kultur in Stadt Linz und Land Oberösterreich wurden Planungen durchgeführt. Das Land Oberösterreich wollte die Kulturinstitution „Landesmuseum" wieder instand setzen. Oberösterreich erhielt ein Adalbert Stifter-Institut, Landeshauptmann Gleißner startete zusammen mit Bürgermeister Koref eine Initiative für die Errichtung eines Konzerthauses, das den Namen „Brucknerhaus" tragen sollte.[42] Die Stadt Linz strebte unterdessen eigenständig die Errichtung einer eigenen Kunstgalerie an. Linz hatte unter der US-Besatzung zweifelsfrei eine enorme Bedeutungssteigerung erlebt und versuchte ihrer neuen Stellung Rechnung zu tragen. Dem Ausbau der Industrie sollte ein kulturelles Pendant zur Seite gestellt werden. Bereits seit 1946 stand die Stadtverwaltung im Zuge dieser Neupositionierung mit dem bereits erwähnten Kunsthändler Wolfgang Gurlitt in Verbindung. Die Stadt Linz war auf den Kunsthändler von dem Kunstreferenten der von der US-Besatzungsmacht eingesetzten oberösterreichischen Beamtenregierung, Justus Schmidt, aufmerksam gemacht worden.[43] 1946 wurde für die Gurlitt'sche Gemäldesammlung ein Leihvertrag abgeschlossen, am 23. Oktober 1948 eröffnete Unterrichtsminister Hurdes den musealen Teil der Neuen Galerie der Stadt Linz.[44] In der Folge wurde über den Ankauf der Gemäldesammlung verhandelt.

Der schließlich erfolgte Kauf der Kunstsammlung Gurlitt wurde von dem Leiter des städtischen Kulturamtes Hanns Kreczi in den Oberösterreichischen Nachrichten in einem paradigmatischen Artikel 1952 unter dem Titel „Linz übernimmt eine geschichtliche Verantwortung" gefeiert, aus dem wohl auch das damalige Denken der für Kultur verantwortlichen Eliten hervorgeht: „In Erkenntnis der allgemeinen geschichtlichen Entwicklung und der besonderen Situation der Stadt Linz ist der Ruf nach dem kulturellen Gegengewicht 1945 erklungen und nicht mehr verstummt. Die Stadt hat

---

[41] OÖLM, Archiv: Abschrift D-288/4-1965: Direktor Wilhelm Freh an Lothar Machura, Direktor des Niederösterreichischen Landesmuseums vom 29. Dezember 1965.

[42] Landeschronik Oberösterreich. Hg. von Rudolf Lehr (Wien/München 2000) 372.

[43] Vgl. Schuster, „Sammlung Gurlitt" 35.

[44] Hanns Kreczi, Städtische Kulturarbeit in Linz (Linz 1959) 213.

allen Schwierigkeiten zum Trotz, die in den Kriegsjahren zusammengebrochenen Kultureinrichtungen nach 1945 wieder errichtet und sich mutig an Neugründungen gewagt. Mit Genugtuung darf festgestellt werden, dass sie auch neben den Erfolgen deutscher Städte bestehen können ... Der Ankauf der Gurlittschen Gemäldesammlung ist ein leuchtendes Beispiel dafür, wie die Verantwortlichen einer Stadt eine geschichtliche Situation erfassen und in der Verantwortung vor unserer und den kommenden Generationen bleibende kulturelle Werte schaffen ... Die Stadt Linz hat die einmalige Gelegenheit erkannt und genützt, um nachzuholen, was ihr geschichtlich versagt geblieben ist, und sie hat hiedurch nicht nur für die Bevölkerung von Linz eine Kulturtat von generationenhafter Bedeutung gesetzt, sondern auch für ganz Österreich ein glänzendes beispielhaftes Zeugnis österreichischen Kulturwillens – einen international anerkannten Kunstbesitz gesichert."[45] Kreczi hatte sich damals nachhaltig für eine städtische Kunstgalerie und eine eindrucksvolle städtische Kunstsammlung eingesetzt.[46]

Die von ihm angesprochene „einmalige Gelegenheit" bestand im Ankauf einer wertvollen und umfangreichen, relativ geschlossenen Sammlung zu einem vernünftigen Preis. Die Details des Deals wurden von Wolfgang Gurlitt und Justus Schmidt als Konsulent der Stadt Linz geklärt.[47] Wolfgang Gurlitt war – wie sich herausstellen sollte – in den Erwerb und Weiterverkauf „arisierter" Kunstwerke verwickelt. Er war in einige Restitutionsfälle involviert, von denen er zwei infolge der Beschaffenheit der Rückstellungsgesetze formal gewann.[48] Dass es sich bei einzelnen Bildern um entzogenes Vermögen, um „Arisierung" handelte, war unbestritten und auch den Verantwortlichen der Stadt bekannt, insbesondere deren Chefverhandler Justus Schmidt, der eines der zum Verkauf stehenden Bilder 1942 selbst angeboten bekam. Dass die Besitzerin Jüdin war, war Schmidt selbstverständlich bekannt. Zu Beginn der 1950er Jahre wurden ungeachtet dessen jedenfalls 109 Gemälde bzw. Grafiken von Gurlitt an die Stadt Linz verkauft, die den Grundstock der *Neuen Galerie der Stadt Linz* bildeten. Magistratsdirektor

---

[45] Hanns Kreczi, Linz übernimmt eine geschichtliche Verpflichtung. In: Oberösterreichische Nachrichten, 17.7.1952, 5.

[46] Zur Person des langjährigen Leiters des Kulturamts vgl. Georg Wacha, Hanns Kreczi 10. 2. 1912 – 25. 6. 2003 der Schöpfer der Kulturstadt Linz. In: Jahrbuch des Oberösterreichischen Musealvereines. Abhandlungen (2003), Bd. 148, 245-251.

[47] Geschäfte mit günstig ersteigerten, „gekauften" oder sonst „erworbenen" Kunstwerken wurden in der Nachkriegszeit allerdings nicht nur in Oberösterreich, sondern tatsächlich weltweit von vielen Kunsthändlern getätigt, in Wien, München, aber auch in Paris, Amsterdam, London und New York.

[48] Vgl. John, Bona Fide 64ff.

Oberhuber hatte den Ankauf ebenfalls maßgeblich betrieben, Bürgermeister Ernst Koref unterzeichnete seitens der Stadt Linz.[49]
Die Situation war im Jahre 1952 keineswegs dergestalt, dass es damals nicht kritische Stimmen gegeben hätte, die gegen einen Ankauf votierten. Jedem aufmerksamen Zeitungsleser konnte dies bekannt sein, in den Salzburger Nachrichten war im Juli 1952 folgender Artikel erschienen: „Gurlitt bietet Linz Kunstsammlung an. Entscheidung der Stadtgemeinde noch verfrüht? Trotz der günstig erscheinenden Kondition gibt es in der oberösterreichischen Landeshauptstadt Stimmen, die dem Gemeinderat zu bedenken geben wollen, daß diese umfangreiche Erwerbung unter Umständen etwas verfrüht sein könnte. Man müsse bei den gegenwärtig noch immer ungeklärten zwischenstaatlichen Rechtsverhältnissen auf Eventualitäten gefaßt sein, die gerade bei einem Aufwand öffentlicher Mittel ein äußerstes Maß an Vorsicht nahelegten. Noch seien in Linz im Zusammenhang mit der sogenannten ‚Führer-Sammlung' fatale Probleme in Schwebe."[50] Die Stadt Linz ließ Wolfgang Gurlitt im Falle von Eigentumsansprüchen Dritter denn auch vorsichtshalber eine Haftungserklärung unterzeichnen, die Jahrzehnte später allerdings uneinbringlich wurde.[51]
Gurlitt, Kreczi, Schmidt – auch Franz Juraschek, der Landeskonservator hatte einen Überblick darüber, was geschehen war. Er war einer der Kunstexperten, die in Oberdonau an vorderster Stelle tätig waren und natürlich war ihm bekannt, dass es sich bei den nach 1945 von ihm für Oberösterreich reklamierten Kunstwerken um einen ehemaligen Bestand des „Sonderauftrags Linz" handelte. In diesem Zusammenhang berichtete Juraschek 1946 in einem Brief an Landeshauptmann Gleißner, dass die österreichischen Kunstexperten von den deutschen Kollegen als „Kunsthyänen" angesehen wurden, die sich an der „Beute" bereichern wollten.[52] Das bedeutet ohne Frage, dass die damals agierenden Personen sich über die Inhalte ihrer Handlungen im Klaren waren. Hanns Kreczi publizierte noch 1959 den „moralischen Anspruch" der Stadt Linz auf Gemälde aus dem Bestand des „Sonderauftrags", weil diese Kunstschätze damals für die Stadt Linz akqui-

---

[49] Schuster, „Sammlung Gurlitt" 45.

[50] Salzburger Nachrichten, 15.7.1952, „Gurlitt bietet Linz Kunstsammlung an. Entscheidung der Stadtgemeinde noch verfrüht?"

[51] Schuster, „Sammlung Gurlitt" 69.

[52] OÖLM, Archiv, Mappe Direktion 1947/48, Zl. D 69/46, Juraschek an Landeshauptmann Gleißner, Linz 24.5.1946, Beilage: Bericht über die Stellungnahme Bayerns zu den Fragen des sogenannten Linzer Kunstmuseums, 21. 5. 1946 zit. nach Birgit Kirchmayr, Der „Art Collecting Point München" und Oberösterreichs Forderungen in der vorliegenden Studie.

riert worden seien.[53] Auch der Versuch, die „Münchner Restbestände" zu erhalten, wurde von Kreczi publiziert wie auch der Anspruch auf „Restbestände von herrenlosen Kunstwerken".[54] Die „Münchner Restbestände", die zum Großteil aus Kunstwerken mit unidentifizierten Eigentümern bestanden, erhielt schließlich die Republik Österreich, 1966 wurden diese in der Kartause Mauerbach bei Wien eingelagert.

Wie man konkret anhand von Dokumenten belegen kann, versuchten nach dem Ende des Zweiten Weltkriegs und in den Jahren der Zweiten Republik, von 1945 bis etwa 1965 – siehe den Brief des Direktors des Oberösterreichischen Landesmuseums Freh – Kunstexperten, Eliten aus dem Kulturleben und Politiker, Kunstbestände aus der „Konkursmasse des Dritten Reiches" zu ihrem Vorteil bzw. dem ihrer Institutionen zu akquirieren, wissend welcher Hintergrund diesen Kunstwerken zu Eigen war: Vermögensentzug, Beschlagnahme, „Arisierung", Zwangsverkauf, Billigkauf unter den Rahmenbedingungen, die das Dritte Reich vorgab und der Eigentumstitel „herrenloses Gut". Akquirierung von Kunstgegenständen vor diesem Hintergrund galt, wenn überhaupt, offenbar als eine Art „Kavaliersdelikt", jedenfalls als Angelegenheit in einem weitgehend „wertfreien" Bereich. Justus Schmidt, Mitglied der Beamtenregierung nach Kriegsende, Direktor des Landesmuseums nach 1945, Kunstkonsulent der Stadt Linz, verstand das Ausfindigmachen und den Erwerb eines Kunstwerkes als eine Art „Jagd". Den „Sonderbeauftragten" Posse, oberster Kunstsammler im Dienste Hitlers, hatte Schmidt als jemanden mit einem „Falkenauge" bezeichnet, der „in allen Winkeln von ganz Europa nimmermüde" herumspürte.[55] Die „Beute" war in diesem Fall das Kunstwerk. Jedenfalls wurde die Akquisition von Kunstbeständen im Zusammenhang mit den nationalsozialistischen Plänen und Aktivitäten der Jahre 1938 bis 1945 auch nach Kriegsende seitens der beschriebenen Eliten der Kunst- und Kulturszene betrieben. Es ist unmöglich, dass man damals nicht wusste, was „herrenloses Gut" bedeutete. „Unidentifiziert", „herrenlos" waren Chiffren, die in vielen Fällen bedeuteten, dass die ehemaligen Besitzer tot waren bzw. man infolge der Verfolgungen den Weg der Kunstgegenstände nicht mehr nachvollziehen konnte. Es bedeutete also in vielen Fällen Tod im Zuge des

---

[53] Archiv des Bundesdenkmalamts (BDA), Restitutionsmaterialien, Karton 11/1, Mappe 7: 3377/53, BMfU an BDA (Brief vom 26. 5. 1953).

[54] Hanns Kreczi, Städtische Kulturarbeit in Linz. Ein geschichtlicher Überblick anläßlich des 40jährigen Bestandes des Kulturamtes der Stadt Linz (Linz 1959) 107f.

[55] Justus Schmidt, Hans Posse und die Führersammlungen für Linz. In: Oberdonau. Querschnitt durch Kultur und Schaffen im Heimatgau des Führers, Folge 1, 3. Jg., März 1943, 8.

Holocaust. Um konkrete Beispiele aus Oberösterreich zu benennen – Leopold Mostny, der Grandseigneur der Unternehmerfamilie aus Linz, deren Kunstsammlung enteignet wurde, wurde 100jährig im Jahre 1942 auf einen Lastwagen geworfen und in das Konzentrationslager Theresienstadt verbracht, wo er starb.[56] Aranka Munk, in deren Villa in Bad Aussee sich das „wertvolle Damenportrait von Gustav Klimt" befand, das Franz Juraschek ausgespäht hatte, wurde 1941 ins Ghetto Litzmannstadt (Lodz) deportiert, wo sie verstarb.[57] Walter Schwarz, dessen Kunstsammlung in der Wohnung Linz, Domgasse 5 bereits kurz nach dem „Anschluss" in die Hände der Nationalsozialisten fiel, versuchte 1938 ins Ausland zu flüchten. Er wurde ergriffen, Ende August ins Gefängnis der Gestapo nach München gebracht, wo er am 1. September 1938 starb. Erst nach einer Indiskretion, durch die die Betroffenen informiert wurden, hat man im Jahre 1986 den größeren Teil der Kunstsammlung seitens des Landesmuseums an die Erben nach Hugo Schwarz restituiert.[58] Im Falle der Kloster- und Stiftsammlungen ist festzuhalten, dass deren gesamter Besitz 1941/42 in Oberdonau beschlagnahmt wurde, dass die katholische Kirche und insbesondere die geistlichen Orden Ziel massiver Angriffe waren, Priester und Ordensbrüder verfolgt und auch in Haft oder in Konzentrationslager verbracht wurden, wie dies auch bei Geistlichen aus dem Vikariat Hohenfurt der Fall war. Engelmar Unzeitig, Pfarrvikar aus Glöckelberg, wurde beispielsweise wegen „heimtückischer Äußerungen und wegen Verteidigung der Juden" verhaftet und ins Konzentrationlager Dachau deportiert, wo er verstarb.[59]

---

[56] Vgl. Michael John, „Bereits heute schon ganz judenfrei ..." Die jüdische Bevölkerung von Linz und der Nationalsozialismus. In: Nationalsozialismus in Linz II. Hg. von Fritz Mayrhofer und Walter Schuster (Linz 2001) 1383; Dokumentationsarchiv des Österreichischen Widerstandes (DÖW). Namentliche Erfassung der österreichischen Holocaustopfer (http://doew.at), Leopold Mostny.

[57] Dokumentationsarchiv des Österreichischen Widerstandes (DÖW). Namentliche Erfassung der österreichischen Holocaustopfer (http://doew.at), Aranka Munk.

[58] Vgl. Michael John, „Basare mit jüdisch-orientalischer Geschäftsform ..." Die Arisierung von Warenhäusern in Linz. In: Arisierte Wirtschaft. Raub und Rückgabe – Österreich von 1938 bis heute. Hg. von Verena Pawlowsky – Harald Wendelin (Wien 2005) 42f; Dokumentationsarchiv des Österreichischen Widerstandes (DÖW), Namentliche Erfassung der österreichischen Holocaustopfer (http://doew.at), Walter Schwarz.

[59] Vgl. Johann Mittendorfer, Oberösterreichische Priester in Gefängnissen und Konzentrationslagern zur Zeit des Nationalsozialismus (1938 - 1945). In: 73. Jahresbericht des Bischöflichen Gymnasiums Kollegium Petrinum in Urfahr-Linz an der Donau 1976/77 (1977) 96; vgl. ferner Josef Hüttl, Kirche und Nationalsozialismus. Der Budweiser Administraturbezirk der Diözese St. Pölten 1940-1946 (Wien/Salzburg 1979); Thaddaeus Kohout, Tecelin Jaksch (1885-1954). Abt von Hohenfurt in bewegten Zeiten (Dipl. arbeit Univ. Wien 2002).

Mittlerweile haben sich – ungeachtet der Existenz ungelöster oder nicht zufriedenstellend gelöster Fälle – die öffentliche Moral und die Praxis des Umgangs mit geraubter Kunst bzw. mit „lost art" grundlegend verändert. Die so genannten Mauerbach-Bestände wurden 1996 zugunsten der Opfer des Holocaust versteigert, 1998 wurde das Österreichische Kunstrückgabegesetz verabschiedet, seitdem wurden von der „Kommission für Provenienzforschung" tausende Fälle bearbeitet, von 1998 bis März 2006 rund 6.000 Kunstgegenstände nach dem Kunstrückgabegesetz, das nur Museen im Bundesbesitz betrifft, zurückgegeben.[60] Die Stadt Wien begann der österreichischen Praxis zu folgen bzw. ein eigenes Muster der Provenienzforschung zu entwickeln, alle anderen Bundesländer (mit Ausnahme Tirols) folgten nach. Auch in Oberösterreich wurde und wird erneut restituiert, 2002 hat der Oberösterreichische Landtag wie bereits erwähnt ein eigenes Landesgesetz zur Restitution beschlossen. Das vorliegende Buch ist ebenfalls als Teil der regionalen Bemühungen hinsichtlich der Auseinandersetzung mit der Restitutionsproblematik anzusehen.

Die Stadt Linz hat 1999 begonnen, die Bestände der Neuen Galerie zu untersuchen. Das Bild „Die Näherin" von Ury Lesser und das Werk „Stadt am Fluss" von Egon Schiele wurden mittlerweile den Erben seitens der Stadt Linz aus „moralischen Erwägungen" übereignet.[61] In der Begründung hinsichtlich der „Stadt am Fluss" heißt es eindeutig: „Die moralische Problematik liegt in den seinerzeitigen gesetzlichen Grundlagen bei Rückstellungen von entzogenem jüdischen Vermögen sowie der Rückstellungspraxis der Nachkriegszeit. Aus heutiger Sicht kann die damals vielfach geübte Praxis in Rückstellungsverfahren ... nicht als Wiedergutmachung, sondern vielmehr als nachträgliche Legalisierung des während der NS-Herrschaft erlittenen Unrechts bezeichnet werden."[62] Im Jänner 2003 wurde das wertvolle Gemälde auf Beschluss des Linzer Gemeinderates definitiv an die Rechtsnachfolger der ursprünglichen Eigentümer übergeben.[63]

---

[60] Parlamentskorrespondenz Nr. 297, 5.4.2006.

[61] Nationalsozialismus. Auseinandersetzung in Linz. 60 Jahre Zweite Republik. Hg. vom Archiv der Stadt Linz (Linz 2005) 166

[62] Pressemitteilung der Stadt Linz, 17.12.2002

[63] Protokoll über die 55. Sitzung des Gemeinderates der Landeshauptstadt Linz am 30.1.2003. In: Amtsblatt der Landeshauptstadt Linz, Folge 1 (2003) 30. Das mit den Maßen 1.20 x 80 eher klein dimensionierte Bild erzielte bei der Auktion im Londoner Auktionshaus Sotheby's den Rekordpreis von 12,6 Millionen britischer Pfund (18,3 Millionen €). Dabei handelte es sich um die höchste Summe, die bis zu diesem Zeitpunkt jemals für ein rückerstattetes Bild erzielt wurde.

2006 geriet schließlich ein Fall in die Schlagzeilen der Weltpresse, es handelte sich um die Sammlung Ferdinand und Adele Bloch-Bauer. Der Beirat der Kommission für Provenienzforschung hatte 1999 gegen eine Rückgabe entschieden. Im Jänner 2006 sprach sich ein österreichisches Schiedsgericht dann jedoch für die Rückgabe von insgesamt fünf Klimt-Bildern aus – sie wurden inzwischen versteigert bzw. verkauft, erzielten insgesamt einen Erlös von 257,7 Millionen €.[64] Zeitgleich zur Entscheidung der Rückgabe im Falle Bloch-Bauer, die nicht nur finanzielle sondern auch symbolische Implikationen hat („österreichisches Kulturerbe") gab das Nachrichtenmagazin „profil" im Jänner 2006 eine Meinungsumfrage in Auftrag. Danach fanden 69 % der befragten Österreicher und Österreicherinnen, dass Kunstgüter, die in der Nazi-Zeit erworben wurden, an die Erben der Vorbesitzer zurückgegeben werden sollen. Hingegen gaben 18 % der Befragten an, dass sie die Rückgabe von Kunstgegenständen, wie die der Klimt-Bilder, nicht für richtig halten. 13% wollten sich dazu nicht äußern.[65] Sollte die Umfrage das österreichische Meinungsklima in dieser Frage in etwa widerspiegeln, wäre Österreich kein Sonderfall, sondern läge im internationalen Trend.

In der Bundesrepublik Deutschland werden mittlerweile allein auf der Grundlage, dass Kunstgegenstände unter den Bedingungen des rassistischen NS-Systems von Verfolgung von Betroffenen veräußert wurden, Rückerstattungsbeschlüsse gefällt.[66] Im März 2005 beschloss das Israel Museum in Jerusalem eine wertvolle Zeichnung von Degas an die Erben des jüdischen Kunsthändlers Jacques Goudstikker zu restituieren. Das Bild war als Schenkung in das Museum gelangt.[67] Schließlich hat die US-Regierung, wie bereits kurz erwähnt, mit Erbengemeinschaften nach ungarischen Juden und Jüdinnen, die in das Konzentrationslager Auschwitz deportiert worden sind, im Jahre 2005 das so genannte „Hungarian Gold Train"-Settlement abgeschlossen, hinsichtlich eines von der US-Armee im Mai 1945 bei Werfen, Salzburg übernommenen, mit Wert- und Kunstge-

---

[64] Vgl. Lillie Sophie – Gaugusch Georg, Portrait of Adele Bloch-Bauer (New York 2006); siehe dazu auch die Website der Österreichischen Galerie Belvedere, Wien hinsichtlich ihrer Provenienzforschungen (http://www.belvedere.at/sammlungen/provenienz.php); Monika Mayr, Provenienzforschung in der Österreichischen Galerie Belvedere. Masch. Manus. (Wien 2006) Vortrag gehalten am International Symposium on Restitution and Provenance Research, Sotheby's London, Oktober 2006.

[65] Es wurden 400 Personen eines repräsentativen Samples befragt. Institut market (Linz), Umfrage „Rückgabe von Kunstgütern der Nazi-Zeit" im Auftrag des profil, 30.1.2006

[66] Vgl. dazu Caspar David Friedrich, Der Watzmann. Hg. von Birgit Verwiebe (Berlin/Köln 2004).

[67] John, Bona fide 77f.

genständen beladenen Zuges. Die Argumentation im Gerichtsverfahren vor einem amerikanischen Richter lautete: „The USA mishandled the contents of the train". Jedenfalls verschwanden die Wertgegenstände bzw. wurden sie in einem Kaufhaus für Militärangehörige verkauft. Die US-Regierung stimmte in diesem Zusammenhang im Jahre 2005 zu, 25,5 Millionen US-$ in einen Fonds zu Gunsten ungarischer Holocaust-Überlebender einzubezahlen.[68] Der US-amerikanische Kulturwissenschafter Elazar Barkan hielt bereits im Jahre 2000 zur internationalen Dimension von Restitution fest: „Restitution plays a growing role in human rights, and itself testifies to the increased attention being paid to public morality and the augmented efforts to amend past injustices."[69] Kompensation von Vermögensentzug und Restitution im Zuge von Menschenrechtsverletzungen sind für Barkan in erster Linie „verhandelte Geschichte", in der verschiedene durch „historische Verbrechen" verknüpfte Gruppen den Konflikt bewältigen und damit auch zu einem gewissen Grad ihre Identität neu definieren.[70] Die Ereignisse in Österreich hinsichtlich Restitution und Entschädigung seit 1998 können durchaus in diesem Rahmen interpretiert werden.

---

[68] Siehe dazu die Website der Claims Conference zur Sicherung materieller Ansprüche jüdischer Verfolgter während der NS-Zeit mit den Informationen hinsichtlich des „Hungarian Gold Train Settlement" (http://www.claimscon.org/?url=allocations/goldtrain).

[69] Vgl. Elazar Barkan, Restitution and amending historical injustices in international morality. Paper (Claremont 2000) 5; siehe dazu auch das Buch Elazar Barkan, The guilt of nations. Restitution and negotiating historical injustices (New York 2000).

[70] Barkan, Restitution 5f; vgl. dazu ferner Rathkolb, NS-Kunstraub 207f.

# Literatur und Quellen

## UNGEDRUCKTE QUELLEN

**Archiv des Germanischen Nationalmuseums Nürnberg (GNMN)**
Nachlass Hans Posse

**Archiv der Stadt Linz (AStL)**
Materialsammlung Kubin
NS-Registrierungsakten
Kulturarchiv
Nachlass Heinrich Justus Schmidt
Nachlass August Zöhrer

**Archiv des Kunsthistorischen Museums Wien (KHM)**
Archivgruppe I, Dienststellenleiter

**Bundesarchiv Berlin (BAB)**
Reichskanzlei (R 43)
Reichsministerium für Volksaufklärung und Propaganda (R 55)
Lehr- und Forschungsgemeinschaft „Das Ahnenerbe" (NS 21)

**Bundesarchiv Koblenz (BAK)**
Treuhandverwaltung für Kulturgut bei der Oberfinanzdirektion München (B 323)

## Bundesdenkmalamt Linz (BDA Linz)

Sachakten A–Z
Restitutionsmaterialien M1-M17
Stift St. Florian

## Bundesdenkmalamt Wien (BDA Wien)

Restitutionsmaterialien
Topographische Akten OÖ
Ausfuhrabteilung, Sammlung Juritzky-Warberg

## Haberstock-Archiv Augsburg

Geschäftsbücher

## Israelistische Kultusgemeinde Linz (IKG)

Vermögensanmeldungen

## National Archives, Washington (NAW)

Records of U.S. Occupation Headquarters, World War II, U.S. Allied Commission for Austria (Record Group 260)
Records of the American Commission for the Protection and Salvage of Artistic and Historic Monuments in War Areas (Record Group 239)

## Oberösterreichisches Landesarchiv, Linz (OÖLA)

Arisierungs- und Restitutionsakten
Gauselbstverwaltung, Stift St. Florian
Nationalsozialistische Volkswohlfahrt
Personalakten
Sonderbestände: Historisches Forschungsinstitut des Reichsgaues Oberdonau in St. Florian
Politische Akten
NARA-Akten (Mikrofilme National Archives Washington)
Volksgerichtsakten

Literatur und Quellen

## Oberösterreichisches Landesmuseum, Linz (OÖLM)

Archiv, Bestand Kunsthistorische Abteilung, Mappen 1938-1965
Archiv, Bestand Direktion, Mappen 1938-1965
Bibliothek, Ankaufsprotokolle, Spendenprotokolle, Geschenkprotokolle
Inventarbücher
Objektkarteiblätter

## Österreichische Akademie der Wissenschaften, Wien (ÖAW)

Materialsammlung des Österreichischen Biographischen Lexikons

## Österreichisches Staatsarchiv Wien (ÖStA)

Archiv der Republik (AdR), Bundesministerium für Unterricht, Personalakten
Archiv der Republik, Gauakten
Nachlass Friedrich Funder

## Stiftsarchiv Kremsmünster (StAKr)

Tagebuch Richard Rankl

## Stift St. Florian (StfA)

Akten der Reichsrundfunkgesellschaft
Akten der Theologischen Hauslehranstalt
NS-Akten
Kunstverkäufe, Kunstrückstellungen (Materialiensammlungen)
Nachlässe
Plansammlung
Ungedruckte Kataloge zu den Sammlungen

## GEDRUCKTE QUELLEN/ZEITSCHRIFTEN/ZEITUNGEN

Adolf Hitler. Monologe im Führer-Hauptquartier 1941-1944. Die Aufzeichnungen Heinrich Heims. Hg. von Werner Jochmann (Hamburg 1980)

Adolf Hitlers drei Testamente. Hg. von Gert Sudholt (Leoni 1977)

Belvedere 12 (1928)

Bruckner Festtage St. Florian – Linz, 31. Mai bis 3. Juni 1941 (Linz 1941)

„Das veruntreute Erbe", Serie. In: Der Standard, 21. 2.-2. 3. 1998

Deutschlands Barockmuseum. In: Westdeutscher Beobachter, 4. 7. 1941

Drei Jahrhunderte Vlämische Kunst 1400-1700. CX. Ausstellung der Vereinigung Bildender Künstler Wiener Secession (Wien 1930)

Faison S. Lane, Consolidated Interrogation Report No. 4: Linz Museum (CIR 4)

Faison S. Lane, Detailed Interrogation Report No.12: Subject Hermann Voss (DIR 12)

Florian – deutsches Barockmuseum. In: Tagespost Nr. 127, 31. 5. 1941

Goebbels Joseph, Die Tagebücher. Sämtliche Fragmente I/4. Hg. v. Elke Fröhlich (München 1987)

Gurlitt bietet Linz Kunstsammlung an. Entscheidung der Stadtgemeinde noch verfrüht? In: Salzburger Nachrichten, 15. 7. 1952

Hilpert Max, Bruckners VIII. Symphonie unter Herbert von Karajan. In: Oberdonau-Zeitung, 25. 7. 1944

Hitler Adolf, Mein Kampf (München 1941)

Hoffmann Heinrich, Kunstwerke für die neue Galerie in Linz. In: Kunst dem Volk 14 (1943), Sonderheft zum 20. April 1943, 4-12

Institut market, Umfrage „Rückgabe von Kunstgütern der Nazi-Zeit" im Auftrag des Profil, 30.1.2006

Jahrbuch der Deutschen Bibliotheken 33 (1942)

Jahrbuch des Oberösterreichischen Musealvereins 88-95 (Linz 1939-1950) (1939-1944: „Jahrbuch des Vereines für Landeskunde und Heimatpflege im Gau Oberdonau")

Jahresbericht des Stiftsgymnasiums St. Florian III (1937/38)

Juraschek Franz, Jahresbericht der Denkmalpflege. In: Oberdonau. Querschnitt durch Kultur und Schaffen im Heimatgau des Führers, Folge 5, 1. Jg. (Dez. 1941/Febr. 1942)

Kreczi Hanns, Linz übernimmt eine geschichtliche Verantwortung. In: Oberösterreichische Nachrichten, 17. 7. 1952

Kulturnachrichten des Kulturbeauftragten des Gauleiters und Reichsstatthalters in Oberdonau, Linz 1942-1944

Oberdonau. Querschnitt durch Kultur und Schaffen im Heimatgau des Führers, 10 Hefte, Linz 1941-1943

Plaut James, Consolidated Interrogation Report No.1: Activity of the Einsatzstab Rosenberg

Pressemitteilung der Stadt Linz, 17. 12. 2002

R.H., „Bruckners Werk dem ganzen deutschen Volk!" Feierliche Eröffnung der Bruckner-Festtage 1941 durch den Gauleiter. In: Tages-Post Nr. 128, 3. 6. 1941

Rousseau Theodor: Detailed Interrogation Report No.1: Subject Heinrich Hoffmann (DIR)

Rückgabe der o.-ö. Stifte an die Kirche. In: Linzer Volksblatt, 28. 9. 1946

Schmidt Justus, Kunst des Mittelalters. Die Lorcher Madonna – Eine Neuerwerbung des Landesmuseums. In: Volksstimme Nr. 96, 7. 4. 1940

Schmidt Justus, Stift St. Florian (Führer zu großen Baudenkmälern 12, Berlin 1944)

Schmidt Justus, Hans Posse und die Führersammlungen für Linz. In: Oberdonau. Querschnitt durch Kultur und Schaffen im Heimatgau des Führers, Folge 1, 3. Jg., März 1943

Schopper Hanns, Presse im Kampf. Geschichte der Presse während der Kampfjahre der NSDAP (1933-1938) in Österreich (Brünn 1941)

St. Florian – Deutschlands größtes Barockmuseum. In: Volksstimme Nr. 152, 3. 6. 1941

Stillere Heimat. Jahrbuch der Gauhauptstadt Linz. Hg. von Leo Sturma (Linz/Berlin 1942)

Stürzl Rosa, Die Bürger von Calais. In: Volksstimme, 23. 1. 1942

Unser Oberdonau. Ewiger Kraftquell der Heimat. Ein deutscher Gau in Kunst und Dichtung. Hg. von Anton Fellner (Berlin 1944)

Verordnungs- und Amtsblatt für den Reichsgau Oberdonau 1942

Zöhrer August, Dr. Hans Posse. Der Schöpfer des Linzer Kunstmuseums. In: Gestalter und Gestalten. Schriftenreihe Linz, Erbe und Sendung (Linz 1943) 7-16.

## PROVENIENZBERICHTE

Rückgabe von Kunstgegenständen, die während der NS-Ära in das OÖ. Landesmuseum gelangten. Endbericht vom 30. 4. 1999. Hg. vom Oberösterreichischen Landesmuseum, ergänzt und erweitert im Jänner 2000. Masch. Bericht (Linz 2000)

John Michael – Kirchmayr Birgit, Oberösterreichisches Landesmuseums 1938-1955. Sonderauftrag Linz und Collecting Point. Aspekte des Vermögensentzugs von Kunstwerken und der Restitution in Oberösterreich. Vorabschlussbericht Juni 2002. Masch. Bericht (Linz 2002)

Mayr Monika, Provenienzforschung in der Österreichischen Galerie Belvedere. Masch. Manus. (Wien 2006 = Vortrag gehalten am International Symposium on Restitution and Provenance Research, Sotheby's London, Oktober 2006)

Schuster Walter, Die „Sammlung Gurlitt" der Neuen Galerie der Stadt Linz. Masch. Bericht (Linz 1999)

## QUELLEN IM INTERNET (AUSWAHL)

Catalogue des Musées nationaux Récupération
(http://www.culture.fr/documentation/mnr/pres.htm)

Claims Conference. Conference on Jewish Material Claims
(http://www.claimscon.org/)

Kunst-Datenbank des Nationalfonds der Republik Österreich für Opfer des Nationalsozialismus (http://www.kunstrestitution.at)

Lost Art Internet-Database – Offizielle deutsche Datenbank zur Dokumentation von Raub- und Beutekunst (http://www.lostart.de)

Namentliche Erfassung der österreichischen Holocaustopfer (http://doew.at)

Project for the Documentation of Wartime Cultural Losses
(http://docproj.loyola.edu/)
Provenienzforschung im Oberösterreichischen Landesmuseum
(http://www.landesmuseum.at/de/lm/pages.php?page_id=622)

Provenienzforschung an der Österreichischen Galerie Belvedere
(http://www.belvedere.at/sammlungen/provenienz.php)

## INTERVIEWS / GESPRÄCHE

Antonia Bryk, Interview mit Birgit Kirchmayr, Linz am 17. 6. 2003, Transkript

Gertrude Erba, Interview mit Birgit Kirchmayr, Linz am 3. 2. 2003, Transkript

S. Lane Faison, Interview mit Andreas Gruber und Birgit Kirchmayr, Williamstown am 14. 6. 1998, Transkript; Interview mit Michael John, Williamstown am 20. 5. 2002

Eva Frodl-Kraft, Interview mit Andreas Gruber und Birgit Kirchmayr, Altaussee am 3. 9. 1998, Transkript

Gertrude Pfatschbacher, Interview mit Birgit Kirchmayr, Linz am 26.2.2003, Transkript

Craig Hugh Smyth, Interview mit Andreas Gruber und Birgit Kirchmayr, New York am 16. 6. 1998, Transkript

Georg Wacha, Gespräch mit Birgit Kirchmayr, Linz am 4. 12. 2002

Norbert Wibiral, Interview mit Michael John und Birgit Kirchmayr, Altaussee am 10.6.2002, Transkript

Gertrude Wied, Gespräch mit Birgit Kirchmayr, Linz am 9. 5. 2003

George Wozasek, Interview mit Birgit Kirchmayr, Linz am 10. 4. 2003, Transkript

Otto Wutzel, Interview mit Michael John und Birgit Kirchmayr, Bad Goisern am 10. 6. 2002, Transkript

# LITERATUR

Allgemeines Lexikon der bildenden Künstler von der Antike bis zur Gegenwart XIII. Hg. von Ulrich Thieme (Leipzig 1920)

Aly Götz, Hitlers Volksstaat. Raub, Rassenkrieg und nationaler Sozialismus (Frankfurt 2005)

Anderl Gabriele – Blaschitz Edith – Loitfellner Sabine – Triendl Miriam – Wahl Niko, „Arisierung" von Mobilien (Veröffentlichungen der Österreichischen Historikerkommission. Vermögensentzug während der NS-Zeit sowie Rückstellungen und Entschädigungen seit 1945 in Österreich XV, Wien/München 2004)

„Arisierung" im Nationalsozialismus. Volksgemeinschaft, Raub und Gedächtnis. Hg. vom Fritz Bauer Institut (Frankfurt/New York 2000)

Arnbom Marie-Theres, Friedmann, Gutmann, Lieben, Mandl, Strakosch. Fünf Familienporträts aus Wien (Wien/Köln/Weimar 2002)

Arp Jochen, Der Raub des Jahrhunderts. In: Junge Freiheit Nr. 8/1997, 14. 2. 1997

Ausgeliefert. Beispiele österreichischer Graphik der Zwischenkriegszeit nahe der Phantastik. Klemens Brosch. Carl Anton Reichel. Franz Sedlacek. Aloys Wach. Hg. vom Oberösterreichischen Landesmuseum (Weitra 1996)

Backes Klaus, Adolf Hitlers Einfluss auf die Kulturpolitik des Dritten Reiches. Dargestellt am Beispiel der Bildenden Künste (Diss. Univ. Heidelberg 1984)

Bailer-Galanda Brigitte, „Schauen Sie, das Ungeordnete ist natürlich schlimmer wie das Geordnete". Skizze zu Walther Kastner, Jurist und Staatsbediensteter für Diktatur und Demokratie. In: Erfahrung der Moderne. Festschrift für Roman Sandgruber zum 60. Geburtstag. Hg. von Michael Pammer u.a. (Stuttgart 2007) 289-300

Bajohr Frank, „Arisierung" als gesellschaftlicher Prozess. Verhalten, Strategien und Handlungsspielräume jüdischer Eigentümer und „arischer" Erwerber. In: „Arisierung" im Nationalsozialismus. Volksgemeinschaft, Raub und Gedächtnis. Hg. vom Fritz Bauer Institut (Frankfurt/New York 2000) 15-30

Bajohr Frank, Parvenüs und Profiteure. Korruption in der NS-Zeit (Frankfurt 2001)

Bajohr Frank, „Arisierung" und Rückerstattung. Eine Einschätzung. In: „Arisierung" und Restitution. Die Rückerstattung jüdischen Eigentums in Deutschland und Österreich nach 1945 und 1989. Hg. von Constantin Göschler – Jürgen Lillteicher (Göttingen 2002)

Bandhauer-Schöffmann Irene, Entzug und Restitution im Bereich der Katholischen Kirche (Veröffentlichungen der Österreichischen Historikerkommission. Vermögensentzug während der NS-Zeit sowie Rückstellungen und Entschädigungen seit 1945 in Österreich 22/1, Wien 2004)

Banken Ralf, Der Edelmetallsektor und die Verwertung konfiszierten jüdischen Vermögens im „Dritten Reich". Ein Werkstattbericht über das Untersuchungsprojekt „Degussa AG" aus dem Forschungsinstitut für Sozial- und Wirtschaftsgeschichte an der Universität zu Köln. In: Jahrbuch für Wirtschaftsgeschichte 1 (1999), 135-161

Barkan Elazar, The Guilt of Nations. Restitution and Negotiating Historical Injustices (New York 2000)

Barkan Elazar, Restitution and Amending Historical Injustices in International Morality. Paper (Claremont 2000)

Bernauer Egbert, St. Florian in der NS-Zeit (Diss. Univ. Wien 2004)

Bertele-Grenadenberg Hans, Die Kunstdenkmäler des Benediktinerstiftes Kremsmünster II: Die stiftlichen Sammlungen und die Bibliothek (Österreichische Kunsttopographie 43, Wien 1977)

Botz Gerhard, Arisierungen in Österreich 1938-1940. Die politische Ökonomie des Holocaust. Zur wirtschaftlichen Logik von Verfolgung und „Wiedergutmachung". Hg. von Dieter Stiefel (Wien/München 2001) 29-56

Botz Gerhard, Terror, Tod und Arbeit im Konzentrationslager Mauthausen. In: Oberösterreichische Gedenkstätten für KZ-Opfer. Eine Dokumentation. Hg. vom Land Oberösterreich (Linz 2001) 15-29

Botz Gerhard, Die „Waldheim-Affäre" als Widerstreit kollektiver Erinnerungen. In: 1986. Das Jahr, das Österreich veränderte. Hg. von Barbara Toth (Wien 2006) 74-95

Brenner Hildegard, Die Kunstpolitik des Nationalsozialismus (Rowohlts deutsche Enzyklopädie 167/168, Reinbek 1963)

Brückler Theodor, Die „Verländerung" der österreichischen Denkmalpflege in der NS-Zeit und die Gründung des Instituts für Denkmalpflege 1940. In: Österreichische Zeitschrift für Kunst und Denkmalpflege 44 (1990) 184-194

Brückler Theodor, Gefährdung und Rettung der Kunstschätze: Versuch einer kritischen Rekonstruktion. In: Eva Frodl-Kraft, Gefährdetes Erbe. Österreichs Denkmalschutz und Denkmalpflege 1918-1945 im Prisma der Zeitgeschichte (Wien/Köln/Weimar 1997) 363-383

Brückler Theodor – Nimeth Ulrike, Personenlexikon zur Österreichischen Denkmalpflege (1850-1990) (Wien 2001)

Brüstle Christa, Anton Bruckner und die Nachwelt. Zur Rezeptionsgeschichte des Komponisten in der ersten Hälfte des 20. Jahrhunderts (Stuttgart 1998)

Buchmayr Friedrich, Der Priester in Almas Salon. Johannes Hollnsteiners Weg von der Elite des Ständestaats zum NS-Bibliothekar (Weitra 2003)

Buchmayr Friedrich, „Aufs Großartigste auszubauen ...". Nationalsozialistische Pläne und Utopien rund um das Stift St. Florian. In: kunst - kommunikation - macht. Sechster Österreichischer Zeitgeschichtetag 2003. Hg. von Ingrid Bauer u.a. (Innsbruck 2004)

Bukey Burr Evan, „Patenstadt des Führers". Eine Politik- und Sozialgeschichte von Linz 1908-1945 (Frankfurt/New York 1993)

Conway John S., Die nationalsozialistische Kirchenpolitik 1933-1945. Ihre Ziele, Widersprüche und Fehlschläge (München 1969)

Das Bistum Linz im Dritten Reich. Hg. von Rudolf Zinnhobler (Linzer Philosophisch-theologische Reihe 11, Linz 1979)

Das Jahrbuch der Wiener Gesellschaft. Hg. von Franz Planer (Wien 1929)

de Jaeger Charles, Das Führer-Museum. Sonderauftrag Linz (Esslingen/München 1988)

Der Hochverratsprozeß gegen Dr. Guido Schmidt vor dem Wiener Volksgericht (Wien 1947)

Dickinger Regina, Carl Anton Reichel (1874-1944). Biographie und Werkverzeichnis. (Dipl.arbeit Univ. Salzburg 1985)

Die faschistische Okkupationspolitik in Österreich und der Tschechoslowakei (1938-1945). Dokumentenedition (Köln 1988)

Die Kunstsammlungen des Augustiner-Chorherrenstiftes St. Florian (Österreichische Kunsttopographie 48, Wien 1988)

Die Münzsammlungen der Zisterzienserstifte Wilhering und Zwettl (Österreichische Akademie der Wissenschaften, Philosophisch-Historische Klasse, Denkschriften 121, Wien 1975)

Die Sammlung Kastner, 4 Bände, Kataloge des Oberösterreichischen Landesmuseums. Hg. vom Oberösterreichischen Landesmuseum (Linz 1992-1999)

Distelberger Rudolf, Die kunstgewerblichen Sammlungen. In: Die Kunstsammlungen des Augustiner-Chorherrenstiftes St. Florian (Österreichische Kunsttopographie 48, Wien 1988) 122-163

Dostal Thomas, Das „braune Netzwerk" in Linz 1933-1938. In: Nationalsozialismus in Linz I. Hg. von Fritz Mayrhofer und Walter Schuster (Linz 2001) 21-136

Ellmauer Daniela – Thumser Regina, „Arisierungen", beschlagnahmte Vermögen, Rückstellungen und Entschädigungen in Oberösterreich. In: Daniela Ellmauer – Michael John – Regina Thumser, „Arisierungen", beschlagnahmte Vermögen, Rückstellungen und Entschädigungen in Oberösterreich. (Veröffentlichungen der Österreichischen Historikerkommission. Vermögensentzug während der NS-Zeit sowie Rückstellungen und Entschädigungen seit 1945 in Österreich XVII/1, Wien/München 2004) 201-500

Entnazifizierung und Wiederaufbau in Linz (Historisches Jahrbuch der Stadt Linz 1995, Linz 1996)

Enzyklopädie des Nationalsozialismus. Hg. von Wolfgang Benz u.a. (Stuttgart 1998)

Ergert Viktor, 50 Jahre Rundfunk in Österreich I (Salzburg 1974)

Ertz Klaus, Pieter Brueghel der Jüngere (1564-1637/38). Die Gemälde mit kritischem Oeuvrekatalog, 2 Bände (Lingen 2000)

Etzlstorfer Hannes, Die Kunstsammlungen des Stiftes Wilhering. Beschreibender Katalog (Studien zur Kulturgeschichte von Oberösterreich 6, Linz 1997)

Fasse Norbert, Vom Adelsarchiv zur NS-Propaganda. Der symptomatische Lebenslauf des Reichsrundfunkintendanten Heinrich Glasmeier (Schriftenreihe des Jüdischen Museums Westfalen 2, Bielefeld 2001)

Feliciano Hector, Das verlorene Museum. Vom Kunstraub der Nazis (Berlin 1998)

Fest Joachim, Hitler. Eine Biographie (Berlin 1998)

Fiereder Helmut, Behörden des Reichsstatthalters in Oberdonau. In: Nationalsozialismus in Linz I. Hg. von Fritz Mayrhofer und Walter Schuster (Linz 2001) 137-196

Fiereder Helmut, Amt und Behörde des Reichsstatthalters in Oberdonau. In: Reichsgau Oberdonau. Aspekte 2. Hg. vom Oberösterreichischen Landesarchiv (Oberösterreich in der Zeit des Nationalsozialismus 4, Linz 2005) 279-346

Fischer E. Kurt, Das Brucknerstift St. Florian. Ein Beitrag zur Geschichte des Rundfunks im Dritten Reich. In: Publizistik 5 (1960) 159-164

Frodl Gerbert, Hans Makart. Monographic und Werkverzeichnis (Salzburg 1974)

Frodl-Kraft Eva, Gefährdetes Erbe. Österreichs Denkmalschutz und Denkmalpflege 1918-1945 im Prisma der Zeitgeschichte (Studien zu Denkmalschutz und Denkmalpflege 16, Wien/Köln/Weimar 1997)

Fuchs Gertraud, Die Vermögensverkehrsstelle als Arisierungsbehörde jüdischer Betriebe (Dipl.arbeit Univ. Wien 1989)

Geduldet, geschmäht und vertrieben. Salzburger Juden erzählen. Hg. von Daniela Ellmauer u.a. (Salzburg/Wien 1998)

Georg Enno, Die wirtschaftlichen Unternehmungen der SS (Schriftenreihe der Vierteljahreshefte für Zeitgeschichte 7, Stuttgart 1963)

Geraubte Bücher. Die Österreichische Nationalbibliothek stellt sich ihrer NS-Vergangenheit. Hg. von Murray G. Hall u.a. (Wien 2004)

Giesler Hermann, Ein anderer Hitler: Bericht seines Architekten (Leoni am Starnberger See 1978)

Gotik Schätze Oberösterreich. Hg. von Lothar Schultes und Bernhard Prokisch (Kataloge des Oberösterreichischen Landesmuseums N.F. 175, Linz 2002)

Großruck Johann, Vermögensentzug und Restitution betreffend die oberösterreichischen Stifte mit den inkorporierten Pfarren (Veröffentlichungen der Österreichischen Historikerkommission. Vermögensentzug während der NS-Zeit sowie Rückstellungen und Entschädigungen seit 1945 in Österreich 22/4, Wien 2004)

Gründung des Erzbischöflichen Dom- und Diözesanmuseums in Wien. In: Kirchenkunst 4 (1933) 115

Haase Günther, Die Kunstsammlung des Reichsmarschalls Hermann Göring. Eine Dokumentation (Berlin 2000)

Haase Günther, Die Kunstsammlung Adolf Hitler. Eine Dokumentation (Berlin 2002)

Hall Murray G., Österreichische Verlagsgeschichte 1918-1938. 2 Bände (Literatur und Leben, N.F. 28, Wien 1985)

Hamann Brigitte, Hitlers Wien. Lehrjahre eines Diktators (München 1996)

Hammer Katharina, Glanz im Dunkel. Die Bergung von Kunstschätzen im Salzkammergut am Ende des 2. Weltkrieges (Wien 1986)

Hanisch Ernst, Gau der guten Nerven. Die nationalsozialistische Herrschaft in Salzburg 1938-1945 (Salzburg/München 1977)

Hanisch Ernst, Ein Wagnerianer namens Adolf Hitler. In: Richard Wagner 1883-1983. Die Rezeption im 19. und 20. Jahrhundert. Gesammelte Beiträge des Salzburger Symposions. Hg. von Ulrich Müller (Stuttgart 1984) 65-75

Hanisch Ernst, Der lange Schatten des Staates. Österreichische Gesellschaftsgeschichte im 20. Jahrhundert (Wien 1994)

Haug Ute, Die Rücken der Bilder (Hamburg 2004)

Haupt Herbert, Jahre der Gefährdung. Das Kunsthistorische Museum 1938-1945 (Wien 1995)

Hawkshaw Paul, Weiteres über die Arbeitsweise Anton Bruckners während seiner Linzer Jahre. Der Inhalt von Kremsmünster C 56.2. In: Bruckner-Symposion 1992 (Linz 1995)

Heuss Anja, Kunst- und Kulturgutraub. Eine vergleichende Studie zur Besatzungspolitik der Nationalsozialisten in Frankreich und der Sowjetunion (Heidelberg 2000)

Hillebrand Friederike, Umbau- und Umgestaltungsprojekte der barocken Klosteranlage von St. Florian zur Zeit des Nationalsozialismus (Dipl.arbeit Univ. Wien 2005)

Hochreiter Antonius, Stift St. Florian 1941-1945. In: In Unum Congregati 22 (1975) 117-130

Holzbauer Robert, „Einziehung volks- und staatsfeindlichen Vermögens im Lande Österreich". Die „VUGESTA"- die „Verwertungsstelle für jüdisches Umzugsgut der Gestapo". In: Spurensuche 11 (2000), Heft 1-2, 38-50

Holzbauer Robert, NS-Kunstraub in Österreich. Von 1938 bis heute. In: Österreich in Geschichte und Literatur 46 (2002), Heft 3, 151-163

Hüttenberger Peter, Nationalsozialistische Polykratie. In: Geschichte und Gesellschaft 4 (1976) 417-442

Hüttl Josef, Kirche und Nationalsozialismus. Der Budweiser Administraturbezirk der Diözese St. Pölten 1940-1946 (Wien/Salzburg 1979)

Hundstorfer Rudolf, Das Stift unterm Hakenkreuz (Kremsmünster/Linz 1961)

John Michael, Modell Oberdonau? Zur wirtschaftlichen Ausschaltung der jüdischen Bevölkerung unter Berücksichtigung regionaler Gesichtspunkte. In: ÖZG (Österreichische Zeitschrift für Geschichte), Heft 2 (1992) 52-69

John Michael, Südböhmen, Oberösterreich und das Dritte Reich. Der Raum Krummau-Kaplitz/Český Krumlov-Kaplice als Beispiel von internem Kolonialismus. In: Kontakte und Konflikte. Böhmen, Mähren und Österreich: Aspekte eines Jahrtausends gemeinsamer Geschichte. Hg. von Thomas Winkelbauer (Horn-Waidhofen 1993) 447-469

John Michael, Über ein Linzer Warenhaus. Kraus & Schober, eine erfolgreiche Unternehmerfamilie und eine Spurensuche in Israel. In: linz aktiv 130 (1994), 47-54

John Michael, Bevölkerung in der Stadt. „Einheimische" und „Fremde" in Linz. 19. und 20. Jahrhundert (Linzer Forschungen 7, Linz 2000)

John Michael, „Bereits heute schon ganz judenfrei ..." Die jüdische Bevölkerung von Linz und der Nationalsozialismus. In: Nationalsozialismus in Linz II. Hg. von Fritz Mayrhofer und Walter Schuster (Linz 2001) 1311-1406

John Michael, Der Fall Richard Weihs. In: linz aktiv 162 (2002) 56-63

John Michael, Ein Vergleich – „Arisierung" und Rückstellung in Oberösterreich, Salzburg und Burgenland. In: Daniela Ellmauer – Michael John – Regina Thumser: „Arisierungen", beschlagnahmte Vermögen, Rückstellungen und Entschädigungen in Oberösterreich. (Veröffentlichungen der Österreichischen Historikerkommission. Vermögensentzug während der NS-Zeit sowie Rückstellungen und Entschädigungen seit 1945 in Österreich XVII/1, Wien/München 2004) 13-198

John Michael, „Basare mit jüdisch-orientalischer Geschäftsform ..." Die Arisierung von Warenhäusern in Linz. In: Arisierte Wirtschaft. Raub und Rückgabe – Österreich von 1938 bis heute. Hg. von Verena Pawlowsky und Harald Wendelin (Wien 2005) 35-53

John Michael, „Bona fide"-Erwerb und Kunstrestitution – Fallbeispiele zur Aneignung und Restitution von Kunstgütern nach 1945. In: Enteignete Kunst. Raub und Rückgabe – Österreich von 1938 bis heute. Hg. von Verena Pawlowsky und Harald Wendelin (Wien 2006) 59-78

Juraschek Franz, Die Klosterdenkmale Oberösterreichs. Ihr Schicksal in und nach dem Kriege. In: JbOÖM 92 (1947) 84-99

Juritzky-Warberg Antonin, Interieurs. Verwendung alter Kunstwerke zur Gestaltung moderner Innenräume (Zürich 1930)

Kastner Otfried – Ulm Benno, Mittelalterliche Bildwerke im Oberösterreichischen Landesmuseum (Linz 1958)

Kastner Walther, Mein Leben kein Traum (Wien 1982)

Kehrl Hans, Krisenmanager im Dritten Reich. 6 Jahre Frieden – 6 Jahre Krieg (Düsseldorf 1973)

Kellner Altmann, Profeßbuch des Stiftes Kremsmünster (Klagenfurt o.J.)

Kerschbaumer Gert, Die Erste Republik und der Ständestaat. In: Ein ewiges Dennoch. 125 Jahre Juden in Salzburg. Hg. von Marko Feingold (Wien/Köln/Weimar 1993) 131-170

Kerschbaumer Gert, Meister des Verwirrens. Die Geschäfte des Kunsthändlers Friedrich Welz (Wien 2000)

Kershaw Ian, Hitler 1889-1936 (Stuttgart 1998)

Kieslinger Franz, Zur Geschichte der gotischen Plastik in Österreich (Wien 1923)

Kirchmayr Birgit, Sonderauftrag Linz. Zur Fiktion eines Museums. In: Nationalsozialismus in Linz I. Hg. von Fritz Mayrhofer und Walter Schuster (Linz 2001) 557-596

Kirchmayr Birgit, „Es ging mehr um den persönlichen Wert." NS-Kunstraub im Kontext kultureller Auslöschungspolitik. In: e-Forum Zeitgeschichte 3/4 (2001), URL http://www.eforum-zeitgeschichte.at/3_01a6.html

Kirchmayr Birgit, Der Reichsgau Oberdonau und die Raubkunst. Aspekte des nationalsozialistischen Kunstraubs unter besonderer Berücksichtigung seiner Schnittstellen zu Oberösterreich (Diss. Univ. Salzburg 2003)

Kirchmayr Birgit, Der Briefwechsel August Zöhrer – Elise Posse im Archiv der Stadt Linz: Eine „Fußnote" zur Geschichte des „Linzer Führermuseums". In: Stadtarchiv und Stadtgeschichte. Forschungen und Innovationen. Festschrift für Fritz Mayrhofer. Hg. von Walter Schuster u.a. (Linz 2004) 515-522

Kirchmayr Birgit, „Das Linzer Museum soll nur das beste enthalten ...". Das Oberösterreichische Landesmuseum im Schatten der Fiktion des „Linzer Führermuseums". In: kunst-kommunikation-macht. Sechster Österreichischer Zeitgeschichtetag 2003. Hg. von Ingrid Bauer u.a. (Innsbruck 2004) 42-47.

Kirchmayr Birgit, Adolf Hitlers „Sonderauftrag Linz" und seine Bedeutung für den NS-Kunstraub in Österreich. In: NS-Kunstraub in Österreich und die Folgen. Hg. von Gabriele Anderl und Alexandra Caruso (Innsbruck 2005) 26-41

Kirchmayr Birgit, „Treuhändig übernommen." Provenienzforschung im Oberösterreichischen Landesmuseum. In: neues museum. die österreichische museumszeitschrift 05/3. Oktober 2005, 32-37.

Kittler Andreas, Hermann Görings Carinhall. Der Waldhof in der Schorfheide (Berg 1997)

Koller Fritz, Das Inventarbuch der Landesgalerie Salzburg 1942-1944 (Schriftenreihe des Salzburger Landesarchivs 12, Salzburg 2000)

Kohout Thaddaeus, Tecelin Jaksch (1885-1954). Abt von Hohenfurt in bewegten Zeiten (Dipl.arbeit Univ. Wien 2002)

Kreczi Hanns, Das Bruckner-Stift St. Florian und das Linzer Reichs-Bruckner-Orchester 1942-1945 (Anton Bruckner Dokumente und Studien 5, Graz 1986)

Kristöfl Siegfried, Die Liquidationsstelle der katholischen Verbände. Zur Auflösung der katholischen Vereine in der Diözese Linz – Gau Oberdonau (Veröffentlichungen der Österreichischen Historikerkommission. Vermögensentzug während der NS-Zeit sowie Rückstellungen und Entschädigungen seit 1945 in Österreich 22/3, Wien 2004)

Kubin Ernst, Sonderauftrag Linz. Die Kunstsammlung Adolf Hitler. Aufbau, Vernichtungsplan, Rettung. Ein Thriller der Kunstgeschichte (Wien 1989)

Kubizek August, Adolf Hitler. Mein Jugendfreund (Graz/Stuttgart 1953)

kunst-kommunikation-macht. Sechster Österreichischer Zeitgeschichtetag 2003. Hg. von Ingrid Bauer u.a. (Innsbruck 2004)

Kunstraub, Kunstbergung und Restitution in Österreich 1938 bis heute. Hg. von Theodor Brückler (Wien/Köln/Weimar 1999)

Lichtblau Albert, „Arisierungen", beschlagnahmte Vermögen, Rückstellungen und Entschädigungen: Salzburg (Veröffentlichungen der Österreichischen Historikerkommission. Vermögensentzug während der NS-Zeit sowie Rückstellungen und Entschädigungen seit 1945 in Österreich XVII/2, Wien/München 2004)

Lichtblau Albert, Juden in Österreich – Integration, Vernichtungsversuch und Neubeginn. Österreichisch-jüdische Geschichte 1848 bis zur Gegenwart. In: Evelyn Brugger – Martha Keil – Albert Lichtblau – Christoph Lind – Barbara Staudinger, Geschichte der Juden in Österreich (Wien 2006) 447-566

Lillie Sophie, Was einmal war. Handbuch der enteigneten Kunstsammlungen Wiens (Wien 2003)

Lillie Sophie – Gaugusch Georg, Portrait of Adele Bloch-Bauer (New York 2006)

Linninger Franz, Bibliothek, Archiv und Sammlungen des Stiftes St. Florian 1945 und 1946. In: JbOÖM 92 (1947) 100-104

Linzer Stadtführerin. Frauengeschichtliche Stadtrundgänge (Linz 2004)

Löhr Hanns Christian, Das braune Haus der Kunst: Hitler und der „Sonderauftrag Linz". Visionen, Verbrechen, Verluste (Berlin 2005)

Loitfellner Sabine, Die Rolle der „Verwaltungsstelle für jüdisches Umzugsgut der Geheimen Staatspolizei"(Vugesta) im NS-Kunstraub. In: NS-Kunstraub in Österreich und die Folgen. Hg. von Gabriele Anderl und Alexandra Caruso (Innsbruck 2005) 110-120

Lütgenau Stefan August – Schröck Alexander – Niederacher Sonja, Zwischen Staat und Wirtschaft. Das Dorotheum im Nationalsozialismus (Wien 2006)

Marckhgott Gerhart, Das Projekt „Führerbibliothek" in Linz. In: Entnazifizierung und Wiederaufbau in Linz (Historisches Jahrbuch der Stadt Linz 1995, Linz 1996) 411-434

Mauerbach. Katalog zur Versteigerung der von den Nationalsozialisten konfiszierten Kunstwerke zugunsten der Opfer des Holocaust (Wien 1996)

Maurer Lutz, Conrad Mautner – Großes Talent. In: Juden in Österreich. Gestern. Heute (St.Pölten 2000)

Mayrhofer Fritz, Die „Patenstadt des Führers". Träume und Realität. In: Nationalsozialismus in Linz I. Hg. von Fritz Mayrhofer und Walter Schuster (Linz 2001) 327-386

Mitten Robert, Der kurze Schatten der Vergangenheit. In: 1986. Das Jahr, das Österreich veränderte. Hg. von Barbara Toth (Wien 2006) 109-123

Mittendorfer Johann, Oberösterreichische Priester in Gefängnissen und Konzentrationslagern zur Zeit des Nationalsozialismus (1938-1945). In: 73. Jahresbericht des Bischöflichen Gymnasiums Kollegium Petrinum in Urfahr-Linz an der Donau 1976/77 (1977) 39-104

Moser Josef, „Die Vereinigten Staaten von Oberdonau". Zum Wandel der Wirtschafts- und Beschäftigtenstruktur einer Region während der nationalsozialistischen Herrschaft am Beispiel Oberösterreichs (Diss. Univ. Linz 1991)

Moser Josef, Oberösterreichs Wirtschaft von 1938 bis zur Gegenwart. In: Oberösterreichische Wirtschaftschronik (Linz 1994) 23-47

Nationalsozialismus in Linz. 2 Bände. Hg. von Fritz Mayrhofer und Walter Schuster (Linz 2001)

Nationalsozialismus. Auseinandersetzung in Linz. 60 Jahre Zweite Republik. Hg. vom Archiv der Stadt Linz (Linz 2005)

Natter Tobias, Die Welt von Klimt, Schiele und Kokoschka. Sammler und Mäzene (Köln 2003)

Nebehay Ingo – Wagner Robert, Bibliographie altösterreichischer Ansichtenwerke aus fünf Jahrhunderten I (Graz 1981)

Neuhäusler Johann, Kreuz und Hakenkreuz. Der Kampf des Nationalsozialismus gegen die katholische Kirche und der kirchliche Widerstand I (München 1946)

Nicholas Lynn H., Der Raub der Europa. Das Schicksal europäischer Kunstwerke im Dritten Reich (München 1997)

Noschitzka Canisius L., Das Zisterzienserstift Hohenfurth im Böhmerwald (1259-1950). In: Oberösterreich 36 (1986), Heft 2, 43-51

Nowak-Thaller Elisabeth, Klemens Brosch 1894-1926 (Klagenfurt 1991)

NS-Herrschaft in Österreich. Ein Handbuch. Hg. von Emmerich Tálos u.a. (Wien 2000)

NS-Kunstraub in Österreich und die Folgen. Hg. von Gabriele Anderl und Alexandra Caruso (Innsbruck 2005)

150 Jahre Oberösterreichisches Landesmuseum. Hg. vom Oberösterreichischen Landesmuseum (Linz 1983)

Orel Alfred, Anton Bruckner (Wien 1925)

Österreichs Stifte unter dem Hakenkreuz. Zeugnisse und Dokumente aus der Zeit des Nationalsozialismus 1938 bis 1945. Hg. von der Österreichischen Superiorenkonferenz (Wien 1995, zugleich Ordensnachrichten 34 (1995) H. 4A)

Petropoulos Jonathan, Kunstraub und Sammelwahn. Kunst und Politik im Dritten Reich (Berlin 1999)

Petropoulos Jonathan, The Faustian Bargain. The Art World in Nazi Germany (Harmondsworth 2000)

Pichler Isfried, Schlägler Gemäldekatalog (Linz 1987)

Picker Henry, Hitlers Tischgespräche im Führerhauptquartier 1941-1942 (Stuttgart 1965)

Pitschmann Benedikt, Die Einlagerung von Kunstschätzen im Stift Kremsmünster (1941-1944). In: Jahresbericht des öffentlichen Stiftsgymnasiums Kremsmünster 138 (1995) 59-61

Plasser Gerhard, Untersuchung und Dokumentation von Gemälderückseiten am Beispiel der Landesgalerie Salzburg. In: NS-Kunstraub und die Folgen. Hg. von Gabriele Anderl und Alexandra Caruso (Innsbruck 2005)

Popp Wolfgang, Wehe den Besiegten! Versuch einer Bilanz der Folgen des Zweiten Weltkrieges für das deutsche Volk (Veröffentlichungen des Institutes für deutsche Nachkriegsgeschichte 27, Tübingen 2004)

Prenninger August, Die Auswirkungen des Nationalsozialismus auf das Benediktinerstift Lambach. In: 78. Jahresbericht des Bischöflichen Gymnasiums Kollegium Petrinum (1981/82) 37-106

Probst Günther, Beiträge zur Geschichte der klösterlichen Münzsammlungen Österreichs. In: Mitteilungen der Österreichischen Numismatischen Gesellschaft 7 (1951) 25-29 und 43-48

Prohaska Wolfgang, Die Gemälde vom späten 16. Jahrhundert bis zur Mitte des 18. Jahrhunderts. In: Die Kunstsammlungen des Augustiner-Chorherrenstiftes St. Florian (Österreichische Kunsttopographie 48, Wien 1988) 190-215

Prokisch Bernhard, Das Museum Francisco-Carolinum. Baugeschichte. In: 150 Jahre Oberösterreichisches Landesmuseum. Hg. vom Oberösterreichischen Landesmuseum (Linz 1983) 43-54

Rankl Richard, Stift und Gymnasium in den Jahren 1938-1946. In: 89. Jahresbericht des Obergymnasiums der Benediktiner zu Kremsmünster (1946) 49-79

Rathkolb Oliver, NS-Kunstraub und Diversion in den Erinnerungen über den Holocaust in Europa. Der „schlagende Symbolismus" der Kunstraubdebatte in der Gegenwart. In: Geschichte. Schreiben. Georg Schmidt gewidmet. Hg. von Hans Petschar (Wien 2004) 203-211

Recht als Unrecht. Quellen zur wirtschaftlichen Entrechtung der Wiener Juden durch die Vermögensverkehrsstelle. 3 Bände. Hg. von Hubert Steiner und Christian Kucsera (Wien 1993)

Rehberger Karl, Die Stifte Oberösterreichs unter dem Hakenkreuz. In: Das Bistum Linz im Dritten Reich. Hg. von Rudolf Zinnhobler (Linzer Philosophisch-theologische Reihe 11, Linz 1979)

Reimann Norbert, Heinrich Glasmeier. In: Westfälische Lebensbilder 17 (2005) 154-184

Reisinger Amadeus, Aufbauarbeit im Stifte Wilhering 1945-1949. In: JbOÖM 95 (1950) 80-82

Roche-Meredith Jacqueline, Juva. In: Publications de la Collection de l'art Brut fascicule 21 (2001) 66-91

Rödhammer Hans, Das Generalvikariat Hohenfurth 1940-1946. In: Oberösterreichische Heimatblätter, 28. Jahrgang (1974), Heft 1/2, 57-74

Roxan David – Wanstall Ken, Der Kunstraub. Ein Kapitel aus den Tagen des Dritten Reiches (München 1966)

Schlussbericht der Historikerkommission der Republik Österreich. Vermögensentzug während der NS-Zeit sowie Rückstellungen und Entschädigungen seit 1945 in Österreich. Zusammenfassungen und Einschätzungen. Hg. von Clemens Jabloner u.a. (Veröffentlichungen der Österreichischen Historikerkommission. Vermögensentzug während der NS-Zeit sowie Rückstellungen und Entschädigungen seit 1945 in Österreich I, Wien/München 2003)

Schuster Walter, Die österreichische Stadtgeschichtsforschung zum Nationalsozialismus. Leistungen – Defizite – Perspektiven. In: Pro Civitate Austriae, (2000) N.F. 5, 35-62

Schuster Walter, Facetten des NS-„Kunsthandels" am Beispiel Wolfgang Gurlitt. In: NS-Kunstraub in Österreich und die Folgen. Hg. von Gabriele Anderl und Alexandra Caruso (Innsbruck 2005) 212-226

Schwarz Birgit, Der Bilderhort mit dem „F". Kein kunsthistorisches, aber ein moralisches Monster: Neue Erkenntnisse zum „Linzer Katalog" und zu Hitlers Museum. In: FAZ, 25.5.2001

Schwarz Birgit, Hitlers Museum. Die Fotoalben. Gemäldegalerie Linz (Wien/Köln/Weimar 2004)

Slapnicka Harry, Oberösterreich als es „Oberdonau" hieß. 1938-1945 (Linz 1978)

Slapnicka Harry, Oberösterreich 1917-1977. Karten und Zahlen (Linz 1977)

Slapnicka Harry, Hitler und Oberösterreich. Mythos, Propaganda und Wirklichkeit um den „Heimatgau" des Führers (Grünbach 1998)

Smyth Craig Hugh, Repatriation of Art from the Collecting Point in Munich after World War II (Maarssen/The Hague 1988)

Speer Albert, Spandauer Tagebücher (Frankfurt/Berlin/Wien 1975)

Speer Albert, Erinnerungen (Frankfurt/Berlin/Wien 1979)

Spevak Stefan, NS-Vermögensentzug, Restitution und Entschädigung in der Diözese St. Pölten (Veröffentlichungen der Österreichischen Historikerkommission. Vermögensentzug während der NS-Zeit sowie Rückstellungen und Entschädigungen seit 1945 in Österreich 22/2, Wien 2004)

Strobl Alice, Johann Baptist Reiter (Wien 1963)

Thumser Regina, Das Linzer Landestheater – Hitlers „Brücke in eine schönere Welt"?. In: kunst-kommunikation-macht. Sechster Österreichischer Zeitgeschichtetag 2003. Hg. von Ingrid Bauer u.a. (Innsbruck 2004) 48-54

Thumser Regina, „Der Krieg hat die Künste nicht zum Schweigen gebracht"- Kulturpolitik im Gau Oberdonau. In: Reichsgau Oberdonau. Aspekte 1. Hg. vom Oberösterreichischen Landesarchiv (Linz 2004) 127-174

Trapp Oswald, Die Kunstdenkmäler Tirols in Not und Gefahr (Innsbruck 1947)

Ulm Benno, Das älteste Kulturinstitut des Landes. In: 150 Jahre Oberösterreichisches Landesmuseum. Hg. vom Oberösterreichischen Landesmuseum (Linz 1983)

Ulm Benno, Kunstsammlung Univ. Prof. Dr. Walther Kastner: Schlossmuseum Linz (Linz 1975)

Venus Theodor – Wenck Alexandra-Eileen, Die Einziehung jüdischen Vermögens im Rahmen der „Aktion Gildemeester". Eine empirische Studie über Organisation, Form und Wandel von „Arisierung" und jüdischer Auswanderung in Österreich 1938-1941. Hg. von der Österreichischen Historikerkommission (Wien 2002)

Wacha Georg, NS-Kunst in Linz und Oberdonau. Das „Führermuseum". Masch. Manus. (Linz 2002)

Wacha Georg, Der Kunsthistoriker Dr. Justus Schmidt (* Wien 15. Jänner 1903 + Linz 15. August 1970). Masch. Manus. (Linz o. J.)

Wacha Georg, Der Kunsthistoriker Dr. Justus Schmidt. In: JbOÖM 149.I (2004) 639-654

Walzer Tina – Templ Stephan, Unser Wien. „Arisierung" auf österreichisch (Berlin 2001)

Weber Fritz, Die Arisierung in Österreich: Grundzüge, Akteure und Institutionen. In: Ulrike Felber – Peter Melichar – Markus Priller – Berthold Unfried – Fritz Weber, Ökonomie der Arisierung. Teil 1: Grundzüge, Akteure und Institutionen (Veröffentlichungen der Österreichischen Historikerkommission X/1, Wien/München 2004)

Weihsmann Helmut, Bauen unterm Hakenkreuz. Architektur des Untergangs (Wien 1998)

Weiss Christina, Kunst und Moral. Zu Restitution und Rückkauf des Gemäldes „Der Watzmann" von Caspar David Friedrich. In: Caspar David Friedrich. Der Watzmann. Hg. von Birgit Verwiebe (Berlin/Köln 2004) 7

Welzer Harald, Vorhanden/Nicht-Vorhanden. Über die Latenz der Dinge. In: „Arisierung" im Nationalsozialismus. Volksgemeinschaft, Raub und Gedächtnis. Hg. vom Fritz Bauer Institut (Frankfurt/New York 2000) 287-308

Yvon Mechthild, Der jüdische Albanologe Norbert Jokl und seine Bibliothek. In: Geraubte Bücher. Die Österreichische Nationalbibliothek stellt sich ihrer NS-Vergangenheit. Hg. von Murray G. Hall u.a. (Wien 2004)

Zinnhobler Rudolf, Ein Teppich für Heinrich Himmler. Eine kleine Dokumentation als Beitrag zur Geschichte des Chorherrenstiftes St. Florian in der NS-Zeit. In: Neues Archiv 2 (1982/83) 19-23

# Abkürzungen

| | |
|---|---|
| AdR | Archiv der Republik |
| ALIU | Art Looting Investigation Unit |
| AStL | Archiv der Stadt Linz |
| BAB | Bundesarchiv Berlin |
| BAK | Bundesarchiv Koblenz |
| BDA | Bundesdenkmalamt |
| BGBl. | Bundesgesetzblatt |
| C(A)CP | Central (Art) Collecting Point |
| CIR | Consolidated Interrogation Report |
| DIR | Detailed Interrogation Report |
| DÖW | Dokumentationsarchiv des österreichischen Widerstands |
| GESTAPO | Geheime Staatspolizei |
| GNMN | Germanisches Nationalmuseum Nürnberg |
| HistFdRO | Historisches Forschungsinstitut des Reichsgaues Oberdonau |
| HJ | Hitlerjugend |
| IKG | Israelitische Kultusgemeinde |
| JbOÖM | Jahrbuch des Oberösterreichischen Musealvereins |
| KH | Kunsthistorische Abteilung |
| KHM | Kunsthistorisches Museum |
| KZ | Konzentrationslager |
| MFA&A | Monuments, Fine Arts and Archives Section |
| NAW | National Archives Washington |
| NS | Nationalsozialismus, nationalsozialistisch |
| NSDAP | Nationalsozialistische Arbeiterpartei |
| OÖLA | Oberösterreichisches Landesarchiv |
| OÖLM | Oberösterreichisches Landesmuseum |
| ÖStA | Österreichisches Staatsarchiv |
| RGBl. | Reichsgesetzblatt |
| RRG | Reichsrundfunkgesellschaft |
| SA | Sturmabteilung |
| SD | Sicherheitsdienst (der SS) |
| SS | Schutzstaffel |
| StAKr | Stiftsarchiv Kremsmünster |
| StfA | Stiftsarchiv St. Florian |
| Uk. | Unabkömmlich |
| VA | Vermögensanmeldung |
| VUGESTA | Verwaltungsstelle für jüdisches Umzugsgut |

## BILDNACHWEIS

| | |
|---|---|
| Oberösterreichisches Landesmuseum Linz | Abb. 7-9, 11, 22-24, 32, 34-36, 42-57, 60, 85, 86, 87, 91, 95, 98-103 |
| Oberösterreichisches Landesmuseum Linz, Foto Birgit Kirchmayr | Abb. 58-59 |
| Oberösterreichisches Landesarchiv Linz | Abb. 21, 88 |
| Archiv der Stadt Linz | Abb. 2-4, 12, 67 |
| Stadtmuseum Nordico Linz | Abb. 10 |
| Stiftssammlungen St. Florian | Abb. 61-66, 68-80, 82-84, 89, 92-94, 96 |
| Stiftsarchiv Kremsmünster | Abb. 29 |
| Salzburger Museum Carolino Augusteum | Abb. 13 |
| Österreichische Nationalbibliothek, Bildarchiv | Abb. 27-28 |
| Archiv des Bundesdenkmalamts Wien | Abb. 33 |
| Archiv des Germanischen Nationalmuseums Nürnberg | Abb. 1, 5 |
| Bundesarchiv Koblenz | Abb. 81 |
| Privatbesitz | Abb. 14-20, 25-26, 37, 41 |
| Craig Hugh Smyth, Repatriation of Art | Abb. 30-31 |
| Belvedere (1928) | Abb. 97 |
| Oberdonau (1941/42) | Abb. 90 |
| Jahrbuch des Oberösterreichischen Musealvereins (1939) | Abb. 6 |
| Österreichischer Beobachter (1938) | Abb. 38-40 |